제9판

인사행정론

오석홍

人事行政論

박영사

제9판
머리말

이 책의 제8판을 낸 지 어느덧 5년의 세월이 흘렀다. 시간이 많이 흐른 만큼 고칠 것도 많아졌다. 새 책처럼 만들기 위해 대폭적인 개정을 단행하여 제9판을 발행하게 되었다. 인사행정과 인사행정학의 변화를 반영해 많은 수정을 했다. 낡았거나 요긴치 않은 내용은 삭제하는 데 주저하지 않았다. 방만한 서술내용은 삭제하거나 압축하였다. 보완한 내용도 많다. 새로운 주제에 대한 논의를 추가하기도 했다. 블라인드 채용제도, 우리 시대의 좋은 공무원, 우리 정부의 공익신고자 보호제도 등은 이번에 새로 집필한 것이다.

나는 이 책의 개정에 대한 책임을 계속 이행할 것이다. 앞으로도 인사행정과 인사행정학의 변화를 놓치지 않고 따라가면서 이 책의 개정작업을 되풀이할 것이다. 우리나라 인사행정의 변화속도는 빠르다. 인사행정 관련 법령의 변동은 빈번하다. 나는 그런 변화를 이 책에 반영하려고 노력하겠지만 인쇄매체에서 법령 등 제도의 변동을 실시간으로 반영하기는 어렵다. 독자들도 인사행정의 제도변화를 따라잡는 데 동참하기 바란다. 독자들은 이 책의 법령인용문을 볼 때마다 법제처 국가법령정보센터에 접속하여 관계법령의 변동여부를 확인해주기 바란다.

이 책은 현대인사행정학의 연구업적을 집약하여 인사행정의 임무 그리고 그것을 수행하는 절차와 방법을 해설한 것이다. 논의의 초점은 우리나라의 인사행정에 맞춰져 있다. 현대인사행정학의 주요 관심분야를 두루 포괄하는 논의가 되도록 노력하였다. 인사행정문제에 대한 이론의 분화와 엇갈림은 잘 정리해서 입문자들도 쉽게 이해할 수 있게 하였다.

우리나라는 세계가 공인하는 선진국이 되었다. 우리 사회는 연속적인 과도사회라 할 정도로 빠른 변동을 겪고 있다. 그리고 우리 사회는 전근대적 전통, 산업화시대의 전통, 정보화시대의 전통을 품고 있는 혼합사회이다. 그 가운데서 선도부문은 정보화부문이다. 인사행정도 우리의 환경적 특성을 닮아 있다. 인사행정은 문화적 혼합체이고 인사행정학은 여러 개혁사조의 혼합체를 반영하는 것이지만 선도적인 영향세력은 정보화시대의 개혁청사진이라고 할 수 있다. 이 책의 서술내용도 그러한 추세를 반영한다. 독자들은 이 책에서 그런 흐름을 읽을 수 있기 바란다.

주(註)의 표기방법을 여기서 알려두려 한다. 본문의 내용을 해설하거나 보충하는 주[a) b) c) …]는 본문의 하단에 각주로 싣고, 참고문헌을 표시하는 주[1) 2) 3) …]는 책의 말미에 후주로 실었다.

책을 쓰고 고치는 일은 학문세계의 도움으로 이루어지는 것이다. 나는 항상 학문세계에 신세를 지고 있다. 이 책의 지적 출처를 제공해 준 많은 선행연구인들에게 감사한다.

언제나 윤선명 엘리사벳을 위해 축복한다.

2022년

吳 錫 泓 씀

제9판

차 례

제1장 인사행정학 서론

제1절 인사행정이란 무엇인가? ········· 3

Ⅰ. 인사행정의 의미 3

1. 인사행정의 정의 3
2. 정부의 인사행정과 사기업의 인사관리 6
3. 인사행정기능의 분류 8

Ⅱ. 인사행정기관 10

1. 중앙인사기관의 유형 11
2. 우리 정부의 중앙인사기관 15

Ⅲ. 이 책의 구성 18

제2절 인사행정의 접근방법 ········· 21

Ⅰ. 접근방법 유형론의 개요 21

1. 접근방법들의 각축과 조화 21
2. 주요접근방법의 예시 23

Ⅱ. 엽관체제 26

1. 엽관체제의 정의 26
2. 정당화근거와 약점 27
3. 우리나라에서의 엽관체제 29

Ⅲ. 실적체제 30

1. 실적체제의 정의 30

2. 정당화근거와 약점 31
3. 우리나라에서의 실적체제 33
Ⅳ. 대표관료제 33
1. 대표관료제의 정의 33
2. 대표관료제의 실현 방안 36
3. 정당화근거와 약점 38
4. 우리나라에서의 대표관료제 40
Ⅴ. 관리융통성체제 42
1. 관리융통성체제의 정의 42
2. 관리융통성체제의 실현방안 43
3. 정당화근거와 약점 43
4. 우리나라에서의 관리융통성체제 44
Ⅵ. 직업공무원제 45
1. 직업공무원제의 정의 45
2. 정당화근거와 약점 46
3. 우리나라에서의 직업공무원제 47
Ⅶ. 개방형 인사체제·폐쇄형 인사체제 48
1. 개방형 인사체제 48
2. 폐쇄형 인사체제 51
Ⅷ. 교류형 인사체제·비교류형 인사체제 52
1. 교류형과 비교류형의 비교 52
2. 우리나라의 제도 53

제3절 인사행정의 개혁 55

Ⅰ. 논의의 배경 55
1. 우리 사회의 변화추세 55
2. 인사행정의 문제 57
Ⅱ. 인사행정개혁의 진로 58

1. 개혁의 기본원리 58
2. 활동국면별 개혁방향 61
3. 인사행정의 전략화: 전략적 인적자원관리 65

제2장 직업구조의 형성

제1절 직업구조형성의 접근방법 71

Ⅰ. 직업구조형성이란 무엇인가? 71
1. 직업구조형성의 정의 71
2. 직업구조형성의 접근방법과 선택기준 72
Ⅱ. 전통적 접근방법 74
1. 계 급 제 74
2. 직위분류제 77
Ⅲ. 탈관료화시대의 직업구조형성 81
1. 여건변화와 전통적 접근방법의 한계 81
2. 제3의 대안 탐색 83
Ⅳ. 우리 정부의 직업구조형성 86
1. 변천의 발자취와 진로 86
2. 공무원의 종류 89
3. 고위공무원단 90

제2절 직무분석과 직무설계 95

Ⅰ. 직무분석 95
1. 직무분석의 정의 95
2. 직무분석의 절차 96
3. 직업구조형성을 위한 직무종류별 분류 98
4. 직업구조형성을 위한 직무수준별 분류: 직무평가 99

Ⅱ. 직무설계 105
1. 직무설계의 정의 105
2. 전통적 직무설계 106
3. 탈전통적 직무설계 108

제3장 신규채용

제1절 신규채용과 인적자원계획 117

Ⅰ. 신규채용이란 무엇인가? 117
1. 신규채용의 정의 117
2. 공개경쟁채용과 경력경쟁채용 등(특별채용) 118
Ⅱ. 인적자원계획 121
1. 인적자원계획의 정의 121
2. 인적자원계획의 과정 123
3. 인적자원수요예측의 방법 126

제2절 신규채용의 과정 131

Ⅰ. 공개경쟁채용의 과정 131
Ⅱ. 모 집 133
1. 모집의 적극화 133
2. 지원자격: 모집대상 한정의 기준 136
3. 블라인드 채용 144
Ⅲ. 채용시험 148
1. 시험의 효용성 148
2. 시험의 종류 157
Ⅳ. 채용후보자명부 · 추천 · 시보 · 임명 · 보직 168

1. 채용후보자명부·추천 169
2. 시보·임명·보직 170

제4장 내부임용과 퇴직

제1절 내부임용 175

Ⅰ. 내부임용이란 무엇인가? 175
1. 내부임용의 정의 175
2. 내부임용의 유형 176
3. 임용방법활용의 적정화 179
Ⅱ. 배치전환 179
1. 배치전환의 용도 180
2. 배치전환 관리 상의 문제들 181
3. 파견근무 185
Ⅲ. 승 진 187
1. 승진과 승진관리 187
2. 승진과 신규채용 188
3. 승진경쟁의 기관적 범위 190
4. 승진의 기준 192
5. 승진기준의 배합 196
6. 승진적체의 관리 197
Ⅳ. 경력발전(경력개발) 200
1. 경력발전이란 무엇인가? 200
2. 경력계획 202
3. 경력관리 211

제2절 퇴직관리 213

Ⅰ. 퇴직관리란 무엇인가? 213
1. 퇴직관리의 정의 213
2. 퇴직의 유형 214
Ⅱ. 퇴직관리의 활동영역 217
1. 퇴직의 억제 또는 촉진 218
2. 퇴직에 대비하는 노력의 지원 220
3. 퇴직 후 생활의 지원·통제 222
Ⅲ. 임의퇴직의 관리 224
1. 퇴직률의 측정·평가 224
2. 퇴직의 비용·편익분석과 퇴직원인의 분석 226
3. 퇴직억제방안의 결정 228
Ⅳ. 강제퇴직의 관리 230
1. 공무원의 신분보장에 관한 논쟁 230
2. 정년퇴직 237
3. 감 원 242

제5장 교육훈련

제1절 교육훈련이란 무엇인가? 249

Ⅰ. 교육훈련의 의미 249
1. 교육훈련의 정의 249
2. 현대적 교육훈련의 특성 251
3. 교육훈련의 일반적 목적 253
4. 훈련수요발생의 일반적 계기 254
5. 교육훈련의 성공조건 255
6. '인재개발'에 관하여 259
Ⅱ. 교육훈련의 종류 262

1. 교육훈련의 기본적 분류 262
2. 창의성과 창의성향상훈련 266
Ⅲ. 지식관리와 교육훈련 270
1. 지식관리란 무엇인가? 270
2. 지식관리의 과정과 방법 272

제2절 교육훈련의 관리 ······························ 274

Ⅰ. 교육훈련관리의 과정 274
Ⅱ. 훈련수요조사 276
1. 훈련수요조사란 무엇인가? 276
2. 훈련수요조사의 과정 278
Ⅲ. 훈련효과의 평가 281
1. 훈련효과평가의 정의 281
2. 훈련효과평가의 기준 282
3. 훈련효과평가의 타당성 285
4. 훈련효과평가의 방법 287
Ⅳ. 교육훈련방법 291
1. 훈련방법의 분류기준 291
2. 널리 쓰이는 훈련방법의 설명 292

제6장 근무성적평정

제1절 근무성적평정이란 무엇인가? ······························ 303

Ⅰ. 근무성적평정의 의미 303
1. 근무성적평정의 정의 303
2. 근무성적평정의 목적과 평정요소 304
3. 근무성적평정에 대한 비판 307

4. 근무성적평정연구의 변화추세 310
5. 바람직한 근무성적평정의 요건 312
Ⅱ. 근무성적평정의 방법 314
1. 근무성적평정방법의 분류 314
2. 주요 평정방법의 해설 315

제2절 근무성적평정의 관리 ······ 332

Ⅰ. 근무성적평정관리의 과정 332
Ⅱ. 피평정자의 범위·평정의 시기 333
1. 피평정자의 범위 333
2. 평정의 시기 335
Ⅲ. 평정자의 선정·평정결과의 조정 338
1. 평정자의 선정 338
2. 평정결과의 조정 340
Ⅳ. 평정의 공개·피평정자의 참여 343
1. 평정결과의 공개와 이의신청 343
2. 참여과정화의 방안 346
Ⅴ. 평정 상의 착오 348
1. 평정 상 착오의 정의 348
2. 평정 상 착오의 유형 348
3. 인상관리와 착오 352
Ⅵ. 평정의 타당성·신뢰성 353
1. 타당성검증 353
2. 신뢰성검증 355

제7장 보수와 편익

제1절 보수관리 ········ 359

Ⅰ. 보수와 보수관리 359
1. 보수의 정의 359
2. 바람직한 보수제도 361
3. 정부의 보수관리 365
Ⅱ. 보수수준결정의 고려요인 368
1. 전체적 수준(일반수준)에 관한 고려요인 368
2. 격차수준에 관한 고려요인 371
Ⅲ. 생계비조사·임금조사 372
1. 생계비조사 372
2. 임금조사(보수조사) 375

제2절 보수체계 ········ 380

Ⅰ. 보수체계란 무엇인가? 380
1. 보수체계의 정의 380
2. 기본급(봉급) 381
3. 부가급(수당) 383
4. 성과급제도 385
Ⅱ. 봉급표의 구성 395
1. 봉급표의 정의 395
2. 봉급표작성의 쟁점 396
Ⅲ. 승 급 402
1. 승급의 정의 402
2. 정기승급 402
3. 특별승급 407

제3절 보수 이외의 편익 ········ 408

Ⅰ. 연 금 408
1. 연금제도의 정의 408
2. 연금기금의 조성 409
3. 연금급여와 복지혜택 411
4. 연금급여의 조정 413
Ⅱ. 근무시간·휴가 415
1. 근무시간 415
2. 휴 가 422
3. 가족친화적 편익프로그램 424
Ⅲ. 보건·안전·복지 427
1. 보건·안전의 관리 427
2. 복지사업 433

제8장 직무수행동기

제1절 동기와 동기이론 ········ 439

Ⅰ. 직무수행동기란 무엇인가? 439
1. 직무수행동기의 의미 439
2. 동기와 욕구 441
Ⅱ. 동기이론 443
1. 동기이론의 분류 443
2. 내용이론 443
3. 과정이론 452

제2절 동기유발 프로그램 ······ 458

Ⅰ. 동기유발 프로그램의 개요 458
1. 범위의 한정 458
2. 동기수준의 측정: 사기조사 459
3. 동기유발 프로그램의 종류 461
4. 우리 정부의 사기관리 466
Ⅱ. 주요 동기유발 프로그램의 해설 467
1. 인사상담 467
2. 고충처리 471
3. 제안제도 474
4. 직업생활의 질 개선 프로그램 478

제9장 공직윤리

제1절 공직윤리의 관리 ······ 483

Ⅰ. 공직윤리란 무엇인가? 483
1. 윤리의 정의 483
2. 공직윤리의 정의 486
3. 공직윤리 유형론 487
4. 공직윤리의 법제화 490
5. 윤리적 딜레마와 윤리적 선택 492
Ⅱ. 우리 정부의 윤리적 행동규범 496
1. 국가공무원법의 규정 496
2. 공무원 헌장 500
Ⅲ. 공무원의 권리 502
1. 보호와 제한의 필요성 502

2. 권리의 예시 504
Ⅳ. 우리 시대의 좋은 공무원 507

제2절 윤리성관리의 중요 현안 ········· 511

Ⅰ. 공무원의 충성의무 511
1. 충성의무란 무엇인가? 511
2. 보안활동 513
Ⅱ. 공무원의 정치적 중립: 정치활동의 제한 515
1. 정치적 중립이란 무엇인가? 515
2. 정치활동의 제한 517
3. 정치적 중립 보장의 성공조건 521
Ⅲ. 공무원노동조합 522
1. 공무원노동조합이란 무엇인가? 522
2. 공직의 특수성과 공무원노동조합 526
3. 우리 정부의 공무원노동조합 530
Ⅳ. 성 희 롱 535
1. 문제화의 배경 535
2. 성희롱의 정의 536
3. 성희롱의 행위유형 539
4. 성희롱의 폐해 540
5. 대 응 책 540
Ⅴ. 부 패 543
1. 부패란 무엇인가? 543
2. 부패의 원인과 통제 548

제3절 공직윤리 향상방안 ········· 554

Ⅰ. 기본적 전략 554
1. 개인 대상의 윤리성 향상 활동 555

2. 조직 내의 윤리적 분위기 조성 556
3. 행정환경의 개선 558
II. 내부고발 558
1. 내부고발의 정의 558
2. 보복과 보호 559
3. 우리 정부의 공익신고자 보호제도 561
III. 재산등록과 공개·병역사항신고와 공개·선물신고·취업제한·주식백지신탁 564
1. 공직자재산등록과 공개 564
2. 병역사항의 신고와 공개 568
3. 선물신고 568
4. 퇴직공직자의 취업제한 569
5. 주식백지신탁 569
IV. 징 계 570
1. 징계란 무엇인가? 570
2. 징계사유 572
3. 징계처분 573
4. 징계의 결정과 집행 576
5. 소청심사제도 578
6. 징계기록말소제도 580

후 주 583

색 인 603

1

인사행정학 서론

제 1 절 인사행정이란 무엇인가?
제 2 절 인사행정의 접근방법
제 3 절 인사행정의 개혁

개 관

인사행정은 사람을 관리하는 기능이다. 사람이 사람을 관리하는 것은 대단히 어렵고 힘든 일이다. 이 책에서는 아주 어려운 인사행정의 문제들을 해결하기 위해 지금까지 사람들이 얼마나 지혜를 축적하고 있으며, 우리 정부의 인사행정은 무슨 일을 어떻게 하고 있는지를 알아보려 한다. 이 책의 문을 여는 제 1 장의 임무는 그러한 작업을 인도할 수 있는 기틀을 마련하는 것이다. 이를 위해 인사행정의 의미와 접근방법, 인사행정의 기관적 기초, 인사행정의 개혁방향 등을 논의하려 한다.

제 1 절에서는 인사행정이라는 개념을 정의하고 그에 연관되는 문제들에 대해 언급하려 한다. 일반적인 정의에 이어서 현대인사행정의 특징을 설명하고 정부의 인사행정을 사기업의 인사관리와 비교하려 한다. 인사행정의 주요기능 또는 활동국면에는 어떤 것들이 있는지 알아보고 인사행정의 기관적 기초(인사행정기관)를 설명하려 한다.

그리고 인사행정의 의미와 기능에 관한 설명을 바탕으로 이 책의 내용구성에 관한 청사진을 밝히려 한다.

제 2 절에서는 여러 가지 인사행정모형 또는 접근방법들을 설명하려 한다. 인사행정의 접근방법에 관한 유형론은 인사행정의 의미를 명료화하는 데 도움이 되고 인사행정의 비교연구에 불가결한 도구가 된다.

제 3 절에서는 우리나라 인사행정의 개혁방향을 개괄적으로 처방하려 한다. 개혁처방에 앞서 인사행정환경의 변화추세와 인사행정의 결함을 먼저 논의하려 한다.

제1절

인사행정이란 무엇인가?

Ⅰ. 인사행정의 의미

1. 인사행정의 정의

1) 일반적 정의

인사행정(人事行政: public personnel administration)은 정부조직에 필요한 인적자원을 획득하고 관리하는 기능이다. 근래에 연구인들은 인사행정이라는 말 대신 정부의 인적자원관리(人的資源管理: government human resources management)라는 개념의 사용을 선호하는 경향이 있다.[a] 이 책에서는 양자를 같은 뜻으로 쓰려 한다.

인사행정은 정부조직에서 일하는 인적자원의 획득과 관리에 관한 정책의 결정에 참여하고 그러한 정책을 집행한다. 인사행정은 행정체제의 유지·적응작용을 담당하는 관리체제의 일부이며 관리체제는 보다 큰 행정체제의 하위체제이다. 행정체제는 정부부문의 하위체제이며 정부부문은 국가체제 또는 사회체제의 하

a) 근래 인사행정의 대상을 지칭하는 데 인력이라는 용어 대신 인적자원 또는 인적자본(human capital)이라는 용어를 사용하는 빈도가 늘어났다. 인적자원 또는 인적자본이라는 개념의 사용을 주장하는 사람들은 대개 조직을 구성하는 인간의 소중함을 강조한다. 그리고 조직구성원을 비용이라는 차원이 아니라 자산이라는 차원에서 파악해야 한다고 말한다. 교육훈련분야에서는 인재(人材)라는 용어를 즐겨 쓰기도 한다. 조직구성원인 사람의 소중함을 한껏 높여 부르려는 경쟁이 벌어지고 있다. 이 책에서는 문맥에 따라 공무원, 인력, 직원, 인재 등의 용어를 인적자원이나 인적자본과 같은 뜻으로 쓸 때가 있을 것이다.

위체제이다. 인사행정은 이와 같이 차례로 이어지는 상위체제들과 영향을 주고받는 교호작용을 한다. 인사행정은 그와 같은 상위체제들의 목표와 요청에 부응하는 역할을 수행할 것이 당위적으로 기대된다.

여러 상위체제들의 요청과 목표에 기여하도록 활동해야 하는 인사행정의 목표체계는 복잡하다. 그러나 인사행정이 추구할 수 있는 기본적 목표는 세 가지로 요약할 수 있다. 세 가지의 목표란 첫째, 공무원이라는 인적자원을 정부조직의 필요에 따라 효율적으로 활용할 수 있게 하는 것, 둘째, 공무원들의 만족스러운 직업생활을 보장하는 것, 그리고 셋째, 공무원들의 발전을 촉진하는 것을 말한다. 이러한 기본적 목표들의 우선순위나 비중은 상황에 따라, 그리고 목표추구의 접근방법이 어떻게 배합되느냐에 따라 달라질 수 있다.

인사행정의 역사는 국가의 역사와 출발을 같이했다고 할 수 있다. 그러나 우리가 이 책에서 연구하려는 대상은 모든 시대, 모든 국가의 인사행정을 포괄하는 것이 아니다. 우리나라의 경우에 초점을 맞춘 현대의 인사행정을 연구의 원칙적인 대상으로 삼는다. 따라서 '현대인사행정'의 일반적 특성에 대해 설명해 둘 필요가 있다.

2) 현대인사행정의 특징

여기서 현대인사행정이라고 하는 것은 오늘날 우리나라에서 보는 바와 같은 현대민주국가의 인사행정을 말한다. 그것은 산업화와 정보화가 연쇄적으로 진행되는 시대의 거대하고 복잡한 정부에서 볼 수 있는 인사행정이다. 현대인사행정도 그 체제적 특성이 다양하게 분화되어 있지만 공통적이고 일반적인 특징을 다음과 같이 간추려 볼 수 있을 것 같다.

현대적 인사행정이란 전문화되고, 과학적 절차와 기술의 복합체를 활용하여 정부의 인적자원을 적극적으로 관리하는 인사행정을 말한다. 이러한 인사행정은 그 기능이 광범하고 복잡하다. 그 관리대상은 규모가 방대하고 전문화 수준이 높아진 인적자원이다. 인사행정체제를 둘러싼 가치갈등이 심화되기 때문에 이를 조정하는 일이 인사행정의 중요 과제가 된다. 인사행정체제의 환경적 연계가 중요한 영향을 미친다. 인사정책결정과정은 길고 복잡하며 환경적 영향, 특히 정치적 영향을 많이 받는다. 인사행정체제는 융통성 있고 적응적이라야 한다는 요청이 크다.

① **관리대상의 방대성·복잡성·전문성** 현대인사행정은 방대하고 복잡하며 전문화수준이 높아진 인적자원을 관리한다. 현대정부는 거대하고 복잡하다. 이를 구성하는 인적자원도 방대하고 복잡하다. 정부활동의 전문성을 높이는 질적 변화도 급속히 진행되고 있다. 이러한 질적 변화는 정부에서 일하는 사람들의 전문화 추세를 동반하였다.

② **전문직업성** 오늘날 인사행정은 하나의 전문화된 행정영역으로 이해된다. 인사행정이라는 업무영역은 과학적 지식과 기술을 활용하는 전문분야이다. 정부활동의 질적 고도화 그리고 인적자원의 전문화 촉진은 인사행정의 전문화를 촉구하는 압력을 가중시키고 있다.

③ **기능의 적극성·광범성** 현대인사행정의 역할은 적극적이다. 그 기능수행영역은 광범하다. 인사행정은 인력획득과 배치, 통제와 보수관리 등 전통적 역할에서 나아가 조직구성원의 능력신장과 직업생활의 질을 높이는 일에까지 적극적으로 나서게 되었다. 제한된 인적자원의 효율적 활용에 관한 전략가적 역할도 수행하게 되었다. 현대인사행정은 소극적·방어적 역할보다 적극적·지원적 역할을 더 강조한다고 말할 수 있다.

④ **가치갈등의 조정** 현대인사행정은 경쟁적인 가치와 그에 연관된 제도·지지세력의 각축장이라 할 수 있다. 가치갈등의 심화와 그에 대한 조정활동의 중요성은 현대인사행정의 특성 가운데 하나이다. 어느 시대에나 인사행정을 둘러싼 가치갈등은 있었겠지만 오늘날에는 그 양상이 더욱 복잡하고 심각하다. 충족시켜야 할 요청이 다양해지고 변전하기 때문이기도 하고 인사행정이 민주적 정치질서 속에서 운영되기 때문이기도 할 것이다.

⑤ **환경적 연계의 강화** 인사행정과 그 환경적 연계 사이의 교호작용이 증폭되어 있다. 인사행정은 환경적 영향을 많이 받는다. 특히 정치적 과정의 영향을 강하게 받는다. 인사행정 스스로도 이익조정 등 정치적이라고 해야 할 역할들을 수행한다. 인사정책결정과정은 길고 복잡하며 거기에는 정치적 과정이 포함된다.

⑥ **적응체제화의 요청** 현대인사행정이 추구하는 중요 덕목 가운데 하나는 높은 적응성이다. 실제로 현대인사행정의 적응성은 예전의 경우에 비해 향상되어 있다. 그리고 적응성·융통성에 대한 처방적 차원의 기대는 더욱 높다. 인사행정

의 적응성 제고에 대한 높은 기대는 인사행정체제 내외의 급속히 변동하는 유동적 조건 때문이다. 오늘날 인사행정의 환경은 격동의 장이며 정부 인적자원구조의 경직성 탈피를 요구하고 인사행정의 높은 적응성을 요구한다.

2. 정부의 인사행정과 사기업의 인사관리

조직을 구성하는 인간을 관리하는 문제는 정부에만 있는 것이 아니다. 정부부문이거나 민간부문이거나를 막론하고 현대사회의 대규모조직들은 그에 참여하는 인적자원을 관리할 정교한 체제를 필요로 한다. 정부의 인사행정이나 민간부문, 특히 사기업체의 인사관리(人事管理)는 각각 나름대로의 중요성을 지닌 것이며 양자에 공통되는 요소도 많다. 근래 정부부문에서 민간화를 촉진하고 민간의 고객중심주의적 서비스방식을 더 많이 배우면서, 그리고 민간기업들의 공공성이 커지면서, 공공부문과 민간부문이 공유하는 특성이 늘어난 것도 사실이다.[b)]

공·사조직 간의 유사성이 높아진 근래의 추세를 중요시하여 인사행정과 인사관리의 구별에 의문을 표시하는 사람들도 없지 않다. 그러나 대부분의 논자들은 비록 상대적이기는 하지만, 인사행정은 인사관리와 구별되는 특질을 가진 것으로 보고 있다.[1)]

1) 사기업조직과 구별되는 정부조직의 특성

인사관리에 대조되는 인사행정의 특이성은 정부조직 또는 행정체제의 특이한 성격에서 비롯되는 것이다. 사기업조직과 대조되는 정부조직의 일반적 특성을 요약하면 다음과 같다.

① 공공통제 정부는 국민일반을 수혜자로 하는 공익조직이기 때문에 정부활동은 국민 모두의 관심사이며, 따라서 보다 강한 공공통제를 받는다. 정부활동은 정치와 보다 가까이 연관되어 있다. 정부의 활동이 정치적 통제와 법률의 지배를 받는 정도는 상대적으로 크다.

---

b) 인사행정과 인사관리라는 용어가 혼용되는 경우도 있으나, 사기업체에서는 인사관리라는 말을 쓰는 것이 통례로 되어 있는 듯하다. 여기서는 다만 설명의 편의를 위해 정부의 인사기능을 인사행정이라 부르고, 사기업체의 그것을 인사관리라 부르기로 한다.

② **목표와 평가기준** 정부조직의 기본적인 목표는 전체사회의 요청에 부응하여 공익을 추구하는 것인데, 사기업체는 원칙적으로 이윤 등 특수이익을 추구한다. 정부활동의 목표와 평가기준은 사기업조직의 그것에 비해 모호성이 높다는 상대적 특성을 지닌다.

③ **구성원의 행태** 정부조직의 목표, 역할, 영향력이 사기업체의 그것과 구별되는 만큼 조직구성원들의 동기유형과 행동규범에 차이가 있다. 공무원들이 공익을 추구하는 업무수행에 자부심을 갖는다든가, 그들에게 정치적 중립성이 요구되고, 보다 강력한 신분보장이 있다든가 하는 것은 어느 정도 공직에 특유한 면모라 할 수 있다.

④ **업무의 특성** 사기업체의 활동에 비해 정부활동의 범위는 보다 광범하며 그 종류도 훨씬 다양하다. 그리고 대부분의 정부업무는 국민생활에 대한 불가결성, 긴급성이 더 크기 때문에 계속성에 대한 요청이 또한 강하다. 정부업무 가운데는 강제적 권력에 의존하는 것이 많다는 점도 한 특색이라 할 수 있다. 정부업무의 공급은 원칙적으로 비시장적(非市場的)이다. 시장가격의 지배를 받는 수준이 낮다는 뜻이다. 정부업무의 대부분은 독점적 또는 반독점적(半獨占的)인 것이다. 따라서 객관적인 생산성측정이 어렵다.

⑤ **구조의 특성** 정부조직은 사기업체에 비해 규모가 방대할 뿐만 아니라, 구조적 배열의 원리도 사기업체의 그것과는 구별된다. 예컨대 삼권분립에 의한 견제와 균형은 정부구조에 특유한 원리라 할 수 있다.

2) 인사관리와 구별되는 인사행정의 특성

위에서 거론한 정부조직의 특수성에서 비롯되는 인사행정의 특이성(사기업체의 인사관리에 비교하였을 때의 차이점)을 간추려 보면 다음과 같다.

① **공적·정치적 상황에서의 작용** 인사행정은 공적 상황 또는 정치적 상황에서 작용하며, 공공의 감시와 통제를 더 많이 받는다. 그러므로 인사관리의 경우에는 불필요한 절차들을 인사행정에서는 거쳐야 하는 때가 많다.

인사행정에는 외재적 정치의 간여가 있을 뿐만 아니라 인사정책과정에는 협상·타협 등 정치적인 행동들이 많이 내포되어 있다. 인사행정의 이러한 특성을 중요시하는 사람들은 인사행정의 과정을 정치적 과정이라고 말한다.

② **법정주의** 인사행정의 중요한 원리와 절차는 법률로 규정한다. 이러한 법정주의(法定主義)와 정부 내의 권력분립에 의한 견제작용은 인사행정의 경직성을 높인다. 인사행정은 인사관리의 적시성과 융통성을 따라가기 어렵다.

③ **기능의 광범성·복잡성** 정부업무와 인적자원의 규모가 방대하고 종류가 다양할 뿐만 아니라 개입세력이 많기 때문에 인사행정의 활동범위도 그만큼 넓고 그 내용은 복잡하게 되어 있다.

인사행정기능의 역할은 훨씬 다양하다. 예컨대 엽관임용과 같은 정치적 기능, 취업기회 확충과 같은 사회복지적 기능, 장애인 우대임용과 같은 사회적 형평성 확충기능 등을 수행할 수 있다.

④ **객관적 평가의 어려움** 정부활동의 '비시장성' 때문에 인사정책의 평가에 있어서도 경제적 기준이 결정적인 역할을 하지 못한다. 반면 인사행정에서 고려해야 할 비경제적 요인은 인사관리의 경우에서보다 많다. 인사행정은 훨씬 많은 환경적 영향을 받기 때문에 인사행정의 최적방안을 합리적으로 선택하거나 그 생산성을 객관적으로 측정하기 어려울 때가 많다.

⑤ **공익성·보편성·계속성의 요청에서 비롯되는 특성** 정부는 공익을 추구하고 국민에게 보편적으로 봉사해야 한다는 요청과 정부업무의 계속성에 대한 요청은 인사행정의 내용에 영향을 미친다. 임용에서 기회균등과 공평성의 원칙을 특별히 강조한다는 것, 공무원의 신분을 보장한다는 것, 공무원의 정치적 중립성을 중시한다는 것, 공무원의 노동운동을 제한한다는 것 등은 인사행정의 상대적 특이성을 말해 주는 몇 가지 예이다.

3. 인사행정기능의 분류

인사행정은 상호적·순환적으로 연관된 일련의 기능 또는 활동국면을 내포하는 과정을 통해 인적자원을 관리한다. 인사행정의 기능들은 서로 긴밀히 연관되어 있지만, 우리는 그것들을 개념적으로 구분해 볼 수 있다. 인사행정의 하위체제라고 볼 수도 있는 기능들은 다음과 같다.

(1) **인적자원계획의 수립** 정부에서 필요로 하는 인적자원을 효율적으로 동

원·관리하려면 이를 인도해 줄 인적자원계획이 있어야 한다. 인적자원계획은 정부에서 일할 인적자원의 수요와 공급을 예측하고, 필요한 인적자원을 획득하고 활용하는 방법을 결정하는 활동이다.

(2) 직업구조의 형성 여기서 직업구조형성이라고 하는 것은 일정한 원리에 따라 정부조직 내의 직위와 공무원을 분류해 구조를 형성한다는 뜻이다. 정부에 필요한 사람들을 획득해 배치하려면 먼저 각 직위와 그에 적합한 공무원을 질서 있게 분류해 두어야 한다.

(3) 신규채용의 관리 신규채용 또는 채용이란 정부조직의 외부로부터 인적자원을 획득하여 배치하는 활동이다. 필요한 자격을 갖추었거나 갖출 수 있는 잠재력을 가진 사람들을 모집해 선발하고, 선발된 사람을 적합한 직위에 배치하는 활동을 채용이라 한다.

(4) 내부임용의 관리 내부임용이란 승진·강임·배치전환 등 정부내부로부터의 임용을 말한다. 정부조직에 들어가 근무하는 공무원들의 배치는 불변적인 것이 아니며, 또 불변적인 것으로 만들려 해서도 안 된다. 그러므로 대내적 인력유동을 질서 있게 관리할 수 있는 장치가 있어야 한다.

(5) 교육훈련의 관리 교육훈련은 공무원의 능력을 향상시키려는 활동이다. 이것은 공무원의 직무수행·경력발전·조직생활에 필요한 능력의 발전적 변화를 촉진하기 위한 계획적 활동이다.

(6) 근무성적평정의 관리 공무원의 개인적 특성·행태·직무수행실적 등을 판정하여 기록하고, 이를 활용하는 활동을 근무성적평정이라 한다. 근무성적평정은 공무원과 행정의 발전을 도모하고, 공무원을 공평하게 대우하기 위한 하나의 수단이라고 할 수 있다.

(7) 보수와 편익의 관리 이것은 공무원의 계속적인 근무를 보장하고, 직무수행의욕을 북돋울 수 있도록 공무원의 근무에 대한 금전적 보상인 보수와 그에 유사한 편익 또는 편익에 영향을 미치는 요인들을 관리하는 활동이다.

(8) 직무수행동기의 관리 공무원들의 직무수행동기를 유지·향상시키려는 활동을 직무수행동기 또는 사기의 관리라 한다.

(9) 공직윤리의 관리 이것은 공무원의 직업윤리를 확립하기 위한 활동이다. 이 활동국면에서 인사행정은 공무원에 대한 윤리적 기대를 규정하는 행동규범을 결정하고 그것을 시행하게 된다.

(10) 퇴직의 관리 공무원으로서의 근무는 영구적인 것이 아니다. 공무원이 된 사람은 언젠가는 퇴직하기 마련이다. 퇴직의 원인은 다양하다. 인사행정은 공무원의 퇴직에 계획적으로 대응해야 한다. 퇴직관리는 인사행정의 목적에 부합되도록 퇴직을 관리하는 기능이다.

Ⅱ. 인사행정기관

정부의 인사행정은 그 기관적 기초(機關的 基礎: institutional basis)를 필요로 한다. 다시 말하면 인사행정을 주관할 기관(조직)이 있어야 한다. 인사행정뿐만 아니라 무릇 모든 정부활동은 그것을 담당할 기관적 기초를 필요로 한다.

전체적으로 본 인사행정활동은 대단히 분산적이며 정부 안의 모든 기관과 개인은 그에 관한 어떤 역할을 수행한다. 그러나 정부 내의 행동주체들이 인사행정에 간여하는 데는 정도의 차이가 있다. 이러한 정도의 차이에 착안하여 인사행정에 대해 보다 직접적이고 중요한 책임을 지는 기관과 개인을 골라낼 수 있다. 인사행정의 기관적 기초를 연구하는 사람들은 대개 관심의 범위를 좁혀 인사행정업무를 전문적으로 관리하도록 따로 설치한 이른바 인사행정기관에 초점을 맞춘 논의를 한다. 그러한 인사행정기관에는 정부 각 부처와 같은 계선조직의 장을 보좌하는 인사운영기관(人事運營機關: operating personnel agency or in-house agency), 그리고 중앙인사기관(中央人事機關: central personnel agency)이 포함된다.[c)]

여기서는 중앙인사기관의 양태와 선택기준 그리고 우리나라 중앙인사기관의 구조적 배열에 대해서만 설명하려 한다.

---

c) 「국가공무원법」에서는 중앙인사기관을 중앙인사관장기관이라고 부른다.

1. 중앙인사기관의 유형

중앙인사기관을 어떻게 만들어야 가장 효율적일 것인가에 대한 보편적 해답은 없다. 그것은 나라마다의 구체적인 형편에 따라 달라져야 할 것이기 때문이다.

실제로도 나라마다 중앙인사기관의 구성양태는 다양하다. 예컨대 ⅰ) 정치적 중립성이 강한 중앙인사위원회를 두어 중앙인사기능을 통할하게 하는 경우, ⅱ) 중앙인사기관에 조직관리기능까지 맡기고 있는 경우, ⅲ) 중앙인사기관을 이원화하고 있는 경우, ⅳ) 복합기능적인 부처에 중앙인사기능을 맡기고 있는 경우, ⅴ) 통합적인 중앙인사기관을 두지 않고 법률이 정하는 바에 따라 인사기능의 수행을 각 부처의 자율에 맡기는 경우 등이 있다.

위의 마지막 예에서와 같이 중앙인사기관이 따로 있다고 보기 어려운 정부조직설계도 있다. 그러나 여기서는 전정부적인 기능을 수행하는 중앙인사기관이 있다는 것을 전제하고 그 기본적 양태에 관한 유형론을 검토하려 한다.

인사행정학에서 논의되는 전형적인 중앙인사기관 유형론은 조직형태와 기능을 기준으로 한 것들이다.[2)]

1) 조직형태별 분류

중앙인사기관의 조직형태를 분류하는 데는 여러 가지 기준이 쓰일 수 있다. 그러나 가장 널리 쓰이는 기준은 두상조식(頭上組織: 지휘부)의 구성방법과 조직의 독립성이다.

첫째, 지휘부의 구성방법을 기준으로 하여 합의형(commission type), 단독형(director type), 절충형(director-commission type)을 나누어 볼 수 있다.

둘째, 지위의 독립성이 어느 정도인가를 기준으로 하여 독립형(independent type)과 비독립형(dependent type)을 나누어 볼 수 있다.

실재하는 제도에서 독립형은 합의형과 결합되고 비독립형은 단독형과 결합되는 경향이 있음을 감안하여 조직형태의 조합을 세 가지 범주로 나누어 볼 수 있다. 여기서 세 가지 범주란 ⅰ) 독립합의형, ⅱ) 비독립단독형, 그리고 ⅲ) 절충형을 말한다.

(1) 독립합의형 독립합의형(獨立合議型)은 위원회형이라고도 불린다. 설립 초기의 미국 연방인사위원회에서 독립합의형의 전형적인 예를 볼 수 있다. 독립합의형의 중앙인사기관은 일반행정계서로부터 분리되고 행정수반으로부터도 자율적인 지위를 누린다. 그 지휘부인 위원회는 세 사람 정도의 위원으로 구성된다. 위원회의 구성에서는 정치적 중립성을 보장하기 위한 여러 가지 조치가 취해진다. 양당적(bi-partisan) 또는 비정당적 인원구성이 되게 하고, 엄격한 임기를 설정하는 것은 그러한 조치의 예이다. 독립합의형은 독립성이 강하고 규제적인 임무를 수행한다.

① 장 점 독립합의형의 장점으로는 ⅰ) 정치적 영향을 막는 데 유리하다는 것, ⅱ) 위원회를 구성하는 사람들의 임기를 서로 엇갈리게 하여 지휘부가 한꺼번에 교체되지 않도록 함으로써 인사정책의 계속성을 유지할 수 있게 한다는 것, ⅲ) 중요한 이익집단의 대표자를 합의체에 직접 참여시킬 수 있다는 것, ⅳ) 국민일반이나 입법기관과의 원만한 관계를 유지하는 데 유리하다는 것 등을 들 수 있다.

② 단 점 독립합의형의 단점으로는 ⅰ) 인사행정의 책임이 분산되고 관련자들이 서로 책임을 전가하는 사태를 빚기 쉽다는 것, ⅱ) 중앙인사기관이 행정수반에 대해서도 독립적인 지위를 유지하기 때문에 행정수반은 인사행정부문의 관리수단을 잃게 된다는 것, ⅲ) 중앙인사기관의 중요한 정책결정이 합의과정을 거쳐야 하기 때문에 지연된다는 것, ⅳ) 합의체를 구성하는 비전문가들이 전문적인 인사문제를 다루게 되면 비능률적이고 과오를 범할 위험도 크다는 것 등을 들 수 있다.

(2) 비독립단독형 비독립단독형(非獨立單獨型)은 한 사람의 기관장이 중앙인사기관의 지휘부를 구성하는 조직형태이다. 기관장은 행정수반이 임명한다. 중앙인사기관은 행정수반이나 내각에 소속된다.

① 장 점 비독립단독형의 장점으로는 ⅰ) 인사행정의 책임소재를 분명히 할 수 있다는 것, ⅱ) 지휘부가 기관장 한 사람으로 구성되기 때문에 중요한 의사결정을 신속히 할 수 있고 강력한 추진력을 발휘할 수 있다는 것, ⅲ) 행정수반은 인사행정에 관한 관리도구를 얻게 된다는 것, ⅳ) 중앙인사기관과 정부

각 기관 사이에 효과적인 기능적 연계를 유지하는 데 유리하다는 것 등을 들 수 있다.

② 단 점 비독립단독형의 단점으로는 i) 엽관주의적 또는 정실주의적 영향을 막아내는 데는 미흡한 조직형태라는 것, ii) 기관장의 자의적인 결정을 견제하기 어렵다는 것, iii) 중앙인사기관의 인사정책에 일관성이 결여되기 쉽다는 것 등을 들 수 있다.

(3) 절 충 형 독립합의형과 비독립단독형을 절충한 조직형태에는 여러 가지가 있다.

독립합의형에 비독립단독형의 요소를 약간 가미한 것이지만 전반적인 기관적 특성은 독립합의형에 더 가까운 것이 있다. 이러한 조직의 지휘부는 대개 3인 정도의 인사위원으로 구성되는데, 그 중에서 위원장으로 지명된 사람이 집행기능을 단독으로 책임지며 행정수반에 대한 참모기능도 수행한다. 위원장과 다른 두 위원으로 구성되는 합의체에서는 주로 준입법적 및 준사법적 기능을 관장한다.

비독립단독형을 주축으로 하고, 거기에 독립합의형의 요소를 첨가한 절충형도 있다. 비독립단독형의 중앙인사기관에 자문기관인 인사위원회를 부설하는 것이 그 예이다.

전체적인 중앙인사기구를 절충형으로 만들기 위해 독립합의형기관과 비독립단독형기관을 따로 두고 양자가 인사기능을 적절히 분담하게 하는 경우도 있다. 예컨대 미국에서는 1979년부터 중앙인사기관을 비독립단독형인 인사관리처(Office of Personnel Management)와 독립합의형인 실적제도보호위원회(Merit Systems Protection Board)로 이원화하였다. 우리나라에서도 1999년 5월부터 2004년 6월까지 중앙인사기능을 행정자치부와 중앙인사위원회가 분담하도록 한 일이 있다.

2) 기능별 분류

서로 다른 중앙인사기관의 기능을 비교하는 데는 여러 가지 기준이 쓰일 수 있겠으나, 여기서는 i) 기능의 종류와 ii) 기능의 집권화·분권화를 기준으로 삼으려 한다. 이 두 가지 기준은 서로 겹치며 긴밀히 관련되어 있는 것이다.

(1) 기능의 종류 다양한 기능분류 가운데에서 중요한 것 두 가지만 보기로 한다.

첫째, 기능수행의 대상분야가 어떤 것이냐에 따라 기능을 분류할 수 있다. 대상분야란 예컨대 직업구조형성·임용·보수·교육훈련·근무성적평정·사기관리 등 인사행정의 활동영역을 말한다. 중앙인사기관마다 관장하는 업무의 대상분야는 다를 수 있다.

둘째, 중앙인사기관의 기능을 정책결정기능, 집행기능, 준입법적 기능, 준사법적 기능, 보고 및 권고적 기능, 감사기능, 봉사기능 등의 유형으로 분류할 수 있다.[d] 이러한 여러 기능을 모두 수행하는 중앙인사기관이 있는가 하면, 그 중의 일부만을 수행하는 중앙인사기관도 있다.

(2) 집권화와 분권화 집권화와 분권화는 중앙인사기관과 정부 각 기관 사이의 인사기능분배에 관한 것이다. 극단적으로 집권화된 상태는 중앙인사기관만이 모든 인사기능을 전담하는 상태이며, 극단적으로 분권화된 상태는 중앙인사기관의 인사기능이 전혀 없는 상태라 할 수 있다. 그러나 실제로 중앙인사기관을 두고 있는 곳에서 그러한 극단적인 상태를 찾아볼 수는 없다. 양극단 사이의 어느 지점에서 기능분배가 이루어진다.

3) 중앙인사기관유형의 선택

실제로 기관모형을 선택하는 데는 정부내외의 많은 조건들이 영향을 미친다. 중앙인사기관 설립의 목적은 보다 직접적인 영향을 미친다. 각국에서 중앙인사기관을 설치하고 있는 이유 또는 목적은 여러 가지로 생각해 볼 수 있다. 그러한 이유의 중요한 예로 ⅰ) 인사행정 상의 할거주의 시정, ⅱ) 엽관주의적 간섭의 배척, ⅲ) 인사행정의 전문화와 기술발전, ⅳ) 행정수반에게 필요한 관리수단의 제공, ⅴ) 다양한 이익과 요청의 수렴 등을 들 수 있다.

현대정부의 중앙인사기관은 위에 열거한 여러 가지 설립이유들을 조금씩은

---

d) 준입법적 기능(準立法的 機能: quasi-legislative function)이란 법률의 범위 내에서 인사행정에 관한 규칙을 제정하는 기능을 말한다. 준사법적 기능(準司法的 機能: quasi-judicial function)이란 인사행정처분에 대한 분규를 재결하는 기능을 말한다.

모두 반영하고 있는 것으로 생각할 수 있다. 그러나 여러 가지 이유 또는 목적 중에서 어느 것이 더 중요시되느냐 하는 것은 나라마다의 형편에 따라 다르다. 엽관주의의 폐해를 시정할 필요가 큰 곳에서는 소극적·경찰적 기능을 가진 독립합의형의 기관형태가 채택될 가능성이 크다. 여러 세력중추들의 이익을 대표시키려면 합의제형이 유리하다. 인사행정의 할거주의가 문제로 되는 곳에서는 기능의 집권화가 선호될 것이다. 행정수반의 관리기능 강화와 인사기능전문화의 요청이 큰 곳에서는 비독립단독형이 선호될 것이다.

2. 우리 정부의 중앙인사기관

1) 연 혁

우리 정부에서는 1948년부터 1955년 사이에 중앙인사기관을 이원화하여 고시위원회는 고시와 전형을 맡게 하고, 총무처는 그 밖의 인사기능을 맡게 한 일이 있다. 처음의 총무처가 국무원사무국으로 개편되면서 한때 그 지위가 낮아지기도 했다. 1960년에는 국무원사무국이 국무원사무처로 개편됨에 따라 중앙행정각부와 대등한 지위를 얻게 되었다. 국무원사무처는 한 해 뒤에 내각사무처로 개편되었고, 이어서 1963년에는 다시 총무처로 개편되었다. 이때에 소청심사위원회와 인사위원회를 총무처에 부설하였다. 자문기관이었던 인사위원회는 1973년에 폐지되었다.

1998년의 정부조직개편에서는 내무부와 총무처를 통폐합하여 행정자치부를 만들었다. 총무처는 인사기능뿐만 아니라 다른 여러 기능을 수행하는 복합기능적 조직이었는데 행정자치부는 그보다 더 다양한 기능을 수행하는 조직이었다. 1999년에는 중앙인사위원회를 설치하여 일부 인사기능을 수행하게 하였다. 「국가공무원법」은 중앙인사위원회와 행정자치부장관을 행정부의 '중앙인사관장기관'이라 규정함으로써 중앙인사기관을 이원화하였다. 2004년에는 중요한 중앙인사기능을 중앙인사위원회에 넘겨 중앙인사기관을 일원화하는 모양을 갖추었다. 2008년에는 중앙인사위원회를 폐지하고 그 기능을 행정안전부에 흡수시켰으며, 2013년에는 행정안전부를 안전행정부로 개편하였다. 2014년에는 안전행정부를 행정자치부로 개편하고 행정부의 중앙인사기능은 신설된 인사혁신처에 이관하였다. 행정자치부는 2017년에 다시 행정안전부로 개편되었다.

중앙인사위원회의 설치와 폐지는 인사행정학도들의 큰 관심사이므로 그 전말을 살펴보고 이어서 현행 제도를 설명하려 한다.

2) 중앙인사위원회의 설치와 폐지

(1) 설립배경 1999년에 설치되고 2008년에 폐지된 중앙인사위원회는 행정학계의 선입견 내지 편견과 정치인들의 집권의욕이 합작하여 만들어낸 것이라 할 수 있다. 학계의 편견이란 상당히 많은 수의 연구인들, 특히 관변에서 활동한 연구인들이 가졌던 예전의(1970년대에 없어진) 미국 연방정부 인사위원회(Civil Service Commission)에 대한 모방적 사고, 그리고 위원회형 조직을 선호하는 가설들에 대한 의심 없는 믿음을 말한다. 위원회형 조직을 선호하는 가설이란 위원회형 조직은 공정한 의사결정을 하는 데 유리하다는 것, 인사기능 수행에 필요한 독립성·중립성을 확보하는 데 유리하다는 것 등이다. 미국의 중앙인사위원회를 모범으로 삼았던 우리나라 초창기 행정학도들의 생각이 파급되고 수용되면서 위원회형의 중앙인사기관을 만들어야 한다는 처방은 학계의 다수의견처럼 받아들여지기도 했다.

1990년대에 접어들면서 대통령선거에 출마한 후보들의 선거공약에 중앙인사위원회의 설립이 포함되기에 이르렀다. 정부의 탕평인사 구현은 인기 있는 선거공약이었으므로 이를 강조하기 위해, 그 의지를 과시하기 위해, 중앙인사위원회 설치를 표방했을 것이다. 대통령선거에서 승리하려는 사람들의 정치적 모티브가 중앙인사위원회 설치를 실현시켜준 가장 직접적인 추진력이었다고 할 수 있다.

중앙인사위원회 설치를 공약으로 내걸었던 김영삼 후보는 집권기간 중 이를 이행하지 못했다. 김대중 정부에서 실현을 보게 되었다. 처음에는 중요인사기능을 행정자치부가 더 많이 나누어 가졌으므로 인사위원회는 기능이 제한된 빈약한 모습이었다. 노무현 정부에서 기능보강이 있었다. 이명박 정부 출범초의 대폭적인 정부조직 개편에서 중앙인사위원회는 폐지되었다.

(2) 구성과 운영 대통령 소속 하에 설치되었던 중앙인사위원회의 두상조직은 위원회였다. 위원회는 위원회운영을 총괄하는 위원장과 위원들로 구성했으므로 일종의 절충적 독립합의형 조직이었다고 할 수 있다. 적어도 그런 외양을 갖추

려는 노력의 흔적이 보인다. 위원회는 위원장 1인, 상임위원 1인, 그리고 3인 이내의 비상임위원으로 구성되었다. 위원장은 정무직으로 보했다. 위원장과 위원의 임기는 3년이었다. 위원회에는 그 사무를 처리하는 사무처가 있었다. 중앙인사위원회의 기능은 공무원의 인사정책 및 인사행정 운영의 기본방침과 인사관계 법령의 제정 또는 개폐에 관한 사항을 심의·의결하고 인사관계 집행업무를 수행하는 것이었다. 인사행정분야의 개혁에 관한 업무도 수행하도록 되어 있었다.

우리 정부에서 실험한 중앙인사위원회는 독립합의형의 아이디어를 가지고 만들었던 모양이나 독립성도 합의성도 취약했다. 위원회의 두상구조는 여러 정당의 세력을 끌어들여 서로 견제하게 하는 정치적 중립기구도 아니고, 인사행정에 관한 전문가적 집단도 아니었다. 대통령의 인사참모인지 대통령을 견제하는 중립적 조직인지도 불분명했다. 행정기관들의 인사작용을 감시·통제하려는 조직인지 아니면 지원하려는 조직인지도 분명하지 않았다. 위원회는 그 규모가 작고, 대통령 등 정치적 리더십의 지속적인 관심과 지원을 받기도 어려웠다. 규모가 작은 조직 안에서 직원들의 경력발전기회는 제약될 수밖에 없었다. 인사행정기능의 온전한 일원화도 이루어지지 않았다. 당시의 행정자치부는 인사기능의 일부와 그에 연관된 조직관리기능을 관장하고 있었다.

중앙인사위원회는 결국 기대된 역할을 제대로 수행하지 못하고, 합의형 조직의 장점보다는 단점을 더 많이 노출한 채 사라지게 되었다. 위원회의 폐지와 단독형 조직의 부활을 이끈 주된 추동력은 인사실무(업무현장의 실제적인 임무수행)를 담당하는 공무원들에게서 나왔던 것으로 보인다.

3) 현행 중앙인사행정기관

현재 우리 정부의 중앙인사업무를 주관하고 있는 중심적 조직은 인사혁신처이다. 행정부의 중앙인사관장기관인 인사혁신처는 비독립단독형 인사기관이다. 이 조직의 소속기관은 국가공무원인재개발원과 소청심사위원회이며, 산하기관은 공무원연금공단이다.

국무총리 소속으로 설치되어 있는 인사혁신처는 행정부 소속 공무원의 인사행정에 관한 기본정책의 수립, 인사행정분야의 개혁, 채용, 능력발전, 공직윤리, 복무, 공무원연금, 처우개선, 인사관리 및 소청에 관한 사무를 관장한다. 이런 사무의 수행에 관련하여 관계기관에 대한 협조요청, 행정기관의 인사에 관한 감사, 통계보고의 요구, 정무직 공무원을 포함한 공직후보자에 관한 정보의 수집·처리 등의 업무도 함께 수행한다.

인사혁신처가 행정부의 중앙인사관장기관이지만 이 조직이 중앙인사기능을 완전히 독점하고 있는 것은 아니다. 여러 정부기관들이 인사혁신처의 업무에 연관된 일을 분담하거나 이를 보완하는 일을 한다. 특히 대통령비서실과 국무총리비서실에 설치된 인사관련부서들은 중요한 역할을 한다. 그리고 다른 헌법기관들의 중앙인사관장기관들은 따로 설치되어 있다. 국회에서는 국회사무처, 법원에서는 법원행정처, 헌법재판소에서는 헌법재판소사무처, 선거관리위원회에서는 중앙선거관리위원회사무처가 각각 중앙인사관장기관의 역할을 수행한다.

우리나라에서 정부기구의 개편은 빈번한 편이다. 그런 만큼 중앙인사기관에 대한 개편논의도 되풀이될 수 있다. 우리가 앞으로 중앙인사기관을 개혁해 나갈 때는 기구존립의 목적과 관련여건들을 널리 고려해야 할 것이다. 특히 대통령의 관리능력 향상, 정부관리작용의 통합화, 인사정책의 전략화, 계선관리자들에 대한 힘 실어주기, 인사운용의 융통성 제고와 같은 시대적 요청이 커지고 있다는 사실을 깊이 성찰해야 할 것이다. 그런 요청들은 흔히 서로 갈등을 일으키기 때문에 조정이 쉽지 않다.

Ⅲ. 이 책의 구성

이 책에서 무엇을 어떻게 다룰 것인지에 대한 계획은 인사행정의 의미에 관한 설명에서 이미 시사했다고 생각한다. 그러나 독자들의 이해를 돕기 위해 중복을 무릅쓰고 이 책의 내용을 엮어 나가는 저자의 관점을 다시 밝혀 두려 한다.

이 책의 내용구성은 저자가 내린 인사행정의 정의와 기능의 분류를 준거로 삼고 있다.

인사행정은 정부에서 필요한 인적자원을 획득하고 관리하는 작용이다. 이러한 인사행정작용에 포함되는 기능 또는 활동국면(하위체제·활동과정의 단계)은 열 가지로 분류할 수 있다. 열 가지 활동국면이란 인적자원계획, 직업구조형성, 신규

그림 1-1-1 인사행정과정의 활동국면

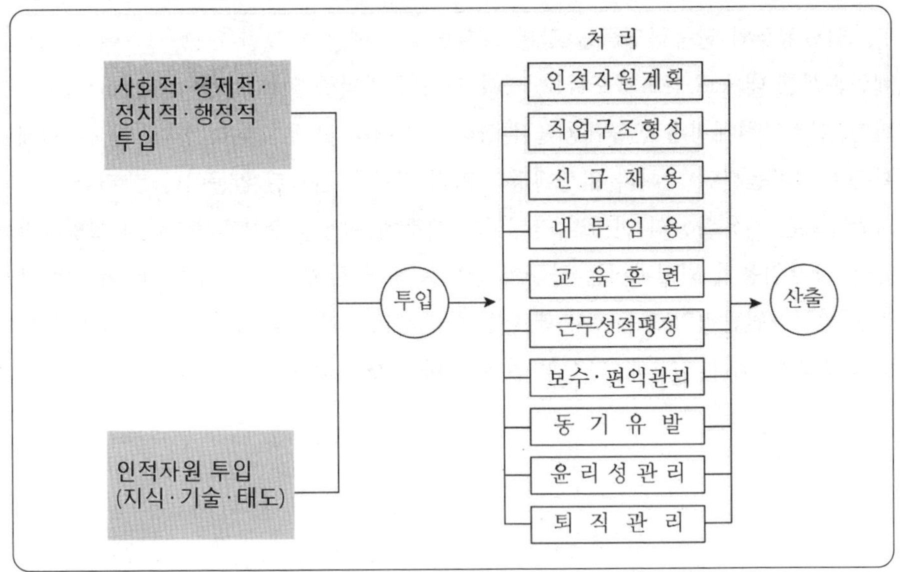

채용의 관리, 내부임용의 관리, 교육훈련의 관리, 근무성적평정의 관리, 보수와 편익의 관리, 직무수행동기의 관리, 공직윤리의 관리, 그리고 퇴직의 관리를 말한다. 이러한 여러 활동국면들은 상호적·순환적으로 연관되어 있으며, 환경으로부터 일정한 투입을 받아 처리하여 산출을 내보낸다. 〈그림 1-1-1〉은 그와 같은 관계를 도시한 것이다. 제 2 장에서 제 9 장에 이르기까지 위의 여러 활동국면들을 하나하나 설명해 갈 것이다.

인사행정과 그것을 구성하는 활동국면들은 차례로 이어지는 상위체제들에 속해 있는 개방체제이다. 이 점을 항상 유념하고 상황적응적인 설명과 처방에 주력할 것이다. 인사행정의 기능들을 환경이라는 배경에 연관지어 논의할 것이며 공식적인 측면뿐만 아니라 비공식적인 측면도 함께 검토하려고 노력할 것이다.

인사행정의 중요 활동국면에 관해 현대인사행정학이 발전시킨 지식들을 설명하는 데서 논의를 출발하겠지만 그 귀결은 우리나라 인사행정에 모아지게 될 것이다. 제 1 장에서는 인사행정의 종합적인 연구에 필요한 개념정의 등 기초적인 문제들을 논의하고 우리나라 인사행정의 환경·병폐·개혁방향 등을 개괄적으로 검토하려고 한다. 뒤에 개별적인 활동국면들을 설명할 때에도 필요한 만큼 우리나라 형편을 이야기할 것이다.

인사행정의 활동국면들을 장별로 설명할 때에는 <그림 1-1-1>에서 보는 배열순서를 대체로 따르겠으나, 설명과 편집의 편의를 위해 약간의 수정을 가하려 한다. 인적자원계획은 신규채용을 설명하는 장에서 함께 다루려 한다. 인적자원계획은 신규채용뿐만 아니라 인사행정의 거의 전반에 연관된 활동이다. 그러나 인적자원계획은 채용활동의 전제적 단계이기 때문에 채용을 논의할 때 함께 설명하려 한다. 내부임용과 퇴직관리는 하나의 장으로 묶어 함께 설명하려 한다. 퇴직의 관리는 인적자원관리의 흐름에서 맨 나중에 진행되는 단계라 할 수 있다. 그러나 설명의 편의를 위해 임용과 퇴직의 관리를 바로 연결해 다루기로 하였다.

제2절

인사행정의 접근방법

Ⅰ. 접근방법 유형론의 개요

1. 접근방법들의 각축과 조화

1) 대립과 갈등

인사행정체제의 유형은 그 접근방법에 따라 여러 가지로 분류할 수 있다. 인사행정의 다양한 접근방법들은 각기 특유한 가치기준 또는 원리를 추구한다.

인사행정의 실천세계에서는 다양한 가치를 체현하는 인사제도들을 지지하는 세력들이 대립하고 갈등을 야기한다. 이러한 현상은 인사행정의 정치적·윤리적 딜레마가 되기도 한다. 현대인사행정에서 각축을 벌이는 접근방법들이 추구하는 가치들은 대단히 많다. 그 중요한 예만 보더라도 ⅰ) 실적주의와 성과달성 책임의 강조, ⅱ) 행정수반의 리더십 강화, ⅲ) 정치적 대응성과 책임성의 강조, ⅳ) 관리 상의 융통성 강조, ⅴ) 고용평등의 강조, ⅵ) 공무원단체의 발언권 신장, ⅶ) 과학적 관리의 강조, ⅷ) 인간관계 개선의 강조, ⅸ) 공무원집단의 단체정신과 직업적 안정성의 강조, ⅹ) 전문화의 강조 등이 있다.

다양한 가치를 반영하는 접근방법들이 실천세계에서 각축하고 갈등을 야기하는 근본적인 이유는 많은 사람들에게 중요한 의미를 지니는 공직이 희소자원이기 때문이다. 제한된 자원을 놓고 여러 접근방법들이 경쟁하기 때문에 갈등을 빚고 딜레마를 만들게 된다.

2) 절충과 조화

인사행정에 관한 접근방법들 하나하나의 상대적 우월성은 보편적인 것이 아니다. 접근방법들의 조합이 지니는 우월성도 마찬가지이다. 개별적인 접근방법 또는 그 조합의 선택은 상황적 요청에 부응해야 한다. 인사행정의 실제에서는 대개 복수의 접근방법들을 절충적으로 채택하지 않을 수 없다.

인사제도 입안자들은 접근방법들의 상황적합적 절충을 도모하고 적정한 조화가 이루어지도록 노력해야 한다. 이를 위해서는 상황적 요청을 정확히 인식하고 각 접근방법의 장·단점, 그리고 어느 하나에 지나치게 치우친 선택이 초래할 수 있는 폐단을 면밀히 분석해야 한다.

여러 접근방법들이 대변하는 요청(가치)들을 적절히 조정하지 못하고 어느 하나 또는 둘에 편중하면 폐단이 빚어진다. 그 예를 몇 가지 보기로 한다.[1)]

정치적 책임과 엽관적 임용의 필요를 강조하다 보면 정실인사의 폐단을 빚을 수 있다. 소수집단(비혜택집단)을 위한 대표성 구현을 강조하다보면 할당제 적용을 늘리게 되고 그로 인해 역차별을 불러올 수 있다. 기술과 능률의 강조는 서비스의 목표를 대치할 수 있으며 번잡하고 경직된 인사절차를 만들어 내고 그로 인해 오히려 능률이 떨어질 수도 있다. 공무원의 경력발전기회 확대에만 몰두하다 보면 선임순위의 가치를 과장하는 폐단을 빚을 수 있다.

둘 이상의 접근방법이 지배적인 경우에도 폐단이 빚어질 수 있다. 정치적 임용과 사회적 대표성 추구가 함께 강조되는 경우 인종적 정실임용 또는 소수집단의 정실임용이 조장될 수 있다. 정치적 임용과 공무원의 경력발전기회 확대를 함께 강조하다보면 편파적 인사의 폐단을 빚을 수 있다. 사회적 대표성을 추구하면서 동시에 기술적 요청과 실적주의적 요청을 강조하면 차별철폐시책을 형식화할 수 있다. 실적주의적 임용과 공무원들의 경력발전기회 신장을 함께 강조하다보면 배타적인 동종번식(同種繁殖: inbreeding)의 폐단을 빚을 수 있다.

인사행정의 접근방법들을 조정할 때에는 치우침이 초래할 수 있는 폐단들에 대해 각별한 경계심을 가져야 한다.

2. 주요접근방법의 예시

자주 인용되고 활용빈도가 높은 인사행정의 접근방법은 i) 엽관체제, ii) 실적체제, iii) 대표관료제, iv) 관리융통성체제, v) 직업공무원제, vi) 폐쇄형 인사체제와 개방형 인사체제, vii) 교류형 인사체제와 비교류형 인사체제, viii) 과학적 관리체제, ix) 인간관계론적 체제, x) 정치적 대응성체제, xi) 노사협상체제, xii) 전문가주의적 체제와 일반능력자주의적 체제 등이다.

이 밖에 관리대상인 공무원의 종류를 기준으로 인사행정의 유형을 구분하기도 한다. 국가공무원과 지방공무원, 경력직 공무원과 특수경력직 공무원, 기술계 공무원과 사무계 공무원, 그리고 고급공무원과 하급공무원(실무직 공무원·집행계층 공무원)을 각각 대상으로 하는 인사행정을 구분하는 것이 그 예이다.

(1) 엽관체제 엽관체제는 집권정당에 대한 기여와 충성심을 기준으로 공직임용을 결정해야 한다는 엽관주의에 입각한 접근방법이다.

(2) 실적체제 실적체제는 객관적으로 평가된 실적 또는 능력을 기준으로 공직임용을 결정해야 한다는 실적주의에 입각한 접근방법이다.

(3) 대표관료제 대표관료제는 정부관료제의 인적 구성이 사회전체 인구구조의 축도를 반영해야 한다는 원리에 입각한 접근방법이다.

(4) 관리융통성체제 관리융통성체제는 인력운영의 융통성을 높이고 관리체제의 효율화를 도모하려는 접근방법이다.

(5) 직업공무원제 직업공무원제는 공직이 공무원들의 노동력이 있는 동안의 전생애에 걸친 직업으로 될 수 있도록 인사행정을 조직·운영하려는 접근방법이다.

(6) 폐쇄형 인사체제·개방형 인사체제 폐쇄형과 개방형은 정부조직을 구성하는 계서제(階序制: 계층제)의 계층마다 신규채용이 어느 정도나 허용되느냐에 따라 구분한 접근방법이다. 계서제의 중간계층들에도 자유롭게 신규채용이 허용되는 모형이 개방형이며 중간계층의 신규채용이 봉쇄된 모형은 폐쇄형이다.

(7) 교류형 인사체제·비교류형 인사체제 교류형과 비교류형은 공무원의 근무와 경력발전계통이 어느 하나의 기관적 단위에 국한되는지의 여부에 따라 구별한 것이다. 기관 간의 인사교류가 자유로운 모형이 교류형이며 그렇지 않은 모형이 비교류형이다.

(8) 과학적 관리체제·인간관계론적 체제 인사행정의 과학적 관리체제(scientific management system)는 과학적 관리운동의 능률주의에 입각한 체제이며, 인간관계론적 체제(human relations system)는 사회적 능률을 중시하는 인간관계론에 바탕을 둔 것이다.

(9) 정치적 대응성체제 정치적 대응성체제(political responsiveness system)는 정부의 정치적 지도층에 대한 대응성과 책임성을 강화하려는 인사행정체제이다. 이 접근방법이 강조하는 것은 정당적 충성심을 기준으로 하는 엽관적 인사운영이 아니라 행정기관들에 대한 행정수반의 통제력 강화이다.

(10) 노사협상체제 인사행정의 노사협상체제(단체협약체제: collective bargaining system or collective system or bargaining system)는 공무원의 근무조건을 노사협상과 협약으로 결정하는 인사행정체제이다.

(11) 전문가주의적 체제·일반능력자주의적 체제 전문가주의적 체제(specialist oriented system)와 일반능력자주의적 체제(generalist oriented system)는 어느 정도의 전문지식을 가진 사람들이 임용대상으로 되느냐에 따라 구분한 것이다. 전문가주의적 체제는 직무수행에 직결되는 지식·기술을 갖춘 사람들을 임용대상으로 삼으며, 일반능력자주의적 체제는 일반적인 지능과 소양을 갖춘 사람들을 임용대상으로 삼는다.

위의 접근방법들 가운데서 특히 중요하다고 생각되는 몇 가지에 대해서는 다음에 항을 나누어 자세히 설명하려 한다.

저자는 여러 연구인들의 의견을 참고하여 인사행정모형(접근방법)의 레퍼토리를 만들어 보았다. 독자들이 참고할 수 있도록 다른 연구인들의 인사행정유형론 몇 가지를 여기에 소개하려 한다.

Fritz Morstein-Marx는 정부관료제(public bureaucracy)의 유형을 수호적 관료제(守護的 官僚制: guardian bureaucracy), 세습적 계급관료제(caste bureaucracy), 정실관료제

(patronage bureaucracy), 그리고 실적관료제(merit bureaucracy)로 구분하였다. 여기서 수호적 관료제란 종교적 교리나 도덕적 가치를 수호하는 역할을 자임했던 옛날의 관료제이며, 세습적 계급관료제는 관료의 임용에서 세습적 사회계급을 중요한 기준으로 삼는 관료제이다.[2)]

Muriel Morse는 인사제도의 유형을 엽관체제(spoils system), 실적체제(merit system), 복지체제(welfare system), 차별철폐체제(affirmative action system) 등 네 가지로 구분하였다. 복지체제와 차별철폐체제는 사회문제의 해결과 인사행정의 역할을 연관짓는 데서 나온 것들이다. 복지체제는 정부라는 임용구조가 실업자들이 최후로 의지할 수 있는 고용주(employer of last resort)로 되어야 한다는 관념에 입각한 것이다. 공직임용에서 차별대우를 받아오던 인구집단에 대하여 공직취임의 기회를 확대해 주려는 제도가 차별철폐체제이다.[3)]

Nicholas Henry는 정치적 임용체제(political executive system), 실적인사체제(civil service system), 전문직업인체제(professional career system), 노사협상체제(collective system), 차별철폐체제(affirmative action system) 등을 구분하였다.[4)]

Felix A. Nigro와 Lloyd G. Nigro는 복수의 유형론을 제시하였다. 첫째, 인사행정체제의 유형을 엽관체제와 실적체제로 나누고, 실적체제의 발전단계에 착안하여 반엽관주의적 접근방법(fight-the-spoilsman approach), 능률주의적 접근방법(efficiency approach), 인간관계론적 접근방법(human relations approach) 등을 구분하였다. 둘째, 인사행정의 역할에 관한 관점을 분류하면서 실적개념(merit concept)에 입각한 제도, 정치적 보상개념(political reward concept)에 입각한 제도, 필요의 개념(need concept)에 입각한 제도(실업자구제를 도모하는 제도), 그리고 우대의 개념(preference concept)에 입각한 제도(특정한 개인 또는 집단을 우대하는 제도) 등의 구분가능성을 시사하였다. 셋째, 엽관체제, 실적체제, 노사협상체제, 차별철폐체제, 융통성 있는 체제, 그리고 정치적 대응성체제를 구분하기도 하였다.[5)]

Richard A. Loverd와 Thomas J. Pavlak은 미국의 인사행정발전단계를 구분하면서 신사에 의한 정부(government by gentlemen: 귀족적 상류계층으로부터 공무원이 선발되는 제도), 누구나에 의한 정부(government by any man: 보다 보편적이고 민주적으로 공무원이 충원되지만 엽관체제에 연결되는 제도), 실적체제, 그리고 적극적 인사관리체제(positive personnel management)를 분류하였다.[6)]

Michael E. Milakovich와 George J. Gordon은 미국 연방정부 인사행정의 발전단계를 논의하면서 신사(gentlemen)에 의한 정부, 평민(보통사람들: common man)에 의한 정부, 선량한 사람들(the good)에 의한 정부(임용 상의 기회균등과 부패제거를 강조하는 체제), 능률적인 사람들(the efficient)에 의한 정부(실적체제 유지·정치적 중립성·관리 상의 능률을 강조하는 체제), 행정가(administrators)에 의한 정부(행정가들의 정치적 대응성과 대표성을 강조하는 체제), 전문가(professionals)에 의한 정부, 그리고 시민·전문기술자·성과(citizens·experts and results)에 의한 정부(정보화·결과지향성·책임성·소수참여를 강조하는 체제)를 구분하였다.[7)]

II. 엽관체제

1. 엽관체제의 정의

엽관체제(獵官體制: spoils system: SS) 또는 엽관주의체제는 엽관주의에 입각한 인사제도이다.[a] 엽관주의는 집권정당을 위한 기여도와 충성심의 정도 그리고 집권세력이 신뢰하는 수준에 따라 집권한 정당의 추종자들을 공무원으로 임용해야 한다는 원리이다. 이 원리는 공직을 선거에 승리한 정당의 전리품이며 그것은 정당을 지지한 사람들에게 분배되는 보상이라고 보는 관점을 반영한다. 공직임용을 정치적 보상의 차원에서 보려는 발상으로부터 엽관주의는 출발되었다.[8]

정권이 바뀔 때마다 공무원들도 따라서 바뀌는 것을 처방하는 엽관주의는 민주국가의 복수정당제 하에서 실천이 가능하다. 엽관주의는 정권이 바뀌면 새 주인을 따라 들어오는 사람들에게 재직자들은 자리를 내놓아야 한다는 원리 즉 교체임용주의를 내포한다. 그리고 엽관주의는 공무원들이 공직에 머무르는 동안에도 정당적 유대와 충성심을 유지하도록 처방한다.

SS가 추구하는 궁극적 가치는 민주성과 형평성이다. 그 수단적 가치는 정치적·정당적 대응성이다. 귀족적·신분지배적인 정부관료제의 구성을 반대하고 누구나 공직에 임용될 수 있게 해야 한다는 주장을 담고 있기 때문에 그것은 민주성과 형평성을 이상으로 삼는 제도라 할 수 있다. 그러한 이상을 실현하는 방법으로 정당적 임용을 선택하기 때문에 수단적 가치는 정치적·정당적 대응성이라고 하는 것이다. 사실 이러한 수단의 선택은 궁극적 가치의 일부만을 달성할 수 있을 뿐이며 상황에 따라서는 궁극적 목표를 좌절시키기도 한다.

---

a) 엽관주의와 정실주의(情實主義: patronage principle)를 같은 뜻으로 쓰는 사람들이 있다. 엽관주의나 정실주의에 따른 인사행정의 생리가 비슷하기 때문에 이를 동일시하는 경향이 나온 것 같다. 그러나 정실주의는 엽관주의보다 넓은 뜻으로 이해하는 것이 옳을 것 같다. 실적 이외의 요인을 고려하여 관직임용을 행하는 원칙을 정실주의라고 규정하는 것이 보통이다. 여기서 말하는 실적 이외의 요인에는 엽관주의에서 중요시하는 정치적 요인뿐 아니라 혈연, 지연, 개인적 친분 기타의 은정관계(恩情關係)가 포함된다. *cf.*, O. Glenn Stahl, *Public Personnel Administration* (Harper & Row, 1962), p. 26. 혈연 또는 가문을 고려하여 인사를 행하는 원칙은 족벌주의(族閥主義: nepotism)라고 한다.

2. 정당화근거와 약점

1) 정당화근거

SS의 정당화근거 또는 실천적 효용(이점)은 공직의 개방화를 촉진하고 정치적 대응성을 높임으로써 정부관료제의 민주화, 공직임용의 형평성 제고, 그리고 민주정치의 발전에 기여할 수 있다는 것이다.

① **정부관료제의 민주화** SS는 정부관료제의 민주화에 기여한다. 엽관주의적 인사제도는 공무원의 빈번한 교체를 전제로 하기 때문에 보다 많은 사람이 정부의 일에 참여할 기회를 얻는다는 점에서 그렇다는 것이다. 그리고 공직을 널리 개방하여 누구나 담당할 수 있는 것으로 만들어 놓으면 임용기회의 형평성을 높이고, 정부관료제가 일부계층의 독점물로 되어 귀족화하거나 국민으로부터 멀어지는 특권집단으로 되는 것을 막을 수 있다는 것이다.

② **정치적 통제력 강화** SS는 집권정치인들이 공무원들의 높은 충성심을 확보할 수 있고, 따라서 공무원들을 보다 효과적으로 통솔할 수 있게 한다.

③ **민주정치 발전 촉진** SS는 민주정치의 발전에 기여할 수 있다. SS는 정부관료제의 정치적 대응성을 높이고 민주정치의 기초가 되는 정당제도를 유지하는데 보탬이 되기 때문이다.

SS가 쉽게 수용되고 그 이점이 실효를 거둘 수 있으려면 일정한 조건이 갖추어져 있어야 한다. 미국의 경험에서 보는 바와 같이 정당제도를 포함한 민주적 정부제도의 기초를 형성해야 하는 초창기적 요청이 국가적 현안일 때 엽관주의적 수단의 수용은 쉬워진다. 행정업무가 단순하고 업무담당자의 전문화수준이 낮은 것, 공직취임에 대한 경쟁이 덜 치열한 것, 귀족 등 특권계층의 공직독점에 대한 반발이 고조되어 세인의 관심이 그에 집중되는 것 등도 엽관주의적 인사행정의 이점을 부각시키는 조건이 된다.

2) 약 점

SS에는 이론적 한계가 있고 실천적 폐단이 따른다.

① **공평성 상실** SS는 그 실천에 있어서 한편으로 민주성·형평성을 추구하

면서 다른 한편으로는 이를 저해할 수밖에 없는 딜레마를 해결하지 못한다. SS의 취지는 귀속적 신분(歸屬的 身分: ascriptive status) 등 특권적 지위를 공직임용의 조건으로 삼지 못하도록 하고 누구나 공무원으로 될 수 있도록 문호를 개방하자는 것이다. 그러나 그 문호개방은 반쪽짜리 문호개방이며 심각한 차별을 초래할 수 있는 문호개방이다. 집권정당에 연줄이 닿고 정당적 특수이익에 충성하는 사람들만이 공직에 들어갈 수 있으므로 '누구나'로 설명되는 사람의 범위는 한정될 수밖에 없다. 그 범위 밖에 있는 사람들에게 SS의 운영은 민주적이지도 않고 공평하지도 않은 것이다. SS는 선거에 패한 유권자집단의 정당한 이익을 무시하거나 해치는 제도라고 말할 수 있다.

② 계속성·전문성 손상 정권이 바뀔 때마다 대량적인 인력교체가 일어나면 재직하고 있던 사람들의 행정경험을 한꺼번에 내다 버리는 결과를 빚는다. 따라서 공무원들의 경력발전이 좌절되고 행정의 계속성과 전문성이 손상된다.

③ 능률저하와 낭비 행정경험이 없고 무능한 사람들이 정부에 많이 들어가 업무의 능률을 저하시킨다. 정당추종자들을 임용하기 위해 불필요한 관직을 많이 증설하면 정부재정의 낭비를 초래한다. 인력의 잦은 교체도 비능률의 원인이 된다.

④ 관기문란과 부패 공직에 취임할 때뿐만 아니라 그 후의 지위유지나 발전이 정당의 특수이익과 집권자에 대한 개인적 충성심에 달려 있기 때문에 공무원들의 공평한 임무수행을 기대할 수 없다. 공무원들은 정치적 배경을 믿고 일에 게으르고 관기를 문란하게 하거나 공익보다는 개인적인 이익추구에 몰두하기 쉽다. 매관매직·뇌물수수 등이 횡행하는 부도덕한 분위기를 조성할 수 있다. 공무원들은 정당에 대한 헌금요구 때문에 실망하고, 행정수반 등 임명권자들은 너무나 많은 엽관임용 청탁자들 때문에 시달려 지칠 수 있다.

SS의 이점을 부각시키고 그 수용을 쉽게 하는 조건들이 사라지면 실천적 병폐는 더 크게 부각된다. 엽관의 도움 없이도 지탱될 수 있을 만큼 정당들의 자생력이 강화될 때, 특권계층의 공직독점관행이 사라질 때, 공직인사를 둘러싼 부패가 만연될 때, 행정의 전문성이 높아질 때, 엽관주의의 폐해에 대한 시민의식이 고조될 때 SS는 현실세계에서 설 땅을 잃게 된다.

3. 우리나라에서의 엽관체제

현대문명국가에서 SS를 총체적으로 채택하기는 어렵다. 그러나 엽관주의를 완전히 배척할 수도 없다. 집권자들이 믿을 수 있고 충성심을 확보할 수 있는 사람을 써야 할 때, 임용예정직의 자격기준을 객관화하여 시험하기 어려울 때, 그리고 인사운용 상의 실적주의적 제약을 탈피해야 할 필요가 있을 때에는 여러 폐단과 남용의 위험에도 불구하고 한정된 범위 내에서 SS적용을 인정한다.

우리나라에서도 일정한 직역(職域)을 한정하여 실적주의적 임용원칙에 대한 예외를 인정하고, 엽관적 임용의 가능성을 법적으로 승인해 왔다. 그 대표적인 영역이 장·차관 등 정무직의 임용이다. 별정직의 일부, 사실상 노무에 종사하는 자 등에 대한 엽관적 임용도 허용된다. 국영기업 등 준정부적 조직의 고급관리자 임용에도 엽관적 방법 사용의 길을 열어놓았다.

앞으로 정치와 행정의 경계조정이 진행되어 이른바 '정치화'의 영역이 조금씩 넓어지고, 인사행정의 융통성체제화에 대한 요청이 커지면 SS의 적용범위도 넓어질 수밖에 없을 것이다. 엽관적 임용의 수요가 증대하면 그에 대응하는 제도개혁을 해야 한다.

그러나 SS 적용의 확대에 따르는 실천적 과오의 위험이 크다는 점을 확실히 인식해야 한다. 우리는 실제로 여러 가지 폐단을 경험하였다. 특정한 사람에게 자리를 마련해 주기 위한 위인설관의 사례, 무능하거나 사회적 지탄을 받는 사람을 개인적 친분이나 정치적 이익거래 때문에 임용한 사례, 엽관인사의 지역적 불균형을 누적시킨 사례, 엽관인사가 금지된 영역에까지 엽관인사의 영향을 파급시킨 사례 등이 SS운영 상의 실책으로 지적되어 왔다.

엽관임용의 영역을 인정하는 것은 임용권자의 현명한 판단을 전제한다. 임용권자는 자유재량의 범위 내에서 자율규제의 준칙을 지켜야 한다. 임용권자들은 훌륭한 인재를 발굴하고 적재를 적소에 배치해야 한다. 엽관인사라 하여 아무 범절도 없이 마구 해서는 안 된다.

Ⅲ. 실적체제

1. 실적체제의 정의

실적체제(實績體制: merit system: MS)는 실적주의에 바탕을 둔 제도이다. 실적주의는 실적기준(자격에 관한 객관적·중립적 기준)에 따라 인사행정을 해야 한다는 원리이다. MS가 추구하는 기본적 가치는 인사행정의 민주성과 형평성이다. 그에 대한 수단적 가치는 능률성과 공무원들의 권익보호이다.

MS는 산업화사회의 요청에 부응하는 것이다. 그리고 자유주의, 개인주의, 정치·행정 이원론을 배경으로 한다. 이러한 이념들은 실적주의의 실천수단을 처방하는 데 반영된다.

MS의 제도적 요건은 ⅰ) 공직취임의 기회균등 보장, ⅱ) 임용과정에서 공개경쟁원칙과 실적기준의 적용, ⅲ) 재직공무원에 대한 '일에 맞는 보수'(동일노동·동일보수)의 실현과 모든 인사조치의 공평성 실현, ⅳ) 실적기준에 기초한 퇴직관리, ⅴ) 직무수행능력개선을 위한 훈련의 강화, 그리고 ⅵ) 정치적 동기 등으로 인한 자의적 인사조치로부터 공무원의 보호이다.[9)]

MS의 핵심적인 실천수단으로 처방되는 것은 ⅰ) 공개경쟁 채용시험의 실시, ⅱ) 공무원의 정치적 중립과 신분의 보장, 그리고 ⅲ) 정당적 영향력으로부터 중립적인 중앙인사기관의 설치이다.

실적주의를 인사행정의 원칙적인 기준으로 적용해 온 선진국들에서 실천세계의 인사행정은 많은 변화를 겪어 왔지만,[10)] 우리가 여기서 정의하는 것은 전통적 내지 정통적 실적체제모형이다. 정통적인 실적주의는 엽관인사에 반대하는 '반엽관주의', 부당한 압력으로부터 공무원들을 보호하려는 '보호주의', 인사행정에 대한 당파적 영향을 배제하려는 '중립주의'이다. 실적주의는 나쁜 사람이 공직에 들어가 부정을 저지르는 일을 막고 정의와 형평을 실현해야 한다는 도덕적 주장이기도 하다.

2. 정당화근거와 약점

1) 정당화근거

MS는 궁극적으로 인사행정의 민주성과 형평성을 추구한다는 점에서 그 정당화근거를 찾는다. 일정한 조건 하에서 그리고 어떤 측면에서 MS는 그러한 이상의 구현에 기여할 수 있는 것이다.

① **기회균등의 보장** 실적주의적 인사행정은 공직취임의 기회균등을 보장하기 때문에 민주적이다. 객관적인 채용기준을 설정하고, 채용시험을 실시하여 규정된 자격을 구비하고 시험에 합격하면 누구나 공무원이 될 수 있도록 하기 때문에 적어도 공직취임의 기회에 관한 한 형평성을 구현할 수 있다.

② **능률 향상** 시험에 합격하지 못하면 정당적으로 연줄이 닿는 사람이더라도 공무원이 될 수 없으므로 정당적 배경을 믿고 부정을 일삼는 사람이나 무자격한 사람들을 배제할 수 있다. 따라서 실적주의는 공무원의 능력신장과 업무능률 향상에 기여할 수 있다.

③ **행정의 계속성·전문성 향상** 정권교체에 따른 공무원의 대량교체를 막아주기 때문에 행정의 계속성과 공무원의 직업적 안정성을 유지할 수 있다. 이것은 행정의 전문화를 촉진한다.

④ **도덕성 향상** 실적주의는 정의와 형평을 추구하는 것이며, 정부 내에 '도덕적인 분위기'를 조성한다.

엽관인사가 타락하고 정실인사의 폐단이 심해 이를 시정해야 할 필요가 큰 경우, 그리고 인사행정의 통일성 확보가 절실히 요청되는 경우 MS의 효용은 커진다. 정부관료제의 거대화, 복잡성의 증대, 행정업무의 전문화 촉진과 같은 조건도 MS의 이점을 부각시킨다. 민주주의가 발달하고 보편주의적 이념에 대한 국민적 지지가 확대되는 것, 그리고 산업화의 촉진에 따라 정부관료제가 민간산업활동의 안정적 기반이 되어줄 필요가 커지는 것도 MS 발전을 돕는 중요한 조건이다. 종합하건대 MS는 산업화시대의 경제적·정치적·도덕적 요청에 부응하려는 제도라 할 수 있다.

2) 약 점

MS는 그 본래적 특성 때문에 또는 운영 상의 문제 때문에 여러 가지 실천적 폐단을 빚을 수 있다.

① **소 극 성** MS는 인사행정을 소극적·부정적 기능으로 전락시키기 쉽다. 나쁜 사람들이 공직에 들어오지 못하도록 하는 데 급급하다 보면 좋은 사람들을 공직에 끌어들이고 인사운영을 효율화하는 데는 소홀해질 수 있다.

② **불신과 통제** 정부의 인사기능을 고립적이고 배척적이며 경찰적인 것으로 만들 가능성이 크다. 중앙인사기관의 인사행정담당자들은 정부관료제 외부의 적에 대하여 방어적일 뿐만 아니라, 계선기관의 임명권자나 인사운영자들도 불신하고 통제를 강화하려 하기 때문에 정부 안에 불신과 비협조의 분위기가 조성된다. 불신과 통제는 세세한 규칙·절차를 양산하고 그로 인한 번문욕례는 인사운영의 효율성을 떨어뜨린다.

③ **집권화의 폐단** 통제 위주의 감시활동을 일방적·집권적으로 수행하기 때문에 인사행정은 번문욕례에 휘말리고 경직화된다.

④ **대응성 약화** 인사행정과 공무원을 중립화함으로써 공무원들이 정권을 맡은 리더십의 정책방향과 국민의 요망에 무감각하게 되는 경향을 조장한다. 정치적 간섭으로부터 공무원을 보호하기 위해 신분보장을 포함한 보호조치를 지나치게 강화한 나머지 인사운영의 적응성·융통성을 약화시킨다는 비난도 있다.

⑤ **형평성 추구의 형식성** MS는 인사행정의 형평성보장에서 기회와 가능성에 초점을 맞춘다. 따라서 실현된 또는 결과로서의 형평성을 보장하지 못한다. 기회의 형평성에만 매달려 실질적으로는 비형평성과 차별을 오히려 심화시킨다는 비판도 있다.

정보사회화의 진전에 따라 커져가는 탈관료화에 대한 요청, 차별철폐의 실질화에 대한 요청, 인사행정의 분권화와 신뢰체제구축에 대한 요청, 인사운영의 융통성에 대한 요청이 커질수록 MS 적용의 폐단은 더욱 크게 부각된다.

3. 우리나라에서의 실적체제

우리나라에서는 정부수립 이후 줄곧 MS를 원칙적인 인사행정제도로 채택해 왔다. 우리 정부의 실적주의제도 역시 위에서 지적한 병폐들을 다소 간에 공유한다.

우리나라에서 특히 문제로 되었던 것은 형식주의이다. 실적주의의 원리가 선언된 곳에서 오랫동안 정실주의가 폐단을 빚었다. 인사운영의 실제에서 실적주의를 이탈하는 현상이 만연되는 데 대한 반작용으로 공식적인 제도 설정에서는 실적주의를 과잉추구하게 되었고 그것은 현실과의 괴리를 크게 하여 다시 형식주의를 증폭시켰다. 운영 상의 실책으로 인해 실적주의는 양적 복종과 업무수행의 형식화를 조장했다는 비난도 있다.

오랫동안 행정개혁처방의 주류는 공무원의 정치적 중립성을 강화하고, 공무원의 신분보장을 강화하고, 관리자들의 재량을 봉쇄할 수 있도록 인사기준을 객관화하는 것이었다. 비교적 근래에 그러한 처방들에 대한 반성의 소리가 커져 왔고 일부 수정적 제도들의 도입이 진행되었다. 근래에 도입되기 시작한 수정적 제도들이란 대표성, 융통성, 정치적 책임, 힘 실어주기 등에 대한 요청이 날로 커져가는 시대적 상황에 부응하려는 조치들을 말한다.

IV. 대표관료제

1. 대표관료제의 정의

대표관료제(代表官僚制: representative bureaucracy: RB)는 모든 사회집단들이 한 나라의 인구 전체 안에서 차지하는 수적 비율에 맞게 정부관료제의 직위들을 차지해야 한다는 원리가 적용되는 인사행정체제이다. RB는 인적 구성면이나 정책지향면에서 사회 전체의 축도(縮圖)처럼 되어 있는 관료제이다. 즉 사회세력판도 전체의 축소판과 같은 정부관료제가 RB이다.[b)]

---

b) 이 방면의 연구인들은 대개 Kingsley의 저서에서 대표관료제이론의 출발점을 찾는다. J. Donald Kingsley, *Representative Bureaucracy* (Antioch Press, 1944). Kingsley는 대표관료제를 "사회 내의 중

RB는 인종·성(性)·직업·계층·지역 등 여러 기준에 따라 분류되는 국가 전체의 부문별 인구를 고루 흡수하는 인적 대표성을 지닌다. 대표성은 '비례적인 것'이다. 즉 정부조직 내에서 특정한 인구집단이 차지하는 인력규모는 그 출신집단이 전체인구에서 점하는 규모에 비례한다. 각 인구집단은 정부조직 내의 모든 계층과 직업군에 비례적으로 대표된다.[11)]

그와 같은 인력의 비례적인 대표성을 피동적 대표성(소극적 대표성: passive representativeness)이라 한다. 피동적 대표성은 능동적 대표성(적극적 대표성: active representativeness)으로 연결될 것이 기대된다. 즉 사회 전체의 인구구조를 비례적으로 대표하는 RB 내의 각 집단은 출신인구집단의 가치와 이익을 대표할 것이 기대된다. 각 집단의 능동적 대표행위는 상호견제를 통해 관료조직의 내적 통제작용을 하며, 조직 전체가 소속사회의 공익을 추구하도록 하는 데 기여한다. 이러한 이론은 피동적 대표성(인구학적·사회적 대표성)이 능동적 대표성(정치적·정책적 대표성)을 보장한다는 것을 전제한다. 이 전제는 행정책임을 주관적이며 심리적인 현상으로 이해하는 입장에 결부된 것이다.

RB는 다른 어떤 인사행정모형보다 '실현된' 민주성·형평성에 대한 열망이 강하게 반영된 모형이다. 이 모형은 명목적인 또는 기대된 형평성이 아니라 결과적인 형평성의 구현을 강조한다. RB는 산업화과정에서 빚어진 불균형성장의 폐단과 행정국가화과정에서 빚어진 민주성침해의 폐단 그리고 실적체제의 폐단에 도전하는 급진적 접근방법이다.

1) 이념적 기반

RB의 원리는 사회적 비혜택집단을 도우려는 복지주의 그리고 진보적 자유주의, 집산주의와 성과주의를 기반으로 하는 것이다. 그리고 사회적 형평성의 구현을 강조한다. 형평성의 추구과정에서 역차별을 저지르기도 한다. 차별·비차별의 결정에서 사회집단을 준거로 삼기 때문에 연좌제적(連坐制的) 특성도 지닌다.

RB가 그 기반으로 삼는 진보적 자유주의와 평등주의는 평등을 근본적이며 의도적인 공평성이라고 규정한다. 진보적 평등주의는 기회가 모든 사람에게 참으

요한 세력들을 반영하는 관료제"라고 정의하였다.

로 평등하려면 개인들 사이의 불평등을 정부가 시정해 주어야 한다는 점을 강조한다. RB를 처방하는 사람들이 진보적 평등의 이념에 의지하는 까닭은 개인의 직업적 성공에는 개인의 특성이나 노력뿐만 아니라 역사적·사회적 배경과 조직상의 여러 요인이 함께 영향을 미친다고 보기 때문이다.

2) 실적체제와의 관계

RB가 추구하는 이상은 정부관료제의 공익추구와 임용기회의 형평성을 보장하려는 실적주의의 이상과 상충되는 것이 아니다. 다만 실천적으로 전통적인 실적주의적 기법과 RB의 차별철폐기법이 충돌할 수 있다. 실적주의는 개인의 자격에 초점을 맞추지만, RB의 원리는 사회집단들의 필요에 역점을 두고 집산주의적 접근(集産主義的 接近: collectivist approach)을 하려 하기 때문이다.

실적체제는 가장 우수한 자격자를 선발하려 하며, 자격은 정치적·사회적 고려 없이 중립적으로 규정하려 한다. RB의 원리는 인사행정에 사회적 고려를 도입하고, 적어도 잠정적으로는 일부 사회집단구성원을 우대하려 한다. 인사행정의 실제에서 RB의 원리에 따라 우대받는 사람 때문에 보다 우수한 실적평가를 받은 임용후보자가 탈락하는 경우(역차별을 받는 경우), 실적주의와 RB의 원리가 충돌하는 일이 벌어진다.

RB의 원리에 따른 비혜택집단의 보상적 우대는 혜택받아 온 집단의 구성원들이 누려왔던 불공평한 이득 또는 우대를 제거할 뿐이라고 역차별을 옹호할 수도 있다. 그러나 역차별이 인종주의적·성차별주의적이고 비능률적이며 부도덕한 것이라는 비판도 무시하기 어렵다.

RB의 원리에 입각한 차별철폐 노력이 역차별을 가져오는 경우의 딜레마를 방지 또는 해소하기 위해 여러 방안들을 탐색하고 있다. 역차별의 효과를 최소화할 수 있는 방안들이 발전되면 RB와 실적체제의 조화수준도 높아질 것이다. 그리고 실적주의적 절차와 도구들만으로도 공직임용의 형평성 구현이 만족스럽게 되는 날이 온다면 RB의 행동수단들은 물론 필요 없게 될 것이다.

2. 대표관료제의 실현 방안

정부관료제의 전국민에 대한 정책적 대표성과 대응성을 높여 공익을 추구하게 하는 전략을 탐색할 수 있는 영역은 실로 광범하다. RB를 발전시키는 방안은 여러 전략 가운데 하나임에 불과하다. 그 밖의 전략영역으로는 보편주의적 문화의 발전, 정치적 리더십의 국민대표성 강화, 입법적·대중적 통제의 강화, 공무원들의 윤리성 향상 등을 들 수 있다. 정부관료제의 진정한 대표성과 대응성이 확보될 수 있으려면 많은 전략영역의 협동이 필요하다.

RB의 구현은 공무원의 임용과 발전의 기회균등을 보장하려는 인사행정 상의 방책이다. 여기에는 적극적으로 기회균등을 보장하려는 노력과 이미 빚어진 차별의 효과를 제거하려는 노력이 함께 포함된다.[c)]

구체적인 방책을 보면 다음과 같다.

① 모집의 적극화 모든 인구집단을 대상으로 모집활동을 적극화한다. 특히 비혜택집단의 구성원들이 모집통로에 접근할 수 있도록 각별한 노력을 경주한다. 그리고 기회균등의 실현에 장애가 될 지원자격기준은 폐지한다.

② 선발방법의 타당성 제고 채용시험 등 선발방법의 타당성을 높여 선발과정에서 빚어질 수 있는 차별을 방지한다.

③ 훈련기회의 확대 비혜택집단출신 공무원의 지위상승 등 발전을 돕기 위해 교육훈련기회의 배분에서 그들을 우대한다.

④ 공평한 근무성적평정 근무성적평정에서는 직무수행의 기준과 기대를 공평하게 적용한다.

⑤ 직위분류의 재평가 비혜택집단출신 공무원의 지위상승을 촉진하기 위해 직위분류를 재평가한다.

⑥ 내부임용의 차별철폐 승진과 배치전환을 결정할 때 차별적인 사고방식과 관행을 타파한다.

---

c) 차별(差別: discrimination)이란 동등한 사람을 동등하게 취급하지 않는 것을 말한다. 고의 또는 과실로 개인의 성, 인종, 피부색, 연령, 과거의 국적, 종교, 육체적 장애, 기타 타당성 없는 기준 때문에 임용과 발전의 기회를 제한하는 행동이 차별이다.

⑦ **임용 상의 우대** 임용결정에서 동등한 조건이면 비혜택집단출신의 후보자에게 혜택을 준다.

⑧ **임용할당제 실시** 정부관료제 내의 모든 계층과 직업분야에 대한 임용의 비례적 대표성을 강제하기 위해 임용할당제(任用割當制: employment quota system)를 적용한다. 이 방안은 매우 강경하고 극단적인 것이며, 실적주의와의 마찰가능성 때문에 논란의 대상이 되고 있다.[d)]

⑨ **이의제기절차의 강화** 인사 상의 차별에 관한 고충처리절차를 수립하고, 그에 결부된 소송제기의 길을 넓힌다.

미국에서는 고용평등조치(雇傭平等措置: Equal Employment Opportunity)와 차별철폐조치(差別撤廢措置: Affirmative Action)가 RB 추진의 중심적인 수단이 되어 왔다. 이런 정책들은 인사행정에서 모든 차별을 제거하고 과거의 차별로 인한 불평등효과를 치유하려는 것이다.

고용평등조치는 인종, 피부색, 성별, 종교, 연령, 과거의 국적 기타 합법적인 임용기준으로 될 수 없는 요인을 기초로 어떤 개인을 불리하게 취급하거나 그의 임용기회를 박탈하는 것을 효과적으로 막기 위한 일련의 인사정책·절차·운영방법을 지칭한다. 고용평등조치의 대상과 방법은 광범하다. 정부부문뿐만 아니라 민간부문의 임용구조에도 여러 가지 통제기준을 제시하고 있다.

차별철폐조치는 과거의 차별로 인한 현재의 효과를 제거하려는 목적 하에 비혜택집단의 구성원들을 적극적으로 채용·승진시키도록 하는 구체적 노력이라 할 수 있다. 차별철폐조치는 현재의 고용기회평등을 보장하는 데서 한걸음 더 나아가 과거의 차별효과까지 치유하기 위해 비혜택집단의 구성원들을 우대하는 조치이다. 차별철폐조치는 과거의 차별로 인한 효과가 없어질 때까지 비혜택집단에게 보상적 기회(compensatory opportunity)를 제공함으로써 보상적 정의를 구현하려는 조치이다. 고용평등조치는 현재의 차별을 방지하려는 소극적 시책인 반면 차별철폐조치는 과거의 잘못까지 시정하려는 적극적·공격적·결과지향적 시책이다.

d) 여기서 할당제란 정부관료제의 인적 구성이 비례적 대표성의 요건을 충족시킬 때까지 비혜택집단 사람들을 우대하기 위해 시험성적과 같은 전통적 임용자격기준을 완화하거나 포기하는 제도이다. 임용할당제는 비례적 대표성 구현의 수량적 목표와 시간계획(시한)을 규정한다. 이러한 제도의 시행에서는 '온당한 할당'(reasonable quota)의 요건을 갖추도록 노력해야 한다. 할당제의 적용이 유일한 해결책일 것, 임시적일 것, 규정된 목표에 관련될 것, 임용 상의 혜택을 누려 온 집단의 이익을 필요 이상으로 침해하지 않을 것 등이 온당한 할당의 요건이다.

3. 정당화근거와 약점

1) 정당화근거

RB의 필요성을 강조하고 RB실현의 정당화근거를 제시하는 논점은 여러 가지이다.

① **민주적 대표성 제고** RB는 정부관료제의 대표성을 높인다. RB의 발전은 정부관료제를 정치적 대표과정에 끌어들여 그 대표성을 높이고 민주적 서비스를 촉진한다.

② **대중통제의 내재화** 내적 통제를 강화할 수 있다. RB는 대중통제를 정부관료제에 내재화시킬 수 있다. 공무원들은 사회화의 과정을 통해 자기 출신집단의 가치와 이익에 대한 '심리적 책임'을 지려 하기 때문에 서로 견제하여 내적 통제를 강화한다.

③ **형평성의 실질적 보장** 인사 상의 형평성을 적극적·결과적으로 보장할 수 있다. RB는 모든 사회집단의 실질적인 기회균등을 적극적으로 보장하는 데 기여한다. 특히 혜택받지 못한 불우한 소수집단들에게 기회균등을 보장하고 그들의 지위상승을 돕는다. 이것은 사회정의구현에 기여하고 사회통합을 촉진한다.

④ **실적체제의 폐단 시정** 실적주의적 인사행정이 빚어놓은 폐단을 시정할 수 있다. 합리주의와 능률주의를 지향한 실적주의는 공식적으로 또는 형식적으로 공직취임의 기회균등을 추구하는 것이었지만, 실질적으로는 여러 가지 차별을 가져왔다.[e] RB는 그러한 실질적·결과적 차별을 제거해 준다.

사회적 불평등의 폐해·행정국가화의 폐단·실적주의적 인사행정의 폐단이 심각하고, 행정에 대한 시민참여·정부관료제의 민주화·고객중심주의적 행정서비스에 대한 요청이 큰 상황에서는 RB의 이점과 효용이 돋보이게 된다.

---

e) 실적주의적 인사행정이 차별을 조장한 까닭은 여러 곳에서 찾아볼 수 있다. 우선 실적주의적 원리에 입각한 임용시험들이 차별의 결과를 빚었다. 왜냐하면 그러한 시험들이 평가대상으로 삼는 지식·기술 등을 배울 수 있는 기회가 사회집단 간에 불평등하게 배분되어 있기 때문이다. 실적체제의 도구인 임용후보자의 배수추천(복수추천), 감원절차 등은 비혜택집단을 차별하는 도구로 되는 경우가 많았다. 그리고 비혜택집단의 구성원들이 정부의 모집망에 접근하는 기회도 제약되어 왔다.

2) 이론적 맹점과 실천적 폐단

RB의 필요성 또는 정당성을 주장하는 이론의 맹점, 그리고 RB 구현을 위한 처방이 초래할 실천적 폐단을 지적하는 주요 논점은 다음과 같다.

① **피동적·능동적 대표성의 연계에 대한 의문** 공무원의 피동적 대표성이 능동적 대표성을 보장한다는 전제는 허구적인 것이다. 공무원의 출신배경만이 그의 가치관이나 직무행태 등 모든 것을 결정하는 것은 아니다. 임용절차, 조직 내의 사회화 과정, 법령·규칙, 동료 간의 사회적 압력 등이 공무원들의 직무행태에 영향을 미친다.[12] 정부관료제가 정책입안의 한 출처임에는 분명하지만 주된 출처로 볼 수는 없다. 그리고 권력은 관료제 전체에 균등하게 배분되어 있지 않다. 정치·행정 엘리트들의 연합이 정책결정과정의 주요 부분을 통제한다. 이런 이유들 때문에 RB의 대표성은 피동적 대표성에 그칠 가능성이 크다.

② **집단이기주의의 폐단** 정부관료제가 정책에 영향을 미치는 범위 내에서도 공무원들이 능동적 대표성을 발휘하여 출신집단별로 자기편만 드는 경우 집단이기주의라는 폐단이 빚어진다. 집단별 대표성의 강조는 집단별 분리주의를 조장할 수 있다. 이것은 다원주의의 확인이라기보다 사회적 해체의 조장이라 할 수 있다.

③ **개인적 자유의 제약** RB는 '천부적 자유'(natural liberty)의 개념에 어긋난다. 개인의 존엄성, 권리와 자유는 개인을 위해, 개인을 준거로 규정하는 것이 자유주의이다. 개인보다는 집단에 역점을 두는 RB의 원리는 자유주의에 배치되는 것이다. RB의 원리는 개인적 선택에 대해 인위적인 간섭을 하게 만든다.[f]

④ **전문성·생산성의 저하** RB는 행정의 전문성과 생산성을 저하시킨다. RB는 능력·자격을 이차적인 기준으로 삼기 때문이다.

⑤ **역 차 별** RB는 역차별(逆差別: reverse discrimination)을 초래하고 사회분열을 조장한다. 차별철폐의 추구가 역설적으로 또 다른 차별을 만든다.[g] 역차별

---

f) 이로 인해 차별철폐조치 특히 임용할당제는 위헌논쟁에 휘말릴 수 있다.

g) 비혜택집단(소수집단)의 소속원으로 분류된 사람들 가운데는 실제로 차별의 희생자가 아니면서도 차별철폐조치 때문에 우대되는 사람들이 있을 수 있다. 그런가하면 타인에 대한 차별을 저지르지 않은 사람들이 역차별의 피해를 입을 수 있다. 역차별에 의한 우대로 공직에 채용된 사람은 그것이 오점(stigma)으로 되고 조직 내의 경력발전과정에서 다시 차별받을 수 있다. 이 경우 역차별의 악순환을

을 받은 사람들이 제기하는 법적 다툼이 되풀이될 가능성이 있다.

⑥ **기술적 애로** RB의 실현에는 여러 가지 기술적 애로가 따른다. 우선 공무원의 수적 구성에서 인구비례의 정태적 균형을 유지하는 것은 기술적으로 매우 어렵다. 사회의 인구구조가 변동할 뿐만 아니라 조직은 동태적인 것이어서 직원이 끊임없이 들어오고 나가며 내부이동을 하기 때문이다. 어떤 사람이 어떤 사회집단의 소속원인가를 결정하는 것조차 쉬운 일이 아니다.[h]

자유주의와 시장적 경쟁이 강조되고, 사회적 불평등이 심각하지 않은 상황에서 정부감축·생산성향상에 대한 관심이 고조되면 RB의 부정적 측면이 더 부각될 수 있다.[13]

4. 우리나라에서의 대표관료제

오늘날 어느 나라에서나 국민이 정치행정적으로 더 많이, 그리고 더 균등하게 대표되어야 한다는 요청은 커지고 있다. 따라서 RB에 대한 관심도 커져가고 있다. 그러나 구체적인 정치·사회적 특성과 역사적 배경이 다름에 따라 RB의 필요성이나 차별로부터 보호하려는 피보호계층(protected classes)은 서로 다를 수 있다.

우리나라는 다인종국가들의 경우에 비해 비혜택집단, 불우집단 또는 소수집단에 대한 정책차별·임용차별문제의 심각성이 덜하다는 평가를 할 수도 있을 것이다.[i] 그러나 전통적인 인습으로 인한 임용차별이 음으로 양으로 잔존해 있다.[j] 근래에 새롭게 심각해지거나 중요시하게 된 차별문제들도 있다.

우리 정부는 성(性)에 따른 차별, 지역연고주의로 인한 차별, 학벌에 따른 차별, 소득격차에 따른 차별, 장애인에 대한 차별, 기술계인력에 대한 차별 등을 심

말할 수 있다.

h) 이러한 기술적 애로를 피하고 차별철폐요건을 완화하기 위해 비교인구집단을 지원자격을 갖춘 노동인구, 특정지역 내의 유자격 노동인구, 지원자집단 등에 국한하는 방법이 쓰일 수 있다.

i) 우리나라에도 외국인의 이주가 늘어나고, 외국인·타민족과 결혼하여 이룬 이른바 다문화가족이 급속히 늘어나고 있다. 이들에 대한 차별이 머지않아 사회문제화될 가능성이 있다.

j) 인습적인 차별은 대개 법외적·비공식적인 것들이다. 잘 보이지 않는 비공식적 차별을 '유리천장'(glass ceiling), '끈적끈적한 바닥'(sticky floor) 또는 유리벽(glass wall)이라고 부르기도 한다.

각한 문제로 인식하고 대응책을 모색해 왔다.[k]

정부는 남녀 간 차별문제에 우선적인 주의를 기울이고 남녀고용평등을 촉진하기 위한 여러 가지 법률을 시행해 왔다.[l] 그리고 공무원 채용시험에서 합격자의 성비(性比) 불균형을 완화하기 위해 여성채용목표제를 시행하기도 하고, 남녀 구별 없는 차별철폐를 위해 양성평등채용목표제를 시행하기도 하였다.[m] 여성관리자의 비율을 늘리는 장기계획을 수립하기도 했다.

공직임용에서 폐단을 빚은 지역연고주의와 지역불균형을 타파하기 위해 노력해 왔다. 정무직 공무원 등 고위공직의 임용에서는 지역안배라는 비공식적 기준을 다소간에 고려해 왔다. 6급 이하 공무원의 채용에서는 지역인재추천채용제를 시행하고 있다. 이것은 지역별로 고등학교 이상 졸업자나 졸업예정자를 학교장의 추천을 받아 수습과정을 거쳐 6급 이하의 공무원으로 임용하는 제도이다. 5급공채시험에서 지방인재채용목표제를 실시하기도 했다. 여기서 지역 또는 지방이라고 하는 것은 서울 이외의 지방을 지칭한다.

행정직과 기술직 간의 불균형을 시정하고 이공계인력 육성을 촉진하기 위해 우수과학인력 특별채용 정례화계획을 수립하고 이공계출신자의 공직임용기회를 확대하기 위해 노력해 왔다. 장애인 취업지원, 고용상의 장애인차별금지, 정부와 민간부문 조직들이 의무적으로 채용해야 할 장애인 직원의 비율 등을 규정하는 입법을 하고, 정부는 장애인 채용비율을 점차 늘려 왔다. 정부는 저소득층의 경제적 자립을 돕기 위해 저소득층구분모집제를 실시하고 있다. 이것은 9급공무원 등 하급직원의 공개채용에서 일정비율을 기초생활보장수급자와 저소득 한 부모가족

---

k) 「국가공무원법」 제26조는 능력의 실증에 의한 임용의 원칙(실적주의 원칙)을 선언한 다음 "국가기관의 장은 대통령령 등으로 정하는 바에 따라 장애인·이공계 전공자·저소득층 등에 대한 채용·승진·전보 등 인사관리 상의 우대와 실질적인 양성 평등을 구현하기 위한 적극적인 정책을 실시할 수 있다"고 규정함으로써 대표관료제적 임용정책 추진의 길을 열어 놓았다.

l) 우리나라에서 여성의 지위향상과 발전을 지원하는 입법활동은 활발한 편이다. 성별에 따른 차별을 금지하는 헌법조항을 구현하려는 법률의 예로 「남녀고용평등과 일·가정 양립 지원에 관한 법률」, 「여성발전기본법」, 「가족친화 사회환경의 조성 촉진에 관한 법률」, 「건강가정기본법」, 「근로기준법」, 「근로자 참여 및 협력 증진에 관한 법률」, 「양성평등기본법」 등을 들 수 있다.

m) 2003년부터 한시적으로 실시한 양성평등채용목표제는 공무원의 공개경쟁채용시험과 일부 경력경쟁채용 등 시험(특별채용시험)에서 합격자가 모집단위별로 전체의 일정 비율에 미달하는 남성 또는 여성 응시자에게 가산점을 부여해 합격자의 성비를 조정하는 제도이다.

으로 채용하는 제도이다.

V. 관리융통성체제

1. 관리융통성체제의 정의

관리융통성체제(管理融通性體制: management flexibility system: MFS)는 변화하는 요청에 효과적으로 대응할 수 있도록 운영 상의 융통성을 높인 인사행정모형 또는 접근방법이다.[14)]

MFS는 변화하는 요청에 기민하게 대응할 수 있는 융통성을 지닌 인사행정체제이다. 그러한 융통성은 다원적이며 통합적인 것이다. 어느 한 국면에 한정된 융통성만을 지칭하는 것이 아니다. 인사행정체제를 구성하는 하위체제들의 개별적·다원적 융통성이 상호지원적인 통합적 융통성을 형성해야 MFS의 요건을 갖추게 된다.

MFS는 관리체제 전체와의 연계가 강화된 인사행정체제이다. 인사행정은 중앙관리기능과 계선관리자들의 관리기능에 긴밀히 연대하여 포괄적 융통성체제를 구축한다. MFS에서 중앙인사기관은 행정수반의 관리도구가 되며 각급 계선관리자들의 관리기능을 돕는다. 중앙인사기능의 역점은 규제적인 것으로부터 봉사적인 것으로 이동한다. MFS는 인사운영에 대한 중앙통제를 줄이고 계선관리자들이 인사기능을 보다 많이 장악할 수 있게 한다.[n)]

n) 관리융통성체제에 대한 처방은 '해방관리'(liberation management)라고 불리기도 하는 행정개혁사조에 부합되는 것이다. 근래에 광범한 파급력을 보여 온 이 탈규제적 개혁사조는 직원에 대한 힘 실어주기, 자율관리팀의 육성, 계서적 구조의 저층화, 지속적 개혁, 고객위주의 서비스, 업무성과의 중시, 인사기능의 분권화 등을 지향한다. Evan M. Berman, James S. Bowman, Jonathan P. West, and Montgomery R. Van Wart, *Human Resource Management in Public Service: Paradoxes, Processes, and Problems*, 5th ed. (Sage, 2016), p.25; 오석홍, 행정개혁론, 제10판 (박영사, 2020), 200쪽.

2. 관리융통성체제의 실현방안

경직성체제를 융통성체제로 전환시키려면 포괄적 연관성을 중시하는 통합적 접근을 해야 한다. 그러기 위해서는 먼저 성과중심적 인사원리를 확립하고 융통성체제 친화적인 행정문화 발전, 관리체제 전반의 융통성 제고 등 일련의 전제적 내지 동반적 개혁을 추진해야 한다. 그리고 인사행정의 여러 활동국면에 걸친 연관적 개혁을 추진해야 한다.

인사행정의 활동국면별 개혁방안은 i) 직업구조형성의 경직성·보수성을 타파하는 것, ii) 조직설계·직무요건·기술의 변화와 고용관계의 다양화에 대응할 수 있도록 채용기능의 적응능력을 향상시키는 것, iii) 근무시간계획과 휴가 프로그램의 유연성을 높이는 것, iv) 임용방법 배합의 상황적응성 제고·내부임용방법 선택기능의 분권화·경력통로 다원화를 통해 내부임용의 융통성을 높이는 것, v) 퇴직관리를 효율화하고 신분보장을 완화하는 것, vi) 교육훈련의 수요민감성을 높이는 것, vii) 성과관리를 지원할 수 있도록 근무성적평정제도를 효율화하는 것, viii) 보수관리의 융통성을 높이는 것, ix) 내재적 동기유발 프로그램을 강화하는 것, x) 행동규범의 경직성을 완화하는 것 등이다.

3. 정당화근거와 약점

1) 정당화근거

MFS의 이점 내지 정당화근거는 다음과 같다.

① **대응성·생산성 향상** MFS의 기본적인 정당화근거는 인사행정뿐만 아니라 행정체제 전반의 대응성과 생산성을 높이는 것이다.

② **힘 실어주기의 촉진** 계선관리자들의 인사기능에 관한 힘 실어주기를 촉진한다. 힘 실어주기는 그들의 조직장악력과 업무수행의 효율성을 높일 수 있다.

③ **소비자중심적 봉사의 촉진** 업무의 수요와 공급을 연결하는 데 장애가 되는 요인들을 제거해 준다. 따라서 소비자중심적인 봉사를 촉진한다.

④ **기능별 효용** 인사행정의 기능별 융통성제고에 따르는 이점들은 여러 가

지이다. 예컨대 보상체제의 적응적 운영은 보상의 성과대응성을 높이고 이것은 사기진작에 기여한다. 임용절차와 방법의 융통성은 모집활동을 원활하게 한다. 사무실 등의 융통성 있는 활용은 고정비용을 감소시킨다.

인사행정의 융통성 증대를 요구하고 또 융통성 증대의 효용을 크게 하는 조건은 i) 체제전반의 격동성, ii) 경쟁의 격화, iii) 탈관료화의 요청, iv) 정부규모 축소의 요청, v) 고객중심주의의 확산, vi) 인적자원의 다양화, vii) 여성 취업의 확대, viii) 기술요건의 급속한 변동과 복합기술적·다기술적 작업집단의 역할증대, ix) 비정규직원의 필요성 증대, x) 근무방법 다원화에 대한 요청의 증대 등이다.

2) 약 점

MFS의 시행에는 다음과 같은 위험 또는 폐단이 따를 수 있다.

① 복 잡 성 MFS의 실행은 인사행정을 복잡하게 만들고 혼란을 조성할 위험이 있다.

② 계선관리자들의 일탈 가능성 계선관리자들의 자의적인 인사운영이나 실책이 문제로 될 수 있다.

③ 관리비용 증가 인적자원의 유동성 증대는 임용비용, 훈련비용 등 관리비용을 증대시킬 수 있다.

④ 처우의 불균형 초래 융통성 있는 재량적 보상결정에서 처우의 불균형을 초래할 수도 있다.

⑤ 경력관리와 사기관리의 애로 경력발전기회의 감소, 직업적 안정성의 위축, 단체정신의 상실, 스트레스 증가 등의 문제를 야기할 수도 있다.

4. 우리나라에서의 관리융통성체제

우리나라의 인사행정은 전통관료제적 폐쇄성과 보수성을 유산으로 물려받았다. 그 위에서 발전해온 실적체제는 산업화시대의 통제지향적 실적주의를 반영하는 것이었다. 공식적 처방은 중립성·객관성·신분안정·집권화·표준화의 노선을 강조해 왔다.

최근에 이르러 인사행정체제의 융통성을 높이려는 개혁사업이 상당한 조직력을 보이고 있다. 인사운용기관에 대한 임용권의 위임 확대, 직급확장, 고위공무원단제도 도입, 팀제 도입, 계약에 의한 개방형 임용제 실시, 총액인건비제 실시, 성과급 확충, 정부 내 인사교류의 확대, 정부와 민간 사이의 인사교류 촉진, 직위공모제 실시 등을 그 예로 들 수 있다.

그러나 이런 전략들이 정착되어 실효를 거두려면 상당한 기간의 시행착오를 거쳐야 할 것이다. 경직성체제의 안정성을 깨고 융통성체제의 유동성을 도입하는 데는 많은 고통, 기술적 장애, 저항이 따를 것이다. 이러한 어려움에도 불구하고 인사행정의 융통성을 높이도록 압박하는 조건은 커지고 있음을 직시해야 할 것이다.

VI. 직업공무원제

1. 직업공무원제의 정의

직업공무원제(職業公務員制: career civil service system: CCSS)란 정부조직에 종사하는 것이 공무원들의 전생애에 걸친 직업으로 될 수 있도록 조직·운영되는 인사제도를 말한다. 다시 말하면 공직을 명예로운 직업으로 알고 학교를 갓 졸업한 젊은 나이에 공직에 들어가 그 안에서 성장하고 상급직에 진출하면서 노동능력이 있는 동안의 전생애를 보낼 수 있도록 하는 인사제도를 CCSS라 한다.[15)]

CCSS에서는 학교를 갓 졸업한 젊은 사람들을 공무원으로 선발한다. 공직에 지원하는 사람들의 학력·연령요건은 비교적 엄격히 규정된다. 선발의 기준으로는 채용당시의 직무수행능력보다 장기적인 발전가능성(잠재력)이 더 중요시된다. 계급구조의 하위계층에 채용된 공무원들은 서서히 상위계급으로 승진하면서 연령정년이 될 때까지 근무할 것이 기대된다. 그러나 공직의 행동규범에 어긋나거나 무능한 공무원은 중도에서 공직으로부터 배제된다. 상위계급에 진출하기 위한 공무원들 사이의 대내적인 경쟁은 심한 반면 외부로부터의 경쟁은 제도적으로 차단된다.

CCSS는 계급제, 폐쇄형 임용체제, 일반능력자주의, 그리고 종신고용제에 입각한 제도이다. 공무원의 신분과 지위를 중요시하는 CCSS는 변화보다는 안정을 지향하는 전통적 관료제의 구성원리와 요청에 부합하는 모형이다. CCSS는 직위분류제, 개방형 임용체제, 그리고 전문가주의를 특색으로 하는 인사제도와 뚜렷하게 구별되는 제도이다.

CCSS가 제대로 기능하려면 i) 공직의 높은 신망, ii) 적절한 채용절차, iii) 공정한 내부임용, iv) 중간계층에 대한 신규채용의 제한, v) 재직공무원의 발전을 위한 교육훈련, vi) 적정한 보수와 연금 등의 조건이 구비되어야 한다.

2. 정당화근거와 약점

1) 정당화근거

CCSS 채택의 정당화근거 또는 실천적 이점이라고 하는 것들은 다음과 같다.

① **일체감·봉사정신 강화** 공무원집단의 일체감과 단결심 그리고 공직에 대한 봉사정신이 강화된다.

② **엄격한 근무규율의 수용** 공무원들은 개인적인 불이익을 무릅쓰고라도 공직의 요청에 부응하는 행동을 할 것이 기대되며, 따라서 엄격한 근무규율이 쉽게 용인된다.

③ **온정적인 관계의 발전** 공무원은 정부에서만 필요한 인력으로 육성되기 때문에 정부와 공무원 사이에 의존적인 관계와 온정적인 관계가 강화된다.

사회체제가 비교적 평온하고 행정의 역할이 소극적이며 행정업무가 단순한 상황에서는 지위중심적이고 보수적인 CCSS가 주어진 사명을 잘 수행할 수 있다. 그리고 그 단점보다는 장점이 더 부각된다.

2) 약 점

CCSS의 약점 또는 폐단은 다음과 같다.

① **특권집단화** 공무원집단이 환경적 요청에 민감하지 못한 특권집단으로 될 염려가 있다.

② **공직취임기회의 제약** 학력과 연령에 관한 요건을 엄격히 규정하여 모집대상의 범위를 제한하는 것은 공직취임의 기회를 균등하게 해야 한다는 민주주

의적 요청에 어긋나는 것이다.

③ **공직의 침체** 공직의 중간계층에 외부의 이질적인 요소(색다른 경험을 가진 인재)가 흡수되기 어렵기 때문에 공직이 침체된다.

④ **전문화 방해** 일반능력자주의에 치중하는 폐쇄적 인사운영은 정부활동의 분야별 전문화와 행정기술의 발전에 지장을 준다.

⑤ **승진지망의 과열** 계층적 지위가 강조되기 때문에 승진지망의 과열현상이 빚어지고 승진적체라는 어려운 문제를 야기하기도 한다.

⑥ **경 직 성** 전통관료제의 구성원리와 요청에 부합되는 CCSS는 전통관료제의 경직성을 공유한다.

산업화후기사회, 그리고 정보화사회로 갈수록 CCSS의 장점보다는 단점이 더 부각된다. 민주주의의 요청과 상황적응성·융통성의 요청이 강화되는 사회에서 공무원집단을 환경적 요청에 둔감하게 하는 CCSS의 폐단은 더욱 커진다. 행정기술이 고도화되면 아마추어리즘·일반능력자주의는 설 자리를 잃는다. CCSS는 고정된 지위가 아니라 일할 능력과 일한 성과를 더 중요시해야 한다는 현대사회의 요청에도 잘 맞지 않는 제도이다. 왜냐하면 CCSS는 공무원의 신분과 지위를 중요시하는 지위중심적·권한중심적 체제를 강화하기 때문이다. 사회전반에 걸쳐 직업적 유동성이 높아지면 CCSS의 폐쇄적 임용구조 또한 심한 부적응을 일으킬 것이다.

3. 우리나라에서의 직업공무원제

우리나라의 공무원제도는 CCSS의 전통을 물려받았다. 1960년대부터 개방형, 직위분류제, 그리고 전문가주의적 임용체제의 요소들을 적지 않게 도입하였지만 다른 한편으로는 CCSS의 핵심적 요소들을 강화하려 하였다. 20세기 말부터 CCSS를 수정하려는 정책지향이 비교적 뚜렷해졌다. 앞으로 공무원제도의 장기적인 발전계획을 입안할 때에는 사회체제 전반의 변화추세를 고려하여 CCSS의 특성을 더 많이 수정하고 융통성을 높여 나가야 할 것이다.

Ⅶ. 개방형 인사체제·폐쇄형 인사체제

1. 개방형 인사체제

1) 개방형 인사체제의 정의

개방형 인사체제(開放型 人事體制: open career system: OCS)는 공직의 모든 계층에 대한 신규채용을 허용하는 인사제도이다. 개방형 하에서는 전문성이 높은 공무원들이 관료집단의 중핵을 형성하게 된다. 승진의 길은 상대적으로 좁고, 직무(직위)의 폐지는 대개 공무원의 퇴직으로 연결된다.[16)]

OCS가 제대로 작동할 수 있으려면 ⅰ) 타당성 있는 실적평가방법과 과학적 선발도구의 발전, ⅱ) 타당한 자격요건 설정, ⅲ) 모집망 확대, ⅳ) 대표관료제적 요청의 고려, ⅴ) 외부로부터 임용된 사람들의 직장적응 지원, ⅵ) 잠정적 임용관계를 수용하고 존중하는 조직문화의 형성, ⅶ) 탈관료화의 촉진 등의 조건이 성숙되어야 한다.

2) 개방형 인사체제의 실현방안

임용구조의 개방화를 추진하는 데는 여러 가지 방법이 쓰일 수 있다. 임용체제 개방화 그리고 성과주의 발전의 행동대안으로 ⅰ) 고급관리자에 대한 신분보장조항 폐지, ⅱ) 임기제와 재임용제의 활용, ⅲ) 계약제 임용의 확대, ⅳ) 공개경쟁채용의 확대, ⅴ) 경력경쟁채용 등(특별채용)의 확대, ⅵ) 내부임용의 경쟁범위 확대, ⅶ) 동일직위에 일반직이나 별정직 공무원을 임용할 수 있게 하는 복수직제(複數職制)의 확대, ⅷ) 계급정년제 채택, ⅸ) 민간과 정부 직원의 상호 파견 등을 들 수 있다.

3) 정당화근거와 약점

(1) 정당화근거 OCS의 정당화근거 또는 효용은 다음과 같다.

① 우수한 인재의 획득 보다 넓은 노동시장에서 공직후보자를 선택할 수 있기 때문에 우수한 인재를 획득하는 데 유리하다.

② **침체 방지** 정부조직의 침체를 방지할 수 있다.

③ **성과관리의 촉진** 공직의 개방화는 성과주의적 관리의 발전에 기여한다.

④ **소극적 행태의 시정** 신분보장에 안주하여 복지부동하거나 무사안일주의에 빠지는 관료행태를 시정하는 데 기여한다.

⑤ **리더십의 강화** 정치적·관리적 리더십의 조직장악력을 높일 수 있다.

오늘날 임용체제의 개방화를 촉구하는 조건은 i) 행정환경이 급속한 변동을 겪고 있다는 것, ii) 행정업무의 다양성·전문성이 높아지고 있다는 것, iii) 인적자원의 전문화·고학력화의 수준이 높아지고 있다는 것, iv) 행정문제와 그것을 다룰 기술은 급변하고 있다는 것, v) 공직 내외의 직업구조형성에서 전문가주의적 고려가 늘어나고 있다는 것, vi) 사회전반에 걸쳐 직업적 유동성이 높아져 가고 있다는 것, vii) 행정의 정책기능 강화는 공무원들의 정책에 대한 충성심 그리고 고객과 정치적 리더십의 요구에 대한 감수성 향상을 요구한다는 것 등이다.

(2) 약 점 OCS 시행의 애로 또는 폐단은 다음과 같다.

① **공무원의 이익침해** 폐쇄형을 개방형으로 전환하는 개방화조치가 공무원들의 개인적 이익을 해치고 재직자들의 사기를 저하시킬 위험이 있다. 이러한 현상은 하급직위에 대한 모집활동에도 악영향을 미칠 수 있다.

② **조직의 응집성·전문성 약화** 개방화로 인해 공직의 안정성·계속성이 약화되면 공무원들의 단체정신과 응집력도 떨어진다. 개방화로 인해 인력유동성이 높아지면 계속적인 근무경험을 통한 전문성 축적이 어려워진다.

③ **임용구조의 복잡성·비용증가** 개방화의 촉진은 임용구조를 복잡하게 하고 임용비용을 증대시킨다. 임용구조의 개방화는 내부로부터의 임용보다 비용이 많이 들고 실책을 저지를 위험도 더 큰 신규채용을 늘리기 때문이다.

④ **승진적체** 외부로부터의 임용확대는 재직자들의 승진기회를 축소시킨다. 이것은 승진적체문제를 악화시킬 수 있다.

⑤ **자의적 인사의 위험** 자의적 인사·정실인사의 가능성이 커진다. 이러한 위험은 공무원들의 소신 있는 임무수행을 교란 또는 좌절시킨다.

⑥ **이원화의 폐단** 개방형 직위를 제한적으로 지정하는 경우, 개방직과 비개방직을 구별하여 양자의 인사원칙을 달리한다면 인사제도가 이원화된다. 그것

은 임용관리에 차질을 빚을 수 있다. 개방직 임용자들은 조직문화에 적응하는 데 어려움을 겪고 소외감을 느낄 수 있다. 다른 직원들은 개방직 임용자들에게 거부감을 표출할 가능성이 크다.

행정조직이 변동보다는 안정을 추구하고, 행정의 전문화 수준이 낮고, 성과보다 투입기준의 관리를 지향하는 경우 OCS의 폐단은 더 많이 노출될 것이다.

4) 우리나라에서의 개방형 인사체제

현실적인 제도들은 모두 개방형과 폐쇄형을 절충하고 있다. 개방·폐쇄의 어느 쪽에 더 치우치느냐 하는 것은 나라마다 시대마다 달라질 수 있다. 우리나라는 오랫동안 폐쇄형에 치우친 제도를 유지해 왔다. 개방형을 지향하는 제도들의 도입 또는 확대를 서두르게 된 것은 근래의 일이다. 우리 정부는 앞서 말한 개방형화의 실천방안들을 대개 채택하고 있다.[o)]

정부가 공직개방화의 방법으로 도입한 개방형 직위제도와 민관교류제도는 비교적 새로운 제도이므로 여기서 따로 설명하려 한다.

(1) 개방형 직위제도 개방형 직위제도는 일정한 범위 내의 직위들을 개방형 직위로 지정하고 공직 내외의 적격자를 공개적으로 선발하여 임용하는 제도이다.[p)]

정부에서는 고위공무원단 직위와 과장급 직위(실장·국장 밑에 두는 보조기관 또는 그에 상당하는 직위) 총수의 20% 범위 안에서 개방형 직위를 지정하여 운영하고 있다. 전문성이 특히 요구되거나 효율적인 정책수립을 위해 필요한 직위들을 개방형 직위로 지정하도록 되어 있다. 고위공무원을 포함한 1급 내지 3급 공무원의 직위(실장·국장 밑에 두는 보조기관 또는 그에 상당하는 직위는 제외) 가운데서 임기제공무원으로도 보할 수 있는 직위는 개방형 직위로 간주된다. 개방형 직위에는 공직의 내부와 외부에서 공개모집하여 시험을 거쳐 선발한 사람을 임용

---

o) 공무원의 종류에 따라 적용되는 개방화수단들의 유형은 다르다. 예컨대 계급정년제는 일부 특정직 공무원에게만 적용하고 일반직 공무원에게는 적용하지 않는다.

p) 「국가공무원법」 제28조의 4는 "임용권자나 임용제청권자는 해당 기관의 직위 중 전문성이 특히 요구되거나 효율적인 정책 수립을 위하여 필요하다고 판단되어 공직 내부나 외부에서 적격자를 임용할 필요가 있는 직위에 대하여는 개방형 직위로 지정하여 운영할 수 있다"고 규정한다. 이 제도 운영의 구체적인 사항을 정하는 것은 「개방형 직위 및 공모직위의 운영 등에 관한 규정」이다.

한다.

개방형 직위제도는 여러 가지 제약 때문에 그 취지를 제대로 살리지 못한다는 비판을 받아왔다. 무엇보다도 개방형 직위의 다수를 공직 내부구성원들 특히 소속부처 공무원들이 차지해서 무늬만 개방형이라는 비난이 컸다. 정부도 이런 문제를 인식하고 개방적 경쟁의 활성화를 통한 우수인재 획득 방안을 강구해 왔다.

개방형 직위 임용자의 처우를 개선하고, 임용기간 연장을 유도하였다. 타 부처 출신 공무원의 개방형 직위 응모를 촉진하기 위해 개방형 직위 보전수당 가산금을 지급하기도 했다. 공개모집에 관한 홍보를 강화하였다. 계약직 공무원의 계약만료 후 재응모의 길을 넓히고, 업무성과가 우수한 3년 이상 경력자는 경력경쟁채용을 통해 경력직 공무원으로 임용할 수 있게 하였다. 개방형 직위 임용 당시 경력직 공무원이었던 사람은 계약기간 또는 임용기간 만료후 원래의 직위에 복귀할 수 있게 하였다. 개방형 직위 중에서 공직 외부에서만 적격자를 선발하는 경력개방형 직위를 따로 지정하였다.

우리 정부에서 개방형직위제도를 정착시키고 효율적으로 운영하려면 많은 장애요인들을 극복해야 할 것이다. 직업공무원제의 잔재, 연령정년제도와 신분보장제도, 일반능력자주의적 임용관행, 직업적 유동성의 제약, 지위중심적·권한중심적 관리지향, 보수체계의 경직성 등이 개방형 직위제도의 효율적 운영을 방해할 수 있다.

(2) 민관교류제도 인적자원의 민관교류(民官交流)를 확대하는 근래의 조치들도 임용구조의 개방형화를 직접·간접으로 촉진할 수 있을 것이다. 민관교류방법의 예로 공무원의 민간기관파견제도, 민간근무휴직제도, 민간전문가의 공직파견제도 등을 들 수 있다. 민간근무휴직제도란 공무원이 민간기업이나 그 밖의 기관에 채용될 경우 3년 범위 내에서 휴직이 가능하도록 하는 제도이다.[17]

2. 폐쇄형 인사체제

(1) 폐쇄형 인사체제의 정의 폐쇄형 인사체제(閉鎖型 人事體制: closed career system: CCS)는 계층구조의 중간에 외부로부터 신규채용되는 것을 허용하지 않는

인사제도이다. 계서제의 최하계층에 젊은 사람을 채용하고 그들이 상위계급에 승진해 올라가게 하는 제도인 까닭에 상위계층에 대한 임용은 거의 내부로부터의 승진에 의존한다. CCS에서 승진의 기회가 많은 것은 사실이지만, 하급계층에 들어간 모든 사람이 최상급계층까지 승진할 수 있다는 보장은 없다. 그러므로 CCS에는 장기간 승진하지 못하고 낙오된 직원들을 골라 퇴직시키는 방안이 마련되어 있는 것이 보통이다.

원칙적으로 계급제에 바탕을 둔 CCS에서는 일반능력자주의적인 임용정책이 채택되며, 전문가보다는 일반관리자들이 관료집단의 중핵을 이루게 된다. 개방형에서와는 달리 직무가 폐지되더라도 대개 배치전환을 통해 공무원의 근무를 계속시키며, 조직이 공무원의 발전과 지위향상을 위해 각별한 정책적 관심을 가지고 책임을 지기 때문에 CCS는 재직공무원인 사람을 중심으로 운영되는 제도라고 한다.q)

(2) 정당화근거와 약점 CCS는 젊은 사람이 공직을 생업으로 삼아 일생 발전해 가게 하는 데 유리한 제도이다. 공무원의 사기와 공직에 대한 일체감을 높이고, 행정의 일관성과 안정성을 유지해 주는 것이 CCS의 제도적 이점이다. 그러나 CCS는 공직이 침체되고 관료집단이 외부의 변화와 요청에 민감하지 못한 특권집단으로 되게 할 염려가 있다.

Ⅷ. 교류형 인사체제·비교류형 인사체제

1. 교류형과 비교류형의 비교

공무원의 근무와 경력발전계통이 어떤 하나의 기관에 국한되는 제도를 비교

---

q) 이런 특성 때문에 폐쇄형 인사체제를 '내부인력지향성'(internal labor orientation)을 지닌 제도라고 부르기도 한다. 내부인력지향성이란 젊은 사람들을 일찍 채용하여 장기간 재직하게 해야 한다는 관점이다. 이에 대조되는 '외부인력지향성'(external labor orientation)은 개방형 인사체제의 특성이다. Greg L. Stewart and Kenneth G. Brown, *Human Resource Management: Linking Strategy to Practice* (John Wiley & Sons, 2009), pp. 56~58.

류형 인사체제(非交流型 人事體制: organization career system: OrCS)라 하고, 담당업무가 같은 범위 내에서 기관 간의 인사이동이 자유로운 제도를 교류형 인사체제(交流型 人事體制: program career system: PCS)라 한다.[18)]

PCS와 OrCS에는 각각 상반되는 장·단점이 있는 것이지만, 오늘날과 같이 행정의 여건이 복잡하고 변동이 심한 상황에서는 OrCS의 결함이 그 이점을 훨씬 능가할 것으로 생각된다. 부처별 폐쇄주의는 기관 간에 인력의 질적 불균형을 초래하고 인력활용의 효율성을 해칠 뿐만 아니라, 정부 전체의 협동적 활동에 지장을 준다. 현대사회에서 모든 조직의 자족성은 줄어들고 각종 행정작용의 상관성은 고도화되고 있음에도 불구하고 정부 내의 기관들이 인적자원 활용에서 고립주의를 취한다는 것은 행정발전에 역행하는 일이라 하지 않을 수 없다. 인적자원 활용의 고립주의는 또한 공무원들의 개인적 경력발전기회를 제약한다.

2. 우리나라의 제도

여러 나라의 예를 보면 OrCS의 오랜 전통이 있고 아직도 OrCS에 치우친 제도들이 많음을 알 수 있다. 우리나라의 제도 역시 OrCS의 전통을 물려받았다. 지난 수십 년 동안 OrCS의 폐단을 시정하기 위해 부처 간의 인사교류를 촉진해 보려고 노력한 것은 사실이다. 부처 간의 인사교류를 법적 제도로 규정한 지는 오래 되었다. 근래에는 인사교류를 실제로 확충하기 위한 계획적 노력을 강화해 왔다. 부처 간 및 중앙·지방 간 인사교류 대상직급을 하향조정하였다. 부처 간에 국장급 공무원들을 맞교환하는 것과 같은 역점사업들을 추진하기도 하였다. 직군·직렬의 폐지 또는 축소로 인사교류의 폭을 넓히기 쉽게 하였다. 고위공무원단제도의 실시는 인사교류의 가능성을 높였다. 직위공모제의 실시 또한 교류형화의 촉진에 기여하였다.

우리 정부에서 도입한 직위공모제(job posting)는 지정된 공모직위의 결원을 내부임용으로 보충하는 경우 응모기회를 정부 전체의 자격 있는 재직자들에게 주는 제도이다. 부처마다 경력직 공무원으로 보할 수 있는 고위공무원단 직위 총수의 30% 안에서, 과장급 직위 총수의 20% 안에서 공모직위를 지정한다. 공모직위에 공무원을 임용하려 할 때는 소속기관 내부 및 외부의 공무원을 대상으로 공

개모집하고 시험을 거쳐 적격자를 선발한다.[19)]

지금 우리 정부의 인사운영에서 OrCS의 제도적 특성이 완화되고 있는 것은 분명히 감지되고 있다. 그러나 OrCS에 익숙한 관료집단의 관성과 인사운영자들의 소극적 대응이 교류형화가 적정수준에 이르는 것을 방해하고 있다.

제3절

인사행정의 개혁

Ⅰ. 논의의 배경

인사행정체제는 개방체제로서 그 환경인 사회체제와 교호작용한다. 여기서 말하는 사회체제는 정치부문, 경제부문, 사회부문 등을 두루 포괄하는 체제이다. 환경적 영향은 인사행정의 변화를 요구하고 조건 짓는 매우 중요한 요인이다. 그러므로 인사행정의 개혁을 논의할 때에는 환경적 조건과 그 변화추세를 살펴야 한다. 인사행정개혁의 방향을 처방하기에 앞서 인사행정체제와 영향을 주고받는 사회체제의 특성과 변화추세를 먼저 개관하려 한다. 그리고 개혁은 문제를 해결하려는 활동이므로 우리나라 인사행정체제의 문제 또는 결함이 무엇인지도 미리 알아보려 한다.

1. 우리 사회의 변화추세

우리나라는 지금 국제사회가 공인하는 선진국이다. 선진국이 된 것은 지난 수십 년간 이룩해 온 급속한 압축적 발전의 결실이다. 선진국의 반열에 오른 우리 사회는 전근대적 전통, 산업화의 전통, 그리고 정보화의 전통을 복합하여 지니고 있는 혼합적 사회이며 격동하는 사회이다.

1960년대부터 가속되기 시작한 산업화의 과정은 점점 빠른 템포로 우리 사회에 많은 변화를 일으켰다. 농경사회의 전통적 유산이 잔존한 가운데 산업화사회의 조건들이 중심적 위치를 차지해 들어 갔다. 우리는 산업화의 질서를 미처

성숙시키지도 못한 채 정보화의 물결을 타게 되었다. 우리가 겪고 있는 정보화의 속도 또한 급속하다. 우리 사회가 혼합적 사회라고 하지만 그 가운데서 정보화부문이 선도부문의 입지를 굳혀 가고 있다.

(1) **경제적 변화** 경제분야에서는 경제규모의 확대와 경제구조의 고도화가 계속될 것이다. 고도화의 방향은 정보화일 것이다. 이에 따라 물질생활은 더욱 풍요해질 것이며 생활의 질적 향상을 추구하는 경향이 강화될 것이다. 경제적 민주화·복지화·개방화가 촉진될 것이다. 생산적 활동의 모든 영역에서 의미 있는 일의 창출과 기술변화에 따른 재적응을 돕기 위해 많은 투자를 해야 할 것이다.

(2) **사회적 변화** 사회분야에서는 다원화가 가속될 것이며 사회적 유동성은 높아질 것이다. 정보통신의 발전은 사회적 교호작용의 공간적 및 시간적 거리를 점점 더 단축시킬 것이다. 정보화가 촉진되면 지적 창조생활의 기회는 더욱 확대될 것이다. 고령사회가 되고 연이어 초고령사회가 될 것이다. 고학력사회가 되고 여성의 사회진출이 더욱 늘어날 것이다. 조직사회에서는 네트워크화·가상조직화에 대한 요청, 잠정적·적응적 구조설계에 대한 요청, 그리고 상황적 조건에 따라 조직설계를 다양화해야 한다는 요청 등이 더욱 강해질 것이다.

(3) **정치적·행정적 변화** 정치의 역할은 확대되고 참여적 민주주의의 발전은 촉진될 것이다. 정보화기술의 발달은 민주적 정치사회화와 참여정치를 촉진하는 힘이 될 것이다. 행정에 대한 역할기대에도 많은 변화가 일어날 것이다. 행정의 경계를 조정해 민간화·정치화·세계화의 영역을 넓히고 낭비 없는 정부를 만들어야 한다는 요청이 커질 것이다. 국민생활에 대한 행정의 간여범위를 감축하면서도 다른 한편으로는 고급화되는 행정수요에 대응해 행정서비스를 고도화해야 할 것이다.

(4) **발전의 부작용** 경제·사회·정치의 긍정적인 발전이 진행되는 이면에는 병폐적·역발전적 현상의 확산이라는 위험이 도사리고 있다. 경제의 불균형성장과 빈부격차의 심화, 공해문제 등 산업화의 후유증, 문화변동에 적응하지 못하는 문화지체와 가치혼란, 공동체의식의 상실, 사회적 긴장과 갈등, 도덕적 해이 등이 그러한 위험의 예이다.

(5) 인사행정 내적 변화 인사행정체제의 내적 여건도 급속한 변동을 겪을 것이다. 정부조직의 연성화, 규모의 감축과 같은 변동은 인사행정기능에 직접적인 영향을 미칠 것이다. 직무설계와 고용관계의 설계 그리고 인력수급결정이 달라지지 않을 수 없을 것이다. 직무에 대한 수요의 변동뿐만 아니라 직무수행기술의 변동이 끊임없이 진행되기 때문에 직무재설계의 필요가 커질 것이다.

인적자원의 구성은 다양해지고 여성진출이 늘어날 것이다. 비숙련노동력에 대한 수요는 감소하고 전문화의 수준이 높은 인력에 대한 수요는 늘어날 것이다. 인적자원의 유동성은 높아질 것이다. 공무원들의 직업관과 고용관계에 대한 심리적 계약의 특성도 달라질 것이다. 평생고용과 직업적 안정성에 대한 기대는 약화될 것이다. 그에 따라 조직몰입과 사기, 단체정신이 약화될 수도 있다. 공무원단체들의 역할이 커질 것이며 참여적 인사행정의 발전에 대한 요청도 커질 것이다. 여러 가지 상충되는 목표와 요청들이 빚는 갈등 때문에 인사행정은 보다 많은 딜레마에 봉착하게 될 것이다.

2. 인사행정의 문제

인사행정 내외의 조건변화는 인사행정의 획기적인 변신을 촉구하고 있다. 그러나 우리나라 인사행정은 그러한 요청에 민첩하고 능숙하게 대응하지 못하는 여러 가지 문제를 안고 있다.[1)]

우리 정부의 인사행정은 오랫동안 소극적이고 통제지향적이었다. 인사절차와 방법은 경직되고 번문욕례의 희생이 되었다. 실적주의적 제도의 확대과정에서 강조되었던 중립성·객관성·통일성은 인사행정의 대응성을 약화시켰다. 규제중심적·공급자중심적 인사행정은 일반관리기능과 괴리되고 고객의 요청에 둔감하게 되었다. 인사행정도 부정적 관료행태로부터 자유로울 수가 없었다. 오랫동안 부패·정실·불공정에 대한 시비가 끊이지 않았다.

정부는 그러한 문제들을 해결하려는 개혁을 추진해 왔다. 개혁노력에는 점차 가속도가 붙고 있다. 근래 촉진되고 있는 인사행정개혁의 전반적인 흐름을 보면 전통적 관료제의 구성원리에 일관되는 직업공무원제와 산업화시대의 방어적·소극적 실적주의제도로부터 벗어나려는 조치들이 많았음을 알 수 있다. 후기산업사회·정보사회의 요청에 부응해 보려는 의욕도 읽을 수 있다. 인사행정체제의 연성화, 성과통제 강화, 개방성·대표성의 강화, 소비자중심주의적 제도의 확충, 정보화 촉진 등이 중요한 개혁 레퍼토리로 부각되었다.

개혁노력의 증폭은 혼란과 고통을 동반하였다. 무분별한 모방과 성향이 다른 시스템들의 혼합 또는 병치(倂置)는 인사행정의 정체성을 흔들어 놓았다. 인사행정이 무슨 일을 해야 하는가에 대한 관념적 혼란이 있고 인사정책들은 혼선을 빚고 있다. 새로 도입된 제도와 행정문화의 근원적 전제가 괴리되어 부적응의 폐단을 빚기도 한다. 개혁추진의 비조직성·졸속성·실책은 개혁의 고통을 가중시켰다. 공무원들은 개혁이 몰고 오는 특권축소·보호축소·인원감축·처벌 때문에 힘들고 불안해하는 반응을 보인다. 그들의 사기저하와 개혁에 대한 저항이 염려된다.

앞으로는 보다 뚜렷한 지향노선을 설정해 인사행정의 발전을 추구해야 할 것이며 개혁행동과정의 실책을 최소화해야 할 것이다. 다음에 인사행정개혁의 기본방향과 인사행정의 하위부문별 발전방향을 처방하려 한다.[2)]

Ⅱ. 인사행정개혁의 진로

1. 개혁의 기본원리

인사행정 개혁에서 추구해야 할 기본원리 또는 목표를 다음과 같이 처방할 수 있다. 여기서 제시하는 기본원리는 상대적인 역점변화에 관한 처방이다. 조정적 체제여야 하는 인사행정이 어떤 원리추구의 극단에 이르게 해서는 안 된다.

(1) 인간주의의 구현 인간주의에 입각하여 인사행정과 정부관료제를 인간화하는 것을 인사행정개혁의 궁극적인 원리로 삼아야 한다.

인간주의는 인간의 인간다운 속성, 고급화된 속성을 존중하며 북돋우고 활용하여 조직을 인간화하려는 원리이다. 여기서 고급의 인간속성이란 일을 통해 자기실현을 하고 생애의 보람을 찾으며 성장·성숙할 수 있는 속성을 말한다. 이런 속성이 강화된 인간은 일에 임하여 자율규제를 할 수 있고 책임 있는 능동성과 창의력을 발휘할 수 있다.

인간주의적 인사행정은 전반적인 관리체제의 통합화를 유도하고 지지한다. 즉 통합형 관리체제의 발전을 촉진한다. 통합형 관리체제의 요체는 조직구성원 개개인의 목표와 조직의 목표를 접근시키고 융화시키는 것이다. 통합형 관리는 신뢰와 자율과 협동을 강조한다. 인간주의적 인사행정은 인간의 정신과 윤리성을 강조하는 인사행정이다. 인사행정의 기능수행 자체가 윤리적이라야 조직 내의 인간주의 구현이 가능하다. 옳은 일을 하는 인사행정의 구현을 위해 노력하여야 한다.

인간주의적 인사행정의 추진은 선행적 조건의 충족을 전제한다. 인간의 하급속성에 착안한 교환적·통제적 인사행정이 사명을 다하여 그 필요가 감소되는 단계를 거쳐야만 인간주의적 인사행정의 구현이 본격화될 수 있는 것이다. 그러한 조건이 충분히 성숙될 때까지는 인간주의를 궁극적 이상으로 하면서 경제적 이익이나 강제력을 수단으로 쓰는 교환적·통제적 접근방법의 현실적 필요에도 부응해야 한다.

인간주의적 인사행정에 적합한 공무원상(公務員像)에 대해서는 제9장에서 따로 설명할 것이다.

(2) 소비자중심주의 구현 인사행정의 공급자중심적 관행을 시정하고 소비자중심적 봉사기능을 강화해야 한다. 대통령, 각 부처장관과 기타 계선관리자, 그 지휘 하에 있는 공무원 등이 인사행정의 소비자들이다. 인사행정은 이들 소비자의 요청에 민감한 대응성·책임성을 보여야 한다.

인사행정의 소비자중심주의를 강화하려면 소비자에게 협력적·지원적 서비스를 제공해야 한다. 공급자중심적·일방통행적 감시와 통제 등 과잉규제는 없애거나 줄여야 한다. 인사행정의 분권화·계선관리자들에 대한 힘 실어주기를 촉진해야 한다. 소비자중심적 서비스의 품질을 향상시키기 위해 필요하다면 인사행정에 시장기제를 도입하고 인사기능의 계약에 의한 민간화를 추진할 수도 있어야 한다.

(3) 경직성의 완화 집권적이고 획일적인 통제, 인사기준의 지나친 획일화, 절차 상의 번문욕례, 개혁에 대한 저항 등으로 인한 인사행정의 경직성을 타파해

야 한다. 인사행정 내외의 격동성이 높아질수록 인사행정의 경직성은 더 큰 폐단을 빚는다. 다양해져 가는 요청, 변전하는 요청에 적응할 수 있도록 적정한 수준까지 인사행정을 연성화하여 융통성을 높여야 한다. 융통성을 높일 때 인사행정의 형평성을 손상하지 않도록 각별한 주의를 기울여야 한다. 그리고 절차적 공정성을 확보하도록 노력해야 한다. 번문욕례를 배제해야 한다고 해서 정당한 절차의 공정한 운영조차 흐트러지게 해서는 안 된다.

(4) 성과주의의 구현 인사행정개혁은 성과주의를 지향해야 한다. 성과주의는 목표를 중요시하고 목표의 실현을 강조한다. 실현의 가능성이나 기회에 만족하지 않고 실현의 결과를 요구한다. 성과주의는 목표보다 절차와 수단을 더 중시하는 목표대치를 배격하고, 형식과 내용이 괴리되고 공식적 선언과 실천이 괴리되는 형식주의를 배격한다. 성과주의는 또한 고품질의 산출을 중요시하는 산출중심주의이다. 인사행정의 성공도를 평가하는 데 투입기준보다 산출기준을 적용하도록 요구한다. 공무원들의 전문적 직무수행능력 향상은 성과주의 구현의 여러 전제 가운데 하나이다.

성과주의적 관리는 조직전체의 임무완수와 성공에 역점을 두어야 한다. 공무원 개개인의 상대적 직무성과를 측정·통제하는 것도 물론 중요하다. 그러나 인사행정의 관심이 거기에만 머물면 조직 전체의 성과를 소홀히 다룰 염려가 있다.

(5) 형평성의 구현 인사행정의 형평성 추구를 실질화해야 한다. 공식적·비공식적으로 잔존해 있는 부당한 차별을 철폐해야 한다. 인사행정은 부당한 대우를 받아 온 소수집단·비혜택집단에 대해 특별한 관심을 기울여야 한다. 차별시정의 과정에서 역차별 문제가 심각해지지 않도록 유의해야 한다. 여성주의적(남녀동권주의적: feministic) 개혁은 형평성 구현을 위한 제도개혁의 특별한 현안이다. 여성의 공직진출이 늘어나고 가족의 구조와 의식이 변화하는 데 따라 여성주의적 개혁을 촉진해야 한다.

(6) 투명성 제고 인사행정절차의 투명성을 높이고 부패를 몰아내야 한다. 인사기능 실천과정 자체의 투명성을 높이고, 공직 전체의 반부패 노력을 지지·촉진하는 인사행정의 역할을 강화해야 한다. 인사행정은 거기서 나아가 공직의 전반적인 윤리성 향상에 기여해야 한다.

(7) 창의성 함양 인사행정은 지속적인 개혁기제를 내장한 창의성체제라야 한다. 인사행정을 담당하는 사람들은 스스로 창의적이어야 하며 공직 전체의 창의적 노력을 이끌거나 지원하는 개혁추진자라야 한다. 인사행정의 창의성을 높이려면 창의적인 지식을 획득하고 공유하게 하는 지식관리를 강화해야 한다.

(8) 장기적·거시적 관리역량 발전 인사행정은 장기적 비전을 제시하고 그에 따라 체계적 전략을 수립할 수 있어야 한다. 인사행정을 전략적 체제로 발전시켜야 한다. 전략적 인사행정은 거시적 관점에서 개방체제적 연계작용을 관리해야 한다. 그러기 위해서는 우선 관리체제 전체와 인사행정의 연계를 강화해야 한다. 인사행정은 다양한 세력과 요청을 조정해야 한다. 그러므로 여러 가지 요청의 대립과 갈등, 그로 인해 조성되는 딜레마를 해결하는 인사행정의 조정적·촉매작용적 역량을 강화해야 한다.

전략적 인적자원관리는 뒤에 따로 설명하려 한다.

(9) 정보화 촉진 인사행정의 정보화를 촉진하고 이를 통해 전자정부의 발전을 지원해야 한다. 정보화는 인사행정의 기술적 역량을 증대하는 것이지만 인사행정의 필요보다는 기술이 우선되게 해서는 안 된다. 인사행정의 정보화는 인간의 필요에 종속하는 인간적 정보화라야 한다.

2. 활동국면별 개혁방향

위에서 처방한 기본원리에 입각하여 인사행정의 주요활동국면들을 발전시켜 나갈 때에는 다음과 같은 개혁방향을 따라야 할 것이다.

(1) 직업구조형성 직업구조형성기능의 개혁에서는 공무원들에게 보람 있는 일을 제공할 수 있는 틀을 만들도록 노력해야 한다. 직위의 분류에서는 일과 사람 사이의 적응도를 높이고, 일과 사람의 전문화를 촉진하고, 성과관리를 뒷받침할 수 있도록 직무기준·산출기준·성과기준의 비중을 높여 나가야 한다. 다른 한편으로는 인력활용의 융통성을 높여야 한다는 요청에도 부응해야 한다.

직업구조형성기능은 상호의존적인 관계에 있는 다른 인사기능들과의 연계를 발전시켜야 한다. 조직설계와의 연계도 강화해야 한다. 내외의 여건변화에 따라 인사행정의 융통성에 대한 요청이 커지면 그에 대응하여 직업구조관리체제의 적응능력도 함께 강화해야 한다.

(2) 채 용 채용기능은 일과 사람의 적합도를 높이고 조직활동의 통합을 도모하는 데 보다 잘 기여할 수 있도록 개선해야 한다. 채용기능의 수행에서는 정부업무의 필요에 맞는 인적자원을 효율적으로 획득하고, 획득된 인적자원을 부적응 문제가 발생하지 않도록 직무에 잘 접합시켜야 한다.

정부의 임용체제와 노동시장의 인적자원 양성체제 사이의 개방적·협력적인 관계를 발전시켜야 한다. 공직지망에 대한 유인을 높일 수 있도록 채용과정을 개선해야 한다. 채용과정의 모든 활동은 직무수행의 요청에 맞는 사람들을 선별하고 그들을 직무에 적응시키는 데 효율적이라야 한다. 그리고 채용체제는 조직설계의 변동, 직무요건의 변동, 기술의 변동, 고용양태의 다양화, 임용구조의 개방화 등에 적시성 있게 대응할 수 있는 적응능력을 길러야 한다.

(3) 내부임용 승진·배치전환 등 내부임용의 기능은 공무원과 직무의 적응도를 향상시키고, 공무원의 자기실현과 성장을 촉진하여야 한다. 내부임용이 공평하게 이루어져야 하고, 정부의 인적자원을 효율적으로 활용하는 데 기여하여야 한다는 기초적 요건의 충족을 위해서도 꾸준히 노력해야 한다.

인적자원의 구조가 복잡해지고 행정기능과 직무요건의 변동이 많아지는 데 따라 내부임용기능의 융통성을 높여나가야 한다. 공무원들의 경력발전에 대한 관심도 높여야 한다. 내부임용작용이 승진지향의 과열을 부추기거나 고층구조화·고위직비대화를 조장하지 않도록 해야 한다.

(4) 교육훈련 고용양태의 다양화, 임용체제의 개방화, 인적자원의 유동성 증대, 급속한 기술변동은 훈련수요를 팽창시킬 것이므로 다양화되고 적응성 높은 훈련사업을 발전시켜야 한다. 훈련체제는 전략체제·경력발전체제·지식관리체제에 긴밀히 연계되어야 한다.

훈련수요조사를 강화하고 훈련의 수요와 공급을 일치시키도록 노력해야 한다. 훈련사업발전의 이상은 훈련의 '개인화'이다. 훈련의 개인화란 개별적·구체적 훈련수요에 적합한 훈련의 공급이다.

직무훈련에 대한 수요는 전문화되고 다양화될 것이므로, 그에 따라 훈련사업을 분화시켜야 하며 복합기술적(다기술적) 직무의 증가에 대응한 프로그램도 개발해야 한다. 공무원들의 성장과 성숙을 촉진할 수 있도록 일반능력향상훈련도 확장하여야 할 것이다. 그리고 통합형 관리체제와 신뢰관리에 부응할 수 있도록 공무원들의 책임 있는 능동성을 함양하고, 윤리성과 인간적 감수성을 높이는 태도변화훈련에 보다 많은 투자를 해야 할 것이다.

훈련사업의 집행에서는 공무원들의 자발적 참여와 자기개발을 더욱 강조해야 한다. 자발적 학습을 돕는 훈련기법의 개발에도 더 많은 투자를 해야 할 것이다.

훈련사업 정부독점의 폐단을 시정하기 위한 민간화도 확대해 나가야 한다.

(5) 근무성적평정 근무성적평정은 보다 적극적인 목적에 기여할 수 있도록 개선하고, 필요에 따라 평정의 방법과 절차를 분화시켜야 한다.

근무성적평정은 성과관리를 뒷받침할 엄정한 기준을 제공해야 한다. 그리고 공무원의 발전과 행정의 발전에 보다 잘 기여할 수 있어야 한다. 그렇게 하려면 평정과정의 공개와 피평정자의 참여를 원활하게 하는 방안을 모색해야 할 것이다.

평정의 목적과 평정의 대상이 다르면 평정방법과 평정요소 등이 달라져야 할 것이므로, 획일화된 평정제도에서 탈피하여 필요한 만큼의 다원화를 모색해야 할 것이다. 근무성적평정의 자의적 조작이나 착오를 억제할 수 있도록 평정기법을 발전시켜 나가야 한다. 통제목적의 평정이 과잉화되는 것을 막아야 한다. 과잉평정은 공무원들의 직무수행을 왜곡시키고 그들의 헌법적 권익을 침해할 수도 있다.

(6) 보수와 편익 보수와 편익의 관리에서는 우선 보수의 전체적 수준이 최저생계비수준을 넘도록 하고, 민간부문의 임금수준과 비례적인 형평을 유지할 수 있도록 해야 한다. 보수지급의 대내적인 형평도 최대한으로 실현해야 한다. 보수의 격차수준을 결정할 때에는 직무요인과 성과요인의 고려를 확대해야 한다. 성과급의 운용이 집단적 노력을 방해하지 않도록 주의해야 한다. 경제상황의 변화, 고용양태와 직무관계의 다양화·유동화, 성과관리의 필요성 증대 등에 효율적으로 대응하려면 보수관리체제의 융통성을 높여야 한다.

연금혜택의 결정에서도 대내외적 형평성을 보장하도록 제도개선을 해 나가야 한다. 연금재정의 유지·확충은 매우 중요한 현안이다. 편익배분은 복지수요의 증대와 다양화에 적시성 있게 대응할 수 있어야 한다. 맞춤형 편익배분을 늘려나가야 한다.

(7) 동기유발과 공직윤리 직무수행동기와 공직윤리의 향상을 위해서는 외재적 동기유인과 통제의 관리에서 효율성과 공정성을 확보하도록 해야 한다. 그리고 인간의 자기실현적·성장적 측면을 강조하는 동기유발전략을 발전시켜야 한다. 공무원들이 윤리적 감수성과 자율규제적인 능력을 신장하고 발휘할 수 있는 여건의 조성에 박차를 가해야 한다.

공무원들이 국가목표와 소속조직의 목표를 내재화하고 직무수행을 통해 자기실현을 할 수 있게 하는 것, 자율성과 책임 있는 능동성을 발휘할 수 있게 하는 것, 그리고 정직성, 개방된 마음가짐, 상황에 적응하는 융통성을 지니게 하는 것은 사기와 윤리를 관리하는 활동의 우선적인 과제이다.

(8) 퇴 직 퇴직관리는 환경적 격동성, 유동성이 높은 인적자원 수요, 정부감축과 민간화의 추세, 급속한 기술변동 등에 기민하게 대응할 수 있어야 한다. 공무원의 신분을 보장해야 할 필요와 이를 제한해야 할 필요의 상황적응적 조정도 퇴직관리의 중요한 과제이다.

퇴직수요를 정확하게 진단하여 대처하고 적정퇴직수준을 유지하는 데 필요한 접근방법을 발전시켜야 한다. 현직에서 필요없게 된 사람들을 전용하거나 강제퇴직시킬 때에는 조직의 이익과 개인의 이익을 적절히 조정하고 조직과 개인에게 주는 손실을 최소화해야 한다. 퇴직자들을 지원하는 퇴직전후의 프로그램들을 발전시켜야 한다.

(9) 인적자원계획 과학적이고 실용성 있는 인적자원계획체제를 확립하여 제반 인사활동에 적절한 기준을 제시하여야 한다. 인사행정체제의 복잡성과 유동성이 높아지면 미래에 대한 불확실성이 높아지지만 미래예측의 필요성 또한 커진다. 인적자원계획의 정확성을 높이기 위해 미래예측기술과 불확실성 통제기법을 발전시키고 정부 내 정보공유화를 촉진해야 한다. 인적자원계획기능과 다른 인사기능 그리고 전략적 관리기능 사이의 연계를 강화해야 한다.

3. 인사행정의 전략화: 전략적 인적자원관리

인사행정의 전략화는 현대인사행정에 대한 압도적 개혁처방이다. 주요 국가들은 대개 전략적 인적자원관리의 관점을 받아들이고 있다.[a] 전략적 인적자원관리는 조직 전체의 전략적 관리체제에 인적자원관리를 통합한 접근방법이다. 인적자원관리의 전략적 접근방법을 논의하려면 먼저 하나의 체제인 조직 전체의 차원에서 운영되는 전략적 관리가 무엇인지부터 규명해야 한다. 전략적 인적자원관리는 전체적인 전략적 관리의 하위체제로서 상위체제의 특성을 공유한다.[3)]

1) 전략적 관리의 정의

조직의 과정으로 파악되는 전략적 관리(戰略的 管理: strategic management: SM)는 조직의 목표달성을 위해 무엇을 어떻게 해야 하는가를 결정하고 실행하는 과정이다. SM은 조직과 환경의 관계를 중시하고 조직의 장래에 대한 전략적 계획을 강조하는 변혁적 관리이다. SM은 조직에 영향을 미치는 변동을 효율적으로 관리하려 한다. SM은 조직이 그 활동과 운명을 스스로 통제할 수 있게 하려는 것이다. SM은 역동적인 환경에 처하여 변동을 겪고 있는 조직에 미래의 지향노선을 제시하고 이를 달성하는 데 필요한 전략을 개발하고 실행한다. SM은 조직의 주된 임무(mission), 목표, 정책, 실천행동 등을 하나로 묶는 통합적 접근방법이다.

SM의 주요특성은 다음과 같다.

① **개혁성 · 목표지향성** 현재의 상태에서 그보다 나은 상태로 진전해 가려는 개혁지향적 관리이다. SM은 미래의 비전과 목표를 확인하고 명료화하는 것을 중시하는 목표지향적 관리이다.

② **장기적 시간관** 장기적 시간관을 가진 관리이다. 장기적인 안목으로 계획

---

a) 우리나라 「국가공무원법」 제19조의 4는 '전략적 인사운영'에 대해 규정하고, 「공무원임용령」 제8조에서는 '조직목표의 달성에 필요한 효율적인 인적자원관리를 위한 인력관리계획'에 대해 규정하고 있다. 인사혁신처에서는 인력관리계획을 "부처별 비전 및 전략목표에 따라 현재 보유인력의 수준과 미래 요구수준 간 차이 분석을 토대로 조직 내 인적자본을 적재 · 적소 · 적시에 확보 · 활용하기 위해 수립하는 전략적 중장기계획"이라고 정의한다.

기간을 설정한다.

③ **환경분석의 강조** 조직의 환경에 대한 이해를 강조한다. 현재의 환경 그리고 계획기간중에 일어날 환경변화를 체계적으로 분석한다.

④ **조직역량분석의 강조** 조직 내의 상황적 조건 특히 조직의 역량(강점·약점·기회·위협)에 대한 분석을 중시한다.

⑤ **전략개발의 강조** 조직의 목표성취를 위한 전략의 개발과 선택을 강조한다.[b)]

⑥ **조직활동통합의 강조** 전략추진을 위한 조직활동의 통합을 강조한다. SM은 조직의 주요구성요소들을 모두 끌어들여 연관 짓고 그에 영향을 미치기 때문에 포괄성이 높은 관리라고 한다.

2) 전략적 인적자원관리의 정의

전략적 인적자원관리(strategic human resource management: SHRM)는 조직의 목표에 확실히 기여하도록 설계·운영되는 인적자원관리의 계획적인 과정이다. SHRM은 인적자원관리의 모든 활동국면이 조직 전체의 전략관리에 연계되어 전략적 목표의 달성을 촉진하도록 개발·실행되는 인적자원관리체제이다. 이것은 전략적 관리의 접근방법을 적용한 인적자원관리이다.

SHRM은 SM의 하위체제이다. SHRM은 SM의 과정에 긴밀히 결합되며 양자는 전략적 관리의 주요특성을 공유한다. SHRM은 SM이 결정하는 조직의 전략적 목표에 일관되게 인적자원을 관리한다. SHRM은 SM과 긴밀히 교호작용한다. SHRM의 의사전달통로·참여통로는 SM에 연장된다. SHRM은 인사정보를 조직의 전략수립중추에 전달해 전략선택을 돕는다. SM은 전략수립에서 인적자원의 실태와 예측을 제약조건으로 고려한다.

---

b) 전략(strategy)은 조직과 그 환경의 관계를 규정하고 조직활동 전체를 지속적으로 인도해주는 포괄적·통합적 계획이다. 조직전체의 장기적인 미래를 시야에 두는 전략은 현재의 단기적인 의사결정을 인도하는 틀을 제공한다. 전략과 구별되는 전술(tactics)은 하위수준의 특정적 목표추구를 위한 구체적 행동계획이다. 군사적 비유로 말한다면 전략은 전쟁승리의 목표에 관한 것이며, 전술은 개별적 전투의 승리를 위한 목표에 관한 것이라고 할 수 있다. Robert B. Denhardt and Janet V. Denhardt, *Public Administration: An Action Orientation*, 6th ed. (Thomson Wadsworth, 2009), p. 197.

3) 전략적 관리의 운영과정

SM을 운영하는 과정에서 해야 하는 핵심적 과제는 비전의 확인, 환경평가, 조직의 역량평가, 전략수립, 집행과 평가 등이다. SM의 기본적 운영과정에 포함되는 행동단계를 일곱 가지로 나누어 볼 수 있다.[4] SHRM의 운영과정도 그와 같다.

① **비전의 설정** 조직(대상체제)의 존재이유가 되는 임무(mission)와 목표를 확인하고 이를 비전기술서(vision statement; mission statement)에 분명하게 기술한다.

② **계획기간 설정** 목표달성에 필요한 계획기간을 설정한다.

③ **환경평가** 현재와 장래의 환경적 조건을 탐색 · 예측 · 평가한다.

④ **역량평가** 조직의 강점과 약점, 직면한 기회와 위험을 포함한 조직의 역량을 평가한다.

⑤ **전략계획서 작성** 목표를 설정하고 목표를 어떻게 달성할 것인가를 기술한 전략계획서를 작성한다.

⑥ **집 행** 전략을 실천에 옮길 구체적 행동계획(전술)을 결정하고 필요한 자원을 배분하는 등 준비작업을 한 다음 전략을 집행한다.

⑦ **환류 · 평가** 전략체제 운영에 관한 환류를 받아 평가한다.

4) 전략적 관리의 효용 · 한계 · 성공조건

전략적 관리의 효용과 한계, 그리고 성공조건은 다음과 같다.[5]

(1) 효 용 SM은 포괄적이고 장기적인 안목을 가지고 조직의 문제에 계획적으로 접근함으로써 조직의 목표달성과 조직의 가치향상에 기여할 수 있다. 격동하는 환경에 대한 조직의 대응능력을 향상시킨다. 변화와 적응을 촉진하고 개혁의 지향노선을 스스로 통제할 수 있는 조직의 능력을 향상시킨다. 인적자원을 포함한 자원의 효율적 활용을 돕고 조직구성원과 고객의 만족수준을 높인다.

(2) 한 계 합리성의 수준이 높은 장기계획을 수립하고 집행하기 어려운 조직의 여건 하에서는 SM도 성공하기 어렵다. SM의 성공을 좌절시킬 수 있는 조직의 조건으로는 i) 현재 또는 단기간의 실적에만 초점을 맞추는 단기적 사고방식, ii) 보수적 조직문화와 변동저항적 행동성향, iii) 자기 부서에 국한된 관리자

들의 할거적 관심, iv) 관리자들의 자율성 제약, v) 인적자원관리의 전략적 기여에 대한 최고관리층의 이해 부족, vi) 계선관리자들의 인적자원관리책임에 대한 인식 부족, vii) 계량적 측정과 표시가 어려운 SM의 성과 또는 편익, viii) 환류·평가의 제약 등을 들 수 있다.

(3) 정부에서 가중되는 애로 정부조직에서 SM을 운영하기는 민간부문의 조직에서 보다 더 어렵다. 어려움을 가중시키는 정부조직의 조건은 i) 규모의 방대성, ii) 활동의 복잡성, iii) 목표의 모호성과 성과측정의 곤란성, iv) 독점성, v) 수입의 비시장적 특성 등이다. 단기적 시간관, 자율성 제약, 그리고 보수성으로 인한 장애도 정부조직에서 더 크다.

(4) 성공조건 SM이 성공적으로 운영될 수 있으려면 i) 조직마다의 조건에 적합한 SM의 설계, ii) 운영과정의 융통성, iii) 다른 관리기능들과의 연계 강화, iv) 관리자들의 헌신적 참여, v) 모든 조직구성원들의 전략적 사고방식 육성, vi) SM에 적합한 유인기제의 개발, vii) 환류와 성과측정의 발전, viii) 관리단위들의 자율성 향상, ix) 조직의 개혁지향성 향상 등의 조건이 구비되어야 한다.

2

직업구조의 형성

제 1 절　직업구조형성의 접근방법
제 2 절　직무분석과 직무설계

개 관

조직설계의 기본적인 틀 속에서 사람들이 맡아 수행해야 할 구체적인 일들을 분류하여 직업구조를 형성하는 것은 인사행정의 핵심적인 역할 중의 하나이다. 직업구조의 기본적 단위가 될 직위를 분류하는 것은 인사행정의 초석을 놓는 작업이다.

직위를 분류하여 직업구조를 형성하는 접근방법 또는 모형은 우리의 필요에 따라 얼마든지 만들 수 있다. 그러나 인사행정의 실제에서, 그리고 인사행정학에서 지금까지 주로 사용해 온 전통적 모형은 두 가지이다. 두 가지의 전통적인 모형이란 계급제와 직위분류제를 말한다.

이 장의 제 1 절에서는 직위를 분류하는 직업구조형성모형들을 설명하고, 우리나라에서의 적용실태를 검토해 보려 한다. 먼저 직업구조형성의 의미를 정의하고 직업구조형성의 접근방법분류와 선택기준에 대해 언급한 다음 계급제와 직위분류제를 정의하고 양자의 상대적 특성, 지지적 조건 등을 설명하려 한다. 이어서 제 3 의 접근방법에 대한 요청과 대안들을 논의할 것이다.

정부관료제 내의 직업구조형성에 관한 우리 정부의 실천적인 접근방법은 계급제와 직위분류제를 절충하는 것이다. 직위분류제의 채택을 분류정책의 원칙으로 선언하고 계급제를 직위분류제로 대체하려는 노력을 해왔다. 그러나 아직까지 제도의 근본적 전환은 이룩하지 못하고 있다. 직업구조형성의 적응성을 높이기 위한 제 3 의 대안탐색은 조직화되어 있지 않다.

제 2 절에서는 직업구조형성에 필요한 기초적 작업인 직무분석과 직무설계를 설명하려 한다.

제1절

직업구조형성의 접근방법

Ⅰ. 직업구조형성이란 무엇인가?

1. 직업구조형성의 정의

직업구조형성은 정부조직 내의 많은 직위들을 수직적·수평적으로 분류하여 직위관리대상의 구조를 형성하고 유지하는 인사행정작용이다. 이 작용은 정부 안에서 어떤 일들을 해야 하며 어떤 사람들이 그 일을 해야 하는가를 결정한다. 따라서 직업구조형성의 관심은 직위의 종류와 직위계층뿐만 아니라 정원과 인건비 등 점직자에 관한 문제에까지 미친다.[a]

직업구조형성은 정부에 종사하는 사람들이 하는 일 전체의 재고조사(inventory)와 같아서 정부 내외의 여러 통제중추에 요긴한 정보를 제공한다. 국민 일반 그리고 입법기관은 정부 내의 직업구조에 관한 정보에서 직위의 수, 직급의 수, 정원과 현원 그리고 인건비 등을 파악하고 그에 대한 통제작용을 할 수 있다. 직업구조형성은 행정수반과 정부 내의 각급 관리자들에게 중요한 관리통제수단을 제공한다.

직업구조형성은 거의 모든 인사기능의 기초가 된다. 직업구조형성은 모집과 채용시험, 경력발전계통의 결정, 근무성적평정, 훈련, 보수결정과 같은 인사기능의 수행에 기초를 제공한다. 직업구조형성은 내부임용과 처우에 관한 노사협상·

a) 직업구조형성은 '공직의 분류', '직위분류', '직위와 공무원의 분류', '직위관리' 등으로 불리기도 한다.

단체협약에도 기준을 제시한다. 정부에서 계약에 의한 임기제임용을 결정하거나 정부업무의 민간위탁을 결정할 때도 기준을 제시한다.

2. 직업구조형성의 접근방법과 선택기준

1) 접근방법의 유형

직업구조형성의 접근방법은 다양하게 분류할 수 있다. 그리고 근래 실천적인 접근방법들은 매우 유동적이기 때문에 늘 새로운 분류가 필요한 형편이다. 여기서는 유형론을 단순화하여 접근방법의 기본형만을 논의할 수 있을 뿐이다.

직업구조형성의 전통적 접근방법은 두 가지로 대별해 볼 수 있다. 두 가지의 기본형이란 계급제와 직위분류제이다. 이 두 가지 접근방법을 '전통적'이라고 하는 까닭은 전통적 관료제 구조의 기본적인 원리를 전제하는 방법들이기 때문이다. 계급제나 직위분류제는 다 같이 공무원과 직위를 질서 있게 분류·배열하여 직업구조를 형성하는 데 쓰이지만, 그 원리를 서로 달리한다. 계급제는 공무원이라는 사람의 특성에 착안한 분류방법이며, 직위분류제는 직무의 특성에 착안한 분류방법이다. 전자는 계급지향을 가지고 있고, 후자는 직무지향을 가지고 있다. 계급제와 직위분류제는 내부임용의 융통성, 조직설계, 행정 상의 조정, 공무원의 경력발전, 보수, 공무원지원자의 자격요건 등에 관하여 현저한 차이를 보인다.

근래 조직의 탈관료화에 대한 요청이 커지면서 탈전통적인 제 3 의 접근방법들이 탐색되고 있다. 탈관료화의 대안들은 다양하게 개발되고 있다.

2) 선택기준

여기서 선택기준이라고 하는 것은 직업구조형성의 접근방법을 결정할 때 고려해야 할 요인들이다. 상황적 조건이 어떠냐에 따라 각 접근방법의 장점이 더 부각되기도 하고 단점이 더 부각되기도 한다. 그러므로 인사행정의 실제에서 어떤 하나의 접근방법을 선택하거나 접근방법들을 절충해 쓰려 할 때에는 상황적 조건에 맞는지의 여부를 면밀히 검토해야 한다. 이를 위해서는 접근방법의 평가를 이끌어줄 구체적인 상황의 지표와 그에 대한 평가기준을 적정하게 설정하여야 한다.

(1) **대내적 기준** 정부조직 내의 고려요인은 다음과 같다.

① **관리체제의 지향성** 관리전략이 전문가주의적인가 아니면 일반능력자주의적인가, 안정지향적인가 아니면 변동지향적인가 등을 고려해야 한다.

② **조직의 구조적 특성** 조직의 규모, 복잡성, 유동성 등을 고려해야 한다. 조직이 사용하는 기술의 특성도 고려해야 한다.

③ **개방성·교류성의 수준** 인사체제가 개방형인가 폐쇄형인가 그리고 교류형인가 비교류형인가를 고려해야 한다.

④ **보 수** 보수의 수준과 결정기준을 고려해야 한다.

⑤ **분류기술과 비용** 직업구조형성의 어떤 접근방법을 채택하는 데 필요한 기술과 비용의 유무를 고려해야 한다.

(2) **환경적 기준** 직업구조형성의 접근방법을 선택할 때 고려해야 하는 환경적 요인은 다음과 같다.

① **사회변동의 수준** 사회체제가 전반적으로 안정적인가 아니면 급속한 변동을 겪고 있는가를 고려해야 한다.

② **직업구조의 분화** 사회전체의 직업구조분화는 정부조직의 직업구조분화를 제약한다. 그러므로 사회의 직업구조분화수준을 고려해야 한다.

③ **사회계층의 특성** 정부는 전체사회의 하위체제이며 공무원도 사회체제의 구성원이므로, 사회체제의 계층구조와 그에 대한 일반국민이나 정치적 리더십의 관념을 고려해야 한다.

④ **교육제도와 인적자원의 공급** 교육제도와 정부의 임용구조가 얼마나 긴밀히 연관되어 있는가, 교육제도가 일반소양인(一般素養人) 양성에 치중하는가 아니면 전문가 양성에 치중하는가를 고려해야 한다. 노동시장이 공급할 수 있는 인적자원의 특성도 고려해야 한다.

Ⅱ. 전통적 접근방법

1. 계 급 제

1) 계급제의 정의

계급제(階級制: rank classification; rank-in-person; rank-in-corps)는 공무원의 '계급'(rank)에 착안한 분류체계이다. 계급은 사람들의 상대적인 또는 비교적인 지위에 따라 구분한다. 직무가 지니는 특성과 그에 결부된 조직의 구조적 특성보다는 인적 특성을 기준으로 계급구조를 형성한다. 이런 특성 때문에 계급제를 '공무원의 분류'라고 부르기도 한다.[1)]

전통적인 계서제와 일반능력자주의적 인사행정에 어울리는 계급제가 처방하는 분류방법과 분류구조는 소박하고 융통성이 있다. 계급제의 원형은 치밀한 직무분석을 통해 직위를 분류함으로써 분류구조의 전문화를 추구하는 것이 아니다. 개략적인 직무분석의 과정을 통해 조직구성원에게 부여할 계급을 분류함으로써 계서제적 행정관리를 용이하게 하고, 전문적 권력보다는 행정적 권력을 강화하는 데 기여한다. 계급제의 핵심은 행정업무의 계서적 차원 또는 수준을 횡적으로 구획하여 계층적으로 담당할 사람들의 계급을 정하는 것이다. 계급제가 처방하는 계급의 구조는 비교적 단순하다.[b)]

계급제는 직위분류제와 비교할 때 ⅰ) 내부임용의 융통성이 높다는 것, ⅱ) 조직설계와의 부합도가 엄격하지 않으나 조직의 장기적인 발전에는 유리하다는 것, ⅲ) 행정 상의 조정문제를 야기하기 쉬우나 사후적인 해결에는 유리하다는 것, ⅳ) 공무원의 경력발전통로가 넓다는 것, ⅴ) 계급을 기준으로 한 보수 즉 자

---

b) 다수의 연구인들이 표준적인 모형으로 설명해 온 것은 네 가지 범주의 기본적 계급구분이다. 그러한 계급구조 내에서 최상위의 계급은 일반관리자집단인 행정 또는 관리계층이 차지한다. 그 아래에는 집행계층이 있고, 그 다음에는 서기적 업무를 담당할 계층과 서기계층을 보조할 계층이 차례로 이어진다. 이러한 기본적 계급 안에서 다시 세부계급이 구분된다. 이런 설명은 미국 행정학자들이 예전 영국제도를 전형적인 계급제의 예로 소개하면서부터 생긴 관행이라고 생각한다. 그러나 실제로 관찰되는 제도들의 계급구분이 모두 같은 것은 물론 아니다. 우리 정부는 9계급제를 기본으로 삼고 있다.

격급 결정의 기준을 제시한다는 것, vi) 공무원 지원자의 자격요건이 일반능력자 주의적이라는 것 등의 특성을 지닌다.

계급제라는 전통적 모형은 아주 오래 전에 정립된 것이다. 그것이 적용된 역사는 아주 길다. 계급제의 출발은 옛날 단순했던 계급사회로부터 비롯된 것이다. 그 역사가 긴만큼 뿌리도 깊어 아직까지도 많은 나라들의 인사행정이 계급제의 골격을 유지하고 있다. 미국사람들의 문헌을 보면 계급제를 실시해 왔던 나라의 예로 흔히 들어지고 있는 것은 영국·불란서·독일 등 서구제국이다. 그러나 아시아제국, 특히 동양제국이 오히려 더 강한 계급제적 전통을 가지고 있다는 점을 잊어서는 안 된다. 그 밖에도 세계도처에서 계급제의 전통을 발견할 수 있다.

오늘날 여러 나라에서 실제로 볼 수 있는 계급제는 다소간에 직위분류제의 영향을 받고 있기 때문에 예전의 순수한 모습은 찾아보기 어렵다.

2) 계급제의 장·단점

계급제는 사람의 계급에 착안하여 융통성 있는 직업구조를 형성할 수 있지만 직무의 전문화요청을 반영하지 못한다고 한다.

(1) 장　점　계급제의 장점이라고 이해되는 것들은 다음과 같다.

① 융 통 성　분류구조의 융통성과 그에 결부된 보수체계의 융통성은 조직 전체 인력활용의 융통성을 높여 준다.

② 신분안정·경력발전 기회 확대　공무원의 근무와 근무경력을 특정한 직위에 국한하지 않기 때문에 공무원의 신분안정과 개인의 장기적인 경력발전에 기여한다.

③ 조직몰입도 향상　공무원들의 장기근무를 유도하고 그들이 조직 전체를 바라보는 안목을 기르도록 유도하기 때문에 단체정신과 조직에 대한 충성심을 높이는 등 조직몰입도를 향상시킨다.

④ 장기적 발전에 대한 효용　제도적 융통성 때문에 조직설계의 변화와 장기적인 행정발전계획에 보다 잘 적응할 수 있다.

⑤ 관리자 육성　조정능력이 있는 일반관리자의 육성에 유리하다.

(2) 단　점　계급제의 단점이라고 지적되는 것들은 다음과 같다.

① **전문화의 장애** 행정전문화의 요청에 부응하지 못한다. 일반능력자주의적 경력계통을 밟은 행정가들이 계서적 권력의 핵심을 차지하며 전문가들을 소외시킨다.

② **낮은 합리성·형평성** 조직설계와 인사행정의 합리화요청, 형평성제고의 요청에 제대로 대응하지 못한다.

③ **직무지향적 동기유발의 좌절** 엄격한 계급구분의 경직성은 직무와 직무담당자의 능력을 괴리시키고 직무지향적 동기유발을 어렵게 한다.

④ **계층적 집단의 폐쇄화** '계급별 집단' 또는 '계층적 집단'들은 폐쇄화되고 상호배타적인 긴장을 조성하는 경향이 있다. 계층적 집단의 구성원들은 직무 자체보다 집단이익의 옹호에만 집착할 가능성이 크다.

이 밖에도 계급제는 승진과 보수의 결정에서 선임순위만을 고려한다, 보직결정에서 개인의 관심과 희망은 무시된다, 비민주적인 사회계층화를 초래한다는 등의 비난을 받는 경우가 있다. 그러나 이러한 결함들이 계급제에 본래적으로 내재되어 있는 것은 아니다. 실천 상의 실책으로 빚어질 가능성이 높은 문제들일 뿐이다.

(3) 지지적 조건 계급제의 적실성과 효율성은 물론 상황에 따라 다르다. 계급제의 적용이 불가피하거나 그 단점보다 장점이 더 부각될 수 있는 상황의 대내적 조건으로는 ⅰ) 정부의 관리체제가 일반능력자주의적·권한중심적인 것, ⅱ) 조직의 규모가 작고 복잡성의 수준과 기술의 수준이 낮은 것, ⅲ) 인사체제가 폐쇄형·비교류형인 것, ⅳ) 보수가 자격급이며, 그 수준이 낮은 것, ⅴ) 직무분석기술이나 분석비용이 부족한 것 등을 들 수 있다.

환경적 조건으로는 ⅰ) 사회전체의 직업구조분화수준이 낮은 것, ⅱ) 귀속적(생래적) 신분에 기초한 사회적 층화의 전통이 강한 것, ⅲ) 교육제도가 일반소양인을 양성하는 데 지향되어 있고 노동시장이 전문화된 인력공급을 하지 못하는 것 등을 들 수 있다.

2. 직위분류제

1) 직위분류제의 정의

직위분류제(職位分類制: position classification; rank-in-job)는 '직무' 또는 '직위'(job or position)라는 개념에 착안한 직무지향적 분류모형이다. 이 접근방법은 직무의 차이를 기준으로 하여 직위를 분류한다. 직위분류제에서 기초로 삼는 직위는 한 사람이 수행할 수 있는 일과 책임의 단위이지만, 그것을 담당하는 사람과는 구별되는 개념이다. 직위분류제모형은 직위담당자의 특성을 떠나 직무 자체의 특성을 분석·평가하여 분류구조를 형성하고, 그에 따라 직위담당자의 자격을 설정하도록 처방한다.[2)]

직위분류제의 분류구조와 분류기법은 계급제의 경우에 비해 더 복잡하며 분석적이다. 직위분류제는 치밀한 직무분석과 평가를 통해 직업구조의 합리화·전문화를 추구한다. 직위분류제의 직업구조설계는 조직설계와 긴밀히 연계된다.

직위분류제는 계급제와 비교할 때 ⅰ) 내부임용의 융통성이 제약된다는 것, ⅱ) 조직설계와 단기적으로 잘 부합된다는 것, ⅲ) 행정 상의 조정문제발생을 예방하는 데는 유리하지만 사후적인 해소는 어렵게 한다는 것, ⅳ) 공무원의 경력발전통로가 한정된다는 것, ⅴ) 직무급 결정의 기준을 제시한다는 것, ⅵ) 공무원 지원자의 자격요건은 전문가주의적이라는 것 등의 특성을 지닌다.

직위분류제가 적용된 역사는 오래지 않다. 이 제도는 1909년에 미국의 시카고시 공무원제도(Chicago Civil Service)에 처음으로 도입되었으며, 1920년대에 미국의 연방정부도 이를 채택하기 시작한 것으로 알려졌다. 미국에서 이 제도가 정착된 후 다른 여러 나라에 그 영향이 파급되었다. 전통적으로 계급제를 시행해 오던 나라들이 직위분류제적 요소를 많이 도입하게 되었다. 반면 미국은 1970년대 이후 부분적으로나마 계급제적 요소를 도입하기 시작하였다.

2) 직위분류제의 구조와 수립절차

(1) 분류구조 직위분류제의 핵심은 직무의 종류와 책임의 수준을 종횡으로

구분하여 직위의 분류구조를 형성하는 것이다. 분류구조의 수평적 및 수직적 분화수준은 계급제의 경우에 비해 훨씬 높다. 직위분류제에서 분류구조를 규정하는 개념체계의 구성개념은 직위·직급·직류·직렬·직군·등급 등이다.

직위(職位: position)는 한 사람의 공무원에게 부여할 수 있는 직무와 책임을 말한다. 여기서 직무는 각 직위에 배당된 업무이며, 책임은 공무원이 직무를 수행하거나 타인의 직무수행을 감독할 의무를 뜻한다. 요컨대 직위란 분류의 기초가 되는 일의 단위이며, 이것은 한 사람의 직원이 맡아 수행할 것을 전제로 한다.

직급(職級: class)은 직무의 종류, 곤란성과 책임도가 상당히 유사한 직위의 범주(모임·무리: 群)로서 동일한 직급에 속하는 직위에 대하여는 임용자격·시험·보수 등에 있어서 같은 취급을 할 수 있는 것을 말한다. 매 직급에 포함되는 직위의 수는 획일적인 것이 아니다.

직류(職類: sub-series)는 같은 직렬 내에서 담당분야가 동일한 직무의 범주를 말한다. 직렬을 다시 세구분한 것이 직류이다. 우리 정부에서는 직렬의 미분화로 인하여 야기되는 문제를 해결하면서 동시에 인력활용의 융통성 또한 어느 정도 유지하기 위해 지나치게 통합된 직렬을 직류로 다시 분류하고 있다.

직렬(職列: series of classes)은 직무의 종류가 유사하고, 그 곤란성과 책임의 정도가 서로 다른 직급의 범주를 말한다. 직무는 같은 종류에 해당되지만 의무와 책임의 수준이나 곤란성이 서로 다른 직급들을 모아 직렬을 형성한다. 예컨대 회계업무수행을 임무로 하는 일단의 직위들이 있으나, 이들 간에 책임의 수준이 서로 달라 고급회계직과 하급회계직의 두 개 직급으로 나누어진다면, 이들은 다 같이 하나의 회계직렬에 포함시킬 수 있다.

직군(職群: occupational group)은 직무의 성질(종류)이 유사한 직렬의 범주를 말한다. 직군은 비슷한 성격을 가진 직렬들을 모아 놓은 직위분류의 대단위이다.

등급(等級: grade)이란 직무의 종류는 다르지만, 그 곤란성·책임도 및 점직자에게 요구되는 자격수준이 상당히 유사하여 동일한 보수를 지급할 수 있는 모든 직위를 포함하는 것을 말한다. 예컨대 인사업무에 관한 직급과 예산업무에 관한 직급이 직무의 성격은 서로 다르지만, 책임수준과 곤란성의 정도가 대등하다면 같은 등급에 배정될 수 있다.

(2) 수립절차 직위분류제를 인사행정의 실제에 도입하여 시행하려면 일련의 작업단계를 거쳐야 한다. 일련의 작업단계란 ⅰ) 준비작업단계, ⅱ) 직무조사단계, ⅲ) 직무분석·평가단계, ⅳ) 직급명세서작성단계, ⅴ) 정급단계, 그리고 ⅵ) 유지관리단계를 말한다.

준비작업단계에서는 직위분류에 관한 정책의 채택, 필요한 법령의 제정, 주관기관의 결정, 분류전문가의 확보와 작업절차의 입안, 분류대상의 범위결정, 홍보 등 직위분류 실행 전에 필요한 준비를 한다.

직무조사단계에서는 분류대상직위들에 관한 자료를 수집한다. 직무분석·평가단계에서는 직위에 관한 자료를 분석하고 평가하여 유사성을 기준으로 직무의 종류와 책임의 수준을 결정한다. 직급명세서작성단계에서는 분류구조에 포함되는 각 직급의 직무와 책임, 점직자(占職者: 직위를 맡아 일하는 사람)의 자격요건 등을 결정한다. 정급단계(定級段階)에서는 실제로 있는 직위들을 분류안(分類案)에서 정한 직급들에 배치한다.

유지관리단계에서는 시행되고 있는 직위분류를 수정·보완해 나간다. 유지관리단계에서는 직위분류제 수립 이후의 변동을 관리한다.

3) 직위분류제의 장·단점

직위분류제는 직무에 영향을 미칠 수 있는 인적 요소를 배제하는 분석을 하기 때문에 객관적이라는 인상을 주지만 기계적인 경직성 때문에 비판받는 제도라고 한다.

(1) 장　　점　　직위분류제의 장점이라고 이해되는 것들은 다음과 같다.

① 조직의 합리화　　노동의 전문화와 조직설계의 체계화를 촉진함으로써 조직의 합리화에 기여할 수 있다.

② 직무중심적 동기유발 촉진　　직무와 인간의 능력을 결합시켜 직무중심적 동기유발전략을 펴는 데 유리하다.

③ 책임명료화·갈등방지　　업무 상의 책임을 명료화하고, 행정활동의 중복과 갈등을 피하고, 합리적 절차를 수립하려는 관리자들의 노력을 지지해 줄 수 있다.

④ 인사기능의 기준제시　　형평성 있는 직무급을 결정하는 데 필요한 기준을 제시해 줄 뿐만 아니라 임용·훈련·근무성적평정·인력계획 등의 인사기능수행에 필요한 직무기준도 제시해 준다.

⑤ 용어통일·유용한 정보 제공　　과학적인 직무분석·평가 및 직무기술(職務記述)은 인사행정의 용어통일에 기여하고 대내적 직원관계와 대외적 관계의 개선에 유용한 정보를 제공한다.

(2) 단　　점　　직위분류제의 단점이라고 지적되는 것들을 보면 다음과 같다.

① **인간적 요소의 경시** 인간경시의 분위기를 조성한다. 직무는 현재의 점직자에 대한 고려없이 설계·분류된다. 직위분류제의 안목은 조직을 계서적으로 조정되는 직위의 모임으로 파악한다. 사람이 직위에 미치는 영향을 경시한다.[3] 사람을 교체가능한 부품처럼 다루는 직위분류제는 조직을 '사람 없이 존재하는 것'처럼 착각했던 고전적 조직연구의 과오를 물려받은 것이다.

② **빈발하는 수정필요와 미흡한 대응** 조직설계와의 엄격한 연계 때문에 끊임없는 수정요구에 직면하는데 거기에 효율적으로 대응하지 못한다.

③ **경 직 성** 운영절차가 번잡하고 인적자원활용의 경직성이 높다. 인적자원의 변동이 많은 경우에 대응하지 못한다.

④ **편협한 안목의 조장** 전문성의 강조는 공무원의 안목을 편협하게 만들고, 일반적 관리능력을 지닌 행정가의 양성을 방해한다.

⑤ **직무의 의미 상실** 질서와 능률만을 강조하는 데서 비롯되는 무미건조한 직무설계 때문에 직무담당자들은 일하는 의미를 상실한다.

⑥ **산출의 소홀한 취급** 직무수행에 필요한 투입에 초점을 맞추고 결과적인 산출을 소홀히 한다. 직위분류제가 규정하는 직무는 직무수행의 가능성 또는 기회에 관한 것이며 성과로서의 직무 또는 실현된 직무에 관한 것이 아니다.[c]

⑦ **직위관리의 고립화** 개인이 수행할 직무를 분석단위로 삼고 거기에 주의를 국한하기 때문에 직위관리를 인사행정 전체와 일반관리기능으로부터 고립시킨다.

이 밖에도 직위분류제는 업무와 보수등급을 지나치게 세분화한다, 직무기술을 지나치게 세부적으로 한다, 난해한 용어를 사용한다, 직무분석·평가의 신빙성이 없다, 노조와의 타협 때문에 분류기준이 왜곡될 수 있다, 소리 없이 만연되는 등급상향조정(grade creep) 때문에 등급인플레가 일어난다는 등의 비난을 받는 경우가 있다. 그러나 이러한 결함들이 직위분류제에 본래적으로 내재되어 있는 것은 아니다. 다만 실천과정에서 저지르기 쉬운 실책들을 지적한 것이다.

---

c) 근래 직무기술에 성과요소를 포함시키려는 개혁시도가 늘어나고 있다. 성과요소를 강조하는 결과지향적 직무기술(results oriented descriptions: RODs)을 사용하는 '신형 직위분류제'에 대해서는 산출을 소홀히 한다는 비판을 하기 어렵다.

(3) 지지적 조건 직위분류제의 단점보다는 장점이 더 부각될 수 있는 상황의 대내적 조건으로는 ⅰ) 정부의 관리체제가 전문가주의적·직무중심적인 것, ⅱ) 조직의 규모가 크고 복잡성의 수준과 기술의 수준이 높은 것, ⅲ) 인사체제가 개방형·교류형인 것, ⅳ) 보수가 직무급이며 그 수준이 높은 것, ⅴ) 직무분석기술이나 분석비용이 충분한 것 등을 들 수 있다.

환경적 조건으로는 ⅰ) 사회전체의 직업구조 분화수준이 높은 것, ⅱ) 민주주의의 전통이 강하고 사회계층의 결정기준이 실적(實績)인 것, ⅲ) 교육제도가 전문가주의적이고 노동시장이 전문인력을 원활하게 공급하는 것 등을 들 수 있다.

Ⅲ. 탈관료화시대의 직업구조형성

위에서 고찰한 직업구조형성의 두 가지 전통적 접근방법은 전통적 관료제구조를 전제로 하는 것이다. 전통적 관료제모형이 각국의 실천적인 제도에 깊은 뿌리를 내리고 있는 만큼 계급제와 직위분류제는 아직도 널리 채택되고 있는 접근방법들이다. 그러나 이 두 가지 모형의 현실적합성은 시대의 변화에 따라 점점 저하되어 왔음을 잊어서는 안 된다.

산업화이후사회·정보화사회의 도래는 조직사회의 탈관료화(脫官僚化)를 촉구하고 있다. 탈관료화의 움직임으로 특징 지어지는 관료화이후시대(post-bureaucratic era)의 조직사회에서는 전통적 관료제의 원리와 마찰을 빚는 현상들이 두드러지고, 관료화의 탈피를 요청하는 세력이 강해진다. 관료화이후시대에는 계급제나 직위분류제의 적실성이 현저히 떨어질 수밖에 없다. 따라서 제 3 의 대안을 탐색하는 것은 인사행정의 중요한 현안으로 되어 있다.

1. 여건변화와 전통적 접근방법의 한계

1) 탈관료화시대의 여건변화

우리 사회가 겪고 있거나 장차 겪게 될 변화의 일반적 추세에 대해서는 제 1

장 제 3 절의 설명을 참조하기 바란다. 여기서는 직업구조형성에 관한 전통적 접근방법의 효용감퇴에 보다 직결되는 탈관료화시대의 여건 변화 몇 가지만을 재론하려 한다.

① **급속한 변동·유동성의 증폭** 체제의 변동과 유동화가 촉진된다. 일과 조직의 구조가 쉴 사이 없이 변동한다. 환경의 변화와 더불어 조직이 수행하는 일은 훨씬 복잡해지고, 비정형화되고, 유동화되고, 높은 불확실성을 내포하게 된다. 이렇게 되면 구조의 유기성 또는 잠정성이 높아져야 한다.

② **계서제적 지배구조의 약화** 조직의 계서제적 지배구조는 점점 더 많은 한계를 드러내게 될 것이다. 계서적 통제의 능력은 저하되고, 전문직업 상의 내재적 통제가 중요해진다. 통제의 민주화·자율화가 촉진되면서 권한행사의 임무중심주의가 확산된다. 즉 고정된 계서적 권한체계와 관할범위에 따라 권한을 행사하는 것이 아니라 일할 능력이 있는 사람이 일에 따라 그때 그때 권한을 행사해야 한다는 원리가 중요시된다. 협동적·집단적 과정을 통한 문제해결과 의사결정이 강조된다.

③ **기술수준과 인적 전문화수준의 고도화** 기술수준이 고도화되고 조직구성원들의 인적 전문화수준이 높아진다. 비숙련직원들은 감소하고, 관리적 및 전문적 업무를 수행하면서 스스로 전문가라고 생각하는 직원들이 지배적 다수가 된다. 전문가주의적 직업구조는 복잡해지고 유동화된다. 조직구성원들의 인적 전문화수준이 높아질수록 인간의 자기실현과 내재적 통제를 전제로 하는 인간관리전략을 요구하는 목소리는 커진다.

④ **고객과 성과의 중시** 고객중심주의와 성과주의가 확산된다. 따라서 인적자원관리의 관심이 투입에서 산출로 전환된다. 그리고 고객의 요구변화에 대한 신속한 대응이 강조된다.

위와 같은 변화는 정부관료제에서도 이미 감지되고 있으며 그러한 추세는 앞으로 더욱 강화될 것이다.

2) 전통적 접근방법의 한계

조직의 탈관료화가 진행되면 직업구조형성의 접근방법은 대응성·융통성의 요청과 임무중심주의의 요청에 부응해야 한다. 이러한 요청에 계급제와 직위분류제는 다 같이 부적합하다. 둘 다 전통관료제의 계서제를 전제로 하는 것이며 구조적 경직성이 높은 것이다. 인사행정의 공급자중심적·투입중심적 성향을 부추기는 것도 문제이다.

계급제에서 인력활용이 비교적 융통성 있게 이루어질 수 있다고 하지만 계급 사이의 계서적 경직성은 매우 높다. 전문화의 요청에도 배치되는 접근방법이다. 직무지향적인 동기유발전략이나 내재적 통제를 강화하려는 전략에도 적합치 않다. 관료제의 계서적 통제를 강화하는 모형이라 할 수 있다.

직위분류제도 대응성·융통성의 요구에 부응하기 어려운 접근방법이다. 조직구조에 사람을 얽어매는 경직성을 지녔다. 이것은 점직자가 직무의 수준과 성격에 많은 영향을 미치는 관리적 및 전문적 직업에 특히 부적합하다. 직위분류제는 직무의 내용을 미리 정의하고 기술할 것을 요구하지만, 역동적이고 불확실한 상황에서는 그것이 어렵거나 불가능하다.

2. 제 3 의 대안 탐색

탈관료화시대의 직업구조형성모형이 갖추어야 할 조건은 다음과 같다.

① **역동성·유기성에 대한 전제** 업무의 역동성과 조직구조의 유기적 특성을 전제로 하는 분류구조를 추구해야 한다.

② **융통성·통합성** 급변하고 복잡한 여건에 신속하게 대응할 수 있는 융통성을 지녀야 하며 조직활동전체의 통합에 기여하는 전략적 수단이 되어야 한다.

③ **임무중심적 인력활용의 지지** 전문성에 기초한 임무중심주의적 인력활용을 지지해야 한다.

④ **인간주의적 관리전략의 지지** 직무수행을 통해 자기실현을 하려는 고급의 인성을 발양시키고, 자율규제를 촉진하는 인간주의적 관리전략을 지지해야 한다.

⑤ **인적 영향요인의 수용** 점직자의 개인적 동기와 능력이 직위에 미칠 수 있는 영향의 폭을 용인해야 한다.

직업구조형성에 관한 제 3 의 대안 탐색은 여러 방면에서 시도될 수 있을 것이다. 실제로 여러 가지 대안들이 제안되고 있다. 각 대안들이 아직까지 만족스러운 것은 아니다. 위의 요건들을 온전하게 충족시키지 못한다는 말이다. 그러나 이들의 상황적응적 배합은 상당한 효용을 발휘할 수 있을 것이다.

직업구조형성의 전통적 접근방법을 수정하는 개혁안들을 보면 다음과 같다.4)

1) 계급제와 직위분류제의 배합

계급제와 직위분류제의 구성요소들을 적절히 배합함으로써 양자의 결함을 완화하자는 제안들이 있다. 그런 제안의 대부분은 직원유동에 대한 제약이 심한 직위분류제에 계급제적 요소를 접목시켜 융통성을 높이는 방안을 제시한다.

그 예로 직위분류제적 직업구조의 상층부에 계급제적 분류방식을 도입하자는 제안을 들 수 있다. 이 제안은 전문적·관리적 업무를 수행하는 직원들에게만 계급제를 적용함으로써 내부임용의 융통성을 높이자는 것이다.

직급확장(broadbanding classes)을 처방하는 제안도 있다. 이것은 직위분류제의 원칙을 유지하되 직렬과 직군, 보수등급의 수를 줄이고 각각의 폭을 넓힘으로써 인사운영의 융통성과 대응성을 높이자는 제안이다. 직렬·직군·등급의 폭을 넓히는 것은 계급제적 특성의 도입에 해당한다. 직급확장과 함께 재직자의 능력신장 또는 기술숙련수준의 향상에 따른 보수인상의 폭을 넓혀주는 방안도 제안되어 있다.

2) 다원화와 분권화

직업구조형성의 상황적응성을 높이기 위해 접근방법을 다원화하는 방안이 있다. 이것은 모든 행정기관의 직업구조형성방법을 하나로 통일하여 획일적으로 적용하지 않고 각 기관의 필요에 따라 분류체계를 달리할 수 있게 하는 방안이다. 이런 방안은 대개 분권적 운영을 함께 처방한다.[d] 제도의 다원화 없이 분권화 수준만을 높이는 방안도 있다. 단일분류체계의 큰 틀 안에서 계선관리자들이 운영 상의 재량권을 더 많이 행사할 수 있게 함으로써 실천적 적응성을 높이는 방안인 것이다.

---

d) 우리 정부에서도 2005년부터 기관별로 필요한 경우 직업구조형성방법을 달리할 수 있는 길을 열어 놓았다.

3) 시장기제의 활용

시장기제(市場機制)를 활용하려는 접근방법(market models)은 임용과 보수의 결정에서 미리 정해진 직위분류의 틀을 포기하고 관리 상의 필요·실적평가·노동의 시장가격을 기준으로 삼도록 처방한다. 고정적인 직위분류체계의 폐지를 처방하는 모형이라고 할 수 있다. 이 모형의 처방에 따르는 경우 관리자들은 인사운영에 관하여 예산의 범위 내에서 높은 자율권을 행사한다. 관리자들은 조직의 임무수행에 필요한 사람을 채용할 때 인원수나 보수액에 대한 분류체계 상의 제약을 받지 않는다. 관리자들이 채용할 인원수와 보수액을 결정한다. 이 경우의 채용에는 계약제가 적용된다.

이러한 접근방법은 소규모의 모험적인 민간기업에서 효율적으로 활용할 수 있다. 정부부문에서도 계약직 공무원의 임용에 적용할 수 있다. 그러나 대규모의 조직에 이를 전반적으로 적용하기는 어려울 것이다.

4) 직무재설계

직업구조형성기능의 시야를 넓히고 직무재설계과정을 도입하는 접근방법이 있다. 직무를 재설계하고 직위분류를 안목이 넓은 직위관리로 전환해야 한다는 접근방법의 처방요지는 다음과 같다.

전통적인 직무분석가들은 개별적인 직위들을 있는 그대로 '사진 찍어 내는 것'과 같은 직무기술을 임무로 삼았다. 조직이나 직무를 재구성하는 것은 그들의 임무가 아니었다. 그러나 직업구조의 적응성을 높이고 인적자원을 효율적으로 활용하려면 직무재설계를 직위관리의 핵심적 기능으로 만들어야 한다. 직무재설계과정을 직업구조형성장치에 내장시키고 이것을 전체적인 관리체제에 연결시켜야 한다.

전통적 관료제의 틀 속에서 굳어져 온 직무들을 다시 설계하여 탈관료화시대의 요청에 부응하는 직위와 직업구조를 형성하는 개혁을 해야 한다. 직위분류장치는 그러한 개혁의 결과를 정의하고 기술하여야 한다. 그리고 지속적으로 되풀이되는 직무재설계를 통해 그러한 정의와 기술을 적시성 있게 고쳐 나가야 한다. 지속적·반복적인 직무재설계과정을 직위분류장치에 내장시키면 직업구조의 융통성·잠정성이 높아진다. 그리고 직무중심주의와 인간중심주의를 조화시킬 수 있는 직업구조형성이 촉진된다.

고립적인 직위들이 아니라 전체적인 업무를 관리하는 조직의 역량을 향상시키려면 직위관리의 관심을 인적자원계획, 훈련, 근무성적평정, 경력발전, 고용평등, 보수, 인건비예산 등에까지 넓혀야 한다. 그리고 직위관리와 다른 관리기능들 사이의 연계를 강화해야 한다.

탈전통적 직무설계에 대해서는 다음 절에서 설명할 것이다.

Ⅳ. 우리 정부의 직업구조형성

우리 정부의 직업구조는 계급제의 지배를 받은 오랜 전통을 가지고 있으나, 1960년대부터 직위분류제적 요소들이 도입되었다. 21세기에 접어들 때까지 계급제의 근간 위에 직위분류제의 특성을 가미한 분류제도가 유지되었다. 그러나 근래 여러 가지 쇄신이 시도되어 우리 정부의 직업구조는 복잡해지고 있다. 우리 정부가 채택해 온 직업구조형성모형의 변천과정을 살펴본 다음 개혁방향을 생각해 보려 한다. 그리고 공무원의 종류와 고위공무원단을 설명하려 한다.

1. 변천의 발자취와 진로

1) 제도의 연혁

우리나라 정부관료제는 군주제 하의 오랜 역사를 통해 계급제를 경험하였다. 우리나라에 근대적 공무원제도가 도입된 일제 하에서는 서구대륙식 제도의 영향을 받은 계급제를 채택하고 있었다.

2차 세계대전 후 약 3년간 우리나라에 미군정(美軍政)이 실시되었는데, 그 시기에 직수입된 미국식 직위분류제도가 필요한 적응과정을 거치지 않고 그대로 사용되었다.[e] 그러한 실험이 우리 정부의 인사제도에 지속적인 영향을 미치지는

e) 1946년 5월부터 중앙과 지방의 문관직 전체에 적용하였던 「직위분류규정」에 의하면 '직위'(position)를 임무와 책임 및 수행할 직무의 중요성에 비추어 '등급'(class)·'직무'(service) 및 '등별'(等別: grade)에

못했다.

대한민국정부의 수립과 함께 제정된 「국가공무원법」에서는 미군정기의 경험을 떨쳐 버리고 계급제를 채택하였다. 대한민국정부수립 당시에는 1급에서 5급까지의 5계급제를 채택하였다. 그 뒤 3급 및 4급을 각각 갑류와 을류로 구분하여 계급의 수를 7개로 늘렸다. 1950년 말에 4급의 갑·을류 구분을 폐지하여 계급의 수를 6개로 만들고, 이것을 1960년대의 9계급제 도입시까지 유지하였다.

1963년에 「국가공무원법」이 개정되고 「공무원임용령」 등 부수법령이 고쳐짐에 따라 직업구조형성방법은 큰 변화를 겪게 되었다. 특히 「직위분류법」의 제정은 중요한 의미를 지니는 것이었다. 「직위분류법」의 제정과 함께 1963년에 개정된 「국가공무원법」에서는 일반직에 속하는 직위는 이를 직위분류제 이외의 방법으로 분류해서는 안 된다고 규정하였다.

「직위분류법」에서 정한 바와 같은 직위분류제가 본격적으로 실시되어 보지 못하고, 1973년에 「직위분류법」은 그것이 제정된 지 10년 만에 폐지되었다. 그리고 1973년의 「국가공무원법」 개정에서는 일반직을 직위분류제 이외의 방법으로 분류할 수 없다는 규정을 폐지하였다. 그러나 직위분류제 적용을 원칙으로 하며 이를 단계적으로 도입한다는 규정은 유지하였다. 2008년에는 「국가공무원법」 제3장에서 '직위분류제의 확립', '직위분류의 원칙', '직위분류제의 실시' 등을 규정하였다.

1960년대 초부터 우리 정부의 직업구조형성은 외형적으로나마 직위분류제를 많이 닮게 되었으며, 운영절차도 직위분류제의 경우와 닮은 점이 적지 않게 되었다. 직위·직급·직렬·정급 등 직위분류제적 용어들이 법령에서 사용되기 시작하였고, 직렬과 직급도 상당히 세분되었다.[f] 계급구조도 약간 세분하여 9계급제를

배치함으로써 동일한 곤란성과 책임이 있는 직위는 동일한 봉급을 받도록 분류한다고 하였다. 이러한 원리에 입각하여 모든 직위는 네 개의 '직무'에 배분되었다. 별정직무를 제외한 '직무'들은 각각 15등별로 나누었다. 「재조선 미국육군 사령부 군정청 인사행정규정 제 2 호(직위분류규정)」는 직급을 등급으로, 직군을 직무로, 등급을 등별로 각각 표기하고 있다. 오석홍, "미군정기(1945~1948)의 우리나라 인사행정제도," 행정논총(3권 1호, 1965), 107~109쪽.

f) 1981년의 인사제도개혁 때 직류(職類)라는 제도를 도입하여 지나치게 비대한 직렬의 문제를 완화하였다. 즉 직렬 안에 몇 개의 직류를 두어 직류마다 임용시험내용을 약간 달리하고, 보직결정에서 여러 다른 요인과 함께 직류를 고려하도록 하였다.

채택하였다.[g] 2000년대에 접어들어 공직의 직업구조형성에는 변화의 바람이 불기 시작하였다. 변화의 바람이란 직위분류제의 경직성을 완화하려는 일련의 조치들을 말한다. 그 중요한 예로 직급확장과 고위공무원단의 창설을 들 수 있다.

2) 개혁방향의 구상

2000년대에 들어 공직의 연성화 등 탈관료화시대의 요청에 부응해 보려고 정부가 추진한 직업구조개혁의 일반적인 의도는 긍정적인 평가를 받을 수 있다. 그러나 개혁과정에서 일으킨 혼란 때문에 무원칙하다거나 일관성이 없다는 비판을 받을 수도 있다. 계급제에서 직위분류제 쪽으로 변해가야 한다는 개혁방향을 제시하기도 하였고 직위분류제의 경직성을 완화하는 조치를 채택하기도 하였다. 분류제도 다원화의 길을 열기도 하였다. 그런가 하면 직급확장은 획일주의적 조치였다. 일부에서 계급폐지·팀제도입 등으로 저층구조화를 추진하면서 다른 한편으로는 계급인플레를 조장할 수 있는 조치를 채택하기도 하였다.

직업구조개혁은 다양한, 때로는 갈등을 일으키는 요청들을 충족시켜야 하기 때문에 상충적 가치들을 추구하는 개혁방안들을 함께 채택할 수도 있다. 그러나 그와 같은 배합은 상황의 필요에 부합해야 하며 전체적으로 전략적 조화를 이루어야 한다. 제도적 장치의 다원화는 체제 전체의 효율화에 기여할 수 있도록 추진해야 한다.

직업구조개혁의 장기적 구상에서 존중해야 할 원리로는 i) 분류기준의 산출지향성·성과지향성 강화, ii) 분류구조의 적응성·융통성 증진, iii) 일과 사람의 적응도 향상, iv) 운영 상의 분권화와 전략적 통합화 촉진, v) 인사행정의 형평성 향상을 위한 기준 제시, vi) 다른 인사기능들과의 연계 강화 등을 들 수 있다.

g) 처음 9계급화 할 때는 1급 내지 5급 공무원을 9개의 급류(2급부터 5급까지를 각각 갑류와 을류로 구분)로 나누었다. 1981년에 급류의 명칭을 변경하였다. 즉 1급은 그대로 두고 2급갑류를 2급, 2급을류를 3급, 3급갑류를 4급, 3급을류를 5급, 4급갑류를 6급, 4급을류를 7급, 5급갑류를 8급, 5급을류를 9급이라고 각각 고쳐 부르게 된 것이다. 이때에 연구직과 지도직에는 9계급제를 적용하지 않도록 하는 조치도 함께 취하였다.

2. 공무원의 종류

우리 정부에서는 공무원의 종류(공무원의 구분)를 여러 가지로 나누고 있는데, 직업구조 변천과정에 관한 앞서의 논의는 경력직공무원의 일종인 일반직 공무원에 관한 것이었다. 일반직 이외에 어떤 범주의 공무원들이 있는지 알아둘 필요가 있다.

「국가공무원법」이 제정된 1949년부터 1981년의 법개정이 있기 전까지는 공무원의 종류를 일반직(一般職)과 별정직(別定職)이라는 두 가지 범주로만 나누었다. 실적주의의 일반원칙을 기초로 하는 「국가공무원법」의 전반적인 적용을 받는 공무원을 일반직공무원이라 하고, 그 밖의 공무원은 별정직공무원이라 하였다.

공무원의 종류를 일반직과 별정직으로만 구분하였던 과거의 제도는 지나치게 단순한 것이어서 인사체제분류에 효과적인 길잡이를 제공하지 못하였다.

그런 결함을 시정하기 위해 1981년의 「국가공무원법」 개정에서는 공무원의 종류를 세분하고 각각의 정의를 보다 엄격하게 하였다. 이 개정법률에서는 공무원의 종류를 경력직공무원과 특수경력직공무원이라는 두 가지 범주로 대별하고 각 범주 내에서 다시 공무원의 종류를 구분하였다.

1981년의 「국가공무원법」개정으로 정한 직종제도의 골격은 30여 년간 시행되었는데, 여건의 변화에 따라 직종제도가 너무 복잡하고, 변화된 환경에 적응하지 못하고, 인사운영을 경직화하고, 직종 간의 갈등을 조장한다는 등의 비판이 제기되었다. 이런 비판을 받아들인 정부는 2012년 「국가공무원법」을 개정하여 분류체계를 약간 단순화하였다. 2013년부터 시행하게 된 이 개정 법률에서는 기능직과 계약직을 일반직에 통합하고, 별정직 공무원도 비서·비서관 등을 제외하고는 일반직으로 개편하였다.

현재 우리 정부에서는 모든 국가공무원을 경력직공무원(經歷職公務員)과 특수경력직공무원(特殊經歷職公務員)이라는 두 가지 범주로 구분하고, 이 두 가지 범주에 속하는 공무원의 종류를 다시 세분하고 있다. 경력직공무원은 실적과 자격에 따라 임용되고, 그 신분이 보장되며, 평생동안 공무원으로 근무할 것이 예정되는 공무원이다. 경력직공무원은 다시 ⅰ) 일반직공무원(一般職公務員)과 ⅱ)

특정직공무원(特定職公務員)으로 구분한다. 경력직공무원 외의 공무원을 특수경력직공무원이라 하는데, 여기에는 ⅰ) 정무직공무원(政務職公務員)과 ⅱ) 별정직공무원(別定職公務員)이 포함된다.[5)]

위에서 본 공무원의 분류는 다시 여러 가지로 세분류된다. 전체적인 공무원의 종류는 매우 다양하다. 여기서는 근래에 「국가공무원법」의 규정으로 도입한 임기제공무원과 시간선택제공무원에 대해서만 언급하려 한다.

일반적으로 임기제공무원이라 하면 재임기간이 한정되어 있는 공무원을 두루 지칭한다. 임기제 채택의 목적 또는 용도는 공직의 개방화 촉진, 성과평가를 통한 실적관리 강화, 신분보장의 제한 또는 강화, 임명권자의 신임 확보, 장기근속의 폐단 시정, 고도의 전문지식과 기술을 구비한 인재의 획득, 일시적 결원의 충원 등 다양하다.

그런데 「국가공무원법」은 임기제공무원의 대상과 유형을 한정하고 있다. 동법 제26조의 5 제1항은 "임용권자는 전문지식 · 기술이 요구되거나 임용관리에 특수성이 요구되는 업무를 담당하게 하기 위하여 경력직공무원을 임용할 때에 일정기간을 정하여 근무하는 공무원(이하 '임기제공무원'이라 한다)을 임용할 수 있다"고 규정한다. 경력직 공무원의 임기제임용만을 대상으로 하고 있다. 「공무원임용령」 제3조의 2는 임기제공무원의 종류를 네 가지로 분류한다.

시간선택제공무원은 통상적인 근무시간보다 짧게 근무하는 공무원이다. 이것은 고용관계와 근무시간계획의 유연화를 도모하는 한 방책이다. 「국가공무원법」 제26조의 2는 "국가기관의 장은 업무의 특성이나 기관의 사정 등을 고려하여 소속 공무원을 대통령령 등으로 정하는 바에 따라 통상적인 근무시간보다 짧게 근무하는 공무원으로 임용할 수 있다"고 규정한다. 법에서 정한 근무시간 단축임용 공무원을 「공무원임용령」 제57조의 3에서는 시간선택제공무원이라 부르고 그들의 근무시간을 주당 15시간 이상 35시간 이하의 범위에서 정하도록 규정한다.

3. 고위공무원단

1) 고위공무원단의 구성과 운영

(1) 정 의 고위공무원단(高位公務員團: senior executive service)은 고급공무원으로 구성되고 융통성 있게 전정부적으로 통합관리되는 공무원집단이다. 고위공무원단은 인사행정의 특별관리 대상이다. 특별관리의 대상이라고 하는 까닭은 적용되는 인사원리가 다른 공무원집단의 경우와 구별되기 때문이다.[h)]

---

h) 「국가공무원법」 제2조의 2는 직무의 곤란성과 책임도가 높은 고위공무원을 범정부적 차원에서 효율적

특히 직업구조형성원리가 차별화된다. 계급제적 제약이나 직위분류제적 제약이 약화되고 성과관리적 요소가 강화된다. 인사운영의 유동성·융통성이 높아진다. 개방형 임용이 확대되고 부처 간의 경계를 가로지르는 임용도 용이해진다.

우리 정부에서 2006년부터 시행하고 있는 고위공무원단제도의 개요는 다음과 같다.6)

(2) 직업구조(분류) 고위공무원단 소속공무원에게 계급제는 적용되지 않는다. 고위공무원단 소속공무원들의 계급명칭은 없으며 그들은 모두 고위공무원으로 통칭된다. 계급이 아닌 직무등급만 있다. 직위의 직무값에 따라 부여되는 고위공무원의 직무등급이 분류구조의 근간을 형성한다. 직무등급은 두 가지 등급, 즉 가급(실장급)과 나급(국장급)으로 구분되어 있다.i)

(3) 임 용 고위공무원단은 실·국장급의 일반직·별정직 공무원, 일부의 특정직공무원, 국가공무원으로 보하는 지방자치단체와 지방교육행정기관의 고급공무원으로 구성한다. 감사원과 같은 헌법기관의 공무원과 지방공무원 등은 제외한다. 고위공무원단에 소속하는 동안 공무원의 계급은 폐지된다.

고위공무원단 출범 당시에는 법에 정한 공무원들을 별도의 시험절차 없이 편입시켰다. 이 제도 시행이후에는 일반직고위공무원의 임용은 경력경쟁채용시험 등의 방법이나 승진임용 또는 전보의 방법으로 한다. 별정직은 공고에 의한 경쟁채용을 원칙으로 한다. 다만 비서관, 정책보좌관 등으로 임용할 때에는 채용시험 등의 절차를 생략할 수 있다. 계약제가 적용되는 개방형 직위에는 원칙적으로 공고·경쟁의 방법에 의해 임용한다.

임용의 경쟁범위 결정방법은 세 가지로 구분된다. 세 가지 방법이란 민간부

으로 인사관리하여 정부의 경쟁력을 높이기 위해 고위공무원단을 구성한다고 하였다.

우리 정부의 고위공무원단제도는 미국 연방정부의 제도를 모방하고 있다. 미국 연방정부는 이 제도를 「1978년의 공무원제도 개혁법」(Civil Service Reform Act of 1978)에서 규정하고, 1979년부터 시행하였다. 그 뒤에 고위공무원단제도는 캐나다, 호주, 뉴질랜드, 영국 등에서 채택되었다. 미국에서는 고위공무원단을 만들어 계급제적 요소를 가미함으로써 직위분류제의 약점을 시정하려 한 반면 우리나라에서는 계급제적 특성을 약화시키려는 의도가 엿보인다.

i) 2006년 출범 당시에는 직무등급을 다섯 단계(가급~마급)로 구분하였다. 다섯 단계로 세분된 직무등급이 새로운 계급으로 인식되고 직위 간의 이동을 어렵게 한다는 비판이 일자 2009년에 직무등급을 둘로 축소하였다.

문까지 경쟁범위를 넓힌 개방형임용방법, 정부 내 부처 간의 경쟁을 허용하는 직위공모방법, 그리고 각 부처 장관이 재량권을 가지고 임용하는 자율임용방법을 말한다. 어떤 임용방법에 의하든지 역량평가라는 자격심사를 거쳐야 한다. 역량평가는 후보자교육과정을 이수한 과장급 공무원과 개방형 직위 등의 선발후보자인 민간인을 대상으로 실시한다.[j)]

고위공무원단 소속 공무원은 중앙인사기관이 인력풀로 관리한다. 각 부처의 장은 전체인력풀에서 적임자를 선택하여 임용제청한다.

(4) 성과관리 고위공무원들은 강화된 성과관리의 대상이 된다. 고위공무원의 근무성적평정은 성과목표·평가지표에 관한 계약을 체결하고 목표달성도와 부서 단위의 운영성과, 직무수행과 관련된 자질이나 능력 등을 평가하는 '성과계약 등 평가'에 의한다. 매년 5개 등급(매우 우수, 우수, 보통, 미흡, 매우 미흡)으로 평가하고, 평가결과 최하위 평정을 총 2년 이상 받거나 정당한 사유 없이 1년 이상 직위를 부여받지 못한 고위공무원 등은 적격심사를 거쳐 직권면직할 수 있다. 적격심사는 소속 장관이 요구하고 고위공무원임용심사위원회에서 심의·결정한다. 중간등급보다 낮은 등급의 평정을 받은 경우 무보직 조치도 가능하다.

고위공무원에게는 직무성과급적 연봉제를 적용한다. 이 제도의 적용을 받는 고위공무원의 직무성과급적 연봉은 기본연봉과 성과연봉으로 구성된다. 기본연봉은 개인의 경력 및 누적성과를 반영하여 책정하는 기준급과 직무의 곤란성 및 책임의 정도를 반영하여 직무등급에 따라 책정하는 직무급으로 구성된다. 성과연봉은 전년도의 업무실적 평가결과에 따라 지급하는 보수이다.

고위공무원의 능력발전과 성과향상을 위해 성과평가를 강화할 뿐만 아니라 후보자교육과정의 이수를 의무화하고, 재직자에게는 맞춤형 교육을 실시한다. 맞춤형 교육이란 훈련수요에 대한 적합도를 높인 훈련을 말한다.

---

j) 역량평가의 대상인 역량은 "직무를 성공적으로 수행하기 위하여 요구되는 능력과 자질 등"이다(고위공무원단 인사규정 제2조). 정부의 설명에 의하면 역량이란 조직의 목표달성과 연계하여 뛰어난 직무수행을 보이는 고성과자의 차별화된 행동특성과 태도라고 한다. 기존의 능력 개념이 개인 측면의 보유자질에 초점을 맞춘 것이라면, 역량은 조직 측면에서 조직의 성과 창출을 위한 자질이라고 한다(고위공무원단 포털사이트 자료 참조).

2) 고위공무원단에 대한 평가

(1) 정당화근거 고위공무원단제도는 높은 정치적 대응성과 탁월한 전문적 업무수행능력을 함께 구비한 고급공무원집단을 발전시킬 수 있다.

고위공무원단제도 채택의 정당화 근거 내지 이점으로는 i) 성과주의를 강화하여 공직의 경쟁력을 향상시킬 수 있다는 것, ii) 인사운영의 융통성을 높여 적재적소의 인력활용을 도모할 수 있다는 것, iii) 부처 내 또는 부처 간의 인사교류를 원활하게 하고 임용체제의 개방화를 촉진함으로써 우수한 공무원을 확보하고 인사침체를 완화할 수 있다는 것, iv) 고위공무원의 공익에 대한 넓은 안목을 길러 부처이기주의를 완화하고 전 정부적인 종합적 정책추진여건을 조성할 수 있다는 것, v) 대통령·장관 등 인사권자들의 인사 상 재량범위를 넓혀 정책추진에 필요한 통제력을 강화할 수 있다는 것, vi) 각종 성과급·장려급에 의해 우수공무원에 대한 처우를 개선할 수 있다는 것, 그리고 vii) 후보자교육과 역량평가를 강화하여 역량기반 인사체제를 발전시킬 수 있다는 것을 들 수 있다.

(2) 폐단의 위험 고위공무원단의 운용에서 빚어질 수 있는 폐단으로는 i) 정치적 오염·정실개입의 우려가 있다는 것, ii) 임용결정이나 성과관리에 필요한 각종 평가의 적정성을 보장하기 어렵다는 것, iii) 신분불안 때문에 공무원들의 사기가 떨어지고 직무수행의 자율성이 손상될 수 있다는 것, iv) 직무수행의 경험에서 축적하게 되는 전문성이 저하될 수 있다는 것, v) 인기 있는 부서 또는 기관에만 지망자가 집중되는 문제를 야기할 수 있다는 것, vi) 고위공무원단은 정년을 앞둔 무사안일주의자들에게 은신처를 제공할 수도 있다는 것, vii) 공모직위 운영 상의 형식주의·무능력자 퇴출제 운영 상의 온정주의가 우려된다는 것, 그리고 viii) 연공서열중심 인사 등 계서적 관리의 오랜 전통과 마찰을 빚어 혼란을 조성하거나 반대로 계급제적 행정문화에 동화되어 제도 도입의 취지를 무색케 할 수 있다는 것을 들 수 있다.[k)]

---

k) 정부는 각종 평가에 대한 외부인사 참여와 엄격한 심사를 내세워 인사권자의 재량권 남용이나 정실개입에 대한 우려를 반박한다. 그러나 민간인 심사위원의 선임을 인사권자가 한다는 사실을 지적하지 않을 수 없다. 평가·판정의 과정이 많아질수록 자의적 결정의 기회는 늘어나는 것이다. 집권정파는 개방형·공모형 직위에 '자기 사람들'을 심으려 하지 않을까 의심하는 관찰자들이 많다. 고위공무원은 관리

관료조직의 지위중심주의가 고위공무원단제도의 의도를 압도할 위험이 있다. 관료적 적응과 '한국적 제도'로 문화적 토착화가 진행되는 과정에서, 고위공무원의 직무등급이 사실상의 계급으로 변질되고 그들의 근무기관이 고착화되어 간다면 고위공무원단제도는 실속없는 제도로 남게 될 수도 있다.

(3) 성공조건 고위공무원단제도가 성공적으로 운영될 수 있으려면 그 설계가 잘 되어야 하며, 위에 지적한 폐단의 위험을 방지하거나 무마할 수 있어야 하고, 정치적·행정적 리더십의 지지와 공무원들의 협조가 있어야 한다. 그리고 고위공무원단제도로써 충족시키려는 여러 가지 상충적 요청들을 정당하고 적정하게 조정해 주는 조정기제가 발전되어 있어야 한다. 상충되는 요청이란 정치적 리더십의 통제력 유지, 공무원들의 중립적 행정능력 향상, 행정에 대한 시민참여 촉진, 공무원들의 권익 보호, 관리 상의 융통성 확대, 공무원의 통합관리를 위한 집권화, 계선관리자들의 인사자율성 증진을 위한 분권화 등이다. 이러한 요청들을 잘 조정할 수 있도록 지지해 주는 기제의 기반은 선진화된 사회와 민주적 정치질서이다.

업무를 주로 담당하기 때문에 교류임용으로 인한 전문성 저하를 염려할 필요가 없다고 말한다. 그러나 고위공무원이 전문분야의 정책입안에서 중요한 역할을 수행한다는 사실을 지적하지 않을 수 없다.

제2절

직무분석과 직무설계

Ⅰ. 직무분석

1. 직무분석의 정의

직무분석(職務分析: job analysis)은 조직 내의 직무(jobs)에 관한 정보를 체계적으로 수집하여 처리하는 활동이다. 여기서 직무라고 하는 것은 하나의 직위에 배정된 업무의 묶음을 말한다.

직무분석의 일반적 목적은 조직 내의 직무들을 정확하게 파악하여 여러 가지 인사기능의 수행에 활용하는 것이다. 구체적인 목적 또는 용도는 아주 다양하다. 직무기술, 최저자격요건 결정, 직무평가, 채용, 보수결정, 근무성적평정, 교육훈련 등은 직무분석자료를 활용할 수 있는 기능의 예이다. 직무분석의 결과는 이렇게 여러 가지 용도에 활용되기 때문에 직무분석 자체를 최종산출물이라고 보기 어렵다. 다른 인사기능들에서 최종산출물을 내는 데 필요한 투입을 제공하는 것이라고 보아야 한다.

조직 내에서 무슨 일이 어떻게 수행되고 있으며 어떤 사람들이 그러한 일을 수행하는가를 체계적으로 확인하는 직무분석이 없으면 과학적인 인사행정이 불가능하다. 지난날 직무분석을 직위분류제 수립과 보수액산정의 도구로만 이해하던 사람들도 있었다. 그러나 직업구조형성에 직위분류제모형을 적용하는 곳에서만 직무분석이 필요한 것은 아니다. 다른 분류모형을 쓰는 곳에서도 직무분석은 필요하다. 그리고 직무분석의 용도가 직업구조형성과 보수액 결정에만 국한되는 것도 아니다.

다음에 직무분석절차의 대강을 설명하고, 직무분석자료를 활용하여 직업구조를 형성할 때 해야 하는 두 가지 작업 즉 직무의 종류별 분류와 직무평가에 대해서는 따로 설명하려 한다.

2. 직무분석의 절차

직무분석의 구체적인 목적과 용도 그리고 수집하는 정보가 다양하기 때문에 그 절차도 구체적인 경우에 따라 달라질 수 있다. 그러나 직무분석과정에 공통적으로 포함되는 기본적 단계들은 확인해 볼 수 있다. 그러한 기본적 단계는 ⅰ) 직무분석의 목적결정, ⅱ) 분석될 직무의 결정, ⅲ) 직원의 이해와 참여유도, ⅳ) 직무조사, ⅴ) 직무조사정보의 처리, 그리고 ⅵ) 직무분석보고서의 작성이다.[1)]

기본적 단계들을 진행시키기에 앞서 준비작업을 해야 한다. 준비단계에서 해야 할 일의 예로 직무분석에 관한 기본전략의 수립, 절차입안, 담당기구설치 등을 들 수 있다. 기본적 분석단계가 완료된 다음에는 분석정보의 재검토와 수정·보완작업을 해야 한다.

(1) 직무분석의 목적결정 직무분석의 목적이 무엇인지를 결정하고 이를 명료화해야 한다. 직무분석의 목적은 그 용도 또는 최종산출이 무엇인가를 말해 주는 것이다. 직무평가, 임용, 훈련, 근무성적평정, 감원 또는 증원의 결정 등 인사행정의 거의 모든 활동에서 직무분석의 용도를 찾을 수 있다.

(2) 분석될 직무의 결정 둘째 단계에서는 분석의 범위 즉 분석 대상이 될 직무들을 결정한다. 대규모조직에서 조직 내 직무들을 전체적으로 분석할 때에는 대개 대표성이 높은 직무들을 표본추출하여 분석한다. 직무분석체제가 오래 가동되고 있는 조직에서 수시로 생겨나는 분석수요는 일부의 직무에 한정되는 것이 보통이다. 변동의 영향을 받은 기존의 직무, 신설된 직무, 이직률이 지나치게 높은 것과 같은 문제증후가 나타난 직무 등이 분석대상으로 선정될 수 있다.

(3) 직원의 이해와 참여유도 직무분석을 주관하는 사람들은 분석대상직무를 담당하는 사람들과 관리자들에게 분석계획을 설명하고 상호적인 의사전달통로를 열어 놓아야 한다. 의사전달이 잘못되어 직원들이 직무분석에 대해 불안감을 가

지고 이를 불신하게 되면 정확한 분석정보를 내놓으려 하지 않을 것이다.

(4) 직무조사 직무조사는 직무에 관한 정보를 수집하는 활동이다. 직무조사를 위해 우선 해야 할 일은 정보수집의 대상인 직무의 구성요소와 연관요인을 결정하는 것이다. 직무분석의 목적과 방법에 따라 정보수집대상에는 차이가 있지만 대개 직무의 내용과 책임의 정도, 직무수행의 난이도, 직무수행의 기준, 점직자의 자격요건, 근무조건 등이 포함된다.

다음에는 수집할 정보의 출처와 방법을 결정해야 한다. 정보출처의 예로 점직자와 그 감독자, 직무수행의 사례, 관련 법령과 규칙, 조직도표, 업무보고서, 예산서, 보수표 등을 들 수 있다. 직무조사의 방법으로는 문헌조사, 직무조사표, 관찰, 면접, 점직자들이 작성하는 업무일지의 검색 등이 쓰일 수 있다. 분석의 범위, 정보수집대상과 출처, 그리고 정보수집의 방법이 결정되면 분석정보의 수집에 착수할 수 있다.

(5) 직무조사정보의 처리 직무조사를 통해 수집된 정보는 선별· 편집·정리되는 처리과정을 거친다. 이러한 처리작업에서는 대개 표준화된 서식을 사용한다.

(6) 직무분석보고서의 작성 직무분석보고서란 직무조사정보를 체계적으로 정리한 보고서를 말한다. 직무분석의 산출인 보고서는 필요에 따라 여러 가지로 만들 수 있겠지만, 기본적인 유형은 세 가지이다. 세 가지 기본적 유형이란 i) 직무기술서, ii) 자격명세서, 그리고 iii) 직무수행기준서를 말한다.

> 직무기술서(job descriptions)는 특정한 직무의 책임과 근무조건 등을 설명하는 문서이다. 여기에 기록되는 주요항목은 직무명칭, 직무의 요약, 그리고 근무조건이다. 자격명세서(job specifications)는 점직자에게 요구되는 일이 무엇이며 점직자의 자격요건은 무엇인가를 규정하는 문서이다. 직무기술서가 직무에 관한 프로필이라면, 자격명세서는 일하는 사람 즉 점직자가 구비해야 할 인적 특성에 관한 프로필이라 할 수 있다. 직무수행기준서(job performance standards)는 직무성취의 기준을 규정한 문서이다. 여기에 정한 기준은 점직자의 직무수행목표가 되고 직무성취도를 평가하는 기준이 된다.[2]

3. 직업구조형성을 위한 직무종류별 분류

1) 직무종류별 분류의 정의

직무분석자료를 활용하여 직업구조를 형성하려면 두 가지 분류작업을 통해 분류구조를 만들어야 한다. 두 가지 분류작업이란 직무의 종류별 분류(수평적 분류구조 형성)와 직무평가(수직적 분류구조 형성)를 말한다. 직무의 종류별 분류는 이른바 수평적 분류구조를 형성하기 위한 작업이다. 직무의 종류별 집단화는 직렬과 직군을 구성하는 작업이라고 할 수도 있다.

여기서는 직무의 종류별 분류를 먼저 설명하려 한다.

2) 직무종류별 분류의 절차

직무의 종류별 분류는 근본적으로 논리적인 사고의 과정을 통해서 이루어진다. 분류를 자동적으로 적정하게 해 주는 기계적인 절차나 공식이 있는 것은 아니다. 복잡한 대상을 하나하나 면밀히 검토하고, 논리적인 판단에 따라 분류해 나가야 한다. 여러 가지 분류방법과 기술은 분석자의 논리적 판단을 돕는 도구일 뿐이다.

분류의 상세한 방법과 기술은 구체적인 경우에 따라 달라지겠지만, 일반적으로 거쳐야 하는 작업단계는 다음과 같다.

① 분류대상직무의 확인 분류의 대상인 직무내용을 확인한다. 분류과정에서 제일 먼저 해야 할 일은 직무에 관하여 알아 낸 사실을 취사선택하는 것이다. 조사대상이 된 직무에는 분류에 영향을 주지 않을 경미한 일들이 혼합되어 있는 경우가 많다. 분류목적에 비추어 거의 의미가 없는 경미한 일들을 미리 골라 내버리고 주요 직무를 확인해 두면 이후의 분류작업이 쉬워진다. 여기서 말하는 주요 직무는 해당 직위의 존재이유가 되어 있는 것으로서 점직자의 자격요건을 좌우하는 직무이다.

② 분류요소의 목록 작성 직무의 구성요소를 세구분하여 분류요소의 목록을 만든다. 직무와 직무를 포괄적으로 비교하는 것보다 그 구성요소별로 비교하면 정확을 기할 수 있다. 직무의 구성요소를 업무의 성질과 다양성, '받는' 감독과 통

제, 표준적인 절차와 규칙, 요구되는 창의성, 대인접촉, 의사결정의 책임, '하는' 감독, 직무수행기준, 자격요건 등으로 나누고, 이러한 요소들을 다시 세구분한 표를 만든 다음 그에 비추어 직무 간의 유사성 또는 상이성을 판단한다.

③ 기준직무의 분류요소표 작성 기준직무를 선정하여 분석하고 분류요소의 목록에 맞추어 분류요소표를 만든다. 적은 수의 직무를 분석할 때에는 기준직무의 선정이 필요없겠으나, 분류할 대상이 방대한 경우에는 기준직무의 분류요소표를 미리 만들어 두어야 한다.

④ 분류요소표를 기준으로 한 분석 분류될 직무들의 분류요소를 기준직무의 분류요소표에 비추어 분석해서 유사한 직무들을 가려낸다.

3) 직무집단의 크기: 직렬의 폭

직무들을 종류별로 묶어 직렬을 만들어야 하는데, 어느 직무에서 어느 직무까지를 한데 묶느냐에 따라 직렬의 폭이 넓어지기도 하고 좁아지기도 한다. 이에 관한 판단을 할 때에는 여러 가지 필요와 상황적 요인들을 고려해야 한다.

직렬의 폭을 결정할 때 전통적으로 고려해 온 항목들은 ⅰ) 직무의 유사성 또는 상이성, ⅱ) 모든 직렬에 포함될 직무수의 분포, ⅲ) 기관별 직렬의 직무수 분포, ⅳ) 직무의 전문성, ⅴ) 혼합직 최소화의 필요성, ⅵ) 직렬폭의 광·협에 따른 득과 실 등이다. 근래에 중시되고 있는 것은 조직의 전략적 목표와 직무설계의 접근방법이다. 이러한 고려요인들은 예시적인 것이므로 이 밖에도 관련된 요인들을 널리 고려하여 균형 있는 판단을 해야 한다.

4. 직업구조형성을 위한 직무수준별 분류: 직무평가

1) 직무평가의 정의

직무평가(職務評價: job evaluation)는 직무들의 상대적인 가치를 체계적으로 결정하는 작업이다. 직무의 종류별 구분이 된 다음에는 종류가 같거나 비슷한 직무들의 수준 또는 등급을 정해야 하는데, 여기에 필요한 작업이 직무평가이다. 같은 종류의 직무들 사이에도 직무수행의 곤란성·책임성, 그리고 이를 수행할 직원의 자격에 차이가 있게 되는데, 직무의 수준 또는 등급은 그러한 요인들에 대한 평가에 따라 결정하게 된다.

직무평가는 직무급의 실현에 긴밀히 연관된다. 직무의 등급구분은 보수의 등급구분을 결정하거나 적어도 보수등급구분에 중요한 기준을 제시하기 때문이다. 직위분류제를 일찍부터 발전시킨 미국에서는 직무평가를 보수액산정의 기법이라고 설명하는 사람들이 많다.

2) 직무평가의 방법

직무평가의 방법은 매우 다양하게 개발되어 있는데, 그것들을 네 가지의 기본적 유형으로 범주화해 볼 수 있다. 네 가지의 기본적 유형이란 i) 서열법, ii) 분류법, iii) 점수법, 그리고 iv) 요소비교법을 말한다.

점수법과 요소비교법은 직무의 구성요소(평가요소)마다 수치를 부여하는 방법을 써서 평가하기 때문에 계량적 방법(quantitative methods)이라고 한다. 점수법에서는 직무와 등급기준표를 비교하여 평가하고, 요소비교법에서는 직무와 직무를 비교하여 평가한다는 점에서 양자가 구별된다. 서열법과 분류법은 직무를 총괄적으로 평가하며, 수량화하는 기법을 사용하지 않기 때문에 비계량적 방법(non-quantitative methods)이라고 한다. 서열법은 직무와 직무를 비교하여 평가하고, 분류법은 직무와 등급기준표를 비교하여 평가한다는 점에서 양자가 구별된다.[3)]

위 네 가지 기본유형의 수정형태 또는 변형이라고 할 수 있는 평가방법들이 많다. 그 예로 i) 직무와 직무를 구성요소별로 비교·평가하되 요소마다 점수를 부여하지 않는 비계량적 방법(factor guided ranking), ii) 서열법과 요소비교법을 병용하고 요소비교에서 유도표(guide chart)를 사용하는 방법(factor ranking), iii) 업무수준(해당 업무에 대해 관리자가 평가한

표 2-2-1 직무평가방법의 유형

평가대상	직무의 비중결정방법	직무의 비교대상	
		직무와 등급표	직무와 직무
직위의 직무총체	비계량적방법	분류법	서열법
직무의 구성요소	계량적방법	점수법	요소비교법

점수)·'공평한 보수수준'에 대비한 보수의 비교·점직자의 능력 등 세 가지 국면을 고려하여 직무를 분류하는 방법(equitable payment system), iv) 정책결정·사업결정·해석적 결정·일상적 결정·비숙련근로자가 하는 한정적 결정 등 조직계층에 상응하는 의사결정계층에 따라 직무등급을 결정하는 방법(Paterson method) 등을 들 수 있다.

(1) 서 열 법 서열법(序列法: ranking method; simple ranking; whole job ranking; ordering method)은 분류담당자들이 각 직위의 직무를 총괄적으로 평가하여 직무의 서열을 결정하는 방법이다. 직무의 구성요소를 분석하여 구성요소별로 비교·평가하는 것이 아니고, 각 직무의 총체를 서로 비교하여 상대적인 중요도(조직에 대한 중요도)를 결정하는 것이다.

서열법을 사용하여 직무평가를 할 때 평가담당자들에게 제공되는 직무자료는 각 직무의 목록뿐이거나 간단한 직무기술정도인 것이 보통이다. 따라서 분류담당자들은 분류할 직무들을 미리부터 잘 아는 사람들이라야 한다.

서열법을 쓰는 경우 작업이 비교적 단순하기 때문에 시간과 비용이 덜 든다.

그러나 직무가 복잡하고 그 수가 방대한 경우 서열법에 의한 평가는 거의 불가능하다. 서열결정의 객관적이고 일관된 기준이 없기 때문에 평가가 너무 주관적(편견적)이라는 비판도 있다. 직무들의 서열만 정하기 때문에 등급 간의 격차를 알 수 없게 되는 것도 문제이다. 그리고 평가할 직위들을 모두 다 잘 알아서 서열을 정할 수 있는 평가자를 구하기는 쉽지 않다.

(2) 분 류 법 분류법(分類法: job classification method; job grading)에서는 등급기준표(직급기술표)를 미리 정해 놓고 각 직무를 등급정의에 비추어 어떤 등급에 배치할 것인가를 하나하나 결정해 나간다. 미리 정한 등급기준이 있다는 점에서 서열법과 구별된다. 그러나 분류법에서도 직무를 포괄적으로 취급하고 수량적인 분석이 아닌 개괄적 판단에 의지하게 되는데, 이 점은 서열법과 비슷하다.

평가작업의 기초가 되는 등급기준표에서는 필요한 수만큼의 등급을 정의한다. 등급을 정의할 때에는 직위의 책임과 곤란성을 주축으로 하여 직무수행에 필요한 지식과 기술, 감독하는 책임, 독자적 의사결정의 정도, 직무의 복잡성과 그 범위, 직무의 상대적인 중요성 등을 고려하게 된다. 그러나 이러한 요소의 고려는 개괄적이다. 비계량적으로 규정되는 등급의 정의는 추상적으로 될 수밖에 없다.

분류법의 장점은 계량적인 방법들보다 작업이 간편하면서도 서열법의 경우보다 정확한 평가를 해낼 수 있다는 것이다. 정부와 같은 거대조직의 대단히 많은 직무들을 평가하는 데 적합하다고 오랫동안 받아들여져 온 방법이다.

분류법의 약점으로는 등급기준표를 만드는 번거로운 작업을 해야 한다는 것, 개괄적인 판단에 의지하기 때문에 평가의 정확성이 떨어진다는 것, 개괄적인 판단만으로 등급을 결정할 수 있을 만큼 평가대상직무들을 잘 아는 평가자들을 구하기 어렵다는 것 등이 지적되고 있다.

(3) 점 수 법 점수법(點數法: point method; point evaluation; factor/point technique)에서는 직무의 구성요소별로 계량적 평가를 한다. 각 직무의 구성요소를 구분하고 각 요소의 비중(weight)을 정한 다음 그에 따라 각 요소를 평점한다. 요소별 평점을 합계하거나 평균한 것이 등급결정의 기준이 된다. 이때에도 등급기준표가 쓰이지만 등급의 폭은 숫자로 표시된다.

점수법에 의한 직무평가의 과정은 등급기준표를 만드는 단계와 분류될 직무를 등급기준표에 비추어 평가하는 단계로 나누어 볼 수 있다.

① 등급기준표의 작성 등급기준표를 만들려면 우선 분류될 직무에 공통되는 평가요소(직무요소: job factors)를 선정하고 정의해야 한다. 여기서 평가요소란 점직자가 맡을 직무의 구성요소를 말한다. 평가요소의 선정에서는 그 중요도, 수량적 비교의 가능성 등을 고려하여 분류대상직무에 공통되는 직무의 구성요소를 선택하도록 해야 한다.[a)]

평가요소가 선정되면 각 요소의 중요도를 나타내는 비중(가중치) 또는 배점비율을 결정한다. 배점비율은 백분율로 정하는 것이 보통이다. 평가요소들의 비중을 정한 다음에는 거기에 일정한 수를 곱하여 요소별 총배점(배점상한)을 결정한다. 〈표 2-2-2〉는 요소별(요소의 범주별) 비중과 총배점의 배정을 예시한 것이다.

위와 같은 작업이 끝나면 각 요소별로 등급단계를 구분하여 정의하고 그것

a) 구체적인 필요에 따라 평가요소의 종류와 그 수는 얼마든지 달라질 수 있으나, 가장 널리 사용되어 온 평가요소의 범주는 ① 기술(교육, 경험, 솔선력과 창의력), ② 책임(장비 또는 작업과정, 원자재 또는 산출물, 다른 사람들의 안전, 다른 사람들의 직무수행 등에 대한 책임), ③ 노력(정신적 및 육체적 노력), ④ 작업조건(작업환경·재해위험도) 등 네 가지이다. 성과관리와 성과급적 보수에 대한 요청이 커지면서부터는 직무수행기준(성과기준)이라는 평가요소도 중요시되고 있다.

을 점수화한다. 그 결과를 모아 등급기준표를 만든다.

② **분류될 직무의 평가** 등급기준표가 만들어지면 그에 견주어 분류될 직무를 요소별로 평점하여 평가한다. 요소별 배점총계가 〈표 2-2-2〉와 같이 되어 있고, 등급기준표의 등급이 1등급(500점~400점), 2등급(399점~300점), 3등급(299점~200점), 4등급(199점~100점) 등으로 규정되어 있는 경우를 가정하였을 때 A라는 직무에 대한 평점총계가 350점이라면 직무 A는 2등급으로 분류된다.

점수법은 안정성이 높은 평가방법이라고 한다. 직무의 구성요소들이 바뀌더라도 점수법의 평가틀은 그대로 적용할 수 있기 때문이다. 세밀한 기준표를 쓰기 때문에 평가결과의 타당성이 향상되고 외적 영향으로 평가가 왜곡될 가능성은 줄어든다고 한다. 그리고 직무에 대한 평점은 직무 간의 차이를 숫자로 표시해 주기 때문에 등급결정이 쉽고 그 과정을 관계직원들에게 납득시키기도 쉽다고 한다.

그러나 점수법은 복잡하고 이를 개발해 사용하는 데는 시간과 비용의 소모가 많은 것이 흠이다. 평가과정이 객관화된다는 것은 그 외형에 불과하다는 비판도 있다. 점수화작업이 사람의 주관적 판단에 의존하기 때문에 그 내실은 자의적일 수 있다는 비판인 것이다.

표 2-2-2 요소별 비중과 총배점의 예시

평가요소	총 배 점	비중(백분율)
기 술	250	50
책 임	100	20
노 력	75	15
작업조건	75	15
합 계	500	100

※ 이 경우 비중(가중치)에 곱한 수는 5이다.

(4) 요소비교법 요소비교법(要素比較法: factor comparison method)에서도 직무를 몇 개의 중요한 요소로 나누어 이들을 수량적으로 평가한다. 그러나 직무를 어떤 기준표와 비교하는 것이 아니라 직무와 직무를 서로 비교한다. 즉 대표적이라고 생각되는 기준직무(key jobs; benchmark jobs)의 평가요소들에 부여된 수량적 가치와 비교하여 다른 직위의 평가요소들을 평점한다.

요소비교법에 의한 직무평가의 단계는 ⅰ) 평가요소(직무구성요소)의 선정,

표 2-2-3 기준직무의 요소별 서열결정 예시

기 술	책 임	노 력	작업환경
A	B	E	D
B	A	D	E
C	C	B	C
D	D	C	B
E	E	A	A

※ A·B·C·D·E는 각각 직무명칭을 표시하는 것이다.

ii) 기준직무의 선정, iii) 기준직무의 점수총계결정, iv) 기준직무의 평가요소별 서열결정과 점수배정, v) 분류대상직무와 기준직무의 비교·평가 등으로 구분해 볼 수 있다.

① **평가요소의 선정** 요소비교법을 쓸 때 제일 먼저 해야 할 일은 분류할 직무에 공통되는 평가요소를 결정하는 것이다. 전통적인 접근방법에서는 직무수행에 필요한 자격요건, 직무의 곤란성, 책임, 대인관계, 작업조건, 감독하는 부하의 수, 육체적 노력 등에 관한 요소를 다섯 내지 일곱 개쯤 선정하는 것이 보통이었다. 근래의 성과지향적 접근방법에서는 직무성과에 관한 기준을 추가한다. 그리고 추상적인 자격요건뿐만 아니라 직무수행에 필요한 능력에 관한 구체적 요건도 포함시킨다.

② **기준직무의 선정** 다음에는 분류할 직무들의 평가에 기준이 될 만한 대표성이 있는 기준직무들을 선정한다. 기준직무를 선정할 때에는 어떤 직무분야에 편중되는 일이 없도록 하고, 현재 가장 타당한 보수를 받고 있는 직무들을 선정하도록 해야 한다.

③ **기준직무의 점수총계결정** 기준직무들이 선정되면 그들을 요소별로 비교하여 서열을 정하고 직무마다 적정한 점수총계를 배정한다.[b)]

④ **기준직무의 평가요소별 서열결정과 점수배정** 기준직무의 선정과 점수배정이 끝나면 기준직무들의 요소별 서열을 결정하고, 각 기준직무의 총점수를 요소별로

b) 요소비교법을 써서 직위분류와 보수액결정을 한꺼번에 해 내기 위해 기준직무에 배정되는 총점수가 보수액과 같이 되도록 할 수 있다. 그러나 보수의 전반적인 변동이 있을 때마다 기준직무의 점수를 고쳐야 하는 불편이 있다.

할당한다.c)

⑤ **분류대상직무의 평가** 위의 작업들이 끝나면 분류대상직무를 기준직무와 요소별로 비교하여 각 요소의 수량적 가치(점수)를 정한다. 요소별 점수를 합산해서 각 직무의 총점수를 산출해 내는데, 이것이 등급결정의 기준이 된다.

요소비교법의 장점으로는 기준직무가 직무평가를 할 때마다 새로 선정되기 때문에 비교기준으로서의 타당성이 높다는 것, 직무를 추상적인 기준표와 비교하는 것이 아니고 직무를 기준직무와 비교하기 때문에 평가의 정확성을 높일 수 있다는 것, 평가과정에서 보수액 산정도 함께 할 수 있다는 것 등이 들어지고 있다.

요소비교법의 약점으로는 절차가 복잡해서 일이 많고 시간이 많이 걸린다는 것, 만일 기준직무 간에 보수의 불균형이 있으면 그에 비교하여 평가한 직무들에도 불균형이 반영된다는 것, 기준직무에 변동이 일어나고 그것이 기준직무표에 반영되지 않을 경우 그릇된 잣대를 사용한 평가를 하게 된다는 것 등이 지적되고 있다.

Ⅱ. 직무설계

1. 직무설계의 정의

직무설계(職務設計: job design)는 직위마다의 직무에 포함될 요소들을 조합하는 과정이다. 직무설계가 대상으로 삼는 직무의 요소에는 직무의 내용뿐만 아니라 직무수행상의 연관관계도 포함된다. 직무설계의 대상인 직무의 내용이란 수행해야 할 직무의 책임과 권한, 포함되는 활동과 기술의 다양성, 직무의 일상화수준, 직무담당자가 누리는 자율성의 수준, 직무수행의 난이도, 직무의 완결도(whole or piece of work; degree of wholeness of work), 직무수행결과에 대한 환류의 정도 등을 말한다. 연관관계에는 직무 간의 접속관계 또는 의존관계, 직무담당자들 사이의 사회적인 관계, 팀워크의 요청, 조직전체에 대한 관계 등이 포함

c) 예컨대 다섯 개의 기준직무 가운데서 A라는 직무의 기술은 1위, 책임은 2위, 노력과 작업환경은 각각 5위로 결정하고, A직무에 배정된 총점수 400을 기술에 200, 책임에 100, 노력과 작업환경에 각각 50으로 나누어 배정할 수 있다.

된다.[4)]

직무설계체제의 과정모형을 구성하는 기본요소는 투입, 처리, 산출 그리고 환류이다.[5)] 투입은 직무설계자들이 고려해야 할 요인들이다. 처리과정은 직무를 설계하는 과정이다. 산출은 설계된 직무이다. 환류는 설계된 직무의 성과에 관한 정보의 투입이다. 환류는 직무재설계를 촉발할 수 있다.

직무는 조직과 그 구성원 사이를 잇는 연계로서 조직의 생산성과 구성원의 만족에 직접적인 영향을 미친다. 직무설계는 생산성과 직업생활의 질을 좌우하는 매우 중요한 기능이다. 인사행정이 직면하는 상황적 조건의 변화에 따라 직무설계의 중요성과 발전의 필요성은 점점 더 커져가고 있다. 행정체제 내외의 격동성이 높아짐에 따라 행정의 모든 분야에서 안정보다는 변동이 더 강조되고 있다. 행정조직의 계서제적 경직성에 대한 비판이 가열되고 있다. 조직의 융통성·적응성에 대한 요청은 날로 커지고 있다. 인간관과 인간관리전략의 변화는 동기유발요인으로서 직무가 가지는 중요성을 크게 부각시켜 놓았다. 이러한 일련의 변화는 직무설계와 직무재설계에 대한 수요를 크게 증폭시키고 있다.

직무설계의 접근방법은 여러 가지로 분화되어 왔다. 접근방법의 변화과정에서 처방적 선호의 일반적 추세 또한 변천해 왔다. 그러한 변화추세에 착안하여 직무설계의 접근방법을 전통적 직무설계와 탈전통적 직무설계라는 두 가지 범주로 크게 나누어 다음에 설명하려 한다.[6)]

2. 전통적 직무설계

1) 직무설계의 원리

직무설계의 전통적 접근방법은 능률개념의 인도를 받는다. 그리고 분업의 심화와 계서적 통제를 강조한다. 사람의 전문화가 아니라 일의 전문화(분화)를 추구하며 업무단순화와 표준화를 추구한다. 고급의 인간욕구와 조직구성원들의 자발적 동기유발에 대한 관심은 희박하다.

이러한 성향을 지닌 전통적 접근방법의 직무설계원리는 다음과 같다.

① 개별적 직무에 국한된 관심 직무담당자의 관심과 책임은 그가 맡는 개별적 직무에 국한되도록 한다. 개별직무의 범위는 고립적으로 협소하게 규정한다. 직

무담당자 개개인에게 조직전체의 성공에 대한 책임은 묻지 않는다. 그러한 책임은 관리층에서 진다.

② **분업의 심화** 직무를 잘게 분할하여 일의 전문화를 촉진한다.

③ **직무정의의 고정성** 직무정의는 고정화한다. 설계된 직무는 한정적·고정적으로 규정되며 그 융통성은 낮다.

④ **책임부담의 개별성** 직무수행에 대한 책임은 직무담당자 개개인에게 묻도록 직무를 설계한다. 즉 개별직무에 대한 개별책임을 관리대상으로 한다.

이러한 원리에 따라 설계되는 직무의 기술요건은 단순하고, 업무의 완결도·업무의 중요성·자율성은 모두 낮다.[d)]

2) 효용과 한계

(1) 효 용 전통적 직무설계는 비숙련 직원의 생산성을 높이는 데 유리하다. 훈련에 드는 비용과 시간이 적다는 것, 직원의 교체가 용이하다는 것, 관리층이 하는 운영통제가 쉽다는 것, 직무수행에서 머리를 많이 써야 할 일이 별로 없기 때문에 판단과정에서 저지를 수 있는 과오를 줄일 수 있다는 것 등도 전통적 직무설계의 이점으로 들어지고 있다.

(2) 한 계 전통적 접근방법에 따라 설계한 직무는 단조로우며 그로 인해 일하는 사람의 권태감이 커진다. 그리고 조직의 분립화 경향을 조장한다. 직무수행자들은 자기 직무와 조직 전체의 임무수행이 어떻게 연계되는지에 대해 명확한 생각을 갖지 못하며 다른 사람들과 협력하는 데 무능하게 된다. 무엇보다도 근본적인 문제는 전통적인 직무설계가 직무수행자들의 인간적 발전을 저해한다는 것이다. 인적 전문화를 방해하며 직무수행의 내재적 동기유발과 이를 통한 자기실현을 방해한다.

---

d) 전통적 직무설계를 기계적 접근방법(mechanistic approach)이라고 부르기도 한다. 전통적 접근방법의 대표적인 기법은 직무단순화(job simplification)이다. 직무단순화는 작업능률 향상을 위해 고도로 분화된 직무를 명확하게 정의하고 직무수행절차를 표준화하는 방법이다.

3. 탈전통적 직무설계

1) 직무설계의 원리

직무설계의 탈전통적 접근방법은 직무수행동기를 약화시키는 전통적 접근방법의 폐단을 시정하기 위해 '동기집약적 직무'(동기유발의 유인이 많은 직무: motivation intensive job)를 설계하려 한다. 직무수행자의 생산성제고와 직무만족을 동시에 추구하고 직업생활의 질을 향상시키려 한다. 탈전통적 접근방법은 일을 통한 인간의 자기실현을 강조한다. 고급의 인간욕구와 조직구성원들의 내재적 동기유발에 대한 관심이 크다.[e]

탈전통적 접근방법은 일의 분할보다는 통합을 더 강조한다. 계서적 통제보다는 직원들의 자발적 참여와 조직몰입을 더 강조한다. 분업(일의 전문화)의 심화보다는 완결도 높은 일을 수행할 수 있도록 사람의 전문화를 촉진하려 한다. 직무의 단순화와 표준화보다는 완결도가 높은 직무를 설계하고 직무수행에 융통성을 부여하려 한다.

탈전통적 접근방법의 직무설계원리는 다음과 같다.

① **폭넓은 관심** 직무담당자의 관심과 책임이 그가 맡는 직무에 국한되지 않고 작업집단과 조직전체의 성공에까지 확대되도록 한다.

② **직무완결도 향상** 직무내용을 격상시킨다. 직급확장, 기술다원화(multiskilling), 분권화, 의사결정과 실천행동의 결합 등을 통해 직무완결도를 높인다.

③ **직무 정의의 융통성** 직무 정의(job definition)를 융통성 있게 하여 변동대응성을 높인다.

④ **집단책임의 강조** 직무에 대한 개별책임보다 집단책임을 강조한다.

---

e) 그러한 특성 때문에 탈전통적 직무설계를 동기론적(동기유발적) 접근방법(motivational approach)이라고 부르기도 한다. 동기론적 접근방법의 이론적 배경으로 흔히 들어지고 있는 것은 직무특성이론(job characteristics theory)이다. 직무특성이론은 잘 설계된 직무가 직원의 심리적 욕구를 충족시키고 그러한 욕구충족은 동기를 유발한다고 설명한다. 직무특성이론이 관심을 갖는 직무의 국면들은 기술다양성, 과업중요성, 과업정체성, 자율성, 그리고 과업환류이다. 직무특성이론은 제 8 장 제 1 절에서 설명할 것이다.

탈전통적 원리에 따라 설계되는 직무는 다원화되고 완결도·중요성·자율성은 모두 높다. 과업수행에 대한 환류는 명확하고 원활하다.

2) 효용과 한계

(1) 효 용 탈전통적 직무설계는 직무만족도를 높인다. 직무수행자의 내재적 동기유발을 촉진하고 직무수행을 통한 발전을 돕는다. 내재적 동기유발자들의 생산성을 높일 수 있다. 직원들의 창의성과 직무수행에 대한 능동성을 높인다. 직무수행의 품질향상에 기여한다. 결근이나 이직을 줄이는 데도 도움이 된다.

(2) 한 계 동기집약적 직무설계에는 비용이 많이 든다. 직무설계가 복잡하고 유동적이기 때문에 설계비용 자체가 많이 든다. 그리고 직원들을 훈련시키는 비용도 많이 든다. 동기집약적 직무설계의 이상을 현실적 조건이 뒷받침해 주지 못할 수도 있다. 고급욕구에 착안한 직무설계는 미성숙한 욕구체계를 지닌 직원들에게는 부적합하다. 직원들의 내재적 동기유발과 능동적 직무참여를 보장하려면 그에 적합한 직무설계뿐만 아니라 다른 여러 가지 연관적 조건들이 갖추어져야 한다.

3) 탈전통적 직무설계의 기법

탈전통적 직무설계에 쓰이는 기법들은 세 가지 범주로 대별해 볼 수 있다.

첫째 범주는 탈전통적 직무설계원리를 충실하게 수용하여 동기집약적 직무를 설계하는 직무심화의 기법이다. 이 범주는 직무의 수준 또는 깊이(depth)를 바꾸는 기법이라 할 수 있다. 이 범주에 해당하는 대표적인 기법은 직무풍요화이다. 팀발전기법도 직무풍요화의 한 변종이라 할 수 있다.

둘째 범주는 전통적 직무설계의 폐단을 시정하기 위한 것이지만 진정한 의미의 동기집약적 직무설계에는 미치지 못하는 기법이다. 이것은 직무의 폭(range)을 바꾸는 기법이라 할 수 있다. 여기에 해당하는 기법의 대표적인 예는 직무확장이다.

셋째 범주는 '유사직무설계'의 기법이다. 이것은 직무 자체의 설계 또는 재설계 이외의 방법으로 전통적 직무설계의 폐단을 시정하거나 완화하려는 기법이다.

유사직무설계는 엄격한 의미의 직무설계 또는 직무재설계의 방법이 아니지만 간접적으로 직무재설계의 효과를 노리는 것이다. 유사직무설계의 대표적인 예는 순환보직이다. 유사직무설계의 범위를 넓게 보는 사람들은 탄력근무제, 재택근무, 직무분담 등도 그에 포함시킨다.f)

(1) 직무풍요화 직무풍요화(職務豊饒化: job enrichment)는 직무의 완결도와 직무담당자의 책임성·자율성을 높이고 직무수행에 관한 환류가 원활히 이루어지도록 직무를 설계하는 것이다. 설계대상인 직무는 수직적으로 연관된 기능들이다. 수직적으로 연관된 기능들이란 책임수준이 다른 기능들이 연관된 것을 의미한다. 직무풍요화에서는 책임수준이 낮은 기능에 책임수준이 높은 기능을 합쳐 심리적으로 보다 의미가 큰 직무를 만든다. 직무풍요화는 직무담당자의 의견을 들어 직무를 설계하는 참여적 방법을 쓴다. 직무풍요화는 일종의 '직원중심적 직무재설계'(employee-centered job redesign)라고 할 수 있다.

직무풍요화는 사람들이 직무수행 그 자체로부터 만족을 얻고, 직무수행을 위한 내재적 동기를 유발할 수 있다고 보는 이론에 기초를 둔 것이다. 그러므로 직무풍요화에서는 직무에 '심리적 영양소'를 투입하여 직무를 보다 의미 있고 보람있는 것으로 만들어 직무담당자의 자기실현과 성숙을 촉진하려 한다. 여기서 심리적 영양소란 책임성과 자율성, 직무성취의 기회, 성취에 대한 인정, 새로운 것을 배우고 보다 복잡한 일을 맡을 수 있는 기회 등을 말한다.

직무풍요화가 기대효과를 거두려면 관리자들의 인간관과 관리방식이 이를 뒷받침해야 한다. 관리자는 직원들을 자기실현적 인간으로 보고 그러한 인간관에 입각한 관리전략을 채택해야 한다. 조직 내의 직무들은 유동적인 것으로 다루어야 한다. 직무변동에 연관된 과정들, 그리고 직무 간의 관계는 융통성 있고 적시성 있게 조정할 수 있어야 한다. 직무수행실적이 우수한 사람에게는 점진적으로 더 많은 책임을 부여하고 그에 따른 성과급을 지급해야 한다.

(2) 자율관리팀 직무풍요화를 위해 집단과정을 활용할 수 있다. 즉 자율관리팀(autonomous work groups; self-managed work teams; self-directed or leaderless

---

f) 직무분담(일 노느매기: job sharing)은 한 사람이 맡도록 설계된 정규직무를 둘 또는 그 이상의 사람들이 시간대별로 나누어 수행하게 하는 방법이다.

teams)을 발전시켜 직무풍요화의 효과를 거둘 수 있다. 이것은 직원들이 팀을 구성하게 하고 팀의 자율관리역량을 높여 자율적으로 직무풍요화를 추진하도록 하는 방법이다.

자율관리팀 발전의 초기(팀구성초기)에는 관리층에서 감독하고 후견하지만 팀의 자율성을 점차 높여 구성원들이 적극적으로 참여하고 보다 많은 책임을 질 수 있게 한다. 팀들이 자율관리할 수 있도록 힘을 실어 주면 업무계획통제, 업무분배, 여러 가지 직무의 학습, 상호 훈련, 상호 평가에 대해 팀이 스스로 책임을 진다. 이런 팀에서는 구성원들이 복수의 직무를 수행할 수 있도록 기술다원화도 추진한다. 팀구성원들은 팀에 부여된 임무를 함께 수행해야 한다는 공동인식을 가지고 협력하게 한다. 집단적 과업에 공동기여해야 한다는 책임의식의 제고는 직무풍요화의 효과를 가져오는 요인이다.

자율관리팀의 구성처럼 조직의 구조적 배열을 바꿔 직무재설계와 비슷한 효과를 거둘 수 있는 대안은 여러 가지일 것이다. 복합구조의 형성도 그 한 예이다. 이것은 이원적 계서제(dual hierarchy)를 만들어 직원에 대한 명령계통을 이원화하는 방법이다.[g)]

(3) 직무확장 직무확장(職務擴張: job enlargement)은 기존의 직무와 수평적인 관계에 있는 직무요소 또는 기능들을 첨가하는 수평적 직무추가의 방법이다. 수평적인 관계에 있는 직무요소란 책임수준이 같은 직무요소를 지칭한다. 추가되는 직무요소들이 반드시 기존의 직무요소들과 동질적이어야 한다거나, 하나의 통합적 직무로 결합될 수 있어야 하는 것은 아니다. 상호연관성이 낮고 이질적인 직무요소들도 하나의 직무에 추가할 수 있다.

직무확장의 목적은 직무담당자들의 대기시간을 줄여 작업량과 수입을 늘리는 것, 직무수행의 지루함과 피로를 줄이는 것, 생산활동의 질을 높이고 노동비용을 감축하는 것 등이다. 직무확장은 직무세분화에 역점을 두는 전통적 접근방

---

g) 복합구조(複合構造: 행렬구조; 석쇠형구조: matrix structure)는 사업구조와 기능구조를 결합시킨 혼합구조이다. 복합구조는 어떤 재화 또는 용역의 공동적 산출에 기여하는 활동들을 함께 묶어 구조적 단위를 형성해야 한다는 원리와 동질적이거나 비슷한 활동들을 함께 묶어 구조적 단위를 형성해야 한다는 원리가 중첩적으로 적용되는 것이 복합구조의 특징이다. 여기서 직원은 사업구조와 기능구조에 중복적으로 소속된다. 오석홍, 조직이론, 제10판(박영사, 2020), 353~357쪽.

법의 폐단을 시정해 보려는 것이다. 그러나 사람들의 내재적 동기유발에 별로 도움이 안 된다는 비판이 있다. 권태로운 일을 하나가 아니라 여럿 부과함으로써 권태로움을 단순히 농축시킬 뿐이라는 비판도 있다.

(4) 순환보직 순환보직(循環補職: job rotation)은 여러 가지 직무를 맡아 볼 수 있도록 보직 바꾸기를 되풀이하는 방법이다. 이 방법은 직무설계를 포함하지 않으나 직무확장과 유사한 효과를 기대할 수 있다.

순환보직의 목적은 직원을 여러 직무에 주기적·순환적으로 배치하여 직원들의 활동을 다양화함으로써 직무의 단조로움에서 오는 권태감을 줄이려는 것이다. 그리고 직원들이 여러 일을 수행할 수 있는 능력을 함양하고 보다 넓은 시야를 갖게 하려는 목적도 추구하는 것이다. 직원들의 능력신장은 그들에게 자신감을 준다. 직원의 능력신장이 조직에 유익한 것은 물론이다.

그러나 이 경우에도 단조롭고 권태로운 일을 하나가 아니라 여럿 시키는 데 불과하다는 비판이 있다. 업무중단이 잦아져 낭비를 초래한다는 것, 업무수행의 전문성·숙련성 향상을 방해한다는 것, 직원들은 직무재적응의 부담 때문에 어려움을 겪을 수 있다는 것, 직장을 중심으로 형성되는 사회적 유대를 단절시키고 직원들의 생활을 불안정하게 한다는 것 등 빈번한 배치전환에 수반되는 폐단이 빚어질 수도 있다. 순환보직을 포함한 배치전환을 관리할 때 직면하게 되는 문제들에 대해서는 제 4 장 제 1 절에서 설명할 것이다.

직무설계를 연구하는 사람들은 직무설계의 접근방법을 여러 가지로 범주화하고 있다. 저자가 설명한 분류방식과 다른 두 가지 예를 여기에 소개하려 한다. John M. Ivancevich와 Robert Konopaske는 직무설계의 접근방법을 i) 기계적 접근방법(mechanistic approach; scientific management), ii) 동기론적 접근방법(motivational approach; job enrichment), iii) 가족친화적 접근방법(family-friendly work arrangement; work-family balance), iv) 팀 기반 접근방법(team-based jobs; job design in teams) 등 네 가지로 분류하였다.[7)]

Ivancevich와 Konopaske가 말하는 기계적 접근방법은 직무담당자의 만족보다 생산성에 초점을 맞추고 직무를 단순하고 반복적인 일로 분할한다. 동기론적 접근방법은 직무담당자가 성장하고 인정받고 책임을 지고 싶은 욕구를 충족시킬 수 있도록 직무의 수직적 확장을 도모한다. 가족친화적 접근방법은 일과 가정을 양립시킬 수 있도록 직무분담, 탄력근무, 재택근무 등의 방법을 써서 직무를 융통성 있게 설계한다. 팀 기반 접근방법은 팀의 구성원으로 원활히 활동할 수 있도록 직무수행능력, 리더십과 같은 직무확장적 능력, 대인관계적 기술 등에 관한 직무담당자들의 자격요건을 규정한다.

Raymond A. Noe 등은 직무설계의 접근방법을 I) 기계적 접근방법(mechanistic approach), ii) 동기론적 접근방법(motivational approach), iii) 생물학적 접근방법(biological approach), iv) 인지론적 접근방법(perceptual-motor approach) 등 네 가지로 분류하였다.[8)]

Noe 등의 설명에 따르면 기계적 접근방법은 능률을 극대화할 수 있도록 직무를 가장 단순하게 설계하려 하며 분업, 기술단순화, 그리고 반복적 업무수행을 강조한다. 동기론적 접근방법은 직무풍요화 등의 방법을 써서 심리적으로 의미 있고 동기유발가능성이 높은 직무를 설계하려 한다. 생물학적 접근방법은 생체역학, 노동생리학, 직업병의학 등 인간공학(ergonomics)에 기반을 두고 인간의 육체적 활동에 적합하도록 물적 작업환경을 구성함으로써 작업자의 육체적 부담을 최소화하려 한다. 이 접근방법은 직무 자체보다 조명, 공간설계, 작업시간 등 작업환경의 조건에 초점을 맞춘다. 인지론적 접근방법은 인간이 가진 정신적 능력의 한계를 벗어나지 않는 직무를 설계하려 한다. 이 접근방법은 대체로 직무가 요구하는 정신적 부담을 줄이는 데 역점을 둔다.

3

신규채용

제 1 절　신규채용과 인적자원계획
제 2 절　신규채용의 과정

개 관

임용방법의 일종인 신규채용은 조직외부로부터 새로 사람을 구해 조직의 결원을 보충하는 활동이다. 결원보충활동인 임용의 방법은 신규채용과 내부임용이라는 두 가지 범주로 크게 나누어 볼 수 있다. 신규채용은 제 3 장에서 설명하고 내부임용은 제 4 장에서 다루려 한다.

제 1 절에서는 신규채용의 의미를 규정하고 인적자원계획에 대해 설명하려 한다. 먼저 신규채용의 개념정의를 하고 임용방법의 분류에 관련시켜 그 의미를 부연설명하려 한다. 제 2 절에서 공개경쟁채용의 경우를 기준으로 채용절차를 설명할 것이므로 공개경쟁채용의 의미를 제 1 절에서 미리 규명해 두려 한다. 인적자원계획은 신규채용뿐만 아니라 인사행정의 거의 모든 기능에 필요한 정보를 제공하는 것이다. 그러나 인적자원계획은 신규채용에 가장 긴밀히 연관되는 활동이므로 제 1 절에서 그에 대해 논의하려 한다.

제 2 절에서는 공개경쟁채용을 준거로 삼아 신규채용과정을 설명할 것이다. 공개경쟁채용의 과정은 모집으로부터 시작된다. 모집이 끝나면 시험을 실시하고 채용후보자명부를 작성한다. 채용후보자명부에서 추천된 사람은 시보기간을 거쳐 임명하고 초임보직을 부여한다. 이러한 일련의 활동단계들에 내포된 중요문제들을 논의하려 한다.

제1절

신규채용과 인적자원계획

Ⅰ. 신규채용이란 무엇인가?

1. 신규채용의 정의

신규채용(新規採用)은 정부조직 밖에서 사람을 구해 정부조직 내의 결원을 보충하는 활동이다. 신규채용은 채용 또는 '외부로부터의 임용'(staffing from out-side the service)이라고도 한다.

정부조직 전체를 창설할 때에는 모든 구성원을 신규채용해야 할 것이다. 그러나 정부조직 전체를 창설하는 경우는 드문 일이다. 인사행정학에서 준거로 삼는 것은 기존의 정부조직에서 발생하는 결원을 보충하는 신규채용이다. 정부조직에 들어간 사람은 언젠가는 나가게 된다. 따라서 조직의 규모나 사업에 변화가 없어도 신규채용의 필요는 늘 발생한다. 정부조직의 사업이나 규모가 커지면 신규채용의 수요도 늘어난다. 규모팽창이 없더라도 사업이나 기술요건이 변화하면 퇴직과 신규채용의 수요가 동시에 늘어날 수도 있다.

계서제적 조직구조 하에서 폐쇄형의 임용체제를 유지하는 경우에는 주로 조직의 하층구조에서만 신규채용이 일어난다. 개방형 인사운용을 하는 곳에서는 상위계층들에도 신규채용의 문호를 열어 둔다. 융통성 있는 탈관료제적 조직에서는 신규채용의 통로가 훨씬 더 다원화될 것이다.

신규채용은 임용(任用)의 일종이다. 결원을 보충하는 임용은 신규채용과 내부임용이라는 두 가지 범주로 구분된다. 신규채용은 조직과 환경 사이의 인적자원유동을 대상으로 하며, 내부임용은 조직 내의 인적자원유동을 대상으로 한다.

신규채용은 다시 공개경쟁채용과 경력경쟁채용 등(특별채용)으로 구분된다. 신규채용은 채용대상자의 고용양태에 따라서도 분류해 볼 수 있다.

임용을 결원보충방법이라고 규정하는 정의는 인사행정학에서 대체로 통용되고, 우리나라 「국가공무원법」도 이를 지지하고 있다. 「국가공무원법」 제4장(임용과 시험) 제26조 이하에서는 임용을 분명히 결원보충방법으로 보고, 임용이라는 제목 아래 여러 가지 결원보충방법과 그 절차에 관해서 규정하고 있다.

그러나 「공무원임용령」 제2조 1항에서 "임용이란 신규채용·승진임용·전직·전보·겸임·파견·강임·휴직·직위해제·정직·강등 · 복직·면직·해임 및 파면을 말한다"고 규정한다. 임용이라는 개념에 결원보충뿐만 아니라 퇴직 및 유사퇴직까지 포함시켜 용어사용의 혼란을 빚고 있다. 정부문서에서 임용을 '인사'라고 표기하는 경우가 많아 더욱 혼란스럽다. 여기서는 임용의 결원보충작용에 주의를 한정하고 있다는 점을 독자들은 유념하기 바란다.

2. 공개경쟁채용과 경력경쟁채용 등(특별채용)

신규채용은 공개경쟁채용과 경력경쟁채용 등(특별채용)으로 구분된다는 것은 앞에서 이미 지적하였다.

2011년부터 우리나라의 「국가공무원법」과 「공무원임용령」은 종래의 '특별채용'이라는 용어를 '경력경쟁채용 등'이라는 용어로 대체하였다. 제한적이지만 특별채용의 경쟁적 요소를 어느 정도 강화한 것을 나타내기 위해 그런 용어를 선택한 것 같다. 경력경쟁채용 등에는 경력경쟁채용의 방법과 다수인을 대상으로 하지 않는 시험을 통한 채용의 방법이 포함된다. 법에 정한 자격조건에 해당하는 다수인을 대상으로 경쟁시험을 통해 채용하는 것을 경력경쟁채용이라 한다. 법정 조건에 해당하는 경우 중 다수인을 대상으로 시험을 실시하는 것이 적당하지 않은 경우에는 다수인을 대상으로 하지 않는 시험으로 공무원을 채용할 수 있다.

여기서는 법령에서 정한 대로 경력경쟁채용 등이라는 용어를 사용하려 한다. 그러나 인사행정학에서는 아직도 특별채용이라는 용어를 유효하게 사용할 수 있을 것이다. 필요에 따라서는 양자를 혼용할 수도 있을 것이다. 약칭으로는 '특채'라는 표현을 쓰기도 할 것이다.

실적주의를 채택하고 있는 인사제도 하에서 공무원을 신규채용할 때에는 공개경쟁채용으로 하는 것이 원칙이다. 우리나라에서도 이러한 원칙을 법적으로 선언하고 있다. 「국가공무원법」 제28조 제1항은 “공무원은 공개경쟁 채용시험으로 채용한다”고 규정한다.

1) 공개경쟁채용의 요건

공개경쟁채용은 자격 있는 모든 사람에게 지원할 기회를 주고 타당한 경쟁시험을 통해 확인된 실적에 따라 채용후보자를 결정한다는 요건을 충족시켜야 한다. 공개경쟁채용은 ‘실적의 원칙’과 ‘평등의 원칙’에 따른 ‘공개경쟁’을 보장해야 한다. 우리나라 「국가공무원법」 제26조는 “공무원의 임용은 시험성적·근무성적, 그 밖의 능력의 실증에 따라 행한다”고 하는 임용의 원칙을 밝히고 있다. 이것은 ‘실적의 원칙’에 해당한다. 이 법 제35조는 또 “공개경쟁에 따른 채용시험은 같은 자격을 가진 모든 국민에게 평등하게 공개하여야 하며, 시험의 시기와 장소는 응시자의 편의를 고려하여 결정한다”고 하는 ‘평등의 원칙’을 규정하고 있다.

미국 연방정부의 옛 인사위원회는 오래전에 보다 구체적으로, 그러나 간결하게 공개경쟁의 요건을 규정하고 해설한 바 있다. 현재 다수의 인사행정학자들은 대체로 이 위원회의 입장을 수용하는 것으로 보인다. 이 위원회가 공개경쟁의 조건(구성요소)이라고 규정한 것을 보면 다음과 같다.[1]

① **적절한 공고** 채용예정직과 그에 대한 자격요건을 널리 알려 관심 있는 사람들이 이를 알 수 있게 해야 한다.

② **지원기회의 제공** 관심 있는 사람들에게 지원할 수 있는 기회를 주어야 한다.

③ **선발기준의 현실성** 지원자의 적격성을 결정하는 선발기준은 현실적(실현가능성이 있는: realistic)인 것이라야 한다. 아무도 충족시킬 수 없는 비현실적 기준을 내세워서는 안 된다. 그리고 선발기준은 모든 지원자에게 공평하게 적용될 수 있는 것이라야 한다.

④ **차별금지** 선발기준에는 직무수행에 대한 적격성을 판단하는 데 필요하지 않은 요인을 포함시켜서는 안 된다. 직무수행 적격성에 관계가 없는 조건 때문에 선발과정에서 사람을 차별해서는 안 된다.

⑤ **능력을 기초로 한 서열결정** 지원자의 서열결정은 적격성의 상대적인 수준에 따라야 한다.

⑥ **결과의 공개** 채용절차가 공개경쟁의 원리에 따라 이루어졌는지의 여부를 국민이 알 수 있도록 채용결과는 공개해야 하며, 부당한 처분을 받았다고 생각하는 당사자들은 이의를 제기할 수 있도록 해 주어야 한다.

2) 경력경쟁채용 등의 효용과 제한

공개경쟁채용을 원칙으로 삼는 나라들에서도 경력경쟁채용 등을 어느 정도는 허용하지 않을 수 없다. 현대정부의 인적자원수요는 매우 복잡한 것이며, 그에 대응하는 인적자원공급의 상태 또한 다양하고 고르지 못하기 때문에 공개경쟁채용주의에 대한 예외를 인정하지 않을 수 없다. 그러한 까닭에 용인되는 것이 경력경쟁채용 등이라는 제도이다. 공개경쟁채용시험이 부적당하거나 불필요하거나 그 실시가 대단히 어려운 경우에는 경쟁성이 제한된 별도의 선발절차 즉 경력경쟁채용 등을 통해 채용후보자를 결정하게 된다. 경력경쟁채용 등은 공개경쟁채용제도를 보완하고 임용체제에 필요한 융통성과 적응성을 도입하려는 제도이다. 이 제도의 특징은 i) 경력기준 도입에 의한 제한경쟁, ii) 제한시험, 그리고 iii)제한임용비율이다. 제한임용비율은 공직의 필요에 따라 달라질 수 있다.

우리 정부의 경력경쟁채용 등에 의한 공무원채용의 비율은 근년에 들어 많이 높아졌다. 채용경로의 다양화, 채용결정에 대한 부처(인사운용기관)의 자율권 강화 등이 그 이유로 들어지고 있다. 우리 정부에서 경력경쟁채용 등에 의한 채용의 비율을 높여야 한다는 요청이 커진 것도 한 원인일 것이다. 그러한 요청을 키우고 있는 조건으로는 i) 정부 내외에 걸쳐 조직들은 고급인재를 획득하기 위해 경쟁하게 되었다는 것, ii) 인재의 수요가 다양화·전문화되어가고 있다는 것, iii) 조직관리와 인력운영의 연성화에 대한 필요가 커지고 있다는 것 등을 들 수 있다.

경력경쟁채용 등은 그 효용이 분명한 제도이지만 학력이나 경력 등에 의한 차별을 저지른다는 비판을 받기도 한다. 실행과정에서 제도적 취지가 왜곡되고 오용되는 경우 실적주의적 인사행정에 손상을 입힐 수도 있다. 이 제도의 운영에는 외부의 압력이나 정실이 개입할 가능성도 크다. 이 제도의 남용을 억제하려면 경력경쟁채용 등의 요건과 절차를 엄격하게 규정하고, 이를 운영하는 사람들도 제도남용의 위험에 대한 경각심을 갖게 해야 한다. 우리 정부에서는 경력경쟁채용 등의 사유와 조건을 법령에서 규정한다. 경력경쟁채용 등의 사유를 정하고 있는 「국가공무원법」 제28조의 규정과 「공무원임용령」 등의 관련조항을 참고하기 바란다.

II. 인적자원계획

1. 인적자원계획의 정의

인사행정학에서 말하는 인적자원계획(人的資源計劃: 인력관리계획: human resources planning: HRP)은 정부조직의 인적자원에 대한 수요를 예측하고, 그러한 수요를 충족시킬 수 있는 인적자원의 공급방안을 결정하는 과정이다. HRP는 정부조직이 필요로 하는 인적자원을 적절히 획득·유지·활용할 수 있도록 길잡이를 제공함으로써 인적자원체제의 유지와 발전을 도모하려는 과정이다. 현대정부의 HRP는 전략적 관리의 핵심적 도구이다.

이러한 HRP의 주요 속성을 보면 다음과 같다.[2)]

① **정부조직 내부의 계획** 정부조직 내의 인적자원에 관한 계획이다. 이것은 국가 전체의 인력수급에 관한 계획과는 구별된다.

② **사람을 대상으로 하는 계획** 인적자원이라는 사람을 대상으로 하는 계획이다. 사람을 대상으로 하기 때문에 HRP에는 특별한 어려움이 따른다. 사람은 조직을 구성하는 다른 무생물적 요소들과 다르기 때문이다.[a)]

---

a) HRP에 특이한 문제를 안겨 주는 인적자원의 주요 특성은 ① 사람은 의지를 지닌 존재라는 것, ② 다른 생산요소의 경우와는 달리 사람의 생산성은 그의 직무만족도 또는 동기라는 심리적 요인의 영향을 크게 받는다는 것, ③ 사람들이 조직에서 필요로 하는 일을 제대로 해낼 수 있게 하려면 시간이 걸린다는 것, ④ 사람이 조직 내에서 발휘하는 능력은 시간의 흐름에 따라 반드시 소모되거나 그 가치가 저하되지는 않는다는 것, ⑤ 인적자원은 정부조직의 소유가 아니며 인적자원 양성을 위한 투자는 그것의 혜택을 받은 개인에게 귀속하게 된다는 것 등이다. Sar A. Levitan, Garth L. Mangum, and Ray Marshall, *Human Resources and Labor Markets* (Harper & Row, 1972), p. 230.

③ **목표지향성** 목표지향적인 활동이다. HRP는 설정된 목표에 따라 진행하는 전략적 과정이다. HRP의 궁극적인 목표는 조직의 목표를 성취하는 데 최대한의 기여를 할 수 있는 인적자원체제를 만들고 발전시키는 것이라고 말할 수 있다.[b)]

④ **미래지향성** 미래지향적 과정이다. HRP는 미래로 향한 시간선상에 펼쳐지는 동태적 과정이다. HRP는 장래의 인적자원 문제를 예측하고 해결방안을 결정하여 시행한 다음 그러한 활동을 평가하는 단계들을 내포하는 동태적·행동지향적 과정이다. HRP는 현재의 결정이 미래에 어떤 영향을 미칠 것인가에 대해 깊은 관심을 갖는다.

⑤ **연관요인의 포괄적 고려** 연관요인들을 포괄적으로 고려해야 하는 과정이다. HRP는 다양한 연관관계를 확인하고 중시하여야 하며, 개방체제적 관점에서 계획의 통합성을 확보해야 한다. 계획과정은 관련자들이 널리 참여하는 참여적 과정이라야 한다.

⑥ **공적 상황에서의 계획** 정부부문의 HRP는 공적 상황(또는 정치적 상황)에서 이루어지는 것이다. 민간조직들의 경우와는 달리 정부조직에서의 HRP는 공공의 간여와 통제를 더 많이 받으며, 보다 큰 법적·행정적·정치적 제약을 받는다.

조직 내의 HRP는 어느 시대에나 필요하고 유익한 것이지만, 현대조직사회의 변화된 여건은 HRP의 중요성을 한층 더 부각시키고 있다. HRP의 중요성을 증폭시키는 여건변화의 예로 ⅰ) 정부를 포함한 조직들이 날로 고급화되어 가는 복잡한 기술을 사용하고 조직구성원들의 인적 전문화가 급속히 진행되고 가고 있다는 것, ⅱ) 조직들이 격동하는 환경에서 활동하게 되었다는 것, ⅲ) 급속한 기술변화로 인하여 쓸모없게 된 인력이 빈번하게 발생하고 있다는 것, ⅳ) 조직활동의 점진적 팽창이라는 일반적 추세를 전제하거나 예상하기 어렵게 되었으며 오히려 규모감축의 요청이 수시로 발생한다는 것, ⅴ) 급속한 변동 속에서 유능한 인적자원의 공급이 적시성을 잃을 때가 많게 되었다는 것, ⅵ) 사람들의 가치관 또는 직업관이 과거의 그것과 달라지고 또 현저히 다양화되었기 때문에 조직구

---

b) HRP의 주요목표로 흔히 열거되는 것은 인적자원 수요에 부합하는 인재를 획득하고 적재적소에 배치하는 것, 인사참모와 계선관리자의 시각을 통합하는 것, 조직이 환경변화에 잘 대응하게 하는 것, 인사행정 전반의 통합적인 지향노선을 정립하는 데 기여하는 것 등이다. Jeffrey A. Mello, *Strategic Human Resource Management*, 4th ed. (Cengage Learning, 2015), pp. 202~203.

성원들을 다른 생산요소처럼 단순하게 그리고 획일적으로 다루기는 어렵게 되었다는 것 등을 들 수 있다.

2. 인적자원계획의 과정

HRP의 과정에 포함되는 기본적 활동단계들은 ⅰ) 인적자원수요예측단계, ⅱ) 인적자원공급대안결정단계, ⅲ) 시행단계, 그리고 ⅳ) 평가단계이다.

이러한 활동단계의 구분, 구체적 내용, 단계 간의 연계양태 등은 HRP에 대한 접근방법에 따라 달라질 수 있다. 여기서는 인적자원 수급결정을 초점으로 삼는, 대상범위가 비교적 좁은 접근방법을 준거로 HRP의 과정을 설명하려 한다.[3)]

1) 인적자원수요예측단계

인적자원수요예측단계의 활동은 세 가지의 하위단계로 다시 구분해 볼 수 있다. 세 가지의 하위단계는 ⅰ) 조직의 목표를 확인하고 관련요인들을 탐색하여 인적자원의 총수요를 예측하는 단계, ⅱ) 기존인사정책에 따른 인적자원의 공급을 예측하는 단계, 그리고 ⅲ) 인적자원의 순수요를 예측하는 단계이다.[c)]

장래에 새로이 공급되어야 할 인적자원의 수요를 예측하려면 조직의 목표를 결정 또는 확인함으로써 인적자원수요판단의 기준을 발견하여야 한다. 앞으로 추구하게 될 조직목표가 확인되면 그것을 성취하는 데 필요한 인적자원총수요를 예측하게 되는데, 여기에는 많은 관련요인의 탐색과 그에 대한 판단이 필요하다.

기존의 인사정책에 따른 인적자원공급의 예측도 동시에 진행시켜야 하는데, 이것을 기존인적자원공급예측이라 한다. 인적자원총수요와 기존의 인사정책에 따른 인적자원공급이 예측되면 양자를 대비시켜 인적자원의 순수요를 예측한다.

---

c) 목표평가에서부터 시작하는 하향식 접근방법(top－down approach)이 원칙적으로 처방된다. 그러나 계획작업의 실제에서는 인적자원과 직위의 실태파악부터 시작하는 상향식 접근방법(bottom－up ap－proach)이 함께 사용된다. 현재의 직위와 인적자원을 목표 또는 목표변동의 예측에 따라 재평가하고 인적자원수요의 변동을 예측하게 되기 때문이다. 인력감축요구와 같은 외재적 제약이 설정되는 경우에는 상향식 접근방법이 중심적 위치를 차지한다. Dennis L. Dresang, Personnel *Management in Government Agencies and Nonprofit Organizations*, 6th ed. (Routledge, 2017), p. 125.

인적자원수요의 예측은 HRP의 핵심이 되는 과제이며, 또 가장 어려운 과제이기도 하다. 인적자원수요예측의 방법은 항을 바꾸어 다시 설명하려 한다.

2) 인적자원공급대안결정단계

인적자원공급대안결정단계에서는 인적자원의 순수요에 대응할 인적자원공급의 방법을 결정한다. 인적자원수요의 예측을 토대로 하여 인적자원공급을 포함한 인적자원관리의 계획을 세우는 것이다. 인적자원공급방안을 결정할 때에는 그에 연관된 여러 가지 인적자원관리방침도 함께 결정해야 한다.

인적자원공급의 방법은 다양하다. 신규채용, 재직자의 배치전환, 승진, 훈련 등 인사행정 상의 방법들도 있고, 조직의 중요 정책이나 조직의 구조를 변경하여 인적자원을 공급하거나 공급에 갈음하는 효과를 거두는 방법들도 있다. 인적자원공급방법(인적자원수요대응방법)은 i) 인사행정적 방법, ii) 구조적 방법, iii) 정책관리적 방법 등 세 가지 범주로 나누어 볼 수 있다.

(1) 인사행정적 방법 인사행정적 방법(workforce strategy)에 포함되는 방법으로는 신규채용전략, 그리고 승진·배치전환과 같은 내부임용방법을 쓰거나 교육훈련에 의한 능력향상을 통해 인적자원수요의 기술적 요건을 충족시키는 승계방법을 들 수 있다. 이 두 가지 방법은 플러스의 공급방법이지만, 여러 가지 퇴직방법을 동원한 마이너스의 공급방법, 즉 감축방법도 있다.

(2) 구조적 방법 구조적 방법(structural strategy)은 직무재설계, 기술의 교체, 업무의 외부위탁 등 구조적 요인들을 바꾸는 구조설계작업을 통해 인적자원수요에 대응하는 방법이다. 인적자원수요를 중화 또는 해소하는 방법이라 할 수 있다.

(3) 정책관리적 방법 정책관리적 방법(policy management strategy)은 정책과정의 전략적 관리를 통해서 인적자원수요를 해소하려는 방법이다. 즉 조직활동에 관한 중요 정책, 특히 생산정책과 사업의 결정 또는 결정의 변경을 통해서 인적자원수요를 수정하거나 해소하는 방법이다.

실제의 HRP에서는 위의 세 가지 방법을 조합해서 쓰는 혼합적 방법을 채택하는 것이 보통이다. 방법조합의 양태는 상황에 따라 다를 수밖에 없다.

그림 3-1-1 인적자원계획의 과정

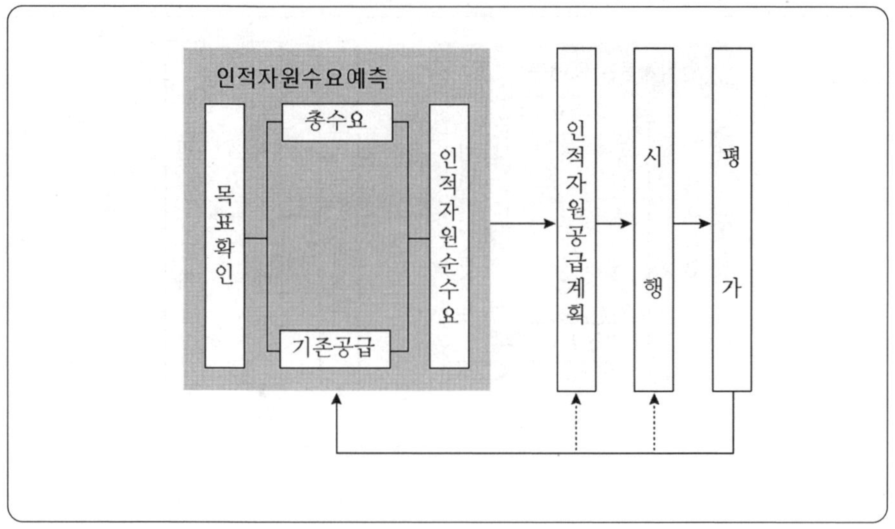

3) 시행단계

시행단계에서는 채택된 인적자원공급방안들을 집행한다. 효율적인 집행을 보장하려면 계획의 수립단계에서부터 집행책임자들의 참여가 가능하게 하고, 집행책임을 명확히 규정해 두어야 한다. 집행의 행동단계를 설정하고 단계별 목표와 성취시한을 구체적으로 명시하는 것이 좋다. 계획집행에 필요한 자원을 적정하게 배정해야 한다. 집행과정의 진척상황을 관리하고 보고·통제·평가할 체제도 만들어야 한다. 시행단계에서는 연관된 여러 가지 인사행정활동이 인적자원공급방안의 효율적인 집행을 보장할 수 있도록 하는 조치를 취해야 한다. 계획의 합리성 추구는 이상이지만 실천적으로 예측의 불확실성을 완전히 배제하기는 매우 어렵다. 그러므로 인적자원공급정책의 시행은 상황변화에 적응할 수 있는 융통성을 지녀야 한다.

4) 평가단계

평가단계에서는 인적자원수급예측의 내용적 및 과정적 요인들과 계획집행의 성과를 분석·평가하여 그 결과를 HRP 과정의 적절한 단계에 환류시킨다. 이를 위해서는 HRP에 관련된 많은 정보를 수집하고 분석해야 한다.

그림 3-1-1 인적자원계획의 과정

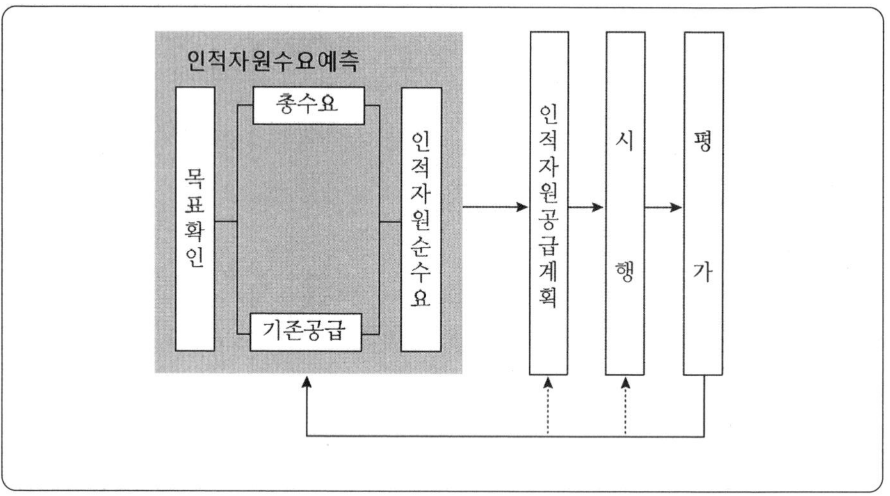

평가결과의 환류는 새로운 계획활동을 유발하거나 계획내용을 수정하려는 것이므로 평가단계는 HRP를 순환적인 과정으로 만드는 기능을 한다. 평가단계를 HRP 과정의 마지막 단계로 배치하는 것은 분석의 편의를 위해 현실을 단순화한 가정이라고 할 수 있다. HRP의 실제에서는 인적자원수급예측과 공급방안의 시행이 진행되는 동안에도 그러한 과정의 제국면을 수시로 평가하여 오차와 과오를 시정하는 일이 많다.

3. 인적자원수요예측의 방법

1) 기본적 작업과정

앞서 이야기한 바와 같이 인적자원수요의 예측은 기본적으로 세 가지 단계의 활동을 통해 이루어진다. 첫째, 조직의 목표를 결정 또는 확인하고 인적자원수요의 결정에 영향을 미칠 요인들을 분석하여 일정한 기간 후의 장래에 필요하게 될 조직의 인적자원총수요를 예측하여야 하는데, 이러한 활동을 인적자원총수요예측(人的資源總需要豫測: organizational requirements forecasting)이라 부른다. 둘째, 기존의 인사정책에 따라 공급할 수 있는 조직의 인적자원을 예측해야 하는

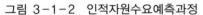

그림 3-1-2 인적자원수요예측과정

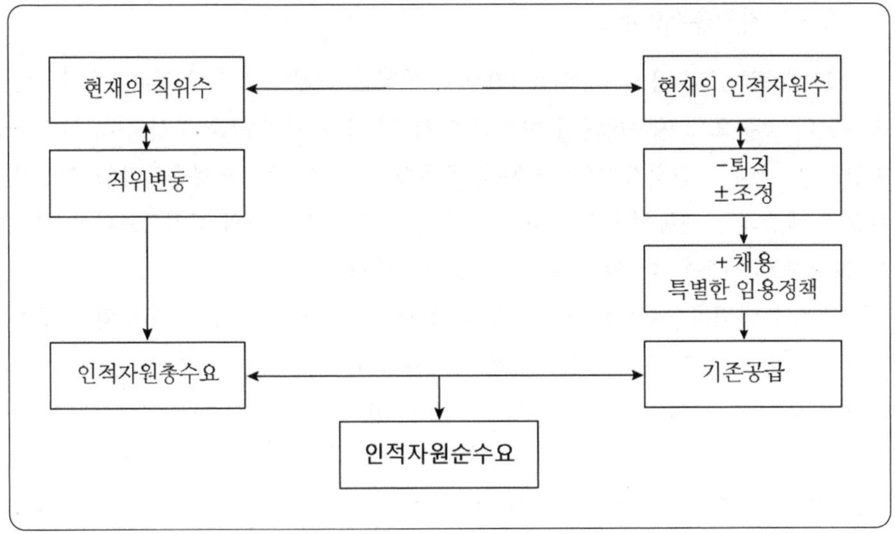

데, 이것을 기존인적자원공급예측(旣存人的資源供給豫測: human resource supply forecasting)이라 한다. 셋째, 인적자원총수요와 기존인적자원공급에 관한 예측을 비교하여 새로운 공급방안의 결정을 요구하는 인적자원의 순수요(純需要: pro-jected change requirements)를 예측해야 한다. 인적자원수요측정의 최종적인 관심은 인적자원변동의 추가부분, 즉 순수요의 발견에 있다.[4]

인적자원총수요를 예측하려면 현재의 직위수(인적자원수요)를 파악하고 직위수의 변동을 예측해야 한다. 기존인적자원공급을 예측하려면 현재의 인적자원수를 파악하고 인적자원수의 감소와 배치전환·기술적 능력변화 등으로 인한 인적자원의 조정, 신규채용 그리고 차별금지·우대·특채 등에 관한 임용정책의 효과를 예측하여야 한다.

이러한 인적자원수요예측의 구체적인 작업은 기능분야별 또는 조직단위별로 추진하여 그 결과를 누계한다. 이러한 상향적 예측(bottom-up or unit forecasting)은 조직전체의 인적자원수요총량을 먼저 설정하고 이를 조직계층에 따라 차례로 배분하는 하향적 예측(top-down forecasting)으로 조정할 때가 많다.

2) 인적자원총수요예측

(1) 예측작업의 내용 계획기간으로 설정된 장래에 조직에 필요하게 될 인적자원의 총수요를 예측하려면 현재의 인적자원수요(직위수)를 조사하고, 그것을 바탕으로 장래의 인적자원수요변동을 예측해야 한다. 총수요예측작업의 핵심은 수요의 예상되는 변동치를 알아내는 것이다. 그러므로 과거의 규칙성보다는 그것을 교란하는 변동에 더 많은 관심을 가져야 한다.[d)]

장래의 인적자원수요는 i) 일정한 장래의 시간에 조직이 그 목표와 임무에 따라 수행할 사업과 ii) 그 시점에서 인적자원이 보유하는 생산능력이라는 상호 연관된 두 가지 요인의 함수라고 할 수 있다. 인적자원수요변동을 예측하려면 장래의 사업을 예측하고 업무분담과 각 직위의 기술적 요건을 결정한 다음 사업변동을 인적자원수요변동으로 환산하여야 한다.

(2) 인적자원총수요예측의 기법 인적자원총수요를 예측 또는 결정할 때 사용할 수 있는 기법들은 i) 영감적 전략이나 타협전략이 쓰일 수밖에 없는 무질서한 상황을 계산적 상황과 유사한 것으로 바꾸려는 전통적이고 피동적인 기법, ii) 계산전략을 뒷받침하려는 계량적 기법, iii) 판단전략을 뒷받침하는 기법 등 세 가지 범주로 분류할 수 있다.

① 전통적·피동적 기법 이것은 외재적 의사결정을 그대로 받아들이거나 그에 의지하여 인적자원수요를 산출해 내는 방법이다. 전통적·피동적 기법의 대표적인 예는 외부에서 설정한 인적자원한도기준을 그대로 받아들이는 방법과 투입지향적·점증적 방법(input-oriented incrementalism)이다. 투입지향적·점증적 방법이란 예산이라는 금전적 투입에 비례하여 인적자원총수요를 책정하는 방법이다.

② 계량적 기법 미래예측의 계량적 기법들은 다양하지만 가장 많이 쓰여 온 것은 추세분석이나 회기분석과 같은 시계열적 분석(time-series analysis)을 하는

---

d) 직위 대비 인원수의 수요예측에서는 영기준예측(zero-base forecasting)이 되도록 해야 예측의 합리성을 높일 수 있다고 한다. 즉 결원이 발생한 직위들을 반성없이 인력수요의 기초로 삼지 말고 그런 직위들이 앞으로 필요할 것인지를 원점에서 다시 검토한 후 인력수요를 결정하는 것이 바람직하다고 한다. R. Wayne Mondy and Joseph J. Martocchio, *Human Resource Management,* 14th ed. (Pearson, 2016), p. 108.

종단적 기법들이다.

③ **판단적 기법** 이것은 정책결정자들이나 인적자원전문가들의 의견 또는 판단을 종합하고, 그에 따라 인적자원총수요를 예측하는 기법이다. 대표적인 판단기법은 델파이기법(Delphi techniques)이다.[e]

3) 기존인적자원공급예측

계획기간으로 설정된 장래에 기존의 인적자원정책에 따른 인적자원의 공급이 어떻게 될 것인가를 예측하려면 기준시점의 인적자원보유현황을 파악하여야 한다. 그리고 그것을 바탕으로 삼아 인적자원의 유동(변동)을 예측해야 한다.

(1) 인적자원보유현황분석 계획기준시점의 현존인적자원을 파악한다는 것은 인적자원의 재고조사(workforce inventory)를 한다는 뜻이다. 조직 내 인적자원의 연령·성별 등에 관한 인구학적 정보와 기술·훈련경험·면허와 자격·임용일자·근무기간·직급·보수등급·근무성적·직업 상의 관심과 선호 등에 관한 정보를 조사하여 현존인적자원의 종류와 수를 파악한다. 이러한 조사는 기능분야별 또는 조직단위별로 실시하여 그 결과를 종합한다.

(2) 인적자원유동예측 인적자원유동의 예측에서는 네 가지의 인적자원변동가능성을 전제한다. 네 가지의 변동가능성이란 i) 채용으로 직원이 조직에 들어올 수 있다는 것, ii) 퇴직으로 직원이 조직을 떠날 수 있다는 것, iii) 승진·강임으로 직원의 계급이 달라질 수 있다는 것, 그리고 iv) 배치전환·기술변화 등에 따라 직원의 특성이 달라질 수 있다는 것을 말한다.

① **인적자원유동예측의 주요 국면** 인적자원유동예측의 주요 국면은 세 가지로 나누어 볼 수 있다. 세 가지 국면이란 i) 퇴직 등으로 인한 인적자원감소의 영향을 예측하는 퇴직예측, ii) 직원의 배치전환·기술변화·계급변화·선호변화 등으로 인해 일어나는 인적자원변화의 영향을 예측하는 조정예측, 그리고 iii) 기존방

---

e) 델파이기법은 여러 사람의 의견을 종합하여 미래의 행동대안을 선택하는 방법이다. 여기서 의견조사의 대상자들은 문제상황을 잘 아는 사람들이다. 여러 사람의 의견을 수치화하여 합계할 때에는 문제상황에 대한 영향력, 전문지식, 정확한 예측을 한 과거의 경험 등을 고려하여 각개 의견에 가중치를 부여할 수 있다. 그리고 같은 조사대상자들에 대한 의견조사를 한 차례 또는 몇 차례 되풀이하여 처음의 응답을 수정할 수 있는 기회를 주는 것이 원칙이다.

침에 따른 채용과 특별한 임용정책의 영향을 예측하는 채용예측을 말한다.

② **인적자원유동예측의 기법** 인적자원유동예측에서도 수권적 연계의 결정을 받아들이는 방법, 예산자료에 따라 변동을 예측하는 방법, 계량적인 모형들을 사용하는 방법, 그리고 델파이기법 등을 복합적으로 사용할 수 있다. 인적자원총수요예측의 경우보다는 객관적 자료의 획득이 비교적 용이하기 때문에 인적자원유동예측에서는 계량적 예측방법의 적용가능성이 더 높다.

제2절

신규채용의 과정

Ⅰ. 공개경쟁채용의 과정

이 절에서는 공개경쟁채용을 준거로 채용과정의 활동단계들을 설명하려 한다.

현대인사행정학은 공개경쟁채용과정의 표준적인 모형을 설정하고 있다. 그러한 과정모형은 당초에 미국식 제도를 참조하여 발전시킨 것으로 보이지만, 오늘날 세계도처의 현실제도를 설명하는 데 상당히 큰 효용을 가지고 있다. 그것은 우리나라 제도를 설명하고 평가하는 데도 좋은 길잡이를 제공하고 있다.

여기서 말하는 표준적 과정은 상황에 따른 변용가능성을 전제하는 모형이다. 현실의 구체적인 제도를 연구할 때에는 표준적이며 기본적이라고 하는 채용과정 모형에 부합되는 공통적 요소뿐만 아니라 그로부터 이탈하는 고유한 요소를 발견하고 설명하는 일도 게을리해서는 안 된다.

현대인사행정학에서 표준적인 것으로 보는 공개경쟁채용의 과정에 포함되는 주요활동단계는 ⅰ) 모집, ⅱ) 시험, ⅲ) 채용후보자명부의 작성, ⅳ) 추천요구와 추천, ⅴ) 시보임용, ⅵ) 임명과 초임보직 등이다. 이러한 여러 단계의 활동은 모두 조직의 업무에 적합한 사람을 선발함으로써 조직의 통합에 기여하려는 공통의 목적을 가지고 채용될 사람을 선택하거나 선택기능을 보조한다. 채용과정의 각 단계는 적격자를 선별하는 선택작용을 되풀이하는 것으로 볼 수 있다.

(1) 모　집　모집은 적합한 후보자들이 공무원으로 임용되기 위해 지원하고 경쟁하도록 유도하고 선별하는 활동이다.

(2) 시　험　시험은 지원자들의 적격성을 본격적으로 심사하는 절차 또

는 도구이다.

(3) 채용후보자명부의 작성 채용후보자명부를 만든다는 것은 시험의 결과에 따라 합격자를 결정하고, 합격자의 명단을 만든다는 뜻이다.

(4) 추천요구와 추천 추천요구는 임용권자 또는 임용제청권자가 자기 조직의 결원을 보충하기 위해 채용후보자명부에서 후보자를 추천해 주도록 요구하는 것이다. 그에 대응해서 시험실시기관은 채용후보자를 추천한다.

(5) 시보임용 시보임용은 채용후보자를 시보로 임용하여 시보기간을 거치면서 적격 여부에 대한 판정을 받게 하는 것이다.

(6) 임명과 초임보직 임명은 공무원의 신분을 부여하는 법적 행위이다. 초임보직은 공무원으로 임명된 사람을 어떤 직위에 처음으로 배치하는 것이다.

우리 정부의 공무원 공개경쟁채용과정도 위에서 본 표준적인 과정모형을 대체로 따르고 있다. 그러나 실천의 현장에서는 여러 가지 왜곡과 형식화의 문제들을 노출하고 있다.

정부의 임용체제와 사회의 인적자원 양성체제 사이에 협력관계가 부실하고 모집활동은 비조직적·소극적이어서 모집의 선별·선택기능이 취약하다. 정부의 채용시험관리능력은 제약되어 있으며 따라서 시험연구 등 전문적 연구·개발기능을 제대로 수행하지 못한다. 시험관리의 외부의존도가 너무 높다. 시험방법들이 낡았고 시험의 타당성이 의심받아온 지는 오래다. 추천제도는 유명무실하며, 시보제도의 주된 기능인 적격성 심사는 형식화되어 있다. 시보제도는 그 부수적 기능인 적응훈련에 매달리고 있는 형편이다. 초임보직의 과정에서는 일과 사람의 적응을 최대화하려는 노력을 제대로 하고 있지 못하다. 채용후보자들의 적성과 선호 등에 대한 배려가 부족하다.

II. 모 집

모집(募集: recruitment)이란 적합한 후보자들이 공무원으로 임용되기 위해 지원하도록 유도·선별하는 활동을 뜻한다. 모집은 사람들이 공무원으로 일하는 데 관심을 갖고 모여들게 하려는 목적을 가진 활동이며, '이끄는 기능'(권유하는 기능: attracting function)과 '선별기능'(screening function)을 동시에 수행하는 활동이라 할 수 있다. 공직지망자들이 모여들게 권유한다고 해서 아무나 많이 모여들게만 하면 되는 것은 아니다. 정부조직에서 일하고 싶은 동기를 유발시켜 사람들을 모아들이는 이끄는 기능 내지 권유기능은 적격의 가능성이 있을 것으로 추정되는 사람들만 골라 모으는 선별기능과 결합될 때 비로소 그 소임을 다할 수 있는 것이다.

1. 모집의 적극화

전통적인 모집활동의 기본절차는 비교적 간단한 것이지만, 현대인사행정에서는 모집을 적극화할 필요가 있기 때문에 모집활동의 영역은 크게 확장되고 있다. 모집의 적극화가 필요한 까닭은 i) 정부업무의 전문화 수준이 높아지고 있다는 것, ii) 민간부문의 성장으로 인해 민간부문과 정부부문이 유능한 인적자원의 획득을 위해 경쟁하게 되었다는 것,[a] iii) 공직에 대한 국민의 태도가 비판적·냉소적인 것으로 변해 간다는 것 등의 조건에서 찾을 수 있다. 공직취임의 기회균등을 실질화해야 한다는 대표관료제적 요청이 커지는 것도 모집의 적극화를 촉구하는 요인이다. 비혜택집단에 대한 모집망의 확충이 요구되기 때문이다.

모집활동을 적극화하려는 노력의 방향은 크게 두 가지로 나누어 생각할 수 있다. 그 하나는 모집의 적극화가 가능하도록 여건을 조성하는 것이며, 다른 하나는 모집활동 자체를 확대·강화하는 것이다.

---

a) 우리나라에서는 근래 취업난이 국가적 현안으로 되어 있기 때문에 고용주들 사이의 인력획득경쟁이라는 문제가 많은 사람들의 시야에서 벗어나 있다. 그러나 정보화시대에 일류의 인재를 획득하기 위한 고용주들의 경쟁 또는 경쟁필요성을 간과해서는 안 된다. 다른 선진국들도 모두 높은 실업률과 취업난을 겪고 있지만 적극적 모집활동을 소홀히 하지 않는다.

1) 모집의 적극화를 위한 여건조성

여건조성은 두 가지 주제로 나누어 생각해 볼 수 있다. 그 하나는 공직의 신망제고이며, 다른 하나는 인사제도의 개선이다.

(1) 공직의 신망제고 공직의 사회적 평가 또는 신망을 향상시키는 것은 적극적 모집의 전제조건이 된다. 공직의 신망이 떨어져 국민일반이 공무원으로 취직하는 것을 바람직하지 않은 것으로 생각한다면 모집활동이 성과를 거둘 수 없기 때문이다.[b] 관존민비사상이나 특권의식에 기초를 두었던 공직의 전근대적 신망이 아니라, 국민에게 봉사하는 역할의 인식에 기초를 둔 공직의 신망을 높여 나가야 한다.

(2) 인사제도의 개선 적극적인 모집활동이 가능하고 또 그 효과가 제대로 발휘될 수 있으려면 인사행정 전반이 잘 되어 있어야 할 것은 물론이다. 특히 모집에 직결되는 인사절차가 공평해야 하며 채용 후에 공무원들이 직업적 만족을 얻을 수 있게 하는 활동이 충실해야 한다. 과학적 모집계획, 신속하고 편리한 채용과정, 적정한 보수와 편익, 적절한 경력발전의 기회, 보람 있는 직무 등의 조건이 구비되도록 노력해야 한다.

2) 모집방법의 적극화

적격자들이 지원하도록 유도하는 모집방법을 개선하는 것은 모집을 적극화하는 직접적인 수단이 된다. 모집방법의 적극화는 두 가지 방향으로 나누어 생각할 수 있다. 그 하나는 취업의 기회를 알리는 방법을 개선하는 것이며, 다른 하나는 노동시장과의 긴밀한 관계를 개척하는 것이다.[1]

(1) 공고방법의 개선 모집활동을 적극적으로 수행하려면 공무원으로 취업할 수 있는 기회를 사람들에게 가장 효과적으로 알려야 한다.

정부에 취업할 기회, 그리고 좀더 가까이는 시험실시를 알리는 데 쓸 수 있

---

b) 조직이나 직장의 신망을 높이려는 노력을 브랜드 가치(상표가치) 개선활동(employment branding)이라고 표현하는 것이 근래의 유행이다. Jeffrey A. Mello, *Strategic Management of Human Resources,* 4th ed. (Cengage Learning, 2015), pp. 351~352.

는 매체에는 여러 가지가 있다. 신문·라디오·텔레비전 등 대중매체들은 오래 사용되어 온 공고수단이다. 근래 사용이 급속히 확산된 인터넷은 아주 유력한 공고수단이다.c)

특정한 모집대상에 직접 접촉하는 방법도 활용해야 한다. 학교나 훈련소 등의 인적자원양성기관, 노동조합이나 전문직업단체, 그리고 직업소개소에 모집정보를 발송하는 방법을 예로 들 수 있다. 모집대상자들이 비교적 뚜렷한 경우에는 그들에게 개인적으로 모집문서를 배포할 수도 있다. 중앙인사기관이나 기타 정부기관의 대표들이 인적자원양성기관을 방문하여 취업안내를 하는 방법도 있다. 장애인 등 비혜택집단에 대한 채용이 법적·정책적으로 강조되는 경우에는 그러한 집단들에 대한 모집활동을 특별히 강화해야 한다.

(2) 노동시장의 개척 모집의 적극화를 위해서는 정부가 능동적으로 공무원 지망가능성이 있는 인적자원을 양성하는 기관과 연계를 맺고 새로운 양성기관을 발굴하여 육성하는 데 힘써야 한다. 특히 각급 교육기관(학교)과 긴밀한 연계를 유지하는 것은 정부나 교육기관에 다같이 이익을 줄 수 있다.

교육기관과의 연계를 강화하는 데 기여할 수 있는 구체적 방안의 예로 i) 정부가 교육기관에 교육자료를 제공하고 전문분야 공무원의 출강을 지원하는 것, ii) 공무원 지망가능성이 있는 학생들에게 장학금을 지급하는 것, iii) 정부기관에서 학생들이 실무수습을 할 수 있게 하는 것, iv) 학위·자격증 소지자를 특별채용하는 것, v) 교육기관에서 공무원의 위탁교육을 실시하는 것, vi) 채용시험에서 교육기관의 교육내용을 존중하는 것, viii) 채용시험에 출신학교의 성적을 반

c) 정보기술을 활용하는 모집방법들을 통틀어 온라인 모집방법 또는 전자적 모집방법(on-line recruitment method; e-recruitment)이라고 부르기도 한다. 여기에 포함시킬 수 있는 방법들은 다양하다. 그 예로 모집담당직원이 인터넷을 통해 모집행위를 하는 방법, 조직이 가진 직업과 직위들을 소개하는 웹사이트(career web site)를 활용하는 방법, 트위터·페이스북 등 SNS를 사용하는 방법, 가상공간의 채용박람회(virtual job fair)를 개최하는 방법 등을 들 수 있다. 정보화가 모집활동의 효율성을 획기적으로 향상시키지만 그 이면에는 부정적인 그늘도 있다. 가장 우려되는 부작용은 응모자들의 개인정보 유출이다. R. Wayne Mondy and Joseph J. Martocchio, *Human Resource Management*, 14th ed. (Pearson, 2016), pp. 137~141; Jared J. Llorens, "A Model of Public Sector E-Recruitment Adoption in a Time of Hyper Technological Change," *Review of Public Personnel Administration* (Vol.31, No. 4, 2011), pp. 410~423.

영하는 것 등을 들 수 있다.

2. 지원자격: 모집대상 한정의 기준

민주국가에서는 공직취임의 기회를 모든 국민에게 개방하는 것이 헌법 상의 원리이다. 이러한 원리에 입각하여 생각한다면 정부의 전체적인 모집활동이 잠재적인 대상으로 삼는 것은 국민 전체라고 할 수 있다. 부분적으로는 외국인까지도 모집대상에 포함될 수 있다.

그러나 구체적인 채용예정직에 모집을 연관지을 때에는 모집대상을 여러 가지로 한정짓지 않을 수 없다. 왜냐하면 구체적인 직위에 적합한 사람만이 채용되어야 한다는 기술적 요청이 있기 때문이다. 그러므로 나라마다 공직에 지원할 수 있는 자격요건(minimum qualifications: MQ's)을 설정하고 있으며, 그러한 자격요건은 모집대상을 한정하는 기준이 된다. 모집대상의 한정에 관한 기준이 타당하고 공평하게 적용되며, 사람에 따라 차별적으로 적용되는 것이 아니라면 공직취임의 기회균등원칙에 위배되지 않는다. 그러나 비록 평등의 원칙에 저촉되지 않는 형식을 갖추었더라도 행정의 효율화와 국민복리에 도움이 되지 않는 지원자격제한은 설정하지 말아야 한다.

현대국가에서 볼 수 있는 모집대상한정의 일반적 기준은 국적·교육요건·경험(경력)요건·연령·거주지·성별·기타 결격사유 등이다. 이러한 일반적 자격기준의 구체적인 내용은 나라마다 그 나라의 형편과 공무원제도의 특성에 따라 달라지기 마련이다. 그리고 개별적인 직위에 관하여 정해지는 자격요건의 상세한 내용은 채용예정직에 따라 달라질 수밖에 없다.2)

1) 국 적

국적(國籍)은 모집대상을 한정하는 가장 일반적인 기준이다. 거의 모든 나라에서 자국인과 외국인을 구별하고 외국인의 공직취임을 금지하거나 제한한다. 이것은 국적에 따른 모집대상의 한정이다. 우리나라에서도 외국인의 임용은 한정적·예외적으로 허용하지만 근래 허용의 폭을 현저히 넓혔다. 우리나라 국적과 외국의 국적을 함께 가지고 있는 복수국적자의 공직취임도 외국인의 경우와 비슷한

조건으로 제한하고 있다.[d)]

외국인을 공무원으로 채용하지 않는 까닭은 공무원은 국가와 국민에게 충성하고, 그 이익을 증진시킬 책무를 지며, 흔히 국민대표적 역할도 맡아야 하고, 외국인에게 노출시킬 수 없는 비밀업무를 취급할 때도 많기 때문이다.

2) 교육훈련과 경험: 학력요건

넓은 뜻으로 교육요건이라 할 때에는 직무수행에 필요한 지식과 기술에 관한 교육훈련과 경험의 수준을 말하는 것이나, 여기서 가장 중요한 것은 학력요건 또는 정규학교교육에 관한 자격요건이다.

어느 나라에서나 교육제도와 공무원제도는 서로 영향을 주고받는 관계에 있다. 정부는 그 사회에서 가장 큰 고용주이므로 정부의 임용정책은 교육제도에 영향을 미치며, 교육제도의 특성은 정부의 임용정책을 규제하게 된다. 그러나 교육제도와 공무원제도의 상호관계가 어떻게 되어있는가 하는 것은 나라마다의 형편에 따라 다르다.

(1) 필요성과 이점 학력요건을 모집대상 한정의 기준으로 삼는 제도의 필요성 또는 이점은 ⅰ) 행정의 전문화에 따른 전문교육의 필요에 부응할 수 있다는 것, ⅱ) 정부와 인력양성기관들 사이의 호혜적인 관계를 강화할 수 있다는 것, ⅲ) 시험에 대한 보완장치를 강화할 수 있다는 것, ⅳ) 모집의 선택기능을 강화하여 채용절차의 효율성을 높일 수 있다는 것 등이다.

(2) 허점과 폐단 학력요건 설정의 허점 내지 폐단으로는 ⅰ) 학력에 따른 차별이라는 것, ⅱ) 학교교육의 기간만 따질 뿐 그 질을 규정하지 않는 경우가 대

---

d) 「국가공무원법」 제26조의 3 제 1 항은 "국가기관의 장은 국가안보 및 보안·기밀에 관계되는 분야를 제외하고 대통령령 등으로 정하는 바에 따라 외국인을 공무원으로 임용할 수 있다"고 규정한다. 제 2 항에서는 국가안보분야, 보안·기밀분야, 외교, 국가 간 이해관계와 관련된 정책을 결정하고 집행하는 업무에는 복수국적자의 임용을 제한할 수 있다고 규정한다.

2008년의 법개정 전에는 "국가의 공권력을 행사하거나 정책결정 그 밖에 국가안보 및 기밀에 관계되는 분야가 아닌 연구·기술·교육 등 특정한 분야의 직위에 대하여 그 자격요건에 적합한 대한민국 국민을 채용하기 어려운 경우에는 기간을 정하여 필요한 최소한의 범위 안에서 외국인을 공무원으로 임용할 수 있다"고 규정하였다. 지금에 비해 외국인 임용을 허용하는 범위가 아주 좁았음을 알 수 있다.

부분이기 때문에 교육요건을 충족시키더라도 무능한 사람이 있을 수 있고, 교육기간이 미달되더라도 우수한 사람이 있을 가능성을 배제하지 못한다는 것, iii) 학력의 종류 또는 계통을 한정하는 것은 매우 어렵기 때문에 이를 회피하고 학력의 길이(기간)만 정하게 되면 학력요건의 타당성이 저하된다는 것,[3] iv) 소요학력의 하한(최저자격)만 정하고 상한을 정하지 않는 경우가 대부분이기 때문에 직무가 요구하는 이상의 지나친 자격자들이 공직에 들어가 본인에게나 조직에 해로운 결과를 빚을 수 있다는 것 등을 들 수 있다.[e]

(3) 우리나라의 제도 우리나라는 지원자격의 학력요건을 엄격히 규정했던 전통을 가지고 있었으나 1972년의 제도개혁에서 공개경쟁채용의 학력요건을 원칙적으로 폐지하였다.[f] 연구직 및 지도직공무원의 공개경쟁채용과 일부 비정규직 채용, 특별채용에 관하여는 학력·경력 등의 지원자격 규정을 예외적으로 허용하였다. 근래 경력경쟁채용 등이 늘어나면서 학력·경력에 따른 지원자격 제한도 늘어나고 있다.

3) 연 령

어느 나라에서나 공무원을 선발할 때 지원자들의 연령을 전혀 고려하지 않을 수는 없을 것이다. 그러나 구체적으로 연령요건을 어떻게 규정하느냐 하는 것은 나라마다 다르다.

(1) 엄격한 제한 연령제한을 엄격히 하면서 상한과 하한 사이의 폭을 좁게 하고, 젊은 사람만을 모집대상으로 하는 경우의 이점으로는 i) 참신한 인재를 채용할 수 있다는 것, ii) 젊은 나이에 공직에 들어가 경험을 쌓고 성장해 가게 하면, 공직에 대한 일체감이 높은 직업공무원을 양성할 수 있다는 것, iii) 너무 어리거나 늙은 사람이 공직에 들어가 야기하게 될 조직운영 상의 장애나 개인의 불이익을 피할 수 있다는 것, iv) 적절한 연령제한기준에 따라 모집대상을 미리

---

e) 우리 정부에서 공개경쟁채용의 학력요건을 철폐할 때 거론했던 학력요건의 폐단에는 위에 열거한 것들 이외에 물력의 낭비를 조장한다는 것과 도시인구집중을 부채질한다는 것도 포함되어 있었다.

f) 「공무원임용시험령」 제17조는 "공무원 임용시험은 이 영 및 다른 법령에 특별한 규정이 있는 경우를 제외하고는 학력에 따른 제한을 두지 아니한다"고 규정한다.

한정해 두면 선발과정의 부담을 덜어주고 노동시장의 안정에도 기여할 수 있다는 것 등을 들 수 있다.

(2) 느슨한 제한 연령요건을 통일적으로 규정하지 않거나, 규정하더라도 융통성 있게 운영하는 제도가 정당화될 수 있는 근거는 ⅰ) 국민의 공직취임 기회를 확대한다는 것, ⅱ) 개인차를 존중하고 초임연령에 관한 공직의 여러 가지 요청에 대응할 수 있다는 것, ⅲ) 공무원집단의 폐쇄화·특수계급화를 막을 수 있다는 것, ⅳ) 인적자원 공급이 부족할 때 융통성 있게 대응할 수 있다는 것 등이다.

(3) 우리나라의 제도 우리 정부는 연령을 지원자격기준의 하나로 삼아 왔다. 2008년까지는 채용시험의 응시연령이라는 형식을 빌어 지원자격으로 되는 연령의 하한과 상한을 계급별로 규정하고 있었다. 연령제한 상한과 하한 사이의 폭은 비교적 넓은 편이었다.

2009년에는 연령제한의 상한을 폐지하고 하한만 남겨두었다. 일반직 7급 이상 공무원채용시험의 응시연령 하한은 20세 이상이며 8급 이하 채용시험의 경우는 18세(교정·보호 직렬은 20세) 이상이다.[g] 응시연령 상한 폐지의 주된 동인은 연령에 따른 차별문제의 해소 또는 무마였을 것이다. 우리 공무원제도의 직업공무원제적 특성이 탈색되고 교류형화·개방형화가 진척되면서 연령요건 완화에 대한 요청이 커진 것도 중요한 고려요인이었을 것이다.

4) 거 주 지

거주지가 모집대상을 한정하는 기준이 될 때가 있다. 거주지에 따른 모집대상의 한정은 지방자치제도에서 유래한 것이다. 거주지의 요건을 채택하는 것은 주민에 의한 자치라는 관념에 부합하는 것이었다. 애향심을 가진 공무원들의 성실한 근무를 기대할 수 있었으며, 공무원들의 생활기반이 보존되어 그들의 생계에도 도움이 되었다. 어떤 지역사회의 주민이 낸 세금에서 지불되는 공무원의 보수가 그 지역사회 안에서 소비되게 하고, 긴급사태가 발생하였을 때 공무원들

---

g) 공무원임용시험령 제16조.

을 동원하기 쉽게 하는 데도 도움이 될 것이라고 생각하였다.[4)] 그러나 인구의 지역 간 이동이 활발해짐에 따라 애향심의 기초가 흔들리고 지방행정의 전문화에 따라 거주지제한의 존재가치도 차츰 흐려지고 있다.

우리나라에서는 오랫동안 거주지제한문제가 별로 중요시되지 않았다. 그러나 근래 지방자치가 발전함에 따라 지방자치단체들이 거주지제한제도를 채택하는 사례가 늘어나고 있다. 국가공무원의 경우에도 예외적이지만 거주지제한의 길은 열려 있다.[h)]

5) 성 별

성(性: sex)이 모집대상한정의 기준으로 될 수 있다. 성별에 따른 모집대상제한은 오래된 제도였다. 공식적인 제도로서뿐만 아니라 사회관습이나 담당할 직무의 특성 때문에 사실상 여자가 어느 정도의 차별대우를 받는 일도 많았다. 법 상의 원리에 입각한 것이 아니더라도 관례적으로 여자를 모집활동에서 차별하거나 배제한다면, 성별이 모집대상을 사실상 한정하는 기준으로 되는 것이다.

오늘날 인권이 신장된 선진국들에서 법적 제도로 정한 성차별은 거의 사라진 것으로 보인다.

우리나라에도 성별이 모집대상을 한정하는 기준으로 되었던 전통이 있다. 법적 제약보다는 사회제도나 인습에 따른 간접적 제약이 더 많았던 것으로 생각된다. 그러나 상황은 급속히 변하고 있다. 사회변혁의 추세에 따라 법적 제약뿐만 아니라 관습적 제약도 약화되어 왔다.

현재 일반직 공무원의 모집에 관한 한 성별 때문에 차별하는 법적 제도는 원칙적으로 폐지되었다.[i)] 사실상의 차별도 거의 사라지고 있다. 전통적으로 남자만

---

h) 「국가공무원법」 제28조 제 2 항 12호는 "연고지나 그 밖에 지역적 특수성을 고려하여 일정한 지역에 거주하는 자를 그 지역에 소재하는 기관에 임용하는 경우" 경력경쟁채용시험으로 채용할 수 있다고 규정한다. 「공무원임용시험령」 제19조 제 2 항은 "시험실시기관의 장은 공개경쟁채용시험의 경우 연고지 임용, 그 밖에 지역적 특수성을 고려하여 필요하다고 인정할 때에는 일정한 지역에서 일정한 기간 동안 거주한 사람으로 응시자격을 제한하여 시험을 실시할 수 있다"고 규정한다. 「국가공무원법」 제26조의 4에서 규정하는 지역인재추천채용제에는 출신학교 소재지가 기준으로 되는데, 이 역시 거주지제한과 유사한 효과를 가진 것이다.

i) 다만 특별한 자격요건(*bona fide* occupational qualificaltons: BFOQ)의 설정이 불가피한 직무영역에서

의 직업이라고 생각되었던 여러 분야의 특정직에 대해서도 성적 차별을 철폐하는 바람이 불고 있다. 대표관료제적 원리에 따라 채용에서 여성을 우대하는 제도를 채택하기도 했다. 전통적으로 여자만의 직업이라고 생각되던 직역에도 남자지망자들이 생겨나고 있다. 이런 분야의 관습상 차별이 무너져 가고 있는 징조이다. 아직까지, 그리고 앞으로도 문제가 될 수 있는 것은 재직중의 내부임용에서 여성이 암암리에 차별받는 현상이다.

6) 결격사유

위에서 열거한 모집대상의 제한기준 이외에 어느 나라에서나 일반적으로 공무원이 될 수 없는 사유를 따로 정하고 있다. 이것이 이른바 결격사유(缺格事由)인데, 여기에 해당되는 사람은 공직에 취임하지 못한다.

결격사유에 해당하는지의 여부가 절차 상 어느 단계에서 심사되느냐 하는 것은 반드시 일정치 않다. 노동시장에 있는 결격사유해당자를 처음부터 가려내 모집활동의 대상에서 제외하기는 기술적으로 어려운 일이다. 지원서를 접수하는 단계나 시험절차에서 결격사유해당자를 가려낼 수 있다. 끝으로는 임명과정에서 채용예정자의 신원을 확인할 때 결격사유에 해당하는지의 여부가 심사된다. 설령 모집단계에서 결격사유해당자가 배제되지 않더라도 이들이 결국 공직에 취임하지 못하도록 되어 있으므로, 결격사유는 모집대상을 제한하는 효과를 가지는 것이다.

결격사유의 구체적인 내용은 나라마다 다소 다르나, 대체로 i) 민사 상(民事上)의 능력이 제한되거나 상실된 사실, ii) 형사처벌을 받은 사실, iii) 공무원법상의 징계처분을 받은 사실 등이 포함된다.

우리나라 「국가공무원법」 제33조가 규정하는 결격사유는 다음과 같다.

[민사 상의 능력이 제한 또는 상실된 자] i) 피성년후견인(被成年後見人) 또는 피한정후견인(被限定後見人), ii) 파산선고를 받고 복권되지 아니한 자

[형사 상 유죄판결을 받았거나 처벌을 받은 자] i) 금고 이상의 실형을 선고받고 그 집행이 종료되거나 집행을 받지 아니하기로 확정된 후 5년이 지나지 아니한 자, ii) 금고 이상의 형을 선고받고 그 집행유예 기간이 끝난 날로부터 2년이 지나지 아니한 자, iii) 금고 이상

는 성별에 따른 차별을 공식적으로 인정한다. 예컨대 여자교도소의 교도관 모집에서 지원자격을 여자에 국한할 수 있다.

의 형의 선고유예를 받은 경우에 그 선고유예기간 중에 있는 자, iv) 법원의 판결 또는 다른 법률에 따라 자격이 상실되거나 정지된 자, v) 공무원으로 재직기간 중 직무와 관련하여 「형법」 제355조(횡령, 배임) 및 제356조(업무상의 횡령과 배임)에 규정된 죄를 범한 자로서 300만원 이상의 벌금형을 선고받고 그 형이 확정된 후 2년이 지나지 아니한 자, vi) 「형법」 제303조(업무상 위력 등에 의한 간음) 또는 「성폭력범죄의 처벌 등에 관한 특례법」 제10조(업무상 위력 등에 의한 추행)에 규정된 죄를 범한 사람으로서 300만원 이상의 벌금형을 선고받고 그 형이 확정된 후 2년이 지나지 아니한 사람

[공무원법 상의 징계처분을 받은 자] i) 징계로 파면처분을 받은 때부터 5년이 지나지 아니한 자, ii) 징계로 해임처분을 받은 때부터 3년이 지나지 아니한 자

7) 임용 상의 우대

모집과정에서 지원자격의 유무를 결정해 주는 자격요건은 아니지만, 시험과 임명의 과정에서 지원자들을 상대적으로 차별하는 기준이 있으면 그것은 결국 모집대상을 간접적으로 제한하는 효과를 가질 수 있다. 여기서 차별하는 기준이란 특정한 지원자집단을 채용결정과정에서 우대하는 기준을 말한다. 우대의 방법에는 채용시험점수에 가산점을 주는 방법과 특정집단의 채용비율 준수를 의무화하는 방법이 있다.

우리 정부에서 시행하고 있는 채용우대제도는 국가유공자 우선임용제도 등 여러 가지이다. 중요한 예를 보면 다음과 같다.

(1) 국가유공자의 우대 국가가 위기에 처했을 때 생명과 신체의 위험을 무릅쓰고 국가에 봉사했거나 희생을 바친 사람들에게 국가는 보상의 책임을 지는 것이 통례이다. 「국가유공자 등 예우 및 지원에 관한 법률」 등은 국가유공자와 그 가족 또는 유족에게는 보상금혜택·교육지원·취업지원·의료지원을 제공하도록 규정한다. 지원대상자 가운데서 일부 유공자 본인이나 사망유공자의 배우자가 6급 이하 공무원채용시험에 응시한 때에는 시험성적의 10% 또는 5%를 가산해주고 있다.[j]

---

j) 공무원채용시험에서 우대되는 국가유공자 등의 범위와 우대의 방법에 대해서는 「국가유공자 등 예우 및 지원에 관한 법률」, 「5·18민주유공자예우에 관한 법률」, 「특수임무유공자예우 및 단체설립에 관한

(2) 양성평등채용목표제에 따른 우대 여성의 공직진출을 촉진하기 위해 우리 정부에서는 1996년부터 여성채용목표제를 실시하였다. 이 제도는 공무원채용시험에서 여성합격자의 비율이 20%에 이르도록 여성응시자를 우대하는 것이었다. 2003년부터 한시적으로 남성 또는 여성이 시험실시단계별로 선발예정인원의 일정비율 이상이 될 수 있도록 선발예정인원을 초과하여 여성 또는 남성을 합격시키는 양성평등채용목표제를 실시하였다.

(3) 장애인 고용촉진제에 따른 우대 장애인들의 사회진출 확대와 인권신장을 위해 국가는 능동적으로 장애인의 고용을 촉진하고 있다. 정부와 민간부문의 조직들이 의무적으로 채용해야 할 장애인 직원의 비율을 정하기도 하고 중증장애인만을 대상으로 채용시험을 실기하기도 한다.k)

(4) 자격증 가산점제에 따른 우대 이 제도는 같은 조건이라면 채용분야와 관련 있는 국가공인자격증을 가진 사람들을 채용 상 우대하는 것이다. 우리 정부에서 채용시험성적에 일정비율의 가산점을 주는 자격증 가산점제는 6급 이하의 공무원 채용에만 적용된다. 가산점수의 비율은 적용분야별·채용시험별·자격증 종류별로 다르다.

(5) 지방인재채용목표제에 따른 우대 5급 공개경쟁채용시험 등에서 서울 이외 지역 출신 응시자를 우대하는 지방인재채용목표제를 한시적으로 실시하였다. 이 제도 역시 모집대상의 한정에 영향을 미친다. 출신지역의 결정은 응시자가 최종적으로 다닌 학교의 소재지를 기준으로 한다.

(6) 저소득층의 고용우대 정부는 저소득층구분모집제를 실시해 공무원임용에서 저소득층을 우대하고 있다. 이 제도는 정부의 9급공무원 공채 등에서 일정 비율은 기초생활보장수급자, 저소득 한 부모 가족 등을 채용하도록 정하고 있다.

법률」,「공무원임용시험령」 등에서 규정하고 있다.

k) 「장애인고용촉진 및 직업재활법」,「장애인차별금지 및 권리구제 등에 관한 법률」,「공무원임용시험령」.

3. 블라인드 채용

정부는 1970년대에 접어들면서 공무원 공개경쟁채용에서 학력제한을 폐지한 이후 지원자격제한을 축소하는 방향의 정책을 추진해왔다. 제한하지 않는 것을 원칙으로 삼고, 제한은 예외로만 인정하려는 정책방향을 추구해온 것이다. 이것은 차별철폐를 위한 노력의 일환이라고 이해할 수 있다. 특정한 응시자집단을 우대할 필요가 있을 때, 경력경쟁 등에 의한 채용에서 응시자격을 한정할 필요가 있을 때 등 법령에서 정한 경우를 제외하고는 지원자격의 제한을 원칙적으로 금지하고 있다. 여기서 나아가 법에서 정하지 않는 요인의 고려로 인한 타당성 훼손과 차별을 막기 위한 보다 적극적인 행동에 나서고 있다. 이에 관련하여 특기할만한 조치로 블라인드 채용방법의 채택을 들 수 있다.[5)]

정부는 2017년에 '평등한 사회, 공정한 과정을 위한 블라인드 채용 추진방안'을 발표하고 모든 공공기관과 지방공기업 등의 직원채용과정에서 블라인드 채용을 실시하도록 하였다. 정부는 민간부문에도 블라인드 채용을 확산시키고 있다.[1)]

1) 블라인드 채용의 정의

정부에서 말하는 블라인드 채용(정보 가림 채용: blind selection)은 재능 있는 사람들이 출신학교나 출신지 등에 대한 편견 때문에 채용과정에서 탈락하는 일이 없도록 하려는 제도이다. 이것은 공정한 채용과정, 평등한 사회의 구현에 이바지하려는 제도라고 한다. 이 제도의 실천과정에서 가림(표시금지)의 대상이 되

---

1)「채용절차의 공정화에 관한 법률」제4조의 3은 구인자는 구직자 본인의 용모·키·체중 등의 신체적 조건, 구직자 본인의 출신지역·혼인여부·재산, 구직자 본인의 직계 존비속 및 형제자매의 학력·직업·재산 등 직무수행에 필요하지 않은 구직자의 정보를 기초심사자료에 기재하도록 요구하거나 입증자료로 수집해서는 안 된다고 규정한다. 이 법률은 상시 30명 이상의 근로자를 사용하는 사업 또는 사업장의 채용절차에 적용한다. 적용대상조직에는 민간조직뿐만 아니라「공공기관의 운영에 관한 법률」제4조에서 정하는 공공기관,「지방공기업법」제49조와 제76조가 정하는 지방공사와 지방공단이 포함된다. 그러나 국가 및 지방자치단체가 공무원을 채용하는 경우에는「채용절차의 공정화에 관한 법률」의 규정을 적용하지 않는다. 공무원의 경우 각종 우대채용절차나 경력, 자격증, 거주지 등을 채용요건으로 하는 일부 채용절차에서는 예외를 인정하지 않을 수 없기 때문일 것이다.

는 정보는 학력, 출신지, 가족관계, 신체적 조건, 외모를 알 수 있는 사진 등 '차별적 요인'들에 관한 정보이다. 이러한 차별적 요인은 지원서와 이력서 등 첨부서류에 기재하지 못하게 한다. 면접을 실시할 때에는 차별적 요인에 관한 정보를 면접위원에게 제공하지 못하게 하며 면접과정에서 그에 관한 질문도 하지 못하게 한다. 블라인드 채용 추진계획에서는 채용시험성적 이외의 평가요소 또는 선발기준을 차별적 요인이라 부른다.

2) 블라인드 채용의 효용과 한계

(1) 효용 블라인드 채용의 정당화근거 또는 이점이라고 생각할 수 있는 것은 다음과 같다.

① 타당성 없는 자료에 의한 차별의 방지 타당성이 없거나 의심되는 요인들 때문에 빚어지는 차별을 없애는 데 기여할 수 있다. 본인의 책임으로 돌릴 수 없는 이유로 좋은 학력 등을 갖추지 못한 사람들의 취업을 어렵게 한 진입장벽을 낮춰줄 수 있다. 비혜택집단의 기회를 확대해주는 통로가 될 수 있다. 과거의 실패를 딛고 능력개발을 위해 노력해 온 사람들에게 패자부활의 기회를 넓혀줄 수 있다.

② 실적주의적 채용의 실질화 실적주의적 채용의 실질화에 기여할 수 있다. 과거의 성취기록 때문에 저지르게 되는 연쇄적 착오(halo effect)를 막을 수 있다. 실적·능력의 외형이 아니라 선발과정에서 입증된 실제의 능력을 기준으로 사람을 채용할 수 있다면 실적주의를 진정으로 구현할 수 있을 것이다.

③ 예측능력이 부족한 자료의 고려 배제 과거자료의 미래예측능력에 대한 의문은 블라인드 채용을 정당화한다. 좋은 학력 등 과거의 성취에 관한 정보가 미래의 성공을 정확하게 예측해 준다는 보장이 없다. 더군다나 과거의 성취기록이 형식적이어서 실재적 능력과 괴리되는 것이면 미래의 성취를 예측하는 기준으로는 그 타당성을 찾기 어렵다. 학력, 경력 등이 지니는 가치를 직무요건에 관련지어 평가하는 일도 쉽지 않다.

④ '간판 따기'의 폐단 방지 블라인드 채용은 형식적인 '간판 따기'에 치중된 '스펙 쌓기'로 인한 낭비를 줄이는 데 기여할 수 있다. 과잉학력이 빚는 여러 폐단을 막는 데도 도움이 된다.

⑤ 크지 않은 역차별 효과 차별철폐를 위해 도입하는 각종 할당제에 비해 블

라인드 채용은 역차별의 효과가 적다. 과거의 좋은 성취기록 등 차별적 요인 때문에 합격기회가 원천적으로 봉쇄되는 것은 아니기 때문이다. 예컨대 충실한 학교교육으로 실력을 쌓은 사람은 시험과정에서 실력을 입증해 보일 수 있다.

⑥ **연고주의의 폐단 방지** 전통적 행정문화의 유산인 연고주의의 폐단을 시정하는 데 기여한다. 연고주의의 기초는 혈연, 성별, 지역, 학벌, 직장관계 등 여러 가지이다. 특히 출신지역·혈연·성별 등 본인에게 책임을 물을 수 없는 요인에 의한 현대판 신분차별을 막는 데 기여한다.

(2) 한계 블라인드 채용의 약점·손실에 대한 비판적 논점은 다음과 같다. 비판의 핵심은 블라인드 채용이 채용과정에 지나친 부담을 주고 그 식별력을 약화시킨다는 것이다.

① **중요정보의 배척** 응시자의 적격성을 판정하는 데 필요한 중요 정보들을 배제한다. 특히 과거의 개인적 성취기록을 무시하는 것은 심각한 문제이다. 사람의 생애는 연속적인 것이며, 사람의 능력은 선천적인 요소와 후천적인 경험이 엮어낸다. 후천적으로 형성되는 능력은 시간선상에서 누적된다. 지난날의 능력형성과정을 모르고 현재와 미래의 능력을 평가하기는 매우 어렵다. 과거의 기록이 불완전한 미래예측자료라고 해서 쓸모없는 자료는 아니다. 과거의 성취와 행적을 불문에 붙이도록 하기 때문에 임용과정의 현장에서 실시하는 불완전한 시험방법들을 보완할 수 없게 한다. 따라서 채용결정의 변별력과 타당성을 약화시킨다.

② **시험절차의 부담 가중** 시험과정이 너무 복잡해지고 비용이 많이 들 수 있다. 필기시험이나 면접에 너무 큰 부담을 안겨주게 된다. 면접에서는 응시자의 과거자료로 인한 착오 또는 편파적 판단을 막을 수 있다고 하나 또 다른 착오의 위험을 높일 수 있다. 예컨대 첫인상으로 인한 착오가 우려된다. 시험의 종류를 줄여서 전적으로 필기시험에만 의존하는 경우에는 블라인드 채용의 효용을 찾기 어렵게 된다.

③ **비밀유지의 애로** 이른바 차별적 요소를 채용과정에서 비밀에 붙인다 하더라도 채용 후에까지 그 비밀이 유지될 수는 없다. 승진·배치전환 등 내부임용에서는 차별적 요소를 여전히 고려한다면, 적어도 비공식적으로 은밀히 고려한다면, 블라인드 채용의 효과는 반감될 것이다.

④ **적극적 모집의 장애** 과거의 기록 특히 학력에 관한 기록을 무시하는 경우

여러 영역에 걸친 부정적 파장이 커질 것이다. 우선 교육기관 등 인력양성체제와 고용체제의 괴리·단절을 조장할 수 있다. 고용조직들의 적극적 모집활동을 어렵게 한다. 시험절차 이전에 모집작용이 수행해야 할 선별기능을 약화시키기 때문이다.

⑤ **응시자들의 부담 가중** 채용시험 준비자들은 시험에 어떻게 대비해야 할지 몰라 방황할 수도 있고, 시험에 출제될만한 문제들만 공부할 수도 있다. 그리 되면 학교교육을 심히 교란할 수 있다. 비혜택집단 배려라는 당초의 취지와는 달리 사교육비 부담을 가중시킬 수 있다. 채용시험 준비교육을 학교 밖에서 따로 받아야 하기 때문이다.

⑥ **임용결정권의 침해** 고용조직들의 임용결정권을 지나치게 제약하는 강제조치라는 비난을 들을 수 있다. 조직마다의 독특한 인재수요와 조직문화를 무시한다는 비판을 받을 수 있다.

⑦ **인재선발과정의 효율성 저해** 블라인드 채용이라는 수단을 통한 형평성 추구는 인재선발과정의 효율성을 훼손할 수 있다. 적임자의 선발보다 차별 없는 선발을 과도히 강조하는 가운데 시험기술은 낙후되어 있으면 그런 말을 들을 수 있다.

⑧ **스스로 성취한 실적의 경시** 생래적인 조건과 같이 본인이 만들지 않은 조건, 본인에게 책임을 돌릴 수 없는 조건에 따른 차별은 배척해야 한다. 그러나 본인의 노력으로 쌓은 실적조차 차별적 요인이라 하여 배척하는 것은 무리한 일이다. 본인의 노력으로 쌓아올린 좋은 학력, 경력 등을 기득권이라거나 특권이라 하여 백안시하는 풍조를 조장할 수 있다.

3) 블라인드 채용의 지지적 조건과 성공조건

채용과정의 차별적 요소에 대한 고려가 고용뿐만 아니라 사회생활에 미치는 악영향이 클 때, 그리고 효율성보다는 형평성을, 개인적 자유보다는 평등을 더 강조하는 풍조가 우세할 때 블라인드 채용은 그 입지를 찾을 수 있을 것이다. 그러나 그와 같은 조건이 변하면 블라인드 채용이라는 '획일적 강제조치'를 더 이상 지탱하기 어려울 것이다.

블라인드 채용제도의 성공에 필요한 제일 중요하고 직접적인 과제는 채용과정의 선별능력을 높이는 것이다. 그 핵심은 시험기법의 개선이다. 차별적 요인에 관한 정보 없이도 채용결정의 신뢰성과 타당성을 확보할 수 있는 시험기법들을 서둘러 개발해야 한다. 차별적 요인의 고려 없이도 대규모 지원자집단을 적정하게 다룰 수 있는 선발절차를 발전시켜야 한다. 블라인드 채용제도의 시행에서는 형식주의를 철저히 배격해야 한다. 공식적으로는 차별적 요인에 대해 정보가림을 하지만 실제로는 이를 고려한다면 불신을 쌓고 제도운영은 실패할 것이다.

내부임용에서도 차별적 요인에 의한 차별을 없애도록 노력해야 한다. 근무성적평정제도를 한층 발전시키고 재직훈련을 강화해서 채용절차의 미비점을 보완해야 한다. 장기적으로는 차별을 배척하는 행정문화를 발전시켜나가야 한다.

만약 블라인드 채용제도의 자발적 채택이 장차 사회 전반에 확산된다면 교육과 고용의 악순환적 관계가 폐단을 빚지 않도록 제도개혁을 서둘러야 할 것이다.

Ⅲ. 채용시험

모집을 해서 지원자들이 모이면 그들 가운데서 적격성이 보다 높은 사람들을 골라 선발해야 하는데, 선발의 수단이 되는 것이 시험(試驗: test or examination)이다. 채용시험은 지원자들의 상대적인 적격성을 판별해 주는 도구이다. 다음에 시험의 효용성과 시험의 종류를 설명하려 한다.

1. 시험의 효용성

채용시험은 공무원의 채용절차에 불가결한 선발도구이지만 필요성을 따지지 않고 무슨 시험이든 시험만 치르게 하면 좋은 것은 아니다. 시험은 필요한 때에만 실시해야 한다. 채용시험이 필요해서 실시하는 경우에도 시험의 목적을 정확하고 편리하게 달성할 수 있도록 해야 한다. 즉 효용성을 높이도록 해야 한다.

오늘날 여러 나라의 공무원채용절차에서 효용성이 의심스러운 시험을 남용한다고 비판하는 사람이 많다. 비판의 논점은 ⅰ) 미분화된 시험을 실시하고 있다는 것, ⅱ) 우수한 사람을 고르기보다는 남는 지원자를 실격시키기 위한 시험이라는 것, iii) 시험과 직무수행이 관련되어 있지 않다는 것, iv) 시험은 장래에 성공할 사람보다는 실패할 사람을 가려낼 수 있을 뿐이라는 것, v) 시험은 당장 무엇을 할 수 있는가를 알아 낼 수 있을 뿐 장래를 예측할 수는 없다는 것 등이다. 이러한 여러 가지 비판은 현실제도의 타성적인 결함과 운영자들의 무능·무성의 때문에 빚어진 시험의 남용을 지적한 것도 있지만, 근본적으로는 오늘날 우리가 개발해 내고 있는 시험기술의 한계를 노출시키는 비판들이라고 보아야 한다.

우리는 현재까지 개발된 여러 가지 시험방법의 기술적 난점과 효용성의 제약을 인식하고 시험방법의 활용에 조심스럽게 접근해야 할 것이며 효용성의 향상을 위해 꾸준히 노력해야 할 것이다. 효용성이 높은 시험은 그 목적하는 바를 효율적으로 성취할 수 있는 시험이다. 효용성의 기준 또는 요건으로는 i) 타당성, ii) 신뢰성, iii) 객관성, iv) 적정한 난이도, v) 실용적 편의 등이 들어지고 있다. 현대인사행정학에서 가장 중요시하여 집중적으로 연구하고 있는 효용성의 요건은 타당성과 신뢰성이다. 여타의 요건은 타당성과 신뢰성의 일부 구성조건이거나 부수적 내지 전제적 조건들이라고 볼 수 있다.

1) 타 당 성

타당성(妥當性: validity)은 시험이 '무엇을 측정하는 것인가'에 관한 기준이다. 타당성은 시험이 측정하려고 하는 것을 실제로 측정할 수 있는 정도를 나타내는 기준이다. 측정하려고 목적하는 것을 실제로 정확히 측정할 수 있는 시험은 타당성이 높은 시험이며, 측정하려 했던 것을 제대로 측정하지 못하고 다른 것만을 측정할 수밖에 없는 시험은 타당성이 낮은 시험이다.[6)]

시험의 타당성을 구체적인 차원에서 논의할 때에는 그 준거가 무엇이냐에 따라 그 의미가 달라질 수 있다. 즉 시험의 유형, 타당성검증의 방법과 대상 등이 다름에 따라 타당성이 지칭하는 바가 달라질 수 있다. 그러므로 타당성이라는 개념적 도구의 유용성을 높이기 위해서는 그 유형을 분류할 필요가 있다.

가장 널리 인용되고 있는 타당성의 유형은 세 가지이다. 세 가지 유형의 타당성이란 i) 기준타당성, ii) 내용타당성, 그리고 iii) 구성타당성을 말한다. 이러한 타당성유형분류는 타당성검증방법에 관련된 것이다. 기준타당성 검증방법은 자료에 기초한 검증모형(data-based model)이라 부르고 내용타당성과 구성타당

성을 검증하는 방법은 논리적 검증모형(logical model)이라 부르기도 한다.[m)]

(1) 기준타당성 기준타당성(基準妥當性: criterion validity)은 직무수행능력의 예측이 얼마나 정확한가에 관한 타당성이다. 기준타당성을 분석할 때의 기본적인 작업은 시험성적(test scores)과 직무수행실적이라는 기준(criteria of job performance)을 비교하여 양자의 상관계수[n)]를 확인하는 것이다. 양자 사이의 상관계수가 높을 때 시험의 기준타당성은 높은 것으로 해석된다.

① 검증방법 기준타당성검증에는 두 가지 방법이 쓰인다. 그 하나는 예측적 타당성검증 또는 예언적 타당성검증(豫測的 妥當性檢證 또는 豫言的 妥當性檢證: predictive validity study or predictive validation)이며, 다른 하나는 동시적 타당성검증(同時的 妥當性檢證: concurrent validity study or concurrent validation)이다. 예측적 타당성검증은 시험에 합격한 사람이 일정 기간 직장생활을 한 다음 그의 채용시험성적과 직무수행실적을 비교하여 양자의 상관관계를 확인하는 방법이다. 동시적 타당성검증은 앞으로 사용하려고 입안한 시험을 재직중인 사람들에게 실시한 다음 그들의 직무수행실적과 시험성적을 비교하여 그 상관관계를 보는 방법이다. 〈그림 3-2-1〉은 이 두 가지 방법에 따른 검증과정을 그린 것이다.

② 효용과 한계 기준타당성검증은 객관적 기준과 사실자료에 입각한 검증이므로 합리적으로 실행할 수 있다면 비교적 좋은 결과를 얻을 수 있는 방법이다.

그러나 실천 상의 기술적 제약이 많고 오류발생가능성도 배제하기 어렵다.

첫째, 시험성적과 비교할 직무수행실적의 기준을 타당하게 결정하기가 어렵다. 정부업무가 복잡해지고 전문화가 촉진될수록 그러한 애로는 가중된다.

---

m) 이러한 타당성유형 이외에 외형적 타당성 또는 액면타당성(外形的 妥當性 또는 額面妥當性: face validity)이라는 개념을 추가하는 사람들이 있다. 그들의 설명에 따르면 외형적 타당성이란 외견상 타당성이 있는 것처럼 보이는 인상을 지칭하는 것이며, 진정한 의미의 타당성은 아니다. 타당성이 없는 시험인 데도 외형적 타당성은 있을 수 있으며, 타당한 시험인 데도 외형적 타당성이 없을 수도 있다. 외형적 타당성이라는 개념은 응시자와 일반국민의 시험에 대한 지각 및 반응을 설명하는 데 유용하게 쓰일 수 있다고 한다. J. M. Shafritz *et al.*, *Personnel Management in Government: Politics and Process*, 3rd ed.(Marcel Dekker, 1986), p. 174.

n) 상관계수(相關係數: correlation coefficient)란 두 가지 변수가 함께 변하는 정도를 나타내는 수치이다. 상관계수는 −1.00(완전한 부정적 관계)으로부터 +1.00(완전한 긍정적 관계)에 이르는 수치로 표시된다. 상관계수가 0일 때에는 두 가지 변수 사이의 상관관계가 전혀 없는 것이다.

그림 3-2-1 기준타당성검증의 방법

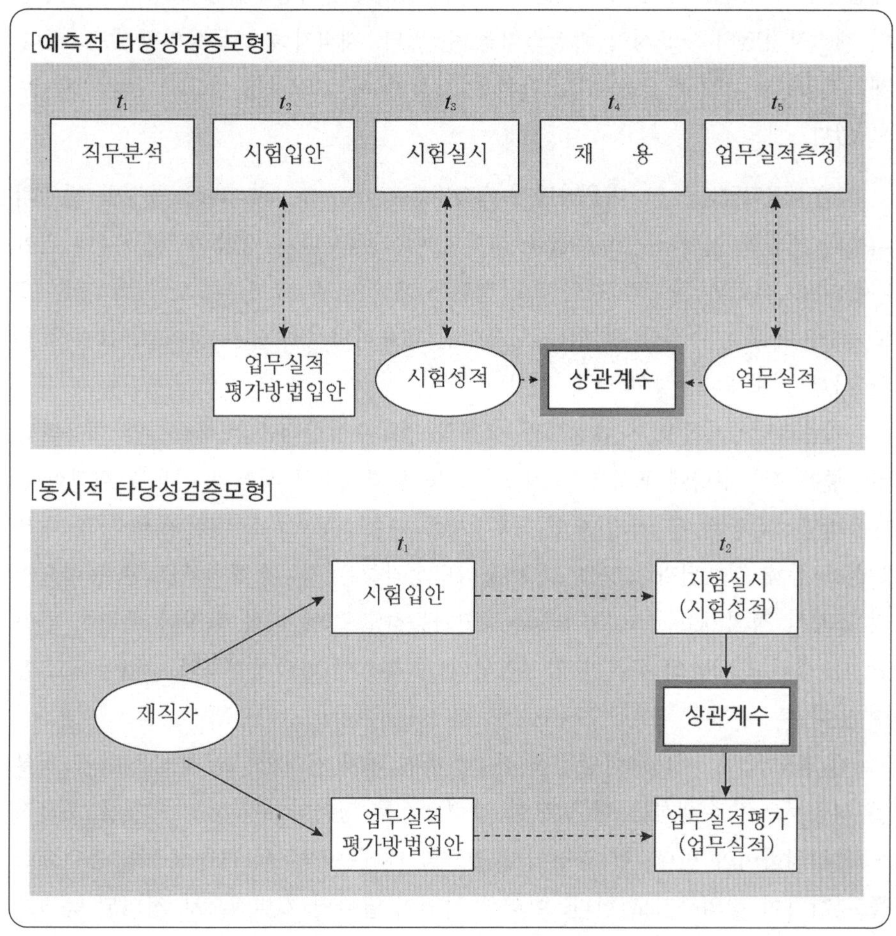

둘째, 특정한 직급의 채용인원수나 재직자의 수가 너무 적어 유의미한 통계학적 표본(statistical sample)을 확보할 수 없을 때에는 기준타당성검증이 불가능하다.

셋째, 직무수행을 평가하는 사람이 검증대상자의 채용시험성적을 미리 알면 그것이 직무수행평가에 영향을 미쳐 기준오염(criterion contamination)이라는 착오가 일어난다.

예측적 타당성검증의 경우 시험실시 당시에는 시험의 타당성을 알 수 없다. 경쟁이 심한 시험인 경우 불합격한 다수의 응시자들이 비교대상에서 제외되기 때문에 타당성검증이 무의미해질 수도 있다. 동시적 타당성검증의 경우 비교대상인 재직자집단의 대표성이 의심스러울 수 있다. 재직자들이 무성의할 수도 있다. 재직자집단과 채용시험응시자집단의 이질성이 커서 양자의 비교가 무의미할 수도 있다.

(2) 내용타당성 내용타당성(內容妥當性: content validity)은 특정한 직위의 의무와 책임에 직결되는 요소들을 시험이 어느 정도나 측정할 수 있느냐에 관한 기준이다. 직위의 의무와 책임에 직결되는 요소(직무수행에 필요한 지식·기술·태도 등)를 제대로 측정할 수 있는 시험이면 내용타당성이 높은 것이고, 그렇지 못한 시험은 내용타당성이 낮은 것이다.

기준타당성검증은 시험성적과 실제의 업무수행실적을 비교하지만 내용타당성검증은 직무수행에 필요한 지식·기술 등 능력요소와 시험의 내용을 비교한다. 내용타당성검증은 두 가지 요인(직무수행에 필요한 능력요소·시험의 내용)의 내용분석을 통해 실행된다. 그러므로 내용타당성검증은 직무수행에 필요한 능력요소의 조작적 정의(operational definition)가 가능하고 그에 대한 측정과 예측이 가능할 때, 그리고 시험의 종류가 업적검사일 때 유효한 타당성검증의 방법이라고 할 수 있다.

① 검증방법 내용타당성을 검증하려면 먼저 철저한 직무분석을 통해 직무를 성공적으로 수행하는 데 필요한 능력요소를 정확히 포착하고 그것을 조작적으로 정의하여야 한다. 이 과정에서 필요할 때에는 직무의 구성요소별 능력요소를 분할하여 정의하기도 한다. 이러한 작업이 끝나면 개별적으로 정의된 능력요소와 시험내용을 결부시켜 양자의 적합도를 판정한다. 이 경우 시험내용은 문항별로 하나하나 분석의 대상이 된다. 능력요소와 시험내용의 적합도판정은 여러 전문가들이 내리는 판단에 의존하는 것이 보통이다.

② 효용과 한계 내용타당성검증은 시험의 타당성을 시험실시 전에 미리 따져 볼 수 있게 하기 때문에 새로이 입안하는 시험의 시행착오를 줄일 수 있다. 그리고 기준타당성검증에서 경험하게 되는 실천적 내지 기술적 애로들을 내용타당성검증에서는 어느 정도 회피할 수 있다.

그러나 내용타당성검증은 시험에 합격한 사람들이 직무수행 상 '실제로' 성공하리라는 것을 직접 입증해 주지는 못한다. 그리고 직무수행에 필요한 능력요소가 구체적으로 정의될 수 없는 경우 내용타당성검증의 방법은 무력해진다. 내용타당성검증의 과정에서 전문가들이 내리는 판단에 과오가 개입될 수 있다는 것도 문제이다.

(3) 구성타당성 안출적(案出的) 또는 해석적 타당성이라고 부를 수도 있는 구성타당성(構成妥當性: construct validity)은 시험이 이론적으로 구성(추정)한 능력요소(traits)를 얼마나 정확하게 측정할 수 있느냐에 관한 기준이다. 구성타당성이 유의미한 평가지표로 되려면 추정하여 만들어 낸 능력요소가 직무수행의 성공에 상관되어 있다는 것이 전제되어야 한다. 직무수행의 요청을 정확히 반영하는 능력요소의 구성이 있고, 그것을 시험이 제대로 측정할 수 있을 때 진정한 의미의 구성타당성을 발견할 수 있다.

구성타당성을 논의할 때 '구성한 능력요소'라고 하는 것은 경험적으로 포착하기 어려운 일반적 능력들을 인간행동에 관한 이론에 입각하여 가정한(hypothesized) 능력요소라는 뜻이다. 구성타당성검증은 논리적으로 '구성된' 능력요소를 시험이 측정하는 정도를 알아보려는 것인 반면, 내용타당성검증은 '측정된' 능력요소를 시험이 측정하는 정도를 알아보려는 것이다.

① 검증방법 구성타당성검증에서는 구성된 능력요소가 현실성이 있고, 직무수행의 성공과 연관되어 있는지를 먼저 확인해야 한다. 확인작업은 가능한 한 엄격한 자료에 입각하여 수행해야 한다. 철저한 직무분석은 그러한 자료의 대표적인 출처이다. 구성된 능력요소의 현실성 및 직무수행에 대한 상관성을 확인한 다음에는 시험의 내용과 구성된 능력요소 사이의 관계를 분석하여 구성타당성의 수준을 알아낸다.

② 효용과 한계 고급관리직의 경우와 같이 직무내용이나 능력요소들을 정확하게 포착하기 어려운 직위에 대한 채용시험의 타당성을 검토하려 할 때, 구성타당성이라는 개념이 유용하게 쓰일 수 있다.

그러나 구성타당성검증은 고도의 관념적 추론과정을 거쳐야 한다. 능력요소의 추정은 어렵고 과오의 위험이 큰 작업이다. 추정한 능력요소가 실제로 필요한 능력요소임을 입증하는 것은 아주 어려운 일이다. 추론 상의 과오로 인해 능력요소의 구성이 허구적이면 구성타당성검증은 무의미한 것이 된다.

2) 신 뢰 성

신뢰성(信賴性: reliability)은 시험이 측정도구로서 가지는 일관성(consistency or accuracy)을 지칭하는 것이다. 시험이 측정해 내는 결과의 일관성(consistency of measurement)이 어느 정도인가에 관한 기준이 신뢰성이다. 신뢰성이 높은 시험은 '우연적 요소'의 영향을 가장 덜 받은 시험이다. 시험을 자(尺)에 비유한다면 강철로 만든 자의 신뢰성은 고무줄로 만든 자의 신뢰성보다 높다고 말할 수 있다.[7] 강철로 만든 자는 측정도구로서의 일관성이 상대적으로 높을 것이기 때문이다.

신뢰성은 좋은 또는 효용성 있는 시험의 여러 요건 가운데 하나일 뿐이다. 신뢰성이 높더라도 타당성이 없으면 쓸모없는 시험이 되는 것이다. 신뢰성은 타당성의 전제조건이다. 그러나 신뢰성이 있으면 항상 타당한 시험이 되는 것은 아니다. 다시 말하면 신뢰성은 시험이 타당할 수 있는 필요조건이지만 충분조건은 아닌 것이다.

(1) 검증방법 시험의 신뢰성을 검증하는 데 흔히 쓰이는 방법은 두 가지로 크게 범주화해 볼 수 있다.

① 시험을 두 차례 실시하는 방법 이 범주의 검증방법은 같은 응시자집단에 두 차례의 시험을 실시하여 양자 사이의 일관성을 확인하는 것이다. 여기에 포함되는 중요한 기법은 두 가지이다.

첫째, 형식변경방법(alternate form method)이 있다. 이것은 내용이 같은 시험의 형식을 두 가지로 다르게 꾸며 동일집단에 실시하고, 그 성적을 비교하는 방법이다. 같은 주제에 대한 시험에 여러 형식이 있고 시험을 되풀이할 때마다 형식을 바꿀 필요가 있는 경우 형식의 변화가 시험성적에 영향을 미치지 않아야 한다. 이를 확인하기 위한 신뢰성검증방법이 형식변경방법이다.

둘째, 재시험방법(test-retest method)이 있다. 이것은 같은 시험을 같은 집단에 시간간격을 두고 두 번 실시하여 그 성적을 비교하는 방법이다. 하나의 시험형식을 사용하는 경우, 응시시기가 다른 것이 성적에 어떤 영향을 미치는가를 확인하려면 재시험방법을 사용하게 된다. 두 차례의 시험에서 응시자들의 성적과 석차가 대체로 같으면 시험의 신뢰성이 높은 것으로 판정된다. 재시험방법을 쓰는 경우 두 시험 간의 시간간격이 너무 길면 성숙·경험 등 응시자에게 일어난 변화요인이 개입하여 검증의 정확성을 떨어뜨린다.

② 시험을 한 차례 실시하는 방법 이 범주의 검증방법은 시험의 내적 일관성을 확인하는 것이다. 내적 일관성을 확인한다는 것은 시험내용의 동질성을 확인한다는 뜻이다. 여기에 포함되는 기법에는 두 가지가 있다.

첫째, 2분법(split-half method or odd-even method)이 있다. 이 방법은 한 차례의 시험성적을 분석하되 문제들을 두 집단으로 나누고 이 두 집단에 대한 성적집계를 서로 비교하는 것이다.[o] 두 문제집단의 성적이 같을수록 시험의 신뢰성은 높은 것이다.

둘째, 문항 간 일관성검증방법(inter-item consistency method)이 있다. 이것은 시험의 모든 항목 또는 문항을 서로 비교하고 그 성적을 상관지어 보는 방법이다. 여기서 상관계수와 신뢰성의 수준은 비례하는 것으로 본다.

(2) 신뢰성계수 어떤 방법을 쓰든지 신뢰성검증에서는 두 가지 성적군(成績群: two sets of scores)을 비교하여 양자의 상관계수, 즉 신뢰성계수(reliability coefficient)를 산출해 내게 된다. 신뢰성계수가 1.00일 때 시험의 신뢰성은 완벽한 것으로 판정된다.

신뢰성검증의 결과를 활용하는 사람들은 신뢰성계수 자체의 신뢰성 내지 유용성을 제약할 수 있는 요인들이 많다는 점에 유의하여야 한다. 예컨대 성적분포의 폭이 넓으면 좁은 경우에 비하여 상관계수가 높게 나타나는 경향이 있다. 이러한 경향은 시험뿐만 아니라 응시자집단의 특성도 신뢰성계수에 영향을 미친다는 점을 분명히 일깨워 주는 것이다. 그러므로 시험의 신뢰성은 응시자집단에 따라 개별적으로 결정하여야 한다. 그리고 신뢰성검증의 기초가 되는 시험성적이 '진정한 점수'(true score) 또는 정확한 점수가 아닐 수도 있다. 따라서 시험성적이나 신

---

o) 시험문제들을 두 집단으로 나눌 때 여러 가지 기준이 쓰일 수 있겠으나, 문제의 번호가 짝수인가 혹은 홀수인가를 따져 분류하는 방법이 가장 많이 쓰인다. 짝수·홀수를 따져 분류한다는 것은 홀수 번호(odd number)의 문제들을 한 집단으로 묶고, 짝수 번호(even number)의 문제들을 또 하나의 집단으로 묶는다는 뜻이다.

뢰성계수를 해석할 때에는 측정 상의 표준오차(standard error of measurement) 등을 고려하여야 한다.p)

3) 객관성·난이도

객관성과 난이도 역시 시험의 효용성을 가늠하는 기준이다.

(1) 객 관 성 시험의 객관성(客觀性: objectivity)은 채점자의 객관성이며 신뢰성의 한 조건이라고 할 수 있다. 객관성은 시험결과가 채점자의 편견에 따라 좌우되지 않고 시험외적 요인이 채점에 개입되지 않는 정도에 관한 기준이다. 채점자의 감정에 따라 시험결과의 평가를 아무렇게나 할 수 있고, 응시자의 성별·정치색 등 시험의 목적에 무관한 요인이 작용하여 채점을 차별적으로 할 수 있다면 시험의 객관성은 희박해진다. 시험의 객관성이 없어지면 시험절차의 기초가 무너지기 때문에 효용성의 다른 요건들을 논의할 여지가 없어진다.

시험의 객관성은 같은 채점자가 하나의 시험을 시간간격을 두고 두 차례 채점하여 그 결과를 비교하는 방법으로 측정할 수 있다. 하나의 시험을 두 사람 이상이 채점하여 그 결과를 비교해 볼 수도 있다. 그리고 미리 만들어 놓은 모범답안과 채점된 답안을 비교할 수도 있다.

(2) 난 이 도 난이도(難易度: difficulty or a spread of grades)란 시험이 어느 정도나 어려운가에 관한 기준이다. 난이도가 적당해야 채용시험이 효율적일 수 있다. 시험이 지나치게 어렵거나 지나치게 쉬우면 안 되고, 응시자들의 득점이 적절히 분포되어야 한다. 채용시험은 지원자들의 비교적인 성적을 알아내 능력이 나은 사람들을 선발하려는 것이므로, 경쟁시험이 지나치게 어려워 응시자가 모두 영점을 받는다거나 또는 지나치게 쉬워 누구나 만점을 받는다면 응시자들의 성적을 비교하여 그 중 몇 사람만을 고를 수 없다. 이 경우 시험의 식별력(변별력)

---

p) 표준오차는 한 사람의 응시자가 같은 시험을 여러 차례 되풀이하여 치렀을 때 나타나는 점수변화의 폭을 추정해 주는 통계치로서, 이른바 부정확권(不正確圈: zone of inaccuracy)을 규정해 주는 수치이다. A라는 사람이 어떤 시험에서 얻은 점수가 90점이고 그의 표준오차치가 3이라면, 그의 진정한 점수는 87점(90－3)과 93점(90＋3) 사이의 어느 점에서도 발견될 수 있는 가능성이 있다. 이 경우 부정확권은 6점(±3점)이라는 점수폭이다.

이 없다고 말한다.

난이도는 시험의 효용성을 결정하는 다른 어떤 요건보다도 응시자집단의 영향을 많이 받는다. 같은 시험이더라도 그것이 실시되는 응시자집단이 다르면 시험의 난이도는 크게 달라질 수 있다.

4) 실 용 성

정부에서 실시하는 채용시험은 위에 열거한 여러 기준을 충족시킬 뿐만 아니라 실용성(實用性: utility)을 또한 갖추어야 한다. 실용성 있는 채용시험의 조건은 ⅰ) 시험실시와 결과처리가 편리할 것, ⅱ) 시험비용이 과다하지 않을 것, ⅲ) 노동시장의 상태에 대응적일 것, ⅳ) 시험에 대한 국민의 신뢰를 얻을 수 있을 것, ⅴ) 자격을 구비한 모든 지원자들에게 균등한 기회를 줄 것 등이다.

2. 시험의 종류

채용과정에서 사용할 수 있는 시험의 종류는 아주 다양하다. 시험들을 분류하여 범주화하는 데는 여러 가지 기준이 쓰일 수 있다. 현대인사행정학에서 가장 널리 쓰이고 있는 시험분류의 기준은 시험의 형식과 측정대상(목적)이다. 여기서는 그러한 두 가지 기준에 따라 시험종류의 범주를 대별하고, 각 범주에 포함되는 시험의 기본유형들을 소개하려 한다.

여러 유형의 시험들은 각기 그 역할이 다르며, 그 장점과 약점도 서로 다르다. 어느 한 가지 시험이 채용후보자의 능력요소들을 온전하게 판정해 내기는 어렵다. 그러므로 채용과정에서는 대개 유형이 다른 복수의 시험들을 상호보완적으로 사용한다. 즉 몇 가지 종류의 시험들로 시험조합(試驗組合: test battery)을 만들어 사용한다.

1) 형식(방법)을 기준으로 한 분류

형식을 기준으로 분류한 시험의 종류는 필기시험·면접시험(구술시험)·실기시험·서류심사·전력조사 등이다.[8] 이러한 전통적 시험방법 이외에 새로운 기법들이 속속 개발되고 있다. 복합시험은 그 한 예이다.

컴퓨터의 사용이 확산되는 기술적 정보화에 따라 시험관리에 컴퓨터가 동원된 지는 이미 오래된 일이다. 그리고 컴퓨터 터미널을 통해 응시자집단의 능력수준에 적합하게 만들어진 시험을 치르게 하는 시험방법(computer-adaptive testing; online assessment)이 개발되기도 하였다. 거짓말 탐지기(polygraph)를 사용하는 시험방법도 있다. 그러나 거짓말 탐지기를 사용한 나라들에서는 인권침해 그리고 이 기계의 신뢰성에 대한 논란이 그치지 않고 있다. 역할연기, 정보정리연습(서류함 기법), 사회자 없는 집단토론, 문제분석연습 등 종래에 훈련방법으로 고안되고 사용되던 기법들도 점차 시험기법으로 활용되고 있다.[q]

(1) 필기시험 필기시험(筆記試驗: written test)은 글이나 부호 등으로 답안을 작성하게 하는 시험이다. 필기시험은 표준화가 용이하므로 객관적인 평가를 돕는다. 따라서 다른 시험에 비해 평점자들의 기술적 준비가 적어도 된다. 많은 인원에 대해 한꺼번에 시험을 과할 수 있으므로 시험관리가 비교적 간단하며 비용도 적게 든다. 필기시험은 다른 시험방법들보다 공정하게 실시된다는 인상을 준다.

필기시험은 문제의 형식 또는 답안작성의 형식에 따라 주관식과 객관식으로 구분된다.

① 주관식 시험 주관식 시험(主觀式 試驗: subjective test) 또는 자유답안식 시험은 주어진 문제에 대하여 수험자가 생각하는 바대로 자유스럽게 답안을 작성하는 시험이다. 서술적인 문장으로 길게 답을 쓰게 하는 경우가 많기 때문에 논문식 시험(essay type test)이라고도 부른다.

② 객관식 시험 객관식 시험(客觀式 試驗: objective test)은 문제에 대한 해답의 형식이 규제되는 시험이다. 객관식 시험의 방법에는 맞는가 틀리는가를 표시하게 하는 방법, 틀린 곳을 바로잡게 하는 방법, 관련 있는 항목들을 연결해 보도록 하는 방법, 빈칸을 채우게 하는 방법, 문제마다 세 개 내지 다섯 개의 답이 될 수 있는 대안을 주고 정답을 고르게 하는 방법 등 여러 가지가 있다.

---

q) 이 밖에도 형식에 따른 시험 분류는 많다. 예컨대 하나의 시험에 응시하는 사람의 수가 다수인지 아니면 한 사람인지에 따라 집단시험(group test)과 개별시험(individual test)을 구별한다. 고정된 시간제한이 있는지의 여부에 따라 속도시험(speed test)과 능력시험(power test)을 구별하기도 한다. 능력시험은 시험시간을 고정하지 않고 모든 응시자가 응답을 마칠 때까지 시간을 주는 시험이다.

(2) 면접시험 응시자가 말로 표현한 것을 기초로 능력을 평가받을 기회를 주는 시험을 면접시험(面接試驗: interview) 또는 구술시험(口述試驗: oral test)이라 한다. 면접시험으로 지식이나 기술 등을 평가할 수도 있겠으나, 면접시험 특유의 효용은 다른 시험에서 알아내기 어려운 개인의 성격과 행태적 특성을 알아내는 데 있다. 면접시험은 응시자가 언어적 반응을 보이는 가운데 자기의 기질을 드러내 보이고 말솜씨와 개성을 노출하게 하여 이를 평가할 수 있으므로 심리적 안정성, 지도력, 주의력, 화술, 대인관계에 대한 반응 등을 알아보는 데 유용하다.

면접시험의 종류는 여러 가지로 분류할 수 있다. 여기서는 피면접자(면접대상자)의 수에 따른 분류와 면접기법에 따른 분류를 예시하려 한다.[r)]

① 피면접자의 수에 따른 분류 피면접자의 수를 기준으로 개인면접(individual interview)과 집단면접(group interview)을 구분한다.

개인면접은 피면접자가 한 사람씩 면접자와 만나 질문에 응답하는 면접방식이다. 개인면접은 동시적 또는 순차적으로 실시할 수 있다. 여러 시험관들이 한 자리에 모여 앉아 응시자 한 사람 한 사람을 면접하는 방법을 동시적 면접(simultaneous interview or panel interview)이라 하고 각 시험관이 응시자들을 따로 만나게 하는 방법을 순차적 면접(consecutive interview)이라 한다. 여러 명의 피면접자(통상 5명 내지 10명)가 동시에 면접에 응하는 집단면접은 집단활동에서 보여주는 개인의 행동을 관찰하여 평가하려는 것이다. 표준적인 집단면접에서는 응시자집단이 주어진 문제를 놓고 토론을 벌이며 시험관들은 질문을 하지 않고 평가만 한다.

② 면접기법에 따른 분류 면접의 구체적인 기법에 따라 ⅰ) 비구조화면접(unstructured interview), ⅱ) 구조화면접(structured interview), ⅲ) 지시적 면접(directive interview), ⅳ) 비지시적 면접(nondirective interview), ⅴ) 문제해결면접(situational-problem interview), ⅵ) 화상면접(video conferencing interview), ⅶ) 중계면접(face-to-interface interview), ⅷ) 강박면접(stress interview) 등을 구분한다.

비구조화면접은 미리 정한 지침이나 질문목록 없이 면접자(시험관)가 면접의 내용과 방법을 정하는 면접이다. 구조화면접은 질문목록, 평정척도 등에 관한 표준화된 지침에 따라 실시하

r) 여기서 우리가 관심을 갖는 것은 형식 또는 시행방식에 따라 분류한 면접시험의 종류이다. 질문내용이나 측정대상을 분류기준으로 삼는다면 수없이 많은 면접시험 유형론을 만들 수 있을 것이다.

는 면접이다. 지시적 면접은 면접자가 구체적인 질문을 하고 응시자가 그에 답하게 하는 면접이다. 비지시적 면접은 면접자가 최소한의 개방형 질문만 하고 응시자가 폭넓은 응답을 할 수 있게 하는 면접이다.

문제해결면접은 응시자가 특정한 문제 또는 프로젝트를 받아 해결책을 찾아보게 하는 면접이다. 화상면접은 시험관과 응시자가 원격화상회의방식으로 질문·응답하는 면접이다. 중계면접은 컴퓨터의 조력으로 실시되는 면접이다. 중계면접에서 응시자는 스크린(모니터)에 나타나는 질문을 보고 키보드에서 해당 키를 눌러 응답한다. 강박면접에서는 시험관이 악의에 찬 질문을 하고 위협적인 태도를 취하여 응시자의 반응을 관찰한다. 공무원을 채용할 때 쓰는 면접에서는 대개 응시자들이 편안한 마음으로 자연스럽게 반응하도록 분위기를 조성한다. 그러나 예외적으로 특수한 직종의 시험에서 필요한 경우 강박면접방식을 쓸 수 있다.

(3) 실기시험 실기시험(實技試驗: performance test)은 흔히 '말이나 글이 아닌' 실기를 평가하는 시험이라고 정의된다. 그러나 여기서 '말이나 글이 아닌 방법'이라고 하는 것은 통상적인 필기시험이나 면접시험과 형식이 다르다는 것을 비유적으로 표현했을 따름이다. 실기시험의 내용에 따라 응시자가 말로 표현하거나 글을 써야 하는 경우도 있다.

실기시험에서는 응시자로 하여금 앞으로 담당할 직무의 표본을 실제로 수행해 보게 하여 능력을 평가한다. 실기시험에서는 어떤 대상물(test materials)을 실제로 조작 또는 조종해 보게 하는 경우가 많다. 도구나 장비를 써서 일을 해 보게 하거나, 기계조립을 시켜 보거나, 또는 작업에 쓰는 설비의 모형을 놓고 일해 보게 하는 방법 등이 여기에 해당한다. 그러나 실기시험방법이 그에 국한되는 것은 아니다. 직무현장에서의 상황판단을 시험하는 것도 실기시험방법에 포함된다.[s)]

(4) 서류심사 서류심사(書類審査)는 응시자가 제출한 서면을 보고 적격성을 심사하는 방법이다. 응시자의 지원서, 이력서와 그에 부수되는 증명서, 추천서, 보고서, 출판물 등에 기초하여 업적이나 적성 등을 평가하는 방법을 서류심사(서류전형)라 한다. 시험을 실시하기 위해 응시자들을 집합시킬 필요가 없으므로 서류심사를 비집합시험(unassembled test)이라고도 부른다.

---

s) 실기시험을 업무표본시험(working-sample test) 또는 업무수행 모의시험(performance simulation test)이라고 부르는 사람들도 있다.

(5) 전력조사 다른 시험에서 포착해 내지 못한 기질·성품·업적의 질적 수준 등을 알아보거나 지원자가 제출한 서류의 진실성여부를 확인하기 위해 추천인에 대한 조회·자격조사·신원조사 등을 하게 되는데, 이것을 전력조사(前歷調査: background checks)라 한다. 전력조사의 방법에는 여러 가지가 있다. 지원자의 전 고용주나 동료, 추천인 등에게 표준화된 질문서를 보내 조사하거나 조사관들이 이들을 직접 만나 조사할 수 있다. 응시자가 소셜 네트워킹 사이트(social networking site)에 올린 글들을 심사해 과거의 행적을 알아내는 것도 전력조사의 한 방법이라고 볼 수 있다.

(6) 복합시험 복합시험(複合試驗: assessment centers)은 '꾸며진'(simulated) 직무상황에 대응하는 응시자의 능력을 평가하기 위해 여러 시험기법을 복합적으로 사용하는 시험절차로서 임상적 특성을 짙게 지닌 것이다. 이것은 미리 선정한 행태적 국면들에 관련하여 한 그룹의 응시자들을 평가하기 위해 복수의 관찰기법을 쓰는 절차라고 설명되기도 한다.[t)]

시험절차를 구체적으로 어떻게 입안하느냐에 따라 복합시험은 여러 가지 용도에 쓰일 수 있을 것이다. 임용시험의 방법만이 아니고 훈련대상자선발의 방법으로, 그리고 훈련의 방법으로도 유용하게 쓰일 수 있으며 실제로도 그러한 용례가 있다. 임용시험으로서의 복합시험은 관리자 등 복잡한 능력을 필요로 하는 사람들의 선발에 적합한 방법이다.

복합시험에 참여하는 응시자의 수는 대개 6인 내지 12인이다. 이들이 1일 내지 5일간 하루종일 집중적인 평가를 받는다. 응시자들의 평가에는 여러 가지 시험기법의 복합체가 사용된다. 사용되는 시험기법의 주축을 이루는 것은 모의연습(job simulation exercises)이다. 흔히 쓰이는 모의연습은 경영연습, 사회자 없는 집단토론, 정보정리연습, 역할연기 등이다. 구조화된 심층적 면접시험이나 필기방법에 의한 심리검사도 보완적으로 쓰일 수 있다. 이러한 여러 가지 시험방법들은

---

t) 복합시험의 영어명칭에 center라는 말이 들어 있으나 assessment centers라는 개념은 시험절차 또는 시험방법으로 정의된다. 미성년범죄자들의 성격·능력 등을 감정하기 위한 수용시설을 assessment center라 부르기도 한다. Assessment center를 직역한다면 '감별소'가 되겠으나 우리는 이를 '감별소식 방법'으로 이해하는 것이다.

직무분석을 통해 확인된 직무국면들과 연계되도록 입안해야 한다. 응시자의 평가에는 복수의 시험관이 참여한다. 6명 정도의 응시자를 평가하는데 3~4명의 평가자가 참여한다. 응시자들에 대한 평가는 평가자들의 합의로 결정한다. 응시자는 원칙적으로 평가의 환류를 받는다.

2) 측정대상을 기준으로 한 분류

시험은 그것이 측정하려고 하는 대상요소가 무엇인가에 따라서도 분류해 볼 수 있다. 시험을 측정대상요소에 따라 분류한다는 것은 복잡한 인간속성 가운데서 어떤 국면 또는 속성을 측정하려는가에 따라 시험을 분류한다는 뜻이다.

시험의 측정대상이라 하여 지금까지 발굴해 놓은 인간속성의 국면들 가운데서 가장 흔히 열거되는 것들은 육체적 특성, 지식·기술에 관한 인식능력, 일반지능, 적성, 흥미와 관심, 성격, 감성 등이다. 이를 기준으로 시험의 종류를 ⅰ) 신체적격성검사, ⅱ) 업적검사, ⅲ) 지능검사, ⅳ) 적성검사, ⅴ) 흥미검사, ⅵ) 성격검사, 그리고 ⅶ) 감성지능검사로 분류할 수 있다.[9)]

인간의 정신적 내지 심리적 요소에 관한 개념들은 완전히 배타적이기가 어렵고 다소간에 서로 겹친다. 따라서 각종 심리시험들의 측정대상도 부분적으로는 겹치는 경우가 흔히 있다. 독자들은 이를 유념하기 바란다. 측정대상에 따라 측정의 난이도와 시험의 정확도는 달라지기 마련이다. 인간속성의 국면에 따라 어떤 것은 비교적 쉽게 측정할 수 있고, 어떤 것은 측정하기가 매우 어렵기 때문이다.[10)]

(1) 신체적격성검사 신체적격성검사(身體適格性檢查: physical test)는 직무수행에 대한 신체적 적격성을 판별하려는 시험이다. 신체적격성검사는 건강진단 또는 신체검사라고도 불리는데, 여기에는 의학적 검사(일반내과·X-ray·혈압 등)·형태적 검사(신장·체중 등)·기능적 검사(시력·청력 등), 그리고 체력검사(평형성·근력·지구력 등)가 포함된다.

어떤 직무이든 이를 수행하는 공무원이 건강해야 하기 때문에 모든 공무원의 채용에서 신체적격성검사를 하는 것이 상례이다. 그러나 검사의 범위와 정도는 담당할 직무에 따라 달라질 수 있다. 업무의 성격 상 특히 높은 수준의 건강과 체력이 요구되는 경우, 신체적격성검사는 매우 중요한 선발수단이 된다.

마약 등 습관성약품 중독에 대한 검사와 치명적인 전염성 질환에 대한 검사는 신체검사의 일종이라 할 수 있다. 그러나 이런 검사들은 인권침해문제 때문에 논란의 대상이 되고 있다. 질병에 걸릴 가능성을 높이는 유전적 요소(질병소질)를 판별하려는 유전학적 검사(genetic testing; DNA-testing)도 신체적성검사의 일종으로 볼 수 있다. 이 방법 역시 불완전한 예측력, 검사정보 오용과 인권침해에 대한 우려 때문에 비판을 받고 있다.

(2) 업적검사 업적검사(業績檢査: achievement test)는 응시자의 업적을 평가하는 시험이다. 여기서 업적이란 교육이나 경험을 통해 얻은 지식 또는 기술을 말한다. 사람의 업적과 지능 또는 적성은 긴밀하게 관련되어 있는 것이므로 업적검사와 적성검사의 한계가 모호한 점도 없지 않다. 그러나 양자는 그 목적하는 바가 서로 다르다. 업적검사는 응시자가 '현재' 무엇을 알고 있으며 무엇을 할 수 있는가를 측정하려는 것으로서, '장래' 발휘할 수 있는 잠재력을 알아보려는 적성검사와 대조된다.

측정하려는 지식·기술의 종류에 따라 업적검사를 학력고사(學力考査: education test)와 직업기능고사(職業技能考査: trade test)로 구분할 때가 있다. 사회학·경제학·정치학 등 어떤 학과의 지식을 알아보려는 시험을 보통 학력고사라 부른다. 직업기능고사는 각 분야의 기능공이나 회계사, 건축사 등에게 필요한 직업 상의 기술을 평가하는 시험이다.

업적검사에는 필기시험·면접시험·실기시험 등 여러 가지 형식의 시험방법들이 쓰인다.

(3) 지능검사 지능검사(知能檢査: intelligence test)는 인간의 일반적인 지능 또는 정신적 능력을 측정하는 시험으로서 일반능력검사(general abilities test)라고도 부른다. 쉬운 말로 표현하자면 사람이 얼마나 영리하며 민첩하고 변동하는 여건에 잘 대응할 수 있는가를 알아보려는 것이 지능검사라 할 수 있다. 지능검사에서 대상으로 삼는 지능(intelligence)은 세상을 이해하고 합리적으로 생각하며 도전에 직면했을 때 자원을 효율적으로 사용할 수 있는 능력이라고 정의할 수 있다.

지능검사에서 대상으로 삼는 지능은 단일요소가 아니다. 지능은 여러 가지

능력요소를 포괄하는 개념이다. 지능검사에서 측정의 대상으로 삼는 지능의 구성요소에는 추리력, 수리적 능력, 언어이해 및 구사력, 공간파악능력, 기억력 등이 있다. 그러나 지능의 내용 또는 구성요소가 무엇인가에 관하여 모든 사람이 의견을 같이하고 있는 것은 아니다. 지능검사가 널리 논의되고 있는만큼 지능의 구성요소에 대해서도 많은 주장이 엇갈리고 있다.u)

가장 널리 쓰여 온 지능검사방법은 프랑스 심리학자 Alfred Binet가 개발한 Binet Test (Binet-Simon Scale; Stanford-Binet Test)이다. 이것은 IQ검사방법이다.

Binet Test에서는 지능을 이해와 사유의 일반적 능력으로 보고, 행동방향을 설정·유지하는 능력, 적응능력, 자기반성능력 등을 일반적으로 평가하려 한다. Binet Test는 개개인을 대상으로 하는 개별검사이며, 문제의 난이도를 표시하는 척도를 사용한다. 이 검사에서는 정신연령을 자연연령으로 나누고 거기에 100을 곱해 지능지수(intellingence quotient: IQ)를 계산해 낸다.

David Wechsler가 개발한 Wechsler Intelligence Scale(Wechsler-Bellevue Scale)도 널리 알려진 지능검사방법이다.

이 Scale은 지능의 여러 가지 구성요소들을 범주별로 집단화하고, 시험문제들도 유형별로 집단화한다. 예컨대 수리적 문제들은 하나의 범주로 집단화한다. 응시자의 성적평가는 범주별 성적에 대해서도 하고, 모든 범주의 성적합계에 대해서도 한다. 그리하여 지능의 구성요소별 능력수준과 전반적인 지능수준을 확인한다.

(4) 적성검사 적성검사(適性檢査: aptitude test)는 앞으로 적합한 훈련을 받고 경험을 쌓으면 일정한 직무를 배워 잘 수행할 수 있는 소질 또는 잠재적 능력을 측정하려는 시험이다.

적성검사에서 대상으로 삼는 측정요소의 예로 기계적 능력, 수리적 능력, 언어구사능력, 음악적 능력, 손재주와 같은 운동능력, 서기적 소질 등을 들 수 있다. 측정요소에 관하여 적성검사는 지능검사와 유사한 면이 없지 않으나 측정의 범위와 목적은 서로 다르다. 적성검사는 직무의 성질에 따라 그에 필요한 적성이

u) 예컨대 L. L. Thurstone은 지능에 일곱 가지 기본인자가 포함된다고 하였으며, J. P. Guilford는 지능을 기억능력과 사고능력이라는 두 가지 범주로 나누고, 다시 세분류를 통해 120개의 지능인자를 제시하였다. Thurstone, *Primary Mental Abilities* (University of Chicago Press, 1938); Guilford, "The Structure of Intellect," *Psychological Bulletin* (Vol. 53, 1956), pp. 267~293.

따로 있다는 전제 하에서 각 직무에 적합한 적성을 측정하려는 시험이며, 측정대상은 지능검사에서보다 한정적인 것이다.

어떤 직무에 적합한 능력 또는 적성을 측정하려는 것이므로 직무분야에 따라 적성검사의 내용은 달라져야 하며, 따라서 적성검사에는 여러 가지 종류가 있다. 적성검사에는 필기시험방법이 널리 쓰이나 실기시험방법도 쓰인다. 리더십과 같은 복잡한 능력을 알아보려는 때에는 모의연습방법이 쓰일 수도 있다.

적성은 어떤 하나의 방향 또는 분야에 대해 배울 수 있는 능력이므로 적성검사는 직업 상의 성공, 특히 기능적 직업 상의 성공을 단기적으로 예측하는 데는 유용하나 장기적인 미래의 성공여부를 예측하기는 어렵다고 한다. 직업생활이 장기화되면 사람들의 담당업무도 달라지기 때문이다.

우리 정부에서 사용하고 있는 공직적성평가(pubic service aptitude test: PSAT)는 공무원으로 적합한 미래의 잠재적 능력을 평가하는 시험이다. PSAT의 검사영역은 i) 언어논리, ii) 자료해석, iii) 상황판단 등 세 가지로 범주화된다. 언어논리영역에서는 문장의 구성 및 이해능력, 표현력, 논리적 사고력 및 추론력 등을, 자료해석영역에서는 통계·수치·도표 등 자료의 처리 및 해석능력과 정보화 관련 능력 등을, 상황판단영역에서는 직무수행과정에서 필요한 연역추리 및 분석능력, 문제해결능력, 판단 및 의사결정능력 등을 평가한다.

(5) 흥미검사 흥미검사(興味檢査: interest test)는 사람의 흥미 또는 관심의 유형을 알아내 어떤 직무와의 적합도를 확인하려는 것이다.

채용시험으로 쓸 흥미검사를 입안할 때에는 먼저 각종 직업에서 성공하는 데 관계가 있을 것으로 판단되는 직업별 흥미유형을 결정해야 한다. 다음에는 응시자의 흥미를 측정하는 데 쓰일 흥미목록을 만들어야 한다. 흥미목록을 응시자들에게 제시하여 그들의 흥미유형을 알아내면, 이것을 직업별 흥미유형과 비교해서 어떤 직업에 대한 적격성을 판정할 수 있다.

흥미검사에서는 학과목, 직업, 오락, 사람의 특이한 성격, 특별한 활동 등에 관한 여러 가지 예를 제시하고, 응시자가 그에 대해 좋은가 싫은가 또는 무관심한가를 표시하게 하는 질문서를 주로 쓴다.

널리 쓰이고 있는 흥미검사방법의 예로 Strong Vocational Interests Blank와 Kudor Preference Record를 들 수 있다.

Strong의 방법은 60여 종류의 직업별로 흥미유형을 결정해 두고, 응시자들의 검사항목에 대한 반응에 따라 어떤 직업에 대한 적합성을 판정한다. 적합성을 판정할 때에는 특정한 직업에서 성공적으로 종사하고 있는 사람의 흥미와 그 직업을 지망하는 사람의 흥미가 어느 정도 부합되는가를 확인하는 방법을 쓴다. Kudor의 방법은 보다 기본적인 흥미의 범주에 관하여 평점하고, 그 결과를 사람과 직업의 적합도결정에 활용한다. 여기서 말하는 흥미의 기본적 범주란 기계조작·계산·과학활동·설득활동·예술·문학·음악·사회봉사 등에 관한 흥미를 뜻한다.[11)]

(6) 성격검사 성격검사(性格檢査: personality test)는 사람들이 행동하는 특징적 방법을 알아내려는 검사이다.

성격검사에서 말하는 성격은 사람과 사람을 구별해 주는 특성의 총합 또는 상황변동에도 불구하고 사람의 행태에 나타나는 안정성이라고 정의된다. 성격은 지능·적성·업적 등의 능력을 사용하는 기능(function)이라고도 정의된다. 그러한 기능 또는 성격요소의 예로 정서적 안정성·자신감·지배성·사교성·협조성·관용성·활동성 등을 들 수 있다.[v)]

성격검사를 하려면 먼저 직업별로 그에 적합한 성격형을 확인해 두고, 다음에 응시자의 성격을 측정한다. 직업별 성격형과 응시자의 성격형을 비교하여 응시자의 직업별 적격성을 판정한다. 응시자의 성격을 측정할 때 쓰는 방법에는 질문서식 방법, 투사법, 실기시험방법(또는 행태관찰법), 필상학적 검사(필적검사) 등이 있다.

질문서식 방법(inventory method or questionnaire method)에서는 응시자로 하여금 자기의 행동에 관한 질문 또는 사물·상황·인간 등에 대한 생각을 묻는 질문에 응답하게 한다. 이것은 자기보고방식(self-report measure of personality)이라고도 한다.[w)]

투사법(投射法: projective method)은 내용이 모호한 그림, 사진, 잉크자국 등 자극물을 제시하고, 응시자가 그에 대해 생각하는 바를 말하는 과정에서 성격을 노출하도록 하는 방법이다.[x)]

---

v) 거짓말탐지기 검사, 필기시험 등의 방법을 사용해 응시자의 정직성을 알아내려는 정직성검사(honesty testing)도 성격검사의 일종으로 볼 수 있다.

w) 질문서식 방법의 대표적인 조사설계로 Minnesota Multiphasic Inventory와 Guilford-Zimmerman Temperament Survey를 들 수 있다. 전자는 550개 질문항목에 대하여 10점척도에 응답을 표기하도록 하는 것이다. 후자는 10개의 성격인자에 관한 질문에 응답하게 하는 것이다.

x) 투사법의 검사설계로 유명한 것은 Rorschach Test와 TAT(Thematic Apperception Test)이다. 전자는 잉크자국(inkblots)을 사용하고 후자는 그림 또는 사진이 있는 카드를 사용한다.

실기시험방법은 응시자로 하여금 일정한 조건 하에서 작업을 하게 하고, 작업의 과정과 결과에서 성격경향을 예측하려는 행태측정방법(behavioral assessment method)이다.

필상학적 검사(筆相學的 檢査: graphological analysis; handwriting analysis)는 사람의 글씨모양에 성격특성이 나타난다는 전제하에 응시자가 손으로 쓴 글씨(육필: 肉筆)를 분석하여 그의 성격을 알아내려는 시험방법이다.

(7) 감성지능검사 감성지능검사(感性知能檢査: emotional intelligence test)는 사람들의 감성관리능력을 측정하는 검사이다.12)

감성(感性: emotion)은 구체적인 사람 또는 사물에 대한 강렬한 느낌(intense feeling)이다. 감성은 주관적인 느낌과 보거나 들을 수 있는 표현의 변동을 수반하는 생리적 각성상태라고도 설명된다. 노출되는 감성의 양태는 매우 다양하다. 중요한 예로 분노, 공포, 슬픔, 행복, 혐오, 경악, 기대감, 기쁨, 용인 등을 들 수 있다.

감성지능검사에서 측정하려는 감성지능(emotional intelligence: EI)은 자기 자신의 감성과 다른 사람들의 감성을 인지하고 관리하는 능력이다. 감성지능은 자기 자신과 다른 사람들을 감성적으로 얼마나 잘 다루는가에 대한 관념적 구성이라고도 설명된다. 감성지능의 구성요소는 자기인식, 자기통제, 타인의 감성에 대한 감수성과 사회적 감정이입, 그리고 다른 사람들에게 영향을 미칠 수 있는 사회적 기술이다.[y]

근래 감성과 이성은 실제로 뒤엉켜 있으며, 감성이 합리적 행동에 해롭기만 한 것도 아니고, 감성은 오히려 합리적 사고를 가능하게 하는 매우 중요한 요소라는 인식이 조직 내 인간행동을 연구하는 사람들 사이에 널리 퍼졌다. 그리고 조직생활의 실제에서 감성은 직업적 성공에 큰 영향을 미친다는 사실을 논증하는 연구들이 늘어났다. 이런 변화들이 감성지능이라는 관념적 구성의 개발을 촉진하였다. 그러나 아직 개척단계를 벗어나지 못한 감성지능이론은 찬·반논쟁의 대상이 되고 있다. 감성지능을 측정해 줄 과학적 측정도구의 개발이 미진한 상태이다. 감성지능요소들에 대한 면접기법들이 주로 쓰이고 있지만 그에 대해 불만

---

y) 감성지능의 영문약자로 EI를 쓰는 것이 다수의 관행이지만 EQ를 쓰는 사람들도 있다. John W. Slocum, Jr. and Don Hellriegel, *Principles of Organizational Behavior*, 12th ed.(South-Western, 2009), p. 48.

을 토로하는 연구인들이 많다.

3) 우리 정부의 시험분류

우리 정부에서는 공개경쟁채용시험의 단계를 1차·2차 및 3차로 구분하고, 시험방법으로는 필기시험·면접시험·실기시험·서류전형, 그리고 신체검사 등을 채택하고 있다.[13)]

필기시험은 일반교양정도와 직무수행에 필요한 지식 및 그 응용능력을 검정하려는 시험이다. 면접시험은 직무수행에 필요한 능력 및 적격성을 검정하려는 것이다. 실기시험은 직무수행에 필요한 지식·기술 또는 체력을 실험·실습 또는 실기의 방법으로 검정하는 시험이다. 서류전형은 직무수행에 관련되는 응시자의 자격·경력 등이 정해진 기준에 적합한지 등을 서면으로 심사하는 것이다. 신체검사는 직무수행에 필요한 건강과 체력을 검사하는 것이다.

5급 공개경쟁채용의 1차시험은 객관식 필기시험(선택형·기입형)이며 2차시험은 주관식(논문형) 필기시험이다. 3차시험은 면접 또는 실기시험이다. 필요에 따라 면접과 실기시험을 함께 과할 수 있다. 6급 이하 공무원의 공개경쟁채용시험도 1차·2차·3차로 구분하지만 1차 및 2차시험은 합병하여 객관식 필기시험(선택형)으로 실시할 수 있다.

공개경쟁채용에서 1차·2차 및 3차시험은 따로따로 합격여부만을 결정한다. 1차시험에 합격하면 2차시험에 응시할 수 있는 자격을 얻을 뿐이며, 2차시험에 합격하면 3차시험에 응시할 자격을 얻을 뿐이다. 각 단계의 시험성적이 합산되지 않고 따라서 각 시험의 비중을 결정하는 문제는 도외시되고 있다.

Ⅳ. 채용후보자명부·추천·시보·임명·보직

신규채용의 경우 시험을 통해 합격자가 결정되면 시험실시기관은 채용후보자명부를 만든다. 임용권자나 임용제청권자 또는 결원이 생긴 소속부서의 책임자가 시험실시기관에 채용후보자의 추천을 요구하면 시험실시기관은 채용후보자명부에서 후보자를 추천한다. 추천받은 후보자는 시보기간을 거쳐 임명하고 초임보직을 부여한다.

1. 채용후보자명부·추천

(1) 채용후보자 명부 시험실시기관은 시험의 결과에 따라 합격자를 결정하고 이들의 등록을 받아 합격자의 명단을 만드는데, 이것이 채용후보자명부(採用候補者名簿: eligible lists)이다. 채용후보자명부는 채용과정에 포함된 선택작용들을 연결하는 매체이다.

후보자들을 추천할 때 성적순위가 고려요인이 되기 때문에 합격자의 성적순으로 채용후보자명부를 만드는 것이 일반적인 예이다. 그리고 시험성적 이외에 추천결정이나 채용결정에 도움이 되는 다른 정보도 함께 기록한다. 채용후보자명부의 길이(합격자의 수)는 인적자원의 수요, 노동시장의 상태, 시험실시의 시기, 응시자의 편의 등을 고려하여 적정하게 결정해야 한다. 채용후보자명부의 유효기간을 결정할 때는 채용예정직의 기술변동, 채용후보자의 능력변동, 채용후보자명부의 길이, 시험실시의 시기 등을 고려해야 한다.

우리 정부에서 채용후보자명부는 직급별로 시험성적순에 따라 작성한다. 그리고 거기에 훈련성적, 전공분야와 그 밖에 필요한 사항을 함께 적도록 되어 있다. 채용후보자명부의 유효기간은 2년이다. 시험실시기관의 장이 필요하다고 생각하면 위의 원칙적인 유효기간을 1년의 범위 내에서 연장할 수 있다. 그리고 군에 입대하여 의무복무를 마치는 기간과 그 밖에 법령에서 정한 이유로 임용되지 못한 기간은 명부의 유효기간계산에 산입하지 않는다.

(2) 추 천 임용권자나 임용제청권자들이 자기 기관의 결원을 보충하려고 채용예정직을 밝혀 후보자를 추천해 주도록 요구하면, 시험실시기관은 해당 채용후보자명부에서 후보자를 추천하게 된다. 후보자의 추천을 받은 임용권자들은 이를 심사하여 받아들이거나 거부한다. 이러한 채용과정 상의 활동을 추천(推薦: certification)이라 한다.

추천의 방법에는 여러 가지가 있다. 그 예로 i) 한 직위의 결원에 대해 후보자 한 사람을 추천하는 단일추천제(단수추천제), ii) 3배수 5배수 등 결원 수의 배수로 추천하는 배수추천제(복수추천제), iii) 전체후보자들을 성적순에 따라 몇 개의 집단으로 묶고 각 집단에서 추천대상자를 고르게 하는 집단추천제, iv) 임용권자들이 채용후보자명부에 있는 사람들 전체에서 채용후보자를 고르게 하는 합동추천제, v) 임용권자가 특정한 자격이 있는 사람을 지정해 추천을 요구하면 해당후보자를 추천하는 특별추천제(지정추천제) 등을 들 수 있다.

우리나라에서는 단일추천제와 특별추천제를 채택하고 있다. 우리 정부에서도 한때 3배수추천제를 도입한 일이 있다. 그러나 공식적 제도와 실제의 운영은 너무나 동떨어져 부득이 공식제도를 현실에 맞추기에 이르렀고, 추천은 차츰 시험실시기관이 주도하는 일방적 배정으로 변질되어 갔다.

현재 임용기관에 의한 추천요구제도는 거의 유명무실하게 되어 있다. 시험실시기관의 장은 특별추천요구가 없는 한 임용권 또는 임용제청권을 갖는 기관의 추천요구를 기다리지 않고 채용후보자들을 추천한다.[z)] 즉 시험실시기관의 장은 각 기관의 결원 수 및 예상결원 수를 고려하여 채용후보자명부에 올라 있는 채용후보자를 시험성적· 훈련성적·전공분야·경력 및 적성 등을 참작하여 임용권을 갖는 기관에 추천한다. 중요한 채용시험을 직접 관장하는 중앙인사관장기관은 채용후보자를 일방적으로 추천할 수 있을 뿐만 아니라 다른 기관의 임용권 또는 임용제청권의 행사를 대행까지 할 수 있다. 공개경쟁채용시험합격자의 우선임용을 위해 필요한 경우에는 중앙인사관장기관이 소속 장관의 의견을 들어 근무할 기관을 지정해 채용후보자를 임용하거나 임용제청할 수 있다.[14)]

2. 시보·임명·보직

(1) 시보 임용권자는 추천받은 신규채용후보자를 바로 정규공무원으로 임명하는 것이 아니고 그들을 시보로 임용하여 시보기간(probationary period)을 거치게 한다. 시보기간을 거치면서 직무수행에 대한 적격성을 보여 준 후보자만 정

z) 「공무원임용령」 제13조 제 1 항은 임용권자가 다음 사유에 해당하는 사람을 추천해주도록 요구한 때에는 특별추천을 할 수 있도록 규정하고 있다. 특별추천사유에 해당하는 사람은 i) 임용예정기관에 근무하고 있거나 6개월 이상의 근무경력이 있는 사람 또는 임용예정직위에 관련된 특별한 자격이 있는 사람, ii) 임용예정지역이 특수지역인 경우 이에 적합한 사람, 그리고 iii) 임용예정기관의 장이 학력, 경력 및 특수자격요건을 정한 경우 이에 해당하는 사람이다.

규공무원으로 임명한다. 시보제도의 목적은 채용후보자에게 채용예정직의 업무를 실제로 수행할 기회를 주고 이를 관찰해서 후보자의 적격성을 판정하려는 것이다. 이 제도는 채용후보자에게 적응훈련을 시키려는 부수적 목적도 지닌 것이다. 그런데 제도운영의 실제에서는 훈련실시라는 부수적 목적이 우선되는 경향을 볼 수 있다.15)

승진, 배치전환 등 내부임용으로 보직이 바뀌는 사람들에게도 시보기간을 거치게 하면 어느 정도의 효용을 발휘할 수 있을 것이다. 그러나 공무원의 자리가 바뀔 때마다 시보기간을 거치게 하면 신분의 안정성이 자주 교란된다. 임용비용이 많이 든다. 임용관리가 복잡해진다. 이런 문제들 때문에 내부임용에서 시보임용을 하는 예는 드물다. 시보제도는 원칙적으로 신규채용자만을 대상으로 한다. 우리 정부에서도 그렇게 하고 있다.

시보임용의 기간설정방법으로 고정된 단일기간을 정하는 방법, 법정기간 없이 기간설정을 임용권자의 재량에 맡기는 방법, 최장기간과 최단기간만 법으로 정하고 그 범위 내에서 구체적인 기간설정은 임용권자의 재량에 맡기는 방법 등을 생각할 수 있다. 우리 정부에서는 단일기간설정의 방법을 쓰고 있다.

우리 정부에서는 신규채용되는 5급 이하 공무원에 대해서만 시보제도를 적용한다. 5급공무원을 신규채용하는 경우에는 1년, 6급 이하 공무원을 신규채용하는 경우에는 6개월의 시보임용기간을 거치게 한다. 법에 정한 사유가 있는 경우에는 시보기간을 면제 또는 단축하거나, 반대로 시보기간을 연장할 수 있게도 하고 있다.a′) 적격성 판정이 빨라지거나 늦어지는 데 따른 기간단축 또는 기간연장은 원칙적으로 허용되지 않는다. 다만 시보기간 중에라도 근무성적이나 훈련성적이 나쁜 시보는 면직시킬 수 있다. 임용권자는 시보임용기간 중에 있는 공무원의 근무상황을 항상 지도·감독하고 교육훈련기관 등에 위탁하여 훈련을 받도록 해야 한다.

---

a′) 우리나라에서는 퇴직했던 공무원을 퇴직 당시의 계급이나 그 이하의 계급으로 임용하는 경우, 승진소요최저연수를 초과하여 근무하고 승진예정계급에 해당하는 채용시험에 합격한 공무원을 임용하는 경우, 수습기간을 마친 수습직원을 6급 이하의 공무원으로 임용하는 경우, 그리고 임기제공무원으로 임용하는 경우에는 시보임용을 면제한다. 시보공무원이 될 자가 받은 교육훈련기간은 시보기간으로 간주한다. 즉 그 기간만큼 시보기간을 단축한다. 이와는 반대로 휴직한 기간, 직위해제 기간 및 징계에 따른 정직이나 감봉 처분을 받은 기간은 시보임용기간에 넣어 계산하지 않는다. 그만큼 시보임용기간이 연장된다. 「국가공무원법」 제29조; 「공무원임용령」 제25조.

(2) 임명과 보직 시보공무원이 시보기간 중의 근무성적, 교육훈련성적이 좋고, 공무원으로서의 자질이 있다고 판단되면 정규공무원으로 임명한다. 그런 조건을 갖추지 못한 시보는 면직하거나 면직을 제청할 수 있다. 정규공무원으로 임명된 사람에게는 초임보직(첫 번째 보직)을 행한다. 임명은 공무원의 신분을 부여하는 행위이며, 보직은 공무원을 특정한 직위에 배치하는 행위이다. 보직결정은 직위와 사람을 조화시키는 작용이라야 한다. 보직을 결정할 때에는 배치의 목적, 직무의 특성, 그리고 공무원의 특성을 고려하여 일과 사람이 조화를 이루도록 해야 한다.[b′)]

b′) 「국가공무원법」 제32조의5 제2항은 "소속 공무원을 보직할 때에는 그 공무원의 전공분야·훈련·근무경력·전문성·적성 등을 고려하여 그 적격한 직위에 임용하여야 한다"고 규정한다. 「공무원임용령」 제43조 제2항은 "임용권자 또는 임용제청권자는 소속 공무원을 보직할 때 직위의 직무요건(직위의 주요 업무활동, 직위의 성과책임, 직무수행의 난이도, 직무수행요건)과 소속 공무원의 인적 요건(직렬 및 직류, 윤리의식 및 청렴도, 보유역량의 수준, 경력, 전공분야 및 훈련실적, 그 밖의 특기사항)을 고려하여 적재적소에 임용하여야 한다"고 규정한다.

4

내부임용과 퇴직

제 1 절 내부임용
제 2 절 퇴직관리

개 관

정부조직은 시간의 흐름에 따라 움직이고 변하는 동태적 현상이다. 그 안에서 일하는 사람들도 시간과 더불어 변동한다. 이러한 조건 하에서 조직의 구조와 사람의 배치를 완전히 고착시킬 수는 없다. 조직 안에서 사람들의 이동은 불가피하다. 그것을 계획적으로 관리해야 한다. 직원의 대내적 유동을 관리하는 작용은 조직 내의 인적자원으로 결원을 보충하는 내부임용의 관리이다. 조직에 들어온 사람은 언젠가는 조직을 떠난다. 직원이 조직을 떠나는 것을 관리하는 작용을 퇴직관리라 한다. 인적자원의 유동성이 높아지면서 퇴직관리는 점점 더 중요한 기능으로 되어 왔다.

제 1 절에서는 내부임용을 설명할 것이다. 먼저 내부임용의 의미와 유형을 개관하려 한다. 이어서 중요한 횡적 이동방법을 묶은 배치전환과 상향적 이동방법인 승진에 대해 따로 추가설명을 하려고 한다. 그리고 배치전환·승진 등에 관한 장래의 발전목표를 세워 추구하는 개인의 노력과 이를 지원하는 조직의 활동에 대해서 설명하려 한다. 이런 프로그램을 경력발전이라 한다.

제 2 절에서는 퇴직관리를 다룰 것이다. 먼저 퇴직관리의 의미를 규정하고 퇴직유형을 개관하려 한다. 이어서 퇴직관리의 과제 또는 전략을 정리해 보려 한다. 그리고 임의퇴직과 강제퇴직의 쟁점들에 대해 설명하려 한다. 강제퇴직의 유형들을 검토할 때 정년제도와 감원제도에 대해서는 좀더 자세한 설명을 하려고 한다. 징계에 의한 퇴직은 제 9 장에서 설명할 것이다.

제1절

내부임용

Ⅰ. 내부임용이란 무엇인가?

1. 내부임용의 정의

정부조직에 이미 근무하고 있는 공무원을 옮겨 결원을 보충하는 작용을 내부임용(內部任用: 내부로부터의 임용: staffing from inside the service)이라 한다. 이것은 결원보충의 방법이며 동시에 직원을 유동시키는 방법이다. 내부임용에 의한 직원의 이동은 다방향적인 것이다. 내부임용에는 수직적인 양태와 수평적인 양태 그리고 양자가 결합되는 복합적 양태가 포함된다.

조직의 시각에서 볼 때 내부임용은 조직의 통합성을 높이기 위한 기능의 일종이라고 할 수 있다. 내부임용의 적절한 관리를 통해 사람과 조직의 적응도를 높이면 조직의 통합성은 증진되기 때문이다. 내부임용이 조직과 개인의 적응수준·통합수준의 향상에 기여하려면 선택기능을 수행해야 한다. 신규채용뿐만 아니라 모든 임용방법은 선택기능을 수행한다. 신규채용은 공무원이 아닌 사람을 공무원으로 만들 것인가에 관한 선택을 하고, 내부임용은 공무원으로 근무하는 사람들 가운데서 어떤 빈 자리에 적합한 사람을 선택한다.

내부임용은 인적자원의 활용을 효율화할 수 있는 기회를 제공한다. 내부임용을 불가피한 현상으로 보고 이를 피동적으로 받아들이기만 하는 것이 인사행정의 임무는 아니다. 인사행정은 결원발생에 전략적으로 대응하고 조직과 개인에 득이 되도록 내부임용을 적극적으로 관리해야 한다. 효율적인 내부임용은 재직자뿐만 아니라 공직지망자들에게도 유인을 제공한다. 따라서 좋은 내부임용은 신규채용의 효율성을 높이는 데도 기여한다.

내부임용은 조직구성원들에게 발전과 직업생활의 품질을 높일 수 있는 기회를 제공한다. 내부임용은 일과 사람 사이의 부적응문제를 해결하는 수단이 된다. 사람들이 직무 상의 부적응문제를 해소하고 능력에 맞고 보람 있는 일을 담당할 수 있으면 직업생활의 품질이 향상된다. 직업생활의 품질이 향상되면 사람들의 직무수행동기가 향상된다. 내부임용 특히 상향적 임용은 사람들에게 직접적으로 경력발전의 기회를 제공한다.

내부임용의 관리는 어느 시대에나 중요한 것이지만 근래 인사행정 내외의 여건변화는 그 중요성을 더욱 크게 만들고 있다. 여건변화의 핵심적 특성은 격동성이다. 환경적 격동성, 기술의 급속한 변화, 행정수요와 행정업무의 급속한 변화, 정부조직설계와 인사행정의 연성화를 요구하는 압력의 증대 등이 대응성 높은 내부임용관리의 중요성을 전에 없이 크게 하는 요인들이다.

2. 내부임용의 유형

계층적 직업구조에서 직원을 수직적으로 이동시키는 내부임용에는 승진과 강임, 직무대리 등이 있다. 직원을 수평적으로 이동시키는 내부임용에는 배치전환, 겸임 등이 있다. 이런 여러 방법들의 의미를 여기서 간단히 살펴보고, 배치전환과 승진에 대해서는 뒤에 자세히 설명하려 한다.

1) 배치전환

배치전환(配置轉換: reassignment and transfer)은 담당직위의 수평적 변동을 지칭하는 것이다. 공무원이 현재 담당하고 있는 직위와 책임수준이 같은 직위로 이동하는 것을 배치전환이라 한다. 배치전환은 같은 계급(직급) 내의 인사이동이다. 배치전환에는 보수액의 변동이 따르지 않는다.

배치전환에는 여러 가지 유형이 있다. 우선 이동되는 기관적 거리에 따라 몇 가지 유형을 구분해 볼 수 있다. 첫째, 한 기관의 하부조직단위 내(예컨대 국 내 또는 과 내)에서 배치전환이 일어날 수 있다. 둘째, 한 기관 내(예컨대 법무부 내)의 이동이 있다. 셋째, 기관 간(예컨대 법무부에서 국방부로)의 이동이 있다. 넷째,

인사관할을 달리하는 기관 간(예컨대 입법부에서 행정부로)의 이동이 있는데, 이것을 우리 정부에서는 전입(轉入)이라 부르고 있다.

직무가 달라지느냐의 여부에 따라 전보(轉補)와 전직(轉職)이라는 두 가지 유형을 구별한다. 동일직급 내의 보직 변경을 전보라 한다. 계급은 같지만 직렬이 다른 직위 간의 이동을 전직이라 한다. 직위분류제 하에서는 전보와 전직의 구별이 뚜렷해지지만, 계급제 하에서는 그러한 구별이 없게 된다.

파견근무(派遣勤務: detail)는 보직의 소속을 변경하지 않고, 다른 조직단위의 업무를 잠정적으로 처리하게 하는 간편한 방법이다. 이것은 배치전환의 한 변형이라고 생각할 수 있다.

2) 승 진

승진(昇進: promotion)은 책임수준이 높은 상위계급의 직위로 이동하는 것을 말한다. 승진은 상급직위에 결원이 생겨 하급자가 그 자리를 메우는 것이기 때문에 책임수준, 보수, 직급 등의 상향적 변화를 수반한다. 이런 점에서 승진은 동일한 계급 내에서 보수만 증액되는 승급(昇給: within-grade salary increases)과는 구별된다.

승진경쟁의 기관적 범위가 어떠냐에 따라 승진은 일반승진과 공개경쟁승진으로 구별된다. 해당 조직단위 내의 승진후보자 가운데서 승진시키는 방법을 일반승진이라 하고, 기관별 제한을 두지 않고 한 기관의 상위직에 대하여 여러 기관의 승진후보자들이 경쟁할 수 있게 하는 방법을 공개경쟁승진이라 한다. 직위공모에 의한 승진은 공개경쟁승진의 일종이라 할 수 있다. 이 밖에 우수공무원 등을 대상으로 하는 특별승진제도, 일정한 근속년수에 도달한 공무원을 승진시키는 근속승진제도가 있다.[a)]

3) 강 임

강임(降任: demotion)은 하위계급의 직위로 이동하는 것을 말한다. 전직을 수

---

a) 일반승진, 공개경쟁승진, 특별승진, 근속승진 등에 대한 설명은 「국가공무원법」 제40조 내지 제41조, 「공무원임용령」 제31조 내지 제35조의 4 참조.

반할 때도 있고, 그렇지 않을 때도 있다. 강임이 해당 공무원을 위해서나 조직을 위해서나 필요한 때가 있으므로 이를 제도적으로 인정해 왔다. 전통적인 인사행정체제 하에서 강임은 아주 드문 일이었다. 그러나 앞으로 조직의 유동성이 높아지고 계급보다는 역할을 중요시하는 제도변화가 진행되면 강임은 더 자유스럽게 활용될 것이다.[b]

직제와 정원이 개폐되거나 예산이 감소된 때에 강임으로 감원을 피할 수 있다. 감축필요 때문이 아니더라도 변동하는 업무관계에 적응하기 위해 강임을 활용할 수도 있다. 해당 공무원이 희망하는 때에도 강임시킬 수 있다. 현재의 직위보다 낮은 계급에 해당하는 직위이더라도 자기가 좋아하는 직위라면 강임을 희망하는 경우가 있을 것이다. 우리 정부에서는 강임된 사람은 상위계급에 결원이 있으면 우선하여 승진시키고 승진시험을 면제한다.

4) 겸 임

겸임(兼任)은 한 사람에게 둘 또는 그 이상의 직위를 부여하는 것이다. 겸임은 겸무 또는 겸보라 부르기도 한다. 다른 방법으로 결원을 보충할 준비가 안 된 경우에 잠정적으로 겸임방법을 쓰는 것이 보통이다. 그러나 겸임에 따른 어떤 이익이 기대될 때 비교적 장기적인 겸임을 인정할 수도 있다. 우리 정부에서는 직위 및 직무내용이 유사하고 담당직무수행에 지장이 없다고 인정되는 경우, 일정한 범위 내의 일반직공무원과 대학 교수 등 특정직공무원이나 특수 전문분야의 일반직공부원 또는 관련 교육·연구기관, 기타 기관·단체의 임직원을 서로 겸임시킬 수 있다. 겸임기간은 2년 이내이며, 특히 필요한 경우에는 2년의 범위 내에서 연장할 수 있다.

5) 직무대리

직무대리(職務代理)는 공무원의 계급을 변경함이 없이 다른 계급의 업무를 수행하게 하는 것이다. 직무대리는 잠정적인 임용방법이다. 직무대리는 상위계급

b) 여기서 논의하는 강임은 징계방법이 아니라 임용방법이다. 징계처분의 일종인 강등과는 구별된다. 강등제도는 2009년부터 새로 시행하고 있다.

에 결원이 있을 때나 상급자의 유고시(有故時)에 하급자로 하여금 그 업무를 임시로 대행하게 하는 방법으로 쓰인다. 겸임의 형식을 취할 때도 있고 그렇지 않을 때도 있다. 상급직위에 결원이 있는 경우, 하급자가 승진될 것을 전제로 하여 직무대리를 시키는 일도 흔히 있다. 직무대리를 시보임용과 비슷한 목적에 활용할 수도 있으나, 배치의 불확정상태에서 오는 불이익도 있는 것이므로 남용되지 않도록 주의해야 한다.

3. 임용방법활용의 적정화

위에서 본 내부임용의 여러 방법들과 신규채용의 방법들은 각기 그 용도가 다른 것이지만, 모두 임용체제의 구성요소들이므로 그들 사이에 상호보완적 내지 상호지지적 관계가 형성되도록 해야 한다. 용도가 서로 다른 여러 가지 임용방법들이 상호보완적인 효용을 발휘하고 임용체제의 전체적 효율성을 높일 수 있게 하려면, 임용방법들 사이에 적정한 배합비율이 유지되도록 해야 한다. 이를 위해서는 중앙인사기관과 각 기관의 인력운영자들이 긴밀히 협조해야 한다.

임용방법활용의 적정화를 도모하려면 중앙인사기관이 인적자원계획에 입각한 임용정책을 세우고, 그에 따라 임용방법 간의 균형을 유지하도록 조정하고 유도하여야 한다. 임용방법의 배합비율에 관한 일반정책을 세울 때에는 i) 인사제도의 특성과 필요, ii) 공무원의 유동률과 그에 관한 일반이론, 그리고 iii) 노동시장의 상태 등을 고려하여 최선의 판단을 해야 한다.

일반정책에서는 내부임용과 외부임용 전체의 대체적인 균형비율, 임용방법 간의 상대적인 우선순위, 그리고 각 임용방법의 용도와 사용조건 등을 규정할 수 있겠으나 세밀한 수적 기준을 제시하기는 어렵다. 일반정책의 범위 내에서 임용방법을 선택하는 일차적인 책임은 계선관리자와 인적자원운용기관이 져야 한다.

II. 배치전환

앞에서 본 바와 같이 배치전환은 동일계급 내의 인사이동을 말하는 데, 여기에는 전직과 전보 및 파견근무가 포함된다. 배치전환은 사람이 이동할 수 있는 대상기관의 범위에 따라 다시 몇 가지 유형으로 나누어진다. 이러한 여러 가지 유형의 인사이동을 배치전환이라는 하나의 범주에 포함시켜 그 용도와 운영 상의 문제들을 검토하기로 한다. 이 가운데서 잠정적 임용방법인 파견근무의 특이한 문제들은 따로 검토하려 한다.

1. 배치전환의 용도

배치전환은 정부 내의 인적자원을 효율적으로 활용하는 데 불가결한 임용수단이지만, 이것이 남용되면 인사행정이 혼란에 빠지게 된다. 그러므로 배치전환은 인적자원활용의 효율성을 높이고 공무원들의 발전을 촉진하기 위해서만 사용해야 한다. 배치전환의 정당한 용도 내지 필요성은 다음과 같다.[1)]

① **보직에 대한 부적응 해소** 공무원이 어떤 보직에 적응하지 못하면 배치전환으로 재적응의 기회를 줄 수 있다.

② **업무량과 기술의 변동에 따른 배치조정** 정부조직의 업무량이나 업무수행기술이 변동해서 공무원의 재배치가 필요할 때에 배치전환을 활용할 수 있다.

③ **조직의 침체방지** 배치전환을 적정하게 활용해서 조직의 침체를 방지할 수 있다. 오래된 직장의 권태로움에서 벗어나 새로운 기분으로 일하도록 공무원에게 활력을 불어넣고, 업무수행의 쇄신을 가져오는 계기를 만들 수 있다.

④ **할거주의 타파** 공무원들이 같은 직장에 오래 머물러 있으면 공직 전체에 대한 일체화(一体化)보다는 소속된 조직단위나 감독자에 대한 일체화가 강화되는 경향이 있다. 배치전환을 적절히 하면 공직 전체에 대한 이해와 충성을 강화해서 직장별로 나타나는 할거주의를 타파하는 효과를 거둘 수 있다.

⑤ **비공식집단의 개편** 비공식집단의 부정적 행태를 시정하기 위해서도 배치전환을 활용할 수 있다. 직장 내의 비공식집단은 그 구성원이나 조직을 위해 바람직한 기능을 수행하기도 하지만 조직에 해로운 행동을 할 수도 있다. 비공식집단이 조직운영에 해롭게 변질되면 배치전환으로 구성원들을 교체해 집단의 응집

력을 약화시킬 수 있다.

⑥ **공무원의 훈련** 배치전환으로 여러 가지 업무에 대한 공무원의 경험을 확충하고 시야를 넓힐 수 있다. 이때의 배치전환은 순환보직이라는 훈련방법의 수단이 된다.

⑦ **승진의 기회제공** 배치전환을 승진계획에 결부시켜 운영할 수 있다. 직무의 특성이나 직장구성원의 수 등에 따라 직장마다 승진기회가 불균등하게 될 수 있다. 이러한 불균형을 시정하기 위해 승진대상인 공무원을 승진율이 낮은 직장에서 승진율이 높은 직장으로 이동시킬 수 있다. 승진의 길이 막힌 이른바 '막다른 골목의 직위'(blind alley jobs)에 근무하는 사람에게 승진의 길을 열어 주기 위해서도 배치전환을 활용할 수가 있다.

2. 배치전환 관리 상의 문제들

배치전환을 정당한 용도에 효율적으로 활용할 수 있으려면 남용을 방지하고 저항을 극복해야 하며, 상충적 요청들을 적정하게 조정해야 한다. 배치전환의 관리에서 저지를 수 있는 남용의 사례, 인사이동에 대한 저항의 이유, 무절제하게 빈번한 인사이동의 폐해, 지리적 재배치를 수반하는 배치전환의 문제, 그리고 배치전환과 인적 전문화에 관한 문제를 차례로 검토하려 한다.

1) 배치전환의 남용

배치전환을 정당하지 못한 목적에 사용하는 사례를 보면 다음과 같다.

① **징계 대용** 배치전환을 징계에 갈음하는 수단으로 쓸 때가 있다. 정당한 징계절차를 거치지 않고, 좌천(左遷)시키는 방법으로 불이익한 처분을 할 수 있다. 부하의 과오를 덮어 주고 징계를 회피할 수 있도록 하기 위해 배치전환을 쓸 때도 있다. 잘못을 저지른 사람을 감싸 주기 위해 외부의 주의가 집중되지 않는 자리로 잠정적인 피신을 시키는 사례가 있는데, 이것은 공직에 대한 신뢰를 배반하는 것이라 하지 않을 수 없다.

② **사임 강요의 수단** 공무원의 사임을 강요하는 수단으로 쓰일 때가 있다.

강제퇴직시킬 만한 이유가 없는 사람에게 받아들이기 어려운 보직을 주어 사임하지 않을 수 없게 한다면 신분보장의 이익을 부당하게 박탈하는 것이 된다.

③ **부정한 거래** 소위 '좋은 자리'와 '나쁜 자리'를 구별하는 관료문화를 배경으로 하여 배치전환을 악용함으로써 청탁 등 부정한 거래를 조장할 소지를 만들 수 있다. 부패의 개입이 없더라도 불공정한 배치전환은 조직에 해독을 끼친다.

④ **인의 장막 형성** 이른바 인의 장막을 형성하려는 의도로 배치전환을 남용할 수도 있다. 감독자나 인사권자가 자기에 대한 사적 충성심을 기준으로 심복들만 자기 주위에 모아 파벌적·차별적 분위기를 만들 수 있다.

⑤ **빈번한 자리바꿈** 정당화하기 어려운 이유로 인사이동을 자주 하면 여러 가지 좋지 못한 부작용이 빚어진다. 빈번한 배치전환의 폐단에 대해서는 다음에 따로 설명할 것이다.

2) 배치전환에 대한 저항

조직 안에는 필요 이상의 빈번한 배치전환을 요구하는 세력과 바람직한 배치전환에 저항하는 세력이 병존한다. 이 양세력은 다 같이 제어되어야 한다. 여기서는 정당한 배치전환에 인사권자나 감독자 또는 해당 공무원이 저항하게 되는 이유를 보기로 한다.

① **폐쇄적 태도** 인사권자나 감독자들이 자기 조직에만 편협하게 집착하는 폐쇄적인 태도를 갖기 쉬운데, 이것은 광범위한 인사이동에 저항하는 가장 큰 요인이 된다.

② **'좋은 자리'에 대한 집착** 공무원들은 인사권자에 가까이 머물러 있는 것(staying nearer to the throne)이 출세에 유리하다고 생각하기 때문에 상급조직의 유력한 직위 또는 관료문화가 '좋은 자리'라고 평가하는 직위를 내놓지 않으려 한다. 이것이 재배치에 대한 저항을 유발한다.

③ **보수적 성향** 인간의 속성에는 배치전환과 같은 변화를 싫어하는 보수적인 측면이 있다. 그리고 공무원들은 직장을 중심으로 이루어진 사회적 유대를 배치전환 때문에 상실하려 하지 않는다.

④ **인정감의 손상** 배치전환은 능력을 인정받지 못한 공무원을 다른 부서로 축출하려는 것이라고 생각하여 이에 저항할 수도 있다.

3) 빈번한 배치전환의 폐해

배치전환에 대한 저항 때문에 인사이동이 정체되어도 안 되지만, 배치전환이 옳지 못한 목적에 남용되거나 정당한 용도에라도 무절제하게 빈번히 사용되면 폐해를 낳는다. 지나치게 빈번한 배치전환에서 오는 폐해를 보면 다음과 같다.

① **업무중단으로 인한 낭비** 업무수행의 중단이 잦아져 낭비를 초래한다.

② **재적응의 부담** 자리를 옮길 때마다 적응문제가 생긴다.

③ **전문화의 장애** 업무수행의 전문성과 숙련성을 해친다. 자주 이동되는 공무원은 유랑자(drifter)처럼 되어 그 유용성이 감소된다.

④ **유대감·안정감의 손상** 직장을 중심으로 한 사회적 유대를 단절시키고 공무원의 안정감을 떨어뜨린다. 이것은 직무수행에도 악영향을 미칠 수 있다. 지리적 재배치가 따르는 배치전환의 경우 더 큰 부담을 줄 수 있다.

⑤ **부정한 거래** 공무원들이 무절제하게 이루어지는 인사이동을 피하고 '좋은 자리'에 머물러 있으려고 부정한 방법까지 동원하게 되면 공직의 부패를 조장한다.

4) 지리적 재배치의 문제

사회적 유동화의 수준이 높아지고, 세계화가 촉진되고, 사무소의 지리적 분산이 늘어나고, 임용체제의 교류화수준·개방화수준이 높아짐에 따라 공무원들의 지리적 재배치도 늘어나고 있다. 재배치의 원격화 수준도 높아지고 있다.

배치전환에 의한 지리적 재배치는 해당 공무원에게 경제적·사회적으로 어려움을 안겨줄 수 있다. 지리적 재배치로 인해 가족이 함께 이사해야 하는 경우 경제적 비용이 클 수 다. 새로운 지역사회에서 재적응해야 하는 가족의 정서적·사회적 비용도 클 것이다. 취학아동이 있는 가족들의 어려움은 더 클 것이다.

여성의 사회진출이 증가함에 따라 '맞벌이 부부'(dual-career couple or two-earner couple)가 늘어나고 있다. 맞벌이 부부모형은 예외가 아니라 원칙이 되어가고 있다. 맞벌이 부부의 어느 한 쪽이 지리적으로 재배치되면 생활기반을 공동활용하지 못하는 어려움에 봉착하게 된다. 이런 경우 불가피하게 주말부부 또는 통근결혼(commuter marriage)이 될 수밖에 없다. 배우자가 각기 다른 지역에 가서 일하다가 주말에 집으로 돌아오기 때문에 통근결혼이라 한다. 통근결혼은 결혼생활·가족생활에 많은 어려움을 안겨준다.

지리적 재배치가 따르는 배치전환의 결정에서는 해당 공무원과 그 가족의 경제적·사회적 부담과 불편을 최소화하도록 노력해야 한다.

5) 배치전환과 인적 전문화

공무원의 전문성 향상문제는 두 가지 차원에서 논의할 수 있다. 그 하나는 외부의 우수한 전문가를 영입하는 데 관한 것이며, 다른 하나는 직무수행의 현장에서 경험을 통해 전문성을 향상시키는 데 관한 것이다. 배치전환과 공무원의 전문성 향상을 논의할 때 준거로 삼는 것은 재직 중의 경험을 통한 전문성 향상이다.

공무원과 직무 사이의 부적응을 야기하는 배치전환, 지나치게 빈번한 배치전환 등 배치전환의 오용·남용은 공무원의 전문성 향상에 장애가 된다. 배치전환이 전문화의 요청을 지지하거나 적어도 방해하지는 않도록 하는 대책을 강구해야 한다. 우리 정부에서 채택하고 있는 조치에는 i) 필수보직기간제도, ii) 전문직위제도, iii) 분야별 보직관리제도 등이 있다.[2)]

(1) 필수보직기간제도 이것은 일정한 기간 내에 전보를 거듭할 수 없게 하는 제도이다. 필수보직기간(전보제한기간)은 원칙적으로 3년이다. 중앙행정기관의 실장·국장 밑에서 일하는 보조·보좌기관인 3급 또는 4급 공무원과 고위공무원의 전보제한기간은 2년이다. 이러한 원칙적 제한에 대한 예외규정들이 있다.

(2) 전문직위제도 이것은 전문성이 높은 직위를 전문직위로 지정해서 거기에 전문적 능력을 갖춘 공무원을 배치하고, 전보제한을 강화하는 제도이다.

소속장관은 해당 기관의 직위 중 전문성이 특히 요구되는 직위를 전문직위로 지정하여 관리할 수 있다. 이 경우 전문직위의 직무수행요건을 설정하고 해당 직위의 직무수행요건을 갖춘 사람을 전문관으로 임용하여야 한다. 전문직위에 임용된 공무원은 임용된 날로부터 4년의 범위 내에서 중앙인사기관의 장이 정하는 기간 동안 직무수행요건이 동일하지 않은 다른 직위에 전보할 수 없다. 전문직위들로 구성된 전문직위군 밖으로 이동하는 것은 8년의 범위에서 중앙인사기관장이 정하는 기간이 지나야 가능하다.

계급분류와 직군·직렬분류의 적용을 받지 않는 특수업무분야의 직위를 전문경력관직위로 지정할 수 있다. 이것은 장기재직이 필요하거나 순환보직이 어려운 직위이다. 전문경력관의 전보허용사유와 필수보직기간(5년 또는 7년)은 보다 엄격하게 규정하고 있다.

(3) 분야별 보직관리제도 이것은 각 부처의 조직을 업무의 성질에 따라 몇 개의 전문분야와 공통분야(어느 전문분야에도 속하지 않는 업무분야)로 구분하고, 공무원들의 전문분야를 지정한 다음, 각자의 전문분야 내에서 전보를 행하는 제도이다. 전문분야의 설정은 업무의 유사성, 전문화의 수준, 전문화의 필요성, 조직의 규모 등을 고려하여 결정한다. 공무원의 전문분야를 결정할 때에는 각자의 능력·적성·전공·본인의 희망 등을 고려해야 한다.

전문분야 내의 직위에는 해당 전문분야 공무원을 보직하고 재직자 중 적격자가 없는 경우에는 직위공모를 통해 임용한다. 이 제도는 현재 3급 또는 4급의 복수직급 직위에 보직된 3급 이하 공무원들에게 적용하고 있다.

3. 파견근무

파견근무는 임시적인 배치전환방법이다. 파견근무 공무원은 원래의 소속을 바꾸지 않고 보수도 원래의 소속부서에서 받으면서 임시로 다른 기관 또는 부서의 일을 맡는다. 파견근무는 한정적이고 긴급한 인적자원수요에 대응할 수 있는 간편한 방법이다.

전통적인 의미의 파견근무에는 정부 내에서 공무원을 대상으로 하는 것만을 포함시켰다. 그러나 근래 임용구조 개방화의 촉진과 민·관교류의 증진에 따라 파견근무 개념의 외연이 확대되었다. 외국기관이나 민간과 정부 사이의 파견도 파견근무 제도의 범위에 포함시켜 이해하게 되었다.

파견근무의 용도는 다음과 같다.[c)]

---

c) 「국가공무원법」(제32조의 4)과 「공무원임용령」(제41조 및 제41조의 2)은 국가기관 밖에서의 국가업무수행, 기관 간 행정지원, 기관 간 공동업무수행, 교육훈련, 국제기구와 외국정부에서의 업무수행, 민간조직에서의 업무수행 등 파견근무의 사유(용도)와 파견기간을 상세히 규정한다.

① **일시적 업무폭주 대응** 한 기관의 업무가 일시적으로 폭주하여 소속공무원으로서는 그 업무를 감당할 수 없을 때 다른 기관의 공무원을 파견근무시킬 수 있다.

② **인건비 부족에 대한 잠정적 대응** 조직이나 기능의 확대에 상응한 인건비예산의 지원이 충분치 못해 인원이 부족한 경우, 예산조치가 시정될 때까지 다른 기관의 공무원을 파견근무시킬 수 있다.

③ **신설조직의 정착 지원** 신설된 조직이 안정될 때까지 이미 정부업무에 익숙한 다른 조직의 재직자를 중요한 자리에 파견근무시킬 수 있다. 이렇게 하는 것은 신설조직이 정부구조 전체에 빨리 융화되는 것을 돕는다.

④ **특수업무 수행** 특수한 업무를 수행하기 위해 필요한 경우에도 파견근무를 활용할 수 있다. 어떤 기관의 직원만으로는 해결할 수 없는 전문적인 또는 기술적인 문제가 일시적으로 생긴 경우, 정부 내의 다른 기관에 근무하는 해당 전문가 또는 기술자를 파견받아 근무시킬 수 있다.

⑤ **훈련실시** 공무원의 안목과 경험을 넓히는 훈련의 목적으로 파견근무를 활용할 수 있다. 훈련을 주된 목적으로 하지 않는 파견근무에서도 훈련의 효과를 거둘 수 있지만, 훈련을 주된 목적으로 하여 공무원을 교육훈련기관에 파견할 수도 있다.

⑥ **항구적 배치의 약점 시정** 항구적인 배치로써는 적격자를 구하기 어렵거나, 업무의 침체를 가져올 염려가 있는 경우에도 파견근무가 이용된다. 파견근무를 인사교류 증진을 위한 방편으로도 쓸 수 있다.

⑦ **시보공무원의 순환근무** 시보공무원을 순환근무하게 할 때 파견근무를 활용할 수 있다. 그때 그때 보직을 바꾸는 순환보직의 방법이 있으나, 그것은 절차가 복잡하므로 파견근무의 형식을 빌리는 것이 간편하다.

⑧ **공무원의 정부 밖 근무** 국가대표, 대외협력, 감독, 훈련 등의 필요에 따라 국제기구나 외국 정부 또는 국내외 민간조직에 공무원을 근무시킬 때 파견근무를 활용할 수 있다.

임용체제의 융통성 증진에 대한 요청이 커질수록 파견근무의 활용빈도는 늘어날 것이다. 그러나 파견근무 역시 오용되기 쉬운 제도이다. 정원관리의 잘못이나 결원보충을 적절히 하지 못하는 데서 발생하는 문제를 근본적으로 해결하지 않고 파견근무로 인원부족을 메운다든가, 정당한 예산 상의 제한을 어기고 사업을 확장하기 위해 파견근무를 이용하는 것은 남용의 사례에 해당한다.

Ⅲ. 승　　진

1. 승진과 승진관리

1) 승진제도의 효용

탈관료주의적·반관료주의적 이론가들은 계서제적 조직구조의 타파와 승진제도의 폐지를 주장하기도 한다. 그러나 계서제적 구조의 근간을 유지하고 있는 정부관료제 내에서 승진이 지니는 의미는 매우 크다.

(1) 조직의 관점에서 조직의 입장에서 볼 때 승진은 결원보충의 불가결한 수단이며, 직원의 직무수행동기를 유발하고 자기발전노력을 자극하는 수단이다. 그리고 승진결정은 직원들에게 바람직한 근무행태에 대한 평가기준이 무엇인가를 솔직하게 알리는 강력한 수단이 된다. 승진의 적정한 실시는 직원들의 질적 수준을 높일 수 있다.

(2) 개인의 관점에서 직원의 입장에서 볼 때 승진은 지위상승과 직업생활 개선의 기회가 된다. 우선 보수가 인상된다. 그리고 직무의 중요성이 커지고, 부하의 수가 많아지고, 권력도 커진다. 여러 가지 신분상징이 격상된다. 승진은 능력의 실증이라고 사람들이 이해한다. 승진에 따른 조직 내의 지위향상은 다른 사회관계에서도 인정되고 존중된다.

2) 승진의 기회

승진의 기회는 조직 내의 승진율과 승진속도를 결정한다. 정부조직 내에서 발생하는 승진의 기회는 무수한 요인의 영향을 받는다. 그러한 요인의 중요한 예를 보면 ⅰ) 조직의 규모와 복잡성, ⅱ) 승진단계의 수를 포함한 직업구조의 특성, iii) 인적자원의 유동률, iv) 승진과 신규채용의 배합에 관한 정책(임용구조의 폐쇄성 또는 개방성), v) 기관별 및 직업분야별 승진경쟁허용의 범위, vi) 조직의 기능변화(현상유지·축소·확장), vii) 상위직 점유자들의 연령구조, viii) 정치적 임명직의 범위 등이 있다.[3)]

이러한 요인들은 다시 인사행정체제 전반의 특성과 필요, 그리고 다양한 환경적 요인이 제약한다. 승진을 원하는 개인의 차원에서 보면 위의 요인 이외에 개인적 특성·실적 등이 또한 그의 승진기회에 영향을 미친다.

승진의 기준과 절차를 정하는 정책을 수립할 때에는 그에 관련된 여러 요인들을 충분히 감안해야 한다.

3) 승진의 관리

승진관리의 중요과제는 i) 승진과 신규채용의 배합비율을 결정하는 것, ii) 기관별·업무분야별 경쟁허용의 범위를 정하는 것, iii) 승진후보자선발의 방법과 기준을 정하는 것, 그리고 iv) 승진의 실행과정을 공정하게 운영하는 것 등이다.

승진관리의 임무를 성공적으로 수행할 수 있으려면 여러 가지 조건이 구비되어야 한다. 무엇보다도 직위마다 자격요건이 현실적으로 명확하게 규정되어 있어야 한다. 승진후보자를 선발할 때 필요한 기록이 잘 갖추어져 있어야 하며, 직원의 실적과 능력 또는 잠재력을 정확히 측정할 수 있는 측정도구가 있어야 한다. 유능한 인재들이 승진에 대비하여 능력을 향상시킬 수 있도록 하는 훈련계획이 잘 조직화되어 있어야 한다. 그리고 승진의 계통과 기관적 범위에 대한 지나친 제약이 없어야 한다. 승진기준의 타당한 설정이 필요한 것은 물론이다.[4)]

다음에 승진관리 상의 주요 쟁점인 승진과 신규채용의 배합, 승진범위의 기관별 한계, 그리고 승진후보자선발의 기준을 설명하기로 한다.

2. 승진과 신규채용

어느 나라에서나 정부조직의 결원을 보충할 때에는 신규채용과 내부임용을 당연히 병행한다. 나라마다 인사제도의 여건과 전통이 다르므로 내부임용에 치중하거나 신규채용에 치중하는 경우가 생긴다. 그러나 어느 한쪽을 전혀 배제할 수 있는 것은 아니고 여건에 따라 적당한 비례의 균형을 유지해야 한다.

승진관리계획을 수립할 때에는 승진과 신규채용의 일반적 유용성을 대비시켜 검토하고, 구체적인 인사제도의 여건을 참작하여 양자의 배합비율을 결정해야 할 것이다.

1) 승진제도활용의 득실

(1) 효 용 승진제도를 활용함으로써 얻을 수 있는 일반적인 이점으로는 ⅰ) 효율적으로 근무해 온 사람을 승진시켜 그 노력을 보상하면 재직자들의 사기를 높이고 그들의 발전의욕을 자극한다는 것, ⅱ) 재직 중 승진의 기회가 있다는 것은 하급직의 신규채용에 지원하는 사람들에게 유인을 주게 된다는 것, ⅲ) 유능한 공무원들이 발전의 기회가 없기 때문에 퇴직하는 것을 막을 수 있다는 것, ⅳ) 신규채용의 경우보다 임용비용이 적게 들고 선발결정에서 저지를 수 있는 과오의 위험도 줄일 수 있다는 것, ⅴ) 하급직에서 쌓은 경험을 승진된 자리에서 활용할 수 있게 한다는 것, ⅵ) 승진기회의 확대는 인사체제의 안정성을 높여줄 수 있다는 것 등을 들 수 있다.[5)]

(2) 약 점 승진에 치중하는 경우의 단점 또는 폐단으로는 ⅰ) 조직이 침체된다는 것, ⅱ) 공무원 특히 고급공무원들의 질을 저하시킬 가능성이 크다는 것, ⅲ) 파벌인사(동종번식)의 가능성이 커진다는 것, ⅳ) 조직 내에서 승진임용이 원칙적인 것으로 되면 승진경쟁이 과열될 수 있고, 승진탈락자들의 사기저하문제가 심각해질 수 있다는 것 등을 들 수 있다.

2) 신규채용제도활용의 득실

(1) 효 용 신규채용을 통해 결원을 보충하는 경우의 이점으로는 ⅰ) 외부에서 참신한 인재를 영입하여 공직의 침체를 해소할 수 있다는 것, ⅱ) 조직 내 인적자원의 질을 높일 수 있다는 것, ⅲ) 잘 훈련된 외부전문가를 채용하면 재직자를 승진시켜 훈련하는 것보다 경제적일 수 있다는 것 등을 들 수 있다.

(2) 약 점 신규채용에 치중하는 경우의 결점으로는 ⅰ) 적임자를 제대로 고르지 못하는 과오의 위험이 크다는 것, ⅱ) 신규채용자가 조직의 업무환경

에 적응하는 기간이 길고 따라서 적응훈련에 드는 비용도 많아진다는 것, iii) 채용절차에 드는 비용은 승진의 경우보다 많다는 것, iv) 조직의 중간 및 상위계층에 대한 신규채용의 증가는 재직자들의 사기를 떨어뜨릴 염려가 있다는 것 등을 들 수 있다.[6)]

3) 승진과 신규채용의 배합기준

승진과 신규채용의 전체적인 인원비율을 정할 때에는 양제도의 일반적 이점과 결함을 비교하여 구체적인 여건에 맞는 결정을 하도록 해야 한다. 이때에 아울러 고려해야 하는 요인에는 i) 임용구조의 전반적인 특성, ii) 조직 내외에 걸친 경쟁의 수준과 정부조직에 대한 시장기제도입 요청의 수준, iii) 승진의 직무분야별 및 기관별 범위와 승진경쟁의 수준, iv) 재직훈련의 상태, v) 인사체제의 안정 또는 변동에 대한 필요, vi) 직원의 사기에 미칠 영향 등이 포함된다.

승진과 신규채용의 배합비율을 결정한다는 것은 임용구조개방의 수준을 결정하는 것이다. 오늘날 어느 나라에서나 임용구조개방화의 요청은 자꾸 커지고 있다. 우리나라도 그러한 압력을 받고 있으며 임용체제개방화를 위한 여러 조치들을 채택하고 있다. 공직의 모든 계층에 걸친 신규채용의 기회는 앞으로 늘어날 수밖에 없을 것이다.

3. 승진경쟁의 기관적 범위

승진대상자의 기관적 범위를 정하는 데는 크게 나누어 두 가지 대안이 있을 수 있다. 첫째 방안은 특정한 상위직에 승진하기 위해 경쟁할 수 있는 사람의 범위를 승진예정직위가 소속되어 있는 기관이나 조직단위에 한정하는 것이다. 둘째 방안은 승진에 관한 기관별 장벽을 두지 않고 승진예정직과 같은 직렬의 바로 하위직에 종사하는 사람이면 소속기관에 따른 차별 없이 다 같이 경쟁에 나설 수 있게 하는 것이다. 기관 간의 인사교류가 어려운 곳에서는 이러한 두 가지 대안의 차이가 특히 현저하게 나타난다.

1) 승진경쟁의 기관별 한정: 폐쇄주의

(1) 정당화근거 경쟁범위를 기관별로 또는 조직단위별로 한정하는 제도를 채택하게 되는 이유로는 i) 제한경쟁을 바라는 재직자들의 일반적 선호를 존중할 수 있다는 것, ii) 승진결정에서 재량권을 행사하고 부하들에 대한 장악력을 강화하려는 감독자들의 의도에 부응한다는 것, iii) 기관을 달리하는 승진에서 비롯되는 부적응문제를 줄일 수 있다는 것, 그리고 iv) 공개경쟁승진을 관리할 때 봉착하게 되는 기술적 난제와 관리비용증대를 피할 수 있다는 것을 들 수 있다.

(2) 약 점 이 제도의 약점으로는 i) 기관 간에 승진기회의 불균형을 낳고 공직의 침체를 가져올 염려가 있다는 것, ii) 승진기준이 낮아져 무능한 사람들도 승진할 수 있는 가능성이 커진다는 것, 그리고 iii) 넓은 안목을 갖춘 관리자의 육성에 불리하다는 것을 들 수 있다.

2) 승진경쟁의 전 정부적 개방: 개방주의

(1) 정당화근거 승진기회를 전 정부적으로 개방하는 방안의 정당화근거로는 i) 넓은 경쟁을 통해 보다 유능한 사람을 고를 수 있다는 것과 ii) 승진기회를 기관 간에 균등하게 배분할 수 있다는 것을 들 수 있다.

(2) 약 점 이 방안의 약점으로는 i) 승진관리의 기술적 난점이 크다는 것, ii) 승진기회가 생긴 조직에서 직원들의 사기가 떨어진다는 것, 그리고 iii) 기관을 달리하는 승진으로 인한 부적응문제가 생길 수 있다는 것을 들 수 있다.

3) 두 가지 대안의 선택 또는 절충

승진경쟁의 기관적 범위에 관한 두 가지 제도는 각각 대조되는 장·단점을 가진 것이다. 그러나 승진기회를 개방하는 제도가 실적주의의 요청에 부합된다는 이유 때문에 이론적으로는 개방주의가 더 환영을 받고 있다. 반면 인사행정의 실제에서는 저항이 적고 편리한 기관별 폐쇄주의가 더 환영을 받는 경향이 있다.

폐쇄주의와 개방주의의 어느 편에 치중할 것이며, 양자의 배합비율을 어떻게 할 것인가를 결정할 때에는 대조되는 두 가지 제도의 일반적인 장·단점을 비교·

검토하고 구체적인 상황에 적합하도록 해야 할 것이다. 그러한 결정을 할 때에는 i) 해당 직업분야의 인원규모와 기관의 크기, ii) 승진의 기준과 방법, iii) 배치전환의 빈도 등을 함께 고려해야 한다.

우리 정부에서는 경쟁의 범위를 기관별로 제한하는 일반승진을 원칙으로 삼아왔다. 승진경쟁의 폐쇄주의에 기울어져 있었지만 근래 개방주의적 영향이 급속히 확산되고 있다. 5급 공무원으로의 승진에 공개경쟁승진시험제도를 적용할 수 있게 하는 외에 직위공모를 통한 승진임용을 확대하고 있다. 정부조직을 개편하여 대부처·대국·대과제(大部處·大局·大課制)를 실현함으로써 승진경쟁의 기관적 범위가 저절로 넓어지게도 했다. 채용구조의 개방화 촉진은 승진경쟁의 범위를 정부조직 밖으로까지 넓히는 것과 유사한 효과를 가져오고 있다. 우리 정부에서 앞으로 임용구조의 대외적 개방성과 대내적 개방성을 높여 나가는 것은 불가피한 과제가 될 것이다.

4. 승진의 기준

승진후보자를 선발하는 방법 또는 기준에는 i) 근무성적, ii) 선임순위, iii) 시험, iv) 학력, v) 경력, vi) 훈련, vii) 승진예정직에서의 시험적인 근무, viii) 상벌의 기록 등이 있다.[7)] 임용권자의 자의적인 재량을 승진기준의 하나로 꼽는 사람들도 있다.

(1) 근무성적 하위직(현직)에서의 근무성적(comparative performance)을 승진의 기준으로 삼아 근무성적이 우수한 사람을 승진시킬 수 있다. 근무성적은 주로 현직위의 업무수행을 평가한 것이다. 평정요소에는 공무원의 발전가능성이 포함될 수도 있으나 근무성적을 기초로 하여 승진을 결정하는 것은 원칙적으로 현직위에서의 성공 여부를 기준으로 하는 것이라고 말할 수 있다.[d)]

현직위에서 성공적인 사람은 상위직에서도 성공하리라고 추정할 수 있는 경

d) 여기서는 전통적인 평정표를 쓰는 감독자평정방식을 준거로 삼고 있다. 그러나 승진결정을 위한 근무성적평정의 새로운 방법들이 많이 개발되고 있다. 승진가능성(promotability)에 관한 요소들을 중심으로 감독자와 동료들이 공동평정하는 방법이 그 한 예이다. 이와 같은 변형방법들이 쓰일 때 근무성적기준에 대한 논의는 달라질 것이다.

우에는 근무성적을 승진의 기준으로 삼는 것이 정당화될 수 있다. 그리고 열심히 일한 사람을 근무성적에 따라 승진시키면 성공적인 업무수행을 보상하는 것이므로, 형평관념에도 부합되고 공무원의 직무수행동기를 높이는 효과도 거둘 수 있을 것이다. 근무성적평정은 승진후보자의 선발에 관리자들의 의견을 반영할 수 있는 수단을 제공하는 것이기도 하다.

그러나 하위직에서 성공적인 사람이 책임을 달리하는 상위직에서도 반드시 성공적일 것이라는 보장은 없다. 현직위에서 성공적이거나 적어도 일을 제대로 수행하는 사람들을 계속 승진시키는 경우, 결국은 조직의 모든 계층에 무능한 사람만 남게 되는 위험을 지적하는 사람들도 있다.[e] 그리고 후보자선발을 근무성적평정에만 의존하는 경우 객관성이 흐려질 염려가 있다.

(2) 선임순위 선임순위(先任順位: seniority)는 공무원이 승진후보자가 될 수 있는 자리에서 근무한 기간을 기준으로 정한 순위이다. 선임순위라는 용어가 경력과 같은 뜻으로 쓰일 때도 있으나, 여기서 말하는 선임순위는 승진예정직의 바로 하위직에 누가 먼저 임용되었는가에 관한 기준을 의미하는 것이다.

선임순위는 객관적 확인이 쉬우며, 그에 따른 승진결정의 절차는 간단하다. 선임순위에 따른 승진은 또한 조직의 안정성 유지에 기여한다. 직무에 따라서는 오래 근속한 사람들이 상위직에서 일을 더 잘 할 가능성도 있으므로 선임순위에 따른 승진이 실적주의에 반드시 배치되는 것이라고 단정할 수 없다.

그러나 하위직에 오래 근무한 사람이 상위직에도 가장 적합하다고 할 수는 없다. 그리고 선임순위만을 강조하면 직무수행의 침체를 가져오고, 우수한 단기근무자들의 진출을 막아 그들의 사기를 떨어뜨리고, 경우에 따라서는 그들이 퇴직하는 사태를 빚게 될 것이다.

(3) 시험성적 승진후보자의 선발기준으로 시험성적(test score)이 널리 쓰인다. 승진후보자의 선발에 쓰이는 시험의 종류와 내용이 다름에 따라 그 효과도 달라질 수 있는 것이지만, 시험을 활용하는 경우의 일반적인 득실을 대강 생각해

---

e) 현직위의 성적에 따른 승진이 되풀이되면 현직위의 일을 제대로 감당하지 못하는 사람들만 조직의 각 계층에 남게 된다는 주장을 '피터의 법칙'(Peter Principle)이라 한다. Lawrence J. Peter and Raymond Hull, *The Peter Principle* (Bantam Books, 1969), p. 8.

볼 수 있다.

시험을 통한 승진은 실적주의적 요청에 부합되는 것이다. 타당한 시험을 실시할 수만 있다면 공평하고 객관적인 승진관리를 할 수 있고, 결과적으로 공무원들의 사기진작에 기여할 수 있다. 그들의 발전 노력을 자극할 수 있다.

그러나 상위직에 대한 적격성이 시험만으로 충분히 판정될 수는 없다. 시험성적을 기준으로 해서 승진후보자를 결정하면 공무원들이 근무를 소홀히 하고 시험공부에만 몰두하게 될 염려가 있다. 특히 현재의 직무와 직결되지 않는 학력고사를 실시하는 경우, 몇 가지 학과목을 공부하는 데만 급급하게 될 것이다.

(4) 학 력 학력(education)은 학교교육을 받은 경험을 말한다. 학력을 기준으로 쓸 때에는 대개 종류별 및 기간별로 차등을 두어 학력의 가치를 점수화한다.

학교교육을 통해서 얻은 학력과 직무수행능력 사이에 상관관계가 인정되는 범위 내에서는 학력에 비추어 직무수행능력을 예측하는 데 무리는 없다. 학력을 승진에서 고려하면 공무원의 자기발전의욕을 자극하는 효과가 있을 것이다. 승진결정에서 학력을 기준으로 쓸 때에는 학력의 종류와 기간만 심사하는 것이 보통이므로 심사절차가 객관적으로 간단히 끝날 수 있다.

그러나 학력이 직무수행능력을 보장해 주는 결정적인 조건은 아니다. 승진결정에서 학력만을 기준으로 삼는 경우 실무경험이나 그 밖의 경로를 통해 대등한 자격을 구비한 사람들의 기회를 박탈하게 된다. 그리고 직무수행능력과 관련하여 타당성 있는 학력요건을 결정하기가 매우 어렵다.

(5) 경 력 경력(practical experience)은 실천적인 경험 또는 직업 상의 경험을 말한다. 학력의 경우에서와 같이 경력도 승진예정직에서의 직무수행능력과 관계가 있다는 전제 하에 승진의 기준으로 채택하는 경우가 많다. 경력을 승진의 기준으로 쓸 때에는 경력의 종류별 및 기간별 비중을 정하고, 이를 수량화하여 평정한다. 경력의 상대적인 가치를 정하는 까닭은 경력이 다르면 직무수행능력에 대한 상관관계도 달라진다고 보기 때문이다.

경력과 직무수행능력이 상관되는 한 경력을 승진기준으로 쓰는 것은 타당하다. 그리고 경력을 승진기준으로 사용하면 선임순위를 승진기준으로 쓰는 경우와 비슷한 이점을 기대할 수 있다.

그러나 어떤 직위와 관련된 경력을 가진 사람은 그 직위에 대한 적격성도 가지고 있다고 단정하기는 어렵다. 그리고 타당성 있는 경력평정기준을 만드는 데는 기술적 애로가 많다. 승진예정직에 관련된 경력과 관련 없는 경력을 구별하는 것부터가 힘든 일이다. 경력의 질을 심사하고 관련 있는 경력들의 상대적인 비중을 결정하는 작업은 더 어렵다.

(6) 훈 련 승진예정직에서의 직무수행능력을 판단하는 자료로 일정한 재직훈련을 받은 사실 또는 훈련이수의 성적을 사용하는 때가 있다.

일반적으로 훈련은 공무원의 능력발전을 도모하는 것이며, 훈련의 종류에는 승진준비를 위한 훈련도 있으므로 훈련을 승진결정에서 고려하는 것은 바람직한 일이라 하겠다.

다만 이때에도 타당한 기준을 발전시켜야 하는 문제가 있다. 훈련의 기회가 불균등하게 배분된 경우에는 승진결정이 불공평해질 수 있다.

(7) 승진예정직에서의 근무성적 승진예정직에서의 근무성적(trial on the job)을 기준으로 쓰는 것은 공무원을 승진예정직에서 실제로 일해 보게 하여 그 실적에 따라 승진여부를 결정하는 방법이다. 공무원을 승진시킬 상위직에 시험적으로 배치하고, 그 근무성적에 따라 승진을 결정하는 것이다.

이러한 방법을 정확하게 적용하면 타당성이 높은 결과를 얻을 수 있다. 맡을 일을 실제로 시켜 보고 적격성을 평가하기 때문이다.

그러나 이 방법은 시간이 많이 걸리고 절차가 복잡한 것이다. 승진예정직에서의 근무성적에 대한 평정의 정확성·적합성이 의심스러울 수도 있다. 승진예정직에 시험적으로 임용되는 경우 해당 공무원은 승진가능성이 높다고 생각하게 되는데, 승진되지 못할 때에는 사기가 저하될 것이다.

(8) 상벌의 기록 위에서 열거한 여러 기준에 포함되지 않는 인사기록을 승진결정에서 고려할 수 있다. 그러한 인사기록의 대표적인 예가 공무원에 대한 상훈 및 징계의 기록이다. 상벌의 사실을 승진결정에서 고려하면 상벌의 효과를 승진에까지 연장하게 된다. 어떤 의미에서는 승진이 상과 벌의 수단으로 활용되는 것이라고 할 수도 있다.

상위직에서의 직무수행능력을 예측하는 데 상벌의 사실을 참고자료로 쓸 수 있지만, 상벌의 종류에 따라 직무수행능력에 대해 가지는 긍정적 또는 부정적 가치를 차별적으로 점수화하기는 어렵다.

5. 승진기준의 배합

승진의 결정에서 단일한 기준을 쓸 때도 있겠지만, 그런 경우는 오히려 드물고 복수의 기준을 함께 적용하는 것이 상례이다. 구체적인 조건이 다름에 따라 승진기준들이 가지는 상대적 효용성은 달라지겠지만, 어느 하나가 완벽한 기준으로 되는 경우는 드물기 때문에 복수의 기준을 함께 고려하는 것이 안전하다.

1) 바람직한 배합체계의 요건

복수의 승진기준을 선택하고 그 배합비율을 정할 때에는 각 기준의 특성과 일반적인 용도를 충분히 검토하여 구체적인 사정에 적합한 결정을 해야 한다. 그리고 다음과 같은 요건을 충족시켜야 한다.

① **상승효과적 배합** 각 기준의 긍정적인 효과가 상승될 수 있는 배합을 추구해야 한다.

② **생산성·안정성·사기앙양에 대한 요청의 조화** 조직의 생산성향상, 조직의 안정성유지, 재직자의 사기앙양 등에 관한 요청들을 균형 있게 조화시킬 수 있도록 배합해야 한다.

③ **재량성·통일성에 대한 요청의 조화** 계선관리자들의 의견을 존중하고 그들에게 재량의 여지를 주어야 한다는 요청과 공평한 승진관리를 하려면 객관화된 통일적 기준을 적용해야 한다는 요청을 조화시키도록 해야 한다.

④ **상황에 따른 적응의 용인** 대상직위가 달라짐에 따라 승진기준의 배합도 달라질 필요가 생기면, 그에 대응할 수 있도록 융통성 있는 계획을 수립하는 것이 바람직하다.

⑤ **형식주의 배격** 형식적인 배합비율과 실질적인 배합비율이 괴리되는 것을 경계해야 한다. 각 기준이 실제로 어떻게 운영되느냐에 따라 형식적으로 정해

놓은 배합비율은 얼마든지 왜곡될 수 있다.[f)]

2) 우리 정부의 승진기준배합

우리 정부에서도 승진을 결정할 때 경력, 근무성적, 훈련성적, 상벌의 기록, 시험성적 등 복수의 기준을 쓰고 있다. 근래 승진결정에서 다면평가자료의 활용이 일반화되고 있다. 이러한 기준들의 적용은 공무원의 계급에 따라 달라지는데, 위의 모든 기준이 적용되는 경우는 5급공무원으로의 승진을 결정할 때이다.[g)]

승진결정방법에 따라서 각 기준에 부여되는 가중치는 달라진다. 특별승진의 경우 실적·능력요소의 비중은 매우 크다. 반면 근속승진의 경우에는 근무연수가 결정적인 비중을 차지한다.

모든 승진결정에서 적용되는 기준은 승진소요최저연수와 징계의 기록이다. 공무원이 승진후보로 될 수 있으려면 현계급에서 일정한 기간 재직해야 한다. 그러한 기간은 계급별로 정해져 있는데, 이를 승진소요최저연수라 한다. 특별승진의 경우 승진소요최저연수가 단축된다. 징계처분을 받은 사람은 징계종류별로 정해진 승진제한기간이 경과하지 않으면 승진하지 못한다.

승진기준 배합비율 변동의 일반적인 경향을 보면 성과목표 달성도 또는 근무성적평가점수의 가중치가 높아지고 있음을 알 수 있다. 이것은 성과관리를 강조하는 근래의 인사정책에 일관되는 것이다.

6. 승진적체의 관리

승진적체란 승진기회가 적고 따라서 승진이 더딘 현상과 그에 대한 공무원들의 불만을 합친 개념이다. 승진적체를 판단하는 기준은 다양하겠지만 어떤 기

f) 예컨대 경력평정 50%, 근무성적평정 50%를 배합비율로 정한 경우, 만일 피평자들 사이에 근무성적의 평점차가 거의 없다면 실질적인 배합비율은 경력평정 100%, 근무성적평정 0 %로 되는 셈이다. 그러므로 각 기준의 운영실태를 처음부터 잘 감안하여 배합비율이 형식화되는 것을 막아야 한다.

g) 6급에서 5급으로 승진할 때도 시험 없이 보통승진심사위원회의 심사만 거치게 할 수 있다. 소속장관이 필요하다고 판단할 때 인정하는 이른바 '심사승진'의 경우에는 시험이 승진결정의 기준으로 되지 않는다. 그런가 하면 7급 이하 공무원의 승진을 결정할 때도 예외적으로 필기시험 또는 실기시험을 과할 수 있다.

준에 따르든 결론을 내는 데는 사람들의 주관적 요소가 무겁게 작용한다.

승진이 잘 안 된다는 불만은 언제나 있는 현상이지만 지난 수십 년 동안 우리 인사행정에서 그 문제는 매우 심각했었다. 공무원들의 가장 큰 불만은 낮은 보수와 승진적체였다. 근래 진행된 분류구조 변화, 임용구조의 개방화, 성과관리 강화 등 인사행정체제를 연성화하는 일련의 변화들은 한편으로 승진적체문제를 완화하는 데 도움을 줄 수도 있고 다른 한편으로는 이를 더욱 악화시킬 수도 있다. 조직감축, 저층구조화, 관리계층 감축 등의 추진은 승진적체를 악화시킬 수 있다.

승진적체의 관리는 앞으로도 인사행정의 중요 과제일 것이다. 승진적체를 관리하려면 적체 유무, 그 내용과 영향을 먼저 진단하고 예측해야 한다. 그리고 여러 방향의 대책들을 강구해야 할 것이다. 여기서는 승진적체를 완화 또는 해소하는 대책들만을 살펴보려 한다.

① **문화개혁** 가장 근본적이고 장기적인 과제는 문화개혁이다. 계층주의적 행정문화와 사회관념의 변화를 유도해야 한다. 정부조직 내에서 구조와 행태의 계급중심주의적·지위중심주의적 지향성을 임무중심주의적·능력중심주의적인 것으로 바꾸기 위한 지속적·장기적 노력이 있어야 한다. 계급이 높은 사람이 아니라 일을 잘하고 봉사를 잘하는 사람이 더 존경받는 풍토를 조성해야 한다.

② **조직 내 직업구조의 경직성 완화** 직업구조형성에서 조직의 고정적 계층에 결부시킨 층화 그리고 직업구조의 경직성을 완화해야 한다. 직위와 계급의 연계를 완화해야 한다. 보수와 계급의 연계도 완화해야 한다.

③ **승진기준·경력통로 개선** 승진결정에서는 공무원의 능력과 기여를 우선적으로 고려해야 한다. 그리고 다양한 경력통로를 개발하여 공무원들이 직업선호와 능력에 따라 적합한 통로를 선택하도록 유도해야 한다. 이런 방법으로 전통적·관료적 경력통로에 대한 집중을 완화해야 한다.

④ **퇴직관리 개선** 퇴직관리기능을 강화하여 퇴직을 질서 있게 관리함으로써 퇴직률의 적정화를 도모해야 한다. 채용구조의 개방형화에 발맞추어 사회전체의 인적자원체제를 통할하는 유동정책도 수립하여 공무원들이 다양한 분야에 이

동해 갈 수 있게 해야 한다.

⑤ **유사 해소책** 승진적체문제해결의 근본대책이라 할 수는 없지만, 승진적체의 고통을 더는 데 도움이 되는, 해소대책과 유사한 효과가 있는, 방안들도 있다. 그러한 방안들 가운데서 현재 시행하고 있는 것들은 대우공무원제, 필수실무관제, 하위직공무원에 대한 총정원제와 근속승진제 등이다.[h)]

상위 또는 하위의 계급자를 선택적으로 보직할 수 있게 하는 복수직급제(複數職級制)는 승진적체를 완화하는 데 적지 않은 기여를 하고 있으며 보직관리의 융통성을 높혀 주는 이점도 있다. 그러나 계급인플레를 조장하는 등 그 폐단이 더 크다. 복수직급제가 근본적인 승진적체 해소대책일 수는 없다.

승진적체를 풀기 위해 과거에 남용했던 역기능적 방안들을 앞으로도 쓸 수는 없다. '계급 인플레'를 조장하여 계속적으로 계급을 상향조정함으로써 승진적체를 임시방편으로 완화했던 방법, 조직의 상급구조를 확대함으로써 승진숨통을 열었던 방법, 위인설관, 그리고 무절제한 기구팽창 등의 방법은 많은 폐단을 수반하고 장기적으로는 승진적체문제를 더 악화시킬 수 있다. 거의 초법률적으로 강행하였던 일제숙정은 앞으로의 승진문제해결방안이 될 수 없다.

승진적체해소방안으로 계급정년제를 도입하는 방안과 계급의 수를 늘리는 방안이 한 때 논의된 바 있으나, 이 두 가지 모두 찬성하기 어려운 것이다.[i)]

---

h) 「공무원임용령」 제35조의 3은 "임용권자 또는 임용제청권자는 소속 일반직공무원 중 해당 계급에서 승진소요최저연수 이상 근무하고 승진임용의 제한사유가 없으며 근무실적이 우수한 사람을 바로 상위 직급의 대우공무원으로 선발할 수 있다. 소속장관은 6급공무원인 대우공무원 중 해당 직급에서 계속하여 업무에 정려하기를 희망하고 실무수행능력이 우수하여 기관운영에 특히 필요하다고 인정하는 사람을 필수실무관으로 지정할 수 있다"고 규정한다.

i) 계급정년제는 여러 가지 결함을 내포하는 제도이며 복잡성이 높은 조직에 적용할 때는 그 결함이 더 커진다. 계급의 수를 늘리는 방안도 적절한 해결책이 아니다. 계급의 수가 늘어나면 하위계급들의 지위는 더욱 떨어질 것이고, 사람들은 여러 계급을 점점 더 빠른 속도로 승진해야 만족할 것이다. 잦은 승진심사는 조직의 안정성과 업무효율을 저해할 우려도 있다. 그뿐 아니라 계급증설의 승진적체해소 효과는 증설당시의 일시적인 것일 수밖에 없다. 증설된 모든 계급에 사람이 차면 다시 승진이 적체될 것이기 때문이다. 계급수를 늘리는 것은 조직의 고층구조화를 조장할 수도 있다.

Ⅳ. 경력발전(경력개발)

승진·강임·배치전환 등 내부임용방법들은 조직구성원들의 경력발전에 직결되는 것이다. 조직에 들어간 사람들이 직업적 생애를 설계하고 그 성취를 추구하는 데 관련된 인사행정활동은 많지만 그 가운데서 내부임용은 보다 중요하고 직접적인 연관을 맺고 있다. 내부임용은 경력발전의 목표를 설정하는 데 길잡이가 되고 또 이를 성취하는 수단을 제공한다. 내부임용의 관리는 경력발전프로그램에 긴밀히 연계되어야 한다.

경력발전은 여러 가지 차원에서 논의할 수 있으나 여기서는 조직에 취업한 사람들의 경력발전에 초점을 맞추려 한다. 특정한 조직의 경계를 벗어나는 경력상의 문제들은 조직 내 경력발전에 연관되는 범위 내에서 논의하려 한다.

1. 경력발전이란 무엇인가?

1) 경력발전의 정의

경력발전(經歷發展: 경력개발: career development program: CDP)이란 사람들이 직업적 생애의 발전과정을 관리할 수 있도록 돕는 활동을 말한다. 이것은 미리 정한 경력통로를 따라 전진할 수 있도록 조직구성원들을 준비시키고 그 목표를 성취할 수 있도록 돕는 활동이다.[8)]

경력발전은 개인의 발전목표와 조직의 목표를 함께 성취하기 위해 개인과 조직이 협력해야 하는 프로그램이다. 조직에 참여하는 개인의 경력과 그 변동경로는 개인뿐만 아니라 조직에도 큰 영향을 미치기 때문이다. 경력발전노력은 당사자인 개인으로부터 출발해야 하고 개인이 주도적인 역할을 해야 하지만 조직의 지지와 조력이 있어야 성공할 수 있다. 그러므로 경력발전은 두 개의 초점을 가진 사업이라고 한다.

경력발전은 개인차원의 노력과 조직차원의 노력을 포괄한다. 전자를 경력계획이라 하고 후자를 경력관리라 한다.[j)]

---

j) 정부 내외에서 경력발전을 `경력개발'이라 부르는 사람들이 많다. 독자들은 이 점 유의하기 바란다. 독

2) 경력발전의 효용

성공적인 경력발전은 개인이나 조직에 다 같이 이득이 된다.

개인은 직업생활의 계획적인 관리를 통해 자기계발을 하고 외재적·내재적 보상이 보다 큰 직무를 맡아 수행하면서 성장·성숙할 수 있다. 만족스러운 직업생활과 성공적인 생애는 경력발전의 궁극적인 개인적 소득이다.

조직이 경력발전에서 얻는 소득은 i) 필요할 때 쓸 수 있도록 적격자를 미리 육성할 수 있다는 것, ii) 외부로부터 유능한 인재를 끌어들이는 데 도움이 된다는 것, iii) 조직의 이미지를 개선하는 데 도움이 된다는 것, iv) 직원의 좌절과 불만을 해소하는 데 도움이 된다는 것, v) 경력발전에 성공한 직원들이 조직의 생산성을 높이는 데 기여한다는 것 등이다.

3) 경력특성의 변화추세와 경력발전

경력발전 프로그램의 대상인 경력(직업상의 경력: career)은 개인이 노동력 있는 생애동안 겪는 업무관련경험의 양태를 뜻한다. 이것은 시간선상에서 점진적으로 진척되는 업무경험의 연쇄적 양태라고 말할 수도 있다. 경력은 개인의 능력이나 의지뿐만 아니라 다른 많은 외재적 요인의 영향을 받아 형성·변동되어 가는 역동적 현상이다. 경력이 역동적 현상인만큼 영향요인들의 변화에 따라 경력의 미시적·거시적 특성은 변한다. 시대변화에 따라 거시적 경력특성은 변하며 그로부터 미시적 특성은 영향을 받는다.

경력발전 프로그램은 오늘날의 시대적 상황에서 비롯된 경력특성의 거시적 변화추세를 면밀히 분석하고 그것을 전제로 입안하여야 한다. 직업세계 전반에 걸친 경력특성 변화의 주요추세는 다음과 같다.[9]

① 종신고용의 감소 조직에 취업하는 사람들에게 널리 적용되던 종신고용제는 약화되거나 줄어들고 있다. 급속한 기술변화, 경제적 유동성의 증폭, 사회적 직업관의 변화, 조직의 급진적인 구조조정 등이 그 원인일 것이다. 인구의 고령화도 종신고용을 어렵게 한다.

자들은 어느 한 가지 명칭을 선택할 수 있을 것이다.

② **경계 없는 경력의 증가** 경계 없는 경력(boundaryless career)이 늘어난다. 즉 노년에 이르기 전에 여러 조직을 옮겨가면서 일하는 사람들이 늘어난다. 빈번해진 조직감축 때문에 또는 다른 조직에서 경력향상기회를 찾았기 때문에 직장을 바꾸는 사람들이 늘어난다. 사회관념이 변해 조직 간 경계를 가로지르는 경력변동을 용납하는 분위기가 조성된 것도 그러한 경력변동을 증가시키는 이유이다.

③ **성공의 다양한 평가기준** 성공적인 경력에 대한 기준이 다원화되어가고 있다. 성공(출세)의 오래된 평가기준인 부(富)와 계층적 권력의 지배적인 위치가 흔들리고 있다. 사람과 업무의 높은 적합성, 업무경험에서 얻는 직무만족과 심리적 성공에 대한 선호가 점차 높아지고 있다.[k)]

④ **근무양태의 다양화** 전통적으로 표준화되었던 고용양태·근무양태에 여러 가지 변화가 일고 있다. 재택근무, 탄력근무, 도급제방식의 근무, 임시직 형태의 근무 등이 늘어나는 추세에 있다.

2. 경력계획

1) 경력계획의 정의

경력계획(經歷計劃: career planning)은 직원 개개인이 경력 상의 목표와 추진단계 및 성취수단을 결정하는 활동이다. 개인이 경력발전의 목표를 정하고 그 성취를 위해 해야 할 일이 무엇인가를 결정하는 것을 경력계획이라 한다. 경력계획은 경력에 관한 개인의 희망과 이를 실현할 수 있는 기회를 조화시키는 과정이다.[10)]

① **경력계획의 준거대상** 경력은 노동력 있는 전생애에 걸친 것이므로 어느 특정조직에 국한하여 생각하기 어려운 경우가 많다. 직업적 유동성이 높은 곳에서는 조직 간, 직업 간 인적자원 유동이 활발하다. 따라서 경력계획을 세우는 개인의 관심은 소속조직 밖의 직업세계에까지 미칠 수 있다. 조직은 경력계획의 관심이 조직 내의 기회에 모아지도록 유도하고 조력한다. 그러나 직업적 유동성이 높아질수록 개인의 관심을 특정조직에 묶어 두는 것은 어려워진다. 다만 개인의

---

k) 여기서 말하는 심리적 성공(psychological success)이란 업무수행을 통한 자기실현과 자율적 성장을 인식하는 주관적 경력성공을 뜻한다.

경력계획과 조직의 경력관리가 연결되는 접점에서는 조직 내의 경력발전기회에 초점이 놓일 수 있다. 앞서 말한 바와 같이 우리의 논의는 조직 내의 경력계획을 원칙적인 준거대상으로 삼는다.

② 개인의 역할 경력계획을 세우는 직원은 자신의 능력·흥미·가치관을 스스로 평가하고 경력통로의 대안들을 분석한 다음 경력발전의 필요와 목표를 결정한다. 이를 관리자에게 알리고 직원과 관리자가 서로 찬성할 수 있는 행동계획을 수립한다. 그리고 합의한 행동계획을 추진해 나간다.

③ 조직의 조력 조직은 개별적인 경력계획수립에 필요한 경력계획모형·정보·상담과 훈련 등을 제공하고 경력발전을 위한 훈련기회를 확대해 주어야 한다. 관리자들은 직원들이 경력계획의 필요를 깨닫도록 촉매적 역할을 수행하고 직원이 세운 계획의 현실성에 대해 상담해 주어야 한다. 그리고 직원과 관리자가 합의할 수 있는 계획을 만들고 수정해 나갈 수 있도록 도와야 한다.

2) 경력계획의 과정

조직 내의 경력계획은 일련의 단계를 내포하는 과정을 통해 수립된다. 경력계획의 과정은 진행형의 과정이라고 설명된다. 경력계획은 한번 설정하면 불변하는 것이 아니고 끊임없이 조정해야 하기 때문이다. 경력계획은 개인과 조직의 변동, 상황적 조건의 역동성에 대응할 수 있는 융통성을 지녀야 한다.

경력계획과정의 기본적 단계는 i) 자기평가, ii) 경력발전기회의 탐색, iii) 경력발전목표의 설정, iv) 실천행동계획의 수립 등 네 가지이다.

(1) 자기평가 자기평가단계에서는 경력계획을 수립하는 사람이 자신의 능력·흥미·가치관 등을 스스로 확인하여 평가한다. 자기가 어떤 사람이며 무엇을 원하는 사람인지를 잘 알아야 적합한 직무 또는 직업에 자기의 장래를 연결하는 계획을 세울 수 있다.[1)]

---

1) 자기평가의 실천적 도구에는 장점·단점 대차대조표(strength/weakness balance sheet)의 작성과 호·불호측정(好·不好測定: likes and dislikes survey) 등이 있다. 장점·단점 대차대조표에는 문자 그대로 평가자 자신의 직업생활에 관련된 장점은 무엇이고 단점은 무엇인가를 적어 넣는다. 호·불호측정 역시 직업관련 요인들에 대해 좋아하거나 싫어하는 것을 찾아내 적는 것이다. 직업선택의 선호유형에 관한 일반이론도 평가자의 선호유형을 파악하는 데 좋은 길잡이를 제공할 수 있다.

(2) 경력발전기회의 탐색 이 단계에서는 다양한 경력통로를 탐색하고 경력발전의 현실적인 기회를 확인한다. 여기서는 경력통로모형들을 참조해야 한다. 그리고 현직위에서 승진 또는 배치전환될 수 있는 가능성, 자기 직업분야에서 다수가 원하는 경력발전목표에 도달하는 사람의 비율, 직급별 보수의 폭, 승진기회가 많은 부서, 경력통로 상 막다른 골목에 마주쳤을 때 찾을 수 있는 다른 통로 등을 확인해야 한다.

(3) 경력발전목표의 설정 이 단계에서는 개인의 희망과 조직이 제공할 수 있는 기회를 고려하여 달성가능한 경력발전목표를 단계별로 설정한다. 이 단계에서는 직업선호유형, 경력통로유형, 경력단계 또는 생애주기에 관한 모형들을 참고해야 한다.

(4) 실천행동계획의 수립 실천행동계획을 수립하는 단계에서는 경력발전목표에 도달하기 위해 필요한 구체적 실천행동의 내용과 시기 등을 결정한다. 실천행동은 조직이 제공하는 조력과 기회에 의존하는 바가 크다. 따라서 실천행동계획의 수립에는 관리자와 조직의 협력이 불가결하다.

경력계획을 세우는 사람들에게 도움을 줄 수 있는 이론들 가운데서 경력단계이론, 경력고원에 관한 이론, 직업선호유형론, 그리고 경력통로유형론에 대해서는 항을 나누어 따로 설명하려 한다.

3) 경력단계이론

조직생활을 준거로 삼아 경력변동의 과정을 일반적으로 단계화한 이론들이 많다. 그러한 단계이론들이 보편적으로 적실한 것은 아니지만 경력계획을 세우는 사람들에게 좋은 참고자료가 될 수 있다.

전형적인 경력단계이론들은 경력단계(career stages)를 대개 네 가지로 구분한다.[11] 네 가지 단계란 ⅰ) 개척단계, ⅱ) 확립단계, ⅲ) 유지단계, 그리고 ⅳ) 쇠퇴단계를 말한다.[m]

---

m) 이와는 조금씩 다른 단계구분을 하는 사람들도 있다. 예컨대 J. H. Greenhaus는 경력단계를 ① 취업준비단계(preparation for work), ② 조직에 입문하는 단계(organizational entry), ③ 초기경력단계(early career), ④ 중기경력단계(middle career), ⑤ 말기경력단계(late career) 등 다섯 가지로 구분하

(1) 개척단계 개척단계(exploration stage)는 새로운 일을 배우고 직업생활 출발의 발판을 만드는 단계이다. 이것은 조직에 취업하기 전에 진행되는 단계이므로 조직이 간여하기 어렵다. 다만 정보제공 등의 방법으로 개인적 탐색활동을 도울 수 있을 뿐이다. 개척단계에서 사람들은 직업 상의 여러 역할들을 탐색·평가하고, 자기의 흥미와 기술이 무엇인지를 확인하고, 교육훈련을 통해 지식·기술을 연마하고, 가족과 학교에 대한 의존도를 낮춘다.

(2) 확립단계 확립단계(establishment stage)는 사람이 조직에 참여하고 발전해 나가는 단계이다. 이 단계에서 사람들은 채용과정을 통해 직원이 되고, 일과 직장의 분위기를 배우고, 스스로의 독자적인 위상을 정립하고 그에 대한 인정을 받으며, 경력성장을 추구해 간다.

(3) 유지단계 유지단계(maintenance stage)에서는 사람들이 대개 관록과 경륜을 쌓아 보다 중요한 역할을 맡고, 보다 큰 영향력을 행사하게 된다. 다른 사람들을 관리·감독하거나 후견하고 교육시키는 역할도 맡는다. 이러한 일반적인 경향에도 불구하고 유지단계에 이른 사람들의 경력은 세 갈래로 구분되기 시작한다. 세 갈래란 상승적 경력발전을 계속하는 범주, 현상유지에 안주하는 범주, 그리고 쇠퇴하기 시작하는 범주를 말한다.

(4) 쇠퇴단계 쇠퇴단계(decline stage)는 조직활동에 대한 간여와 영향력이 함께 떨어지는 단계이다. 쇠퇴단계에 있는 사람들의 역할은 축소되고 조직구성원으로서의 가치도 하락한다. 쇠퇴과정에 있는 사람들은 퇴직 전에 이미 조직으로부터 '심리적 철수'를 하게 된다.

경력단계의 어디에서인가 사람들은 경력 상의 위기(career crisis)에 봉착할 수 있다. 원치 않는 강임·배치전환, 정직, 면직, 면직될지 모른다는 걱정 등으로 인해 큰 충격을 받을 때 그것을 경력 상의 위기라 한다. 경력 상의 위기에 직면한 개인은 현명한 적응적 극복을 위해 노력해야 하며 조직도 경력 상의 위기 발생을 예방하거나 그 폐해를 줄일 수 있는 대책을 세워야 한다.[12)]

였다. Greenhaus, Career Management(Dryden, 1987), pp. 6~7.

4) 경력고원이론

(1) 경력고원의 정의 경력고원(經歷高原: career plateau)은 조직 상의 이유나 개인적 이유 때문에 특정인이 경력계층에서 상향적으로 이동할 가능성이 희박해진 경력정체상태를 지칭하는 개념이다. 이 개념은 어떤 사람이 경력향상의 정점(상한)에 도달하고 더 이상의 발전 가능성이 없게 된 상태를 설명한다.[13] 경력고원에 도달한 것을 경험적으로 진단해 내기는 쉽지 않다. 어떤 직위에 장기간 정체해 있는 것과 같은 객관적 사실들이 경력고원판단의 지표로 쓰일 수 있다. 그러나 더 중요한 지표는 주관적 정체감이다. 즉 경력고원에 도달했다고 생각하는 당사자의 인식이 더 중요한 판단자료가 된다.

(2) 경력고원의 유형 경력고원의 유형을 ⅰ) 구조적 고원, ⅱ) 내용적 고원, 그리고 ⅲ) 생애적 고원으로 분류해 볼 수 있다.[14] 구조적 고원(structural plateau)은 어떤 사람이 조직의 구조적 계층 상 승진의 마지막 단계(종점)에 도달한 때 나타나는 경력고원이다. 내용적 고원(content plateau)은 직무담당자가 일에 숙달된 다음 직무수행을 권태롭게 느낄 때 나타나는 경력고원이다. 생애적 고원(life plateau)은 중년의 위기처럼 개인이 느끼는 경력고원이다. 일이 생애의 가장 중요한 국면이라고 생각하던 사람이 일에서 더 이상의 성공을 기대할 수 없다고 생각하기 때문에 자긍심을 잃고 정체성 상실의 위기감을 느낄 때 나타나는 것이 생애적 경력고원이다.

(3) 경력고원에 대한 반응과 대책 경력고원에 도달한 사람들의 행태적 반응이 모두 같은 것이라고 말할 수는 없다.

사람에 따라서는 경력고원에 잘 적응하고 긍정적인 직무행태를 보일 수 있다. 자기들의 생활이 '고공 비행자'(고속 승진자)의 생활보다 의미 있는 것이라 생각하고 확실한 '터줏대감'이라는 자부심을 가질 수도 있다.

그러나 계속적인 경력향상을 성공의 조건이라고 믿어 온 사람들에게는 경력고원이 커다란 상실감·좌절감을 안겨 줄 것이다. 조직 상의 제약이나 스스로의 능력부족을 일찍부터 인식하고 경력향상을 포기했거나 생애적 고원을 경험하는 사람들 가운데 다수는 조직에 해로운 부정적 행태를 보일 수 있다. 무사안일주의에 빠지고 조직의 여러 가지 행동규범을 위반할 수 있다. 이와 같이 고원화의 함정(plateauing trap)에 빠져 부정적 행태를 보이게 되는 상황을 예방하기 위해 개인도 노력해야 하지만 조직도 여러 가지 대책을 강구해야 한다. 직장 밖의 취미생활 권장, 인사상담, 직무에 대한 부적응 해소, 능력신장을 위한 훈련, 배치전환, 직업알선 등은 조직이 취할 수 있는 조치의 예이다.

5) 직업선호유형론

성격·흥미·적성 등에 관한 심리검사에서 다양한 직업선호유형(職業選好類型)을 개발해 활용하고 있다. 여기서는 그 예로 Edgar Schein이 개발한 경력의 닻에 관한 모형과 John Holland가 개발한 직업선호모형을 소개하려 한다.

(1) Schein의 경력의 닻 분류 경력의 닻(career anchor)이라고 하는 것은 일하는 능력과 동기에 관련하여 형성한 자기 자신에 대한 관념이다. 이것은 직업 또는 일에 관한 개인적 가치들의 모임이며 경력에 관한 지향성이다. 이러한 가치 또는 지향성은 경력의 닻이 되어 사람들이 거기에 묶인 직업 또는 역할을 추구하게 만든다고 한다.

Edgar Schein이 선정한 경력의 닻은 다섯 가지이다. 다섯 가지 닻은 i) 관리능력의 닻, ii) 기술적·기능적 능력의 닻, iii) 안정성의 닻, iv) 창의성의 닻, 그리고 v) 자율성과 독자성의 닻이다.[15)]

관리능력(managerial competence)의 닻은 관리자가 되기 위해 다른 사람들을 관리하는 데 필요한 대인관계적·분석적·정서적 능력을 기르려는 사람들의 닻이다. 기술적·기능적 능력(technical/functional competence)의 닻은 기술적 능력의 계속적인 발전을 원하는 기술자들의 닻이다. 안전성(security)의 닻은 직업적 안전성을 추구하는 사람들의 닻이다. 창의성(creativity)의 닻은 독창적인 일을 해 보려는 사람들의 닻이다. 자율성과 독자성(autonomy and independence)의 닻은 조직 상의 제약으로부터 자유로워지기를 원하는 사람들의 닻이다.

(2) Holland의 직업선호모형 John Holland가 개발한 직업선호모형(Holland Vocational Preferences Model)은 여섯 가지 직업관련 테마(vocational themes)를 규정하고 있다. 여섯 가지 테마는 i) 현실주의적 테마, ii) 탐구적 테마, iii) 예술적 테마, iv) 사회적 테마, v) 기업가적 테마, 그리고 vi) 전통답습적 테마이다.[16)]

현실주의적(realistic)인 사람은 순박하고 실천적이며 사람 이외의 사물을 다루는 직업을 선호한다. 농업, 자연관리, 탐험, 기계조작 등에 관한 직업에 어울리는 사람이다. 탐구적(investigative)인 사람은 과학적·임무지향적이며 추상적인 문제를 다루면서 분석하는 일을 선호한다. 수학, 과학, 의료업 등에 적합한 사람이다. 예술적(artistic)인 사람은 창의적인 자기표현을 즐기고 고도로 구조화된 상황을 싫어한다. 예술적인 사람은 민감하며 감성적·독자적·독창적이다. 그에 적합한 직업은 음악, 미술, 연극, 문학 등이다.

사회적(social)인 사람은 다른 사람들의 복지에 관심이 많으며 다른 사람들을 가르치고 발전시키는 것을 즐겨한다. 사회적인 사람은 집단적인 상황에서 역량을 잘 발휘하며 외향적이다. 기업가적(진취적·모험적: enterprising)인 사람은 언어구사력이 뛰어나고 정력적·외향적·모험적이며 사람들과 함께 일하면서 설득하고 이끌기를 즐겨한다. 그런 사람에게 적합한 직업은 법을 다루는 직업, 정치, 상품판매, 기업관리 등이다. 전통답습적(conventional)인 사람은 질서정연하고 계량적인 업무를 선호하며 대규모조직을 좋아한다. 그리고 안정성 있고 믿음직하다. 그에 적합한 직업은 일반사무실의 업무이다.[n)]

6) 경력통로유형론

경력계획의 핵심은 경력의 진행계통 즉 경력통로를 예측하고 선택하는 것이다. 일반적으로 경력통로(經歷通路: career path)라고 하는 것은 어떤 사람이 노동력이 있는 생애 동안 밟아나가는 경력진행의 경로를 의미한다. 조직 내의 경력통로는 조직에 근무하는 직원이 따라 움직여 나가는 경력진행의 경로이며 그것은 업무경험의 연쇄로 이루어진다.[17)]

우리는 조직 내의 경력계획에 초점을 맞추고 있지만 특정한 조직의 경계를 초월한 전 생애의 경력통로에 대해 전혀 무관심할 수는 없다. 전 생애에 걸친 일반적 경력통로의 범위 내에서 조직 내의 경력통로가 진행된다고 볼 수도 있다. 일반적 경력통로유형에 대해 먼저 간단히 언급하고 조직 내의 경력통로유형을

---

n) 성격별로 적합한 직업유형을 여섯 가지로 분류한 Holland의 모형을 '홀랜드의 육변형'(Holland's hex-agon)이라고도 부른다.

설명하려 한다.

(1) 일반적 경력통로 사람들이 노동력이 있는 전 생애에 걸쳐 추구할 수 있는 경력통로를 네 가지 유형으로 분류할 수 있다. 네 가지 경력통로란 ⅰ) 안정적 경력통로, ⅱ) 선형적 경력통로, ⅲ) 나선형 경력통로, 그리고 ⅳ) 과도적 경력통로를 말한다.[18]

① 안정적 경력통로 안정적 경력통로(steady-state career path)는 하나의 직업에 일생 동안 종사하는 경우의 경력통로이다. 그 예로 가업인 음식점을 물려받아 은퇴할 때까지 운영하는 것을 들 수 있다.

② 선형적 경력통로 선형적 경력통로(linear career path)는 어떤 전문분야의 업무에 계속 종사하지만 경력계층을 따라 상향이동하고 직장도 옮겨 다닐 수 있는 경우의 경력통로이다. 예컨대 어떤 컴퓨터 전문가가 그의 전문능력을 사용하고 발전시키면서 상향이동할 수 있다. 그의 이동범위는 하나의 조직에 국한되지 않는다.

③ 나선형 경력통로 나선형 경력통로(spiral career path)는 같은 전공분야 내에서 부분적으로 성격이 다른 직업을 차례로 선택해 나가는 경우의 경력통로이다. 차례로 이어지는 직업들은 각기 바로 전의 직업에 기반을 두지만 추가적인 지식·기술이 새롭게 요구되는 것들이다. 예컨대 물리학에 관한 박사학위를 취득한 사람이 연구소의 물리학 연구원으로, 대학의 물리학 교수로, 물리학 저술가로 변신하면서 일할 수 있다.

④ 과도적 경력통로 과도적 경력통로(transitory career path)는 서로 다르고 연관성이 없는 여러 직업들을 전전하면서 일하는 일시적·잠정적 경력통로이다. 식당종업원으로, 세차장종업원으로, 서점 점원으로 전전하는 사람의 경력통로를 예로 들 수 있다.

(2) 조직 내의 경력통로 전통적인 관료제에서 전형적인 경력통로는 계서적인 승진단계에 따라 수직상승하는 것이었다. 아직도 다수의 조직 특히 정부조직에서는 그러한 수직적 통로가 대표적인 선호대상으로 되어 있다.[19]

그러나 상황은 급속히 변하고 있다. 우선 전통적인 승진계통이 예전처럼 단순하거나 명료하지 않게 되어 가고 있다. 그리고 다른 대안적 경력통로가 늘어나고 있다. 횡적 이동의 중요성이 커지고 있으며 하향적 배치의 필요성도 늘어나고 있다. 전반적으로 융통성 있는 경력통로의 설계와 운영에 대한 요청이 커지고 있다. 계서제의 탁월성에 대한 의문이 커질수록 그러한 요청도 커질 것이다.

구체적인 경력통로는 수없이 많겠지만 여기서는 일반적인 모형 네 가지만을 예로 소개하려 한다. 그중 하나는 관료제의 계서적 승진계통을 따라 수직상승하는 전통적 경력통로이며 나머지 셋은 그것을 수정하거나 배격하는 경력통로들이다.

① **전통적 경력통로** 전통적 경력통로(traditional career path)는 직원이 직위의 계층(경력사다리: career ladder)에 따라 수직적으로 상향이동해 가는 통로이다. 한 계층의 직무수행에서 배우고 준비하는 것이 그보다 높은 다음 계층의 직무를 맡는 데 필수적인 조건이라고 전제하는 통로이다. 이러한 통로는 간단하고 명확해서 직원들은 경력발전의 구체적인 순서를 쉽게 알 수 있다. 그러나 조직사회의 변화추세는 전통적인 경력통로의 지배적이었던 위상을 흔들고 있다.[o)]

② **네트워크형 경력통로** 이것은 수직적 및 수평적 이동경로를 결합한 경력통로이다. 네트워크형 경력통로(network career path)는 어떤 계층의 여러 직위에서 쌓은 경험의 호환성(互換性)을 인정한다. 이 경력통로는 수평적·사선적(빗금의) 이동범위를 현저히 확대한다. 경력진행의 수직적·수평적 대안들을 열어 두면 경력진행의 막다른 골목을 피할 수 있다. 그러나 전통적인 경력통로의 경우보다는 구체적인 진행경로를 파악하기가 쉽지 않다.

③ **이원적 경력통로** 이원적 경력통로(dual career path)는 일반행정계통(관리계통)과 기술계통을 분리한 경력통로이다. 이 경력통로는 기술직의 전문가들이 관리자가 되지 않고 계속 조직에 기여할 수 있게 한다. 기술분야의 전문가들이 능력과 역할확대에 따라 관리자들과 맞먹는 처우를 받게 한다. 기술계통의 경력통로와 관리계통의 경력통로에는 비교적 형평성이 있는 보수체계가 적용된다.

이원적 경력통로는 기술적인 전문지식이 관리기술 못지않은 중요성을 가졌

---

o) 전통적 경력통로의 효용을 떨어뜨리는 요인으로는 ① 조직 축소 등의 이유로 중간관리층의 규모가 줄어들고 있다는 것, ② 가부장적 고용관계와 신분보장이 약화되고 있다는 것, ③ 조직에 대한 직원들의 충성심이 약화되고 있다는 것, ④ 직원들의 욕구계층에 변화가 일어나고 있다는 것, ⑤ 계속적인 도전과 학습기회가 많은 직위에 대한 선호가 늘어나고 있다는 것, ⑥ 기술이 급속하게 변하고 환경적 격동성이 높아지고 있다는 것 등을 들 수 있다.

다고 전제하는 것이다. 이원적 경력통로는 훌륭한 기술자와 훌륭한 관리자를 함께 확보할 수 있게 한다.

④ **임무중심적 경력통로** 임무중심적 경력통로는 고용관계와 담당업무의 잠정성·유동성을 전제하는 통로이다. 조직의 비계서적·잠정적 구조에 대응하는 경력통로이다. 이것은 조직의 고정적인 계층과 지위체제에 결부되지 않는다.

임무중심적 경력통로를 따라가는 개인은 스스로의 인적 전문화를 위해 꾸준히 노력하며 조직의 필요에 따라 유인·기여의 약정을 맺고 근무한다. 그에 대해 조직은 외재적 및 내재적 보상을 제공한다. 조직 내에서의 경력통로는 상하·좌우로 널리 개방되어 있다. 그 속에서 개인의 지위와 권한은 잠정적인 것이다.[p)]

수직적으로 하향 이동하는 경력통로(강임)와 수평적으로 이동하는 경력통로(배치전환)는 네트워크형 경력통로의 구성요소로 규정되기도 하지만 별개의 독자적인 경력통로 유형으로 취급되기도 한다. 자유직업인(free agent)으로 조직에 참여하는 계약직 경력통로를 따로 다루기도 한다. 개인이 노동시장과 조직 내에서 자신의 가치와 지위를 향상시키기 위해 능력을 발전시켜 나가는 과정(adding value to career)을 경력통로의 일종이라고 이해하는 사람들도 있다.

3. 경력관리

1) 경력관리의 정의

경력관리(經歷管理: career management)는 조직이 장래의 필요에 맞춰 활용할 수 있는 인재집단을 확보하기 위해 직원들을 선별·평가·배치하고 발전시키는 과정이다. 경력관리의 일반적 목표는 인적자원을 효율적으로 활용하고 조직구성원들의 발전을 지원하는 것이다.

경력관리에는 조직구성원 모두가 적극적으로 참여해야 한다. 경력관리의 대상인 직원들은 정확한 경력관련정보를 제공해야 한다. 최고관리층에서는 경력관

---

p) 유동성이 높고, 개인의 자율성·지속적인 자발적 발전·직무만족·전문직업에 대한 몰입·심리적 성공이 강조되는 경력을 프로테우스 경력(변화무쌍한 경력: Protean career)이라고 부르기도 한다. 그리스 신화에 나오는 Proteus는 갖가지 모습으로 둔갑하는 바다의 신이라고 한다. Greg L. Stewart and Kenneth G. Brown, *Human Resource Management: Linking Strategy to Practice*(John Wiley & Sons, 2009), pp. 370~371

리에 관한 정책을 결정하고 필요한 자원을 배정해야 한다. 인사업무담당부서는 직원들이 제출한 경력관련정보의 정확성을 검증하고 가용인원과 경력발전의 기회를 연결짓는 인적자원계획을 세워 시행해야 한다. 인사업무담당부서와 각급 감독자·관리자들은 그러한 기본계획에 따라 조직차원의 경력관리를 해 나가야 한다.

인사행정의 거의 모든 기능이 경력관리에 직접·간접적으로 연관된다. 그 가운데서 보다 직접적으로 연관된 기능은 내부임용, 교육훈련, 그리고 근무성적평정이다. 개인들의 경력계획활동을 돕는 것도 경력관리의 중요한 작용이다.

2) 경력관리의 임무

경력관리의 임무는 그 목표체계에서 도출되어야 한다. 경력관리의 여러 가지 임무 또는 과제는 조직의 목표성취를 위한 인적자원의 효율적 활용과 조직구성원들의 발전이라는 두 가지 요청에 일관되는 것이라야 한다.

경력관리임무의 예로 i) 경력발전에 관한 인사행정원리를 천명하고 그 준수를 확인하는 것, ii) 경력발전을 촉진할 수 있도록 조직 전체의 경력통로를 개선하는 것, iii) 기존 인력의 발전을 촉진하고 직원들의 개인적 발전욕구 충족을 돕는 것, iv) 훈련수요를 결정하는 것, v) 직원들의 직무수행동기와 조직몰입을 향상시키는 것, vi) 새로운 경력통로를 탐색하는 직원들에게 자기평가의 기회를 제공하는 것, vii) 직무현장에서 쌓은 경험이 직무수행실적을 개선할 수 있도록 돕는 것, viii) 퇴직계획수립을 지원하는 것 등을 들 수 있다.[20]

제2절

퇴직관리

Ⅰ. 퇴직관리란 무엇인가?

1. 퇴직관리의 정의

인사행정에서 말하는 퇴직관리(退職管理)는 조직 내 인적자원의 퇴직상황을 파악·예측하고, 적정한 퇴직수준을 유지하며, 퇴직결정 전후에 생기는 문제들을 해결하는 활동이다. 퇴직관리는 불가피할 뿐 아니라 매우 중요한 문제이기 때문에 인사행정은 이에 관하여 적극적인 임무를 수행해야 한다. 퇴직관리는 임용관리 못지않게 조직 안에 좋은 인재를 확보하는 데 영향을 미친다.

(1) 기본적 임무 퇴직관리는 퇴직을 억제 또는 촉진하여 퇴직률을 적정화하는 임무, 퇴직예정자를 지원하는 임무, 그리고 퇴직후 생활을 지원·통제하는 임무를 수행한다.

의지와 인격을 가진 사람의 퇴직을 관리할 때에는 대단히 복잡한 문제들을 해결하고 상충되는 여러 가지 요청들을 조정해 나가야 한다. 현대인사행정의 퇴직관리는 조직의 이익과 퇴직하는 개인의 이익을 균형 있게 보호해야 한다는 기대에 부응해야 한다. 조직의 효율성제고에 이바지하면서 동시에 퇴직자의 인격과 생활을 보호해야 한다. 그리고 조직의 효율성제고를 위해 한편으로는 인사체제의 침체를 막고, 다른 한편으로는 인사체제의 불안정과 혼란을 막아야 한다. 인사체제의 안정성과 융통성이라는 상충되기 쉬운 요청을 적절히 조화시켜야 하는 것이다.

(2) 퇴직관리여건의 변화 퇴직관리는 어느 시대에나 중요한 기능이지만 오늘날 정부내외의 여건변화는 그 중요성을 더욱 부각시키고 있다.

퇴직관리를 어렵게 하고 퇴직관리의 중요성을 더욱 크게 하는 여건변화의 예로 i) 취업구조의 변화와 사람들의 직업관변화가 급속히 진행되고 있다는 것, ii) 인간다운 직업생활과 노후생활에 대한 사회적 관심이 높아지고 있다는 것, iii) 인간의 수명이 현저히 연장되고 가족생활이 전통적인 구조를 벗어나고 있다는 것, iv) 사회전반의 인적자원구조가 복잡해지고 부문별 인적자원 수급의 변화가 빈번해져 간다는 것, v) 정부조직이 사용하는 지식·기술은 급속한 변동을 겪고 있으며 정부의 사업별 역점은 끊임없이 변동하고 있기 때문에 낡은 인적자원이 양산될 수 있다는 것, vi) 정부규모의 팽창에 제동이 걸리고 감축관리의 요청이 커지고 있다는 것, vii) 정부조직 내의 인적자원유동이 활발해져 가고 있다는 것 등을 들 수 있다.

2. 퇴직의 유형

퇴직관리의 대상이 되는 퇴직의 종류는 여러 가지인데, 사망과 같이 조직이나 본인의 의지와 대체로 무관한 원인 때문에 생기는 것을 제외한 나머지 퇴직은 임의퇴직과 강제퇴직이라는 두 가지 범주로 대별해 볼 수 있다.

1) 임의퇴직

(1) 정 의 임의퇴직(任意退職)은 퇴직하는 공무원이 주도하여 결정하는 사직(辭職)을 말한다. 이것은 공무원의 자발적인 의사결정에 따른 퇴직이다. 임의퇴직은 자발적 퇴직, 사임, 의원면직 등으로 불리기도 한다. 임의퇴직은 보통 가피퇴직(可避退職: avoidable separation)이라고 그 성격이 규정된다. 적절한 조치를 취해 조직참여자의 퇴직결심을 예방하거나 퇴직결심자의 결정을 바꾸면 피할 수 있는 퇴직이라는 뜻이다. 그러나 임의퇴직 가운데는 공무원의 질병 등 피치 못할 원인 때문에 별 수 없이 자발적인 퇴직결심을 하게 된 퇴직도 있다는 점에 주의해야 한다.

임의퇴직은 퇴직할 공무원이 주도한 사직의 의사표시에 따라 결정되는 것이지만, 그러한 의사표시만으로 공무원관계가 소멸되는 것은 아니다. 공무원의 사직의사표시를 임명권자가 받아들여 면직행위를 해야만 공무원의 신분이 소멸한다. 이것이 우리 법제도의 기본적인 입장이다. 그러나 임명권자가 사표수리를 이유 없이 거부할 수 있는 것은 아니다.

(2) 유 형 어떻게 퇴직하느냐에 따라 임의퇴직을 i) 충동적 사직, ii) 비교에 따른 사직, iii) 사전계획에 따른 사직, 그리고 iv) 조건부 사직으로 분류할 수 있다.[1)]

충동적 사직은 현직에 대한 애착이 없기 때문에 사전준비 없이 새 직장을 구하지도 않고 사임하는 것이다. 비교에 따른 사직은 다른 직장에서 채용제안을 받고 그것이 현직보다 낫다고 생각하기 때문에 사직하는 것이다. 사전계획에 따른 사직은 확실한 사전계획에 따라 미리 예정한 시기 또는 조건발생시에 사직하는 것이다. 이 경우 다른 직장에서의 채용제안은 필수적인 조건이 아니다. 그러한 채용제안이 있을 수도 있고 없을 수도 있다. 조건부 사직은 불확정적인 장래의 조건발생에 연계시킨 사직이다. 자녀들이 장차 모두 취업하면 사직하리라 작정했다가 그 일이 실제로 일어나면 사직하는 것을 조건부 사직의 예로 들 수 있다. 이때에도 다른 채용제안의 유무는 전제조건이 아니다.

임의퇴직은 또한 항구적인 사직, 복직을 전제로 하는 사직, 정년 전에 퇴직을 선택하는 명예퇴직이나 조기퇴직 등으로 구분해 볼 수 있다. 정년연령에 도달하기 전에 정년퇴직과 유사한 퇴직을 하는 명예퇴직은 임의퇴직과 강제퇴직의 중간형태라고 말할 수도 있다. 왜냐하면 그것은 정년퇴직의 한 수정형태라는 특성도 지녔기 때문이다. 조기퇴직제도 역시 비슷한 성격을 지니지만 이것은 감원사유와 연계하여 운영된다. 명예퇴직과 조기퇴직에 대해서는 뒤에 따로 설명할 것이다.

비공식적으로 흔히 행해지는 '권고사직'(勸告辭職)은 외형적·법적으로는 임의퇴직이지만, 외적 강제 때문에 사직을 결심하게 되는 것이므로 실질적으로는 강제퇴직이나 거의 마찬가지이다.

퇴직원인을 기준으로 한 임의퇴직 유형론도 많은데, 그에 대해서는 퇴직원인 분석을 설명할 때 언급하려 한다.

2) 강제퇴직

(1) 정　의　　강제퇴직(强制退職)은 퇴직하는 공무원의 의사에 불구하고 정부조직이 정한 기준과 의사결정에 따라 발생하는 비자발적 퇴직이다. 강제퇴직은 불가피퇴직(不可避退職: unavoidable separation)이라는 의미를 한층 더 진하게 지니는 것이다.

강제퇴직은 해당 공무원에게 귀책사유가 있을 때에 발생하는 것으로 흔히 이해되고 있다. 퇴직해당자에게 책임을 물어야 할 귀책사유가 있다면 그것은 징계퇴직의 경우에 뚜렷하게 부각된다. 그러나 감원의 경우에서처럼 해당자에게 책임을 돌릴 수 없는 조건 때문에 생기는 강제퇴직도 있다. 퇴직자의 권익보호를 위한 절차가 얼마나 엄격한가 하는 것도 강제퇴직의 종류에 따라 다르다.

(2) 유　형　　강제퇴직의 종류에는 i) 징계에 의한 파면과 해임, ii) 정년퇴직, iii) 직권면직, iv) 당연퇴직 등이 있다.

징계에 의한 파면(罷免)과 해임(解任)은 공무원에게 심각한 잘못이 있을 때 징계절차를 밟아 공무원을 퇴직시키는 것이다. 일정한 연령 또는 근무연수에 도달한 공무원을 퇴직시키는 것이 정년퇴직(停年退職)이다. 직권면직(職權免職)이란 공무원이 법에 정한 사유에 해당할 때 임용권자가 직권으로 면직시키는 것을 말한다. 통상적인 징계절차를 거치는 징계면직과는 구별된다. 그러나 직권면직의 사유가 무엇이냐에 따라 징계위원회의 동의를 미리 받거나 그 의견을 들어야 하는 경우도 있다.[a] 감원은 직권면직의 일종이다. 당연퇴직(當然退職)은 공무원이 임용 상의 결격사유에 해당될 때에 당연히 퇴직하는 것을 말한다. 임기제공무원은 근무기간이 만료된 때에 당연퇴직한다.

감원과 정년퇴직에 대해서는 뒤에 자세히 설명할 것이다.

휴직(休職)·정직(停職)·직위해제(職位解除) 등은 공무원의 신분을 소멸시키는 것이 아니므로 퇴직은 아니다. 그러나 정부조직에 일시적으로나마 사실상의 결원을 발생시키는 제도들이므로 '유사퇴직'으로 보아 퇴직관리의 관심대상에 포함시

---

a) 직권면직의 사유는 「국가공무원법」 제70조에 열거되어 있다.

그림 4-2-1 퇴직의 종류

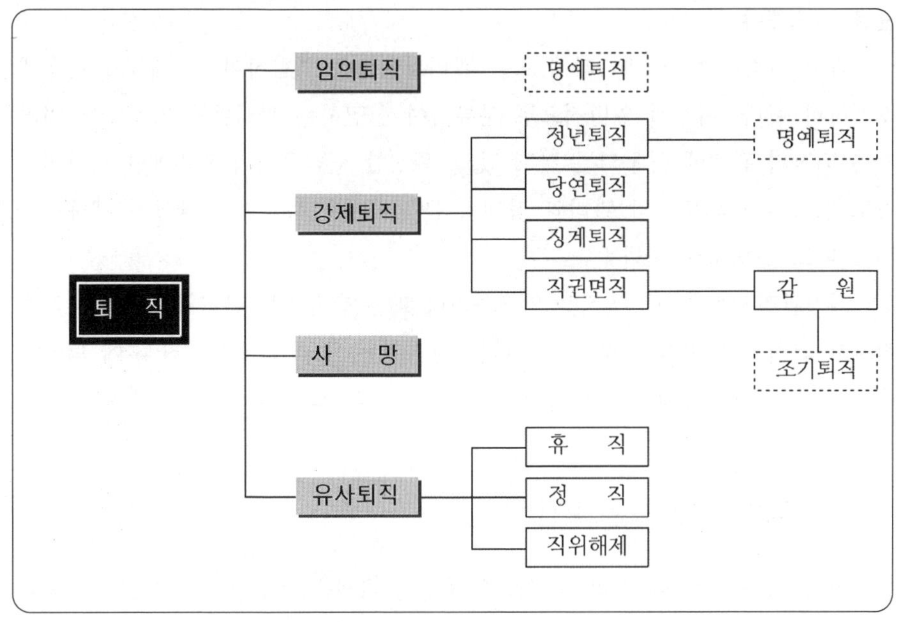

킬 필요가 있다.[b)]

임의퇴직과 강제퇴직의 범주에 포함되는 퇴직의 유형과 유사퇴직의 유형을 종합하여 도표로 그린 것이 〈그림 4-2-1〉이다.

II. 퇴직관리의 활동영역

위에서 본 바와 같이 퇴직의 유형은 여러 가지다. 퇴직의 유형이 다르고 퇴직 후의 생활설계가 다르면, 구체적으로 제기되는 관리 상의 문제들도 다르기 때문에 각각의 요청에 적합한 관리대책과 기술을 발전시킬 필요가 있다. 그러나 어떠한 종류의 퇴직이든지, 그것을 고립적인 것으로 보아서는 안 된다. 퇴직관리의

b) 휴직은 법에 정한 사유가 발생했을 때 강제로(직권으로) 또는 본인의 희망에 따라(청원에 의하여) 공무원의 근무를 일정기간 중지시키는 것이다. 정직과 직위해제에 대해서는 제 9 장 제 3 절에서 징계를 설명할 때 언급할 것이다.

전반적인 전략을 세울 때에는 각종 퇴직의 상호연관성을 인식하고 통합적인 접근을 시도해야 할 것이다.

각종 퇴직에 따른 관리과제 또는 관리활동들을 종합하여 그 개요를 다음에 소개하려 한다. 여기서 일반적으로 분류하여 설명하는 관리활동 가운데는 여러 가지 퇴직의 관리에 공통되는 것도 있고, 특정한 퇴직유형의 관리에만 국한되는 것도 있다.[c] 임의퇴직의 관리와 강제퇴직의 관리에 특유한 문제들에 대해서는 뒤에 따로 설명하려 한다.

퇴직관리활동은 i) 퇴직을 억제하거나 또는 촉진하는 관리활동, ii) 퇴직예정자가 퇴직에 대비하는 것을 지원하는 관리활동, 그리고 iii) 퇴직 후에 퇴직자들을 지원하거나 통제하는 관리활동으로 크게 범주화해 볼 수 있다.[2]

1. 퇴직의 억제 또는 촉진

인적자원의 상태에 따라 퇴직을 억제하는 대책을 추진할 수도 있고, 퇴직을 촉진 또는 강제하는 대책을 추진할 수도 있다. 전자는 퇴직억제대책이며, 후자는 퇴직촉진대책이다.

1) 퇴직억제대책

퇴직억제대책은 주로 임의퇴직을 억제하는 대책으로 이해된다. 퇴직률과 관련요인들을 분석하여 퇴직률이 적정선을 넘는 것이라고 판단될 때, 그리고 조직에 필수적인 사람이 사임할 가능성이 있다고 판단될 때에는 퇴직을 억제하는 방안들을 강구해야 한다. 그러한 방안의 예로 직무와 직무담당자 사이의 부적응을 해소하고 직무에 대한 만족도를 향상시키는 방안, 경력발전의 기회를 확대해 주는 방안, 보수 등 근무조건을 개선해 주는 방안 등을 들 수 있다.

임의퇴직을 억제하는 방안이 퇴직억제전략의 주축을 이루는 것이지만, 강제퇴직의 관리도 퇴직을 억제하는 데 깊이 연관될 수 있다. 예컨대 감원을 억제하

c) 이들 관리대책은 현대조직들이 개발하여 활용해 온 것들인데, 정부부문보다는 민간부문에서 개발한 것들이 많다. 그 가운데는 정부조직에서 채택하기 어려운 것들도 있다.

고 정년연령을 연장하는 것은 퇴직억제에 직결되는 대책이다. 다만 강제퇴직의 조정은 임의퇴직의 조정만큼 상황별 적응성이나 융통성을 발휘하기가 어렵다는 제약이 있다.

2) 퇴직촉진대책

퇴직촉진대책은 인적자원의 신진대사가 필요하다거나, 조직활동을 감축할 필요가 있다거나, 잘못을 저지른 사람을 배제할 필요가 있다거나 하는 등의 이유로 퇴직을 유도·촉진·강제하는 것이다.

퇴직을 촉진할 때에는 징계·감원·정년퇴직 등 강제퇴직방법을 우선 동원할 수 있다. 근래 직무수행성과가 부진한 공무원들을 적격심사를 거쳐 직권으로 면직시키는 '퇴출'이 강제퇴직의 중요 도구로 부각되고 있다.

임의퇴직을 촉진하는 방법도 여러 가지가 있다. 임의퇴직을 늘리기 위해 권고사직이라는 비공식적 편법이 쓰일 때가 있다. 임용권자나 감독자 또는 감사·감찰조직 등의 요구로 임의퇴직의 의사표시를 받아내는 권고사직은 사실상 강제퇴직과 같은 성격을 갖는 경우가 대부분이다. 이러한 권고사직방법이 오용되는 사례가 많다. 권고사직방법은 퇴직촉진방안으로 바람직한 것이라고 말하기 어렵다.

우리나라에서 시행되고 있는 명예퇴직, 조기퇴직 같은 선택적 정년단축방법은 중요한 퇴직촉진의 도구이다. 이것은 복합적인 유인을 써서 공무원들이 정년도달 전에 퇴직하도록 유도하는 방안이다.

이 밖에도 조직 간의 인사교류가 쉽도록 여건을 조성하고 취업알선 등의 적극적인 유인책을 써서 직원유출을 촉진하는 방법들이 있다. 퇴직하고 민간조직으로 옮기기를 원하지만 부적응의 위험 때문에 망설이는 사람들에게는 휴직을 허용하여 민간부문에서 잠정적인 취업을 실험해 볼 수 있게 하는 방법도 있다. 이것을 우리 정부에서는 민간근무휴직제라 부른다.[d]

---

d) 민간근무휴직이 허용되는 기관의 범위와 휴직기간은 「국가공무원법」 제71조 내지 제72조, 「공무원임용령」 제50조 내지 제56조에 규정되어 있다.

2. 퇴직에 대비하는 노력의 지원

퇴직을 앞둔 공무원들이 퇴직에 대비하고 퇴직생활에 적응할 수 있도록 지원해 주는 것은 퇴직관리의 중요한 과제이다. 이에 관한 대책들이 다양하게 개발되어 있다. 그 가운데는 정년퇴직과 같은 불가피퇴직에 적용될 수 있는 것이 가장 많다.

1) 경력계획·생애계획 수립의 촉진

직원들이 조직 내에서의 경력통로에 관한 계획, 그리고 퇴직 후까지를 포함한 생애계획을 세우고 실천할 수 있다면 그들은 스스로의 장래를 통제하는 데 더 많은 힘을 발휘할 수 있다. 퇴직의 시기와 방법을 예측하고 퇴직생활에 대비하는 능력이 향상되는 것은 물론이다. 조직은 직원들이 경력 및 생애에 관한 계획을 재정계획과 함께 세우도록 촉구하고 그에 조력할 수 있다.

2) 훈련과 상담

조직은 퇴직자, 특히 연령정년에 따른 퇴직자를 위한 훈련 프로그램을 만들어 퇴직생활(은퇴생활)에 도움이 되는 정보, 직업전환에 필요한 정보 등을 제공할 수 있다. 퇴직생활에 도움이 되는 정보란 재정적인 문제, 주택문제, 취미생활, 자원봉사활동, 건강문제, 재취업의 기회 등에 관한 정보이다. 이러한 훈련 프로그램과 같은 목적으로 상담방법을 활용할 수도 있다.

퇴직에 대비시키는 훈련과 상담은 퇴직예정자가 갖게 되는 장래의 불확실성에 대한 불안과 건강에 대한 불안을 완화하고, 퇴직 후의 경제생활에 대한 준비를 보다 낫게 하며, 퇴직자의 사회참여를 촉진하는 데 기여할 수 있다. 퇴직자가 퇴직 전의 직업에 대해 갖는 심리적 집착을 완화시켜 퇴직생활에 보다 잘 적응할 수 있게 하는 데도 도움을 줄 수 있다.

퇴직예정자를 위한 훈련과 상담의 방법들은 다양한데 그 가운데서 순환보직, 창업훈련, 직업알선에 대해서는 간단한 설명을 붙이려 한다.

여러 가지 직무를 맡아볼 수 있도록 하는 순환보직은 퇴직 예정자의 관리능력 등 일반능력을 향상시키고, 새로운 업무환경에 대한 적응능력을 키우는 데 도움을 줄 수 있다. 사기업에서 개발한 사내창업훈련(社內創業訓練: intrapreneurship)은 개척적이고 창업적인 업무를 담당하게 해서 그의 창의성을 기르고 위험이 따르는 창업적 상황에 대응하는 능력을 길러주려는 것이다. 정부조직에서 본격적인 창업훈련을 실시하기는 어렵겠지만 신규사업 입안업무를 맡게 하면 사내창업훈련의 경우와 유사한 효과를 거둘 수 있을 것이다.

직업알선(전직알선: outplacement)은 노동력이 있는 퇴직자의 재취업을 돕는 활동이다. 재취업상담에서는 퇴직자를 전인격적으로 대하고, 퇴직으로 손상되고 교란된 그의 자긍심과 생애의 보람을 재건하도록 도와야 한다. 그리고 정보제공, 비용부담, 추천 등의 방법으로 새로운 직업을 찾는 데 조력해야 한다. 재취업을 위한 훈련의 기회도 주선해 주어야 한다.

3) 근무감축과 단계적 퇴직

퇴직이 예정된 사람들의 근무시간 또는 근무일수를 줄여 주는 양적 근무감축으로 완전퇴직에 갑자기 직면했을 때 받게 될 충격을 완화할 수 있다. 근무량감축을 단계적으로 실시하여 근무량이 점점 줄게 하고, 결국 완전퇴직에 이르게 하는 방법을 단계적 퇴직(phased retirement)이라 한다.

근무량감축의 방법은 여러 가지로 만들 수 있다. 예컨대 퇴직이 예정된 때로부터 1년 전 또는 6개월 전부터 시간선택제로 근무하게 하는 방안이 있다. 연가일수를 점차 늘려가는 방법도 근무량감축과 단계적 퇴직의 한 전략이 될 수 있다. 안식년제(sabbaticals)를 활용할 수도 있다.[e)]

책임축소제(decruitment)를 근무량감축방법의 경우와 유사한 목적으로 쓸 수 있다. 근무의 질적 감축이라고 부를 수 있는 책임축소제는 관리자들이 정년퇴직 수년 전부터 책임이 덜한 하급직위로 강임되어 근무하게 하는 제도이다. 이것은

---

e) 단계적 퇴직은 퇴직자 개인이나 조직에 다 같이 이익이 될 수 있다. 퇴직자는 일시에 닥치는 퇴직의 충격을 피할 수 있고 직장생활을 부분적으로라도 유지하면서 가정생활·사회생활을 더 많이 누릴 수 있다. 조직은 퇴직자의 지식과 경험을 활용할 수 있다. 재직자들에게 승진의 길을 터줄 수 있다. 신규채용의 기회는 늘어나고, 신참직원들은 노련한 베테랑으로부터 일을 배울 수 있다. Jeffrey A. Mello, *Strategic Management of Human Resources*, 4th ed. (Cengage Learning, 2015), pp. 580~581.

직업 상의 지위를 점차 낮추어 그러한 지위의 완전상실에 원만하게 적응하도록 하는 데 도움을 줄 수 있다.[3)]

우리 정부에서는 퇴직예정 공무원을 위한 근무량감축제나 책임축소제를 통일적으로 법제화하지는 않고 있다. 그러나 휴가제도, 시간선택제 임용제도, 강임제도 등을 단계적 퇴직의 용도에 활용할 수 있을 것이다.

3. 퇴직 후 생활의 지원·통제

퇴직한 직원을 대상으로 하는 퇴직관리의 주축을 이루는 것은 고령퇴직자의 복지대책 등을 포함한 지원활동이다. 그러나 재취업금지, 징계효과의 확보 등에 관한 규제적 내지 통제적 조치도 예외적이기는 하지만 필요하고 또 실제로 존재한다.

1) 지원대책

지원대책은 퇴직자의 복지대책을 강구하는 것이다. 복지대책은 ⅰ) 퇴직자의 경제생활안정을 도모하는 대책, ⅱ) 정신적·육체적 건강의 보호를 도모하는 대책, ⅲ) 퇴직생애의 단계적 이행을 지원하는 대책 등으로 나누어 볼 수 있다.

경제생활의 안정을 도모하려는 대책의 수단은 퇴직금과 퇴직연금의 지급, 재산형성지원, 자격취득지원, 직업알선 등이다. 직업알선에는 복직을 주선하는 것도 포함된다. 정신적·육체적 건강을 보호하려는 대책의 수단으로는 퇴직자단체의 구성과 참여, 후생복지시설의 이용, 취미생활지원, 자원봉사와 같은 사회활동 참여의 알선, 의료보호의 제공 등을 들 수 있다.

퇴직생애의 단계적 이행을 지원하는 대책은 주로 연령정년에 따라 퇴직하는 사람들을 대상으로 하는 것이다. 여기에는 정년퇴직자들이 노년생애의 단계적 진행에 적응하는 생활설계를 할 수 있도록 조력해 주는 활동, 그리고 각 단계별로 변화하는 생활의 필요를 충족시키는 데 협조하는 활동이 포함된다.

단계별로 변화하는 생활의 필요는 다방면에 걸쳐 범주화할 수 있다. 그 가운데서 퇴직관리 작용에 많은 참고가 되는 것은 생산적인 일에 참여할 필요와 능력의 변화단계를 일반적으로 범주화하는 이론이다.

Robert Atchley는 은퇴 후의 생애단계를 i) 퇴직 후의 자유스러운 생활을 즐기는 밀월기(honeymoon phase), ii) 퇴직생활에 권태와 불만을 느끼는 실망기(disenchantment phase), iii) 퇴직생활을 오래 버틸 수 있도록 생활자세를 바꾸는 재적응기(reorientation phase), iv) 퇴직자의 역할을 익혀 비교적 자족하는 안정기(stability phase), 그리고 v) 퇴직자가 자족성을 잃고 남에게 의존하지 않을 수 없는 종말기(termination phase)로 구분하였다.[4)]

Andrzej Huczynski는 퇴직생활의 단계를 i) 정규직원으로 재취업하는 단계(interrupted retirement), ii) 시간제직원으로 재취업하는 단계(semi-retirement), iii) 자문역 또는 상담역으로 재취업하는 단계(consulting retirement), iv) 과거의 직업생활과는 관계 없는 새로운 일을 개척하는 단계(dream retirement), 그리고 v) 지역사회의 자원봉사활동에 참여하는 단계(voluntary retirement)로 구분하였다.[5)]

2) 통제대책

퇴직자들에게 규제를 가하는 통제대책의 예로 취업제한, 재산등록·공개, 비밀엄수요구 등을 들 수 있다.

취업제한에는 퇴직한 공직자의 사기업체 등에 대한 취업제한과 징계처분을 받아 퇴직한 사람의 공직복귀를 일정기간 금지하는 취업제한이 있다. 우리 정부에서는 '관재유착', '전관예우' 등 부패행태를 예방하기 위해 법령에서 정한 공직자들이 일정기간 재직중 담당업무와 관련 있는 영리업체 등에 취업하지 못하도록 하고 있다. 이러한 제한에 해당하는 사람도 정부의 취업승인을 받으면 제한에서 풀려날 수 있는 예외를 인정하고 있다.[6)] 징계효과를 확보하고 잘못된 행태를 지닌 사람이 공직에 취임하는 것을 막기 위해 징계처분으로 파면된 사람은 퇴직 후 5년간, 징계처분으로 해임된 사람은 퇴직 후 3년간 공무원으로 임용되지 못하도록 하고 있다.

재직중 재산등록 또는 공개의 의무를 지는 공무원은 퇴직시에 재산을 등록 또는 공개해야 한다.

공무원은 퇴직 후에도 직무 상 알게 된 비밀을 엄수해야 한다.

Ⅲ. 임의퇴직의 관리

임의퇴직을 관리하는 활동 가운데는 퇴직을 권장하고 촉진하는 활동도 있다. 그러나 현대인사행정학에서 많이 연구하고 있는 임의퇴직관리의 임무는 필요한 사람들의 퇴직을 억제하는 임무이다.

퇴직을 억제하려는 임의퇴직관리과정은 ⅰ) 퇴직률의 측정, ⅱ) 퇴직률의 평가, ⅲ) 퇴직의 비용·편익분석, ⅳ) 퇴직원인의 분석, 그리고 ⅴ) 퇴직억제방안의 결정과 실시라는 다섯 가지 활동단계를 포함한다. 여기에 환류작용이 뒤따르는 것은 물론이다.[7] 이러한 퇴직관리과정은 진단적 접근방법의 과정이다. 퇴직관리의 진단적 접근방법은 퇴직의 긍정적 효과와 부정적 효과를 적정하게 균형짓는 퇴직의 적정수준과 적정양태를 발견하기 위해 필요한 것이다.

1. 퇴직률의 측정·평가

1) 퇴직률의 측정

퇴직상태는 퇴직률(separation rate)을 산출해서 파악한다. 퇴직상태를 분석하고 평가하는 데 유용한 정보를 제공하려면 여러 가지 유형의 퇴직률을 계산해야 한다.

(1) 총퇴직률 일반적으로 퇴직률이라고 할 때에는 일정기간의 퇴직자총수를 같은 기간의 평균재직자수로 나누고, 거기에 100을 곱하여 산출한 총퇴직률을 지칭한다. 총퇴직률의 계산에서 대상으로 삼는 퇴직자에는 모든 종류의 퇴직방법을 통한 퇴직자들이 모두 포함된다. 총퇴직률은 대개 월별로 측정하는데, 월별 평균재직자수는 해당되는 달의 첫날과 마지막 날의 재직자수를 합하고, 그것을 둘로 나누어 산출하는 방법이 흔히 쓰인다.

(2) 인적자원대체율 인적자원대체율은 채용률(accession rate)에서 퇴직률을 감하여 산출한다. 인적자원대체율의 수치는 플러스(+) 또는 마이너스(−)로 나타난다. 이러한 인적자원대체율은 조직의 전체적인 인적자원규모가 커지고 있는지, 아니면 작아지고 있는지를 알아보는 데 유용하다.

(3) 퇴직종류별 퇴직률 조직 내의 퇴직상황을 보다 자세히 분석하려면, 퇴직의 종류별로 퇴직률을 계산해 볼 필요가 있다. 즉 사망률·정년퇴직률·징계퇴직률·당연퇴직률·직권면직률·임의퇴직률 등을 계산해 보면 퇴직의 양상을 보다 자세히 알 수 있다.

(4) 임의퇴직률 임의퇴직률은 임의퇴직자수를 측정기간의 평균재직자수로 나누고, 거기에 100을 곱하여 산출한다. 임의퇴직의 분석에 필요하다면 임의퇴직률은 여러 가지 기준에 따라 다시 분류하여야 한다. 여러 가지 기준이란 조직단위, 퇴직자의 직무수행실적, 근속기간과 연금액, 학력, 연령, 성별, 결혼여부, 직무분야 등을 말한다. 임의퇴직률의 측정에서는 조직에 남거나 퇴직하는 사람들의 가치를 따져 보는 질적 평가에 필요한 정보도 산출해야 한다.

2) 퇴직률의 평가

여러 가지 퇴직률이 파악되면 그것이 조직을 위해 바람직한 것인지의 여부, 즉 적정퇴직률인지의 여부를 평가해야 한다. 퇴직률의 양적·질적 국면을 함께 평가하여야 한다.

퇴직률 평가에서 판단에 도움이 될 만한 자료를 얻기 위해 각종 퇴직률을 종단적(longitudinal or historical)으로 또는 횡단적(cross-sectional)으로 비교하는 방법을 흔히 쓴다. 종단적 비교는 현재의 퇴직률을 과거의 퇴직률과 비교하는 것이며, 횡단적 비교는 다른 조직 또는 조직단위의 퇴직률과 비교하는 것이다.

총퇴직률과 임의퇴직률의 평가에 일반적으로 적용할 수 있는 기준은 퇴직률이 인사체제의 정체를 막을 수 있을 만큼 높아야 하며, 인사체제의 불안과 혼란을 막을 수 있을 만큼 낮아야 한다는 것이다. 이와 같이 일반적이고 막연한 기준이 퇴직률의 적정여부를 평가하는 데 구체적이며 조작적인 준거로 되기는 어렵다. 그러나 적정퇴직률의 구체적인 수치를 보편적으로 처방할 수는 없다. 적정퇴직률은 구체적인 경우마다 상황적 조건에 맞게 결정해야 한다.

2. 퇴직의 비용·편익분석과 퇴직원인의 분석

1) 퇴직의 비용·편익분석

퇴직통제에 관한 의사결정을 할 수 있으려면 퇴직률의 적정수준에 대한 판단 이외에 퇴직의 비용(손실)과 이득을 따져 보는 비용·편익분석이 필요하다.[f] 공무원의 퇴직에 따르는 비용과 편익은 다음과 같다[8])

(1) 퇴직의 비용 퇴직의 비용계산에서는 경제적 비용뿐 아니라 사회적 비용을 고려해야 하며, 퇴직 자체의 비용뿐 아니라 퇴직자에 갈음하여 사람을 새로 임용하는 데서 발생하는 대체비용도 고려해야 한다.[g] 퇴직비용은 개인별로 산출한다.

퇴직 자체에 결부된 비용과 대체비용의 계산에 포함되는 비용항목은 i) 퇴직결정에 이르기까지의 잠재적 퇴직기간과 퇴직결심에서 퇴직에 이르는 기간의 사기저하와 생산성저하, 그리고 그것이 동료에게 미치는 악영향, ii) 숙련기술의 손실, iii) 퇴직연금비용, iv) 퇴직처리에 드는 행정경비, v) 퇴직과 대체 사이의 공백기 때문에 생기는 업무중단비용 및 다른 직원에게 주어야 하는 초과근무수당, vi) 남은 직원들의 초과근무로 인한 과로 및 감독책임의 증가, vii) 대체직원의 채용과정에 드는 비용, viii) 대체직원의 훈련에 드는 비용, ix) 신규채용자의 미숙달로 인한 저생산성, 높은 사고율과 낭비 등이다.

(2) 퇴직의 편익 임의퇴직이 정부조직과 국가사회에 주는 경제적·사회적 이익도 계산해 보아야 한다. 그러한 이익의 예로는 i) 낡은 사람들을 내보내고 새롭게 발전된 지식·기술을 익힌 인재를 채용함으로써 얻어지는 생산성제고와 기술전파의 효과, ii) 문제행동자가 퇴직하면 다른 재직자들의 사기를 높이는

---

f) 여기서 설명하는 것은 넓은 의미의 비용·편익분석이다. 퇴직의 재정적 국면뿐만 아니라 인적자본이론이 중시하는 국면들까지도 함께 고려하기 때무에 넓은 의미의 비용·편익분석이라 하는 것이다. 인적자본이론은 인적자본(human capital)이 조직의 성패를 좌우하는 핵심적 요소라고 전제하고 퇴직이 조직의 업무성취에 미치는 여러 가지 영향을 분석한다.

g) 대개의 경우 정부부문에서의 대체비용(승계비용: succession costs)은 사기업의 경우에서보다 많은 것으로 추정되고 있다. 채용과정이 더 복잡하고 정부에만 있는 업무가 많아서 훈련비용이 더 들기 때문이다.

효과, iii) 젊고 경력이 짧은 사람이 대체임용되면 보수예산을 절감할 수 있는 효과, iv) 관리층의 적정한 대체를 통해 얻어지는 정부관료제의 대표성향상효과, v) 보다 넓은 경험과 안목을 지닌 관리층인력의 양성효과, vi) 승진 등 경력발전기회의 확대가 가져오는 사기앙양의 효과, vii) 공직의 취업기회 확대가 주는 사회적 영향 등을 들 수 있다.

2) 퇴직원인의 분석

임의퇴직의 억제대책을 입안하려면 퇴직률과 퇴직의 비용·편익에 관한 판단자료를 가지고 있어야 할 뿐만 아니라, 퇴직의 원인에 대한 판단자료도 가지고 있어야 한다. 퇴직의 원인을 알아내는 일은 구체적으로 '어떻게' 퇴직을 억제할 것인가를 결정하는 데 불가결한 것이다.

(1) 복잡한 퇴직원인 임의퇴직의 원인을 밝혀내는 일은 쉬운 것이 아니다. 개인·조직·노동시장의 많은 요인들에 대한 당사자의 지각과 가치관 등이 얽혀 자아내는 퇴직의 구체적인 원인은 사람마다 천차만별일 수 있다. 잘못된 채용, 직무부적응, 발전기회의 결여, 감독자의 리더십에 대한 불만, 보수에 대한 불만, 부적절한 훈련, 단조로운 업무, 부적절한 고충처리, 개인적인 신상문제, 작업집단에 대한 불만, 비윤리적인 조직의 분위기, 인적자원의 수요·공급에 관한 노동시장의 조건, 보다 나은 취업대안 등이 주요퇴직원인의 범주로 흔히 열거되지만 그것이 전부는 아니다.[9)]

측정기술도 완벽한 것이 아니다. 모든 경우에 적합하고 만족할 만큼 정확한 퇴직원인조사의 방법은 아직 개발되어 있지 않다. 그러므로 조금씩 불완전한 여러 가지 조사방법을 상호보완적으로 사용하여 진실에 접근할 수 있도록 해야 한다.

(2) 조사방법 퇴직원인을 조사하는 방법의 주요 범주를 보면 다음과 같다.[10)]

① 퇴직자면접 가장 널리 쓰이고 있는 것은 퇴직자면접(exit interview)이다. 이것은 사직의 이유와 감정상태를 알아보기 위해 사직의 의사를 밝힌 직원을 그의 감독자나 인사담당자가 면접하는 방법이다.

퇴직자면접의 주된 기능은 퇴직의 진정한 원인을 알아내는 것이다. 퇴직하지 않고 조직에 남아 퇴직원인을 해소하고 발전할 수 있는 기회를 알려 주는 것, 면접을 통해 퇴직결심자가 카타르시스의 기회를 갖게 하는 것, 조직의 이익과 개인의 이익에 관해 이해를 증진시킴으로써 퇴직자가 조직에 대해 좋은 인상을 갖게 만드는 것, 그리고 인사행정의 실책을 발견하는 것 등은 퇴직자면접의 부수적인 기능이라고 할 수 있다.[11)]

② **퇴직후면접** 퇴직자면접에서 퇴직자가 진정한 이유를 밝히지 못하거나, 그것을 꺼려하는 일이 많다. 퇴직자면접의 그러한 장애를 부분적으로라도 극복할 수 있는 방법은 퇴직후면접(postexit interview)이다. 사직 후 일정한 시일(보통 수 개월)이 지나고 사직한 사람이 새로운 직장을 얻어 안정된 다음에 그를 면접하여 퇴직이유를 물으면 보다 솔직한 답변을 해 줄 가능성이 있다.

③ **근무관계기록조사** 사직원인을 알아 내기 위한 객관적 자료조사도 게을리 하지 말아야 한다. 사직자의 인사기록을 검토하여 퇴직의 원인을 추정하는 것은 객관적 자료조사의 대표적인 예이다. 사직이 자주 일어나는 조직단위와 직무분야 및 계층을 확인하고 그에 관한 근무조건을 검토하는 것, 재직자의 근태기록·생산기록·사고기록 등을 검토하는 것, 근속률을 분석하는 것 등은 사직이유의 추정에 도움을 줄 수 있다.

④ **재직자의 태도조사** 퇴직결정을 하지 않은 일반재직자에 대한 태도조사도 사직이유추정 내지 분석에 중요한 자료를 제공할 수 있다. 재직자들의 직업생활에 대한 기대와 동기, 사직의 원인이 될 만한 요인의 유무에 대한 반응, 그리고 계속해서 재직하는 이유 등을 주기적으로 조사하여 사직발생의 가능성을 미리 예측하고 사직원인을 추정하는 데 자료로 삼는 것이 바람직하다.

3. 퇴직억제방안의 결정

임의퇴직의 관리에서 퇴직을 억제한다는 것은 바람직하지 못한 퇴직을 감소시킬 수 있는 방안을 결정하여 시행한다는 뜻이다. 여러 가지 퇴직률, 퇴직희망자의 특성, 퇴직의 비용과 편익, 그리고 퇴직의 원인을 분석·평가하여 적정선을 넘는 퇴직률이 조직에 손실을 주는 바가 크다고 판단될 때에는 퇴직을 억제해야 한다. 적정퇴직률의 범위 내에서라도 조직에 필수적인 요원으로서 대체가 아주 어려운 사람이 퇴직하려 할 때에는 이를 만류하는 퇴직억제책을 써야 한다.

구체적인 퇴직억제방안들은 다양하지만 그것들을 집합적으로 파악하여 범주화해 볼 수 있다. 퇴직억제방안의 일반적 범주는 i) 직무와 사람의 부적응을 해소하는 방안, ii) 보수 등 근무조건을 개선하는 방안, 그리고 iii) 경력발전의 기회를 확대해 주는 방안으로 나누어 볼 수 있다.

(1) 일과 사람의 부적응 해소 일과 사람 사이의 부적응을 해소하는 방안은 직무만족도를 향상시키려는 것이다. 사람들은 직무의 요건에 부응하지 못하고 직무에서 보람을 찾지 못할 때 부적응을 일으키고 퇴직결심까지 할 수 있다. 따라서 퇴직을 억제하려면 직무요건과 인적 조건을 적응시키고 사람들이 직무에서 보람을 찾을 수 있게 만들어 주어야 한다. 여기에는 배치전환, 직무재설계, 교육훈련, 개인적 문제의 해결 등의 방법이 쓰일 수 있다. 직무에 잘 적응하고 조직에 오래 남을 사람들을 채용하고 그들이 조직에 뿌리를 내리도록 돕는 것도 중요한 퇴직억제방안이다.

(2) 근무조건의 개선 여기서 근무조건이란 직무를 제외한 근무의 조건 또는 환경을 지칭하는 것이다. 현대의 동기이론가들 가운데는 그러한 근무조건은 단지 위생요인에 불과하기 때문에 직무수행동기 유발의 본질적인 요인이 아니라고 생각하는 사람들도 있다. 그러나 설령 근무조건이 불만 또는 불만해소에만 관계된 요인이라 하더라도 그에 불만을 느낀 사람이 퇴직을 결심할 가능성은 얼마든지 있다. 근무조건에 대한 불만을 해소하기 위해서는 보수와 편익, 근무시간과 휴가, 작업환경, 감독방법 등을 개선해야 할 것이다. 근무조건 개선과 함께 조직이 직원들의 기여를 높이 평가하고 그들의 복지를 증진시키려 한다는 믿음을 직원들에게 심어주어야 한다.

(3) 경력발전기회의 확대 경력발전의 기회를 확대해 주는 방안은 위에서 본 두 가지 방안과 상당부분 겹치거나 그에 영향을 미치는 것이다. 경력발전의 기회를 확대해 주기 위해서는 승진·교육훈련·직무풍요화 등 여러 수단을 동원해야 할 것이다.

경력발전방안의 일부라 할 수 있는 '경력유지계획'에도 깊은 주의를 기울여야 한다. 경력유지계획이란 낡은 직원(obsolete personnel)의 활용에 관한 것이다. 경력유지계획의 대상은 노동력이 있는 낡은 직원이다. 낡은 직원을 강제퇴직시키는 방안도 찾아야 하지만, 그러한 직원의 퇴직이 인도적인 견지에서 또는 그 밖의 이유로 바람직하지 않을 경우에는 그들을 재훈련하고 전용해야 한다.

Ⅳ. 강제퇴직의 관리

강제퇴직은 대체로 불가피한 퇴직이라고 규정된다. 그러나 강제퇴직의 사유 발생을 예방하거나 해소할 수 있는 여지가 없는 것은 아니다. 이런 점을 생각하면 강제퇴직도 가피적(可避的)인 일면을 지녔다고 할 수 있다. 강제퇴직의 관리임무는 퇴직을 촉진 또는 억제하여 퇴직률의 적정수준을 유지하는 데 기여하고, 불가피한 퇴직결정의 적정성과 공평성을 유지하는 것이라고 말할 수 있다.

이미 소개한 바와 같이 강제퇴직의 종류에는 여러 가지가 있으나 특별한 쟁점을 안고 있는 것은 징계퇴직, 정년퇴직, 그리고 감원이다. 징계퇴직에 대해서는 제9장에서 설명할 것이다. 여기서는 정년퇴직과 감원만을 논의하려 한다.

강제퇴직의 방법들을 설명하기에 앞서 신분보장과 그 한계에 관한 문제를 검토하려 한다. 강제퇴직은 신분보장을 제약하는 것이기 때문이다.

1. 공무원의 신분보장에 관한 논쟁

인사행정에 실적체제가 도입된 이래 공무원의 신분을 어떻게, 어느 정도나 보장해야 하느냐에 관한 논쟁은 늘 있어 왔다. 공무원에 대한 신분보장제도가 완벽할 수 없기 때문에, 그리고 제도 운영 상의 형식주의 때문에, 보호해야 할 사람들은 제대로 보호하지 못하고 불이익을 주거나 퇴출시켜야 할 사람들은 빠짐없이 그리하지 못한다는 불만도 줄곧 있어 왔다. 정부내외의 여건과 정치·행정적 필요의 변화는 공무원의 신분보장에 관한 논쟁을 가열시키는 계기를 만들어 왔다.

다음에 공무원의 신분보장을 강화해야 한다는 주장과 이를 완화해야 한다는 주장의 논거와 한계, 그리고 지지적 조건이 무엇인지 검토해보려 한다. 경력직공무원, 그 가운데서도 일반직공무원을 대상으로 삼아 논의해 갈 것이다. 공무원의 신분보장을 제약 또는 교란하는 이른바 불이익처분에는 여러 가지가 있다.[h] 그 모두를 시야에 두겠지만 퇴직에 이르게 하는 조치들을 주된 참조대상으로 삼을 것이다.[12]

1) 신분보장 강화론

(1) 정당화근거 공무원 신분보장의 필요성을 강조하는 사람들이 주장하는 신분보장 강화의 정당화근거 또는 효용이라고 하는 것들을 다음과 같이 요약할 수 있다.

① 행정의 안정성·일관성 유지 행정의 안정성·일관성을 유지하는 데 기여한다. 정부관료제는 국정의 일관성을 보장하는 핵심적 안정장치이다. 민주정체 하에서 행정체제는 잦은 정권교체에도 불구하고 국정의 일관성을 유지하는 역할을 수행해야 한다. 공무원의 신분보장은 공무원들의 직업적 안정성을 높이고 나아가서 행정체제의 일관성 있고 안정적인 역할수행을 가능하게 한다.

② 능동적 직무수행 지원 공무원들의 신분을 안정시키고 외부로부터의 교란을 막으면 그들의 성실하고 능동적인 직무수행을 원활하게 할 수 있다. 그들의 창의적 직무수행을 촉진할 수 있다.

③ 전문성 향상 신분보장은 공무원들의 전문성을 향상시키는 데 기여한다. 신분보장은 직업생활의 실제에서 업무경험을 통해 전문성을 함양한 인력의 부당한 경력중단을 막아준다.

④ 권익보호·사기진작 신분보장은 직업생활의 안정을 추구하는 공무원의 이익을 보호한다. 공무원들의 직업적 안정감과 인사행정이 공평하다는 인식은 그들의 스트레스를 줄이고 사기를 진작시킨다.

⑤ 조직몰입 향상 신분보장은 공직의 응집성을 높인다. 공무원들의 단체정신과 조직몰입을 향상시킨다.

⑥ 임용관리의 단순화·자의적 인사조치의 방지 공무원 임용관리를 단순화하고

---

h) 신분보장을 제한하는 '불이익처분'의 종류는 여러 가지이다. 그 대표적인 예로 징계처분(파면·해임·강등·정직·감봉·견책), 직권면직, 직권휴직(강제휴직), 직위해제 등을 들 수 있다.

정실인사 등 자의적(恣意的) 인사조치의 폐단을 줄여준다.

(2) 한 계 엄격한 신분보장제도를 처방하는 신분보장 강화론을 따라 현실의 제도를 만드는 경우, 여러 가지 부작용을 예상할 수 있다.

엄격한 신분보장은 인적자원관리와 조직의 경직성을 높인다. 감축관리의 장애가 된다. 성과관리의 장애가 되고 무능력자 등 공직부적격자들의 도태를 어렵게 한다. 공직을 폐쇄화하고 인사침체를 가져온다. 최고관리층의 조직장악력을 약화시킨다. 정치적 리더십과 국민의 요구에 대한 공무원들의 대응성을 약화시킨다.

(3) 지지적 조건 우리나라에서 공무원 신분보장 강화론을 지지했거나 여전히 지지해 주고 있는 상황적 조건은 여러 가지이다.

① 보수적 문화유산 농경사회의 안정지향적·보수적 문화유산이 있다. 변동이 제한되었던 사회구조의 유산도 있다. 이런 유산들은 '한 우물파기'의 직업정신, 평생직장의식을 키워 왔다.

② 미분화된 직업관의 유산 미분화된 직업관의 유산도 있다. 전제군주제 하에서 관직은 양반계급의 독점물이었으며 관직의 사회적 신분연장은 전생애에 걸치는 것이었다. 그 혜택이 후손에게까지 물려지기도 했다. 이런 전통은 공직의 신분보장을 당연시하는 잠재의식을 심어놓았다.

③ 특별권력관계론의 영향 공무원의 신분은 국가와 공무원이 맺는 특별권력관계의 산물이라는 관념이 인사행정을 오래 지배했었다. 관리들이 바치는 무정량(無定量)의 복무, 일신전속의 충성에 대해 군주 또는 국가가 베풀어주는 은전인 관직은 개인의 특권이며 그것은 사인관계(私人關係)와 달리 특별히 보호되어야 한다고 믿었다. 그와 같은 전통적 사고가 우리의 뇌리에 아직도 남아 있을 것이다.

④ 부패에 대한 혐오감 우리는 과거 매관매직, 정실인사 등 공직임용에 관련된 비리가 만연되었던 경험을 가지고 있다. 사람들은 그러한 비리가 아직도 많을 것이라고 짐작한다. 인사비리에 대한 혐오감 또는 두려움은 공무원 신분보장 강화론을 편들게 만든다. 인사비리에 대한 정치인들의 공격, 학계의 비판, 언론의 과장적 보도 등은 거기에 중요한 영향을 미친다.[i]

---

i) 대중매체들은 공무원 신분보장의 교란이 가져올 폐단의 위험을 지적하기 위해 선정적 언어들을 양산하였다. 보은인사, 코드인사, 가신그룹 중용, 비선조직 인사, 공무원들의 줄서기 등이 그 예이다.

⑤ **통치지도층에 대한 불신** 실로 오랫동안 통치지도층의 신망은 형편없는 것이었다. 지난날 비민주적인 방법으로 정권을 차지하거나 연장해서 억압적 국정을 끌어간 사람들에 대한 악감정은 널리 확산되어 있었다. 민주화 이후에도 대통령 주변의 스캔들이 꼬리를 이었다. 그러한 분위기가 대통령 견제론, 권력분산론, 공직중립화론을 크게 부추겼다. 통치중추의 힘을 빼고 공무원들을 중립화하는 방안을 찾을 때 공무원 신분보장 강화론은 아주 유용한 도구로 보였을 것이다.

⑥ **고전적 실적주의이론의 영향** 초창기적인 실적체제(merit sys\tem)에 관한 미국식 원리의 영향도 크다. 초창기적 실적체제의 핵심적 원리는 공무원의 정치적 중립, 신분보장, 인사행정 기준과 절차의 객관화이다. 이런 원리들이 우리 공무원제도 입안에 고스란히 이전되었다. 과거 수십년 동안 학계의 처방적 이론들은 고전적 실적주의 원리의 확대적용을 지지했었다.

⑦ **제도운영의 형식주의** 공무원 신분보장제도 운영의 형식주의가 신분보장 강화론을 부추겨왔다. 법률을 포함한 공식적 제도가 공무원의 신분보장을 비교적 엄격하게 규정했음에도 불구하고 제도운영의 실제에서 신분보장에 대한 자의적 침해가 허다히 저질러졌다. 이런 현실은 공식적 신분보장제도를 더욱 강화해야 한다는 논의에 힘을 실어주었다.

⑧ **직업시장의 비탄력성** 우리보다 앞서 간 선진산업사회들의 경우에 비해 직업적 유동성이 낮다. 직업시장이 비탄력적이라고 말할 수 있다. 공직에서 퇴출되어 공무원의 경력이 중단된 사람들은 직업적으로 회생하지 못할 가능성이 높다. 따라서 공직으로부터의 퇴출은 공무원에게 너무 큰 개인적 피해를 안겨준다. 공무원의 신분보장을 흔들려는 기도에 대한 공무원집단의 저항이 거세질 수밖에 없다.

2) 신분보장 완화론

(1) 정당화근거 경직적인 신분보장규정을 완화하여 공직임용의 융통성을 높이는 것이 바람직하다는 주장의 논거는 다음과 같다.

① **조직·인사의 연성화** 공무원임용체제뿐만 아니라 정부조직의 구조와 과정을 연성화하여 생산성을 높일 수 있다. 인사행정의 융통성체제화는 변동대응력을 키우고 인력활용의 효율성을 높인다. 정부의 구조와 과정에 융통성을 주입하

면 전통관료제의 여러 가지 제약과 폐단을 줄일 수 있다.

② **개방화·신진대사 촉진** 신분보장 완화는 공직의 개방성을 높이고 공무원의 신진대사를 촉진할 수 있다. 새롭고 보다 유능한 인재들을 공직에 영입하는데 유리하다. 따라서 공직의 침체를 방지할 수 있다.

③ **성과관리 촉진** 성과주의적 인사행정을 구현하려면 그에 지장을 주는 신분보장의 경직성을 완화해야 한다. 신분보장규정이 너무 강경하면 업무실적이 부진한 무능력자, 무사안일주의자, 부패자 등을 공직에서 퇴출시키거나 달리 제재하기가 어렵다.

④ **최고관리층의 조직장악력 강화** 정부의 최고관리층과 정치적 리더십의 정부관료제에 대한 장악력을 강화하려면 공무원 신분보장조항을 완화해야 한다. 인사행정의 분권화·객관화를 강조하면서 신분보장까지 강화하면 대통령을 포함한 정부의 두상계층(頭上階層)은 정부관료제에 대한 통제기제를 잃게 된다.

⑤ **엽관적 임용의 수요에 대응** 공무원의 엽관적 임용 또는 정치적 임용에 대한 수요가 늘어나고 있다. 그에 대응하려면 공무원의 신분보장을 완화할 필요가 있다.

⑥ **작은 정부 구현의 장애 제거** 작은 정부 구현을 위한 감축관리를 원활하게 하려면 신분보장을 완화해야 한다.

(2) 한 계 신분보장 완화론의 약점은 다음과 같다.

신분보장 완화론의 처방을 따르는 느슨한 신분보장제도는 공무원들의 직업불안정성을 높이고 공무원들의 권익을 부당하게 침해할 수 있다. 그것은 사기저하로 이어질 수 있다. 유능한 공무원들이 떠나는 두뇌유출(brain drain)을 자극할 수 있다. 공무원들의 전문화를 방해하고 능동적·창의적 업무수행을 위축시킬 수 있다. 위법 또는 부당한 엽관인사나 정실인사의 위험을 높일 수 있다. 공무원들의 단체정신과 조직몰입을 약화시킬 수 있다.

(3) 지지적 조건 공무원 신분보장 완화론의 논거에 힘을 실어주는 상황적 요청 또는 조건들은 다음과 같다.

① **변동의 격동성** 정부 내외의 여건은 복잡해지고 그 변동은 급속해지고 있다. 국내외의 모든 분야에서 경쟁은 격화일로에 있다. 정부조직을 급진적으로 개

혁하는 리엔지리어링의 필요는 날로 증대하고 있다.

② **융통성 증대를 요구하는 개혁원리** 작은 정부 구현·전자정부 구현의 필요가 커지고, 성과주의·소비자중심주의가 행정개혁의 핵심원리로 되어 있다. 이러한 변화는 인력체제의 빈번하고 신속한 재편을 요구한다.

오늘날 크게 세력을 떨치고 있는 탈전통적 내지 반관료제적 개혁모형들은 인적자원구조의 융통성·직업적 유동성 증대를 포함한 정부조직 전체의 탈관료화를 처방하고 있다. 이러한 개혁사조는 우리 정부의 개혁운동에도 많은 영향을 미치고 있다. 반관료제적 개혁모형의 예로 경계 없는 조직, 임시체제(adhocracy), 유기적 조직, 계서제 없는 조직 등을 들 수 있다.[13)]

③ **공직의 부정적 이미지** 정부관료제의 나쁜 이미지에 대한 국민감정은 공무원의 신분보장에 부정적이다. 옛날의 억압적·착취적 관료제 그리고 개발독재시대의 군림적 관료제가 국민의 뇌리에 각인시킨 부정적 이미지는 뿌리 깊다. 오늘날에도 '비난대상으로서의 정부관료제'라는 인상은 국민들 사이에 강한 편이다.

④ **고통분담론** 경제불황기에 민간부문이 겪는 어려움은 공직의 특혜축소를 압박한다. 민간부문의 구조조정으로 인한 직업불안정성이 높아지고, 비정규직이 늘어나고, 실업률이 높아지면 정부도 '고통분담'에 참여해야 한다는 목소리가 높아진다. 고통분담의 내용에는 신분보장특혜의 축소가 포함된다.

⑤ **탈법적 방법의 대체필요성** 공무원 신분보장을 탈법적·자의적으로 침해할 수 있었던 과거의 관행은 이제 거의 불가능해졌다. 탈법적·자의적 제약이란 억압적 권고사직이나 초법률적 일제숙정 등을 지칭하는 것이다. 탈법적·자의적 방법을 대신할 신분보장 완화책을 공식화·법제화할 필요가 커졌다.

⑥ **여론주도세력의 신분보장 흔들기** 정치권, 언론, 학계 등 여론 주도층은 갖가지 동기에서 경직된 신분보장제도를 공격한다.

집권정당은 공직의 엽관임용에 대한 유혹에 넘어가기 쉽다. 정권교체기에 엽관임용에 대한 갈망은 특히 더 고조된다. 국정책임자들은 정책실패의 희생양이 필요할 때마다 그 대상을 행정공무원들에게서 찾으려 한다. 정치적 과오로 인한 민심악화를 공무원의 숙정이나 물갈이와 같은 카드로 수습해 보려 한다. 야당은 행정을 공격하는 일에 몰두하고 공무원들에 대한 인책론을 끊임없이 제기한다. 대중매체들은 정부를 비판하고 공직의 특혜를 비난한다. 신분보장제도의 보호가 빚어낸 무사안일주의를 맹공한다.[j] 학계 사람들도 탈전통적 행정개혁이론을 배경으로 신분보장제도의 경직성을 비판하고 있다.

3) 신분보장 강화론과 완화론의 절충

공무원 신분보장의 수준과 내용을 결정할 때는 신분보장 강화와 신분보장 완화를 각각 촉구하는 상충적 요청의 절충점을 찾아야 한다. 공무원 신분의 절대보장이나 신분보장의 완전철폐와 같은 극단적 결정은 바람직하지도 않고 실천이 가능하지도 않다. 그러한 극단적 결정은 가상의 세계에나 존재할 수 있다. 실천세계의 신분보장제도는 절대적인 것이 아니라 상대적·절충적인 것일 수밖에 없다.

신분보장 강화론과 완화론을 절충하는 조화점의 위치는 두 이론의 논거, 인사행정의 전략적 비전과 상황적 조건을 고려하여 설정해야 한다. 그리고 여건변화에 따라 끊임없이 조정해 나가야 한다.

현재 우리 정부의 형편을 보면 신분보장 완화론에 더 큰 힘이 실릴 수밖에 없음을 알 수 있다. 신분보장 강화론의 정당화근거는 대개 지난날의 요청에 적합한 것들이고, 완화론은 새로운 변화요청에 영합하는 것들이라는 해석을 할 수 있다.

전통관료제의 구성원리와 반엽관주의 그리고 직업공무원제의 요건에 일관되는 신분보장 강화론의 정당화근거들이 지금 그 유용성을 모두 잃은 것은 아니다. 그러나 그에 대한 중요도의 평가는 낮아지고 있다. 반면 신분보장 완화론의 정당화 근거들은 대체로 오늘날의 탈관료화를 지향하는 개혁원리에 일관되는 것들이다. 신분보장 강화론의 지지적 조건들은 점점 흐려지고 있는 반면 신분보장 완화론의 지지배경은 점점 더 뚜렷해지고 있다.

공무원 신분보장의 일반적인 또는 전반적인 수준을 가지고 논의한다면 앞으로 적정한 수준에 이르기까지 신분보장을 완화하는 방향으로 개혁정책의 역점을 이동시켜야 한다는 말을 하지 않을 수 없다.

신분보장 완화를 추진할 때에는 신분보장 완화가 적정수준을 넘거나, 완화의 이익을 능가하는 부작용이 나타나게 하면 안 된다. 경직된 신분보장의 폐단이 공

---

j) 대중매체들은 철밥통, 신도 부러워하는 직장, 제식구 감싸기, 동종번식, 비리공무원의 솜방망이 처벌 등 공무원의 신분보장을 빗댄 냉소적 언어들을 양산하였다.

식적 제도로 인한 문제인지 운영 상의 문제인지를 분명히 확인하고 문제에 적합한 대응을 해야 한다. 신분보장의 분야별로 신분보장 제한의 폭과 방법은 달라져야 한다는 점을 또한 유념해야 한다.

그리고 신분보장 완화의 목적별로도 방침을 달리 해야 한다. 앞서 설명한 신분보장 완화론에 그 목적들이 시사되어 있다. 신분보장 완화의 목적으로는 공직의 신진대사·개방화 촉진, 융통성 제고, 성과주의 여행(勵行), 엽관임용의 통로 제공, 감축관리 등을 생각해 볼 수 있다. 예컨대 엽관임용 목적인가 성과주의 강화 목적인가에 따라 신분보장 완화의 범위와 결정기준, 결정방법이 확연하게 달라져야 한다는 점은 누구나 쉽게 짐작할 수 있을 것이다.

2. 정년퇴직

1) 정년제도의 정의

정년제도(停年制度: retirement system)는 공무원이 재직중 발전 없이 장기간 근속하거나 노령이 되어 유용성이 감소된 경우, 법으로 정한 시기에 자동적으로 퇴직하게 하는 제도이다. 이 제도는 범법행위나 특별한 과오는 없지만 직무수행능력의 저하가 추정되는 사람들을 객관적으로 정한 연한에 따라 공직에서 물러나게 함으로써 정부업무의 효율적인 수행을 보장하고, 인적자원의 신진대사를 적정하게 하며, 재직공무원들의 사기를 높이려는 것이다.

2) 정년제도의 유형

정년제도는 ⅰ) 연령정년제도, ⅱ) 근속정년제도, ⅲ) 계급정년제도(직급정년제도) 등 세 가지 유형으로 대별할 수 있다.

(1) 연령정년제도 가장 널리 채택되고 있는 것은 연령정년제도(年齡停年制度: 노령정년 또는 은퇴)이다. 이 제도는 현재 우리나라의 일반직공무원에게 적용되고 있다. 상식적으로 정년이라 말할 때에는 연령정년만을 지칭하는 것이 보통이다. 공무원이 너무 늙으면 직무수행능력이 저하되고, 그들을 지휘하는 데도 지장이 많다는 것이 이 제도의 주된 존재이유이다.

(2) 근속정년제도 근속정년제(勤續停年制)는 조직에 취업한 후 일정한 기간이 지난 사람을 자동적으로 퇴직시키는 제도이다. 공무원이 된 뒤에 아무리 승진을 하고 능력발전이 있더라도 공무원이 된 이후의 연수를 통산하여 장기간 근무하였으면 퇴직시키는 제도인 것이므로, 공직의 유동성을 높인다는 것 이외에는 근속정년제를 정당화시킬 수 있는 근거가 희박하다.

(3) 계급정년제도(직급정년제도) 직급정년제라고 부르기도 하는 계급정년제(階級停年制)는 공무원이 일정한 기간(대개 계급 또는 직급에 따라 다르게 5년·10년·15년 등으로 차별적 기간을 설정한다) 승진하지 못하고 동일한 계급(직급)에 머물러 있으면, 그 기간이 만료된 때에 그 사람을 자동적으로 퇴직시키는 제도이다.

계급정년제도는 ⅰ) 공직의 신진대사 촉진, ⅱ) 공직취임기회 확대, ⅲ) 무능공무원 도태, ⅳ) 전통적 행정문화 개혁 등에 유용한 수단을 제공할 수 있다. 단순하고 객관적으로 운영될 수 있다는 것도 이점이다.

그러나 계급정년제도에는 ⅰ) 공무원의 권익 침해, ⅱ) 사기 저하, ⅲ) 실적주의 침해, ⅳ) 퇴직률 조절의 애로, ⅴ) 유능한 인력의 손실과 많은 교체비용, ⅵ) 행정의 계속성 손상 등의 부작용이 따른다.

우리 정부에서 일반직 공무원에게 적용되는 것은 연령정년제도뿐이다. 연령정년제도에 대해서는 설명을 추가하려 한다. 그에 연관된 명예퇴직제도에 대해서도 언급하려 한다.

3) 연령정년제도

연령정년제도를 둘러싼 쟁점 또는 문제들 가운데 중요한 것들을 세 가지 범주로 나누어 볼 수 있다. 세 가지 범주의 문제란 ⅰ) 이 제도의 정당화근거(필요성)와 약점에 관한 쟁점, ⅱ) 퇴직연령을 어느 선에서 어떻게 결정해야 하는가에 관한 문제, 그리고 ⅲ) 현대사회에서 줄기차게 제기되고 있는 정년연장의 요청에 어떻게 대응해야 할 것인가에 관한 문제이다.

(1) 정당화근거 연령정년제도의 정당화근거는 다음과 같다.[14)]

① 시행의 간편성 이 제도는 시행하기가 쉽다. 노령자들의 직무수행능력결여를 입증하는 복잡한 절차를 거치지 않고 퇴직시킬 수 있다.

② **임용기회 확대** 고령자들의 퇴직을 촉진하여 젊은 사람들에게 채용·승진의 기회를 넓혀 줄 수 있다.

③ **인적자원계획의 편의** 정년퇴직계획에 관한 객관적 자료를 미리 알 수 있으므로 인적자원계획수립이 용이해진다.

④ **고령자의 명예로운 퇴진** 능력이 감퇴된 고령자들이 명예롭게 퇴직할 수 있도록 한다.

⑤ **은퇴준비기간 제공** 미리 알려진 퇴직시기에 맞추어 대상자들이 은퇴계획을 세울 수 있도록 시간적 여유를 준다.

⑥ **신분보장** 공무원의 지위를 안정시키고 정치적 중립성을 확보하는 데 기여할 수 있다. 연령정년제는 일정한 연령에 도달하기까지 공무원이 안심하고 근무할 수 있게 하는 신분보장의 의미도 지닌 것이기 때문이다.

⑦ **평안한 노후생활의 기회제공** 연령정년제는 노후에 노동으로부터 해방되어 안정된 생활을 누릴 수 있게 해야 한다는 인도적 요청에 부응하는 제도이다.

(2) 약 점 연령정년제도의 약점을 지적하면서 이 제도의 채택을 반대하는 사람들의 주장을 보면 다음과 같다.

① **권익침해** 강제퇴직연령을 획일적으로 고정하는 것은 공무원의 개인적 자유와 권리를 침해한다. 연령에 따른 임용차별이라는 비난을 받을 수 있다.

② **인적자원의 손실** 유용한 인적자원의 손실을 초래할 수도 있다. 사람들이 나이가 드는 데 따른 능력감소와 생산성감소는 획일적인 것이 아닌데, 일정한 연령에 도달한 사람들을 모두 도태시키는 경우 아직도 유용성이 큰 인력까지 한꺼번에 버리는 결과가 되기 때문이다.

③ **부정적 행태의 유발** 정년에 따라 강제로 퇴직되는 사람들은 조직에 반감을 품을 수도 있으며, 정년을 앞둔 사람들은 직무수행에 무성의하고 무사안일에 빠지기 쉽다.

④ **소홀한 감독·평가** 감독자들이 부하직원을 감독하고 평가하는 데 소홀하게 만드는 문제가 있다. 획일적인 강제퇴직연령의 규정이 없으면 감독자들은 보다 철저하게 근무성적평정을 해서 연령에는 상관없이 무능한 사람만 골라 도태시키려고 노력할 것이다.

⑤ 사회보장제도의 부담 엄격한 정년연령의 규정에 따라 아직도 노동능력이 있는 사람들을 실직시키면 연금제도 등 사회보장제도에 부담을 주게 된다.

(3) 정년연령의 결정 연령정년제도에 관한 두 번째 문제는 정년연령을 어느 수준에서 어떻게 결정할 것인가 하는 문제이다. 이 문제에 대한 보편적 해답은 없다. 정년연령의 수준을 결정할 때에는 퇴직연령을 낮게 또는 높게 정하는 경우의 득실에 관한 일반이론과 구체적인 인사체제의 조건, 그리고 환경적 조건을 고려해야 한다.

정년연령의 획일적인 규정에 따르는 무리를 피하기 위해 직무분야별·계급별로 구분하여 정년연령을 달리 정하는 방안을 채택하기도 한다. 구체적인 사례에 따라 정년연령의 적용에 신축성을 부여하기도 한다. 조직의 인적자원 구성과 대상공무원의 개인적 사정에 따라 정년을 개별적으로 연장할 수 있게 하는 방법, 명예퇴직제와 같은 선택단축정년제를 채택해 조기퇴직의 길을 열어 주는 방법 등이 쓰일 수 있다.

우리 정부에서는 오랫동안 일반직공무원의 정년연령을 계급에 따라 두 가지로 구분하고 있었다. 2009년의 법률개정 이전에는 5급 이상 공무원과 연구관 및 지도관의 정년연령은 60세, 6급 이하 공무원과 연구사 및 지도사의 정년연령은 57세로 되어 있었다. 2009년부터 공무원의 정년은 60세로 통일되었다. 다만 6급 이하 공무원의 정년연장은 시차를 두고 2013년까지 단계적으로 실행하였다.

(4) 정년연장 정년연장, 즉 정년연령을 늘리는 문제는 정년연령을 결정하는 문제에 포함되지만 그 중요성이 크기 때문에 여기서 따로 설명을 보태려 한다.

① 정년연장의 요청 대개의 조직이 시행하고 있는 정년연령은 인간의 평균수명이 오늘날처럼 길지 않고 노동가능연령도 마찬가지로 길지 않던 시대의 관념과 조건을 반영하는 것이다. 오늘날 여러 가지 조건변화는 정년연장을 요구하는 압력을 가중시키고 있다.[k)]

현대의 선진사회들은 인구고령화의 길을 빠르게 걸어왔다. 고령화의 추세는

---

k) 우리나라에서도 직장생활 전반에 걸친 정년연장이 뜨거운 이슈로 되어 있다. 2019년 2월 21일 대법원 전원합의부가 육체노동 가동연한(일할 수 있는 나이)을 60세에서 65세로 올리는 판단을 했다. 이를 계기로 정년연장 논의가 다시 한 번 뜨거워졌다.

상당기간 지속될 것이 예상된다. 고령화사회에서 고령사회로, 다시 초고령사회로 진전이 이어지고 있다. 그에 따라 노동가능연령도 현저히 연장되고 있다. 고령자들의 생활자립에 대한 필요도 커지고 있다. 퇴직한 고령자들의 생계를 도와야 하는 사회보장제도의 부담이 너무 커져가고 있다.

그리고 사회가 발전하고 정보화·탈물질화의 경향이 촉진되면서 사람들은 일을 통한 자기실현의 가치를 점점 더 높이 평가하게 되었다. 따라서 고령자들도 예전보다 일을 더 원하게 되었다.

② 정년연장의 애로 정년연장에는 애로와 저항요인도 많다. 폐쇄형의 인사관리 등 전통적 요소들을 많이 지닌 인사체제가 시대의 변천에 따른 정년연장의 요청을 수용하기는 힘겨운 일이다.

정년연장의 애로 또는 저항유발요인으로 ⅰ) 승진적체를 악화시킬 수 있다는 것, ⅱ) 보수와 퇴직연금의 지급부담이 커진다는 것, ⅲ) 고령자의 재훈련이 어렵다는 것, ⅳ) 직무와 작업조건이 젊은이들에게 적합하게 꾸며져 있다는 것, ⅴ) 정년연장 대상자의 선별이 기술적으로 어렵다는 것, ⅵ) 청년실업문제를 악화시킬 수 있다는 것 등을 들 수 있다. 필요에 따라 정년을 연장하려면 이러한 장애요인들을 조정하거나 완충하는 노력을 병행해야 한다.

③ 정년연장의 방법 연령정년을 연장하는 기본적인 방법은 대상이 되는 공무원집단의 정년을 일정기간 획일적으로 연장하는 방법이다. 가장 널리 쓰이는 이 방법은 정년연령을 일정기간 획일적으로 연장하고, 보수, 임용, 퇴직 등 인사조치에서 정년연장 전후에 차이를 두지 않는 것이다.

이런 기본형을 수정하는 여러 대안이 활용되기도 한다. 예컨대 정년연장을 전체적·획일적으로 하지 않고 선별적으로 연장해 주는 방법이 있다. 선별적 연장의 경우에도 그 결정기준, 결정절차, 연장기간, 연장 후의 고용양태 등이 어떻게 다르냐에 따라 여러 방법들이 갈릴 수 있다.

정년퇴직자를 다시 채용하는 재임용제도는 사실상 정년연장과 유사한 효과를 낼 수 있다. 그래서 정년퇴직자를 대상으로 하는 재임용제를 재고용적 정년연장제라 부르기도 한다. 일본정부의 인사제도에서 그 예를 볼 수 있다. 일본에서는 공무원의 연령정년을 60세에서 65세로 연장하는 조치를 시행하기 전에 과도적으로 재임용제를 실시하였다. 공무원이 60세에 정년퇴직한 후 퇴직 전 직급보다 낮은 직급으로 1년 단위의 채용계약을 65세까지 채결할 수 있게 했다. 재임용자의 고용양태는 정규직 또는 비정규직으로 융통성 있게 정하도록 하였다.15)

4) 명예퇴직제

우리 정부에서 채택하고 있는 명예퇴직제(名譽退職制)는 공무원으로 20년 이상 근속한 사람이 정년 전에 스스로 퇴직하면 일정액의 수당을 지급하는 제도이다.16) 이 제도는 법에서 정한 근속기간이 지난 다음부터 연령정년에 도달하기까지의 기간 내에서 선택적으로 퇴직을 결정하게 하기 때문에 선택단축정년제의 일종이라고 할 수 있다. 그런가 하면 퇴직의 의사결정은 해당 공무원이 자발적으로 하게 허용하는 제도이기 때문에 이것은 임의퇴직의 일종으로 볼 수도 있다.

명예퇴직제는 낡은 직원의 퇴직을 촉진하여 인사체제의 신진대사를 활발하게 하는 데 기여할 수 있다. 이 제도는 감원이 필요한 경우 대상자선정의 어려움을 덜어줄 수 있다. 추가적인 퇴직수당을 지급해서 퇴직자가 받는 타격을 줄일 수 있는 제도이기도 하다.

그러나 이 제도는 공무원의 신분보장을 부당하게 침해하고, 장기근속자들의 사기를 저하시킬 수 있는 위험을 안고 있다. 제도운영의 실제에서 만약 명예퇴직이 강요되는 사례가 빈발하면 그러한 위험은 매우 심각해진다. 신청자가 한꺼번에 몰리는 경우 인원공백이 우려되고 인적자원계획의 운영에 차질을 줄 수도 있다.

3. 감 원

1) 감원의 정의

감원(減員: reduction in force; employee layoffs)이란 정부조직의 사정변경 때문에 일부의 공무원이 필요 없게 되어 그들을 퇴직시키는 것을 말한다. 공무원에게 범죄행위 등 과오가 있는 것도 아니며, 반드시 무능하거나 부적격하다고 추정할 만한 이유가 있는 것도 아니지만, 단지 정부의 사정이 그들을 고용할 수 없기 때문에 퇴직시키는 것이 감원이다.17)

감원의 종류는 부분적 감원과 일반적 감원으로 크게 나누어 볼 수 있다. 감원은 복직을 전제로 하는 일시적 감원과 그렇지 않은 항구적 감원으로 구분해 볼 수도 있다.

대규모의 정부조직을 운영하자면 인력을 부분적으로 감축하여야 할 필요가 종종 생기기 때문에 감원제도를 인정하는 것이다. 우리 정부에서도 물론 이러한 제도를 인정하고 있다. 「국가공무원법」 제70조(1항 3호)는 "직제와 정원의 개폐 또는 예산의 감소 등에 따라 폐직 또는 과원이 되었을 때"에는 임용권자가 공무원을 직권으로 면직시킬 수 있다고 규정한다.

2) 정부축소와 감원

어느 시대 어느 정부에서나 다소간에 감원의 필요는 생겨나기 마련이다. 그러나 그 빈도와 규모는 상황에 따라 큰 차이가 있다. 산업화시대에 거대정부가 형성되던 과정에서는 감원의 요청은 별로 중요한 것이 아니었다. 정부팽창의 시대가 지나면서 정부축소요구가 점점 강화되어 왔다.

(1) 정부감축을 요구하는 압력 오늘날 정부축소와 감축관리를 촉구하는 요인으로는 ⅰ) 산업화과정에서 팽창을 거듭한 거대정부는 민간경제의 활력을 떨어뜨리고 비능률을 초래한다는 사람들의 믿음이 확산되었다는 것, ⅱ) 인구학적 구조의 변화로 납세인구의 비율이 낮아졌으며 재정낭비에 대한 저항이 커졌다는 것, ⅲ) 경제의 성장둔화, 경기침체, 한정된 자원에 대한 획득경쟁의 격화 등이 정부의 자원획득능력을 제약하게 되었다는 것, ⅳ) 국민의 지지를 얻는 데 감축공약이 효과적이라는 정치인들의 판단과 전략이 확산되었다는 것, ⅴ) 늘어나는 행정수요보다 줄어드는 행정수요가 더 많아졌다는 것 등을 들 수 있다.

이러한 조건변화는 오늘날 정부감축을 행정개혁의 핵심현안으로 만들었다. 따라서 예전보다 감원이 더 자주 그리고 더 많이 필요하게 되었다.

(2) 정부감축의 행동수단 정부감축에는 공무원의 감축을 수반하지 않는 예산감축이나 규제감축과 같은 활동감축도 포함된다. 이런 감축으로 정부감축의 목표가 실현될 수 있다면 감원문제는 생겨나지 않을 것이다.

그러나 인원감축을 피할 수 없는 경우가 많다. 인원감축이 불가피한 경우에도 채용동결, 직원의 재훈련과 재배치, 민간에 대한 파견근무(직원빌려주기), 직원의 휴가사용 권유, 초과근무 감축, 임시직원 해임, 자발적 퇴직의 유도 등의 방법을 써서 정규공무원의 감원을 피할 수 있는 여지가 있다. 이와 같은 대책들을 쓸 수가 없거나, 이를 실행했음에도 불구하고 감원의 필요가 남을 때 감원은 불가피해진다.

감원을 해야 할 때에는 조직의 효율성, 공무원의 권익, 그리고 형평성을 고려하여 감원의 범위, 감원순서, 감원대상자의 지원과 권익보호 등에 관한 감원계획을 수립해서 시행해야 한다.

3) 감원대상자의 권익보호

감원은 정부의 필요 때문에 공무원의 희생을 강요하는 제도이다. 감원은 조직이나 개인에게 달가운 일이 아니다. 감원을 실시하는 관리자들에게 감원의 과정은 고통스럽다. 감원에서 제외된 사람(살아남은 사람)도 감원과정에서 스트레스를 받는다. 그러나 심리적·물질적으로 가장 큰 피해를 입는 '희생자'는 감원대상자들이다. 불가피한 감원을 하는 경우에는 불공평한 일을 막고 해당 공무원의 희생을 줄이도록 노력해야 한다.

(1) 감원기준의 명료화 감원의 공평성을 유지하기 위해서는 감원의 필요가 생긴 때에 적용할 감원의 순위를 결정하는 일반적 기준을 설정하여 무질서하고 불공평한 감원이 행해지지 않도록 해야 한다.

(2) 우선적 복직 감원된 공무원의 이익을 보호하기 위한 방안 가운데 하나는 우선적인 복직(復職)이다. 능력결함 때문에 감원된 것이 아니었다면 감원된 사람들에게 복직의 기회를 주는 것은 바람직하다. 감원된 공무원을 우선적으로 복직시키는 방법에는 여러 가지가 있다. 우리 정부에서는 경력경쟁채용절차를 통해 재임용할 수 있는 길을 열어 주고 있다.[1)]

(3) 조기퇴직제와 직업알선 조기퇴직제는 감원의 필요가 발생하였을 때 자진하여 사임하는 공무원에게 보상적인 수당을 지급하는 제도이다. 조기퇴직제는 명예퇴직의 자격을 앞당겨(20년 이상 근속 이전에) 부여하는 제도라고 설명할 수

1) 「국가공무원법」 제28조(2항 1호)는 감원으로 인하여 퇴직한 사람을 퇴직한 날로부터 3년 이내에 퇴직 시에 재직한 직급의 공무원으로 재임용하는 경우에는 경력경쟁채용시험을 통해 채용하도록 규정한다.

도 있다.[m] 직업알선은 감원된 공무원들의 재취업을 주선하는 활동이다.

4) 부분적 감원

정부에서 벌인 특정사업이 끝나거나 정부기능 중 어떤 것이 한정적으로 축소된 경우, 거기에 종사하던 공무원을 감원하는 것이 부분적 감원이다. 부분적 감원은 일부의 조직단위나 직무분야에서만 감원의 필요가 생겨서 해당 공무원을 퇴직시키는 것을 말한다.

부분적 감원의 경우에도 해당 조직 내에서 감원될 사람들의 순위를 결정하는 문제가 있다. 그러나 감원순위의 결정보다 더 중요한 것은 감원대상자를 최대한으로 구제하기 위해 전직과 전보의 길을 모색하는 일이다. 부분적 감원의 문제를 해결하기 위한 배치전환의 기준은 다소 완화하는 것이 바람직하다.

5) 일반적 감원

정부의 예산감축 등 정부감축의 필요 때문에 정부전체에 걸쳐 일정한 수의 공무원을 줄이는 것을 일반적 감원이라 한다. 일반적 감원이 필요할 때 중심적인 과제로 되는 것은 감원대상자의 순위를 결정하는 문제이다.

감원순위를 결정할 때 지난날 흔히 기준으로 삼았던 것은 근무기간이다. 근무기간을 기준으로 하여 감원순위를 결정하는 경우, 재직기간이 짧은 사람부터 감원할 때도 있고, 그 반대로 근무기간이 긴 사람부터 감원할 때도 있다.

근무기간을 기준으로 하는 경우 절차가 간단하고 객관적으로 감원대상자를 선정할 수 있다는 이점이 있다. 채용순서에 대한 역순서로(근무기간이 짧은 사람부터) 감원하면 장기근속자를 보호하려는 고용주의 윤리적 입장을 살릴 수도 있다. 그러나 근무기간만을 기준으로 삼으면 공무원의 능력과 근무성적은 고려되지 않기 때문에 가장 우수한 사람이 공직에 남아 있게 해야 한다는 요청에 배치되는 결과를 빚는다.

---

m) 「국가공무원법」 제74조의 2(2 항)는 조기퇴직제에 관하여 "직제와 정원의 개폐 또는 예산의 감소 등에 따라 폐직 또는 과원이 되었을 때에 20년 미만 근속한 자가 정년 전에 스스로 퇴직하면 예산의 범위에서 수당을 지급할 수 있다"고 규정한다.

열심히 일한 것을 보상하고 행정능률을 향상시키려면 감원의 경우에도 근무성적 등 실적자료를 고려할 필요가 있다. 그러나 실적기준을 적용하는 경우, 절차가 복잡하고 감원대상자선정에 정실이 개입되거나 다툼이 일어날 가능성이 있다.

오늘날의 처방적 이론들은 실적기준의 적용을 압도적으로 선호한다. 우리 정부의 공식적 방침은 실적기준의 적용을 강조하는 것이다.[n)]

n) 「국가공무원법」 제70조(3항 내지 5항)는 감원의 사유로 인한 직권면직을 결정할 때는 임용관할별로 구성된 심사위원회의 심의·의결을 거쳐야 하며, 임용형태·업무실적·직무수행능력·징계처분사실 등을 면직기준으로 고려하도록 규정하고 있다.

5

교육훈련

제 1 절　교육훈련이란 무엇인가?
제 2 절　교육훈련의 관리

개 관

교육훈련은 체계적이고 계획적으로 공무원의 능력신장을 촉진하려는 활동이다. 교육훈련은 공무원의 능력을 발전시키려는 여러 가지 인사행정활동의 중핵을 이루는 것이다. 현대적 교육훈련사업의 특징은 기능의 적극성과 광범성, 활동의 다양성, 훈련대상자의 능동성 강조 등이다.

현대인사행정의 교육훈련사업은 인간은 불완전하며 장기간에 걸쳐 어떠한 업무상황에서나 완벽성을 유지할 수 있는 공무원은 찾아보기 어렵다는 것, 의식적인 노력으로 공무원의 능력발전을 촉진할 수 있다는 것, 그리고 공무원의 능력발전은 공무원 자신과 정부조직을 위해 다 같이 바람직하다는 것 등을 전제한다. 이러한 기초적 전제 내지 논리 위에서 출발하여 교육훈련의 기능을 적극화하고, 그 활동영역을 확장해 나가려고 하는 것이 현대인사행정의 일반적인 경향이다. 따라서 교육훈련사업의 활동내용은 다양하고 복잡해져 가고 있다. 교육훈련사업에는 정부조직의 거의 모든 단위들이 참여하게 되므로 활동전개의 양상은 확산적인 특징을 드러내고 있다.

우리 정부에서는 '교육훈련'이라는 용어를 표준적인 것으로 사용하면서도 '교육' 또는 '훈련'이라는 말을 흔히 혼용하고 있다. 인재개발이라는 말도 쓴다. 이 책에서도 특별히 구별할 필요가 있는 경우를 제외하고는 이들 용어를 함께 쓰려고 한다. 제목의 표기를 제외하고는 '훈련'이라는 용어를 주로 쓰게 될 것이다.

이 장의 제 1 절에서는 교육훈련의 의미와 종류를 설명한 다음 지식관리에 대해 언급하려 한다. 제 2 절에서는 교육훈련의 관리과정에 포함되는 활동단계의 대강, 그리고 관리과정에서 해야 할 일들 가운데서 훈련수요조사와 훈련평가에 대해 설명하려 한다. 끝으로 훈련방법을 설명하려 한다.

제1절

교육훈련이란 무엇인가?

Ⅰ. 교육훈련의 의미

1. 교육훈련의 정의

인사행정에서 말하는 교육훈련(敎育訓練: training)은 공무원의 능력(ability)을 향상시키려는 활동이다. 여기서 공무원의 능력이라고 하는 것은 직무를 수행하고 조직생활에 적응할 수 있는 개인적 특성이다. 능력에는 지적 능력과 육체적 능력이라는 두 가지 요소가 포함된다. 교육훈련이 공무원의 능력을 향상시키려고 한다는 것은 공무원의 직무수행에 직접 필요한 능력, 그리고 조직생활과 경력발전에 필요한 현재와 장래의 능력을 발전적으로 변화시키기 위해 계획적으로 노력한다는 뜻이다.1)

정부에서 관리하는 훈련사업은 근본적으로 조직목표의 달성에 기여할 수 있는 공무원의 능력을 향상시키려는 것이다. 그러나 공무원의 즉각적인 효용성증대와 업무능률의 단기적인 향상만을 노리는 것은 아니다. 전체적인 훈련사업이 추구하는 목적은 상당히 포괄적이며 장기적인 것이다.

(1) 교육훈련의 효과에 대한 가정 교육훈련은 훈련을 통한 인간의 개선가능성을 전제하는 활동이다. 그러나 인간능력의 후천적 결정론 또는 환경적 결정론을 반성 없이 받아들이는 것은 아니다. 선천적 요소 등 훈련으로 개조할 수 없는 인간속성의 존재도 인정한다. 훈련에 대한 현대인사행정학의 관점은 학습을 통한 인간개조의 가능성을 믿지만 동시에 거기에는 한계가 있음을 시인한다. 인간개조

가능성에 대한 훈련의 전제는 절충적인 것이라 할 수 있다.

(2) 교육·훈련·학습 지난날 공무원의 훈련을 논의할 때 교육과 훈련의 차이와 상호관계를 따지는 것도 하나의 일이었다. 그러나 오늘날 대부분의 논자들은 교육과 훈련을 구별해서 얻는 실익이 없다는 데 합의하고 있다.

교육과 훈련을 구별하려는 논의가 당초에 나오게 된 까닭은 공무원들의 학습에 대한 정부책임의 한계를 설정하기 위해서였던 것으로 보인다. 양자를 구별하는 주장에 의하면 훈련은 조직이 정한 기준에 따라 직무수행에 직결되는 지식·기술·태도를 주입하는 '주입과정'이며 이것은 정부의 책임이라고 한다. 교육은 일반적인 지식과 인간환경 전반에 관한 이해를 증진시키는 과정이며 인간의 잠재력을 끌어내는 '인출과정'이라고 한다. 교육은 교육기관과 개인의 책임이라고 한다. 그러나 이러한 구별은 현실적으로 무리이다. 정부에서 실시하는 훈련사업의 범위가 확장될수록 훈련과 교육의 구별은 더 힘들어진다.[a]

근래 교육훈련사업이 지식관리의 일환으로 이해되고 배우는 사람의 주도적·능동적 역할이 특히 강조되면서 교육이나 훈련이라는 말 대신 학습(學習: learning)이라는 말도 많이 쓰이고 있다. 학습이란 경험의 결과 행태에 비교적 항구적인 변화가 일어나는 과정을 지칭한다. 학습이라는 개념을 즐겨 쓰는 사람들은 '가르친다'는 국면보다 '배운다'는 국면에 착안하여 배우는 사람의 능동적 역할을 강조하려 한다. 그러나 학습에는 외재적 조종에 의한 피동적 학습도 포함된다. 교육 또는 훈련과 학습을 배타적인 또는 대립적인 개념으로 파악하려는 노력도 실익이 크지 않다.

(3) 재직훈련과 채용전훈련 인사행정에서 관심을 갖는 훈련은 재직훈련(在職訓練: post-entry or in-service training)인 것이 원칙이다. 그러나 재직훈련과 채용전훈련(採用前訓練: preentry training)의 경계도 반드시 뚜렷한 것은 아니다. 재직훈련인지 아니면 채용전훈련인지를 분간하기 어려운 영역이 늘어나고 있다. 그리고 명백히 채용전훈련이라고 규정될 수 있는 훈련이더라도 공무원들의 자질향상

a) 우리 정부에서는 교육과 훈련을 결합시킨 '교육훈련'이라는 말을 쓰고 있다. 교육과 훈련을 구별하는 논쟁의 소지를 아주 없앤 것이다. 인재개발이라는 개념도 함께 쓰고 있는데, 그에 대해서는 뒤에 따로 설명할 것이다.

에 직결되는 것이라면, 그에 대해 인사행정이 무관한 입장을 취할 수는 없다.

모든 교육기관에서 교육을 받은 사람들이 공무원으로 취직할 가능성이 있으므로 정부의 인사행정이 교육제도 전반에 대해 무관심할 수는 없다. 재직훈련의 경우에도 정부 내의 훈련기관이 아닌 외부의 교육기관에 위탁하여 훈련시키는 일이 흔히 있다. 그리고 채용전훈련과 재직훈련의 시간적 경계를 분명히 구분하기 어려운 때도 있다. 임용후보자들을 경찰대학과 같은 특수대학에서 장기간 교육을 시킨 후 정규공무원으로 임용하는 경우를 예로 들 수 있다.

인사행정이 담당하는 훈련기능의 범위를 개념적으로 한정짓는 문제에 집착하기보다 구체적인 상황의 실천적 필요에 따라 '현실적으로' 범위를 설정하는 것이 현명한 접근방법이라고 생각한다.

2. 현대적 교육훈련의 특성

현대인사행정의 훈련기능은 예전에 비해 훨씬 강화되어 있다. 훈련활동은 적극적이고 방대하며 정부조직 전반에 확산·삼투되어 있다. 훈련사업의 대외적 연계도 확대되고 다양화되고 있다.

1) 훈련여건의 변화

현대적 훈련사업의 특성변화는 환경적 요청의 변동에 연계된 것이다. 현대의 선진화된 교육훈련사업은 변동하는 환경의 요청과 도전에 대응하고 있다.

오늘날 훈련사업에 영향을 미치고 있는 여건변화의 추세는 i) 정부조직 전체가 급속한 변동 또는 변동요청에 직면해 있다는 것, ii) 행정서비스의 고품질화가 촉구되고 있다는 것, iii) 고객중심주의적 행정에 대한 요청이 커지고 있다는 것, iv) 성과주의에 대한 요청이 확산되고 있다는 것, v) 정보사회화·지식사회화가 급속히 진행되고 있다는 것, vi) 인간주의의 구현에 대한 갈망이 커지고 있다는 것 등이다.

2) 훈련사업의 특성변화

위와 같은 변동과 도전에 대응하는 현대적 훈련사업의 주요 특성은 다음과 같다.

① **훈련기능의 전략화** 훈련기능의 전략화를 강조한다. 훈련의 전략화란 훈련을 조직전체의 목표추구에 지향된 계획적 활동으로 설계·운영한다는 뜻이다.

② **훈련기능의 확장** 현대인사행정의 훈련기능은 크게 확장되고 적극화되었다. 격동하는 조직내외의 조건 특히 업무와 기술의 급속한 변동은 훈련·재훈련의 필요를 증폭시키기 때문에 훈련사업은 그만큼 팽창되었다.

③ **훈련대상의 확대** 훈련이 대상으로 삼는 인간속성의 범위는 확장되었다. 현재와 장래의 직무수행에 직결되는 육체적 능력이나 지식·기술뿐만 아니라 태도 그리고 조직생활의 성공에 필요한 일반적 능력까지 훈련대상에 포함하고 있다. 이 말은 훈련시키기 쉬운 속성으로부터 점점 훈련시키기 어려운 속성에까지 관심을 넓혀 왔다는 뜻이기도 하다. 과거 하급직원의 훈련에서부터 시작되었던 훈련사업은 점차 고급계층에까지 확대되었다.

④ **직무훈련의 전문성 향상** 직무수행능력을 향상시키려는 훈련의 기술수준과 전문화수준은 날로 높아져 가고 있다. 정보화시대의 요청에 대응하는 정보화훈련의 확대는 특별한 전략적 관심사이다. 창의적 지식의 창출·이전·공유를 위한 훈련도 강화되고 있다.

⑤ **태도변화훈련의 발전** 공직가치를 향상시키려는 태도변화훈련의 역량이 크게 향상되었다. 태도변화훈련에서는 고객중심주의적·국민중심적 태도의 양성이 특히 강조되고 있다. 고품질의 고객중심적 서비스를 제공하려는 공무원들의 정신자세를 함양하는 데 지향된 훈련프로그램들이 늘어나고 있다. 그에 못지않게 강조되고 있는 것은 변동친화적 창의성 개발이다.

⑥ **능동적 참여의 강조** 인간주의의 영향으로 훈련에 대한 공무원들의 능동적 참여와 자기개발(주도적 학습)을 강조하게 되었다. 따라서 행태과학을 응용하는 훈련방법들이 각광을 받고 있다.

⑦ **수요대응성과 성과의 강조** 구체적이고 개별적인 훈련수요에 맞는 맞춤형 훈련프로그램의 개발에 주력하고 있다. 훈련의 수요대응성 향상에 많은 진척이 있다. 행정의 어느 국면에서와 마찬가지로 훈련에서도 성과주의가 강조되고 있다. 훈련에서 배운 것을 직무수행에서 사용하는 결과를 보장하려는 것이 성과주의적 훈련의 목표이다.

⑧ **훈련기술의 고도화** 훈련대상에 대한 관심의 확대는 훈련기술발전을 자극하였고, 훈련기술의 발전은 훈련대상의 확대를 가능하게 하였다. 특기할 만한 것은 행태과학적 기법들의 발전과 정보기술을 활용하는 전자적 학습방법의 발전이다. 전자적 학습방법의 발전은 학습의 개별화·능동화에 많은 기여를 하고 있다.

이러한 '현대적 특성'들이 실제로 얼마나 구현되어 있느냐 하는 것은 물론 나라마다의 형편에 따라 다르다.

3. 교육훈련의 일반적 목적

훈련의 기본적인 목적(기능·효용)은 공무원의 능력향상을 통해 조직의 효율성을 높이는 것이다. 그러나 훈련이 조직의 이익만을 위한 것은 아니다. 훈련은 조직의 발전과 조직구성원의 발전을 함께 추구하는 활동이다. 훈련은 정부조직의 효율적인 업무수행과 낭비배제를 도모하려는 것일 뿐만 아니라, 훈련을 받는 개인이 만족스러운 직업생활을 영위할 수 있게 해주고 그에게 발전의 기회를 제공하려는 것이다.

이러한 일반적 목적에서 도출되는 훈련의 하위목적 또는 효용은 다음과 같다.

① **직무수행개선과 생산성 향상** 훈련은 공무원들의 직무수행을 개선하고 조직의 여러 가지 문제들을 해결하는 데 기여한다. 그에 따라 조직의 생산성을 향상시킬 수 있다.

② **공무원의 욕구충족과 성숙** 훈련은 공무원의 자기실현욕구와 성장욕구를 충족시키고 인간적 성숙을 촉진한다.

③ **경력발전의 촉진** 훈련은 공무원의 경력발전을 돕는다. 훈련은 공무원들이 현재의 직무수행능력 향상뿐만 아니라 장래의 경력발전을 위해 준비할 수 있는 기회를 제공한다.

④ **통제·조정 필요의 감소** 훈련은 통제와 조정에 대한 필요를 줄여 준다. 훈련을 잘 받은 공무원은 조직생활의 규범을 익히 알고 스스로의 일을 잘 감당할 수 있을 것이므로, 그에 대한 통제와 조정의 필요가 줄어든다. 훈련 가운데는 협동·조정능력 그 자체를 함양하려는 것도 있다.

⑤ **과오·낭비의 감소** 훈련은 과오와 낭비를 줄여 준다. 훈련은 직무수행의

현장에서 '배우는 시간'을 단축시킨다. 훈련을 하지 않은 때보다 일에 빨리 숙달된다. 훈련을 받아 일에 숙달되면 직무수행에서 능력부족 때문에 저지르게 되는 사고나 과오를 방지할 수 있고, 따라서 낭비를 줄일 수 있다.

⑥ **조직의 안정성과 융통성 향상** 훈련은 조직의 안정성과 융통성을 높인다. 조직의 안정성이란 중요한 직원의 상실과 소모에도 불구하고 조직의 효율성을 유지할 수 있는 특성을 말한다. 조직의 안정성은 소모된 직원을 보충할 수 있도록 훈련받은 직원이 조직 내에 얼마나 있느냐에 의존하는 바가 크다. 조직의 융통성은 단기적인 업무변동에 적응할 수 있는 조직의 특성을 말한다. 조직의 융통성은 필요에 따라 옮겨 쓸 수 있도록 훈련된 직원이 얼마나 있느냐에 따라 달라질 수 있다.

⑦ **행정개혁 촉진** 공무원의 훈련은 행정개혁에 기여한다. 훈련은 행정체제의 침체를 막고 개혁을 추진하는 수단이 된다. 특히 창의성향상훈련은 개혁확산의 직접적인 도구이다.

⑧ **유능한 국민의 양성** 공무원의 훈련은 유능한 국민의 양성에 기여한다. 공무원도 국민의 구성원이기 때문에 정부의 훈련기능은 국가의 유능한 인재를 육성하려는 기능 가운데 하나라고 할 수 있다.

4. 훈련수요발생의 일반적 계기

훈련의 수요가 발생하는 출처는 공무원의 개인적 요인, 조직 상의 요인, 그리고 환경적 요인으로 크게 범주화해 볼 수 있다. 이러한 출처들에서 나오는 구체적 훈련수요는 지극히 다양하다. 그것을 여기서 모두 열거할 수는 없다. 구체적인 훈련수요는 상황에 따라 진단적으로 파악할 수밖에 없다. 그러나 훈련의 수요가 노출되는 계기를 일반적으로 범주화해 보는 것은 가능하고 의미있는 일이다.

훈련수요발생계기의 일반적 범주를 예시하면 다음과 같다.[2)]

① **신규채용** 공무원들이 새로 채용되자마자 부여되는 임무를 곧바로 능숙하게 처리하기는 어렵다. 따라서 공무원이 어떤 직위에 새로 배치되면 그 직위와 근무상황을 소개하고, 이에 적응시키는 훈련이 필요하게 된다.

② **직무의 변동** 정부에서 하는 일, 다시 말하면 공무원이 해야 할 일은 변

동하는 것이므로, 직무의 변동에 대비·적응시키는 훈련이 필요하게 된다.

③ **전문직업분야의 발전** 전문가들을 정부에서 많이 고용하고 있는데, 그들이 속한 전문직업분야는 날로 발전해 간다. 정부에 근무하는 전문가들은 자기가 소속된 직업분야의 발전에 뒤떨어지지 않도록 훈련을 받아야 한다.

④ **정부에만 있는 직무** 정부에만 있고 민간부문에서는 거의 찾아 볼 수 없는 직무가 많다. 경찰·소방·세금징수 등이 그 예이다. 이런 직무의 특수한 조건에 맞도록 일반교육기관에서 교육을 받았거나 민간부문에서 경험을 쌓은 사람이 드물 것이므로 신규채용시에 훈련이 필요하다.

⑤ **재직자의 능력부족** 공무원들이 담당하고 있는 현재의 업무를 수행하는데 필요한 능력이 모자라면 이를 훈련으로 보충해야 한다.

⑥ **조정문제의 발생** 조직활동의 조정에 애로가 있으면 그 해결책의 일환으로 훈련을 실시할 필요가 있다.

⑦ **경력발전의 준비** 공무원들의 승진 등 경력발전을 돕기 위해서도 훈련은 필요한 것이다.

⑧ **태도변화의 필요** 행정기능의 변화와 환경의 변화는 지식·기술의 변화뿐만 아니라 태도의 변화를 요구한다. 공무원의 가치관이나 태도를 변화시키기 위해서도 훈련은 필요하다.

5. 교육훈련의 성공조건

공무원에 대한 교육훈련의 중요성은 날로 커지고 있다. 그런가 하면 교육훈련의 과제는 점점 더 복잡해지고 어려워져 가고 있다. 정치·행정적 리더십의 강력한 지원과 전략적 접근, 그리고 적절한 투자가 있어야 훈련사업은 성공할 수 있다. 훈련내용의 수요대응적 적실성은 물론 훈련사업성공의 기본적 요건이다.

1) 훈련사업 성공의 기본적 조건

훈련사업이 성공하려면, 즉 그 목적을 효율적으로 달성할 수 있으려면 여러 가지 조건이 구비되어야 한다.

① **리더십의 지원** 정치적·행정적 리더십 그리고 계선관리층의 확고한 지지

가 필요하다. 이들이 훈련의 중요성을 인식하고 훈련사업을 지지해 주지 않으면 훈련에 대한 투자는 불요불급한 것으로 취급되어 밀려날 가능성이 크다.

② **계획수립** 정부조직의 목표와 비전에 일관된 장기적 훈련사업계획이 있어야 한다. 그러한 마스터플랜의 인도를 받는 구체적 실천계획의 체제가 구축되지 않으면 훈련사업이 혼란에 빠지기 쉽다.

③ **시간과 자원의 확보** 훈련사업이 제대로 성과를 거둘 수 있도록 계획입안과 시행에 필요한 시간과 여러 가지 자원을 충분히 투입해야 한다. 여기에는 훈련관리에 필요한 전문인력의 투입도 포함된다.

④ **훈련저항의 극복** 훈련을 받아야 할 공무원들의 훈련저항을 극복할 수 있어야 한다.

⑤ **개혁친화적 분위기의 조성** 훈련을 통한 능력향상은 일종의 개혁이다. 개혁된 능력이 효용을 발휘할 수 있으려면 조직의 개혁적 분위기가 이를 지지해 주어야 한다. 조직이 전반적으로 변동저항적이면 훈련이 추구하는 변동은 좌절된다.

⑥ **학습촉진적 훈련** 훈련 자체가 학습과 실천을 촉진할 수 있는 것이라야 한다. 즉 학습촉진의 원리에 충실한 것이라야 한다. 이 문제에 대해서는 아래에서 설명을 추가하려 한다.

2) 학습촉진의 원리

학습촉진의 원리(principles of learning)란 사람들이 가장 효율적으로 배울 수 있는 방법을 일러 주는 가이드라인이다. 훈련이 학습촉진의 원리를 잘 반영할 때 훈련은 효율적일 수 있는 것이다.

학습촉진의 원리는 ⅰ) 훈련받는 사람의 능력과 동기, ⅱ) 참여, ⅲ) 환류, ⅳ) 반복과 실습, ⅴ) 행동강화, ⅵ) 훈련내용의 적합성과 체계성, ⅶ) 학습의 전이가능성 등에 관련하여 규정된다.[3)]

① **학습능력과 학습동기** 훈련받을 사람은 훈련의 선행조건이 되는 능력(훈련을 받을 수 있는 능력)을 구비하고 있어야 한다.[b)] 그리고 학습동기가 있어야 한다.

---

b) 예컨대 수학적 능력이 부진한 사람에게 회계사자격획득훈련을 시킨다든지, 타자를 못치는 사람에게

학습하려는 동기가 강한 사람이 열심히 배우려 노력할 것이므로 내재적·외재적 동기유발을 촉진해야 한다.

② 적극적 참여 훈련받는 사람이 훈련과정에 적극적으로 참여해야 한다. 참여와 학습동기는 순환적인 상승작용을 한다. 적극적으로 훈련에 참여하는 사람은 보다 빨리 배우고 배운 것을 더 오래 간직할 가능성이 높다.

③ 환류의 제공 훈련받는 사람에게 학습진척에 대한 정보를 제공해야 한다. 학습동기가 강한 사람은 자기의 학습진척에 대한 환류를 빨리 받으면 학습효율화를 위한 행동수정을 신속하게 할 수 있다.

④ 반복과 실습 학습을 촉진하는 데 반복과 실습이 효과적이다. 같은 내용을 되풀이하여 강조하는 것은 지루하겠지만 이해와 기억을 촉진할 수 있다. 배운 것을 행동으로 실습하게 하면 배운 것에 대해 자신감을 가지고 오래 기억하게 된다.

⑤ 학습행동의 강화 바람직한 학습행동을 여러 유인으로 강화해야 한다.[c)]

⑥ 훈련내용의 적합성과 체계성 훈련내용은 훈련수요에 적합한 것이라야 한다. 훈련내용의 적합성에 대한 피훈련자의 인식이 매우 중요하다. 훈련내용의 단계적 구성과 자료제공은 체계적으로 조직화되어야 한다. 전후의 연결이 불분명하면 안 된다. 상충되거나 모호한 내용이 담겨 있어도 안 된다.

⑦ 학습의 전이 훈련을 통해 학습한 것은 직무수행의 실제에 적용할 수 있어야 한다. 학습이 조직생활의 실제에 활용되는 것, 즉 학습의 전이가 잘 되도록 훈련의 신뢰성과 타당성을 높여야 한다. 이에 대해서는 아래에서 추가설명을 하려 한다.

3) 학습의 전이

학습의 전이(學習의 轉移: transfer of learning or transfer of training)란 훈련에서 학습한 것을 조직생활의 실제에 적용한다는 뜻이다. 이것은 학습결과의 실용화이다. 배운 것을 실천에 옮기는 행동이다. 훈련은 실생활에서의 활용가능성이 높도록 설계해야 한다.

컴퓨터를 가르친다든지 하는 경우 훈련의 효율성은 떨어진다.

c) 동기유발에 관한 학습이론은 제 8 장 제 1 절에서 설명할 것이다.

학습의 전이를 촉진하려면 다음과 같은 가이드라인을 따라야 한다.4)

① **훈련의 적합성** 훈련의 적합성을 높여야 한다. 훈련의 적합성이란 훈련내용과 훈련수요 사이의 상관성을 말한다.

② **상황적 조건의 유사성** 훈련의 상황적 조건도 실제 직무의 상황적 조건과 최대한 유사하게 꾸며져야 한다.

③ **철저한 이론학습** 훈련주제에 대한 이론의 학습을 철저히 해야 한다. 실천행동을 인도할 개념, 원리 등을 분명히 알아야 그 적용을 제대로 할 수 있다.

④ **실제적 경험의 기회제공** 배운 과제, 개념, 기술 등에 관한 실제적 경험의 기회를 피훈련자들에게 제공해야 한다. 이를 위해 다양한 실례(實例)의 소개, 실연(實演), 실험실습, 모의연습, 직무현장에서의 실습 등의 방법을 쓸 수 있다.

⑤ **장애극복훈련** 훈련과정에서는 훈련전이에 지장을 주는 장애요인을 분석하고 극복방법을 탐구하는 기회도 갖게 해야 한다.[d] 장애극복훈련의 일환으로 학습한 것을 상황의 필요에 맞도록 적용할 수 있는 유연한 대응능력도 길러 주어야 한다.

⑥ **바람직한 실천의 강화** 훈련을 마치고 직무에 복귀한 사람이 새로이 배운 것을 실천에 옮기도록 지도하고, 개선된 실적에 대해서는 이를 강화하는(북돋우는) 유인을 제공해야 한다.

⑦ **긍정적 전이태도의 육성** 훈련과정에서는 학습의 전이에 적극적인 피훈련자들의 태도를 육성하는 데도 주의를 기울여야 한다. 훈련받은 사람의 태도는 학습의 전이에 많은 영향을 미친다.[e]

우리 정부의 공무원 교육훈련사업은 많은 변화를 겪어 왔다. 유명무실하던 교육훈련사업은 1960년대에 이르러 급격한 양적 팽창을 겪었다. 그 후 오랫동안 양적 성장에 걸맞는 질적 발전은 부진하거나 완만하였다. 그러나 2000년대에 들

---

d) 피훈련자가 훈련전이의 장애요인을 극복할 수 있게 훈련시키는 것을 퇴보방지훈련(relapse prevention training)이라고 부르기도 한다. Greg L. Stewart and Kenneth G. Brown, *Human Resource Management: Linking Strategy to Practice*(John Wiley & Sons, 2009), p. 348.

e) 학습의 전이에 긍정적인 태도는 ① 새로 배운 지식·기술의 활용에 자신감이 있는 것, ② 훈련에서 배운 지식·기술이 업무관련 문제의 해결에 도움이 된다고 믿는 것, ③ 새로운 지식·기술의 활용은 직무와 조직의 발전에 도움이 된다고 믿는 것, ④ 새로운 지식·기술 적용의 시범을 보일 수 있는 상황이 어떤 것인지 분별할 수 있는 것 등이다.

어서면서부터 질적 변동에도 속도가 붙기 시작하였다.

공무원 교육훈련사업의 문제점으로 지적되어 왔던 것들은 i) 부실한 훈련수요조사, ii) 훈련프로그램 선택폭의 제한, iii) 고위직 훈련에 대한 관심부족, iv) 집권주의적 운영, v) 훈련기관의 정부독점과 기관 간의 할거주의, vi) 훈련기관들의 능력부족, vii) 부실한 직장훈련, viii) 비조직적인 해외위탁훈련 등이다.

정부도 이런 비판을 인식하고 그에 대응하는 개혁을 하느라 분주히 움직이고 있다. 정부가 이끌고 있는 개혁노력은 i) 훈련의 수요적합성을 높여 맞춤형 훈련과정을 개발하는 것, ii) 훈련프로그램의 선택폭을 넓히고 자기주도적 학습도 지원하여 공식적 훈련이수의 실적으로 인정하는 것, iii) 고위공무원의 역량강화를 위한 훈련프로그램을 확충하는 것, iv) 변동하는 훈련수요에 대응하기 위해 상시학습체제를 발전시키는 것, v) 훈련사업 운영의 분권화·자율화·협동화를 추진하는 것, vi) 위탁교육 확충·민간참여 확대 등으로 훈련사업의 시장성을 높이는 것, vii) 정부 내 훈련기관들의 기관적 기초를 강화하고 기관 간 협력을 증진하는 것, viii) 학습의 전이를 돕기 위해 실천학습과 같은 참여형·문제해결형 훈련방법을 개발하는 것, ix) 직장훈련과 해외위탁교육의 획일주의적·형식주의적 운영을 시정하기 위해 관리를 강화하는 것 등이다.

6. '인재개발'에 관하여

인사행정학과 인사행정의 실제에서 훈련 또는 교육훈련이라는 말을 갈음하여 인적자원의 발전 또는 개발이라는 말을 쓰기 시작한지 오래되었다. 근래에는 인재개발이라는 말을 많이 쓴다. 이런 용어들의 사용에 적지 않은 혼란이 있다. 많은 경우 그 의미규정 없이 모호하게 쓰이고 있다. 인재개발에 대한 법령의 규정을 살펴보고, 훈련과 발전에 대한 학계의 엇갈리는 의견들을 소개한 다음 인재개발이라는 개념에 대한 저자의 해석을 밝혀두려 한다.

(1) 인재개발에 대한 법령의 입장 우리정부에서는 공무원의 교육훈련분야에서 공무원의 발전이니 능력개발이니 하는 용어를 섞어 써 오다가 2016년에는 「공무원 교육훈련법」을 대체하여 「공무원 인재개발법」을 시행하고 중앙공무원교육원을 국가공무원 인재개발원으로 개편함으로써 인재개발이라는 개념을 법제화하

였다. 그러나 법령에서 인재개발의 의미를 정확하게 정의하지는 않는다. 인사혁신처의 여러 관련문서에서도 마찬가지이다.

인재개발이라는 개념으로써 표현하려고 한 것이 무엇인가를 알아내는 데 단서가 될 만한 법령의 조항을 몇 가지 찾아보려 한다. 「공무원 인재개발법」 제1조는 "이 법은 국가공무원을 국민전체에 대한 봉사자로서 공직가치가 확립되고 직무수행의 전문성과 미래지향적 역량을 갖춘 인재로 개발하는 것을 목적으로 한다"고 규정한다. 제3조에서는 국가공무원인재개발원의 관장사무를 i) 교육훈련을 실시하는 것, ii) 공직가치 리더십 등 시대변화에 맞는 국가공무원 인재상 정립·공무원 역량개발을 위한 교육과정·공무원의 자기개발 학습을 위한 기반 마련에 관해 연구·개발·평가하는 것, 그리고 iii) 국내외 공공·민간 교육훈련·연구기관 등과 교류·협력하는 것이라고 규정한다. 「공무원 인재개발법 시행령」 제7조(1항)는 "인재개발은 기본교육훈련·전문교육훈련·기타교육훈련 및 자기개발 학습으로 구분 한다"고 규정한다. 이것은 종래의 교육훈련 분류와 크게 다르지 않다.

법령의 규정들이 인재개발의 의미를 명료하게 규정한다고 보기 어렵다. 교육훈련이 인재개발에 포함되는 한 활동영역이라고 하는 것도 같고, 변화된 훈련사업의 면모를 강조하기 위해 교육훈련이라는 낡은 용어를 인재개발이라는 새로운 용어로 바꿔 부르기로 한다는 것도 같다.

(2) 훈련과 발전에 대한 학계의 여러 의견 인사행정학계의 용어사용에도 만족할 만한 통일성과 명료성이 있는 것은 아니다. 인적자원의 발전(개발)이라는 용어를 사용하거나 그 의미를 규정하는 방식의 예를 몇 가지 보기로 한다. 여기서 보는 것은 인사행정학교과서를 쓴 사람들의 이야기이다.

첫째, 직원의 발전에 대한 개념정의를 따로 하지 않고 훈련을 발전이라고 부르면서 설명하는 사람들이 있다. '훈련과 발전'이라고 두 단어를 한 데 묶어 훈련과 거의 같은 의미로 쓰는 사람들도 적지 않다. 훈련과 발전이라는 제목 아래 '발전을 위한 훈련'을 설명하기도 한다.

둘째, 훈련과 발전을 대조시키면서 양자를 애써 구별하는 사람들이 있다. 그들이 열거하는 양자의 차이점을 모아보면 i) 훈련은 현재에 초점을 맞추고 현재의 직무수행을 개선하려는 것인 반면 발전은 미래에 초점을 맞추고 미래의 변동에 대비해 준비를 시킨다는 것, ii) 훈련은 특정적인 기술이나 정보를 알려주려는 것이지만 발전은 보다 폭넓은 능력신장을 대상으로 한다는 것, iii) 훈련에서는 훈련을 받는 사람들이 피동적이지만 발전에서는 자발적·능동적이며 자기주도로 학습한다는 것, iv) 훈련은 능력결핍을 전제하고 그것을 대상으로 하지만 발전은 약점의 보완보다 강점과 창의적 능력의 신장에 역점을 둔다는 것, v) 훈련에서는 업무경험의 활용도가 낮은 반면 발전에서는 그 활용도가 높다는 것 등이 있다. 이러한 구별기준들은 오늘날의 발전된 훈련사업을 놓고 생각할 때 설득력이 약한 것들이라고 말할 수밖에 없다.

셋째, 훈련에 인사행정의 다른 기능들을 첨가하여 발전프로그램을 정의하는 사람들이 있다. 예컨대 훈련에 근무성적평정을 보태 발전이라 부르는 사람도 있고, 훈련과 경력발전을 합쳐 발전이라 부르는 사람도 있고, 인적자원발전은 훈련·경력발전·조직발전을 포괄한다고 설명하는 사람도 있다.

(3) 인재개발에 대한 저자의 견해 위의 논의를 통해 독자들은 우리 정부가 인재개발이라는 개념을 법률용어로 사용하게 된 의도와 그 의미를 어느 정도는 짐작할 수 있을 거라 생각한다. 그러나 인사행정학에 입문하는 초심자들을 위해 이 책을 쓰는 저자의 책임으로 인재개발의 의미에 대해 다음과 같이 '해석'을 해두기로 한다.

인재개발은 공무원을 국민 전체에 대한 봉사자로서 공직가치가 확립되고 직무수행의 전문성과 미래지향적 역량을 갖춘 인재로 개발하는 활동이다. 인재개발은 정부에서 일하는 사람들의 유용성을 향상시키려는 폭넓은 전략적 인사행정활동이다. 이것은 시대적 요청에 따른 현대적 개혁처방을 받아들인 훈련에 붙여진 새로운 이름이라고 할 수도 있다. 인재개발은 전통적인 훈련프로그램을 포괄하지만, 그 시야와 외연이 넓어지고 역점이 변한 인적자원 발전프로그램이며 조직전체의 목표성취에 지향된 전략적 활동이다. 인사행정의 다른 기능들뿐만 아니라 여러 조직관리기능들과의 연계작용을 중시하고 기능 간의 협력을 강조한다. 개발대상이 되는 인간속성의 범위를 확장하고 능력개발의 미래지향적 측면을 강조한다. 자기주도적·능동적 학습을 강조한다. 맞춤형 훈련을 강조한다. 훈련방법의 정보화를 포함한 기술쇄신을 강조한다.

Ⅱ. 교육훈련의 종류

어떤 기준을 쓰느냐에 따라 훈련의 종류는 여러 가지로 분류할 수 있다. 분류방법의 몇 가지 예를 보면 첫째, 목적별 또는 성질별로 훈련을 분류하는 방법이 있다. 둘째, 조직의 기능범주 또는 직무분야나 훈련을 받는 공무원의 계층에 따라 훈련을 분류하는 방법이 있다.[f] 셋째, 기간을 기준으로 하여 장기·중기·단기의 훈련을 구분하는 경우도 있다. 넷째, 훈련의 장소를 기준으로 하여 직장 내에서 하는 훈련과 직장 밖에서 하는 훈련을 구별할 수도 있다. 다섯째, 훈련방법을 기준으로 훈련의 종류를 나눌 수도 있다.

1. 교육훈련의 기본적 분류

훈련을 실제로 관리할 때에는 대개 복수의 기준을 써서 실천적으로 유용한 분류를 한다. 여기서는 가장 기초적인 것으로 생각되는 목적별 분류에 의거하여 훈련의 종류를 소개하고, 이어서 우리 정부의 훈련분류에 대해 언급하려 한다.

1) 교육훈련의 목적별 분류

목적별로 분류한 훈련의 종류에는 i) 적응훈련, ii) 정부에만 있는 직무를 담당하는 공무원에 대한 훈련, iii) 직무수행의 개선을 위한 훈련, iv) 공무원의 유용성확대훈련, v) 관리능력향상훈련, vi) 윤리성훈련, vii) 창의성향상훈련 등이 있다.[5]

---

f) 예컨대 Sylvia와 Meyer는 조직의 기능을 네 가지의 거시적인 범주로 나누고, 각 기능범주에 대응한 훈련의 종류를 분류한 바 있다. 이들은 조직의 생산기능에 관해서는 직무훈련을, 적응기능에 관해서는 조직발전훈련을, 사회화기능에 관해서는 태도변화훈련을, 그리고 조정기능에 관해서는 갈등관리훈련을 대표적인 훈련종류로 들고 있다. Ronald D. Sylvia and C. Kenneth Meyer, "An Organizational Perspective on Training and Development in the Public Sector," Steven W. Hays and Richard C. Kearney(eds.), *Public Personnel Administration: Problems and Prospects*, 2nd ed.(Prentice-Hall, 1990), pp. 136~141.

(1) 적응훈련 적응훈련(orientation training)은 새로 직장에 나오는 사람을 업무에 익숙하게 만들려는 훈련이다. 이것은 신입직원훈련 또는 신규채용자훈련이라고도 불린다. 적응훈련에서 하려고 하는 일은 i) 소속직장 전체의 성격과 업무상황을 알려 주는 것, ii) 공무원이 담당할 직무를 알려 주는 것, iii) 처음 직장에 나오는 사람이 낯설고 서투른 분위기 때문에 위축되거나 좌절감을 갖지 않도록 돌보아 주는 것 등이다.[g]

(2) 정부에만 있는 직무를 담당하는 공무원의 훈련 정부에만 있는 업무가 많다. 이런 분야에서 공무원을 채용할 경우에는 공식적 훈련계획에 따라 상당한 기간 직무에 관한 훈련을 시킬 필요가 있다. 정부의 특유한 업무에 관한 훈련을 적응훈련의 연장 또는 변형으로 볼 수도 있으나, 양자 간에는 상당한 차이가 있다. 정부에만 있는 직무를 담당하는 공무원에 대한 신규채용훈련은 대개 장기훈련이며 전문적인 훈련기관에서 실시한다. 경찰관을 채용하는 경우 경찰학교(경찰대학)에 입교시켜 훈련받게 하는 것이 그 좋은 예이다.

(3) 직무수행의 개선을 위한 훈련 직무수행의 개선을 위한 훈련이란 공무원이 현재 담당하고 있는 직무 자체에 관한 직무수행능력의 유지 또는 향상을 위한 훈련으로서 직무훈련(전공훈련 또는 전문성훈련)이라 부르기도 한다. 직무수행의 개선을 위한 훈련에는 i) 공무원이 오래 근무하는 동안에 녹슬고 잃어버린 능력을 되찾도록 재훈련하거나, ii) 직무수행기술 등 여건의 변화에 따라 필요하게 된 새로운 지식과 기술을 배우게 하는 것이 포함된다.

(4) 공무원의 유용성확대훈련 공무원의 유용성확대훈련은 공무원이 맡은 직무에 직접적으로 필요한 지식과 기술이 아니더라도 공무원으로서 갖추는 것이 바람직한 보다 넓은 또는 장래에 필요한 능력의 향상을 목적으로 하는 것이다. 관심과 지식·기술의 영역을 넓힘으로써 안목이 넓고 다방면의 능력을 갖춘 공무원을 길러 두면 그들이 보다 값진 서비스를 할 수 있고 변동하는 업무의 요청에

---

g) 이러한 적응훈련의 주된 대상은 신규채용자이지만, 반드시 그에 한정되는 것은 아니다. 공무원으로 오래 근무한 사람이라도 승진하여 상위직책을 맡거나 배치전환될 때에는 신규채용자에 준하는 적응훈련이 필요하다. 군복무 때문에 휴직했다가 복직하는 공무원이나 해외근무에서 돌아온 외무공무원도 적응훈련을 받게 할 필요가 있는데, 이러한 훈련을 흔히 재적응훈련(reorientation training)이라 부른다.

잘 적응할 수 있다.

유용성확대훈련의 종류는 i) 시야확대훈련, ii) 감독자훈련, iii) 승진대비훈련, iv) 기술다원화훈련 등으로 분류할 수 있다. 시야확대훈련은 공무원이 그 소속조직의 전체적인 임무와 기능적 연관성을 이해하게 하려는 훈련이다. 감독자훈련은 감독능력의 향상을 위한 훈련이다. 승진대비훈련은 현직의 바로 상위계급에 올라가는 것을 돕는 데 한정된 것이 아니며 보다 먼 장래의 경력발전에 대비시키는 것을 포함한다. 기술다원화훈련(multiskilling)은 직무재설계에 따른 다기술적 직무를 맡을 수 있도록 추가적인 직무수행기술을 연마하게 하는 훈련이다.

(5) 관리능력향상훈련 관리자훈련이라고도 부르는 관리능력향상훈련은 관리층공무원들의 관리능력을 향상시키려는 훈련이다. 관리능력향상훈련은 관리자를 위한 훈련이다. 관리자는 다른 사람들과 더불어 그리고 다른 사람들을 통해서 조직의 목표를 성취해 가는 사람이다. 관리자는 기술적인 전문분야의 일을 자기가 직접 하기 보다는 이를 이끌어나가는 사람이다.[6)]

관리자훈련에서는 관리자가 갖추어야 할 판단능력, 조직운영에 관한 지식, 변동관리능력, 비전과 리더십, 조정능력, 그리고 모범적 인품을 양성하려 한다. 근래에는 변혁적 리더십에 대한 훈련이 강조되고 있다. 관리자들은 탁월한 변동관리능력을 갖추어야 하기 때문이다.

(6) 윤리성훈련 윤리성훈련은 공직윤리와 그 행동규범을 공무원들에게 체득시키려는 훈련이다. 이것을 정신교육 또는 공직가치교육이라고도 부른다.

윤리성훈련의 내용은 광범하다. 국가의 이념과 기본가치, 그리고 공식적인 윤리규범이 훈련내용의 주축을 이루지만, 정치·행정의 목적과 한계, 권력의 본질 등에 관한 연구도 훈련내용에 포함되어야 한다. 철학·역사·문화·예술에 관한 교육도 윤리적 감수성을 높이는 데 도움을 준다. 공무원의 윤리성이 특별한 문제로 제기되는 것은 행정권력 때문이라고 할 수 있으므로 행정권력에 관한 훈련에 각별한 주의를 기울여야 한다. 행정권력에 관한 훈련에서는 행정권력의 출처와 정당화근거, 권력행사에서 존중해야 할 가치, 행정권력을 견제하는 통제작용 등에 대해 깊이 성찰하게 해야 한다.

(7) 창의성향상훈련 창의성향상훈련은 창의적 문제해결능력을 향상시키려

는 훈련이다. 창의성향상훈련을 창의력개발과정 또는 창조교육이라 부르기도 한다. 개혁시대의 공무원훈련에서 창의성을 함양하려는 훈련의 중요성은 매우 크다. 창의성향상훈련은 훈련연구인들의 많은 관심을 모으고 있다. 이에 대해서는 뒤에서 자세히 설명하려 한다.

2) 우리 정부의 교육훈련 분류

우리 정부에서는 훈련기관 또는 장소, 훈련목적, 그리고 훈련대상공무원을 기준으로 한 훈련분류를 사용하고 있다.

(1) 훈련기관에 따른 분류 훈련을 실시하는 기관(장소)을 기준으로 i) 교육훈련기관훈련, ii) 직장훈련, 그리고 iii) 위탁교육훈련을 구분한다.

① 교육훈련기관훈련 이것은 공무원훈련을 관장하도록 정부소속으로 설치한 기관에서 실시하는 훈련이다. 우리 정부의 교육훈련기관에는 국가공무원인재개발원, 전문교육훈련기관, 통합교육훈련기관 등이 있다.

② 직장훈련 이것은 공무원이 일하는 직장에서 실시하는 훈련이다. 직장훈련은 각급 행정기관의 장이 훈련에 관한 기본정책 및 일반지침에 따라 소속공무원의 공직가치확립과 직무수행능력향상을 위하여 실시하는 훈련이다.

③ 위탁교육훈련 중앙행정기관의 장이 필요하다고 인정하면 중앙인사관장기관과 협의해서 공무원을 국내외의 기관에 위탁하여 훈련을 받게 할 수 있는데 이것을 위탁교육훈련이라 한다. 위탁대상기관에는 국내의 기관과 외국의 기관이 포함된다. 행정기관 간의 상호위탁도 가능하다. 즉 교육훈련의 기회가 적은 행정기관 소속공무원을 다른 행정기관이나 교육훈련기관에 위탁하여 훈련을 받게 할 수 있다.

(2) 목적과 대상자에 따른 분류 훈련은 그 목적이나 피훈련자에 따라 다양하게 분류되고 있다. 구체적인 훈련프로그램마다 그 목적은 따로 정할 수 있는 것이므로 그것을 모두 열거할 수는 없다. 여기서는 국가공무원인재개발원에서 사용하고 있는 훈련분류만을 예시하려 한다.[7)]

훈련의 목적에 따라 기본교육과정과 특별교육과정을 구분한다. 기본교육과정은 다시 i) 국정철학·공직자세교육, ii) 공직리더십교육, iii) 글로벌교육, iv) 직무/전문성교육, 그리고 v) 이러닝으로 구분한다. 국정철학·공직자세교육은 국가관, 공직관, 윤리관 등 공직가치의 이해와 실천을 도모한다. 공직리더십교육은 직급별 역할인식과 핵심공통역량을 배양한다. 글로벌교육은 글로벌환경의 이해와 글로벌사고·정책마인드를 함양함으로써 국제업무수행 등에 관한 글로벌 전문역량을 강화한다. 직무/전문성교육은 국정시책 및 직무에 관한 능력을 배양하고 조직활성화와 정보화를 촉진한다. 이러닝(E-learning)은 언제 어디서나 학습할 수 있는 스마트한 교육서비스를 제공하여 학습자의 편의를 도모하고 자기주도학습을 지원한다.

훈련대상자의 계급을 기준으로 국장급과정, 과장급과정, 5급과정, 6급이하과정 등을 구분한다.[h)]

2. 창의성과 창의성향상훈련

여기서 우리의 주된 관심은 공무원들의 창의성향상을 목적으로 하는 훈련이지만 그에 앞서 연관된 문제들을 살펴보려 한다. 연관된 문제들이란 창의성의 의미, 창의적 사고의 과정, 창의성의 구성요소(조건), 창의성향상의 방안 등이다.

1) 창의성이란 무엇인가?

(1) 창의성의 정의 창의성(創意性: creativity)이란 새롭고 유용한 아이디어를 산출해 내는 과정 또는 사고의 특성을 말한다. 창의성이 있는(창의적인) 문제해결은 문제와 기회에 대한 새롭고 독창적인 대응방법을 개발하는 것이다. 새로운 대안은 건설적·긍정적인 것일 때만 창의적인 것으로 된다. 창의적 문제해결에는 대개 모험이 따른다.[8)]

(2) 창의적 사고의 과정 창의적 사고(창의성 있는 사고)의 과정에는 일련의 단계들이 포함된다.

창의적 사고의 단계는 ⅰ) 일상적 업무수행과정에서 잘 관찰하고 열심히 배

h) 이러한 교육과정 분류는 수시로 바뀔 수 있다. 국가공무원인재개발원 홈페이지에 접속해 연도별 교육운영계획을 찾아보기 바란다.

우는 준비단계(preparation), ii) 해결해야 할 문제를 규명하고 구성하는 집중단계(concentration), iii) 새롭고 독특한 대안을 고려할 수 있도록 문제를 여러 각도에서 검토하는 보육단계(incubation), iv) 영감이 떠오르고 새로운 아이디어들이 하나의 결정대안으로 결합되는 계발단계(啓發段階: illumination), 그리고 v) 논리적 분석을 통해 선택한 대안이 실제로 바람직한 것인가를 확인하는 검증단계(verification)이다.[9)]

(3) 창의성의 구성요소 개인의 내재적 요인과 업무환경 등 환경적 요인이 사람의 창의성발휘에 영향을 미친다. 창의성발휘에 필요한 개인적 구비조건인 창의성의 구성요소(components)는 세 가지 범주로 크게 나누어 볼 수 있다. 세 가지 범주의 구성요소란 i) 담당직무분야에 적합한 능력(domain-relevant skills; expertise), ii) 창의성 발휘에 적합한 능력(creativity-relevant skills; creative-thinking skills), 그리고 iii) 내재적 직무수행동기(intrinsic task motivation)를 말한다.[10)]

① 담당직무분야에 적합한 능력 이 능력은 담당하고 있는 특정과제의 수행에 필요한 재능·지식·기술이다. 이러한 기본적 능력이 있어야 일을 감당하고 나아가 창의성을 발휘할 수 있는 것이다.

② 창의성발휘에 적합한 능력 이 능력을 구비하려면 오래된 사고의 틀을 깨고 새로운 시각에서 확장적 사고(divergent thinking)를 할 수 있어야 한다. 확장적 사고란 친숙한 문제를 새롭고 독특한 방법으로 재구성하는 과정을 지칭한다.

확장적 사고를 하려면 문제에 관한 다양한 아이디어들의 복잡한 연관관계를 이해해야 한다. 여러 가지 문제해결대안들에 대해 성급한 판단을 피해야 한다. 스스로 생각하고 경험을 통해 터득하는 발견적 사고법(heuristics)을 따라야 한다. 그리고 생산적 망각(productive forgetting)의 능력을 길러야 한다. 이것은 비생산적인 아이디어들을 버리는 능력이다.

③ 내재적 직무수행동기 이것은 사람이 일의 보람을 느껴서 스스로 유발하는 직무수행의 동기이다.

2) 창의성향상의 방안

사람의 창의성에는 선천적인 국면도 있다. 조직의 도움 없이 개인적인 노력으로 창의성을 향상시킬 수도 있다. 그런가하면 조직은 계획적인 노력으로 조직구성원들의 창의성을 향상시킬 수 있다. 조직구성원들의 창의성을 향상시키기 위해 조직이 할 수 있는 일들을 i) 창의적인 직무환경의 발전과 ii) 창의성향상훈련이라는 두 가지 범주로 나누어 볼 수 있다.

(1) 창의적 직무환경의 발전 조직 내에서 창의성 발휘를 지지하는 분위기를 조성하려면 창의적 모험을 방해하는 장애요인들을 제거해야 한다. 관료조직에서 흔히 발견할 수 있는 창의성제약조건들은 i) 권위주의적 통제, ii) 현상유지적 유인기제, iii) 번문욕례, iv) 불분명한 문제해결목표, v) 기존의 행동대안에 대한 매몰비용, vi) 자원부족, vii) 보수적 문화, viii) 외부로부터의 제약 등이다.

조직이 창의적 모험의 장애요인들을 제거 또는 완화하려는 과정에서 특히 역점을 두어야 할, 보다 직접적인 행동방안들은 다음과 같다.11)

① 자율성 증진 직원들의 자율성을 높이고 그들에게 힘을 실어준다.

② 새로운 아이디어의 전이 한 곳에서 개발한 새로운 아이디어가 다른 곳으로 전이(轉移)되는 '이화수분'(異花受粉: cross-pollination)을 촉진한다.

③ 의미 있는 직무 직무를 보람 있고 흥미롭게 만들어 사람들이 재미있게 일하도록 한다.

④ 목표설정 직원들이 각자 창의적 직무수행의 목표를 설정하도록 유도한다. 목표설정은 창의적 아이디어를 실천하여 달성하려는 쇄신목표의 설정이다.

⑤ 인적 구성의 다양화 조직의 인적 구성을 다양화한다.

⑥ 관리층의 지지 관리층과 감독계통에 있는 사람들이 직원들의 창의적 모험을 지지하고 지원한다.

(2) 창의성향상훈련의 방법 창의성을 높이려는 훈련에서는 직면한 문제를 철저히 분석하는 태도, 새로운 아이디어에 대한 개방적 태도, 그리고 확장적 사고의 능력을 길러주어야 한다. 이러한 목적을 위해 쓸 수 있는 훈련기법의 예로 i) 반전기법, ii) 비유기법, iii) 교호충실화기법, iv) 형태학적 분석기법, v) 악역활용기법, vi) 생각하는 탐험여행 등을 들 수 있다.12)

① 반전기법 반전기법(反轉技法: reversal technique)은 문제를 뒤집어 생각해 보게 하는, 다시 말하면 기존의 시각과 반대되는 시각에서 문제를 검토하게 하는

기법이다. 예컨대 쓰레기의 유익한 점은 없는가를 생각해 보게 하는 것이다.

② 비유기법 비유기법(analogy technique)은 물체·인간·상황 사이의 유사성을 찾아 검토하는 과정에서 문제해결의 새로운 아이디어를 안출하도록 하는 기법이다. 조직운영을 시계로 보는 비유를 통해 분석해 보게 하는 것을 예로 들 수 있다.[i]

③ 교호충실화기법 교호충실화기법(cross-fertilization technique)은 서로 다른 영역의 전문가들이 문제를 검토하고 해결방안을 제안하도록 하는 기법이다.

④ 형태학적 분석기법 형태학적 분석기법(morphological analysis technique)은 문제에 내포된 기본적 요소들의 선택과 배합을 체계적으로 바꿔보게 하는 기법이다. 예컨대 어떤 전자제품의 재질, 형태, 표면처리방법, 설치방법 등의 조합을 바꿔가면서 검토하게 할 수 있다.

⑤ 악역활용기법 악역활용기법(devil's advocate method)은 악역을 맡은 개인 또는 집단이 제안되어 있는 행동대안을 체계적으로 비판하게 하는 방법이다. 악역(악마의 변호인 역할)을 맡은 개인 또는 집단이 다수의견에 맞서, 제안되어 있는 행동대안의 기초가 된 가정의 오류·일관성 결여·실패요인 등을 지적하게 한다. 악역은 문제에 따라 교대로 맡게 한다. 악역활용기법은 악역을 맡은 사람이나 문제해결집단의 다른 참여자들에게 반성의 기회를 준다. 안이한 해결방안채택을 견제하고 창의적 사고를 촉진한다.

(6) 생각하는 탐험여행 생각하는 탐험여행(thinking expedition)은 사람들이 도전적인 상황에 노출되는 여행을 통해 기존의 방식과 다르게 생각하고 창의적인 아이디어들을 안출해 내게 하는 방법이다. 이 방법은 정신적·육체적으로 익숙한 일상사에서 벗어나 생산적인 망각을 경험하고 색다른 생각을 할 수 있는 기회를 제공한다.

---

i) 비유법과 유사한 연상기법(asociation technique)은 어떤 단어나 물건 등을 제시하고 그로부터 연상되는 것을 생각나는 대로 말하게 하는 기법이다.

Ⅲ. 지식관리와 교육훈련

행정연구의 지식관리론적 접근방법은 오늘날 영향력이 아주 큰 선도적 접근방법이다. 지식을 핵심적 위치에 놓는 이 접근방법은 행정과정을 지식의 과정으로 이해한다. 훈련도 물론 지식관리의 품 안에 넣어 설명한다. 배우고 가르치는 활동에 대한 지식관리론적 관점은 훈련연구에 많은 도움을 주고 있다.[13)]

1. 지식관리란 무엇인가?

1) 지식관리의 정의

지식관리(知識管理: knowledge management)는 조직의 지식(지적 자본)을 체계적으로 획득·조직화하고 활용가능하게 하며 지속적인 학습과 지식공유의 문화를 발전시키는 과정이다.[j)] 지식관리의 주요업무는 ⅰ) 조직 내외의 출처로부터 지식을 획득하여 저장하는 것, ⅱ) 조직문화와 유인기제를 통해 지식성장을 촉진하는 것, ⅲ) 지식의 가치를 평가하고 새로운 방법으로 지식을 적용해 지식의 가치를 높이는 것, ⅳ) 조직전체에 걸친 지식의 이전·공유·활용을 촉진하는 것 등이다.

정보기술은 지식관리에 중요한 기여를 한다. 그러나 정보기술의 활용은 지식관리의 한 국면임에 불과하다. 지식관리체제는 쉽게 활용할 수 있도록 지식을 획득·저장·조직화하는 기술과 절차뿐만 아니라 학습을 통한 지식창출 그리고 지식공유화의 방법을 구비해야 한다. 그러므로 인적 요소의 역할이 매우 중요하다.

2) 지식의 정의

지식관리의 직접적인 대상은 지식(knowledge)이다. 지식은 경험이나 연구를 통해 얻은 이해이다. 지식은 사람이 어떤 정보를 다른 정보 그리고 기존의 현상인식과 비교한 다음 도출해 내는 결론적 이해이다. 지식은 사람의 인지적 과정을

j) 경영학에서는 지식관리라는 말 대신 지식경영이라는 말을 더 많이 쓴다. 공공부문연구인들은 지식행정이라는 말을 쓰기도 한다.

거쳐 처리된 정보라고 할 수도 있다.

지식의 성립에는 인간적 요소의 작용이 필수적이다. 정보는 사람이 그것을 인식하고 비교·분석하고 활용해야만 지식으로 될 수 있다. 예컨대 책은 정보를 담고 있으나 그것 자체가 지식은 아니다. 사람이 책을 읽어 정보를 이해하고 그것을 활용해야만 책에 담긴 정보는 지식으로 될 수 있다.

지식에는 명시적 지식(explicit knowledge)과 묵시적 지식(tacit knowledge)이 있다. 명시적 지식은 부호화, 문서화 등을 통해 다른 사람에게 전달할 수 있는 체계적 지식이다. 묵시적 지식은 개인적 경험, 어림짐작, 직감 등에 기초한 지식으로서 정확하게 서술하여 다른 사람들에게 전해주기 어려운 것이다. 인간생활에서, 그리고 조직생활에서 묵시적 지식이 명시적 지식보다 훨씬 많다.

지식관리를 정보관리와 구별하는 사람들은 자료(data), 정보(information), 지능(intelligence), 지식, 지혜(wisdom)를 서로 구별한다. 그들의 견해에 따르면 자료는 현상에 관한 기술이며 조직화되거나 처리되지 않은 사실이라고 한다. 정보는 일정한 목적에 기여하는 효용을 가질 수 있도록 자료를 처리·정제한 것이라고 한다. 지능은 지식을 획득하고 적용할 수 있는 능력이라고 한다. 지혜는 미래에 대한 비전과 투시력을 갖춘, 추상성이 가장 높은 이해라고 한다.

3) 지식관리의 필요성과 장애

(1) 필요성과 효용 조직이 살아남고 발전하려면 지식을 효율적으로 창출 또는 획득하여 조직 전체에 이전하고 새로운 지식에 따라 행동을 수정해 나가야 한다. 이를 위해서는 지식을 계획적으로 관리해야 한다. 급속한 변동, 세계화의 촉진, 경쟁의 격화, 정보화의 촉진, 빈발하는 감축관리 등의 상황적 조건은 부단한 쇄신을 요구하고 있다. 쇄신요청의 폭증은 지식과 지식관리의 중요성을 아주 크게 만들었다.

지식관리의 구체적인 효용은 ⅰ) 지식의 계획적 학습과 활용을 촉진하여 지식의 가치를 향상시킨다는 것, ⅱ) 지식공유와 활용을 촉진하여 조직의 모든 과정을 효율화한다는 것, ⅲ) 조직의 변화대응성을 높인다는 것, ⅳ) 조직구성원들의 학습시간을 단축한다는 것, ⅴ) 조직구성원들의 문제해결능력을 향상시킨다는 것, ⅵ) 고객, 공급자 기타의 거래자들과 파트너십 구축을 촉진한다는 것, ⅶ) 조직으로부터의 두뇌유출(brain drain)에 대한 경각심을 높인다는 것 등이다.

(2) 장 애 전통적 관료제조직에는 지식관리의 발전을 가로막는 장애요인들이 많다. 장애요인의 예로 i) 전통적인 유인기제는 지식공유와 협동적 노력에 필요한 유인을 제공하지 못한다는 것, ii) 전통적인 조직문화는 변동저항적이라는 것, iii) 지식관리 도입에 필요한 기술적·관리적 기반이 구축되어 있지 않다는 것, iv) 기술자원관리와 인적자원관리의 조정이 허술하다는 것 등을 들 수 있다. 이러한 장애요인들의 영향을 더욱 악화시키는 것은 서투른 지식관리체제의 도입이다. 지식관리체제의 너무 단순한 설계·기술적 측면만을 강조하는 설계, 무능한 리더십, 조직구성원들의 몰이해 등은 불리한 여건을 더 악화시킨다.

2. 지식관리의 과정과 방법

1) 지식관리의 과정

지식관리과정(지식관리생애주기: knowledge management life cycle)은 i) 지식획득(capturing), ii) 지식의 조직화(organizing), iii) 지식의 정제(精製: refining), iv) 지식의 이전(dissemination or transfer) 등의 단계들을 내포한다.

지식획득단계에서는 가능한 모든 출처에서 지식을 모은다. 조직화단계에서는 획득한 지식을 검색하고 사용할 수 있도록 조직화한다. 조직화단계에서는 사용의 속도, 사용자의 편의, 접근의 능률성, 그리고 정확성을 기준으로 삼아야 한다. 정제단계에서는 데이터 웨어하우징(자료저장; 자료창고: data warehousing), 데이터 마이닝(자료채굴: data mining), 지식지도작성(knowledge mapping) 등의 방법을 써서 지식을 분류하고 효율적으로 사용될 수 있게 한다.[k)] 이전단계에서는 지식을 전파 또는 이전한다. 이전단계에서는 문제해결에 유용한 지식들이 저장장치에서 사장되는 일이 없도록 해야 한다. 지식이전의 과정은 작업팀 내의 순차적 이전,

k) 데이터 웨어하우징은 조직의 모든 자료를 거대한 데이터베이스에 저장하여 쉽게 접근할 수 있게 하는 것이다. 데이터 마이닝은 사용자들이 문제를 해결하기 위해 자료를 유형화하고 그 의미를 발견할 수 있도록 돕는 것이다. 지식지도작성은 어떤 지식이 조직의 어디에 있으며 거기에 어떻게 접근할 수 있는가를 기술하여 쉽게 이용할 수 있도록 하는 프로젝트이다.

작업팀 간의 이전, 조직외부로부터의 이전, 명시적 지식의 이전, 묵시적 지식의 이전 등으로 구분해 볼 수 있다.

2) 지식관리의 방법: 훈련방법

지식관리과정의 각 단계에서 사용하는 방법(도구)들은 대단히 많고 다양하다. 여기서 그 많은 방법들을 망라하여 설명하는 것은 가능하지도 필요하지도 않다. 지식획득과 지식이전의 단계에서 사용되는 방법들 가운데서 훈련방법으로 이해할 수 있는 것들을 골라 설명하려 한다.

그러한 방법의 예로 i) 현장관찰(on-site observation), ii) 브레인스토밍(두뇌선풍기법: brain storming), iii) 델파이 기법(Delphi method), iv) 명목집단기법(名目集團技法: nominal group method), v) 개념지도작성(concept mapping), vi) 프로토콜분석(protocol analysis), vii) 그룹웨어(groupware), viii) 인트라넷과 인터넷(intranet and internet), ix) 순환보직(job rotation), x) 대담(dialogue), xi) 역사학습과 경험담 듣기(learning histories and storytelling), xii) 실천공동체(경험공동체: communities of practice) 등을 들 수 있다.

브레인스토밍은 규격화되지 않은 집단토론 상황에서 구성원들이 아이디어와 문제해결 대안들을 구애없이 털어 놓고 자유롭게 토론하게 하는 방법이다. 델파이기법은 문제해결의 아이디어를 제공하는 사람들이 서로 대면적인 접촉을 하지 않는 기법이다. 교호작용적인 토론을 하지 않고 익명성이 유지되는 사람들이 각각 독자적으로 형성한 판단들을 조합·정리하는 방법이다. 명목집단기법은 집단적 문제해결에 참여하는 개인들이 개별적으로 해결방안에 대해 구상을 하고 그에 대해 제한된 집단적 토론만 한 다음 해결방안에 대해 표결을 하는 기법이다. 명목집단기법에서는 전통적인 회의방법에서와는 달리 말로 의견교환을 하는 것은 명시된 때에 한정된다.

개념지도작성은 개념들 사이의 관계를 그림으로 그려 지식도표를 만드는 방법이다. 프로토콜분석은 업무수행의 실제를 관찰하여 업무수행의 과정, 사용하는 지식, 인지적 행동 등을 파악하는 방법이다. 그룹웨어는 집단적 문제해결을 돕는 소프트웨어이다.

역사학습과 경험담 듣기는 의사결정·문제해결에 관한 과거의 경험을 분석함으로써 문제해결의 지식을 얻을 수 있도록 하는 방법이다. 과거의 사례를 분석하는 사람들이 스스로 지식을 추출해 내도록 하는 방법인 것이다. 실천공동체는 유사한 문제에 직면한 사람들이 해결방안을 함께 탐색하기 위해 자발적·비공식적으로 구성하는 모임이다.

제2절

교육훈련의 관리

Ⅰ. 교육훈련관리의 과정

훈련사업은 많은 조직단위와 개인들이 관여하는 협동적이고 순환적인 과정을 통해서 관리된다. 훈련사업의 관리과정에 포함되는 기본적 활동단계는 ⅰ) 훈련계획의 수립, ⅱ) 훈련계획의 집행, ⅲ) 훈련의 평가 등 세 가지이다. 훈련사업 추진의 뒷받침이 될 법령을 제정하고 계획업무를 주관할 사람과 기관을 정하는 등의 준비작업이 기본적 활동단계에 앞서 이루어져야 한다. 여기서는 훈련사업관리에 관한 기본적 활동단계의 개요를 소개하려 한다. 기본적 활동단계에서 해야 할 일들 가운데서 훈련수요조사와 훈련효과평가에 대해서는 항을 나누어 자세히 설명하려 한다.

(1) 훈련계획의 수립 계획수립단계에서는 국가의 목표, 정부의 목표, 훈련수요를 확인하고 훈련목표를 설정한다. 그리고 훈련사업의 내용과 방법을 결정한다. 훈련계획을 수립하는 단계에서 제일 먼저 해야 할 일은 자료의 조사와 분석이다. 훈련계획을 수립하는 사람들이 수집해야 하는 자료 가운데서 가장 기본적인 것은 물론 훈련수요에 관한 자료이지만, 필요한 자료가 그에 한정되는 것은 아니다. 일반적으로 훈련계획을 입안할 때 조사해야 할 주요 자료는 ⅰ) 국가 및 정부의 목표와 사업계획, ⅱ) 정부기능변동의 계획 또는 전망, ⅲ) 전국적인 인적자원공급의 예측, ⅳ) 정부 내의 훈련수요, ⅴ) 훈련체제의 능력, ⅵ) 사용할 수 있는 훈련시설의 상태, ⅶ) 공무원집단의 구성에 관한 각종 통계, ⅷ) 공무원의

퇴직률, ix) 실시가능한 훈련의 종류와 방법, x) 훈련효과에 대한 예측 등이다.

필요한 자료의 수집과 분석을 통해 판단의 기초가 마련되면 훈련의 목표를 결정하고, 훈련계획의 내용을 구성하는 입안작업이 진행된다. 훈련계획에는 기본계획과 운영계획, 사항별 계획(project plan)과 기간계획(periodic plan)들이 포함된다. 훈련계획의 수립단계에서 결정하여야 할 중요한 사항은 i) 훈련사업 전반의 기본목표, ii) 훈련사업의 분야별 우선순위, iii) 훈련의 과정(課程: 과목; 프로그램), iv) 훈련과정별 반편성계획과 반별 훈련목표, v) 훈련기간 및 훈련대상, vi) 피훈련자의 선발계획, vii) 훈련방법과 과목별 교수요목, viii) 훈련기관과 설비, ix) 교재편찬계획, x) 훈련실시의 시간표, xi) 훈련의 평가방법, xii) 훈련의 비용 등이다.

(2) 훈련계획의 집행 훈련계획을 수립하여 채택한 다음에는 이를 실천에 옮긴다. 훈련을 실시하려면 피훈련자를 적절히 선발하여야 하며, 필요한 자원을 동원·조직화해야 한다. 훈련집행단계에서 해야 할 아주 중요한 일은 피훈련자가 훈련받을 태세를 갖추고 훈련동기를 갖게 하는 것, 그리고 학습활동에 유리한 상황을 설정하는 것이다. 훈련사업에 대한 적절하고 적시성 있는 정보를 전파하고, 관리층의 이해와 협조를 구하고, 훈련참가에 대한 불이익조치가 없도록 하고, 성공적인 훈련이수에 대해 보상을 실시하는 일들도 집행단계의 임무이다. 훈련실시의 준비에서부터 훈련의 종료에 이르기까지 훈련을 관리하는 행정업무도 제대로 진행해야 한다.

(3) 훈련의 평가 훈련평가는 훈련의 계획에서부터 실시의 효과에 이르기까지를 평가하고 평가결과를 활용하는 절차이다. 훈련의 평가는 장래의 훈련활동을 개선하는 데 필요한 정보를 얻기 위한 활동이다. 넓은 의미의 훈련평가에는 i) 훈련계획에 대한 평가, ii) 훈련기관과 관리절차의 평가, iii) 훈련내용의 평가, iv) 훈련효과의 평가 등 훈련사업의 여러 가지 국면에 관한 평가가 모두 포함된다. 그러나 좁은 뜻으로 훈련의 평가라는 말을 쓸 때에는 대개 훈련효과의 평가만을 지칭한다. 훈련효과 이외의 국면에 대한 평가는 훈련집행의 종료 이전에도 수시로 실시할 수 있다.

II. 훈련수요조사

1. 훈련수요조사란 무엇인가?

1) 훈련수요조사의 정의

훈련수요조사(訓練需要調査: training needs assessment)는 훈련계획수립의 출발점이며 전반적인 훈련사업관리의 초석이라고 할 수 있다. 훈련수요조사는 공무원들이 어떤 훈련을 어느 정도 필요로 하는가를 확인하는 활동이다. 훈련은 기대수준에 미달되는 공무원의 능력을 보충하자는 것이다. 그러므로 훈련수요조사에서는 우선 능력의 기대수준을 파악하고, 기준에 미달되는 공무원의 능력이 무엇이며 미달의 원인이 무엇인가를 알아낸 다음 능력을 개선할 수 있는 훈련이 어떤 것인가를 결정해야 한다.

훈련의 수요에 대한 조사가 있어야 훈련내용결정·피훈련자선발·훈련방법결정에 적정을 기할 수 있다. 훈련수요조사가 있어야 훈련의 기대효과를 명시하고, 훈련효과평가의 기준을 제시할 수 있다. 직무수행결함 가운데서 채용기준의 개선, 업무장비의 개선 등 훈련 이외의 방법으로 대응해야 할 문제를 확인하는 데도 훈련수요조사가 도움을 준다. 훈련수요자료는 훈련 이외의 여러 인사기능에도 요긴하게 쓰일 수 있는 데이터베이스가 된다.

훈련수요조사는 공무원 개개인이 어떤 훈련을 받아야 하는가를 확인하기 위한 것이다. 그러나 개인별 직무와 능력만을 고립적으로 분석해서는 정확한 훈련수요를 파악하기 어렵다. 따라서 훈련수요발생에 영향을 미치는 요인들에 대한 다차원적 분석이 필요하다.

2) 훈련수요의 정의

훈련수요조사의 최종적인 목표는 개인별 훈련수요를 결정하는 것이다. 따라서 훈련수요(訓練需要: training needs)라는 개념의 명료화가 필요하다.

훈련은 바람직한 기준에 미달되는 능력수준을 바람직한 기준에 맞도록 향상시키려는 것이므로, 능력에 관한 기대수준(직무수행에 적합한 능력수준)과 실재수준(현재의 능력수준)의 차이에서 훈련수요 또는 훈련의 '수요점'을 찾아야 한다. 훈련수요는 기대수준으로부터 실재수준을 빼서 얻은 능력차질(실적미달)의 범위 내에서 발견된다. '범위 내에서' 발견된다는 표현을 쓰는 까닭은 훈련관리의 실제에서 능력차질이 모두 훈련수요로 되지 않을 수도 있다는 점을 시사하기 위해서이다.

훈련수요의 개념정의에서 규명해야 할 핵심적인 문제는 능력의 기대수준 결정과 훈련수요점의 결정이다.

(1) 기대수준의 결정 능력의 기대수준은 여러 가지 관점에서 규정할 수 있다. 기대수준을 규정하는 관점들은 흔히 두 가지 범주로 크게 분류된다. 그 하나는 현재의 관점이며, 다른 하나는 미래의 관점이다. 이러한 관점의 차이에 따라 기대수준은 '현재의 기대수준'으로 규정되기도 하고, '예측적 기대수준'으로 규정되기도 한다.[1] 현재의 기대수준과 실재수준을 비교하여 찾아 낸 능력차질은 단기적 훈련수요를 알아내는 데 필요한 정보를 제공한다. 예측적 기대수준과 실재수준의 차이는 장기적 훈련수요를 판단하는 데 유용한 정보를 제공한다.

(2) 훈련수요점의 결정 훈련사업의 실제에서 기대수준과 현재수준 사이의 능력차질 모두를 훈련수요로 다루기는 어려운 사정이 있다. 그 중 일부는 훈련대상에서 제외해야 하는 경우가 많다.[2]

실적차질이 조직설계 또는 직무설계의 잘못 때문일 수도 있다. 업무량과다를 그 예로 들 수 있다. 직무수행의 기회를 제약하는 외재적 조건 때문일 수도 있다. 기계나 장비의 고장을 그 예로 들 수 있다. 공무원 자신의 정신적 및 육체적 건강이 나쁘기 때문에 실적이 부진할 수도 있다. 공무원들의 타고난 자질이 나빠 훈련으로 그것을 개선할 가망이 없을 때도 있다. 훈련은 사람을 개선할 수는 있어도 사람을 창조할 수는 없다.

훈련으로 실적차질을 개선할 수도 있으나 채용기준 개선, 근무성적평정 개선, 유인기제의 개선, 징계제도의 활용 등으로 실적차질을 시정하는 것이 더 효과적일 경우가 있다. 훈련의 효용보다 비용이 과다한 경우에도 훈련 이외의 대안을 찾아야 한다.

그러므로 훈련의 수요점(需要點)을 판정할 때는 기대수준에 미달되는 부분의

그림 5-2-1 훈련의 수요점

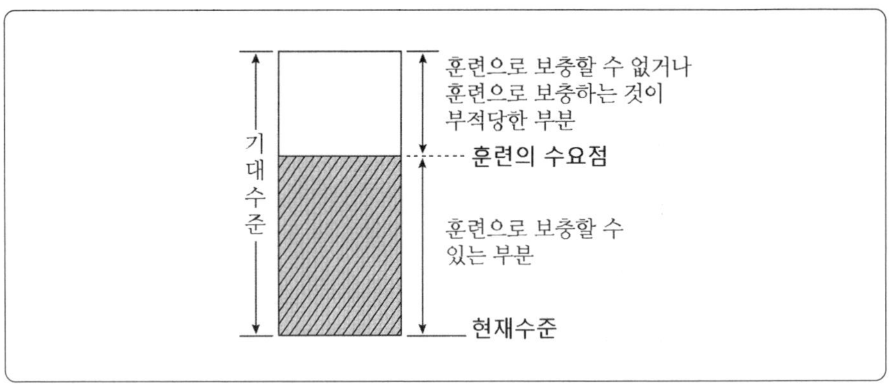

능력을 훈련으로 향상시킬 수 있는가, 그리고 훈련이 최선의 해결방안인가를 신중히 검토하여야 한다. 그리하여 훈련으로 개선할 수 있고, 또 그렇게 하는 것이 적절한 부분의 능력차질만을 훈련수요로 결정하여야 할 것이다. 이러한 설명을 도형화한 것이 〈그림 5-2-1〉이다.

2. 훈련수요조사의 과정

훈련수요조사의 과정에 포함되는 활동단계는 다섯으로 구분해 볼 수 있다.[a] 다섯 가지 활동단계란 ⅰ) 훈련수요조사의 목적설정, ⅱ) 수집할 자료의 결정, ⅲ) 자료수집방법의 결정과 자료의 수집, ⅳ) 자료의 분석, ⅴ) 훈련의 우선순위 결정과 최종보고서작성 등을 말한다.[3]

a) 우리가 여기서 논의의 우선적인 준거로 삼는 것은 능동적 훈련수요조사(사전적 훈련수요조사: proactive needs assessment)이다. 이것은 능력차질로 인한 조직 상의 문제가 야기되기 전에 적극적인 조사를 통해 미리 훈련수요를 결정하는 과정이다. 이와는 대조적으로 업무수행 상의 문제들이 실제로 발생한 다음 이를 해결하기 위해 가동하는 문제해결형 수요조사를 반응작용적 훈련수요조사(사후적 훈련수요조사: reactive needs assessment)라 한다. 반응작용적 훈련수요조사의 핵심적 활동은 문제의 진단과 그 원인분석이다.

1) 조사의 목적설정

훈련수요를 조사하려면 먼저 그 목적을 규정해야 한다. 어디에 쓰기 위해 무엇을 알아내려고 하는가를 분명히 해야만 훈련수요조사가 질서 있게 이루어질 수 있다. 훈련수요조사의 기본적 목적은 훈련의 수요를 확인하는 것이다. 이러한 기본목적 아래서 구체적으로 추구해야 하는 개별적 조사의 목적을 명료화해야 한다.

훈련수요조사는 여러 가지 부수적 용도에 쓰일 수 있다. 훈련수요조사의 결과는 훈련계획의 수립뿐만 아니라 장기적인 인적자원수급계획, 공무원들의 자기개발촉진, 예산계획, 조직발전계획, 업무배분계획 등에 유용한 정보를 제공할 수 있다. 따라서 훈련계획수립을 위해 훈련수요조사를 할 때에도 부수적 용도에 관한 목적들을 또한 고려해야 한다.

2) 수집할 자료의 결정

훈련수요조사의 과정에서는 훈련수요발생에 영향을 미치는 요인들에 대한 다차원적 분석을 해야 한다. 여러 차원의 분석들은 ⅰ) 조직차원의 분석, ⅱ) 인구학적 분석, ⅲ) 직무분석, 그리고 ⅳ) 직원분석으로 범주화할 수 있다. 분석차원이 다르면 수집할 자료도 달라진다.

(1) 조직차원의 분석에 필요한 자료 조직차원의 분석을 위해 필요한 자료에는 조직의 목표와 정책, 사업, 장래의 계획, 조직의 결함, 예산지출 우선순위 등 일반적 요인에 관한 자료와 보다 구체적인 훈련수요지표에 관한 자료가 포함된다. 훈련수요지표의 예로 직원의 신규채용 또는 배치전환, 새로운 업무의 발생, 조직과 절차의 변경, 높은 사고율·결근율·고충발생률, 업무수행의 지체 및 업무수행 상의 낭비, 직무수행동기의 저하, 조직 내의 불화와 책임회피, 의사전달의 장애, 인적자원양성계획에 따라 발생하는 능력발전의 필요 등을 들 수 있다.

(2) 인구학적 분석에 필요한 자료 인구학적 분석을 위해서는 조직 내 인적자원의 구조에 관한 자료와 집단별 직무요건에 관한 자료를 수집해야 한다.

(3) 직무분석에 필요한 자료 직무분석을 위해서는 직무수행기준, 직무의 구

성요소, 직무수행에 필요한 능력 등에 관한 자료를 수집해야 한다.

(4) 직원분석에 필요한 자료 직원분석을 위해서는 직무수행기준에 비추어 직원의 능력을 평가하는 데 필요한 자료를 수집해야 한다.

3) 자료수집: 직원분석자료의 수집

수집할 자료와 그 용도에 따라 다양한 자료수집방법들이 쓰일 수 있다. 그 모든 방법들을 여기서 논의할 필요는 없다. 직원분석을 위한 자료수집 방법만을 예시적으로 설명하려 한다.

직원분석을 위한 자료수집방법은 두 가지 범주로 나누어 볼 수 있다. 두 가지 범주란 직무기준 및 실적의 측정에 바탕을 두는 방법과 의견 및 판단의 조사에 바탕을 두는 방법을 말한다.[4)]

(1) 직무기준과 실적의 조사 이 범주에 포함되는 방법에는 ⅰ) 직무분석·근무성적평정·직무수행기록 등 조직 내의 각종 기록을 검토하는 방법, ⅱ) 필기시험을 과하는 방법, ⅲ) 복합시험을 과하는 방법, ⅳ) 직무수행을 관찰하는 방법, ⅴ) 중요 사건을 관찰하는 방법, ⅵ) 직무감사를 하는 방법, ⅶ) 표준경력계획(model career planning)에 따라 훈련수요를 판단하는 방법, ⅷ) 직위와 직원에 관한 포괄적 전산자료체제를 활용하는 방법 등이 있다.

(2) 의견과 판단의 조사 이 범주에 포함되는 방법에는 ⅰ) 면접을 하거나 조사표를 사용해서 훈련수요에 관한 직원의 의견을 조사하는 방법, ⅱ) 직원들의 제안을 검토하는 방법, ⅲ) 감독자의 권고를 검토하는 방법, ⅳ) 직원들에게 자기평가 또는 개인적 발전목표를 적어 내게 하는 방법, ⅴ) 집단적 문제분석방법, ⅵ) 명목집단기법, ⅶ) 델파이기법, ⅷ) 퇴직자면접, ⅸ) 고객의 의견을 조사하는 방법, ⅹ) 여러 훈련과정의 과목일람표를 배포하여 공무원들이 수강하기를 원하는 과목에 표시를 하도록 하는 방법(menu survey) 등이 있다.[b)]

---

b) 명목집단기법과 델파이기법에 대해서는 제5장 제1절에서 설명하였다.

4) 자료의 분석

자료분석단계에서 할 일은 수집된 자료를 정리·해석·재구성하여 훈련에 관한 의사결정에서 바로 사용할 수 있는 정보를 만들어 내는 것이다. 훈련수요에 관한 자료를 분석할 때에는 먼저 현재의 능력수준이 기대수준에 미달하는가를 확인하고, 미달하는 것이 있으면 그것을 훈련으로 보충할 것인가를 결정해야 한다. 다음에는 훈련으로 보충할 능력요소와 그 내용은 어떤 것인가를 판단해야 한다. 이러한 판단이 끝나야 능력보충에 적합한 훈련의 종류도 알아낼 수 있다.

5) 훈련의 우선순위결정

자료분석의 결과로 확인된 훈련수요는 훈련의 내용결정에서뿐만 아니라 훈련의 우선순위결정에서도 원칙적인 기준으로 되어야 한다. 그러나 훈련수요만이 훈련우선순위결정의 유일한 기준인 것은 아니다. 훈련의 우선순위를 결정할 때에는 훈련의 수요뿐 아니라 정부의 여러 가지 정책적 필요와 훈련실시의 제약요인 등을 균형 있게 고려해야 한다.

Ⅲ. 훈련효과의 평가

일반적으로 훈련평가라고 하는 것은 훈련사업의 여러 국면들을 평가하고 평가의 결과를 활용하는 절차를 말한다. 넓은 의미의 훈련평가는 훈련의 국면별 평가들을 모두 포괄한다. 훈련효과평가는 훈련평가의 일종이다. 인사행정학에서 가장 중요시하는 훈련평가는 훈련효과평가이다.

1. 훈련효과평가의 정의

훈련효과평가(訓練效果評價: evaluation of training effects)는 훈련사업의 한 국면인 훈련의 효과를 대상으로 하는 평가이다. 훈련효과의 평가에서는 훈련의 목표가 실제로 얼마나 달성되었는가를 평가한다. 훈련효과평가는 훈련이 기도한 효과가 실제로 발생했는가를 확인하는 평가이다. 훈련효과의 평가과정에 포함되는 활동단계는 i) 평가기준의 결정, ii) 자료의 수집, iii) 평가, 그리고 iv) 훈련의 개선을 위한 처방의 결정이다.

훈련효과의 평가는 대단히 어려운 작업이다. 훈련효과의 평가는 인간행동의 변화를 측정하려는 것이므로 객관적으로 포착하기 어려운 많은 요인을 대상으로 한다. 훈련의 종류에 따라서는 계량적으로 포착할 수 있는 비교적 객관적인 측정단위가 있는 경우도 있지만, 정부에서 실시하는 훈련 가운데는 그러한 객관적 측정단위가 없는 것이 더 많다.

훈련효과 때문에 발생하는 행동의 변화는 다른 많은 요인 때문에 일어나는 변화와 혼합된 가운데 일어난다. 그러므로 훈련의 효과만을 따로 구분해 보기가 어렵다. 훈련효과의 포착을 위한 다년간에 걸친 시계열적 연구는 예산부족이나 다른 여러 사정으로 좌절되는 경우가 많다. 횡단적인 비교연구에도 애로가 많다. 예컨대 훈련효과 이외의 요인으로 인한 개인차가 많기 때문에 개인 간의 비교로 훈련효과를 확인하는 데도 어려움이 있다. 많은 애로가 있기 때문에 언제나 평가의 완벽을 기할 수는 없다. 그러나 주어진 조건 하에서 최선이라고 생각되는 방법으로 평가를 하도록 노력해야 한다.

2. 훈련효과평가의 기준

훈련효과평가는 기준과 실적을 비교하는 작업이므로 기준이 있어야 한다. 훈련효과평가의 기준은 훈련수요에 기초를 둔 목표라야 한다. 훈련의 기대효과는 대개 다차원적이기 때문에 평가에는 복수의 기준이 쓰인다. 평가의 기준이 얼마나 특정적이고 정확하게 표현될 수 있느냐 하는 것은 경우에 따라 다르다.

1) 평가기준의 유형

평가기준을 분류한 유형론은 대단히 많으나 그 중에서 가장 널리 소개되고 있는 것은 수준과 시간에 따른 분류이다.[5)]

(1) 수준에 따른 분류 기준의 수준(levels of criteria)이라는 차원을 구분한다

는 것은 기준의 수준차이를 계층적으로 설정한다는 뜻이다. 여기서 수준이란 훈련효과측정의 깊이(엄격성)를 지칭한다. 수준에 따라 평가기준은 네 가지로 구분할 수 있다.[6)]

① **반응기준** 반응기준(reaction criteria)은 수준이 가장 낮은 기준으로서 훈련에 대한 피훈련자의 인상이나 느낌을 측정하려는 기준이다. 호의적 반응의 수준을 알아보려는 기준인 것이다.

② **학습기준** 학습기준(learning criteria)은 훈련에서 가르친 것을 실제로 배워 익혔는가를 알아보려는 기준이다. 학습기준은 지식·기술·태도 등에 관한 다차원적 기준이다.

③ **행태기준** 전이기준이라고도 하는 행태기준(behavioral criteria; transfer criteria)은 학습의 전이실태를 측정하려는 기준이다. 이것은 훈련에서 배운 내용을 직무수행의 실제에서 적용하고 있는가를 측정·평가하려는 기준이다. 이 평가기준에 따른 훈련효과평가에서는 먼저 직무행태의 변화가 있는지의 여부를 확인하고 그 변화가 훈련 때문이라는 것을 입증하려 한다.

④ **결과기준** 결과기준(organizational results criteria)은 훈련을 통해 개선된 사람들의 행태가 조직의 목표성취에 실제로 기여했는가를 알아보려는 기준이다.

(2) 시간에 따른 분류 측정의 시점에 따라 평가기준을 분류할 수 있다. 평가기준은 시간차원에 따라 i) 즉시적 기준(immediate criteria), ii) 근접기준(proximal criteria), iii) 시간이 상당히 경과한 후의 기준(원위기준: 遠位基準, distal criteria) 등으로 구분할 수 있다. 즉시적 기준은 훈련실시중의 평가기준이다. 근접기준은 훈련종료 후 바로 이어지는 평가의 기준이다. 상당한 시간이 경과한 후의 기준은 문자 그대로 훈련종료 후 시간이 상당히 경과한 때의 평가기준이다. 이것은 훈련으로 습득한 바를 직무수행에서 적용하는(전이하는) 단계의 평가기준이다.

이 밖에도 평가기준분류는 많다. 평가기준의 절대성 또는 상대성·주관성 또는 객관성·성과 또는 과정에 착안한 분류도 있고, 질적 기준과 양적 기준·내적 기준과 외적 기준을 구분하는 분류도 있다.

절대적 기준(criterion-referenced measures)은 구체적인 행태적 목표에 대비시킨 개인의 성취기준을 제시하는 것이다. 상대적 기준(비교적 기준: norm-referenced measures)은 피훈련자들을 서로 비교할 때의 기준이다. 각자의 능력수준은 다른 사람의 능력수준에 대한 비교기준이 된다. 주관적 기준은 의견, 신념 또는 판단의 진술을 필요로 하는 기준이며, 객관적 기준은 결근율과 같이 객관적 사실로 측정이 가능한 기준이다.

성과기준(outcome measures)은 여러 가지 성취수준을 나타내는 기준이다. 얼마나 잘 배웠는가, 훈련으로 인해 직무를 얼마나 잘 수행하게 되었는가 등 훈련성과에 관한 기준인 것이다. 과정기준(process measures)은 훈련중에 무엇이 일어나는가를 검토하기 위한 기준이다. 이 기준은 훈련효과의 원인 또는 출처를 밝히는 데 길잡이가 된다.

질적 기준은 태도와 지각의 변화에 관한 기준이며, 양적 기준은 계량화할 수 있는 직무행태 개선과 조직개선의 결과에 관한 기준이다.

내적 기준(internal criteria)은 훈련상황에서의 실적을 평가하려는 기준이다. 외적 기준(external criteria)은 직무행태의 실제적인 변화를 측정하려는 기준이다.

2) 평가기준의 효용성

훈련효과평가의 기준은 효용성이 있는 것이라야 한다. 효용성이 있으려면 훈련수요에 적합해야 하며, 일관성이 있어야 한다. 그리고 현실성, 경제성, 편의성 등 실용적 가치도 있어야 한다.[7)]

(1) 기준적합성 평가기준의 기준적합성(criterion relevancy)이 높아야 한다. 기준적합성은 평가기준이 훈련수요를 얼마나 잘 반영하느냐에 관한 요건이다. 기준에 포함된 능력이 훈련수요조사에서 훈련시켜야 할 것으로 파악한 능력과 일치될 때 평가기준은 적합한 것으로 판정된다. 훈련수요조사에서 확인된 요소가 평가기준에 포함되어 있지 않은 경우의 부적합성을 기준결손(criterion deficiency)이라 한다. 훈련수요조사에서 확인되지 않은 요소가 평가기준에 포함되어 있을 때의 부적합성을 기준오염(criterion contamination)이라 한다.

(2) 기준신뢰성 평가기준의 기준신뢰성(criterion reliability)이 또한 높아야 한다. 기준신뢰성은 평가기준의 일관성을 뜻한다. 평가자들 사이에 평가기준에 관한 합의가 없는 경우, 그리고 동일대상에 대한 동일평가자의 평가가 때에 따라 다른 경우 평가기준의 신뢰성이 낮다고 말한다.

(3) 현 실 성 평가기준은 관련자들이 모두 적절하다고 받아들일 수 있는 것이라야 한다. 관련자들이 수긍할 수 없는 비현실적 기준을 쓰게 되면 평가 자

체가 형식화될 위험이 있다. 그러므로 기준을 정할 때에는 i) 관리층의 기대 또는 요청, ii) 피훈련자의 기대 또는 요청, iii) 전문가의 의견 등을 고려해야 한다.

(4) 편의와 비용 평가의 편의와 비용도 고려해야 한다. 평가의 이익에 비해 지나친 노력과 시간이 소요된다거나 지나친 비용이 들게 되는 기준은 실제로 평가를 좌절시킬 수도 있다.

3. 훈련효과평가의 타당성

훈련효과의 평가는 타당한 것이라야 한다. 훈련효과의 평가는 어떤 변화가 실제로 일어났는가, 그러한 변화가 훈련 때문에 일어났는가, 그러한 변화가 같은 훈련을 받게 될 다른 집단에도 나타날 것인가에 대해 정확히 측정하고 판단하는 타당성을 확보해야 한다.[8)]

1) 타당성의 종류

평가의 타당성은 먼저 두 가지의 큰 범주로 분류할 수 있다. 그 하나는 내적 타당성이며, 다른 하나는 외적 타당성이다.

(1) 내적 타당성 특정한 상황에서 훈련이 과연 변화를 야기하는가에 관한 타당성이 내적 타당성(internal validity)이다. 내적 타당성은 그 수준에 따라 다시 두 가지로 구분된다. 그 하나는 훈련타당성(training validity)인데, 이것은 피훈련자가 훈련중 실제로 학습했는지의 여부에 관한 타당성이다. 다른 하나는 전이타당성(transfer validity)이며, 이것은 훈련에서 배운 것이 실제 직무수행의 향상을 위해 적용되는지의 여부에 관한 타당성이다.

(2) 외적 타당성 외적 타당성(external validity)은 자료의 대표성 내지 일반화가능성(보편화가능성)에 관한 타당성이다. 외적 타당성도 두 가지로 구분된다. 그 하나는 조직내적 타당성(intra-organizational validity)이다. 이것은 훈련 프로그램이 개발·사용된 조직 내에서 하나의 집단에 타당한 것이 다른 집단에도 타당한지의 여부에 관한 것이다. 다른 하나는 조직 간 타당성(inter-organizational validity)이다. 이것은 한 조직 내에서 타당성이 인정된 훈련 프로그램이 다른 조직에서도 타당

한가에 관한 타당성이다.

2) 타당성 저해요인

타당성을 저해하는 요인이란 측정하려는 변화에 영향을 미치는 훈련 이외의 변수를 말한다. 이러한 변수들은 훈련효과의 측정을 교란한다. 타당성 저해요인들을 최대한 통제할 수 있는 평가설계를 발전시키도록 노력해야 한다.

(1) 내적 타당성 저해요인 내적 타당성에 대한 저해요인은 ⅰ) 역사, ⅱ) 성숙, ⅲ) 시험효과, ⅳ) 도구의 차이, ⅴ) 통계학적 회귀(統計學的 回歸), ⅵ) 참여자의 차별적 선발, ⅶ) 측정대상집단 구성원의 탈락, ⅷ) 저해요인의 상호작용, ⅸ) 훈련효과의 확산 또는 모방, ⅹ) 보상적 평준화경향, ⅺ) 실험집단과 통제집단의 경쟁, ⅻ) 통제집단구성원의 불만과 사기저하 등이다.

여기서 역사란 첫 번째 검사와 두 번째 검사 사이에 일어난 훈련 이외의 사건을 말한다. 성숙은 시간의 경과에 따라 역사적 사건과는 무관하게 일어나는 생리적 및 심리적 변화이다. 시험효과란 전후비교의 경우, 사전시험이 뒤에 실시하는 시험결과에 영향을 미치는 것이다. 사전 및 사후시험에서 사용하는 도구가 서로 다르면, 그것이 시험결과에 영향을 미칠 수 있다. 통계학적 회귀는 극단적으로 우수한 사람과 극단적으로 열등한 사람이 포함됨으로써 나타나는 저해요인이다. 이 경우 첫번째 시험에서 나타났던 양극단적 성적분포가 두 번째 시험에서는 중간으로 회귀되는 경향을 보인다. 시험방법의 오류나 우연적 요소 등으로 두 번째 시험에서 성적분포가 달라진다면, 양극단의 성적이 중간점수로 접근하는 방향의 변화일 가능성이 크다.

참여자의 차별적 선발이란 비교집단 간의 동질성이 없는 구성원선발을 말한다. 측정대상집단참여자의 탈락(experimental mortality)은 일차검사 때의 구성원들이 이차검사 때 일부 이탈한 것을 말한다. 저해요인의 상호작용은 저해요인들이 상승작용을 하거나, 서로 합쳐 추가적인 효과를 낳는 현상이다. 통제집단구성원이 실험집단의 훈련효과를 배워 양자의 차이가 흐려지는 것이 훈련효과의 확산 또는 모방이다. 보상적 평준화경향은 훈련받는 것을 혜택으로 보는 관리자 또는 교관이 통제집단에도 훈련에 맞먹는 혜택을 줌으로써 실험집단과 통제집단의 차이를 흐리게 하는 현상이다. 실험집단과 통제집단의 경쟁이 심화되면 양자의 차이가 줄어든다. 통제집단의 불만과 사기저하는 훈련을 안 받았다는 단순한 효과 이상으로 직무수행수준을 떨어뜨릴 수 있다.

(2) 외적 타당성 저해요인 외적 타당성에 대한 저해요인은 ⅰ) 사전시험의 영향, ⅱ) 집단특성의 영향, ⅲ) 실험상황의 영향, ⅳ) 복수훈련(複數訓練)의 교란

등이다.

사전시험의 영향이란 사전시험이 훈련과정에 대한 감수성을 높이는 데서 오는 저해요인이다. 사전시험을 보고 훈련을 받은 집단과 사전시험 없이 훈련을 받은 집단 사이에는 사전시험 유무 때문에 생기는 차이가 있을 수 있다. 집단특성의 영향은 훈련받는 집단들의 본래적인 특성차이가 빚어내는 저해요인이다. 실험상황의 영향이란 실험적 관찰대상인 집단에서 훈련받은 사람의 반응과 그렇지 않은 집단에서 훈련받은 사람의 반응에 차이가 있는 데서 오는 저해요인이다. 복수훈련의 교란이란 여러 차례의 훈련을 받은 집단의 경우, 이전의 훈련효과가 평가대상인 훈련의 효과에 영향을 미치기 때문에 생기는 저해요인이다.

4. 훈련효과평가의 방법

훈련효과를 평가하는 방법은 실험설계와 준실험설계, 그리고 그 밖의 방법으로 크게 범주화해 볼 수 있다.[9)]

1) 실험설계

실험설계(實驗設計: experimental design)란 조사연구의 대상인 변수들 사이의 관계를 규정하는 개념적 틀이다. 실험설계는 조사연구상황의 통제방법과 자료분석 방법도 제시해 준다. 실험설계를 진실험설계(眞實驗設計: true experimental design)라고 부르기도 한다. 훈련효과평가의 실험설계모형은 네 가지로 구분해 볼 수 있다.

(1) 설계 A 설계 A는 하나의 집단에 대해 사후시험(post-test)만 실시하는 방법이다. 사후시험이란 훈련실시 후에 실시하는 시험이다.

이 방법은 훈련의 효과를 측정하고 그에 관한 가설을 발전시키는 데 도움이 되는 정보를 산출하여 보다 엄격한 평가설계를 위한 기초를 마련해 줄 수 있다. 그러나 훈련받기 전에 실시하는 사전시험(pre-test)이 없기 때문에 훈련전후의 차이를 확실히 알아 낼 수는 없다.

(2) 설계 B 설계 B는 하나의 집단에 대해 사전시험과 사후시험을 실시하는 방법이다.

이 방법은 훈련전후의 차이 또는 변화를 알아 낼 수는 있으나, 그러한 차이가 훈련 때문에만 생겼다고 확인할 수는 없다. 역사·성숙·시험효과 등이 통제되지 않기 때문이다.

(3) 설계 C 설계 C는 사전시험·사후시험을 실시하고 통제집단을 활용하는 방법(pre-test/post-test control group design)이다. 이 방법에서 훈련을 받게 될 실험집단(experimental group)과 훈련을 받지 않을 통제집단(control group)의 구성원은 모집단(母集團)에서 무작위로 선발한다. 실험집단과 통제집단에 각각 사전시험과 사후시험을 실시하고, 그 결과를 비교하여 훈련의 효과를 확인한다.

이 방법은 내적 타당성을 위협하는 참여자의 차별적 선발, 역사, 성숙, 시험효과 등을 통제할 수 있다. 그러나 실험집단과 통제집단의 경쟁, 통제집단구성원의 불만과 사기저하 등으로 인한 저해요인은 통제하지 못한다. 그리고 외적 타당성 저해요인도 통제하지 못한다.

(4) 설계 D 설계 D는 이른바 '솔로몬 4 집단설계'(Solomon four-group design)이다. 이것은 외적 타당성 확보문제까지를 고려한 설계이다. 이 방법은 무작위선발에 의해 구성한 네 개의 집단을 대상으로 한다. 한 쌍의 실험집단과 통제집단에 대해서는 사전 및 사후시험을 실시하고, 다른 한쌍의 실험집단과 통제집단에 대해서는 사후시험만 실시한다.

솔로몬 4 집단설계는 시험효과, 즉 사전시험의 영향을 비교할 수 있다. 그리고 역사와 성숙의 복합영향과 같은 여러 가지 내적 타당성 저해요인을 통제할 수 있다. 그리고 평가결과의 일반화가능성도 상당히 높일 수 있다.

위의 네 가지 설계 가운데서 A와 B는 본격적인 의미의 실험설계라 할 수 없을 만큼 그 구조가 단순하기 때문에 이를 '실험이전설계'(pre-experimental design)라고도 부른다. 엄격한 의미로 실험설계라 할 때는 대개 설계 C와 D를 지칭한다. 이런 엄격한 의미의 실험설계들은 평가범위가 좁다. 그리고 평가작업의 실제에서 무작위적 표본추출 등 실험설계의 요건을 모두 충족시키기 어려운 경우가 많다. 평가에 많은 비용이 들고 시간소모도 많다. 따라서 대단한 고비용의 훈련사업을 평가할 때 이외에는 실험이전설계의 적용에 만족할 수밖에 없다.

2) 준실험설계

준실험설계(準實驗設計: quasi-experimental design)는 엄격한 실험설계의 요건을 다소 완화하면서도 설계 A나 B보다는 효용성이 높은 평가를 할 수 있도록 입안한 모형이다. 준실험설계의 두 가지 예를 보기로 한다.

(1) 시계열적 설계 시계열적 설계(時系列的 設計: time series design)는 실험집단에 대해 여러 차례의 사전 및 사후시험(측정)을 실시하는 것이다. 예컨대 훈련실시 전에 일정한 간격을 두고 네 차례의 사전시험을 실시하고 훈련실시 후에도 일정한 간격을 두고 네 차례의 사후시험을 실시하는 것이다.

시계열적 설계는 사전 및 사후시험을 한 차례씩만 실시하는 경우보다 내적 타당성 저해요인들을 더 많이 통제할 수 있다. 위의 예에서 첫 번째부터 네 번째까지의 사전시험이 실시되는 동안 아무 변화가 없다면 성숙·시험효과·통계학적 회귀 등으로 인한 저해요인의 개입이 없음을 알 수 있다. 그러나 역사적 사건으로 인한 교란은 통제하지 못한다. 즉 마지막 사전시험과 첫 번째 사후시험 사이에 일어난 역사적 사건의 영향은 통제하지 못한다. 그리고 외적 타당성 저해요인은 거의 통제하지 못한다.

(2) 비동등통제집단설계 비동등통제집단설계(非同等統制集團設計: non-equivalent control group design)의 형식은 실험집단과 통제집단에 각각 사전 및 사후시험을 실시하는 실험설계와 같다. 그러나 집단의 구성이 무작위적으로 이루어지지 않는다는 차이가 있다. 실험계획 이전에 어떤 계기로 이미 구성되어 있는 집단들을 실험 및 통제집단으로 선정한다. 우연히 두 집단의 동질성이 높을 수도 있으나, 그렇지 않은 경우가 더 많을 것이다.

비동등통제집단설계는 많은 내적 및 외적 타당성 저해요인을 통제하기 어렵다는 제약이 있으나, 시행이 간편하고 인위적인 실험상황으로 인한 교란요인을 피할 수 있다. 원래 구성되어 자연스럽게 활동해 오던 집단들을 대상으로 하기 때문이다.

3) 그 밖의 방법: 비실험적 설계

실험적 설계가 아닌 훈련효과평가방법에는 훈련성적을 사용하는 방법, 재결적 방법, 내용타당성 검증방법 등이 있다.

(1) 훈련성적을 사용하는 방법 실험적 설계에 따른 사전시험과 사후시험은 훈련수요에 관련된 실험적 평가방법이다. 그러나 훈련평가의 실제에서는 단순한 훈련시험성적으로 훈련효과를 추정하려는 경우가 많다. 훈련성적을 사용하는 방법(individual differences model)은 훈련효과의 측정보다는 본래적으로 존재하던 훈련 이전의 개인차를 확인하는 데 불과할 수도 있는 방법이다. 그리고 훈련설계의 적정성 여부도 알아내지 못한다.

(2) 재결적 방법 재결적 방법(裁決的 方法: adversarial method)은 재판절차와 비슷한 것으로서 평가자의 가치문제를 중요시한다. 재결적 방법을 쓸 때에는 두 개의 평가자집단이 따로 자료를 수집하고 분석하여 각기 일차적인 평가결론을 내리게 한다. 두 집단의 평가의견을 제삼자인 재결자 또는 재결위원회가 심사하여 훈련효과에 대해 최종판정을 하게 한다. 당초의 평가자집단들이 실험설계들을 쓰더라도 최종결론을 내리기 전에 제삼자의 가치판단이 개입된다는 점에서 실험적 설계방법과는 구별된다.

(3) 내용타당성 검증방법 내용타당성 검증방법(content validity model)은 훈련수요의 내용과 훈련내용을 비교하는 방법이다. 양자의 부합도가 높으면 훈련의 내용타당성이 높은 것으로 판정한다.

모든 훈련은 높은 내용타당성을 지녀야 하므로, 이에 관한 연구는 중요한 것이다. 그러나 내용타당성이 있는 훈련이더라도 가르친 내용을 피훈련자들이 실제로 배우고, 그것을 직무수행에 적용한다는 보장은 없다. 따라서 내용타당성 검증만으로는 훈련의 효과를 온전히 측정할 수 없다.

훈련효과의 여러 국면 또는 차원(평가기준)을 단계적 · 종합적으로 평가하는 데 가이드라인을 제시하는 '복합적 모형'들도 있다. 그 좋은 예로 Kirkpatrick과 Phillips의 다섯 단계 훈련평가모형(Five-Level Kirkpatrick/Phillips Model for Training Evaluation)을 들 수 있다. 이 모형은 훈련효과 발생의 순차적 차원을 다섯 가지로 구분한다. 다섯 가지 차원이란 i) 피후련자의 반응, ii) 학습성취의 수준, iii) 학습자의 행태변화, iv) 조직의 성취에 미친 훈련의 효과, v) 훈련투자에 대비한 수익률이다. 이런 차원분류에 따라 훈련에 대한 피훈련자들의 만족도를 물어 그들의 반응을 평가하고, 실험설계방법 등으로 학습달성의 실제수준을 측정하여 평가하고, 피훈련자의 행태변화를 측정하여 훈련전이의 수준을 평가하고, 훈련이 조직의 목표성취에 기여했는지를 평가하고, 훈련에 들인 비용에 대비한 수익률을 평가하도록 처방한다.[10)]

Ⅳ. 교육훈련방법

1. 훈련방법의 분류기준

훈련방법(訓練方法: training method)은 훈련실시의 수단이다. 현재 각국에서 개발되거나 쓰이고 있는 훈련의 방법은 매우 다양하며, 새로운 방법들이 계속해서 개발되고 있다. 정보화시대의 급속한 기술발전은 기존의 훈련방법들에 시시각각의 변화를 일으키고 있다.

많은 훈련방법들을 여러 가지 기준을 써서 분류하고 범주화할 수 있다. 흔히 쓰이는 훈련방법 분류의 기준은 다음과 같다.

① **훈련의 목적** 목적별로 분류된 훈련의 종류를 기준으로 훈련방법을 분류해 볼 수 있다.

② **피훈련자의 계급** 훈련받는 사람의 계급(직급)을 기준으로 하여 하급직원에 대한 훈련방법과 관리층에 대한 훈련방법을 분류해 볼 수 있다.

③ **훈련의 개별성 · 집합성** 개별적인 훈련을 시키느냐, 또는 집합적으로 훈련을 시키느냐에 따라 비집합훈련방법과 집합훈련방법을 구분할 수 있다.

④ **훈련의 장소** 직장에서 실시하는 훈련의 방법과 직장을 떠난 훈련의 방법을 구분해 볼 수도 있다.

⑤ **훈련의 매체** 훈련의 매체가 무엇이냐에 따라 말로 하는 방법, 보여 주는 방법, 행동으로 하게 하는 방법으로 구분할 수 있다. 전자매체의 사용여부도 중요한 분류기준이다.

⑥ **형 태** 형태에 따라 정보전달기법, 모의연습방법, 현장훈련 등을 분

류할 수 있다.

여러 가지로 훈련방법을 분류해 보는 것은 훈련방법들의 상호연관성을 이해하고, 구체적인 훈련계획에서 복합적으로 활용할 수 있는 훈련방법들을 확인하는 데 도움을 주는 것이 사실이다. 그러나 대부분의 분류에서 훈련방법의 유형별 배정은 다소간에 중복될 수밖에 없다.

실제 훈련을 실시할 때에는 다양하게 분류할 수 있는 많은 훈련방법들 가운데서 선택하고 배합해서 사용한다. 선택 또는 배합의 결정에서는 여러 가지 연관요인들을 고려하여 적정을 기해야 한다. 복수의 방법들을 함께 쓸 경우에는 서로 보완적인 작용을 할 수 있도록 배합해야 한다. 훈련방법의 선택 또는 배합을 결정할 때 고려해야 하는 요인으로는 훈련의 목적과 내용, 피훈련자의 인원수·능력·경험·지위와 같은 특성, 훈련을 담당할 교수요원의 특성, 훈련장비와 교재, 비용과 효과, 학습촉진의 원리에 부합하는지의 여부 등을 들 수 있다.

2. 널리 쓰이는 훈련방법의 설명

여기서는 특정한 분류기준에 따른 범주화를 시도하지 않고 중요한 훈련방법들을 설명하려 한다. 직장 내에서 실시되는 것이 확실한 방법들을 먼저 검토하고, 다음에 다른 방법들을 설명할 것이다.[11] 앞 절에서 창의성향상과 지식관리를 설명할 때 예시한 훈련방법들도 함께 참고하기 바란다.

(1) 직장훈련 직장훈련(職場訓練: on-the-job training)은 피훈련자가 직무를 수행하는 과정에서 경험을 쌓고 지도를 받게 하는 방법이다. 좁은 의미로 직장훈련이라 할 때는 피훈련자가 직무수행중에 경험을 쌓게 하고, 감독자와 동료들의 비공식적인 도움을 받아 일을 배우게 하는 방법을 지칭한다. 그러나 넓은 의미의 직장훈련에는 보다 조직화된 여러 가지 훈련방법들이 포함된다. 그 예를 보면 다음과 같다.

① 계획적 지도 특정한 교관, 감독자 또는 고참직원의 계획적인 지도(coaching or mentoring)를 받게 하는 방법이 있다. 전통적으로 이러한 지도는 상관 또는 고참직원이 하급자나 신참자에게 하는 것으로 이해되어 왔다. 그러나 급

속한 기술변화·기술다양화의 상황에서는 거꾸로 신참자가 고참자에게 하는 지도(reverse mentoring)의 중요성도 커지고 있다.

② **임시대리·비서배치** 임시대리(understudy)는 어떤 사람을 그 상급자의 후계자로 지정하여 상급자의 일을 배우게 하는 방법이다. 비서배치(secretarial as-signment)는 고급관리자나 지방기관장의 비서로 근무하면서 그 사람의 일을 배우게 하는 것이다.

③ **참여관찰·하급간부회의** 관리자훈련에서는 상급관리자들의 정책결정과정을 참여관찰하게 하는 방법이 쓰인다. 간부회의(executive board) 밑에 하급간부회의(junior executive board)를 설치해서 간부회의에서와 같은 안건을 다루어 보게 할 수도 있다.

④ **순환보직** 순환보직(position or job rotation)은 여러 가지 직무를 맡아 볼 수 있도록 보직을 바꾸는 방법이다.

⑤ **실무수습** 장차 공무원이 되려고 준비하는 사람으로 하여금 정부기관의 업무를 실습케 하는 것이 실무수습(견습: internship)이다.

⑥ **도제훈련** 도제훈련(徒弟訓練: apprenticeship)은 어떤 기술적 직업분야에 취업하는 사람이 집중적인 지도를 받고 경험을 쌓게 하는 방법이다. 지도의 주된 책임은 해당 직업분야의 숙련된 선임자들이 맡는다.

⑦ **실천학습** 관리자훈련에서 주로 쓰이는 실천학습(action learning)은 사례연구적 특성을 지닌 현장학습의 일종이다. 이것은 피훈련자들이 직무수행의 현장에서 실제로 직면하는 문제들을 분석하고 해결해보도록 하는 참여적·문제해결 지향적 훈련방법이다. 피훈련자들의 안목을 넓히기 위해 그가 속하지 않는 다른 부서의 문제를 다루게 하는 경우가 많다. 실천학습은 집단적·자율적으로 진행되지만 전문가들의 코치도 받는 구조화된 훈련이다.

(2) 강 의 여러 사람을 모아 놓고 한 사람이 말로 정보를 전달하는 방법이 강의(lecture)이다. 이것은 전통적으로 가장 오래, 그리고 널리 쓰여 온 훈련방법이다. 강의는 체계 있고, 논리적인 정보전달이 가능하며, 한꺼번에 많은 사람들을 대상으로 할 수 있기 때문에 경제적이다. 강의방법은 새로운 정보의 전달, 다른 훈련방법을 사용하기에 앞선 준비, 또는 다른 훈련방법에서 다룬 자료의 요

약 등에 가장 유용한 방법이라 하겠다.

정보통신의 발달과 첨단훈련용구들의 발달은 강의의 양태를 다양화하고 있다. 원격화상강의가 가능해진 지 오래이다.

(3) 시 찰 시찰(observation, visit, guided tour) 또는 견학은 피훈련자가 알아두어야 할 일이 실제로 행해지고 있는 현장에 나가 관찰하는 것을 말한다. 시찰의 농도가 짙고, 치밀한 자료조사와 분석이 필요한 경우에는 현장조사연구(field research)라고도 한다.

(4) 회 의 회의(conference, discussion)는 참가자들의 토의로 진행된다. 모든 참가자들이 토론에 가담할 수 있어야 하므로 참가자의 수는 강의에서처럼 많을 수 없다. 회의방법을 쓸 때에는 대개 사회자가 있어 주제를 제시하고, 토론을 이끌어가며, 토론의 결과를 요약하고, 회의를 종결하는 역할을 수행한다.

(5) 대집단을 대상으로 하는 토론회 많은 피훈련자들을 대상으로 하여 몇 사람의 연사가 발표·토론을 하거나 연사가 한 사람이더라도 청중의 참여를 허용하는 방법들을 통칭하여 대집단을 대상으로 하는 토론회라 한다. 여러 가지 형태의 심포지엄(symposium), 패널(panel), 포럼(forum), 대담(dialague) 등이 여기에 포함된다.[c)]

(6) 분임연구 분임연구(分任硏究: syndicate)는 피훈련자들을 소규모의 집단으로 분반하여 각 집단이 연구과제를 수행하게 하고 그 결과를 공동토론하게 하는 방법이다. 연구과제를 맡은 분반(分班: subgroup)의 구성원들은 토의를 주재할 사회자와 서기(보고자)를 선출하여 연구를 진행한다. 각 분반에 한 사람씩 배치되는 교관의 지도는 최소한에 그친다.

분반원들은 주로 토론을 통해 과제에 대한 해결방안을 모색하며, 문제해결에 필요한 여러 가지 부수적 활동을 하게 된다. 과제를 개인별 또는 소작업집단별로

c) 이런 방법들의 공통적인 특징은 다수의 피훈련자들을 청중으로 한다는 것이다. 각각의 구체적인 양태는 때에 따라 달라질 수 있다. 그러나 일반적으로 토론참가자들이 하나의 공통주제에 관해 토론하는 방법을 패널이라 하고, 연사들이 각기 별개의 주제에 관해 발표하는 방법을 심포지엄이라 한다. 포럼에서는 청중의 질문과 토론을 허용하고 촉구한다. 대담은 두 사람이 대담하는 것을 청중이 참관하게 하는 방법이다.

분담시켜 깊이 연구하게 할 수도 있다. 분반원들은 필요한 자료와 서적을 읽고 문제에 관련된 현장을 시찰하기도 하며, 외부의 전문가들을 초청하여 강의를 듣기도 한다. 분반원들은 연구결과에 대한 보고서를 작성하며, 이것을 교관전원과 피훈련자 전원이 참석한 자리에서 발표한다. 발표에 이어서 비판과 토론이 진행된다. 사회자가 분반을 대표하여 발표는 하지만, 이에 대한 비판을 방어하는 책임은 분반원들이 공동으로 지게 된다.

(7) 독서와 통신교육 독서(selective or planned reading)는 훈련목적에 따라 선정된 일정한 자료를 읽게 하는 방법이다. 교과서·요람·법령 등의 자료를 읽게 하는 방법인데, 대개 다른 훈련방법에 곁들여 쓰인다.

통신교육(correspondence courses)은 독서방법의 한 특수형태라 할 수 있다. 통신교육에서는 일정한 체계를 갖춘 과정에 따라 통신교재를 공부하고 주어진 과제를 연구하게 한다.

(8) 컴퓨터를 사용하는 훈련방법 컴퓨터를 사용하는 훈련방법(computerbased training)은 컴퓨터가 매개하는 전자적 학습방법(이러닝: E-learning)이다. 이 방법은 컴퓨터의 조력으로 가상공간을 활용하는 온라인 교육이다.

전자적 학습방법을 사용하는 훈련에서는 컴퓨터 터미널을 통해 학습자료가 피훈련자에게 직접 전달되고, 피훈련자는 쌍방향적 통로를 이용하여 반응을 보일 수 있다. 컴퓨터는 실습, 문제해결, 시뮬레이션, 게임 등의 과제를 제시할 수 있으며, 개인지도프로그램에 의한 계획학습을 효율화할 수 있다.[d)]

컴퓨터를 이용하는 훈련에서는 대개 훈련사업운영의 일상화·표준화된 국면을 컴퓨터가 맡아 처리하게 한다. 표준화된 국면이란 피훈련자의 필요를 확인하여 거기에 필요한 학습자료를 알려주는 것, 시험을 출제하고 채점하는 것, 피훈련자의 석차를 결정하는 것 등을 지칭한다.

---

d) 전자적 학습방법에는 많은 변형들이 있고 거기에 붙여진 이름도 다양하다. 온라인 훈련, 인터넷 기반 훈련, 원격훈련, 웹 기반 학습(web-based learning), 가상공간의 강의실, 이동학습(mobile learning) 등을 예로 들 수 있다. 이동학습은 피훈련자가 원할 때마다 휴대용 전화나 컴퓨터(laptops)를 통해 학습자료를 전달하는 방법이다. Gary Dessler, *Fundamentals of Human Resource Management,* 2nd ed. (Pearson, 2012), pp. 189~193

오늘날 컴퓨터의 활용은 인간생활에 깊고 넓게 삼투되어 있으며 공무원 훈련사업도 예외는 아니다. 전자적 학습방법은 대부분의 훈련방법에 연계되어 있다. 이런 까닭에 컴퓨터를 활용하는 훈련방법을 별개의 한정적인 훈련방법이라고 말하기 어려운 측면이 있다.

(9) 시뮬레이션 시뮬레이션(모의연습; 모의실험: simulation)은 피훈련자가 업무수행중 직면하게 될 어떤 상황을 인위적으로 꾸며 놓고 피훈련자가 거기에 대처하도록 하는 방법이다.

시뮬레이션의 의미를 넓게 풀이하는 경우 ⅰ) 사례연구, ⅱ) 역할연기, ⅲ) 감수성훈련, ⅳ) 시뮬레이터(simulator)를 써서 자동차나 비행기의 조종기술을 가르치는 방법, ⅴ) 새로운 공장 또는 사업소의 조업개시 전에 실시하는 예행연습, ⅵ) 작업장의 상태와 같이 꾸민 모의장소에서 일해 보게 하는 신입자훈련방법(vestibule training), ⅶ) 바람직한 또는 효율적인 행태를 따라 해 보도록 하는 행동모형화방법, ⅷ) 관리연습(경영연습), ⅸ) 정보정리연습, ⅹ) 사건처리연습, ⅺ) 사회자 없는 집단토론, ⅻ) 복합시험방법 등이 모두 시뮬레이션에 포함된다고 할 수 있다. 이런 방법들은 실제로 있었던 또는 있음직한 어떤 상황을 설정하고 거기에 대응하는 행태를 훈련시키려는 것들이기 때문이다.

시뮬레이션을 좁게 이해하는 사람들은 기계장치의 시뮬레이터를 쓰는 방법이나 작업장의 상황과 같이 꾸민 장소에서 훈련시키는 방법만을 시뮬레이션으로 소개한다. 관리자훈련에 주로 쓰이는 관리연습, 정보정리연습, 사건처리연습, 그리고 사회자 없는 집단토론만을 시뮬레이션에 포함시키는 사람들도 있다.

넓은 의미의 시뮬레이션에 포함된다고 볼 수도 있는 방법들 가운데서 중요한 것들은 따로 설명할 것이다.

(10) 관리연습·정보정리연습·사건처리연습 이 세 가지 방법들은 관리자훈련에 주로 쓰이는 모의연습식 기법이다.

① 관리연습 관리연습(경영연습: management game or business game)은 조직 전체 또는 그 어느 한 부분의 운영상황을 인위적으로 꾸며 놓고, 그에 관련하여 피훈련자들이 여러 가지 조직활동에 관한 의사결정을 해 보게 하는 방법이다. 두 개의 경쟁적인 조직을 모의적으로 설정한 다음 피훈련자들을 두 편으로 갈라

대립적인 입장에 놓이게 하고, 그들이 각각 상대방을 의식하면서 운영 상의 결정을 해 보도록 하는 방법도 관리연습에서 흔히 쓰인다.

② **정보정리연습** 정보정리연습(서류함기법: in-basket exercise)은 조직운영 상의 의사결정에 필요한 자료(메모·공문서·우편물 등)를 정돈하지 않은 상태로 제공한 다음 피훈련자가 그것을 정리하고 중요한 정보를 가려내 그에 기초하여 어떤 의미 있는 결정을 내려 보도록 하는 방법이다.

③ **사건처리연습** 사건처리연습(incident method)에서는 어떤 사건의 대체적인 윤곽을 피훈련자에게 알려 주고 그 해결책을 찾게 한다. 피훈련자는 교관에게 물어 사건해결에 필요한 추가정보를 얻는다. 사건처리연습은 피훈련자가 무슨 정보를 요구하여 어떻게 활용했으며, 그러한 정보는 주어진 사건의 해결에 충분하였는가 등을 평가하여 정보활용능력을 기르는 훈련방법이다.

(11) 사례연구 사례연구(事例研究: case study)는 사례(case)를 놓고 토론하는 과정에서 거기에 내포된 원리를 스스로 터득하게 하는 방법이다. 사례는 실재했던 상황을 집약적으로 묘사한 것이다.

공무원훈련에 흔히 쓰이는 행정사례는 한 토막의 행정사(行政史: a concentrated piece of current administrative history)이다. 여기서 말하는 한 토막의 행정사는 사람들이 특정한 행정문제를 어떻게 다루었으며, 어떻게 결정을 내리고 또 실천에 옮겼는가에 관한 이야기이다. 사례를 피훈련자에게 제시할 때 글로 써서 주는 것이 보통이지만, 말로 전하거나 영화로 만들어 보여 줄 수도 있다.

사례연구는 집단적으로 진행된다. 피훈련자들은 사례의 내용을 먼저 파악한 후 그에 관한 토론집단에 참가하여 비교적 자유스럽게 토론한다. 사례연구에서는 이를 잘 이끌어 갈 수 있는 능숙한 사회자(교관)가 있어야 한다. 그러나 사회자는 모든 사람이 진지하게 토론에 참가하도록 분위기를 조성하는 데 주력하여야 하며, 토론과정을 지나치게 조종하거나 정답을 권위적으로 제시하려 해서는 안 된다.

(12) 역할연기 역할연기(役割演技: role playing)에서는 어떤 사례(case) 또는 사건(incident)을 피훈련자들이 연기로써 표현하는 방법을 쓴다. 역할연기방법은 토론집단이 될 수 있는 규모의 인원을 대상으로 한다.

훈련에 참가한 사람들 가운데서 몇 사람이 한 토막의 사례를 연기로 보여 준

다음 다 같이 그에 관해 토의하는 것이 역할연기의 기본적인 절차이다. 이러한 기본적 절차를 운영하는 방법은 그때그때 달라질 수 있다. 같은 사례를 놓고 연기하는 사람을 바꾸어 가면서 토막극을 되풀이하는 방법을 흔히 쓴다. 여러 사람들이 시간간격을 두고 연기를 단순히 되풀이하게 하거나(replay), 맡는 역할을 바꾸어 가면서(role reversal) 연기를 되풀이하게 할 때도 있다. 복수의 사례를 가지고 간단한 것에서부터 점차 복잡한 것으로 연기를 이행시켜 나가는 방법도 있다. 연기장면을 녹화했다가 연기자들에게 보여 주는 경우가 있는데, 이것은 행동자들에 대한 즉각적인 환류를 노린 것이다.

역할연기는 사무절차를 익히게 하는 데도 쓰일 수 있으나, 주로 대인관계(인간관계)의 훈련에 쓰인다.

(13) 행동모형화 행동모형화(모범행동학습; 모범적 행동 따라 하기: behavior modeling)는 바람직한 행동을 제시하여 피훈련자들이 그것을 연습하고 역할연기하게 한 다음 환류를 받게 하는 훈련방법이다. 이 방법은 복수의 기법과 학습원리를 결합한 것이다.

행동모형화훈련은 학습요점(learning points)의 열거에서부터 시작한다. 학습요점이란 모범적인 행동에 관한 학습목표이다. 다음에는 학습요점이 되는 모범적 행동을 하는 사람(모형)을 선정하고 그의 모범적 행동을 담은 영상물을 피훈련자들에게 보여준다. 모범적 행동을 본 피훈련자들은 그것을 따라 하는 연습을 한다. 피훈련자들의 행동개선에 대해서는 환류와 강화유인을 제공한다. 환류는 훈련집단구성원들과 교관이 말해주는 평가적 의견이다. 강화유인은 교관과 동료들의 인정, 칭찬, 격려 등이다.

(14) 감수성훈련 감수성훈련(感受性訓練: sensitivity training)은 자기 자신과 다른 사람의 태도에 대한 자각과 감수성을 기르려는 훈련방법이다. 본격적인 태도변화훈련방법인 감수성훈련은 내용보다는 과정에 치중하는 것이다. 사람들이 비정형적(非定型的)인 교호작용을 통해서 자기 자신이 어떤 사람이며, 다른 사람에 대한 태도는 어떤 것이어야 하는가를 터득하게 한다.

표준적인 감수성훈련에서는 피훈련자들이 작은 집단으로 모여 1주일 내지 2주일 동안 집중적이고 지속적으로 접촉하면서 허심탄회하게 내심을 털어 놓게 한다. 훈련과정의 딱딱한 체계는 거의 없고, 교관은 참여자들이 각자 자기의 참 모습을 드러내 다른 사람과 솔직히 교호작용하도록 분위기를 이끌어 갈 뿐이다. 이런 역할을 수행하는 교관은 고도의 훈련을 받은 전문가라야 한다.

(15) 야외훈련 야외훈련(극기훈련; 황야훈련: outdoor-oriented training; wilderness training)은 야외에서 하는 훈련방법이다. 여기에 포함되는 활동은 등산, 도보행군, 장거리스키타기, 자전거타기, 급류타기(white water rafting), 카누타기, 야간행군 등이다. 야외훈련은 대개 팀을 구성해서 집단적으로 실시한다.

야외훈련은 지식이나 기술의 습득이 아니라 태도변화를 목적으로 한다. 자신감, 모험심, 고난을 극복하는 인내력과 추진력, 동료 간의 신뢰, 협동심 등을 기르기 위해 야외훈련을 실시한다.

학습을 연구하는 사람들은 조직구성원의 학습을 개인차원의 학습과 조직차원의 학습으로 구분해서 논의하기도 한다. 훈련 역시 개인학습을 위한 훈련과 조직학습(organizational learning)을 위한 훈련으로 구분할 수 있을 것이다. 학습조직의 요건인 조직학습은 사람들이 조직구성원으로서 조직에서 하는 학습이다. 이것은 조직구성원들이 함께 배우고 함께 변화하는 과정이다. 조직학습은 개인차원의 학습을 능가하는 집합체적 학습이다. 학습을 통한 변동의 대상에는 개인과 집단의 행동뿐만 아니라 조직의 모든 국면이 포함된다.[12]

우리는 개인차원의 학습을 주된 준거로 삼아 훈련방법들을 살펴보았지만 그 용도가 개인차원의 훈련에 국한되는 것은 아니다. 위에서 본 훈련방법들 대부분은 조직학습에서도 쓰일 수 있다. 다만 훈련내용이 다르면 방법상의 역점에도 차이가 나타날 수 있다. 근래 조직학습을 특별히 강조하는 훈련방법의 새로운 디자인들도 나오고 있다. 변동관리훈련, 조직학습을 지지하는 리더십훈련 등에서 그 예를 볼 수 있다. 조직학습전문가들이 운영하는 쇄신센터(개발허브; 쇄신실험실: development hub)를 만들어 조직개혁을 위한 집단적 노력에 도움을 주기도 한다.

6

근무성적평정

제 1 절　근무성적평정이란 무엇인가?
제 2 절　근무성적평정의 관리

개 관

근무성적평정은 공무원들이 얼마나 일을 잘하며 또 잘할 수 있는가를 판정하여 기록하고 이를 활용하는 활동이다. 근무성적평정은 공무원에 대한 처우, 공무원과 행정의 발전, 인사기술의 타당성검증 등에 관한 의사결정에 중요한 정보를 제공한다. 공무원에 대한 과학적 평가자료를 제공하는 근무성적평정은 현대인사행정의 필수적인 활동이다.

근무성적평정은 사람이 사람을 평가하는 일이기 때문에 그 실천적 방법이 완벽할 수가 없다. 전통적으로 사용되어 온 근무성적평정방법에는 여러 가지 결함이 있을 뿐만 아니라 무질서하고 무성의한 운영의 실례가 많았으므로 근무성적평정의 유용성에 대해 의심을 품는 사람들도 없지 않다. 그러나 근무성적평정은 현대인사행정이 도저히 외면할 수 없는 과제이므로 당장 완벽한 방법이 없다고 해서 그 일을 회피하거나 평정기술개선을 위한 노력을 게을리해서는 안 된다. 이미 개발된 최선의 근무성적평정체제를 실천에 옮길 수 있도록 해야 할 것이며, 보다 좋은 방법을 개발하기 위해 노력해야 할 것이다.

제 1 절에서는 근무성적평정의 의미를 정의하고, 평정의 목적, 평정의 대상요소, 평정에 대한 비판적 시각, 근무성적평정에 관한 이론과 실천의 변화추세를 설명한 다음 바람직한 근무성적평정제도의 요건이 무엇인지 알아보려 한다. 이어서 근무성적평정의 방법들을 간추려 소개하려 한다.

제 2 절에서는 근무성적평정의 관리과정을 설명하고, 관리과정의 주요문제들을 검토하려 한다.

제1절

근무성적평정이란 무엇인가?

Ⅰ. 근무성적평정의 의미

1. 근무성적평정의 정의

근무성적평정(勤務成績評定: performance evaluation or appraisal)은 공무원의 개인적 특성·행태·직무수행실적 등을 판정하여 기록하고 활용하는 인사행정활동이다. 이러한 개념정의에 포함된 특성 내지 요건은 다음과 같다.

① **평정요소** 집합적으로 파악한 근무성적평정제도는 인간의 여러 가지 속성을 평가대상(평정요소)으로 삼는다. 결과적으로 나타난 직무수행실적뿐만 아니라 사람의 잠재적 능력·동기·성격·적성·흥미를 포함한 개인적 특성, 그리고 직무수행의 가시적 행태가 모두 근무성적평정의 대상으로 될 수 있다. 평정의 목적에 따라 그러한 여러 가지 요인들 가운데서 어느 하나 또는 둘 이상을 평가의 대상으로 삼을 수 있다. 종합적 평정에서는 대개 다양한 요인들을 포괄하고 그에 관한 주요 표본들을 하나의 평정표에 포함시킨다.[a)]

② **판정작용** 근무성적평정은 사람의 판단 또는 판정이라는 심리적 과정을 통해서 이루어진다. 판정은 평정자의 지각·신념·가치관 등이 개입하는 인식작용적 과정이다. 그러한 인식과정을 통해서 피평정자의 개인적 특성·행태·실적 등

a) 오늘날 근무성적평정이 전체적으로 포괄하는 평정요소는 '성적' 또는 '실적'에 국한되지 않는다. '근무성적평정'이라는 용어가 평정제도 전체를 지칭하는 일반적 명칭으로는 다소 부적절하지만 오래 전부터 사용해 오던 용어라 그대로 답습하고 있다. 우리 정부에서는 성과계약 등 평가와 근무성적평가를 합쳐 근무성적평정이라 부른다.

이 평가된다. 근무성적평정은 사람이 하는 판정을 내포하기 때문에 그 과정과 결과가 언제나 같기는 어렵다. 모호한 정보에 입각하여 고도로 직관적이고 주관적인 판정을 하는 경우가 있는가 하면, 객관적 기록을 확인하는 정도의 판정으로 끝나는 경우도 있다.

③ 기 록 근무성적평정의 결과는 기록된다. 즉 문서화된다. 문서화의 방법은 여러 가지일 수 있다. 전통적으로 종이 위에 적는 방법을 써 왔으며, 아직도 그 방법이 원칙적으로 쓰이고 있다. 그러나 컴퓨터에 근무성적평정정보를 입력하여 활용하는 방법도 급속히 확산되고 있다.

공무원에 대한 넓은 의미의 평가는 아주 많으며, 그러한 평가가 모두 기록되는 것은 아니다. 대부분의 비공식적인 평가는 평가자의 기억 속에만 남는다. 그러나 공식적인 근무성적평정제도는 평정결과를 반드시 기록하도록 요구한다. 정부에서 대규모의 인력에 대한 평정정보를 장기적으로 활용하려면 평정결과의 기록이 불가피할 뿐만 아니라 문서화의 여러 가지 효용이 있기 때문에 이를 요구하는 것이다.

④ 활 용 근무성적평정은 평정결과를 어떤 목적(용도)에 활용하는 것을 요건으로 한다. 근래에는 평정의 과정도 생산적으로 활용해야 한다는 처방이 늘어나고 있으며, 이를 실천적으로 수용하는 예도 늘어나고 있다.

활용되지 않는 평가 또는 활용의 계획이 없는 평가는 근무성적평정이라 볼 수 없다. 그러므로 근무성적평정에는 활용의 목적이 반드시 있어야 한다. 근무성적평정은 그러한 목적에 부합되게 설계해야 하며, 평정결과는 평정목적에 부합되게 활용해야 한다.[b)]

2. 근무성적평정의 목적과 평정요소

위의 개념정의에서 근무성적평정의 특성 또는 요건으로 규정한 것들 가운데

b) 우리 정부의 「공무원 성과평가 등에 관한 규정」 제22조는 공무원의 근무성적을 평정하여 그 결과를 승진임용, 교육훈련, 보직관리, 특별승급, 성과상여금 지급 등 각종 인사관리에 반영하여야 한다고 규정한다.

서 활용목적과 평정요소에 대해서는 설명을 추가하려 한다.

1) 근무성적평정의 목적

근무성적평정의 구체적인 목적 내지 용도는 다양한 것이지만, 이를 세 가지로 묶어 범주화해 볼 수 있다. 세 가지 목적범주는 i) 공무원과 행정의 발전, ii) 인사조치의 기준 제시, 그리고 iii) 인사기술의 평가기준 제공이다. 분화된 목적 간의 관계가 경쟁적인 경우도 있고, 상충되는 양상을 보이는 경우도 있다. 예컨대 상하 간의 협동적 노력을 통해 피평정자의 발전을 추구한다는 목적과 감독자가 피평정자를 평가해 통제한다는 목적은 서로 긴장관계를 조성할 수 있다.

(1) 공무원과 행정의 발전 근무성적평정은 공무원의 발전을 돕고 직무수행을 개선하여 행정발전에 기여할 수 있다.

근무성적평정의 과정에서 공무원이 일을 잘하는지 못하는지 또는 장점은 무엇이고 단점은 무엇인지가 밝혀지고 객관적으로 평가될 기회가 있으므로 평정대상인 공무원이나 그 감독자가 개선할 점이 무엇인가를 알게 된다. 이것은 공무원들의 발전을 촉진하게 된다. 근무성적평정은 인적자원계획, 경력발전계획, 훈련계획의 수립에 필요한 정보를 제공한다. 근무성적평정에서 얻는 정보는 피평정자의 발전뿐만 아니라 직무수행의 효율성을 저해하는 조직운영 상 문제의 해결과 조직설계의 개선에도 쓰일 수 있다.

(2) 인사조치의 기준제시 근무성적평정의 결과는 보상과 제재를 분배하는 통제의 기준으로 쓸 수 있다.

공무원의 직무기준을 명확하게 제시해 주려면 일을 분석하는 직무분석과 평가, 그리고 직무행태와 실적을 평가하는 근무성적평정이 함께 필요하다. 공무원이 하는 일의 질과 양이 어느 정도라야 한다는 기준을 명백히 해 주면 일을 하는 공무원이나 감독자들이 일을 어떻게 어느 정도나 해야 하는지에 대해 잘 알 수 있게 된다. 그리고 근무성적평정자료는 보수결정, 내부임용결정, 감원결정 등에도 기준을 제시한다.

(3) 인사기술의 평가기준제공 근무성적평정은 여러 가지 인사행정기술의 타당성을 검증하는 데 필요한 기준(자료·증거)을 제공한다.

근무성적평정은 지원자격결정, 시험입안, 보직(배치)결정, 훈련의 수요결정 등에 관한 각종 인사기술의 타당성평가에 필요한 자료를 제공한다. 예컨대 채용시험이 과연 타당한 것인가를 알아보려고 시험성적과 근무성적의 상관관계를 구해 볼 수 있다.

2) 근무성적평정의 평정요소

근무성적평정제도 전체가 평가의 대상으로 삼을 수 있는 요소들은 대단히 많고 복잡한 것이지만, 이들을 i) 직무수행실적, ii) 개인적 특성, 그리고 iii) 직무행태라는 세 가지 범주로 묶어 분류해 볼 수 있다.

(1) 직무수행실적 직무수행실적(performance)은 공무원이 직무를 수행한 과거의 실적을 말한다. 직무수행실적은 직무수행의 성과라고 할 수 있다.

직무수행실적은 과거의 사실이 집적된 것이기 때문에 평정하는 사람이나 또는 제 3 자가 마음대로 움직일 수 없는 것이며, 사람에 따라 그에 대한 판단이 크게 달라질 가능성도 적다. 그러므로 직무수행실적은 개인적 특성에 비해 안정성이 높은 평가대상이라 할 수 있다. 그러나 직무수행실적이라고 해서 언제나 객관적 평가가 가능한 것은 아니다. 복잡한 직무일수록 그 실적을 포착하기 어렵다. 그리고 직무수행실적은 평정대상인 공무원이 통제하거나 책임질 수 없는 요인의 영향도 받는 것이다. 따라서 피평정자가 책임져야 하는 직무수행가치만을 식별해 내기 어려울 때가 많다.

(2) 개인적 특성 개인적 특성(personal traits)은 직무수행실적과 구별되는 개인의 특성이다. 이러한 특성이 직무수행실적에 영향을 미치는 경우가 많을 것이며, 따라서 직무수행실적의 분석에서 개인적 특성의 추정이 가능할 수도 있다. 그러나 개인적 특성은 직무수행실적과 직접적인 관계 없이 파악될 수도 있다. 개인적 특성은 여러 가지로 분류되는 것이지만, 흔히 평가대상으로 되는 종류를 보면 능력·동기·성격·적성·흥미 등이 있다.

직무수행실적의 측정만으로는 장래의 발전가능성을 예측하기 어렵기 때문에 개인적 특성의 측정이 필요하다. 그러나 개인적 특성은 직무수행실적에 비해 평가대상으로서의 안정성이 비교적 낮으며 포착하기가 어려운 것이다. 개인적 특성은 직무행태와 그 밖의 행태적 징상을 보고 추정할 수 있을 뿐이다.

(3) 직무행태 직무행태(work behavior)는 공무원이 직무수행과정에서 보인 가시적 행태를 말한다. 관찰가능한 직무행태를 측정하는 방법은 눈에 보이지 않는 잠재적 능력과 같은 개인적 속성이나 결과적 요인으로서의 직무수행실적이 아니라, 피평정자가 직무수행과정에서 어떤 태도로 어떤 행동을 하는가에 초점을 맞춘 접근방법이다. 이 접근방법에서는 관찰가능한 직무행태를 구체적으로 기술함으로써 평정자들의 통일적 해석을 촉진하려 한다. 행태를 측정한다는 것은 책임을 원칙적으로 행동자에게 귀속시킬 수 있는 행태를 측정한다는 뜻이다.

우리 정부에서는, 근무성적평정제도를 성과계약 등 평가와 근무성적평가로 2원화하고 있다. 4급 이상 공무원과 연구관·지도관 및 전문직공무원을 대상으로 하는 '성과계약 등 평가'의 평가항목은 성과목표달성도, 부서단위의 운영평가결과, 직무수행과 관련된 자질이나 능력 등에 대한 평가결과 중에서 선정하도록 되어 있다. 5급 이하 공무원 등을 대상으로 하는 '근무성적평가'의 평가항목은 근무실적과 직무수행능력이다. 직무수행능력에는 위에서 설명한 개인적 특성요소가 포괄되는 것으로 이해할 수 있다. 소속장관이 필요하다고 인정할 경우에는 인사혁신처장이 정하는 범위 내에서 직무수행태도 또는 부서단위의 운영평가결과를 평가항목에 추가할 수 있다. 각 평가항목에 포함될 구체적 평가요소는 소속장관이 직급별·부서별 또는 업무분야별 직무의 특성을 고려하여 결정한다. 평가요소는 수행하는 업무에 관련된 것이라야 하며 평가가 객관적으로 이루어질 수 있는 것이라야 한다.[1]

3. 근무성적평정에 대한 비판

1) 비판의 논점

지금까지 근무성적평정제도를 비판해 온 논점들을 다음에 요약해 보려 한다. 어떤 비판은 근무성적평정에 본래적으로 내재된 어려움을 지적하는 것이고, 어떤 비판은 전통적으로 사용되어 온 표준적 평정제도의 기술적 제약과 운영 상의 실책을 지적하는 것이다. 근무성적평정에 대한 비판은 개선방향의 제시를 위한 노력의 표현이라 할 수도 있다.[2]

① 평정자의 문제 사람이 사람을 평정하는 인간평가에서는 평정하는 사람의 성격·능력·경험 등이 평정에 영향을 미친다. 따라서 평정결과를 비교할 수

있도록 표준화하기도 어렵고, 평정의 신뢰성과 타당성을 보장하기도 어렵다. 평정자의 잘못으로 인한 집중화·관대화경향, 연쇄적 영향 등의 착오와 고의적 왜곡이 문제이다.

② **평정대상의 문제** 평정대상인 직무수행의 성과는 표준화·객관화가 어렵다. 고작해야 사람의 주관적 판단에 따라 평정을 할 수밖에 없는 경우에도 평정의 객관성을 표방하는 것은 잘못이다. 피평정자들의 다양성이 무시되는 것도 문제이다. 피평정자들이 담당하는 직무가 다양할 뿐만 아니라 연령 등 인구학적 특성도 다르기 때문에 그들의 행동이나 태도를 일정한 기준에 따라 획일적으로 평가하는 것은 무리이다. 평정은 개인에게만 초점을 맞추기 때문에 피평정자의 직무수행에 영향을 미치는 조직상의 요인들을 제대로 평가하지 못하는 것도 문제이다.

③ **미래예측의 어려움** 근무성적평정은 과거와 현재의 직무수행을 평정하는 것이며, 장래의 능력을 직접적으로 판단해 주는 것이 아니므로 장래의 인사조치에 기준이 될 수는 없다.

④ **개별측정과 전체적 판단** 한 사람의 실적이나 특성에 관한 개별적 항목의 우열을 판정하고, 개별적 판정의 단순한 합계가 그 사람의 전체적인 우열을 말해준다고 생각하는 것은 잘못이다.

⑤ **목표왜곡** 통제위주의 평정이 잦으면 공무원들이 평정대상으로 되는 일만 잘하고 다른 일은 소홀히 해서 직무수행을 왜곡하는 결과를 빚게 된다. 이른바 과잉측정으로 인한 목표왜곡이나 목표대치가 일어난다는 것이다. 공무원의 사기를 떨어뜨리고 인화를 해칠 수도 있다. 평정피로가 문제이다.

⑥ **과잉사용 또는 평정을 위한 평정** 과잉사용 또는 과소사용이라는 상반된 과오가 있다. 근무성적평정이라는 단일한 수단을 너무 많은 목적에 사용하려는 잘못을 저지를 수 있다. 하나의 근무성적평정이 승진, 승급, 감원순서결정, 훈련수요결정 등 다양한 인사조치에 모두 기준을 제시해줄 만큼 완전한 것을 만들어낼 수는 없다. 과잉사용과는 반대로 평정을 위한 평정이 되는 경우 또한 많다. 평정을 하고 그 결과를 제대로 활용하지 않는다는 말이다.

⑦ **모호한 목적·부적합한 평정요소** 평정제도 전체 또는 개별적 평정의 목적이 명시되지 않거나 모호할 때가 많다. 평정요소의 선정이 평정의 목적이나 평정대

상의 특성에 비추어 적합지 않을 때도 많다.

⑧ **전략적 활용의 애로** 좁은 시야, 관리작용으로부터 고립된 운영, 설계와 운영에 나타나는 집권주의·획일주의·비밀주의 등은 평정제도의 전략적 활용을 방해한다.

근무성적평정제도를 둘러싼 여건의 변동추세는 전통적인 평정방법들의 한계를 더 크게 부각시키는 것으로 보인다. 평정제도의 개혁을 보다 직접적으로 압박하는 여건변동의 예를 몇 가지 보기로 한다.

정부축소의 추진이 관리·감독계층을 줄이게 되면 그로 인해 한 사람의 평정자가 맡아야할 피평정자의 수는 늘어나게 된다. 고용양태가 다양화되면 그만큼 평정제도가 복잡해질 수밖에 없다. 재택근무 등 가상공간을 이용하는 근무가 늘어나면 대면적 접촉을 통해 피평정자의 근무상황을 면밀히 관찰하는 일이 어려워진다. 직원들의 프라이버시에 대한 권리의 보호가 중시되고, 직무수행의 자율성을 높여야 한다는 요구가 커지면 근무성적평정에 가하는 제약은 커진다. 조직운영에서 인간에 대한 가정을 바꿔, 일을 원하고 조직에 기여하기를 원하는 인간속성을 중시해야 한다는 요청이 커지면 평정제도의 방향전환에 대한 요구도 커질 것이다. 평정제도를 조직의 시스템 전체에 연계시켜 전략화해야 한다는 요청이 커지는 것도 개혁촉구요인이다.

근무성적평정의 장애 또는 맹점에 관한 위의 비판은 대부분 그리고 다소간에 우리 정부의 근무성적평정에도 해당한다. 우리 정부의 근무성적평정에 관하여 오랫동안 중요쟁점이 되었던 문제들은 목적모호성, 인사통제위주의 활용, 평정방법의 획일성, 평정요소 배합의 타당성 결여, 도표식평정척도법의 약점, 피평정자 참여의 배제, 평정결과의 비공개, 이의제기의 봉쇄 등이었다.

근래의 개혁노력은 그런 문제들을 많이 완화하였다. 특기할 만한 개혁항목으로는 평정의 분화·유연화, 다면평가제 활용 확대, 성과계약제 도입, 부서단위의 운영평가 반영, 성과면담제도(평정면접제) 도입, 평정결과의 제한적 공개, 이의제기절차 도입 등을 들 수 있다.

2) 대응방안

인간능력의 근본적인 한계에서 비롯되는 문제에 대해서는 예측할 수 있는 장래에 우리가 어떤 궁극적 해결책을 찾기 어려울 것이다. 그러나 나머지 비판적 논점에 대해서는 지속적인 개선노력으로 대응할 수 있다. 그리고 지금까지 많은 개선을 실제로 이룩해 왔다.

비판에 대응한 개선방안으로는 i) 타당성 있는 평정요소의 선정과 정확한 정의, ii) 평정자의 평가능력향상, iii) 발전촉진을 위한 적극적 평정방법의 개발, iv) 참여적·협동적 평정과정의 개발, v) 착오와 고의적 왜곡을 줄이기 위한 평정기법의 개발, vi) 평정목적에 따른 평정내용 및 평정방법의 분화, vii) 시스템 평가 및 관리작용과의 연계 강화 등을 들 수 있다.

4. 근무성적평정연구의 변화추세

인사고과라고 흔히 불려 온 평정의 역사는 아주 오래되었다. 그러나 현대적인 의미의 근무성적평정은 미국을 위시한 선진산업사회에서 인사행정 상의 실적주의, 그리고 능률주의가 강조되면서 인사행정의 객관적 기준발견이라는 기술적 요청 때문에 체계화되기 시작하였다. 고전적 인사행정학에서는 능률이라는 단일 가치기준에 입각하여 공무원의 직무수행능률을 측정하고, 그것을 인사행정의 표준화와 직무수행의 통제에 활용할 수 있도록 하는 근무성적평정제도의 개발에 주력하였다. 그 뒤 인사행정학의 연구경향이 변천함에 따라 근무성적평정의 역할에 대한 강조점도 달라져 왔으며, 중요시하는 평정요소, 평정자와 피평정자의 범위 등에 관한 관점도 달라져 왔다.

근무성적평정에 관한 인사행정학의 관점변화와 그에 연관된 선진제도들의 역사에 나타난 추세변화를 간추리면 다음과 같다.[3)]

1) 평정의 목적

평정의 목적에 대한 역점은 소극적·통제적인 것으로부터 적극적·발전적인 것으로 이행되어 왔으며 목적다원화도 촉진되었다.

현대적 근무성적평정제도 발전의 초기에는 이 제도를 업무실적에 보수를 연결짓기 위한 수단으로 보았다. 그 뒤 다른 인사조치에도 직무수행실적을 연결짓는 보다 폭넓은 관리통제수단으로 근무성적평정제도를 활용하도록 하였다. 통제기능의 강조 및 확장과 더불어 여러 인사기술을 평가하는 데 기준을 제시하는 역할도 강조하였다.

그러한 전통적 강조점에 따라 개척된 근무성적평정의 역할과 용도는 오늘날에도 물론 유효한 것이다. 그러나 근래에 더욱 큰 관심의 대상으로 부각되고 있는 것은 근무성적평정의 적극적·발전적 목적이다. 근무성적평정의 주된 목적은 피평정자의 동기유발과 직무에 대한 헌신촉진, 그리고 직무수행개선에 기여하고, 나아가서 행정발전에 기여하는 것이라야 한다는 처방이 지배적이다. 업무성과의 측정과 성과급의 연결도 공무원의 동기유발과 발전노력에 지향되어야 한다고 처방한다.

2) 평정요소

전통적인 이론은 개인차원의 실적과 능력에 관한 평정요소를 가장 중요시하였다. 초기에 강조된 것은 개인의 공로와 과오를 판정하는 데 기준이 될 직무수행실적의 확인이었다. 그 뒤 잠재적 능력 등 개인적 특성이 직무수행의 성패에 긴밀히 결부되어 있을 뿐만 아니라 승진가능성 등 장래의 발전가능성을 예측하는 데 불가결한 요소라고 하는 주장이 확산되었다. 그에 따라 개인적 특성요소의 발굴과 측정이 활발해졌다. 근래에는 개인적 특성에 착안한 근무성적평정의 문제점을 지적하고, 가시적인 직무행태를 대상으로 하는 행태지향적 근무성적평정을 처방하는 이론이 세력을 얻게 되었다.

성과관리에 대한 요청이 커지면서부터는 평가요소로서 성과요인이 지니는 중요성이 재조명되고 있다. 개인차원의 직무수행성과에 관한 요소뿐만 아니라 조직목표달성에 대한 기여도를 알 수 있는 평정요소도 중요시되고 있다. 팀 또는 작업집단차원의 평정요소도 중요시되고 있다.

3) 평정과정

근무성적평정을 감시·통제의 도구로 이해한 전통이론은 평정의 과정을 하향적 심사통제의 과정으로 처방하였다. 이러한 관점은 근무성적평정제도 운영의 집권주의와 획일주의를 용인하는 결과를 빚었다.

그러나 조직구성원의 동기유발과 직무수행개선 그리고 조직의 목표성취에 기여하는 근무성적평정의 기능이 강조되면서부터는 평정제도 입안과정과 평정과정은 참여적·협동적인 것으로 되어야 한다는 주장이 일반화되었다. 그에 따라 실천적으로도 목표관리와 같은 참여적 평가방법의 개발과 사용이 확대되고 환류와 상담, 교육훈련 등을 위한 근무성적평정의 활용이 강조되고 있다.

4) 평정자와 피평정자의 범위

근무성적평정에 관한 이론과 실천의 변천과정에서 평정자의 범위 그리고 피평정자의 범위와 그에 결부된 직무분야의 범위도 확대되어 왔다.

전통적 이론의 처방이나 실천적 제도에서 평정자의 범위는 감독자에 국한하였다. 근무성적평정은 바로 감독자평정을 의미하였다. 그러나 시간의 흐름에 따라 평정자를 다원화해 왔다. 피평정자의 범위도 좁은 데서부터 출발하였다. 처음에는 단순노무나 일상화되어 있는 직무를 담당하는 하급직원을 평가하는 도구로 근무성적평정제도가 사용되었다. 그러나 점차 고급직위, 관리적·전문적 직위, 보다 복잡한 업무를 수행하는 직위에 종사하는 사람들까지 평정의 대상에 포함시키는 변화추세를 보여 왔다.

5. 바람직한 근무성적평정의 요건

실적체제를 원칙적인 제도로 채택하고 있는 현대민주국가의 인사행정을 전제하고 바람직한(효율적인·성공적인) 근무성적평정의 일반적 요건을 생각해 보려 한다. 여기서 논의할 바람직한 요건은 오늘날 인사행정학의 근무성적평정에 관한 연구추세를 반영하는 것이다.[4)]

① **목적대응성·전략부합성** 근무성적평정은 그 목적에 맞는 것이라야 한다. 근무성적평정은 조직의 목표와 전략에 부합되는 직무수행을 이끌어낼 수 있도록 입안해야 한다. 그리고 개별적·구체적 목적에 부응할 수 있도록 분화되어야 한다.

② **공식화·표준화** 근무성적평정의 효율적이고 공평한 운영에 필요한 만큼의 공식화·표준화가 이루어져야 한다. 평정의 목적과 내용·방법·절차는 문서로 규정해야 한다. 평정요소의 정의는 표준화해야 한다. 평정도구, 평정자, 평정시기와 평정절차도 필요한 만큼 표준화해야 한다.

③ **평정요소의 직무연관성** 근무성적평정의 모든 평정요소는 평정대상인 직원이 현재 담당하거나 장래 담당하게 될 직무에 관련된 것이라야 한다. 직무는 조직목표성취에 대한 기여를 포함한다. 장기적 직무연관성을 결정할 때는 피평정자의 경력발전목표도 고려해야 한다. 평정요소의 직무연관성을 높이려면 근무성적평정과 직무분석을 긴밀히 연계시켜야 한다. 이를 위해서는 직무기술(職務記述)에 직위의 의무·책임·최저자격뿐만 아니라 직무성취의 기준도 포함시켜야 한다.

④ **직무성취에 대한 기대의 전달** 근무성적평정에 앞서 어떤 직무를 어떻게 수행해야 하는가에 대한 역할기대를 피평정자들에게 분명히 알려야 한다. 피평정자들이 모르는 직무수행기준을 적용해 그들을 평가하는 것은 온당치 않은 일이다.

⑤ **신뢰성과 타당성** 근무성적평정은 신뢰할 수 있고 타당한 것이라야 한다. 평정의 신뢰성은 일관성 있는 측정을 할 수 있는 능력을 말한다. 평정의 타당성은 측정하려고 하는 바를 제대로 측정하는 능력을 지칭한다.

⑥ **유능한 평정자** 평정자는 정확한 평정에 필요한 능력과 의욕을 가져야 한다. 피평정자에 관한 평정요소를 평정할 능력을 갖춘 사람에게 근무성적평정의 책임을 맡겨야 한다. 평정능력에는 인간관계에 관한 능력도 포함된다. 그리고 평정자는 피평정자의 직무수행요건을 잘 알고 그의 직무수행을 관찰할 수 있는 위치에 있는 사람이라야 한다.

⑦ **신뢰분위기와 개방적 의사전달** 근무성적평정의 효율성은 조직 내의 신뢰분위기와 개방적 의사전달에 의존하는 바가 크다. 특히 평정자와 피평정자 사이의 상호 신뢰와 개방적 의사전달이 매우 중요하다. 평정자와 피평정자는 직무수행과정에서 그리고 근무성적평정과정에서 서로 믿고 의견교환을 원활하게 할 수 있어야 한다.

⑧ **평정결과에 대한 접근가능성** 피평정자는 자기에 대한 평정기록을 볼 수 있어야 한다. 평정기록의 비밀을 무제한으로 해제할 수는 없다. 피평정자의 권익보호를 위해 제삼자에 대한 평정자료의 공개는 절제해야 한다. 그러나 근무성적평정이 피평정자의 직무수행을 개선하는 데 기여할 수 있으려면 평정결과를 그에게 알려주어야 한다. 피평정자의 평정결과 열람은 평정의 과오를 시정할 수 있는 기회를 제공하는 것이기도 하다.

⑨ **정당한 절차** 근무성적평정에 대한 다툼을 처리할 '정당한 절차'가 있어

야 한다. 평정과정, 평정결과에 대한 이의신청절차와 재결절차가 있어야 한다.

⑩ 참여적 운영 근무성적평정의 수용성이 높아야 한다. 수용성이란 평정자나 피평정자가 근무성적평정이 적정하다고 생각하는 정도를 말한다. 수용성을 높이려면 참여적 과정을 통해서 근무성적평정제도를 입안하고 시행해야 한다. 인사운용자들과 계선기관 관리자들의 참여가 특히 요긴하다. 제도의 입안과 시행을 중앙인사기관의 소수 전문직원과 정책결정자들이 독단해서는 안 된다.

⑪ 운영의 편의 근무성적평정제도는 시행하기 쉬운 것이라야 한다. 제도는 될 수 있는 대로 복잡하지 않고 번거롭지 않게 입안해야 한다. 비용·시간·노력의 투입이 과다하지 않게 해야 한다.

Ⅱ. 근무성적평정의 방법

1. 근무성적평정방법의 분류

지금까지 알려진 근무성적평정의 방법은 대단히 많으며, 새로운 방법을 개발하려는 노력이 또한 계속되고 있다. 널리 알려진 방법을 변형시킨 것이나, 두 가지 이상의 방법을 복합한 것들도 적지 않다.

근무성적평정방법의 유형론도 많다. 흔히 볼 수 있는 유형론의 예로 ⅰ) 피평정자 개인에 초점을 맞추는 평정·팀에 초점을 맞추는 평정을 구분하는 유형론, ⅱ) 평정자가 누구인가를 기준으로 하는 유형론, ⅲ) 평정요소를 기준으로 특성지향적 방법·행태지향적 방법·결과지향적 방법·과거지향적 방법(과거의 실적에 대한 평정)·미래지향적 방법(발전잠재력에 대한 평정)·고객지향적 방법을 구분하는 유형론, ⅳ) 비교기준이 무엇인가에 따라 사람과 객관적 기준을 비교하는 절대평가방법·사람과 사람을 비교하는 상대평가방법을 구분하는 유형론, ⅴ) 기록방법(문장·도표·평정표)을 기준으로 하는 유형론 등을 들 수 있다.[5]

구체적인 필요에 따라 많은 평정방법들 가운데서 어느 하나를 선택해 사용하거나, 몇 가지 방법들을 배합해 사용하거나, 새로운 방법을 개발해 사용할 수 있다. 그에 관한 의사결정을 할 때에는 서로 연관된 여러 요인들을 고려해야 한다.

우선 평정도구인 방법 자체가 바람직한 것인지부터 확인해야 한다. 평정방법이 평정의 객관성·신뢰성·타당성·식별력을 보장할 수 있는 기술적 효용을 지녔는지 따져 보아야 한다. 간편성, 경제성 등 실용적 조건을 갖추었는지도 검토해 보아야 한다. 그리고 평정방법이 구체적인 평정목적과 조직의 실정에 적합한지 검토해 보아야 한다. 조직의 실정을 말해주는 상황적 조건의 지표로는 i) 공무원의 구성, ii) 조직의 기능과 규모, iii) 인사행정의 원칙, iv) 관리자와 감독자의 이해와 평정능력, v) 피평정자인 공무원들의 기대와 태도 등이 포함된다. 이런 조건들에 평정방법이 적합한가를 알아보고 선택결정을 해야 한다.

2. 주요 평정방법의 해설

여러 유형론에서 열거하고 있는 주요 평정방법들을 다음에 설명하려 한다.[6] 여기서 선택한 근무성적평정방법들은 i) 산출기록법, ii) 정기적 검사법, iii) 가감점수법, iv) 서술적 보고법, v) 도표식평정척도법, vi) 사실표지법, vii) 강제선택법, viii) 상대평가법, ix) 중요사건기록법, x) 행태기준평정척도법, xi) 발전잠재력평정법, xii) 직무기준법, xiii) 목표관리법 등이다.[c)]

평정책임이 누구에게 있느냐에 따라 분류한 i) 감독자평정법, ii) 부하평정법, iii) 동료평정법, iv) 자기평정법, v) 고객평정법, vi) 감사적 방법, 그리고 vii) 다면평가제를 함께 설명하고 분석적 평정과 종합적 평정에 대해서도 언급하려 한다.

1) 산출기록법·정기적 검사법·가감점수법·서술적 보고법

(1) 산출기록법 산출기록법(産出記錄法: production records)은 공무원의 생

c) 복합시험법(assessment centers)도 근무성적평정에 쓰일 수 있다. 이 방법에 대해서는 제 3 장에서 채용시험을 설명할 때 이미 논의하였으므로 여기서는 설명을 되풀이하지 않을 것이다. 근무성적평정에서도 정보기술의 활용이 확산되고 있으며 새로운 이름이 붙은 전자적 평정방법들이 늘어나고 있다. 그 한 예로 컴퓨터를 사용해 작업하는 직원의 직무수행상황을 감독자들이 인터넷으로 검사하는 전자적 검사법(electronic performance monitoring)을 들 수 있다. 이 방법은 정기적 검사법의 한 유형이라고 설명할 수도 있다.

산기록을 측정하는 방법이다. 이것은 생산고(生産高)로 나타나는 공무원의 근무실적을 수량적으로 평정하는 방법이며 반복적인 단순업무의 수행실적을 평가하는 데 적합하다. 산출기록법을 적용할 수 있는 경우에는 근무성적평정이 간단하게 될 수 있다.

(2) 정기적 검사법 정기적 검사법(定期的 檢査法: periodic tests)은 직무수행의 능률에 관한 검사(시험)를 주기적으로 실시하여 직무수행실적을 평가하는 방법이다. 산출기록법에서와 마찬가지로 산출지표(output index)에 관하여 평정하는 것이므로 정기적 검사법도 반복적인 단순업무의 평정에 적합하다.

이 방법이 산출기록법과 구별되는 중요한 차이점은 평정대상기간이 다르다는 것이다. 정기적 검사법에서는 검사가 실시되는 특정시기의 생산기록만을 대상으로 한다. 산출기록법에서는 평정과 평정 사이의 단기간 또는 상당히 장기간에 걸친 생산실적의 평균치를 파악하려 한다. 그러므로 산출기록법이 정기적 검사법보다 정확한 방법이라고 하겠다.

(3) 가감점수법 가감점수법(加減點數法: merit and demerit system)은 피평정자의 행동에 나타난 긍정적 요인과 부정적 요인을 발견하려는 간단한 방법이다. 우수한 직무수행사항에 대해서는 가점(plus points)을 주고, 직무수행의 실패나 과오에 대해서는 감점(minus points)을 주어 나중에 이를 합산하는 방법이다. 이 방법을 쓸 때에는 가점을 받는 행동과 감점을 받는 행동 사이에 적절한 균형을 유지해야 한다. 가점이나 감점의 어느 한쪽을 너무 받기 쉽거나 어렵게 하면 안 된다. 가감점수법 역시 표준화된 단순업무의 평정에 적합한 것이다.

(4) 서술적 보고법 서술적 보고법(敍述的 報告法: narrative report; essay appraisal)은 직무수행실적이나 직무행태 또는 개인적 특성에 대한 평가를 서술적인 문장으로 기록하는 방법이다. 기록의 방식이나 기준이 어느 정도 정해진 경우도 있지만, 표준화된 기술방식이 없고 평정자의 재량에 따라 적절하다고 생각하는 것을 적도록 하는 경우도 있다. 또 결론적인 판단을 요구하는 경우도 있고, 그저 사실만 기록하게 하는 경우도 있다. 이 방법은 엄격하게 짜인 평정표를 사용할 때 간과하게 되는 근무기록을 포착하는 데 유용하다. 그러나 여러 사람의 근무성적을 비교하는 방법으로는 편리한 것이 못 된다.

2) 도표식평정척도법

도표식평정척도법(圖表式評定尺度法: graphic rating scale)은 도표(graphic scale)로 된 평정표(평정서)를 쓰는 방법이다. 평정표에는 평정요소들이 열거되어 있고, 각 요소마다 그 우열을 표시해 주는 등급이 그려져 있다. 등급의 표시는 설명적인 말로 된 경우도 있고, 등급의 높고 낮음만을 알 수 있는 문구나 숫자로 되어 있는 경우도 있다. 평정자는 피평정자를 평정요소별로 관찰하여 해당되는 등급에 표시를 하게 된다.

도표식평정척도법에서 사용할 평정표를 만들려면 평정계획의 목적을 설정하고 그에 적합한 평정요소를 선정하여야 한다. 평정요소의 수는 평정의 목적과 대상직무, 평정자의 능력, 피평정자의 수 등 관련요인들을 고려하여 적정하게 결정해야 한다. 평정의 목적, 피평정자가 종사하는 직무분야와 계층에 따라 달라지는 평정요소의 상대적인 중요성에 부합되도록 평정요소에 가중치를 부여할 수도 있다.

도표식평정척도법의 평정표는 그 작성과 사용이 비교적 용이하다. 평정할 요소와 그에 대한 등급이 도표로 표시되어 있으므로 평정자는 해당란에 표시만 하면 된다. 많은 사람을 평정해야 할 경우, 운영이 용이하다는 것은 중요한 이점이 된다. 그러나 이 방법을 사용하는 평정에는 평정자의 편견이 개입될 가능성이 크다. 우선 평정요소의 정의를 어떻게 이해하느냐 하는 것부터 평정자마다 다를 수 있다. 평정요소에 대한 등급을 정하는 기준도 모호하다. 평정요소 가운데는 수량화할 수 없는 행태적 요소들도 있는데, 이를 억지로 도표 상에 등급화해 놓았기 때문에 평정이 자의에 빠지기 쉽다.

우리 정부에서는 근무성적평정방법의 기본형으로 도표식평정척도법을 채택하고 있다.

3) 사실표지법 · 강제선택법 · 상대평가법

(1) 사실표지법 사실표지법(事實標識法: check lists)은 평정자가 평정표(평정서)에 나열된 평정요소에 대한 설명 또는 질문을 보고, 피평정자에게 해당되는 것을 골라 표시를 하는 방법이다. 평정자는 피평정자의 특성이나 직무수행을 단

순히 보고할 뿐이며 평정의견을 따로 제시하지 않는다. 질문항목마다 가부 또는 유무의 표시를 할 뿐 항목마다 피평정자의 특성을 평가하여 가치를 부여하거나 등급을 정하지 않는다. 평정결과를 평가하거나 평정요소마다 가중치를 부여하는 것은 그 용도에 따라 인사담당자들이 할 일이다. 평정항목에 가중치를 부여하는 사실표지법은 가중사실표지법(weighted check lists)이라 부른다.

〈표 6-1-1〉은 사실표지법에서 사용하는 평정표의 제시항목 일부를 예시한 것이다.[7] 제시된 항목의 일부를 예시한다는 것은 많은 질문항목 중 일부만 보이겠다는 뜻이다.

표 6-1-1 사실표지항목의 예

	긍정 (예)	부정 (아니오)
31. 그는 직무에 정말 흥미를 느끼고 있는가?	—	—
32. 좋은 의견을 자진해서 제안하는가?	—	—
33. 부하들을 밀어주는가?	—	—
34. 출근성적이 만족할 만한가?	—	—
35. 그는 자기의 작업도구를 양호한 상태로 유지하는가?	—	—
36. 직무수행에 필요한 지식이 충분한가?	—	—
37. 그는 부하들에게 존경받고 있는가?	—	—
38. 자기 사무실을 잘 정돈하고 청결하게 유지하는가?	—	—
39. 편파적인 처사를 자주 보이는가?	—	—
40. 그는 부하들의 불평을 처리하기 위해 시간을 할애하는가?	—	—

(2) 강제선택법 비슷한 가치가 있다고 생각하기 쉬운 기술항목들 가운데서 피평정자의 특성에 가까운 것을 골라 표시하도록 강제하는 평정방법이 강제선택법(强制選擇法: forced choice method)이다. 이 방법은 강제선택식 사실표지법(forced choice check lists)이라고도 부른다. 강제선택법의 평정표에 적힌 기술항목들의 진정한 가치는 평정결과를 활용할 인사기관에서만 알 수 있도록 한다.

예컨대 다음과 같이 얼핏보아 둘 다 좋은 것으로 생각될 법한 한 쌍의 기술항목을 제시하고, 그 중 하나만 반드시 선택하게 한다.[8]

표 6-1-2 기술항목의 예(1)

1. 부하들에게 명확하고 좋은 지시를 내린다.
2. 어떤 일이라도 믿고 맡길 수 있다.

그와는 반대로 둘 다 좋지 않은 것으로 보이는 한 쌍의 기술항목을 주고, 그 중 하나만 반드시 고르게 할 수도 있다. 그 예를 보면 다음과 같다.

표 6-1-3 기술항목의 예(2)

1. 지킬 수 없는 약속을 한다.
2. 일부 직원에게만 유리한 편파적 처사를 한다.

비슷한 가치가 있는 것으로 보이는 문항을 둘씩 짝지어 수십 개 제시하고 각각 한 쌍의 기술항목(답지) 가운데서 하나만 선택하도록 하는 경우도 있지만, 이를 약간 복잡하게 변형시킨 것도 있다. 〈표 6-1-4〉에서 보는 바와 같이 다섯 개 정도의 기술항목을 한 조로 편성하여 제시하고, 그 중에서 피평정자에게 가장 적합한 것과 가장 거리가 먼 것 하나씩을 선택하게 할 수 있다. 이 경우 하나의 평정표에는 보통 30개조 내지 50개조의 문항들이 포함된다.[9)]

표 6-1-4 기술항목의 예(3)

최적	최부적	
A	A	다른 사람과 교체하기가 매우 어렵다.
B	B	어려움이 밀어 닥치면 그에 대응하거나 극복하지 못한다.
C	C	조직 전체에 유리한 기회의 포착에 민감하다.
D	D	독자적으로 일을 처리하려고 한다.
E	E	자신의 업적으로 나타나지 않을 일은 위임하려 한다.

강제선택법은 평정자의 편견이나 정실을 배제하기 위해 고안한 것이다. 그러나 이 방법에 의한 평정은 평정자인 감독자가 직원의 능력향상을 위한 상담을 하는 데는 쓸모가 없으며 평정결과의 평점기준(scoring key)을 만드는 것도 어려운 일이다.

(3) 상대평가법 상대평가법(相對評價法: relative standards methods; comparative evaluation methods)은 피평정자들의 실적 등을 서로 비교하여 우열의 석

차를 결정하는 평정방법들을 총칭한다. 이 방법은 성과급, 승진, 기타 보상과 제재의 배분을 결정하는 데 유용한 자료를 제공할 수 있다.

상대평가법의 범주에 포함되는 방법들은 서열법과 강제배분법으로 구분할 수 있다. 서열법은 서열결정의 방법에 따라 여러 가지로 다시 분류된다.

① 서 열 법 서열법(序列法: ranking method; forced ranking method)은 피평정자들을 서로 비교해서 그들 간의 서열을 정하는 방법으로서 비교적 작은 집단에 대해서만 사용할 수 있는 것이다. 일반적으로 서열법은 특정집단 내의 전체적인 서열을 알려 줄 수는 있으나, 다른 집단과 비교할 수 있는 객관적 자료는 제시하지 못한다.

이 방법의 가장 오래되고 단순한 형태는 평정요소를 세구분한 객관적지표에 따르지 않고 한 사람의 전체적인 특성을 다른 사람들과 포괄적으로 비교하는 것이다. 그러나 이러한 포괄적 비교에서는 비교기준이 모호해질 수밖에 없으므로 정확성을 높이기 위해 평정요소를 먼저 확인하고 요소별로 사람을 비교하는 방법이 많이 쓰인다.

서열을 정하기 위한 비교의 방법에는 2인조비교법(paired comparison)·이전법(移轉法: alternation ranking)·대인비교법(man-to-man comparison)·점수배정법(point allocation method) 등이 있다. 2인조비교법은 두 사람씩 짝을 지어 비교를 되풀이하는 방법이다. 이전법은 집단 내에서 가장 우수한 사람과 가장 열등한 사람을 차례로 골라 그들의 이름을 서열이 적힌 종이에 옮겨 적는 방법이다. 대인비교법에서는 리더십·창의력·성실성 등 평정요소를 선정하여 명확하게 정의해 놓고 각 평정요소마다 평정척도를 만든다. 평정척도 상의 등급은 먼저 평가받은 직원들로 표시한다. 즉 특정한 사람(기준직원: key men)이 평정척도의 등급표시를 하는 기능을 한다. 서열이 정해진 기준직원들과 피평정자를 비교함으로써 그의 서열을 결정한다. 점수배정법은 미리 정해진 총점을 피평정자집단 내에서 분배하는 방법이다. 하나의 집단 전체에 배정된 점수(예컨대 100)를 피평정자의 우열에 따라 나누어 주는 방법이다.

② 강제배분법 강제배분법(强制配分法: forced distribution method)은 평정점수의 분포비율을 강제하는 일종의 집단별 서열법(group order ranking)이다. 피평정자들을 우열의 등급에 따라 구분한 몇 개의 집단에 일정 비율씩(예컨대 수 20%, 우 20%, 미 30%, 양 20%, 가 10%) 배치하도록 강제하는 방법인 것이다. 우열의 등급을 판정할 때 미리 정한 등급표에 비추어 수·우·미·양·가 등을 결정하는 방

법을 등급법(grading method)이라 한다. 강제배분법은 여러 사람들에 대한 평정의 성적분포가 과도히 집중되거나 관대화 또는 엄격화되는 것을 막기 위한 것이다.

4) 중요사건기록법 · 행태기준평정척도법 · 발전잠재력평정법

(1) 중요사건기록법 중요사건기록법(重要事件記錄法: critical incident method)은 직무수행의 성패를 가름해 주는 중요한 행태를 확인할 수 있다는 전제 하에 만들어진 것이다. 이것은 평정자가 피평정자의 직무수행과정에서 일어나는 일정한 사건(중요사건: critical incident)을 기록하거나 또는 미리 열거되어 있는 사건묘사 중 해당하는 것에 표시를 하게 하는 방법이다.

중요사건기록법은 인사행정의 객관적 기준을 발견하려는 목적보다는 직원의 발전을 도모한다는 목적에 적합한 방법이다. 평정자인 감독자는 피평정자가 한 행동이나 그가 처리한 사건에 관하여 피평정자와 더불어 이야기하는 과정에서 그 사람의 태도와 직무수행을 개선할 수 있다고 한다.

① 미리 예시된 사건묘사를 사용하는 경우 사건묘사를 미리 해주는 평정표를 만들 때 무엇이 중요사건인가를 결정하려면, 직무수행의 실제를 관찰한 사람들의 협의과정을 거친다. 그들의 합의로 중요사건을 선정한다. 이렇게 해서 선정된 중요사건들을 그 발생빈도와 중요성에 따라 배열하고, 거기에 평점의 기준이 될 수적 가중치를 부여한다. 〈표 6-1-5〉는 미리 열거되는 사건의 예시이다.[10)]

표 6-1-5 중요사건기술의 예

1. 일하며서 불쾌감을 표시하거나 화를 낸다.
2. 동료직원에게 조력할 것을 거부한다.
3. 작업방법의 개선을 제안한다.
4. 훈련받는 것을 거부한다.
5. 동료직원이 상부지시를 받아들이도록 설득한다.

미리 예시된 사건묘사를 사용하는 경우 행태기준평정척도법의 방식과 비슷하다. 그러나 기술항목의 척도화 유무에 차이가 있다.

② 평정자가 사건을 기록하게 하는 경우 중요사건을 기록해 넣도록 되어 있는 평정표를 쓰는 경우의 평정실례를 보기로 한다. 먼저 〈표 6-1-6〉에서 보는 바와 같은 두 가지 사건이 실제로 있었다고 가정한다.

표 6-1-6 실제로 일어난 사건의 예

1. 특별우편이 정규우편과 함께 도착하였다. 담당직원이 특별우편을 즉각 배달하지 않고 정규우편에 섞어 배달하였다(12월 4일).
2. 평정대상인 직원이 퇴근시간 후에 남아 일하고 있었다. 우연히 전기장치가 고장난 것을 발견하고 퇴근한 감독자에게 전화로 연락하였다. 이러한 즉각적인 행동은 전기고장으로 인한 화재발생을 예방하였다(11월 2일).

위의 두 사건을 〈표 6-1-7〉에서 보는 바와 같은 평정표의 '문제상황에 대한 경각심'이라는 난에 요약·기록한다.11)

표 6-1-7 중요사건기입평정표

4. 문제상황에 대한 경각심					
a. 문제를 의식하지 못한다. b. 문제의 원인을 간과한다. c. 특수한 상황을 인식하지 못한다.			A. 문제가 발생한 즉시 간파한다. B. 문제의 원인을 파악한다. C. 문제가 야기될 수 있는 상황을 간파한다.		
일자	항목	사 건	일자	항목	사 건
12/4	c	특별우편의 지연	11/2	C	전기장치의 고장문제

(2) **행태기준평정척도법** 행태기준평정척도법(行態基準評定尺度法: behaviorally anchored rating scales: BARS)은 실제로 관찰할 수 있는 행태를 서술한 문장으로 평정척도를 표시한 평정표를 쓰는 방법이다. 이 방법은 평정자에게 평정척도 상의 등급이 무엇을 의미하는지에 대한 해석을 일임하지 않고, 그러한 해석을 분명하게 인도할 '행태적 길잡이'(behavioral guideposts)를 제공한다. 행태적 길잡이란 실제로 관찰할 수 있는 행태를 서술한 것이다. 행태기준평정척도는 참여적 과정을 통해 설계해야 한다.

행태기준평정척도법을 개발할 때는 먼저 효율적이거나 비효율적인 행태적 사건들을 수집하여 기록하고 이를 직무국면별로 집단화한다. 다음에는 행태적 사건들을 척도화하여 효율·비효율을 잇는 연속선 상에 배치한다. 그리고 이렇게 척도화된 행태적 사건들 가운데서 그 중요도에 따라 각 직무국면마다 7개 내지 10개 정도를 골라 평정표에 기록한다.

〈표 6-1-8〉은 경찰관의 직무행태를 평가하려는 행태기준평정척도의 척도표

시방법을 예시한 것이다. '서면 및 구술에 의한 의사전달항목'(요소 또는 국면)에 대한 척도이다.[12)]

중요사건기록법, 도표식평정척도법, 사실표지법 등의 일부 기술을 접목시킨 시도로 보이는 행태기준평정척도법은 다른 전통적 방법에 비해 평정의 타당성과 신뢰성을 높일 수 있다. 평정요소와 평정척도가 관찰가능한 행태적 사건으로 명료하게 규정되어 있기 때문에 여러 가지 착오를 막을 수 있다. 평정표의 개발에 평정자와 피평정자가 참여하기 때문에 이들의 이해와 수용을 촉진하는 이점도 있다.

그러나 행태기준평정척도법은 시간과 비용을 많이 소모하는 방법이다. 이 방법의 효용성을 확보하려면 직무별 또는 직급별로 평정척도를 따로 만들어야 하는데, 직업구조가 복잡한 조직에서는 그 일이 쉽지 않다. 그리고 평정척도에 포함된

표 6-1-8 행태기준평정척도의 예

[경찰관의 서면 및 구술에 의한 의사전달]

아주 좋은 직무수행	7	이 경찰관이 폭행사건보고서를 작성하였다. 이 보고서는 시간대별로 사건의 상세한 내용을 설명하는 아주 충실한 것이었다.
	6	이 경찰관은 무장강도 용의자를 자동차로 뒤쫓고 있었다. 그는 냉정을 유지하고 통신지령자에게 용의자가 운전하는 자동차의 모양, 그의 위치 및 도주방향을 침착하게 설명하였다.
	5	이 경찰관은 그가 담당한 사건에 대한 특별보고서를 작성하여 경찰서장에게 제출하라는 지시를 받았다. 이 경찰관은 요구된 정보가 빠진 보고서를 형식도 갖추지 않은 채 손으로 써서 제출하였다.
	4	이 경찰관은 그의 보고서에서 필요한 사실기재를 빠뜨리는 실수를 되풀이하고 있다. 그의 상관은 매번 그를 다시 불러 미진한 부분을 보완하도록 지시하였다.
	3	경찰관 두 사람이 경찰무전으로 통화하고 있었다. 상대방이 이 경찰관에게 메시지를 이해시키는 데 어려움을 겪고 있었다. 이 경찰관은 좌절감을 느끼고, 말하는 것을 배운 다음에 다시 통화하라고 상대방에게 소리를 질렀다.
	2	퇴근시간이 되었기 때문에 이 경찰관은 그가 수사하고 있는 사건에 관한 보고서작성을 서둘러 끝냈다. 서두르는 바람에 범인의 기소에 필요한 중요 정보를 빠뜨렸다. 뒤에 이 경찰관은 그 정보를 기억하지 못했다.
아주 나쁜 직무수행	1	이 경찰관은 문을 부수고 들어간 흔적이 있는 건물을 발견하고 크게 당황하였다. 그는 자기 순찰차로 돌아와 흥분된 목소리로 지원을 요청하는 무전을 발송하였다.

행태적 사건의 표본수가 너무 적기 때문에 평정을 제약한다는 비판도 있다.

(3) 발전잠재력평정법 심리학적 평정법(psychological appraisals)이라고도 하는 발전잠재력평정법(發展潛在力評定法: potentiality evaluation)은 피평정자의 발전잠재력을 평가하는 종합적 방법이다. 심리학을 전공한 전문가를 고용하여 평정책임을 맡긴다. 발전잠재력평정은 심층적 면접, 심리검사, 감독자와의 면담, 다른 방법에 의한 평정결과의 검토 등의 방법을 함께 쓴다. 평정자는 피평정자의 잠재력과 장래의 직무수행을 예측해 줄 수 있는 지적·정서적·동기론적 특성과 기타 직무관련 특성들에 관한 보고서를 작성한다.

발전잠재력평정법도 일종의 서술적 보고법이라 할 수 있으나 전통적인 방법과는 분석·평가의 깊이와 넓이가 다르다. 심리학적 방법의 적용에는 시간과 비용이 많이 들기 때문에 소수 엘리트 관리자의 발굴이나 특별히 중요한 직위에 대한 특별채용과 같은 한정된 용도에만 쓰일 수 있는 방법이다.

5) 직무기준법·목표관리법

(1) 직무기준법 직무기준법(職務基準法: performance standard method; work standard method)은 직무수행의 구체적인 기준을 미리 설정하고 직무수행의 실적과 기준을 비교하는 방법이다. 직무기준의 개발에는 여러 가지 직무분석기법이 쓰인다.

직무기준법에서는 각 직위의 직무수행기준을 상세하게 설정하고 점직자의 직무수행을 거기에 비교한다. 먼저 각 직위를 분석하여 많은(경우에 따라서는 100에 가까운) 특정적 직무종류(가지수)를 찾아 내 거기에 수행기준을 정한다. 직무기준은 직무수행의 양·정확도·시간단위·방법으로 표시하고, 만일 양적인 표시가 불가능할 때에는 직무수행이 어떻게 평가된다는 것을 표시한다.

〈표 6-1-9〉와 〈표 6-1-10〉은 평정표에 표시되는 직무기준의 예이다.[13)]

직무기준법을 쓰려면 직무내용이 다른 각 직위마다 평정표를 따로 만들어야 한다는 불편이 있다. 그러나 직원관계의 원만한 유지나 직무수행의 개선에 유용한 방법이라고 한다. 평정자나 피평정자가 피평정자에게 요구된 직무수행이 무엇인가에 대해 깊이 반성할 기회를 주기 때문이다.

표 6-1-9 직무기준의 예(1)

직 무	직무수행기준
1. 서류의 분류	1. b. 한시간에 75건의 서류를 분류한다.

표 6-1-10 직무기준의 예(2)

직 무	직무수행기준
1. 정부에서 실시하는 채용시험에 대한 안내와 상담	2. c. 모든 문의에 대해 정중하고 친절하게 응답한다. 질문을 잘 듣고 유쾌한 태도로 도움이 되는 답변을 한다.

(2) 목표관리법 목표관리법(目標管理法: management by objectives method: MBO method)은 목표관리체제의 원리에 입각한 근무성적평정방법이다. 이 방법은 목표관리의 도구이다.[d] 직무기준법이나 목표관리법은 직무수행의 목표 또는 기준을 미리 구체적으로 설정한다는 점에서 비슷하다. 그러나 양자의 운영과정은 서로 다르다. 목표관리법은 성과계약적 특성이 더 강한 결과기준방식(results-based system)이라 할 수 있다.

목표관리는 참여의 과정을 통해 조직단위와 구성원들이 수행할 생산활동(직무수행)의 단기적 목표를 명확하고 체계 있게 설정하고, 그에 따라 생산활동을 하게 하며 활동의 결과를 평가·환류시키는 관리체제이다. 목표관리의 기본적 과정은 조직의 여러 하위체제들과 모두 결부되기 때문에 목표관리는 총체적 관리체제라고 한다.

목표관리의 기본적 과정을 구성하는 요소는 목표설정·참여·환류로 간추려 볼 수 있다. 목표관리에 입각한 근무성적평정에서도 그러한 요소들이 강조된다. 직무수행성과를 주된 평가대상으로 삼는 목표관리방식의 근무성적평정에서는 목표(직무수행기준)의 명확한 설정을 필수적인 조건으로 삼는다. 부하가 수행할 목표는 상관과 부하의 협의를 거쳐 설정한다. 목표에 비추어 직무수행 성과를 평가하고 이를 피평정자에게 환류한다.

목표관리법은 명확한 직무수행목표를 설정하여 피평정자의 동기를 유발하고

d) 목표관리의 의미를 좁게 규정하였던 전통적 관점은 목표설정에 의한 근무성적평정제도를 목표관리라고 보기도 하였다. 그러나 오늘날 다수의 연구인들은 목표관리를 폭넓은 총체적 관리체제라고 이해한다.

생산성을 향상시킬 수 있다. 객관적 직무수행성과측정을 촉진한다. 상·하 간의 의사전달을 촉진하고 관계를 개선할 수 있다. 피평정자의 발전잠재력을 확인할 수 있는 기회를 제공한다. 감독자들의 조정능력 향상에 기여하고, 관리체제발전에 필요한 정보를 제공한다.

그러나 계량적 목표의 강조는 다른 목표, 특히 직무수행의 질적 국면을 소홀히 다루게 할 수 있다. 목표성취여부만을 평가하면 피평정자들은 될 수 있는 대로 낮은 목표를 설정하려 할 것이다. 목표설정과정을 상관이 압도하는 경우 목표관리의 근본적인 효용이 손상될 수 있다.

직무성취목표 또는 성과평가항목을 보다 포괄적·종합적으로 설정하기 위해 균형적 성적표모형(balanced scorecard: BSC)을 활용하기도 한다. 조직의 성과평가에 사용하도록 Robert S. Kaplan과 David P. Norton이 개발한 균형적 성적표모형은 의사결정자들이 조직성과의 여러 국면들을 종합적으로 평가할 수 있도록 재정, 조직내부의 운영과정, 고객을 위한 서비스, 조직학습과 쇄신 등 여러 영역의 성과를 균형지어 고루 평가대상으로 삼는 접근방법이다. 근무성적평정의 균형적 성적표모형은 재정, 내부운영, 고객에 대한 서비스, 조직학습 등 각 분야의 전략적 목표들을 근무성적의 평정요소로 전환한다.[14)]

6) 감독자평정법·부하평정법·동료평정법·자기평정법

(1) 감독자평정법 피평정자의 상관인 감독자가 평정하는 것을 감독자평정법(監督者評定法: supervisor rating)이라 한다. 전통적인 근무성적평정은 모두 감독자평정이었다. 아직도 감독자평정은 원칙적인 것으로 되어 있다.

(2) 부하평정법 부하평정법(部下評定法: subordinate rating or appraisal by direct reports)은 부하들이 상관을 평정하는 방법이다. 부하평정은 역평정(逆評定: reverse appraisal)이라고도 부른다. 감독자에 의한 하향적 평정의 역으로 상향적 평정을 하는 것이기 때문이다.

(3) 동료평정법 동료평정법(同僚評定法: peer rating)은 피평정자의 집단 내에서 대등한 위치에 있는 피평정자들이 상호 평정하는 방법이다. 동료평정은 집단평정(multiple or group rating)의 일종이다. 집단의 구성원이 달라지면 그들이 보는 각도와 중요시하는 특성이 달라질 수 있다. 그러므로 객관성을 보장하기 어렵

다. 한 집단의 평정결과를 다른 집단의 평정결과와 비교하는 데 적합한 방법은 아니다. 그러나 단독평정의 편견을 견제하고 참여과정을 통해 개선방안을 모색하는 데는 유용한 방법이다.

(4) 자기평정법 자기평정법(自己評定法: self-rating)은 피평정자가 자기를 스스로 평가하는 방법이다. 자기평정법은 평정을 받는 사람에 대한 참여동기부여와 그 사람의 발전을 도모하는 목적에 유용하다. 자기의 근무성적을 스스로 평정하게 하는 방법의 이점은 상향적 정보소통의 촉진, 상하 간의 이해증진, 직무수행에 대한 체계적 반성의 기회제공, 자기발전의 동기유발 등이다.

7) 고객평정법·감사적 방법

(1) 고객평정법 고객평정법(顧客評定法: client appraisal)은 피평정자의 서비스를 받는 고객이 평정을 하는 방법이다. 정부나 민간조직에서 고객중심주의가 확산됨에 따라 고객평정법의 활용이 늘어나고 있다. 민원사무담당공무원의 친절도를 민원인들이 평가하는 것은 고객평정의 좋은 예이다.

(2) 감사적 방법 감사적 방법(監査的 方法: external evaluation or field survey)은 직무감사와 유사한 성격의 평정방법이다. 감사적 방법에서는 외부전문가가 평정면접과 현장관찰을 통해 개인 또는 조직단위의 직무수행을 평가한다. 평정의 과정에서는 피평정자와 그 감독자뿐만 아니라 관련직원들도 조사대상으로 삼아 직무수행의 기대수준과 달성수준을 확인하고, 확인된 결과에 영향을 미친 요인 또는 조건을 찾아낸다.

감사적 방법은 근무성적평정의 주된 방법이라기보다 보조적인 방법이라고 이해하는 것이 합당할 듯하다. 그리고 근무성적평정과정을 감사하거나 평정에 대한 이의제기가 있을 때 사실발견을 하는 방법으로 쓰일 수 있다.

8) 다면평가제

다면평가제(多面評價制: multirater feedback; 360-degree appraisal; multisource performance appraisal)는 근무성적평정에 피평정자의 상관, 부하, 동료, 프로젝트팀 구성원, 고객, 재화·용역공급자 등이 참여하는 집단평정방법이다. 다면평가에서는 피평정자의 능력과 직무수행을 관찰할 기회가 있는 여러 방면의 사람들이 평정에 가담하는데, 평정참여자의 범위는 때에 따라서 달라질 수 있다. 피평정자도 자기평정의 방식으로 다면평가에 참여할 때가 있다.[e)]

다면평가제 활용 확산의 이유, 이 방법의 효용과 한계, 그리고 성공조건은 무엇인지 알아보기로 한다.[15)]

(1) 활용확산의 이유 우리나라를 포함한 여러 나라들에서 다면평가제의 활용은 급속히 확산되고 있다. 그 원인을 여러 가지로 생각해 볼 수 있다.

환경의 격동성과 경쟁격화라는 일반적 조건도 한 원인이라 할 수 있다. 오늘날 행정의 연구에서 그리고 행정의 실제에서 분권화와 힘실어주기, 참여와 협동, 고객중심중의, 조직 내외에 걸친 원활한 의사전달 등이 강조되고 있는 것도 다면평가제 도입을 촉진하였을 것이다. 무엇보다도 전통적인 감독자평정방법에 대한 불만이 다면평가제 도입의 직접적인 원인이 되었을 것이다. 감독자가 하는 단독평정의 공정성에 대한 논란이 커졌다. 업무전문화가 촉진되고 감독자들의 업무부담이 무거워지면서 감독자에게만 부하들에 대한 근무성적평정의 책임을 전담시키는 것이 무리라는 생각을 하는 사람들도 늘어났다.

(2) 효 용 정부에서 다면평가제를 실시하는 경우 기대할 수 있는 효용은 다음과 같다.

① 공정성·객관성 향상 보다 공정하고 객관적인 평가가 가능하며 평가결과에 대한 당사자들의 승복을 받아내기가 쉽다.

② 다방향적 의사전달의 원활화 조직 내외에 걸친 의사전달을 원활화하고 상호이해를 증진시킬 수 있다. 평정참여자들에게 피평정자의 목표와 직무기준을 알릴 수 있다. 행정서비스에 대한 다양한 의견을 수렴하여 행정개혁에 활용할 수 있다.

③ 관료적 병폐의 시정 상관 한 사람에게만 복종하고 책임지는 데서 빚어지

---

e) 「공무원 성과평가 등에 관한 규정」 제28조는 다면평가자집단의 범위를 '상급 또는 상위공무원, 동료, 하급 또는 하위공무원 및 민원인 등'이라고 규정한다. 다면평가의 평가자집단은 피평정자의 실적·능력 등을 잘 아는 업무관련자로 구성하되, 소속 공무원의 인적 구성을 고려하여 공정하게 대표되도록 구성해야 한다는 요구도 하고 있다.

는 관료적 행태의 병폐를 시정할 수 있다. 책임감의 방향을 다원화하고, 특히 국민중심적·고객중심적 충성심을 강화하는 데 기여할 수 있다.

④ **분권화 촉진** 행정분권화 그리고 부하직원들에 대한 힘 실어주기에 유리한 조건을 형성할 수 있다.

⑤ **리더십 발전** 관리자·감독자들의 리더십발전에 기여할 수 있다. 추종자(부하: follower)들의 솔직한 의견을 들어 자신의 리더십행태를 반성하고 개선할 수 있다.

⑥ **자기개발 촉진** 직무수행과 능력에 대한 정확하고 공정한 환류는 피평정자들의 자기개발에 대한 동기를 유발할 수 있다. 상급자뿐만 아니라 동료·부하·민원인 등으로부터 모두 존경받기 위한 자기개발을 유도할 수 있다. 피평정자들의 능력 향상은 생산성 향상으로 이어질 수 있다.

(3) 한 계 다면평가제의 약점과 우려되는 부작용들도 적지 않다.

① **갈등과 스트레스** 근무성적평정을 둘러싸고 평정 상의 불쾌감이나 스트레스가 커질 수 있다. 감시자가 늘고 통제의 망이 확대된다고 생각하면 그런 부작용이 악화될 것이다. '윗사람'이 아닌 '아랫사람'의 평가를 받는 데 친숙하지 않은 행정문화와의 마찰도 걱정된다. 조직의 계서적 질서에 도전한다는 불평이 커질 수 있다. 구성원 간의 갈등이 커지고 팀워크가 파괴되고 노동조합이 반발할 수도 있다.

② **평정자의 무지와 일탈적 행동** 평정자들이 평정의 취지와 방법을 잘 모르고 저지를 수 있는 실책도 문제이다. 평정자들이 편파적 평정을 하거나 담합을 하거나 모략성 응답을 하는 등의 일탈적 행동을 할 위험이 있다.

③ **목표왜곡** 업무목표의 성취보다는 원만한 대인관계의 유지에 급급하는 행태적 성향을 조장하여 목표왜곡을 야기할 수 있다.

④ **신뢰성확보의 애로** 평정자들의 유동이 심한 경우 평가의 신뢰성을 확보하기 어렵다.

⑤ **시간소모** 다면평가제 운영절차는 복잡하고 시간소모가 많다.

(4) 성공조건 다면평가제가 본래의 취지대로 운영되고 그 효용이 발휘될 수 있으려면 여러 가지 조건이 구비되어야 한다.

① **문화적 기반** 무엇보다도 다면평가제를 지지해 줄 문화적 기반을 형성해야 한다. 관료적 권위주의와 권한중심주의는 완화하고 임무중심주의와 성과주의를 강화해야 한다. 공무원들의 성취지향적 행동성향을 강화해야 한다. 그들은 공정한 사고의 틀을 가져야 하며, 비판을 열린 마음으로 수용할 수 있어야 한다. 공직 내외에 걸친 부패문화를 청산해야 한다. 행정과정에 적극적으로 참여하는 시민의식을 함양해야 한다.

② **관리의 효율화** 보다 직접적인 성공조건은 다면평가제 관리 자체의 바람직한 계획과 실천이다. 평정의 목적과 용도를 분명히 설정해야 한다. 평점표·면접표 등 평정도구는 평정의 목적에 부합되게 작성해야 한다. 평정응답의 수집에 전자적 방법의 활용을 늘리고 관리비용을 절감해야 한다. 평정능력과 의욕이 있는 평정자들을 적정하게 선정해야 한다. 평정자들에게는 평정에 필요한 정보를 충분히 제공하고 평정의 목적과 방법에 관해 설명해 주어야 한다. 평정자들의 일탈적 행동을 감시하고 시정할 장치를 마련해야 한다. 평정결과는 평정의 목적에 맞게 활용해야 한다.

③ **피평정자의 수용** 평정의 과정과 평정결과의 활용에 대한 피평정자의 이해와 승복은 다면평가제 성공의 핵심적인 조건이라 할 수 있다. 다면평가제에 대한 피평정자들의 이해와 수용을 증진시키기 위한 홍보와 훈련프로그램을 강화해야 한다. 평정계획수립과정에 대한 피평정자의 참여기회를 넓혀야 한다. 피평정자들의 신뢰를 얻기 위해 필요한 가장 기본적인 조건은 다면평가제 운영 자체가 공정하고 효율적이어야 한다는 것이다.

9) 분석적 평정·종합적 평정

(1) 분석적 평정 분석적 평정(分析的 評定)은 평정대상에 포함된 요소들을 구분하고 개별적인 평정요소에 대한 분석적 관찰을 통해 평정하는 방법이다. 이것은 개별적인 요소에 대한 평가를 합산하는 귀납적 방법이라고 할 수 있다. 분석적 평정은 평정의 타당성을 높일 수 있으며, 평정결과에 대해 관계자들을 납득시키는 데도 유리하다. 그러나 분석적 평정에는 연쇄적 영향 등으로 인한 착오의 위험이 따른다. 그리고 개별적 요소에 대한 평정의 결과를 합산하여 피평정자를 평가하게 되는데, 그러한 산술적 합계가 피평정자의 전모를 정확하게 반영하는

것이라고 말하기는 어렵다.

(2) **종합적 평정** 종합적 평정(綜合的 評定)은 피평정자를 전체로서 관찰하고 평가하는 방법이다. 평정의 기준이 모호하며 평정에 편견이 개입될 가능성이 큰 방법이다. 그리고 평정결과를 능력발전에 활용하는 데는 부적합하다. 종합적 평정은 단순하고 비과학적인 방법이라고 경시되어 왔으나, 최근 분석적 방법의 결함을 보완할 수 있는 방법이라 하여 다시 주목을 받고 있다.

제2절

근무성적평정의 관리

Ⅰ. 근무성적평정관리의 과정

근무성적평정의 계획을 수립하고 이를 시행하는 관리과정을 구성하는 기본적 활동단계는 ⅰ) 근무성적평정의 목적설정, ⅱ) 평정기준과 방법의 결정, ⅲ) 실적·개인적 특성·행태의 측정·평가, ⅳ) 평정결과의 활용 등 네 가지로 구분해 볼 수 있다. 이러한 활동단계구분은 일반적이고 기본적인 것이다. 그 구체적인 양상은 평정방법과 상황적 조건에 따라 달라질 수 있다.

근무성적평정제도를 관리하는 사람들은 기본적 활동단계들을 따라가면서 여러 가지 실천적 과제들을 수행해야 한다. 여기서 실천적 과제라고 하는 것들도 역시 평정의 접근방법과 상황에 따라 달라질 수 있다.

근무성적평정 운영과정의 활동단계들에서 수행해야 할 과제 또는 하위단계라고 하는 것들을 보면 다음과 같다.[1)]

(1) 평정의 목적과 방법의 결정 평정의 필요와 목적을 확인하고, 그에 따라 평정방법을 선택하고 필요한 평정표를 작성한다.

(2) 평정자·피평정자·평정시기의 결정 평정자와 피평정자, 그리고 평정의 시기(빈도)를 결정한다.

(3) 훈련과 홍보 평정자들에게 평정기술과 평정에 임하는 태도에 관한 훈련을 실시한다. 평정자들이 평정의 착오를 방지하고 평정의 공정성을 높이는 방안을 학습하도록 한다. 그리고 피평정자 등 관계자들에게 근무성적평정의 목적과 내용을 잘 알린다.

(4) 협조체제 구축 평정실시의 직접적인 책임을 지는 계선조직의 감독자들과 인사기관 등 전문조직 사이에 업무분담의 적정을 기하고, 그들이 원만히 협조할 수 있는 조치를 취한다.

(5) 피평정자의 발전을 촉진하는 조치 평정의 과정에서 또는 평정의 결과를 본 후 피평정자의 발전을 촉진할 수 있는 참여, 상담 등의 절차를 수립하여 시행한다.

(6) 평정결과의 조정 평정의 공평성을 확보할 수 있도록 평정결과를 조정하는 절차를 만들어 시행한다.

(7) 이의신청절차의 운영 근무성적평정에 대한 관계자의 이의신청과 재심사에 관한 절차를 만들어 시행한다.

(8) 활용방법의 결정 평정결과를 관계기관에 보고하고, 각종 인사조치에서 활용하게 하는 절차와 기준을 결정한다.

(9) 평 가 근무성적평정의 타당성, 신뢰성 등 효용성을 평가한다.

위에 열거한 여러 과제와 문제들 가운데서 피평정자의 범위 결정, 평정시기의 결정, 평정자의 선정, 평정결과의 조정, 평정의 공개, 피평정자의 참여, 평정상의 착오, 평정의 타당성·신뢰성 평가에 대해서는 항을 나누어 따로 설명하려 한다.

Ⅱ. 피평정자의 범위·평정의 시기

1. 피평정자의 범위

근무성적평정제도를 입안할 때에는 평정의 대상이 될 공무원의 범위를 결정해야 한다. 피평정자의 범위에 관한 문제는 최소한 세 가지 차원에서 검토하고 해결방안을 결정해야 한다. 첫째, 공식적 평정계획의 대상이 되는 전체 공무원집단의 범위를 결정해야 한다. 둘째, 한 가지 평정방법(동일한 평정표, 동일한 평정요소)으로 평정할 수 있는 집단의 범위를 결정해야 한다. 셋째, 한 사람의 평정자 또는 하나의 평정자집단이 평정할 수 있는 피평정자의 범위(인원수)를 결정해야 한다.

1) 전체적 범위

(1) 실적주의적용범위에 따른 한정 먼저 공식적인 근무성적평정제도의 대상이 되는 전체 공무원집단의 범위를 보면 대개 실적주의가 적용되는 공무원에 한정되는 것이 보통이다. 실적주의의 적용을 받는 공무원의 범위는 넓게 해석해야 한다. 직무수행결과에 대해 책임을 지고 그것이 공식적 평정의 대상이 되며 평정결과가 인사조치에 반영되는 공무원은 실적주의의 적용대상에 모두 포함되는 것으로 보아야 한다. 근래 성과계약제 실시가 확산되면서 평가대상 공직의 범위가 크게 넓어졌다는 점을 각별히 유념해야 한다. 성과계약에 의한 평가를 장·차관 등 정무직에까지 적용한 예도 있다.

(2) 계층별 한정 전통적인 근무성적평정제도 하에서는 실적주의의 적용을 받는 공무원집단 내에서 공무원의 계급 또는 등급을 기준으로 다시 평정대상을 제한하였다. 다시 말하면 고급직위는 제외하고 중간관리층 이하의 공무원만을 대상으로 하는 것이 일반적인 관행이었다.

공무원의 계층별 또는 직무분야별로 평정의 범위를 정하는 문제에 관하여 보편적인 기준이 있는 것은 아니다. 공직의 구체적인 조건과 필요, 그리고 평정의 목적과 평정기술의 수준 등에 비추어 피평정자의 범위를 결정해야 할 것이다. 다만 오늘날 일반적인 추세는 확장적이라고 하는 점은 지적할 수 있다. 고급직위에까지 근무성적평정을 적용해야 한다는 것이 처방적 이론의 대세이며 실천세계에서도 그러한 경향이 강화되고 있다. 우리 정부에서도 평정제도의 적용이 가능한 공무원집단의 전계층에 근무성적평정을 실시한다.[a)]

2) 평정방법과 평정자에 따른 범위

(1) 동일평정방법의 적용범위 한 가지 평정방법(동일한 평정표)으로 평정하게

---

a) 피평정자의 계급별 범위결정에 관한 우리 정부의 공식적인 행보는 한 동안 오락가락하는 것이었다. 당초에 1급 이하의 공무원을 모두 피평정자로 한다는 규정이 있었지만 2급 이하 공무원을 평정하다가 1963년에 3급(현재의 4급) 이하 공무원으로 평정대상공무원의 범위를 축소하였다. 1970년에는 3급을류(현재의 5급) 이하 공무원으로 범위를 다시 축소하였다. 1981년에는 4급 공무원에 대한 인사평정제도를 도입하였다. 1998년 말의 관계법령개정에 따라 평정대상공무원의 범위가 대폭 확장되었다. 1급부터 9급까지의 공무원들이 모두 평정대상으로 된 것이다.

되는 대상집단의 범위를 결정해야 하는 문제가 있다. 예컨대 도표식평정척도법을 적용하는 경우, 평정표를 몇 가지나 만들어야 하는가 하는 문제가 생긴다.

평정의 정확성만을 생각한다면 피평정자집단을 세분할수록(평정표를 여러 가지로 만들수록) 좋을 것이다. 그러나 피평정자집단을 너무 세분하면 각 집단마다 평정요소를 따로 선정하여 여러 가지 평정표를 만드는 작업이 힘든 것은 물론이고 평정실시가 매우 번잡해진다. 평정결과의 비교와 조정도 어려워진다. 여러 나라의 실상을 보면 직무가 비슷한 직위들을 최대한으로 묶어 피평정자 전원을 관리가능한 수의 집단으로 나누는 것이 보통이다.

그러나 평정방법이나 연관요인들이 다르면 평정대상집단의 범위를 결정하는 기준도 달라져야 한다는 점을 유념해야 한다.

(2) 평정자별 평정대상집단의 범위 감독자평정의 경우 한 사람의 평정자가 효과적으로 평정할 수 있는 피평정자의 수를 어느 정도로 할 것인가 하는 문제가 있다. 어느 경우에나 한 사람의 평정자가 일상적인 관찰을 통해 면밀하게 평정할 수 있는 인원수를 벗어나지 않도록 피평정자집단의 규모를 정해야 할 것이다.

이러한 집단의 범위를 결정하는 문제는 통솔범위(span of control)를 결정하는 문제와 비슷한 것이어서 모든 경우에 적정한 인원수를 획일적으로 규정하기는 어렵다. 피평정자의 직무내용, 평정방법, 평정자의 능력 등이 다르면 한 사람이 평정할 수 있는 인원수도 달라지기 때문이다. 피평정자집단의 규모를 정할 때에는 그러한 요인들을 감안하여 적정을 기해야 할 것이다.[b)]

2. 평정의 시기

어떤 의미에서 근무성적평정은 계속적인 관찰의 과정이라고 할 수 있지만, 대개 이러한 관찰의 결과를 평가하여 기록하고 보고하는 때가 있게 되므로 기록·보고의 시기와 빈도가 문제로 된다. 이 문제에 관해서도 구체적인 조건을 검

b) 우리 정부에서는 평정대상집단의 범위(크기)를 감독자가 '업무수행과정과 성과를 관찰할 수 있는' 감독의 범위와 같게 한다는 일반적 기준을 정하고 있다. 그에 관한 구체적 판단은 소속장관이 하도록 되어 있다.

토하지 않고는 무어라 획일적으로 단언할 수 없다. 조직의 특성, 평정의 목적과 방법, 피평정자 등이 다르면 평정실시의 적정시기와 적정빈도 또한 달라질 것이기 때문이다.[c] 여기서 모든 개별적인 사례를 거론할 수는 없고, 다만 평정의 종류를 정기평정과 수시평정(임시평정; 예외평정)으로 나누어 일반적인 문제를 검토하려 한다.

1) 정기평정

일정한 기일을 정해 피평정자 전원에 대해 일제히 실시하는 평정을 정기평정(定期評定)이라 한다. 정기평정은 대개 다목적평정이며, 따라서 그 내용은 직무수행실적과 개인적 특성 등을 포괄하는 것이 보통이다.

(1) 횟수(빈도)의 결정 제도운영의 실제를 보면 정기평정의 빈도는 대체로 1년에 1회 내지 3회의 범위 내에서 결정되고 있음을 알 수 있다. 우리 정부에서 근무성적평가는 1년에 2회, 성과계약 등 평가는 1년에 1회 실시한다.

평정을 너무 자주 실시하면 피평정자를 관찰할 기회가 적어지고, 평정자의 시간을 많이 소비시킬 뿐 아니라 평정이 소홀해지기 쉽다. 과잉평정 때문에 피평정자의 업무수행을 왜곡시킬 수도 있다. 그리고 피평정자의 업무수행 상 안정을 해치고 사기를 저하시킬 염려가 있다. 그러나 평정의 횟수가 너무 적고 기간이 길면 동일한 평정자에 의한 계속적인 관찰이 중단될 가능성이 커지고 평정결과의 효용도 떨어지게 된다.

(2) 시기의 선택 평정의 횟수를 정한 다음에는 평정의 시기(기일)를 선택해야 한다. 평정시기는 평정을 공정하게 실시할 수 있는 조건과 평정실시 및 평정결과활용의 편의 등을 고려하여 결정해야 한다.

평정결과활용의 편의를 생각한다면 평정자료에 기초를 두어야 하는 인사조치를 하기 바로 전에 평정을 실시하는 것이 좋을 것이다. 평정실시의 편의를 위해서는 평정자 등 관계자들이 특별히 바쁜 시기나 대규모의 인사이동이 행해진 바로 뒤의 시기는 피하는 것이 좋을 것이다.

---

c) 예컨대 컴퓨터에 의한 업무수행을 온라인으로 실시간 검사하는 방식을 채택하는 경우 평정시기를 따로 정하는 문제는 별로 중요하지 않다.

우리 정부에서 성과계약 등 평가는 12월 31일을 기준으로, 5급 이하 공무원에 대한 근무성적평가는 6월 30일과 12월 31일을 기준으로 정기평정을 실시한다. 소속장관의 결정으로 5급 이하 공무원에 대한 정기평정을 연 1회로 줄일 수 있고 평정기준일도 바꿀 수 있다.

(3) 평정시기의 예외 정기평정은 모든 대상공무원에게 공통적인 기일을 적용해서 근무성적의 연속적인 평정을 보장해야 하는 것이지만, 여기에 예외를 인정하지 않을 수 없다. 특별한 사정이 있는 경우에는 평정의 시기를 변경하거나 전회(前回)의 평정으로 대신하고 혹은 차회(次回)의 평정까지 평정을 유예하는 등의 조치를 취하게 된다.

2) 수시평정

정기평정만으로 근무성적파악의 필요를 전부 충족시킬 수는 없기 때문에 수시로 실시할 수 있는 수시평정(隨時評定)을 허용하는 것이 보통이다.

수시평정이 필요하게 되는 사유의 예로 ⅰ) 특수한 목적을 위하여 한정된 요소만을 엄밀히 평정할 필요가 있는 경우, ⅱ) 신규채용된 후 아직 정기평정을 받지 않은 공무원의 근무성적을 개별적으로 파악할 필요가 있는 경우, ⅲ) 공무원의 배치전환, 직무의 변경 등으로 인하여 종전에 실시한 정기평정의 결과를 이용하는 것이 현저히 불합리하다고 판단되는 경우, ⅳ) 어떤 공무원의 근무성적이 지난번 정기평정이 있은 다음 현저히 달라져서 그러한 정기평정을 기초로 하여 인사조치를 하는 것이 불공평하다고 판단되는 경우, ⅴ) 화재 등의 사고로 말미암아 정기평정의 기록을 상실한 경우 등을 들 수 있다.

우리 정부에서는 승진후보자명부의 조정사유가 발생한 경우에 수시평정을 실시한다.

III. 평정자의 선정·평정결과의 조정

1. 평정자의 선정

1) 평정자 선정의 여러 가지 대안

평정자를 결정하는 것은 근무성적평정관리의 중요한 임무이다. 누구에게 평정의 임무를 맡길 것인가를 결정하는 대안은 여러 가지이다. 근무성적평정의 목적과 방법에 따라 평정자는 달라질 수 있다. 앞 절에서 평정방법의 유형을 논의할 때 감독자, 부하, 동료, 외부전문가, 피평정자 자신, 고객 등 다양한 개인 또는 집단이 평정자로 되는 방법들을 설명하였다. 감독자가 평정하는 방식은 전통적인 것이지만 아직도 근무성적평정의 기본형으로 되어 있다. 여기서는 감독자평정에 주의를 한정하여 평정자 선정에 관한 문제들을 검토하려 한다.

감독자평정에도 여러 형태가 있다. 감독자 한 사람이 부하들을 평정하는 단독평정제, 1차평정자와 2차평정자를 두는 이중평정제, 피평정자의 상급자들로 구성된 집단(위원회)이 평정을 담당하는 집단평정제, 복수의 상급자들이 평정요소별로 평정을 분담하는 분담평정제 등이 있다. 이 가운데서 가장 널리 쓰이고 있는 것은 이중평정제(二重評定制: double rating)이다. 우리 정부에서도 이중평정제를 쓰고 있다. 소속 장관은 평가항목의 특성에 따라 필요하다고 인정되면 일부 평가항목에 대해 평가자 또는 확인자를 달리 정할 수도 있기 때문에 분담평정제의 요소도 가미된 이중평정제라고 할 수 있다. 다음에 이중평정방식의 감독자평정에서 평정자를 선정하는 방법에 대해 설명할 것이다.

2) 감독자평정의 평정자: 이중평정제의 경우

이중평정제에서 평정자에는 1차평정자인 평가자와 2차평정자인 확인자가 포함된다. 조정자는 평정자와 구별되지만 그 역시 평정과정에 개입하므로 조정자와 평정자의 구별은 상대적인 것이다. 조정자 선정문제도 여기서 함께 논의하려 한다.

(1) 평가자(1차평정자) 평가자는 피평정자의 직근상관(直近上官)인 감독자(직접감독자)가 된다.[d]

직근상관은 피평정자의 능력과 직무수행을 잘 알 수 있다. 그리고 부하를 감독하고 지도하는 직근상급자의 지위와 권한을 뒷받침하기 위해서도 그를 평가자로 할 필요가 있다. 그러나 하급감독자들의 평정능력은 불충분할 때도 많다. 그리고 직접감독자는 자기가 거느리는 부하들에게 나쁜 평점을 주지 않으려는 경향이 강하다. 좁은 안목 때문에 평정의 균형을 유지하지 못할 염려가 있다. 이러한 위험을 줄이기 위해 직접감독자를 1차평정자로 하고, 그 위의 감독자를 2차평정자로 하게 된다.

(2) 확인자(2차평정자) 직접감독자가 평정한 후 다시 평정하는 차상위감독자(次上位監督者)를 2차평정자 혹은 확인자라 한다.[e]

직근상관이 평정을 한 후 그 위의 상급자가 다시 평정하게 하는 이중평정제를 쓰는 취지는 단독평정자가 저지르는 착오와 편파적인 처사를 견제하고 공평을 기하려는 것이다. 그리고 이 제도는 조직 내의 고급계층에서도 하급직원의 직무수행에 관심을 갖게 하는 효과가 있다. 그러나 차상위감독자가 일상적인 접촉이 긴밀하지 않은 하급직원들의 근무성적을 평정하는 데는 애로가 있다. 확인자가 평정해야 할 부하직원의 수는 1차평정의 경우보다 훨씬 많기 때문에 확인자는 너무 많은 시간과 노력을 바쳐야 한다.

(3) 조 정 자 조정자는 평정결과가 확정되기 전에 이를 조정함으로써 평정에 간여한다. 조정자의 임무는 평정결과의 타당성을 검토하고 보다 큰 집단 내에서 평점의 균형을 유지하는 데 필요한 조치를 취하는 것이다. 그러므로 보다

---

d) 「공무원 성과평가 등에 관한 규정」에서는 1차평정자를 평가자라고 부른다. 평가자는 평가대상 공무원의 업무수행과정 및 성과를 관찰할 수 있는 상급 또는 상위감독자 중에서 소속장관이 지정한다.

e) 차상위감독자란 평가자의 상급 또는 상위 감독자 중에서 소속장관이 지정한 자를 말한다.
2차평정자의 역할에 관하여는 몇 가지 대안을 생각할 수 있다. 첫째, 2차평정자가 평정의 주된 책임을 지게 하고, 1차평정자는 보조평정자로서 평정에 필요한 기초자료만 보고하게 할 수 있다. 둘째, 1차평정자가 주된 평정을 하고, 2차평정자는 1차평정자의 현저한 잘못이나 균형상실만을 시정하게 할 수 있다. 셋째, 1차평정자와 2차평정자가 대등한 평정을 하게 할 수 있다. 우리 정부에서는 이 세 번째 대안을 채택하고 있다.

큰 집단 내의 균형에 주의를 기울일 수 있으면서 동시에 피평정자를 관찰할 수 있는 입장에 있는 사람이 조정자로 되어야 이상적일 것이다. 평정자 이외에 조정자를 따로 둘 때에는 조정의 범위와 기준 등을 명확히 규정해야 한다. 그렇지 않으면 평정자와 조정자의 역할구별이 없어지거나 조정자의 전횡을 초래할 염려가 있다.

평정자의 상급자 가운데서 한 사람을 조정자로 지정하는 경우도 있고 복수인으로 구성되는 조정위원회를 두는 경우도 있다. 우리 정부에서는 근무성적평가위원회에 조정책임을 맡기고 있다. 이 위원회는 승진후보자명부가 작성되는 기관별로 설치하되 피평정자의 상급 또는 상위 감독자 가운데서 임용권자가 지정하는 5인 이상의 위원으로 구성한다. 상급 또는 상위 감독자가 부족한 경우에는 2인 이상으로 구성할 수도 있다. 이 위원회는 근무성적평정의 사후적 조정뿐만 아니라 평정점수를 정하고 이의신청을 처리하는 업무도 함께 맡고 있다.

2. 평정결과의 조정

평정결과의 조정(調整)은 평정 상의 과오와 불균형을 시정하기 위한 수단의 하나이다. 평정의 방법이 완벽하고, 평정자가 항상 균형 있고 정확한 평정을 할 수 있다면 조정의 필요는 없을 것이다. 그러나 실제로 그러한 이상적인 상태를 기대하기는 어렵기 때문에 평정결과를 확정짓기 전에 이를 조정하는 절차를 둘 필요가 있다.

평정의 방법과 평정결과의 용도가 다르면 조정의 필요도 달라진다. 예컨대 단순한 생산기록만을 보고하거나 일정한 사건만을 사실대로 기록하고 평점을 하지 않는 평정방법인 경우 조정의 필요는 크지 않다. 그리고 평정결과를 피평정자의 능력발전을 위한 상담의 목적에만 활용한다면 기관 간의 조정을 해야 하는 등의 필요는 줄어들 것이다. 그러나 도표식평정척도법을 쓰고 평정결과를 각종 인사조치의 기준으로 사용하거나 통제의 목적에 사용하는 경우 조정의 필요는 커진다.

1) 조정의 범위

조정제도를 입안할 때에는 먼저 조정작업에서 할 수 있는 일과 그 범위를 결정해야 한다. 즉 조정의 범위를 결정해야 한다.

(1) 조정업무의 유형 일반적으로 조정작업의 범위에 포함시킬 수 있는 조정업무의 유형은 다음과 같다.

① **피평정자집단 내의 불공평 시정** 한 사람의 평정자가 평정하는 집단 내에서 피평정자 간의 불공평을 시정하는 조정이 있다.

② **피평정자집단 간의 불균형 시정** 같은 계층의 평정자들이 각각 평정한 피평정자집단 상호 간의 불균형을 시정하는 조정이 있다.

③ **상·하 간의 평정 조정** 이중평정제를 쓰는 경우 상·하평정자 간의 평정상 불일치를 조정하는 업무가 있다.

구체적인 경우에 조정업무의 유형을 선택하여 조정의 범위를 한정하고 조정의 기준을 정할 때에는 조정의 필요와 조정기술의 수준, 그리고 제약요인을 고려하여 적정을 기해야 할 것이다. 어느 경우에나 조정의 범위와 기준을 명확히 규정하여 이 제도의 남용을 막아야 한다.

(2) 조정업무의 제약 조정과정에서 평정의 정확성에 관련된 모든 국면을 심사할 수 있으면 이상적일 것이다. 그러나 현실적으로 제약이 많기 때문에 평정내용을 모두 실질적으로 심사하기는 어렵다.

조정업무(조정범위)를 제약하는 요인은 ⅰ) 조정은 많은 피평정자를 대상으로 하기 때문에 개별적인 심사에 충분한 시간과 노력을 들일 수 없다는 것, ⅱ) 조정자와 피평정자의 사회적 거리가 멀기 때문에 피평정자와 긴밀히 접촉하는 평정자의 평정을 실질적으로 심사하기는 어렵다는 것, ⅲ) 조정자가 평정결과를 무엇이든 심사하여 수정할 수 있게 하면 조정자의 전횡을 가져올 염려가 있다는 것 등이다. 이러한 제약을 생각하면 대부분의 조정제도가 피평정자집단 간의 불균형을 시정하는 데 치중되어 있는 것을 쉽게 납득할 수 있을 것이다.

2) 조정의 접근방법

평정결과의 조정이란 원칙적으로 평정자의 평정이 끝난 다음에 하는 조정만을 지칭하는 것이다. 그러나 조정이 평정의 정확성을 보장하는 유일한 길은 아니므로 조정의 방법을 논의할 때에는 평정의 정확성제고에 관련된 다른 수단들도 고려에 넣어야 한다. 다른 수단들이 어떠한가에 따라 조정의 필요와 방법이 달라질 것이기 때문이다.

(1) 보완·대체의 수단 조정을 대신하거나 보완하는 수단의 예로 평정자훈련을 들 수 있다. 평정자들을 잘 훈련시켜 올바른 평정을 할 수 있게 하면 평정결과가 미리 조정되는 효과를 거둘 수 있을 것이다. 평정자의 편견을 견제하고 평정결과의 불균형을 방지하려는 평정방법 상의 장치들도 있다. 조정의 필요를 줄이거나 조정과 유사한 효과를 얻기 위해 평정방법에 내장한 장치를 '사전적 조정'의 수단이라 부르는 사람들도 있다. 이른바 사전적 조정수단의 예로 i) 강제배분법의 적용, ii) 중요사건기록법·강제선택법의 적용, iii) 이중평정제의 적용, iv) 집단평정제·다면평가제의 적용 등을 들 수 있다.

(2) 조정방법 평정결과를 사후적으로 조정하는 데에는 많은 기술적 수단이 동원될 수 있다. 지금까지 널리 쓰이고 있는 조정방법을 대별해 보면 다음과 같다.[2)]

① 조정회의 평정자의 평정에 착오가 있는 경우, 이중평정제에서 상·하평정자 간에 평정의 불일치가 있는 경우, 강제배분을 지키지 않은 경우 등을 종합적으로 검토하여 시정하기 위해 조정자와 평정자들이 회동하는 방법이다. 조정회의에서는 조정자와 평정자가 토론하여 원인을 규명하고 결과를 조정한다.

② 조정자의 주도적 처리 조정자(단독 또는 위원회)가 주도적으로 평정결과를 변경할 필요가 있을 때에는 평정자의 의견을 개별적으로 들어 처리하는 방법이 있다. 평정결과를 실질적으로 심사하려면 아무래도 평정자를 참여시켜야 하지만, 조정회의는 복잡하고 시간이 많이 걸리는 방법이므로 평정자의 의견을 개별적으로 들어 처리하는 방법이 많이 쓰인다.

③ 통계학적 방법 평정결과를 기계적으로 조정하는 이른바 통계학적 조정방법이 있다. 조정자가 일방적으로 조정하는 경우에는 이러한 통계학적 조정방법에 의지할 수밖에 없을 것이다. 조정회의를 거치거나 평정자의 개별적인 의견을 들어 조정하는 경우에도 통계학적 방법으로 만든 자료가 논의의 기초로 될 수 있다.

통계학적 방법의 예로 i) 가감법, ii) 간격배율법, iii) 백분비등급 환산, iv) 표준득점 환산 등을 들 수 있다.

가감법(加減法)은 점수가 박하거나 후하다고 판단되는 피평정자집단의 각 평점점수에 일정한 점수를 일률적으로 보태거나 빼는 방법이다. 간격배율법(間隔倍率法)은 하나의 피평정자집단 내에서 점수분포의 폭을 넓히는 방법이다. 평균점을 중심으로 하여 그 위로는 일정한 점수를 보태고, 평균점 이하에는 일정한 점수를 빼는 방법으로 점수분포의 폭을 넓히는 방법인 것이다. 백분비등급(百分比等級: percentile rank) 환산과 표준득점(標準得點) 환산은 피평정자 집단 간의 격차를 해소하기 위해 평점점수를 집단 내의 백분비등급으로 환산하거나, 표준편차를 계산해서 얻은 표준득점으로 환산하는 방법이다.

IV. 평정의 공개·피평정자의 참여

근무성적평정을 참여적·협동적 과정으로 만들어야 한다는 처방적 이론이 지배적인 근래의 추세에 대해서는 앞에서 언급하였다. 근무성적평정을 참여의 과정으로 만들기 위한 수단들은 평정과정과 평정결과의 공개를 전제로 한다. 따라서 평정의 공개에 관한 문제는 피평정자를 참여시키는 방안들을 논의하기에 앞서 검토해야 한다. 먼저 평정결과를 공개하는 문제와 이의신청을 허용하는 문제를 검토하고 이어서 참여과정화의 방안을 살펴보려 한다.

1. 평정결과의 공개와 이의신청

1) 공개에 대한 찬성·반대의 논거

평정결과의 공개여부와 공개의 정도를 결정할 때에는 먼저 일반적으로 생각할 수 있는 공개 또는 비공개의 필요를 검토하고, 이를 구체적인 여건에 비추어 다시 판단해야 한다.

(1) 공개찬성론 평정결과의 공개를 지지하는 이유는 다음과 같다.

① 피평정자의 발전 피평정자는 자기에 대한 평가가 어떤 것인지를 알고 반성해서 자기발전을 꾀할 수 있다. 공무원의 발전을 위해 평정결과를 보다 적극적으로 활용하는 방안은 평정결과의 공개를 전제로 한다.

② **평정의 공정성 제고** 평정결과가 공개되어 피평정자나 그 밖의 관계자들이 이를 주시하고 비판할 수 있으면 평정의 공정성을 높일 수 있다.

③ **이의신청절차의 전제** 부당한 평정을 받은 사람에게 이의신청과 권리구제의 길을 열어 주려면 우선 평정결과를 공개해야 한다.

④ **신뢰분위기 조성** 근무성적평정은 인사행정의 공정한 기초자료를 얻으려는 것이다. 비밀주의를 버리는 것이 인사행정의 공정성을 믿는 신뢰분위기를 조성하는 데 유리하다.

(2) **공개반대론** 평정결과의 비공개를 지지하는 논거는 다음과 같다.

① **공정성의 침해** 평정결과를 공개하면 평정자가 피평정자나 기타 관계자들의 영향을 받아 공정한 평정을 하지 못할 위험이 있다. 평정의 관대화경향 또는 집중화경향을 부채질하게 된다.

② **불화의 원인** '불쾌한 일'이 벌어진다. 평정결과를 공개하면 평정내용에 대한 비판과 이의제기가 있게 되는데, 이것은 평정자와 피평정자 간에 불화를 조성할 염려가 있다.

③ **개인적 비밀의 침해** 사람들은 자기 성적을 남에게 알리기 싫어하는 경향이 있다. 자기의 비밀이 남에게 알려지면 명예가 손상되었다고 생각할 사람들이 있을 것이다. 특히 성적이 나쁜 직원에 대한 평정결과를 공개하면 그 사람에게 큰 타격을 줄 수 있다.

④ **효용의 한계** 평정결과를 공개하는 것은 평정상담이나 이의신청의 길을 열기 위한 것인데, 그러한 방안이 실시되기 어렵거나 실효를 거두기 어려운 상황에서는 평정결과공개의 효용이 떨어진다.

우리 정부에서는 오랫동안 근무성적평정결과를 공개하지 않았다. 우리 행정문화에 비추어 보았을 때 공개의 이점보다 폐단이 더 크리라는 판단 때문이었을 것이다. 시대가 바뀌고, 공개를 요구하는 압력이 점증함에 따라 우리 정부도 비공개방침을 바꾸지 않을 수 없었다. 그러나 완전공개의 길로 나가지 않고 절충적 내지 한정적 공개의 방법을 택했다. 평가자, 확인자, 평가단위확인자 등은 근무성적평정이 완료되면 평정대상 공무원 본인에게 근무성적평정 결과를 알려 주어야 한다. 피평정자 본인에게만 공개하고 타인에게는 공개하지 않는다. 그리고 소속장관이 필요하다고 인정하는 경우에는 공개방침을 바꿀 수도 있다.

2) 평정결과에 대한 이의신청

평정의 결과만이라도 공개하는 경우, 이의신청절차를 인정할 것인가 하는 문제가 바로 제기된다. 이의신청이 피평정자를 참여시키는 넓은 의미의 참여수단에 포함되는 것으로 이해할 수도 있으나, 이것은 권리구제를 위한 소극적 차원의 절차라는 의미를 더 강하게 지닌다. 이의신청절차는 부당한 평정을 받은 사람이나 그 감독자가 이의를 신청하여 구제받게 하는 절차이다. 이의신청의 심사는 평정자가 아닌 상급 감독자 등 제 3 자가 맡는 것이 원칙이다.

(1) 찬성의 논거 평정결과에 대한 이의신청을 인정해야 한다는 논거로는 ⅰ) 피평정자의 이익침해를 구제한다는 것과 ⅱ) 공정한 평정을 촉진한다는 것을 들 수 있다. 불공정한 평정을 받은 사람은 그러한 평정에 기초를 둔 인사조치 때문에 불이익을 받을 수 있으므로 이의신청을 통한 구제의 길을 터 주어야 한다. 그리고 이의신청의 가능성은 평정자들이 공정한 평정을 하게 하는 압력으로 작용할 수 있다.

(2) 반대의 논거 반대의 이유는 ⅰ) 이의신청을 허용하면 평정자들이 이를 두려워한 나머지 공정한 평정을 하지 못하고 심한 관대화의 경향을 보일 염려가 있다는 것, ⅱ) 이의신청절차에서 원만히 문제가 해결되지 못하면 평정자와 피평정자 사이에 갈등만 격화시킨다는 것, ⅲ) 이의신청의 심사에는 기술적 난점이 적지 않다는 것 등이다.[f)]

우리 정부에서는 평정결과를 제한적으로 공개하면서부터 이의신청의 길도 열어 놓았다. 피평정자는 평정자의 근무성적평정 결과에 이의가 있는 경우 확인자나 평가단위확인자에게 이의신청을 할 수 있다. 소속장관이 확인자를 지정하지 않은 때에는 평정자에게 이의를 신청할 수 있다. 평정자 또는 확인자의 이의신청 처리에 불복하는 공무원은 근무성적평가위원회에 근무성적평정결과의 조정을 신

f) 이의신청심사의 기술적 난점이란 이의신청을 심사하는 제삼자가 평정자만큼 피평정자를 잘 알 수 없다는 것, 그리고 제삼자가 쟁점을 해결하는 데 충분한 객관적 증거가 제시되기 어렵다는 것이다.

청할 수 있다.

2. 참여과정화의 방안

평정결과의 공개만으로도 공무원들의 발전노력을 자극하는 다소간의 효과를 거둘 수 있을 것이다. 그리고 평정결과에 대한 이의신청을 허용하는 것도 일종의 소극적 참여방안이라 할 수 있다. 그러나 근무성적평정의 참여과정화를 촉구하는 사람들은 평정의 주된 목적이 피평정자의 발전을 돕는 것이어야 한다고 주장하면서, 훨씬 더 능동적이고 협동적인 참여방안의 채택을 촉구한다. 참여과정화를 요구하는 사람들은 피평정자들의 온전한 이해·참여·승복이 없는 근무성적평정은 무가치한 것이라고 생각하며, 평정자와 피평정자는 평정과정을 처음부터 끝까지 공동으로 이끌어가야 한다고 주장한다.

1) 평정계획입안에 대한 참여

근무성적평정을 참여적·협동적인 과정으로 만들려면 평정계획을 입안하는 단계에서부터 피평정자들을 적극적으로 참여시켜야 한다. 평정계획입안에 관련된 업무계획의 수립, 평가될 직무수행의 목표설정, 평정요소와 평가기준의 선택, 그리고 업무계획의 주기적인 조정 등을 평정자와 피평정자가 참여하고 전문가의 조력을 받는 집단적 노력으로 해 나가야 한다.

평정대상업무의 목표와 평가기준은 조직의 요청을 반영해야 하는 것이지만, 직원들이 이를 감당할 수 있고 또 합당하다고 받아들여야만 실효를 거둘 수 있다. 조직의 요청과 개인의 요청을 가장 적정하게 조화시켜 줄 수 있는 것은 협동적 집단과정을 통해 목표와 기준을 설정하는 방법이다. 우리 정부에서는 평정기준이 되는 성과목표의 설정과정에 피평정자가 참여하도록 하고 있다.

2) 평정시행에 대한 참여: 평정상담

평정상담(評定相談: performance appraisal interview)은 참여적·협동적 평정의 불가결한 요소이다. 평정상담은 평정내용에 관해 평정자와 피평정자가 상담하는 과정이다. 이 과정에서 평정자는 조력자로서 문제의 확인과 해결에 협조한다. 여기서 논의하는 평정상담은 감독자평정의 경우를 준거로 삼은 것이다. 평정상담은 피평정자의 자기발전노력을 촉진하는 목적에뿐만 아니라, 감독자의 조력적·건설적 태도를 양성하고 직무수행에 지장을 주는 업무 상의 문제를 해결하는 데도 기여할 수 있다.

효율적인 평정상담의 요건으로 열거되고 있는 것들을 보면 다음과 같다.[3)]

① **충실한 상담자훈련** 평정자에게 실시하는 상담자훈련이 충실해야 한다. 상담자훈련에서는 평정상담의 중요성을 인식시키고, 상담기법을 익히게 할 뿐만 아니라 조력자에게 적합한 태도를 기르게 해야 한다.

② **조직화된 상담** 상담은 잘 조직화되어야 한다. 상담은 근무성적평정의 기준과 내용, 그리고 향후대책에 집중되어야 한다. 교육훈련 등 발전노력의 필요에 대한 논의와 다른 인사조치의 필요성 내지 가능성에 관한 논의는 서로 구분하여 혼란이 없도록 해야 할 것이다.

③ **피평정자의 적극적 참여** 피평정자는 상담의 취지를 이해하고 적극적으로 참여해야 한다. 피평정자가 적극적으로 참여할 수 있으려면 상담과정에서 자기진단노력을 해야 한다. 피평정자가 자기 개인의 직무수행을 개선하는 방안뿐만 아니라, 조직 전체의 효율성증진방안도 제안할 수 있게 해야 한다.

④ **지지적 분위기** 평정상담은 지지적인 분위기에서 진행해야 한다. 칭찬에 인색해서는 안 된다. 비판할 일이 있으면 건설적인 방법으로 해야 한다. 그러나 직무수행이 극도로 불량하여 강제퇴직을 논의해야 할 정도의 사람에게는 정확한 사실을 통고해 주어야 한다.

⑤ **발전지향적 결론의 도출** 상담은 발전지향적인 결론을 도출해야 한다. 직무수행실적과 능력의 발전을 위해 피평정자가 노력할 것을 촉구하고 그에 관한 계획을 협력적으로 수립해야 한다.

우리 정부에서는 근무성적평정을 할 때 평정자가 피평정자(평정대상공무원)와 성과면담을 하도록 되어 있다. 평정자와 피평정자는 성과면담을 통해 평정대상기간 동안의 성과목표 추진결과 등에 관하여 서로 의견을 교환해야 한다.

V. 평정 상의 착오

1. 평정 상 착오의 정의

착오(錯誤: perceptual error)는 사물에 대해 부정확하게 이해하거나 판단하는 지각 상의 과오이다. 여기서 우리가 초점을 맞추고 있는 착오는 근무성적평정자들이 저지르는 착오이다. 근무성적평정은 사람이 사람을 평가하는 과정이므로, 거기에는 착오가 있을 수 있다. 생산물의 양 또는 판매한 상품의 가격 등 객관적 측정단위가 있는 요소에 관하여 사실을 관찰하고 기록만 하는 평정이라면 착오 발생의 가능성이 적다. 그러나 대부분의 근무성적평정은 평정자의 판단 또는 의견에 기초를 둔 것이기 때문에 흔히 착오가 일어나게 된다.

평정 상의 착오는 근본적으로 평정자의 착오이다. 평정자가 평정할 때 저지르는 판단의 착오이기 때문에 착오를 많이 저지르는 사람도 있고, 적게 저지르는 사람도 있다. 그러나 평정의 방법과 절차가 착오를 일으키게 하는 원인이 될 수 있다는 사실을 잊어서는 안 된다. 그러므로 평정 상의 착오를 막으려면 평정자훈련을 통해 평정할 때 저지르기 쉬운 착오에 관하여 일깨워 주고 정확한 평정에 대한 유인을 제공하는 것도 중요하지만, 평정의 방법과 절차를 개선해서 착오의 가능성을 미리 줄여야 한다.

2. 평정 상 착오의 유형

근무성적평정 상의 착오로 가장 자주 거론되는 것은 연쇄적 착오, 관대화경향, 집중화경향, 일관적 착오 등이지만 그 밖에도 착오의 유형은 많다. 전통적인 방법을 사용하는 근무성적평정에서 흔히 발생하는 착오의 유형에는 다음과 같은 것들이 있다.[4)]

(1) 연쇄적 착오 연쇄적 착오(連鎖的 錯誤: halo effect; halo error)는 어느 하나의 평정요소에 대한 평정자의 판단이 다른 평정요소의 평정에 영향을 미치는 데서 나타나는 착오이다. 연쇄적 착오의 계기는 여러 가지이다. 평정요소의 단순

한 배열순서도 착오의 계기로 될 수 있다. 즉 앞에 나오는 평정요소에 대한 판단이 뒤에 나오는 평정요소의 평정에 영향을 미칠 수 있다. 평정자가 어떤 평정요소에 대해 강렬한 인상 또는 편향을 가지고 있을 때 연쇄적 착오의 가능성이 특히 커진다. 평정자가 특별히 좋아하거나 싫어하는 또는 중요시하는 특성이 있으면 그에 대한 평가가 다른 모든 요소의 평가에 영향을 미치기 쉽다.

(2) 근접효과와 최초효과 근접효과(近接效果: recency effect; overemphasis of recent behavior)는 근접행태의 강조에 따르는 착오이다. 이것은 평정 실시의 시점에 근접한 시기의 근무성적이 평정에 더 많은 영향을 미치기 때문에 저지르는 착오이다. 근무성적평정은 대개 1년 또는 6개월로 된 전체평정기간의 근무성적을 평가하도록 되어 있지만, 전체기간의 근무성적을 냉정히 종합하여 평정하지 못하고 최근의 근무성적에 대한 인상을 가지고 평정하는 경향을 흔히 볼 수 있다.

그 반대의 경우도 생각할 수 있다. 첫인상에 너무 큰 비중을 두는 데서 저지르게 되는 착오를 최초효과(最初效果: primacy effect)라고 한다.

(3) 대조효과로 인한 착오 대조효과(對照效果: contrast effect)로 인한 착오는 평가대상인 사람이나 사물의 특성이 지각자가 본 다른 사람 또는 사물의 특성과 대조되기 때문에 저지르는 착오이다. 예컨대 근무성적평정자가 열등한 대상자들을 평정한 후 이어서 평정하는 사람의 우수성을 부풀려 평가할 수 있다. 대조효과 때문에 뒤에 평정받는 사람은 실제보다 더 우수하다는 평점을 받을 수 있다.

(4) 집중화경향 집중화경향(集中化傾向: central tendency)은 거의 모든 평정요소와 피평정자들을 평균이라고 또는 평균에 가깝다고 부정확하게 평정하는 오류이다. 사실이야 어떻든 모든 사람이 보통이며, 따라서 그들 간에 우열의 차이가 없다고 평정하는 것을 집중화경향이라고 말한다. 집중화된 평정은 무조건 중간치에 모든 사람을 갖다 놓는 평정이다. 평정 상 의문이 있거나 피평정자에 관해 잘 모르는 경우, 모험을 피하려는 방편으로 모든 것이 평균이라는 평정을 하는 경향이 나타난다. 나쁜 점수를 받은 사람의 원망을 사지 않으려는 마음이 집중화평정이라는 오류를 범하게 할 수도 있다.

(5) 관대화경향 관대화경향(寬大化傾向: tendency of leniency)은 집중화경향

과 비슷하나 다만 평점이 관대한 쪽에(우수한 쪽에) 집중되는 것을 말한다. 이것은 실수를 하려면 관대한 쪽으로 실수를 하는 것이 말썽을 피하는 데 유리하다는 생각에서 비롯되는 착오라 하겠다. 피평정자를 잘 모를 때 무조건 우수하다고 평정해 버리면 실제로 우수한 사람을 잘 모르고 열등하다고 평정해서 피해를 줄 염려가 없다. 직근상관인 평정자들은 부하들과의 비공식집단적 유대 때문에 우수한 평점을 주는 오류를 범하기 쉽다.

(6) 엄격화경향 엄격화경향(嚴格化傾向: tendency of strictness or severity)은 관대화경향과 반대로 평점분포가 열등한 쪽에 집중되게 하는 평정경향을 지칭한다.

(7) 일관적 착오 일관적 착오(一貫的 錯誤: systematic or constant error)는 다른 평정자들보다 시종 박한 점수를 주는 평정자나 항상 후한 점수를 주는 평정자들이 저지르는 착오를 말한다. 이것은 어떤 평정자가 가진 평정기준이 다른 사람보다 높거나 낮은 데서 비롯된다. 일관적 착오라는 개념은 집중화경향·관대화경향·엄격화경향을 통계학적으로 조정할 때 사용되는 것이다.

일관적 착오를 평정자가 스스로 시정하지 못하는 경우에는 기계적으로 교정할 필요가 있다. 강제배분법은 사전에 일관적 착오를 배제하는 수단이 될 수 있다. 평정이 끝난 뒤에 일관적 착오를 발견하고 조정하는 것은 비교적 간단하다. 특정한 평정자의 평점이 다른 평정자들에 의한 평점평균보다 항상 후하거나 박한 정도를 계산하여 그 수치를 원래의 평점에서 감하거나 원래의 평점에 보태면 된다.

관대화 또는 엄격화가 불규칙하게 나타나는 것을 설명하는 데는 총계적 착오(總計的 錯誤: total error)라는 개념이 쓰인다. 총계적 착오는 모든 평정자들의 평점평균에서 위로 혹은 아래로 이탈하는 착오를 총합한 계산 상의 개념이다. 총계적 착오는 일관적 착오뿐만 아니라 특정한 평정자의 평정기준이 불규칙해서 생기는 착오까지를 모두 포함한 개념이다. 일관적으로 평점이 너무 높거나 너무 낮기 때문에 총계적 착오가 커지는 경우도 있지만, 평정기준이 불규칙하게 위 아래로 움직일 때에도 총계적 착오는 커진다. 일관적 착오는 사후에 조정할 수 있으나 불규칙한 착오는 사후조정이 거의 불가능하다.

(8) 유형화의 착오 유형화(類型化)의 착오(stereotyping)란 어떤 사람이나 사물을 볼 때 그들이 속한 집단 또는 범주에 대한 고정관념에 비추어 지각함으로써

부정확하게 지각하는 것을 말한다. 유형화는 지각대상인 사람이나 사물이 실제로 가지고 있지 않은 특성을 가지고 있는 것으로 지각하게 하는 결과를 빚기도 하며 그 반대의 결과를 빚기도 한다. 유형화의 착오는 집단화의 오류 또는 선입견에 의한 착오(personal bias)라고도 한다.

(9) 투 사 자기 자신의 감정이나 특성을 다른 사람에게 투사 또는 전가하는 데서 오는 착오를 투사(投射: projection)라 한다. 이것은 유사성 착오(similarity error)라고도 한다. 예컨대 자기가 좋아하는 일은 다른 사람들도 좋아할 것이라고 생각할 수 있다. 공격적인 성격의 소유자는 다른 사람에게서도 공격성을 발견하기 쉽다. 평정자는 자기와 유사한 피평정자에게 높은 평점을 줄 가능성이 크다.

(10) 기대성 착오 사람이나 사물의 특성 또는 사건의 발생에 관해 미리 가진 기대에 따라 무비판적으로 사실을 지각하는 데서 오는 착오를 기대성 착오(期待性 錯誤: expectancy error)라 한다. 기대성 착오는 일어나기를 바라는 것이 실제로 일어난 것처럼 오해하는 착오라 할 수 있다.

예컨대 실험용 쥐를 두 집단으로 나누어 학생들에게 주면서 한쪽은 영리하도록 기른 쥐고 다른 한쪽은 미련하도록 기른 쥐라고 일러준 다음, 어느 집단의 쥐가 더 영리한가를 실험해 보라고 하면 학생들은 영리하도록 길렀다고 하는 집단의 쥐가 다른 집단의 쥐보다 영리하다는 결론을 얻을 가능성이 크다.[g)]

(11) 선택적 지각의 착오 선택적 지각(選擇的 知覺: selective perception)은 모호한 상황에 관해 부분적인 정보만을 받아들여 판단을 내리게 되는 데서 범하는 착오이다. 이것은 추측에 의한 착오(guessing)라고도 한다.

예컨대 어떤 회사의 한 주주(株主)가 회사의 재정보고서를 읽다가 당해연도의 배당금이 거의 없을 것이라는 항목을 보고 충격을 받은 나머지 새로운 상품을 개발했기 때문에 앞으로 회사의 수익이 크게 늘어날 것이라는 보고부분을 전혀 간과해 버릴 수 있다. 그러한 가운데 회사의 장래를 평가한다면 선택적 지각의

---

g) 기대성 착오를 자기달성적 예언(자기충족적 예언: self-fulfilling prophecy)이라는 개념을 가지고 설명하기도 한다. 자기달성적 예언은 상황이나 사람에 관해 미리 기대했던 바를 찾아내거나 만들어내는 사고의 경향을 지칭한다.

착오를 범하게 된다.

(12) 방어적 지각의 착오 방어적 지각(防禦的 知覺: perceptual defense)은 지각자가 사물을 보는 습성 또는 그의 고정관념에 어긋나는 정보를 회피하거나 그것을 자기의 고정관념에 부합되도록 왜곡하기 때문에 범하는 착오이다. 이 경우에 지각자는 자신의 고정관념을 방어하기 위해 부정확한 지각을 하는 것이다.

방어적 지각을 넓게 해석하는 경우 유형화의 착오나 투사는 거기에 포괄되는 것으로 이해할 수도 있다. 방어적 지각은 선택적 지각의 일종으로 볼 수도 있다. 선택적 지각을 할 때 자기의 고정관념에 부합하거나 자기에게 유리한 정보만 받아들인다면 방어적 지각이 된다.

(13) 근본적 귀속의 착오 근본적 귀속(根本的 歸屬)의 착오(fundamental attribution error)는 타인의 실패를 평가할 때에 상황적 요인의 영향은 과소평가하고 개인적 요인의 영향은 과대평가하는 경향, 그리고 타인의 성공을 평가할 때에 상황적 요인의 영향은 과대평가하고 개인적 요인의 영향은 과소평가하는 경향이다.[h)]

예컨대 남이 일을 잘못하면 그것은 그 사람의 능력부족 등 개인적 요인 때문이며 나쁜 작업조건 등 상황적 요인의 탓이 아니라고 생각하는 것이다. 평정자는 피평정자의 부진한 실적을 피평정자의 개인적 원인 때문이라고 판단할 가능성이 크다.

근본적 귀속의 착오와는 대조적으로 자기 자신의 실패에 대한 책임은 지지 않고 성공에 대한 개인적 공로는 강조하려는 경향을 이기적 착오(자존적 편견: self-serving bias)라 한다. 이기적 착오는 자기가 일을 잘못한 것은 상황적 조건이 나쁜 탓이고 일을 잘한 것은 자기의 개인적 우월성 때문이라고 생각하는 경향을 지칭한다.

3. 인상관리와 착오

위에서는 착오를 평정자의 문제로 보아 논의하였다. 여기서는 피평정자의 특

---

h) 근본적 귀속의 착오와 이기적 착오는 귀속이론(attribution theory)에서 지적하는 것이다. 귀속이론은 사람들의 행동(사건)을 관찰하여 그 원인을 찾는(추측하는) 귀속과정(attribution process)을 연구한다.

성 또는 의도적 행동이 평정 상의 착오를 유발하는 데 영향을 미칠 수 있다는 점에 주의를 환기하려 한다. 피평정자가 평정에 영향을 미칠 수 있는 대표적 행동 수단은 인상관리이다.

인상관리(印象管理: impression management)는 자기에 대한 다른 사람들의 인상 형성을 조작하거나 통제하려는 기도이다. 이것은 자기에 대한 다른 사람들의 지각과정을 의도적으로 조작하려는 행동이다. 인상관리의 전술은 다양하다. 그 중요한 예로 ⅰ) 자기선전, ⅱ) 호감을 사기 위해 다른 사람들을 칭찬하는 다른 사람 띄우기(other-enhancing) 또는 비위맞추기, ⅲ) 자기를 해롭게 하는 상대방에게 고통을 줄 수 있다고 으름장을 놓는 위협하기, ⅳ) 자기가 할 수 있는 일인데도 다른 사람의 도움이 필요한 것처럼 말하는 애원하기, ⅴ) 열심히 일하는 것처럼 꾸미는 모범 과시하기 등을 들 수 있다. 인상관리의 매체 또한 말하기, 표정짓기, 옷입기, 걸음걸이 등 다양하다.5)

사람들은 인상관리의 부정적인 의도와 효과에 우선적인 관심을 갖는다. 인상관리가 거짓으로 꾸미기, 과장하기 등으로 허위정보를 전달하고 평정자가 거기에 속는다면 인상관리자의 행동이 유발하는 착오를 범하게 된다. 그러나 인상관리가 언제나 나쁘기만 하다고 말할 수는 없다. 피평정자가 자기의 능력이나 공로의 진면목을 정확히 표출하여 평정자가 이를 포착할 수 있게 할 수도 있다. 이런 자기소개식 인상관리는 비난하기 어렵다.

Ⅵ. 평정의 타당성·신뢰성

근무성적평정이 갖추어야 할 가장 중요한 기술적 요건은 타당성(validity)과 신뢰성(reliability)이다. 그러므로 평정결과를 놓고 타당성과 신뢰성을 검증해서 평정방법과 평정실시과정을 개선해 가는 평가의 절차가 있어야 한다.6)

1. 타당성검증

평정결과의 진실성을 말해주는 타당성은 평정하려는 것을 과연 정확히 평정하고 있는가에 관한 기준이다. 타당성검증에 필요한 직접적이고 객관적인 비교기준을 발견하기 어렵기 때문에 타당성검증은 불완전한 경우가 많다.

중요사건기록법이나 산출기록법에서와 같이 관찰한 사실만 기록할 뿐 평정자의 의견을 기록하는 것이 아닌 경우에는 타당성검증의 문제가 제기되지 않을 수도 있다. 그리고 직무수행실적에 대한 평정은 경우에 따라서 실제의 산출기록과 비교하여 타당성을 측정해 볼 수 있다. 그러나 개인적 특성이나 발전가능성에 대한 평정을 비교할 객관적 기준을 찾기는 매우 어렵다. 이런 경우에는 평정요소와 비슷한 특성에 관한 지능검사 등 심리검사의 점수를 기준으로 할 수 있다. 승진·승급 등 간접적인 증거를 기준으로 삼을 수도 있다. 그러나 승진·승급 등이 근무성적평정에 기초를 둔 것이라면, 그러한 간접적 증거를 평정결과와 다시 비교하는 것은 무의미하다.

타당성검증의 방법들을 다음에 열거해 보기로 한다. 각 방법의 유용성은 평정방법과 평정요소에 따라 달라진다는 점에 유의해야 한다.

(1) 근무기록과의 비교 평정결과를 피평정자의 다른 근무기록과 비교하는 방법이 있다. 승진, 승급, 출퇴근기록, 생산의 양과 질, 징계 등에 관한 기록과 평정결과를 비교하여 타당성을 검증할 수 있다.

(2) 평정방법 간의 비교 여러 가지 평정방법을 사용한 평정의 결과를 서로 비교하는 방법이 있다. 예컨대 도표식평정척도법에 의한 평정의 타당성을 알아보기 위해 산출기록법이나 중요사건기록법에 의한 평정결과와 비교해 볼 수 있다.

(3) 시험결과와의 비교 피평정자에 대한 심리검사 등 각종 시험의 결과와 평정결과를 비교하는 방법도 있다.

(4) 내적 조건의 검토 외적 기준과 비교하지 않고 평정의 내적 조건을 검토하여 타당성을 추정하는 방법이 있다. 즉 연쇄적 착오·집중화경향·관대화경향이 없고, 신뢰성이 있으면 평정결과의 타당성이 있다고 추정한다. 객관적 비교기준이 있더라도 그것 자체의 정확성이 의심스러운 경우도 많고, 새로이 기준을 만들어내기도 힘들기 때문에 내적 조건만을 검토하는 방법을 쓰기도 한다.

(5) 상식적 판단 상식적인 관찰로 타당성을 판단하는 경우도 있다. 누구

나 우수하다고 생각하는 사람이 뜻밖에 좋지 않은 평정점을 받았다면 그 타당성과 신뢰성을 의심해 볼 만한데, 이 정도는 상식적인 관찰로도 판단할 수 있는 일이다.

2. 신뢰성검증

신뢰성은 평정의 일관성을 뜻한다. 여기서 말하는 신뢰성에는 항상성과 객관성이 포함된다. 근무성적평정은 복잡하고 포착하기 어려운 요소를 대상으로 하며, 피평정자는 시간의 흐름에 따라 변하기 때문에 신뢰성계수(reliability coefficient)를 높이기 어렵다고 한다.

신뢰성검증에 쓰이는 방법은 다음과 같다.

(1) 시간을 달리하는 평정 간의 비교 한 사람의 평정자가 동일한 피평정자에 대해 시간을 달리하는 두 차례 또는 그 이상의 평정을 하고, 그 결과를 서로 비교하여 상관계수를 내보는 방법이 있다. 평정결과 간에 차이가 심하면 신뢰성(항상성)이 약한 것으로 본다. 그러나 시간의 경과에 따라 피평정자의 특성이 달라질 수 있으므로 신뢰성검증을 전적으로 이 방법에 의지하는 것은 위험하다. 그러므로 피평정자의 변화를 보여 주는 다른 자료와 다시 비교해서 검증의 정확성을 높여야 한다.

(2) 평정자 간의 비교 동일한 피평정자에 대해 두 사람 이상의 평정자들이 평정한 결과를 서로 비교하는 신뢰성(객관성)검증의 방법에는 상관계수를 구하는 방법, 일관적 착오와 총계적 착오를 계산해 보는 방법 등이 있다.

7

보수와 편익

제 1 절 보수관리
제 2 절 보수체계
제 3 절 보수 이외의 편익

개 관

보수는 공무원이 지급받는 금전적 보상이며, 그것은 공무원의 생계유지수단이다. 보수는 공무원들의 가장 기초적인 욕구충족에 관계된 것이므로, 보수가 적절하지 않으면 유능한 공무원을 획득·유지하고 그들의 불만을 해소하는 일이 어렵게 된다. 보수는 또한 공평하게 지급해야 하며, 납세자인 국민이 적절하다고 이해하는 수준에서 지급해야 한다. 인사행정은 이러한 조건들을 충족시킬 수 있도록 보수체제를 관리하는 책임을 져야 한다.

이 장에서는 보수관리의 주요 문제와 그에 긴밀히 연관된 편익들을 검토하려 한다. 설명하는 사람의 관점에 따라 보수와 유사한 편익의 범위는 다르게 규정될 수 있지만, 이 장에서는 보수와 유사한 편익 또는 그러한 편익을 규정하는 요인으로 연금, 근무시간, 휴가, 보건, 안전, 그리고 복지사업을 선정하려 한다.

제 1 절에서는 보수와 보수관리의 의미를 규정하고, 보수의 수준을 결정할 때에 고려해야 할 요인과 그에 관한 자료수집방법을 설명하려 한다.

제 2 절에서는 보수체계의 입안과 운영에 관한 문제들을 논의할 것이다. 보수체계에 관한 주요문제들 가운데서 보수체계의 구성과 봉급표의 구성 그리고 승급관리를 설명하려 한다.

제 3 절에서는 보수 이외의 편익 또는 편익의 조건을 규정하는 요인들을 논의할 것이다.

제1절

보수관리

Ⅰ. 보수와 보수관리

1. 보수의 정의

보수(報酬: compensation or pay)란 공무원의 근무에 대해 정부가 금전으로 지급하는 재정적 보상(財政的 報償)을 말한다. 보수는 고용관계와 직무수행의 대가이며, 동시에 생활유지의 수단이 되는 공무원의 소득이다.

① **보상체제의 구성요소** 보수는 공무원으로 정부조직에 참여하는 것, 주어진 역할을 요구된 기준에 맞게 수행하는 것, 그리고 나아가서 자발적·창의적으로 정부조직의 목표에 헌신하는 것을 유도하기 위한 보상체제의 일부이다.

② **외재적 보상** 보상체제가 전체적으로 제공할 수 있는 보상 또는 유인의 범주를 내재적 보상과 외재적 보상으로 구분하는 경우 보수는 원칙적으로 외재적 보상에 해당한다고 할 수 있다.[a)]

③ **재정적 보상** 외재적 보상을 다시 재정적 보상과 비재정적 보상으로 구분하면 보수는 재정적 보상에 해당한다. 보수는 공무원이 받는 재정적 보상의 한 부분이다.

④ **직접적 금전지급** 재정적 보상 가운데서 정부조직이 공무원에게 직접 금전으로 지급하는 것을 보수라 한다. 현대국가에서 보수는 금전지급을 원칙으로

a) 내재적 보상은 직무수행의 보람과 같은 내재적 동기유발요인이다. 외재적 보상은 보수, 복무조건 등 외재적으로 동기를 유발하거나 불만을 해소하려는 유인이다.

한다. 보수는 공무원에게 금전을 직접 지급하는 것이기 때문에 직접적인 재정적 보상이라고 한다.

재정적 보상 가운데는 간접적인 것도 있고 유예된 것도 있는데, 그런 것들은 보수 이외의 편익이라고 한다. 간접적인 재정적 보상이란 비금전적 보상이거나 조직에서 가입해 주는 집단의료보험처럼 수혜자가 용도에 대해 재량을 갖지 못하는 보상을 지칭한다. 유예된 보상이란 퇴직연금과 같이 뒤로 미루었다가 지급하는 보상을 말한다.

⑤ **다양한 종류** 보수는 전체적인 보상체제의 구성요소인 재정적 보상의 일부이지만, 보수 그 자체도 복잡한 내용을 담고 있다. 기본급과 부가급으로 크게 범주화되는 보수의 종류는 여러 가지이다.

1) 보수의 기능

보수의 역할 또는 기능은 여러 가지이다. 그 중 중요한 기능들을 보면 다음과 같다.[1)]

① **경제적 거래기능** 보수는 공무원의 서비스와 그 대가를 교환하는 경제적 거래기능을 한다. 여기에는 처우의 형평성을 실현하는 기능이 포함된다.

② **생계보장기능** 보수는 공무원의 생계를 보장하는 기능을 수행한다.

③ **심리적 거래기능** 보수는 공무원의 직무수행동기를 유발하려는 심리적 거래의 매체가 된다.

④ **사회적 거래기능** 보수는 조직내외에서 공무원의 사회적 지위를 결정하는 사회적 거래를 매개한다.

⑤ **정치적 거래기능** 여러 관련세력이 협상·타협하는 정치적 거래의 매개가 된다.

2) 다양한 이익의 갈등과 조정

보수는 공무원들의 생계와 이익에 직결되는 문제이기 때문에 그들의 큰 관심사이다. 공무원들은 될 수 있는 대로 많은 보수를 받을 수 있기를 바라며, 적정하지 못한 보수에 대해서는 불만을 품게 된다. 보수만이 공무원의 직무수행의욕에 영향을 미치는 것은 아니다. 그리고 금전적 유인에 대한 반응은 사람과 여건에 따라 다른 것도 사실이다. 그러나 보수가 갖는 동기유발요인 또는 불만해소요인으로서의 가치를 무시할 수는 없다.

보수를 지불하는 정부의 입장에서 볼 때에도 보수는 매우 중요한 문제이다. 보수는 유능한 인적자원의 획득·유지에 직결되는 문제이며, 공무원들에게 지급되는 보수의 총액은 정부재정의 커다란 부분을 차지하기 때문에 정부는 보수관리를 중요시하지 않을 수 없다. 그뿐 아니라 정부는 복잡하게 얽힌 세력의 요청을 조정해야 하기 때문에 보수관리는 관심과 시간을 많이 들여야 하는 중요임무로 되는 것이다.

정부는 많은 보수를 원하는 공무원들의 요청을 고려해야 하는 한편, 재원의 제한과 적은 보수를 주고 많은 봉사를 받으려는 국민의 요구도 고려하지 않을 수 없다. 그리고 한 사회의 가장 큰 고용주인 정부가 공무원들에게 주는 보수의 전체적인 수준은 국가 전체의 경제생활에 미치는 영향이 큰 것이므로 보수의 경제정책적 효과도 고려해야 한다. 정부는 또한 모범고용주로서의 역할도 잊어서는 안 된다.

2. 바람직한 보수제도

1) 관점의 변천

정부는 여러 가지 경쟁적·갈등적 요청들을 진단하고 조정하여 구체적인 상황에 적합하도록 바람직한 또는 건전한 보수제도를 만들어 운영해야 한다. 이러한 기본적 처방은 오랜 세월 동안 변함이 없다. 그러나 무엇이 바람직하며 건전한 것인가에 대한 아이디어는 시대에 따라 달라져 왔다.

(1) 보수결정기준 보수결정기준의 선택에 관한 처방과 실천에 나타난 변화를 우선 생각해 볼 수 있다. 보수결정에서는 언제나 복수의 기준이 고려된다. 그러나 주된 기준이 무엇인가는 분간해 볼 수 있다. 여기서는 주된 기준 또는 '역점기준'에 대한 관념변화를 생각해 보려는 것이다.

① 계급기준 관료제의 계서제적 질서가 공고하고 지위중심주의적 행동규범이 넓은 지지를 받던 시대에는 계급이라는 지위에 따른 보수의 차등화를 기

본적 원리로 처방하였다. 사람들은 그렇게 하는 것이 공평하다고 생각했던 것이다.

② 직무기준 산업화가 진행되고 신분이 아닌 개인적 성취가 사회관계설정의 기반으로 되어 가면서부터 직무기준에 따른 보수결정원리가 힘을 얻게 되었다. '일에 맞는 보수'(동일노동·동일보수: equal pay for equal work)라야 형평성 있는 보수라고 전제하는 제도가 선도적인 위치에 오르게 되었다.

그러나 직무기준에 따른 보수결정의 허점도 오래 숨어 있을 수는 없었다. 직무급은 수행하게 되어 있는 일(업무)을 기준으로 하는 보수이며 직무수행의 가능성이나 기회 또는 투입으로서의 직무수행요건에 대해 지급하는 보수임에 불과하다는 사실을 사람들은 깨닫게 되었다. 직무급은 실제로 일한 만큼 또는 일을 해서 성과를 낸 만큼 보수를 주는 것이 아니라 직무를 맡은 사람이 일할 책임이 있는 만큼 또는 일한 시간만큼 주는 것이므로 진정한 형평성을 실현할 수 없는 제도라는 비판을 받게 되었다.

③ 성과기준 성과주의적 사조가 큰 영향력을 발휘하게 되면서부터 사람들은 실현된 직무 또는 직무수행의 성과를 기준으로 보수를 결정해야 진정한 형평성을 실현할 수 있다고 생각하게 되었다. 성과와 실적에 따른 보수가 원칙적인 것으로 되어야 한다는 처방이 압도적인 세력을 얻게 되었다. 보수를 직무수행의 성과에 연결해야 한다는 처방은 보수의 동기유발기능을 강화해야 한다는 처방과 함께 주장된 것이다. 보수의 동기유발기능 강조는 다시 보수의 관리도구적 기능을 강화하자는 주장과 연계된다.

④ 발전기준 근래에는 성과급적 보수제도의 처방에서 한걸음 더 나아가 발전적 보수(개혁적 보수: developmental compensation)를 처방하는 이론이 나와 관심을 끌고 있다. 발전적 보수의 구현을 주장하는 사람들은 조직구성원들의 발전적 성향과 발전노력에 보수를 연계시켜야 한다고 말한다. 발전적인 성향과 노력이란 장기적인 해결책의 안출, 새로운 기술의 습득, 연구와 쇄신, 협력과 팀워크, 창의적 업무수행, 기업가적 정신의 발휘, 리더십 발휘 등을 말한다.[2)]

성과급도 직무수행개선 즉 발전을 촉진하려는 의도를 지닌 것이지만 원칙적으로 과거의 실적을 보수결정의 기준으로 삼는다. 성과급은 이러한 속성 때문에

발전지향성이 약하다고 보고 발전적 보수를 대안으로 처방하는 것이다.b)

(2) **형 평 성** 과거의 보수정책은 형식적인 형평성 또는 기회로서의 형평성을 구현하는 데 만족하는 것이었다. 그러나 오늘날에는 형평성의 실질화가 강조되고 있기 때문에 보수제도 상의 차별문제도 특별한 관심의 대상이 되고 있다. 외형적 형평성의 그늘에 오랫동안 가려져 있던 실질적 차별을 철폐하자는 주장이 큰 반향을 일으키고 있다. 이러한 추세에 따라 일에 맞는 보수의 원리뿐만 아니라 일의 '비교적 가치'(comparable worth)에 맞는 보수라는 원리를 채택해야 한다는 주장이 강력하게 대두되었다.c)

과거의 보수정책은 보수의 대외적인 균형에 관해서 소극적인 입장을 취하였다. 공직의 특수성을 강조하고 공무원들은 민간부문의 경우보다 적은 보수에 만족해야 한다는 입장이었다. 그러나 오늘날에는 공·사부문 간의 보수격차를 해소해야 한다는 주장이 목소리를 높이고 있다. 공직의 특권과 여러 프리미엄이 없어지거나 현저히 약화되고 있기 때문일 것이다.

(3) **구조화의 수준** 보수체계를 설계할 때는 구조화에 대한 요청과 융통성에 대한 요청을 적정한 선에서 조화시켜야 한다. 보수관리의 공정성과 공평성을 보장하려면 보수체계의 통일적인 구조화가 필요하다. 변화하는 조건에 대응할 수

---

b) 이단적이기는 하지만 관료적 계서제, 승진제도, 보수차등제도의 철폐를 주장하는 사람도 있다. 자기실현적 욕구에 관한 이론을 원용하는 이런 주장은 보수를 직무에 연계시키는 것을 반대한다. 일은 고통이 아니라 보람이며 모든 사람이 일을 원하고 기꺼이 하는 것이므로 일의 곤란도나 책임수준이 다르다고 보수에 차등을 둘 이유가 없다는 주장인 것이다. Frederick Thayer, *An End to Hierarchy! An End to Competition!*(New Viewpoints, 1973).

c) 여기서 논의하는 보수정칙 상의 차별철폐는 남녀차별의 철폐를 주된 준거로 삼는 것이다. '비교적 가치'가 같은 직무들은 고용주에게 주는 가치가 같은 것으로 판단되는 직무들이다. 직무의 '비교적 가치'를 보수결정의 기준으로 채택해야 한다는 말은 동일한 직무가 아니더라도 유사한 수준의 기술과 훈련을 필요로 하는 직무에 종사하는 사람은 남녀를 불문하고 같은 보수를 받을 수 있도록 해야 한다는 뜻이다.

보수결정 상의 남녀차별이 생기고 지속되는 이유는 직무평가에서 여성들이 주로 맡는 직무를 과소평가해 왔다는 것, 전통적으로 저임금업무에 여성들을 많이 고용해 왔다는 것, 보수가 적은 일자리에라도 취업하려는 여성들이 노동시장에 많다는 것 등이다. 이러한 이유로 빚어진 남녀차별을 해소하려면 모든 직무들의 비교적 가치를 따져야 한다는 것이다. David H. Rosenbloom, Robert S. Kravchuk and Richard M. Clerkin, *Public Administration: Understanding Management, Politics, and Law in the Public Sector*, 8th ed.(McGraw-Hill, 2015), pp. 236~237.

있으려면 보수체계의 융통성이 높아야 한다. 이 두 가지 요청의 조정에 관해서도 관점의 변화가 있어 왔다. 과거에는 보수체계의 구조화 쪽을 훨씬 더 강조했다. 오늘날에는 보수구조의 경직성을 완화하고 대응성·융통성을 높여야 한다는 처방이 더 많은 호응을 얻고 있다.

2) 바람직한 보수제도의 요건

바람직한 보수제도의 일반적 요건(보수정책의 원리)을 다음과 같이 요약해 볼 수 있다. 여기에 열거하는 요건들은 보수에 관한 처방적 이론들의 현대적 편향을 반영하는 것이다.

보수의 수준이 최저생계를 유지해 줄 수 있는 것이라야 한다는 요건, 그리고 정부의 지불능력 범위 내에 있는 보수라야 한다는 요건은 다음에 보는 요건들 이전에 당연히 전제된 것으로 보아야 한다.

① **대외적 균형** 공무원의 보수수준은 대외적인 균형을 유지해야 한다. 여기서 대외적인 균형이라고 하는 것은 민간부문의 보수수준에 대한 균형을 말한다. 정부에 불리한 대외적 불균형이 심하면 유능한 인재를 확보하기 어렵다.

② **대내적 형평성** 보수의 대내적 형평성이 보장되어야 한다. 직무요건·능력요건·성과요건 등이 같은 직위에 종사하는 사람들은 같은 보수를 받아야 하며, 그러한 요건들이 서로 다른 직위들 사이의 보수차등은 적정하게 설정되어야 한다.

③ **차별금지** 보수제도가 공무원들에 대한 처우의 통일성을 보장할 수 있도록 적정한 구조화 수준을 유지해야 한다. 직무분야나 사람에 따라 차별대우를 하면 안 된다.

④ **융 통 성** 조건변화에 따라 적시성 있게 보수를 조정할 수 있는 장치가 마련되어 있어야 한다. 보수제도는 조직의 구조변화, 직무변화, 직무성과의 변화, 공무원의 변화에 대응할 수 있는 융통성을 지녀야 한다.

⑤ **동기유발** 보수는 공무원의 직무수행동기를 유발하는 데 기여할 수 있어야 한다. 그리고 보수는 공무원과 소속조직의 발전을 촉진할 수 있는 것이라야 한다.

⑥ **관리의 수단** 보수는 관리의 효율화에 기여할 수 있는 수단을 제공해야 한다. 보수관리는 전략적 관리체제에 긴밀히 연계되어야 한다.

우리 정부의 보수관리에 대한 오래된 비판은 낮은 보수수준, 결정기준 적용 상의 형식주의, 보수대표성(주된 보수라는 위상)이 낮은 기본급, 봉급격차의 부적절성으로 인한 기본급의 왜곡, 수당의 남설과 오용, 수당체계의 이상비대화 등을 지적하는 것이었다.

그런 문제들은 지금까지 상당부분 잔존하지만 2000년대에 접어들면서부터 박차를 가한 보수제도 개혁의 성과도 적지 않다. 보수의 전반적인 수준은 현저히 개선되었으며, 이제 보수인상을 보수개혁의 최우선적 응급과제로 볼 수는 없다. 직무분석의 확대실시·고위공무원에 대한 직무등급제 적용 등으로 직무급의 실질화가 진척되었다. 직무성과계약제·성과평가제·성과연봉제와 성과상여금제의 확대실시로 보수결정의 성과기준 적용이 강화되었다. 기본급의 비중을 높이고, 기본급에 연동시켜 정률적(定率的)으로 지급하는 수당을 기본급에 산입하는 등 수당의 종류를 정비하는 개혁도 추진해 왔다.

그러나 새로 도입되거나 확충된 제도들이 기존의 보수체계, 관리전략 그리고 행정문화와 조화를 이루어 정착되려면 많은 시간이 걸릴 것으로 생각된다.

3. 정부의 보수관리

1) 대상업무

보수관리(報酬管理: compensation management)는 보수계획을 입안하고 시행하는 활동이다. 정부의 보수관리는 다양한 세력의 관심과 이익을 조정하는 능력, 상황변화에 적응하는 능력, 그리고 자료의 분석과 계량적 처리에 관한 기술적 능력이 고도로 요구되는 업무이다.

보수관리의 대상업무는 다음과 같은 세 가지 범주로 나누어 볼 수 있다.

① **전체적 보수수준 결정** 보수의 전체적 수준을 결정하는 문제를 대상으로 한다. 보수수준에 관한 전반적인 정책을 결정하려면 고려해야 할 요인 또는 기준을 확인하고, 그러한 기준의 적용에 필요한 자료를 조사하고 분석해야 한다.

② **보수체계 관리** 보수종류별 조합에 관한 보수체계와 봉급표 및 각종 수당액을 결정하고 운영하는 문제를 대상으로 한다.

③ **보수지급절차 관리** 정해진 보수를 어떻게 적절하고 공정하게 지급하느냐 하는 보수지급 상의 절차적인 문제도 대상으로 한다. 여기에 포함되는 문제는 지급형태, 지급절차, 지급의 조정, 보수지급에 관한 각종 기록의 작성과 유지 등이다.

보수관리는 정부의 인사행정기능과 재정관리기능이 얽히는 분야이기 때문에 보수관리를 담당하는 인사기관은 재정·예산, 그리고 경제계획을 담당하는 기관들과 긴밀히 협조해야 한다.

2) 특 수 성

직원의 근무에 대한 금전적 보상을 다룬다는 점에서 민간기업의 임금관리와 정부의 보수관리는 공통적 요소를 가지고 있으며, 따라서 보수관리의 기법을 민간과 정부에서 서로 교환적으로 사용할 수 있는 분야가 적지 않다. 그러나 정부조직의 특수성 때문에 정부의 보수제도는 민간제도와 구별되는 여러 가지 특징 또는 문제를 가지고 있다.

시간의 흐름에 따라 달라지고 나라마다 형편이 다를 수 있다는 점을 전제하고, 현대정부의 보수관리에 일반적으로 나타나는 특수성을 다음과 같이 요약해 볼 수 있다.

① **상대적 경직성** 공무원들에게 지급되는 보수는 조직의 생산활동에서 얻은 이윤으로부터 나오는 것이 아니라 대부분 국민이 납부하는 세금에서 나오고, 보수지급이 사회 전체에 미치는 영향 또한 큰 것이기 때문에 정치적·법적 통제대상이 된다. 보수관리는 법령의 규제를 받기 때문에 여건변동에 따른 신속한 적응이 힘들다.

② **비시장성** 대부분의 정부활동이 비시장적(非市場的)이기 때문에 공무원의 노동가치나 이윤에 대한 기여도를 계산하기 어렵다. 그러므로 보수관리에서 노동가치에 대한 경제적 고려는 민간부문에서보다 더 큰 제약을 받는다. 반면 사회적·윤리적 고려가 보다 더 강하게 작용한다. 일반적으로 노동가치의 계산이 어렵고 노동쟁의가 제한되어 있는 데다가 정부는 모범고용주가 되어야 한다는 요청이 있기 때문에 사회적·윤리적 기준이 전면에 부각된다.

③ **보수수준의 대외적 불균형** 정부의 보수수준, 특히 고급직원에 대한 보수수준은 민간기업의 보수수준에 비해 낮은 것이 일반적인 경향이다.[d] 이러한 현실

---

d) 정부의 보수수준이 상대적으로 낮은 까닭은 여러 가지로 생각해 볼 수 있다. 정부관료제의 신망이 전통적으로 높은 사회에서는 높은 신망을 누리는 대신 적은 보수를 주어도 무방하다는 사고방식이 있을

은 보수수준이 대외적인 형평성을 유지해야 한다는 처방에 어긋나는 것이다. 대외적 균형화의 처방이 점점 더 많은 지지를 얻어가고 있기는 하다.[e)]

④ 그 밖의 특성 정치적 상황에서 활동하는 정부의 위치, 방대한 공무원수, 그리고 업무내용과 근무조건의 특이성 때문에 보수체계, 보수정책수립절차와 관리기술 등에도 민간기업에서 보기 어려운 여러 가지 특이한 면모가 나타난다. 정부의 보수체계에는 이윤분배에 참여하는 보수의 종류가 없거나 있다 하더라도 극히 제한되어 있는 것은 정부에 특이한 면모의 단적인 예라 할 수 있다.

3) 법적 규제의 방법

보수관리의 근간은 대개 법률로 정하지만, 구체적인 보수계획(보수규정)을 입법기관에서 통과시키는 법률로 정할 것인가 또는 행정입법(법규명령)으로 정할 것인가 하는 문제에 관하여는 나라마다 해결책이 다르다. 우리 정부에서는 행정입법으로 규정하는 방법을 택하고 있다. 즉 「공무원보수규정」은 대통령령으로 정한다.

일반적으로 생각할 때 법률로 보수규정을 정하면 보수행정의 경직성이 커질 염려가 있으며, 행정입법으로 정하는 경우에는 정부의 독단이 염려된다고 할 수 있다. 그러나 법률로 정하는 경우에도 중요한 사항(예컨대 보수의 상한과 하한)만 법률에서 정하고 상세한 기술적 사항은 행정적인 결정에 맡긴다면 보수관리의 경직성을 줄일 수 있을 것이다. 행정입법으로 보수규정을 정하는 경우에도 그것

수 있다. 대개 공무원은 이윤을 추구하는 사람들이 아니고 공공봉사에 대한 그들의 사명감이 강조되기 때문에 비교적 낮은 보수를 주는 것이라 해석할 수도 있다. 공무원은 순선히 금전적 타산에 따라서만 정부에 참여하는 것이 아니며, 정부직원이 되는 데서 얻는 사회적 또는 상징적 이익이나 만족감, 그리고 신분보장 등 유리한 근무조건은 중요한 유인이 된다고 전제해 온 것도 사실이다. 공공통제도 보수수준이 높아지는 것을 억제하는 요인이다.

e) 보수수준의 대외적 불균형을 논의할 때 비교대상을 어디서 찾느냐에 따라 결론은 크게 달라질 수 있다. 정부의 낮은 보수수준을 말하는 사람들은 대개 정부조직과 유사성이 높은 대기업의 보수를 비교대상으로 삼는다. 정부가 민간과의 인력획득경쟁에서 '경쟁력 있는 보수'(competitive pay)를 지급하고 있느냐는 문제에 연관지어 생각하기 때문이다.
그러나 준거대상을 바꾸면 이야기는 달라진다. 우리나라에서 공무원의 평균보수가 전체 근로자 평균임금의 두 배 이상이 된다는 근년의 조사보고들도 있다. 저임금에 시달리는 영세기업을 비교대상으로 삼는다면 공무원의 보수가 민간부문의 보수보다 월등히 많다는 결론이 나올 것이다.

을 뒷받침하는 예산이 입법기관의 심의를 거친다면, 보수관리에 대한 입법적 통제는 충분히 행사될 수 있다. 우리나라에서도 보수에 대한 예산을 국회에서 의결하고 있다.

그리고 사실 상의 관행이 어떠냐에 따라서 양제도의 성격은 크게 달라질 수 있다. 보수규정을 법률로 상세히 규정한다 하더라도 상황변동을 입법기관에 신속하게 보고하고, 매년 또는 필요한 경우에는 더 자주 보수규정을 개정한다면 보수관리의 적응성은 오히려 높아질 수 있다. 반면 행정입법으로 보수규정을 정하더라도 인사기관이 상황변동에 따른 조정활동에 소극적이고 예산기관이나 입법기관이 보수예산의 변동요청에 대해 신속한 반응을 보이지 않는다면 보수행정의 경직성은 심화될 것이다.

II. 보수수준결정의 고려요인

보수계획을 입안할 때에는 먼저 보수의 전체적 수준(일반수준: general level)을 결정하고, 다음에 조직내적 균형을 고려한 격차수준(格差水準: differential level)을 결정해야 한다. 보수수준의 결정은 보수제도의 목적에 비추어 타당한 기준에 따라 이루어져야 한다. 그러한 기준은 관련 있는 중요한 요인(조건)들을 신중히 그리고 균형 있게 검토함으로써 얻어질 수 있다.

보수수준결정에 관련 있는 또는 그것을 제약하는 요인은 한없이 많기 때문에 보수계획 수립과정에서는 중요한 요인만을 골라 검토하게 된다. 그러한 고려요인의 일반적인 범주들을 다음에 보기로 한다.

1. 전체적 수준(일반수준)에 관한 고려요인

보수의 전체적 수준을 결정할 때 고려해야 할 요인은 i) 경제적 요인, ii) 정치적·사회적·윤리적 요인, iii) 보수이외의 편익, iv) 공무원집단의 기대와 노동시장의 조건, v) 보수가 갖는 동기유발 효과 등 다섯 가지 범주로 나누어 볼 수 있다.[3)]

1) 경제적 요인

경제적 고려요인의 중요 지표는 i) 민간기업의 임금수준, ii) 정부의 지불능력, 그리고 iii) 정부의 경제정책이다.

(1) 민간의 임금수준 정부에서 보수수준을 결정할 때에는 민간조직(주로 민간기업체)의 임금수준을 고려하여 그것과 균형을 이루도록 힘써야 한다.

정부에서 민간부문의 임금수준을 고려해야 하는 까닭은 공무원들에게 대내·대외적으로 공평한 보수를 지급해야 한다는 기본적인 요청 때문이다. 정부는 필요한 인적자원의 획득을 위해 노동시장에서 민간부문과 경쟁하게 되는데 그 때문에도 민간의 임금수준을 고려해야 한다. 그리고 정부활동의 독점성·비시장성으로 말미암아 정부업무의 시장가치와 공무원의 노동가치를 직접 산정할 수 없는 경우가 대부분이므로, 민간부문에서 '경제적으로 산출한 임금수준'(economic wage levels)을 비교의 지표로 삼을 수밖에 없다.

민간기업의 임금수준을 고려할 뿐 아니라 정부체제 내에서 보수관리의 관할을 달리하는 기관끼리는 서로 다른 기관들의 보수수준을 고려해야 한다.

(2) 정부의 지불능력 보수수준을 고용주의 지불능력이 제약하는 것은 정부에서나 민간기업에서나 마찬가지이다. 그러므로 보수수준결정에서는 고용주의 지불능력을 고려해야 한다. 민간기업의 보수지불능력은 기업이윤과 사내유보(社內留保) 등이 좌우한다. 정부의 보수지불능력은 재정형편에 따라 달라진다. 정부재정의 규모는 원칙적으로 국민이 납부하는 세금의 양에 달려 있다. 그리고 국민의 담세능력은 나라 전체의 경제력과 국민소득의 수준에 의존한다. 이렇게 볼 때 정부의 재정능력을 고려하는 것은 국민경제 일반의 수준을 간접적으로 고려하는 셈이 된다.

(3) 정부의 경제정책 보수관리정책이 정부가 스스로 세운 경제정책을 외면하거나 그에 역행할 수는 없다. 기본적인 경제정책은 정부가 동원한 자원을 배분하는 정책을 규제하고, 자원배분정책은 정부의 재원 가운데서 보수가 차지할 수 있는 몫을 결정하는 데 영향을 미친다.

2) 정치적·사회적·윤리적 요인

정부는 보수수준을 결정할 때 민간기업에서만큼 기업이윤이나 노동생산성의 구속을 많이 받지는 않는다. 그러나 정치적·사회적·윤리적 측면에서는 정부가 더 많은 제약을 받는다. 그러한 제약은 공무원의 생계비와 보수의 상한을 결정하는 데 영향을 미친다.

(1) 생계비의 보장을 요구하는 요인 국민일반의 최저생계보장과 복지증진을 추구하는 정부는 공무원들의 생계도 돌보아야 할 입장에 있다. 정부는 사회적·윤리적·정치적 고려와 책임 때문에 공무원이 하는 일의 경제적 가치에 불구하고 소속사회의 기준에 따라 최저한의 생활을 할 수 있는 보수는 주어야 한다는 원칙을 받아들이지 않을 수 없다.

(2) 보수의 상한을 제약하는 요인 최저생계비보장의 요청이 있는가 하면, 다른 한편으로는 보수의 최고수준을 제한하려는 사회적·정치적 압력 또한 강하게 작용한다. 정부에서 보수의 상한과 하한 사이의 폭이 비교적 좁게 '압축'되고 고급공무원의 보수가 민간대기업의 보수보다 상대적으로 적게 되는 현실은 사회적·정치적 제약 때문인 경우가 많다.

3) 보수 이외의 편익

보수수준을 결정할 때에는 보수 이외에 공무원이 향유하는 다른 편익과 특혜(부가적 요인)를 고려해야 한다. 편익과 특혜 등 보수 이외의 추가적 이익은 휴가제도, 근무시간제도, 신분보장제도, 퇴직연금 등 퇴직 후의 혜택, 보건·복지에 관한 제도, 승급·승진의 기회 등에서 생긴다.

4) 공무원집단의 기대와 노동시장의 조건

보수를 받는 공무원들의 보수수준에 대한 기대와 요구도 중요한 고려요인이다. 공무원들의 보수에 관한 기대를 대변하는 노조의 주장과 노사협상의 결과가 보수정책입안에 큰 영향을 미친다. 노동시장의 조건도 보수수준결정에서 고려해야 한다. 노동시장의 조건이란 주로 인력의 수요·공급에 관한 조건을 지칭한다.

공무원집단의 전반적인 생산성도 고려해야 한다.

5) 보수의 동기유발 효과

공무원의 보수가 사기와 생산성에 미치는 동기유발요인 또는 불만해소요인으로서의 영향을 고려해야 한다. 보수가 적을 때와 많을 때 공무원들의 직무수행동기와 직무효율이 어떻게 달라지며, 보수의 추가지급이 갖는 효과가 어떤 것인가 하는 문제를 보수수준의 결정에서 신중히 검토해야 한다.

2. 격차수준에 관한 고려요인

보수의 격차수준을 결정하는 문제는 각 직위 또는 공무원에게 주어질 보수의 구체적인 액수를 결정하는 문제이며, 조직 내에서 보수액의 서열을 결정하는 문제이다.

격차수준을 정할 때에도 보수의 형평성은 중요한 결정기준이 되어야 한다. 보수의 형평성은 세 가지 차원에서 논의된다. 세 가지 차원이란 대외적 형평성, 대내적 형평성, 그리고 개인적 형평성이다. 보수의 격차수준을 결정할 때의 주된 과제는 대내적 및 개인적 형평성을 확보하는 일이다. 대내적 형평성은 조직 내에서 직원들이 수행하는 직무의 상대적인 가치에 따라 보수를 받게 해야 달성되는 기준이며, 개인적 형평성은 같거나 유사한 직무를 수행하는 사람들이 같은 보수를 받을 때 달성되는 기준이다.

격차수준을 결정할 때 고려할 수 있는 격차요인에는 i) 직무, ii) 직무성과, iii) 작업조건, iv) 학력 및 자격, v) 현직에서의 경험과 근속기간, vi) 능력, vii) 연령, viii) 부양가족, ix) 채용의 난이도, x) 퇴직률, xi) 경력발전의 기회 등이 있다. 격차수준결정의 실제에서는 어떤 하나의 요인이 아니라 대개 복수의 요인이 고려된다.

Ⅲ. 생계비조사·임금조사

보수수준을 결정할 때 고려해야 할 여러 가지 요인들을 실제로 고려할 수 있으려면 각 요인에 대한 자료를 수집하고 분석해야 한다. 보수결정에서 고려해야 할 요인이 많은 만큼 자료를 조사하고 분석하는 활동도 다양하다. 그 가운데서 실천적 중요성이 크고 활용도가 높은 것은 직무분석·평가, 생계비조사, 그리고 임금조사이다. 직무분석·평가에 대해서는 직업구조형성을 논의할 때 이미 설명하였다. 여기서는 생계비조사와 임금조사를 설명하려 한다.

1. 생계비조사

공무원이 최저의 인간다운 생활을 유지할 수 있도록 하고, 그의 노동력이 재생산되는 것을 보장하려면 정부는 생계비를 감당할 수 있는 보수를 지급해야 한다. 보수의 최저수준은 물가변동에 영향을 받지 않는 실질적인 수준으로 유지하는 것이 바람직하다. 따라서 생계비조사(生計費調査: cost-of-living survey)는 주기적으로 또는 지속적으로 실시해야 한다. 그리고 생계비의 산출에서도 대외적인 균형을 고려해야 하기 때문에 생계비의 조사는 '표준생계비'(평균생계비)의 조사가 되어야 한다.

1) 생계비결정에 관한 쟁점

보수의 최저생계비수준을 결정하려면 최저생활이 어떤 것인가를 확인하고, 생계비계정(生計費計定: cost-of-living budgets)을 분석해 최저 생활에 드는 비용을 알아내야 한다. 이러한 작업과정에서 결단을 내려야 할 문제들이 많다. 그 가운데서 중요한 것들을 보면 다음과 같다.

(1) 최저생활수준의 정의 이론적으로 생계비를 산정하려 하는 경우에 무엇을 최저생활수준으로 보아야 하느냐 하는 문제가 있다. 실제로는 여러 가지 요인을 참작하여 보수계획을 입안하는 사람들이 판단할 문제이므로, 최저생활수준의

내용은 시간과 장소에 따라서 달라질 수 있다.

최저생활수준의 내용이 궁극적으로 주관적 판단에 따라 결정된다고 하지 않을 수 없지만, 그러한 판단이 자의적으로 이루어져서는 안 된다. 국민일반의 생활수준과 정부의 사회정책적 입장을 고려하고, 영양학·위생학 등의 분야에서 연구해 놓은 자료를 기초로 삼아야 한다. 그리고 생활수준의 분류에 관한 일반이론도 참고해야 한다.[f)]

(2) 생계비산정의 대상인원 최저생활수준의 내용을 결정한 다음에는 몇 사람에 대한 최저생활을 보장해야 하는가 하는 문제를 해결해야 한다. 생계보장의 대상인원수를 결정하는 방안에는 다음과 같은 것들이 있다.[4)]

① **가족수당제 채택** 가족수당제도를 채택하면 이론적으로 부양가족수를 추정하여 획일적으로 적용하는 데 따르는 어려움을 회피할 수 있다.

② **본인만을 대상으로 하는 방안** 대상인원을 해당 공무원 한 사람으로 한정하는 방안을 생각할 수 있다.

③ **부양가족수의 차별적 결정** 부양가족의 수를 공무원의 연령과 계급에 따라 차별적으로 인정하는 방안이 있다.

④ **부양가족수의 통일적 결정** 평균부양가족수를 획일적으로 추정하는 방법이 있다. 예컨대 전국인구조사에서 취업인구의 평균부양가족수가 4명으로 밝혀졌다면, 모든 공무원이 각각 4명의 가족을 부양하는 것으로 보아 생계비를 계산할 수 있다.[g)]

이러한 여러 방안들은 각기 장단점을 가지고 있으므로 상황적 조건에 맞게 선택·배합해 사용해야 할 것이다.

(3) 생계비의 지역별·직업분야별 격차 생계비의 실태는 지역에 따라, 그리고

f) 생활수준의 분류에 관한 이론들은 최저생활수준의 의미를 규명하는 데 필요한 개념적 도구를 제공한다. 그러한 이론의 예로 생활수준의 유형을 ① 궁핍수준(poverty level), ② 최저생존수준(minimum subsistence level), ③ 건강과 체면을 유지할 수 있는 수준(health and decency level), ④ 안락수준(comfort level), ⑤ 문화수준(cultural level) 등으로 나누어 설명하는 Paul H. Douglas의 이론을 들 수 있다. Douglas, *Wages and the Family* (University of Chicago, 1925), p. 5ff.

g) 우리 정부에서는 가족수당을 지급하는 부양가족수를 4명 이내로 제한해 왔으나 자녀에 대해서는 그러한 제한을 두지 않기로 하였다. 출산장려책의 일환인 것으로 보인다.

취업하고 있는 조직체의 종류와 직업분야에 따라 다르다. 이러한 차이는 표준생계비를 이론적으로 산출하는 경우에도 고려해야 하겠지만, 생계비의 실태를 조사하여 표준생계비를 산출하는 경우에 특히 문제로 된다. 어떤 지역에서, 그리고 어떤 범주의 취업자에 대한 생계비를 조사해 평균하였는가에 따라 표준생계비가 달라지기 때문이다.

지역별·직업분야별 생계비격차를 정확히 파악하려면 해당 공무원이 근무하고 있는 지역에서 동종조직의 동종업무에 종사하는 사람들의 생계비를 조사해야 할 것이다. 그러나 생계비조사의 실제에서 지역격차는 고려할 수 있으나 조직체별·업무분야별 격차는 고려하기 어렵다. 절차상으로 어려울 뿐만 아니라 정부조직과 같은 조직체를 정부 밖에서 찾는다는 것도 어렵다. 따라서 해당지역 내 일반국민의 생계비를 조사하거나 현재 근무하고 있는 해당 공무원들의 생계비를 조사하는 것이 보통이다.

(4) 생계비의 시기별 격차 생계비는 시기별로 달라질 수 있기 때문에 가계지출의 시기별 변동요인을 생계비조사에서 감안해야 한다. 시기별 변동을 엄격히 포착하는 경우 월별로 또는 계절별로 다른 생계비의 계산이 나오겠지만, 시기별 변동은 연중 평균하여 고려하면 족할 것으로 생각된다.

2) 표준생계비의 산출방법

표준생계비의 산출방법은 두 가지로 대별할 수 있다. 그 하나는 이론적인 가계연구(家計硏究)를 통해 산출하는 방법이다. 이 방법으로 산정하는 표준생계비를 이론생계비라 한다. 다른 하나는 생계비의 실태를 조사해 평균치를 구하는 방법이며, 여기에서 얻어지는 것이 실태생계비이다.[5] 이 두 가지 산출방법에는 각기 장점·단점이 있다. 구체적인 경우의 조건에 따라 어느 한 방법을 쓰거나 두 가지 방법을 병용 또는 혼용할 수 있을 것이다.

(1) 이론생계비의 산출 이론생계비(理論生計費)는 이론적으로 계산해 낸 생계비이다. 이론생계비조사에서 생계비의 실태를 직접 조사하지는 않는다. 그러나 이론적인 산출의 근거가 될 자료는 수집해야 한다. 예컨대 물가시세는 알아야 하며, 영양학·위생학 등의 분야에서 발전시킨 이론들도 참고해야 한다. 이론생계비

는 생활에 필요한 재화·용역이 무엇인가를 이론적으로 결정하고, 거기에 소요되는 비용을 파악하여 산출한다. 이때에 재화·용역의 종류는 구체적인 단위로 세분하여 고려한다.

이론생계비를 산출하는 경우에 무엇을 최저의 표준적인 생활로 보느냐 하는 어려운 문제가 있다고 앞에서 말했다. 그리고 생활에 필요한 재화·용역을 표준화하는 작업은 매우 복잡하고 힘든 일이다. 표준화의 결과가 현실과 괴리될 염려도 있다.

(2) 실태생계비의 산출 실태생계비(實態生計費)는 특정한 개인 또는 가계의 지출상황을 실제로 조사하여 산출한다. 보수수준결정에 필요한 자료를 얻기 위해 따로 생계비조사를 하는 경우에는 표준적인 개인 또는 가구를 표본추출하여 조사하고 그 결과를 평균하게 된다. 그러나 편의상 이미 전국적으로 조사되어 있는 가계지출에 관한 자료를 활용할 수도 있다.

실태생계비는 현실인식의 기초로서 의미 있는 자료가 된다. 그리고 이미 조사되어 있는 통계자료를 활용할 수도 있으므로 편리할 때가 있다. 그러나 생계비지출의 실태는 현재의 소득에 따라 정해질 가능성이 크다. 즉 실태생계비는 지출의 필요보다는 소득의 크기를 반영하는 경우가 많다. 그러므로 실태생계비가 과연 적정한 생계비수준인가 하는 데는 의문이 있을 수 있다. 그리고 실태생계비의 지출내용이 적절한 것이라는 보장도 없다. 지출하는 사람이 현명하지 못한 지출을 했을 가능성이 있다.

2. 임금조사(보수조사)

임금조사(賃金調査: wage or salary survey)는 보수수준의 대외적 균형을 고려하기 위해 정부나 민간기업이 외부조직들의 임금수준을 조사하여 노동의 시장가격을 알아보려는 절차이다.[h)]

조사대상조직체들의 보수제도에 통일성이 있는 것은 아니므로 임금조사에서

h) 임금조사는 보수조사라 부를 수도 있을 것이다. 그러나 정부에서 실시하는 임금조사는 주로 사기업체를 대상으로 하기 때문에 사기업체에서 쓰는 용어를 사용하기로 한다.

는 명칭이나 형태에 구애받지 말고 보수에 해당되는 것을 포괄적으로 알아내 비교자료로 써야 한다. 포괄적 비교의 요청에 부응하기 위해 개발한 것이 총체적 보수(總體的 報酬: total compensation)라는 개념이다. 이것은 저자가 앞에서 정의한 보수와는 구별되는 개념이다. 총체적 보수라는 개념은 원래 조직구성원이 받는 심리적·물질적 편익을 총칭하는 것이지만, 임금조사의 실제에서 그것을 조작적으로 정의할 때에는 그 포괄범위를 다소 좁혀 금전적 가치로 환산할 수 있는 요인들만을 포함시킨다. 총체적 보수의 실용적인 개념이 포괄하는 요인은 ⅰ) 기본급과 부가급을 포함한 보수, ⅱ) 연금·보험·재해보상 등 보수에 연관된 금전지급, ⅲ) 통근차 이용·식사제공 등 복지편익, ⅳ) 각종의 유급휴가와 병가, ⅴ) 근무시간 등이다.[6)]

임금조사자료에서 얻은 기준은 일반적이고 비교적 장기적인 경향을 보여 주는 지표로 받아들이는 것이 바람직하다. 노동시가의 일시적인 또는 잠정적인 변동에 정부의 보수수준을 밀착시키려 하는 것은 무리한 일이다.

1) 임금조사의 애로와 한계

임금조사의 필요성은 분명하지만 실제로 임금조사를 하는 데는 여러 가지 어려움이 따른다.

① 노동가격 결정의 애로 노동의 시장가격(지배적인 가격 또는 시가: prevailing or going rate)이라는 것은 추상적인 개념이며, 실제로 단일한 시장가격을 언제나 발견할 수 있는 것은 아니다. 자유시장경제 하에서 노동의 시장가격 형성은 수요·공급관계의 영향을 받는다. 그러나 수요·공급관계에 대한 노동가격의 민감성은 비교적 낮다. 단일가격이 쉽게 형성되기도 어렵다. 노동가격의 결정에 미치는 사회적·구조적 요인의 영향이 크기 때문이다. 그러므로 임금조사에서는 여러 가지로 다른 노동가격 가운데서 어느 것이 비교기준으로서 가장 타당한 표준가격인가를 선택하는 판단을 해야 한다. 이러한 판단이 잘못되면 조사결과는 쓸모없는 것이 된다.

② 정부에 고유한 업무로 인한 애로 정부업무 가운데는 민간기업의 업무와 비교할 수 없는 것이 많다. 이런 업무에 대해서는 간접비교의 기법이 쓰이지만 비교의 엄격성은 그만큼 떨어지기 마련이다.

③ **교차비교의 함정** 임금조사는 정부에서만 하는 것이 아니라 민간기업에서도 하는 것이다. 그러므로 정부와 민간의 조직체들이 동시에 서로의 임금수준을 조사하는 상태를 생각할 수 있다. 이렇게 된다면 각 조직체는 자기의 현재 보수수준이 부분적으로 반영된 다른 조직체들의 보수수준을 다시 조사하여 새로운 보수수준을 결정하는 결과가 된다.

④ **조직별 특이조건의 간과** 임금조사를 통해 산출하는 표준적 보수수준은 다양한 조직체들이 각기 '특이한 사정'에 따라 지급하고 있는 보수수준을 평균한 것이다. 조사대상인 각 조직체의 특수한 사정을 대부분 무시하고 서로 다른 보수수준을 평균한 것은 통계이론 상 만족스러운 것이 아니며 정부의 보수수준결정에 엄격한 기준을 제시하지 못한다.

2) 대상조직과 기준직위의 선정

(1) 대상조직의 선정 임금조사에서 타당한 비교자료를 얻으려면 원칙적으로 같은 조건 하에 있는 조직을 조사대상으로 선택해야 할 것이다. 그러나 정부에서 민간기업의 임금조사를 하는 경우, 그러한 이상적인 상태는 바라기 어렵다. 여러 가지 제약조건 하에서 타당한 비교자료를 얻도록 최선을 다할 수밖에 없다. 임금조사의 대상조직을 선정할 때에는 가능한 한 ⅰ) 정부의 직위와 비교할 수 있는 직위를 가진 조직, ⅱ) 인력획득의 경쟁관계에 있는 조직, 그리고 ⅲ) 운영상태가 모범적이고 대표적인 보수제도를 가진 조직을 골라야 한다.

(2) 기준직위의 선정 대상조직을 선정할 때에는 기준직위(공통직위: bench-mark or key jobs) 선정작업을 병행해야 한다. 정부조직의 모든 직위들과 같거나 유사한 직위들을 외부의 비교대상조직에서 찾아내기는 대단히 어렵기 때문에 기준직위를 선정하는 것이다. 기준직위를 선정할 때에는 ⅰ) 조사대상조직에서 조사가 가능한 직위, ⅱ) 업무내용이 비교적 안정적인 직위, ⅲ) 정부나 민간에 그 수가 많은 대표적 직위, ⅳ) 정부와 민간에서 본질적으로 특성이 같은 직위, 그리고 ⅴ) 조사가 임박한 시기에 노동시장에서 인적자원의 공급이 과다하거나 과소하지 않았던 직위를 우선적으로 선정해야 한다.

3) 자료수집방법

임금자료의 수집에는 조사표에 의한 조사방법이 가장 널리 쓰인다. 직접조사방법과 연관직업분석방법도 보완적으로 사용된다.[7)]

(1) 조사표를 사용한 자료수집 임금조사표(salary survey questionnaire form)는 임금자료를 요구하는 일종의 질문서이다. 임금조사표에서 요구하는 자료에는 기본급과 수당에 관한 자료뿐 아니라 해당직위의 수, 근무시간, 휴가, 퇴직시의 편익 등 근무조건을 알 수 있는 자료(이른바 총체적 보수의 내용을 알 수 있는 자료)가 포함된다.

조사표를 배포하여 조사대상조직에서 수집한 임금자료를 집계하고 분석해서 임금수준의 분포를 확인하고 적절한 통계학적 방법을 사용해 표준적(지배적)인 보수수준을 결정한다. 표준적인 보수수준결정에서는 i) 조직마다 서로 다른 임금수준을 단순히 평균하는 방법, ii) 임금을 받는 인원수에 따라 임금수준의 가중평균치를 구하는 방법, iii) 극단적인 경우에 해당하는 임금자료를 배제하기 위해 임금수준의 분포에서 상단 25%와 하단 25%를 제외하고 중간에 해당하는 50%의 임금수준만을 평균하는 방법 등이 쓰인다.

(2) 직접조사 직접조사는 임금조사자들이 조사대상기관의 직위들을 직접 검토하는 방법이다. 조사대상기관의 직위들에 대한 직급명세서를 검토하여 정부와 민간에서 유사한 직위들을 찾아 낸 다음 그들의 보수를 비교한다.

직접조사방법을 쓰면 공·사 간에 보수수준을 직접 비교할 수 있는 직위의 범위가 넓어진다. 그러나 조사에 시간과 비용이 많이 들기 때문에 광범하게 활용할 수 있는 방법은 아니다. 대상조직이 외부인의 직접조사를 허용하지 않을 가능성도 크다.[i)]

(3) 연관직업분석 여러 가지 방법을 써서 임금조사를 하더라도 비교가능한 임금자료를 직접 발견할 수 없는 정부조직의 직위들에 대해서는 연관직업분

---

i) 직접조사를 하거나 조사표를 사용하거나 임금조사 대상조직의 성실한 협력을 얻기는 쉽지 않다. 우리 정부는 이 점을 유념하고 「공무원보수규정」 제 3 조에서 중앙인사기관이 보수자료를 조사할 때 관련 기관에 협조를 요구할 수 있는 권한에 대해 규정하고 있다.

석(cross-occupation job analysis)을 통해 임금자료를 추정하는 수밖에 없다. 연관직업분석이란 기준직위와 유사한 직위를 찾아 간접적인 비교를 되풀이하는 절차이다.

제2절

보수체계

Ⅰ. 보수체계란 무엇인가?

1. 보수체계의 정의

보수체계(報酬體系: structure of compensation)란 보수지급항목(보수종류)의 구성을 말한다. 어떤 종류의 보수를 어떻게 배합하느냐에 따라서 보수체계의 내용이 결정된다. 보수제도운영의 실제에서 여러 가지 종류의 보수를 다루기 때문에 보수의 종류를 배합해 보수체계를 만들어야 한다. 보수관리에서 보수체계를 만드는 문제는 보수의 수준을 결정하는 문제 못지않게 중요한 것이다. 보수체계는 조직이 처해 있는 내외의 사정과 필요를 반영하고 보수정책의 기본방향에 부합하는 것이라야 한다.

보수체계를 구성하는 보수의 유형론은 다양하다. 많은 유형론들 가운데서 가장 널리 쓰이는 유형론은 실질적 분류와 형식적 분류이다. 실질적 분류는 보수의 목적 또는 보수수준결정의 기준이 무엇이냐에 따른 분류이다. 형식적 분류는 보수가 기본적인 것인가, 또는 부가적인 것인가 하는 등의 형식에 따른 분류이다. 여기서 주의할 것은 실질적 분류와 형식적 분류의 구별은 상대적이라는 점이다. 구별의 한계가 반드시 엄격한 것이 아니기 때문에 보는 입장에 따라 그 어느 편으로도 해석할 수 있는 경우가 있게 된다. 보수제도 운영의 실제에서는 보수의 종류를 대개 형식적 기준에 따라 일차적으로 분류하지만, 이때에도 실질적 분류기준의 고려를 완전히 배제하지는 않고 이를 형식적 분류에 연관 짓는다.

다음에 보수체계를 설계할 때 선택·배합할 수 있는 보수의 종류에는 어떤 것들이 있는지 알아보려 한다. 그리고 보수체계의 한 국면인 봉급표와 보수변동의 한 양태인 승급에 대해서도 설명하려 한다. 보수의 종류를 설명할 때에는 먼저 형식적 분류에 의해 기본급과 부가급을 구분하고 이 두 가지 종류를 다시 실질적으로 분류하려 한다.

2. 기본급(봉급)

1) 기본급의 정의

기본급(基本給: base pay)은 보수 가운데서 기본적인 부분을 차지하는 것이다. 기본급은 기준근무시간에 대한 보수이며 모든 공무원에게 지급되는 보수이다. 기본급은 원칙적으로 보수총액의 주된 부분을 차지하며 각종 수당이나 연금, 실비변상 등을 산정하는 데 기준이 된다. 우리 정부의 「공무원보수규정」에서는 기본급을 봉급(俸給)이라 부르고 있다.

2) 기본급의 종류

보수의 목적 또는 실질적 결정기준이 무엇인가에 따라 분류한 기본급의 유형을 보면 다음과 같다.[1)]

(1) 생 활 급 생활급(生活給)은 생계유지의 필요에 대응하는 보수이다. 생활급은 생계비를 결정기준으로 하는 보수로서 공무원과 그 가족의 생활을 보장하기 위한 것이다. 그러므로 생활급을 결정할 때에는 공무원의 연령·가족상황 등이 중요한 고려요인으로 된다.

(2) 근 속 급 공무원의 근속연수를 기준으로 하는 보수를 근속급(勤續給)이라 한다. 근속급제도 하에서는 비교적 적은 초임급으로부터 시작하여 근속기간이 길어감에 따라 보수액을 올려 간다. 이러한 근속급은 노동시장이 폐쇄적인 때에 공무원의 근속을 장려하여 필요한 노동력을 확보하려는 목적에 기여할 수 있다.[a)] 그리고 공무원이 나이들어 가는 데 따른 생계비증가를 뒷받침해 주어야 한

---

a) 여기서 노동시장이 폐쇄적이라는 것은 경험을 쌓은 노동력의 조직체 간 유동이 제약된 상태를 말한다.

다는 요청을 어느 정도 충족시킬 수 있다.

(3) 능 력 급 공무원의 능력정도에 따라 결정하는 보수를 능력급(能力給)이라 한다. 여기서 말하는 능력은 공무원이 가진 모든 능력이 아니라 조직목표에 기여할 수 있는 능력이다. 능력의 범위를 더욱 한정하여 직무별 능력을 기초로 하는 보수를 직능급(職能給)이라 부르기도 한다.[b)]

(4) 직 무 급 각 직위의 직무가 가지는 상대적 가치를 분석·평가하고 그에 상응한 보수를 결정하는 것이 직무급(職務給)이다. 보수를 직무의 곤란성과 책임의 정도에 따라 지급함으로써 '일에 맞는 보수'를 실현하려는 것이 직무급이다. 공무원이 담당하는 직무를 기준으로 하는 직무급은 직무성과 또는 실현된 직무를 기준으로 하는 성과급과는 구별된다.

(5) 성 과 급 성과급(成果給)은 직무수행의 결과 또는 산출고를 기준으로 결정하는 보수이다. 조직에 기여할 수 있는 잠재적 가능성이 아니라 현실화된 기여도를 기초로 산출하는 보수이다. 성과급은 고정적인 것이 아니다. 그때그때의 성과에 따라 보수액이 달라진다.

성과급적 기본급과 성과급적 수당을 포괄하는 성과보수제에 대해서는 뒤에 따로 설명할 것이다.

(6) 발전장려급 발전장려급(發展奬勵給)은 직무수행과 조직의 개혁에 대한 기여도를 기준으로 결정하는 보수이다. 혁신장려급이라고도 부르는 발전장려급은 지속적인 행정개혁의 필요에 부응하려는 보수이다. 발전장려급을 성과급의 한 유형으로 볼 수도 있으나 창의성과 개혁을 특별히 강조한다는 점에서 차별성이 인정된다.[c)]

---

b) 기술급(skill-based pay)도 능력급의 일종이다. 기술급은 직무가 아니라 직원이 가진 기술을 기준으로 결정하는 보수이다. 보수결정기준인 기술에는 직무수행에 당장 사용하는 기술뿐만 아니라 사용가능성이 있는 직무관련기술 또는 조직의 전략적 목표에 기여할 수 있는 기술도 포함된다. 기술급의 목적은 직원들의 기술연마를 장려하려는 것이다. 기술급을 지식급(knowledge-pay)이라고 부르기도 한다.

c) 직무격상급(직무증진급: job enhancement pay)은 발전장려급의 일종이라고 할 수 있다. 이것은 직무수행의 기본적 요건 이상으로 직무수행의 질적 수준을 높이거나 범위를 넓힌 활동에 대해 지급하는 보수이다.

(7) 종합결정급 공무원의 생계비, 연령, 자격, 근속 및 경험연수, 능력, 직무, 근무성적, 개혁에 대한 기여 등을 종합적으로 고려하여 결정하는 보수가 종합결정급(綜合決定給)이다. 보수제도의 실제에서 기본급은 대개 종합결정급이다. 고려요인(기준)의 종류와 수 그리고 요인별 비중은 구체적인 제도에 따라서 달라질 수 있다. 종합결정급은 공무원과 정부조직의 사정에 따라 적절히 보수를 결정할 수 있는 융통성을 지닌다. 그러나 보수결정의 기준이 명확하지 못해 보수결정이 자의에 빠질 염려가 있다. 실제로 보수결정의 복잡한 기준에 대해 해명이 불충분한 경우가 많다. 종합결정급이더라도 그 기초를 이루고 있는 여러 기준의 배합을 명확히 할 필요가 있다.

3) 기본급 유형의 선택과 배합

여러 유형의 기본급들을 선택·배합할 때에는 정부조직의 사정과 보수정책의 목적에 부합되도록 해야 한다. 그렇게 하려면 생활보장, 일에 맞는 보수의 지급, 직무수행의욕의 제고 등 보수의 기본적 기능을 고려하고 조직의 유형, 공무원의 구성, 인사제도의 특성, 공무원의 기대, 보수의 일반수준 등을 검토해야 한다.

「국가공무원법」 제46조는 보수를 결정할 때 직무기준을 기본으로 하고 생계비, 물가수준, 민간부문의 임금수준, 그 밖의 사정을 고려하도록 규정한다. 근래에는 성과기준의 고려를 강조하고 있다. 우리 정부의 공무원보수는 종합결정급이라 할 수 있지만 여러 기준의 배합비율에 관한 법령의 설명이 충분하지는 않다.

3. 부가급(수당)

1) 부가급의 정의

부가급(附加給) 또는 수당(手當: allowance)은 기본급을 보완하는 보수이며 근무조건이나 생활조건의 특수성이 인정되는 공무원들에게 지급되는 것이다. 보수가 충족시켜야 할 요청은 많고 직무의 특성과 근무조건은 매우 다양하기 때문에 기본급이라는 하나의 수단만으로 대처하기는 어렵다. 수당제도로써 이를 보완하지 않을 수 없다. 여기에 부가급의 존재이유가 있다.

수당은 보수제도에 필요한 탄력성을 유지하기 위해 불가결한 수단이지만 남용의 우려도 큰 것이다. 남용 또는 실책의 예로 i) 각종 수당의 목적을 불문하고 부족한 생계비를 보충하는 데 쓰는 것, ii) 수당지급의 기준과 조건을 적정하게 결정하지 못해 보수의 불균형을 초래하는 것, iii) 기본급의 근본적인 문제를 해결하지 않고 수당으로 미봉책을 강구하다가 수당의 남설을 초래하는 것, iv) 수당액수와 지급률의 산정을 그르치는 것 등을 들 수 있다.

2) 부가급의 종류

현대국가에서 널리 쓰이고 있는 수당의 일반적 범주는 i) 직무가급적 수당, ii) 생활보조급적 수당, iii) 지역수당, iv) 조정수당, v) 성과급적 수당, vi) 초과근무수당 등이다.[2)]

(1) 직무가급적 수당 직무의 차이에 대한 보수의 조정이 기본급만으로는 불충분할 때 활용되는 수당을 통칭하여 직무가급적 수당(職務加給的 手當)이라 한다. 즉 직무요인의 특이성 때문에 지급하는 수당을 말한다.

직무가급적 수당 가운데 가장 흔히 볼 수 있는 것은 특수근무수당이다. 특수근무수당은 특수한 직무에 종사하는 공무원에게 지급하는 수당이다. '특수한 직무'가 되는 조건 가운데는 직무의 성질이나 직무 상 필요로 하는 자격요건이 특수한 경우, 근무형태가 특수한 경우, 근무환경이 위험하거나 건강에 해로운 경우 등이 포함된다. 특수근무수당의 예로 특수업무수당, 위험근무수당, 업무대행수당 등을 들 수 있다.

(2) 생활보조급적 수당 생활보조급적 수당(生活補助給的 手當)은 생활비를 보조하기 위한 수당이다. 우리 정부에서는 이를 가계보전수당이라고 부른다. 그 대표적인 것이 가족수당(부양수당)이다. 가족수당은 공무원이 부양하는 가족의 생계비를 보조하려는 수당이다. 가족수당은 저임금의 보충책일 뿐만 아니라 인구성장을 위한 출산장려의 취지를 내포하는 경우도 있다.

가족수당 이외에도 자녀학비보조수당, 주택수당, 육아휴직수당 등 복리후생적 수당이 생활보조급적 수당에 포함된다.

(3) 지역수당 지역수당(地域手當)은 공무원이 근무하는 지역이 다름에 따

라 생기는 생활 상의 격차를 해소 또는 보상하기 위하여 지급하는 수당이다. 지역수당의 대표적인 예는 교통이 불편하고 문화·교육시설이 거의 없는 지역이나 근무환경이 특수한 기관에 근무하는 공무원에게 지급하는 특수지근무수당이다. 경제적 사정의 지역격차를 전국적으로 고려하는 근무지수당이 지급될 때도 있다.

(4) 조정수당 조정수당(調整手當)은 노동시장의 형편에 따라 특정한 직위 또는 직급의 보수를 조정하거나 새로운 보수체계 도입 등으로 일시적인 보수불균형이 생긴 경우 이를 조정하기 위한 수당이다. 우리 정부에서는 공무원의 처우개선을 위해 필요한 때 봉급조정수당을 지급한다.

(5) 성과급적 수당 성과급적 수당(成果給的 手當)은 금전적 유인의 부여로 직무능률의 향상을 꾀하고 탁월한 직무수행을 보상하려는 상여수당이다. 성과급적 수당에는 개인성과급, 집단성과급 등이 있다. 우리 정부에서 공무원에게 주는 대표적인 상여수당은 근무성적·업무실적 등이 우수한 공무원에게 지급하는 성과상여금이다. 공무원의 근무연수에 따라 지급하는 정근수당과 대우공무원수당도 상여수당의 범주에 포함시키고 있다.

(6) 초과근무수당 초과근무수당(超過勤務手當)은 정상(표준)근무시간을 초과하여 근무하는 사람에게 지급하는 수당이다. 대표적인 초과근무수당은 시간외근무수당이다. 야간근무수당, 휴일근무수당, 겸임수당, 관리업무수당 등은 직무가급적 수당 같은 일면을 지녔지만 법령에서는 초과근무수당과 한 묶음으로 규정한다.

4. 성과급제도

1) 성과급의 정의

성과급(pay-for-performance)은 직무수행의 성과를 결정기준으로 삼는 보수이다.[d] 이것은 측정가능한 직무수행실적 또는 직무수행의 결과에 보수를 직접적으

---

d) 성과급에는 여러 가지 별칭이 붙어 있다. 업적급, 능률급, 유인급, 장려급, 실적급, 실적연관적 보수(pay contingent on performance) 등이 그 예이다. 성과급의 어떤 특성을 더 강조하느냐에 따라 그런 별칭의 분화가 생긴 것 같다.

로 연결하는 제도이다. 이 제도 하에서는 직원의 직무수행성과수준과 그의 보수수준 사이에 직접적인 관계가 설정된다.[e)] 성과급은 보수가 갖는 직무수행동기유발기능을 강화하기 위해서, 그리고 보수를 관리도구화하기 위해서 고안한 것이다. 이러한 제도입안의 취지를 살릴 수 있으려면 보수관리의 융통성과 재량성이 높아야 한다. 성과급제도는 유연한 보수관리제도와 표리의 관계에 있다.

성과급은 기본적인 또는 기초적인 보수 위에 추가하여 지급하는 것이 원칙이다. 직원들에게 기초적인 보수를 주고 그 위에서 그들의 생산성이 일정한 기준을 초과하는 경우 추가적 보수를 받을 수 있는 기회를 주기 위해 성과급을 활용하는 것이 일반적인 관행이다. 이러한 까닭으로 성과급은 추가적인 보수의 지급방법 또는 보수인상방법으로 이해되기도 한다.

성과급은 명확한 성과지향적 목표가 설정되고 그에 대한 직무수행실적이 측정될 수 있는 직무에 효과적으로 적용할 수 있다. 그리고 직원의 직무수행노력과 직무수행성과 사이의 인과관계가 확인될 수 있어야 한다. 직무의 표준화수준과 독자성, 비교가능성이 높고 일의 흐름이 안정적인 것도 성과급의 효율성을 높이는 조건이다.

2) 성과급 확산의 이유

직무수행의 업적이나 성과에 따라 지급하는 보수의 역사가 결코 짧은 것은 아니다. 그러나 성과급에 대한 근래의 처방적 강조는 인사행정학의 특별한 관심사로 부각되고 있다. 성과급에 대한 이론적 강조 그리고 그 실천적 세력확산의 이유는 두 가지이다.

(1) 형평성의 이념 민주적 형평관념의 발전을 들 수 있다. 산업사회의 형평관념에 맞는 제도로 직무급이 개발되었다. 그러나 그것은 '맡은 직무' 또는 '직무수행의 가능성'을 기준으로 하는 것일 뿐이라는 이치를 깨달으면서부터 결과로 나타난 직무수행을 기준으로 삼아야 한다는 생각이 퍼지게 되었다. 보수지급의 형평성을 보다 실질화하고 정확하게 하려는 노력의 일환으로 성과급 확대를 주

e) 성과급의 의미를 넓게 규정하는 사람들은 직무수행결과뿐만 아니라 직무수행능력과 행태를 기준으로 하는 보수도 성과급에 포함시킨다. 그러한 개념사용은 소수의견이며 여기서는 채택하지 않는다.

장하게 되었다.

(2) 동기이론의 영향 업무성과에 금전적 보상을 결부시킴으로써 직무수행동기(사기)를 높이고 생산성을 향상시킬 수 있다는 기대이론의 가설, 처우의 형평성에 대한 인식이 동기수준에 영향을 미친다는 형평이론의 가설, 그리고 외적 유인을 사용해서 바람직한 직무행태를 강화할 수 있다는 학습이론의 가설이 미친 바 영향이 크다.[f)]

보수가 유일하거나 또는 가장 강력한 동기유발의 유인은 아니더라도 하나의 유인이 될 수 있다면, 그것을 직무수행동기유발에 기여하도록 유효하게 활용해야 한다. 보수라는 유인을 직무수행의 실적에 따라 분배할 때 동기유발효과가 가장 커진다고 하는 동기이론들은 성과급제도의 입지를 강화하는 데 기여하였다.

3) 성과급의 종류

성과급의 종류는 다양하다. 이를 세 가지 범주로 나누어 정리해 볼 수 있다. 세 가지 범주란 ⅰ) 개인차원의 성과급(individual incentive plans), ⅱ) 집단차원의 성과급(team based incentive plans), 그리고 ⅲ) 조직차원의 성과급(organizational incentive plans)을 말한다.[3)] 각 범주에 포함되는 성과급의 종류를 예시하려 한다. 그 가운데는 민간부문에서 활용되지만 정부부문에 도입하기는 어려운 것들도 있다.

(1) 개인차원의 성과급 기업과 정부부문에서 개발한 개인차원의 성과급으로 ⅰ) 도급제(都給制: piecework plan), ⅱ) 기준시간제(基準時間制: standard hour plan), ⅲ) 판매 커미션(sales commission), ⅳ) 성과상여금(bonus)과 성과연봉, ⅴ) 실적에 따른 승급 등을 들 수 있다. 종업원들이 자기회사 주식을 무상으로 받거나 싸게 살 수 있게 하는 프로그램(stock plans and stock options)도 유인급여와 유사한 성격을 가진 제도이다.

도급제는 생산단위(unit produced)에 맞추어 보수를 지급하는 방법이다. 기준시간제는 표준적 산출에 대한 기본보수를 공통적으로 지급하고 시간당 표준산출을 초과하는 산출에 대해서 보수를 추가지급하는 방법이다. 판매 커미션은 재화·용역을 판매한 대금의 일정비율을

f) 기대이론, 형평이론, 그리고 학습이론에 대해서는 제8장에서 설명할 것이다.

지급하는 방법이다. 판매 커미션을 정부부문에서 그대로 활용하기는 어렵다. 각종 수수료와 같은 수입의 일부를 상여금으로 사용할 수는 있을 것이다. 성과상여금은 그때 그때의 생산실적에 직결시키지 않고 실적을 종합하여 추가적 보수를 주기적으로 지급하는 방법이다. 성과연봉은 연봉으로 계산하여 지급하는 성과급이다.

(2) 집단차원의 성과급 집단성과급은 작업집단(work group or team)을 단위로 지급하는 성과급이다. 집단성과급제를 시행하려면 직원들이 작업집단을 구성하게 하고 집단별로 성과목표를 설정한 다음 그들이 집단목표를 성취할 수 있도록 힘을 실어 준다. 직무수행성과도 집단을 단위로 측정·평가하며 성과급의 지급도 집단을 단위로 시행한다. 집단구성원들은 집단에 주어진 성과급을 분배한다.

집단차원의 성과에 집단차원의 보수를 연계시킨 집단성과급은 작업집단의 응집력과 협동적 업무수행을 강화하는 데 기여할 수 있다. 이러한 효용을 거둘 수 있으려면 집단의 업무수행목표가 명확히 설정되고 구성원들이 이를 잘 이해해야 한다. 집단구성원들 사이에 상호 신뢰의 관계가 조성되어야 한다. 그리고 집단은 과업수행에 필요한 자원의 적절한 공급을 받아야 한다. 업무의 양적 성취만을 너무 강조하지 말아야 한다.4)

개인을 대상으로 하는 성과급의 문제점들을 피하기 위해 도입하는 집단성과급은 그것대로 폐단의 위험을 안고 있다. 가장 큰 문제는 다른 사람들의 노력에 얹혀 거저 먹으려는 '무임승차자'(free-rider or social loafer)들이 생긴다는 것이다. 개인별 목표의 경우보다는 집단목표에 대한 구성원들의 심리적 연계가 약하다는 것도 문제이다.

(3) 조직차원의 성과급 조직차원의 성과급은 조직 전체의 생산성향상이나 비용절감에 대한 조직구성원들의 기여를 인정하여 모든 구성원들에게 주기적으로 지급하는 성과급이다. 기업에서 지급하는 조직차원의 성과급은 대개 이윤증가, 노동비용절감, 노동비용에 대비한 부가가치증가 등을 기준으로 결정한다. 다소 모호한 실적기준에 따라 장래의 동기유발을 겨냥해 상여금을 지급하기도 한다. 정부부문에서는 업무·정책에 관한 기관평가의 결과를 공무원들의 성과급 결정에 반영하는 방법이 사용될 수 있다.

(4) 정부부문의 성과급 정부부문에서는 제약이 많아 사용되는 성과급의 종류가 한정되어 있다. 성과급적 기준을 기본급의 결정에서 일부 고려하는 방법, 상여금을 월별·분기별로 또는 연말에 공통적으로 지급하는 방법, 모범적인 또는

우수한 공무원으로 선발된 사람들만을 대상으로 상여금을 지급하거나 특별승급을 실시하는 방법 등이 주로 쓰여 왔다. 앞으로 행정서비스 공급의 시장화 영역이 늘어나면 과거 민간기업체의 전유물로 여겨지던 유인급여들도 정부부문에서 도입할 가능성이 커질 것이다.

우리 정부에서도 개인차원의 성과급적 보수를 몇 가지 지급하고 있다. 개인차원의 성과급 가운데서 '본격적인' 것은 4급 과장급 이상 공무원 및 고위공무원에게 지급하는 성과연봉과 과장급을 제외한 4급 이하 공무원에게 지급하는 성과상여금이다. 성과연봉은 전년도 업무실적의 평가결과를 반영하여 지급하는 급여의 연액이다. 성과상여금은 근무실적·업무실적 등이 우수한 공무원에게 지급하는 성과급적 수당이다.

성과상여금은 제도운영의 실제에서 개인차원의 성과급으로 지급되는 것이 원칙이다. 그러나 「공무원수당 등에 관한 규정」 제 7 조의 2는 이를 집단차원 또는 조직차원의 성과급으로도 지급할 수 있는 길을 열어 놓았다. 소속장관은 개인별로 차등지급하는 방법, 부서(실·국·과 등)별 또는 지급단위기관별로 차등하여 지급한 후 개인별로 균등하게 지급하는 방법, 개인별로 차등하여 지급하는 방법과 부서별 또는 지급단위기관별로 차등하여 지급하는 방법을 병용하는 방법, 부서별 또는 지급단위기관별로 차등하여 지급한 후 부서 또는 지급단위기관 안에서 개인별로 다시 차등하여 지급하는 방법 가운데서 어느 하나를 선택하거나 중앙인사기관과 협의하여 그 밖의 방법을 채택할 수 있다고 규정한다.

4) 관리과정

성과급의 관리과정은 일련의 활동단계를 내포한다. 표준적인 것으로 처방되고 있는 활동단계들을 보면 다음과 같다.[5)]

① **핵심업무영역 결정**　해당직원의 핵심업무영역(key result areas or broad accountabilities)이 무엇인지를 직원과 감독자가 협의하여 결정한다.

② **성과목표와 성과측정방법의 결정**　핵심업무영역 내에서 직원이 수행해야 할 성과지향적 목표와 그 추진상황 측정방법을 주기적으로(연도별로) 결정한다.

③ **목표추구활동의 추적·지원·지도**　직원의 목표추구활동이 진행되는 동안 그 진도를 감독자와 담당직원이 함께 추적하고 감독자는 담당직원의 직무수행목표

추구를 지원하고 지도한다.

④ **성과의 측정·평가** 목표수행기간이 끝난 때에 직무수행성과를 측정하고 이를 목표에 비추어 평가한다.

⑤ **환 류** 확인된 실적과 평가성적을 해당직원에게 환류한다.

⑥ **성과급 결정** 평가성적에 따라 성과급을 결정하고 지급한다.

5) 성과급의 효용과 한계

성과급의 일반적 효용과 한계를 보면 다음과 같다.[6]

(1) 효 용 성과급제도의 효용은 두 가지 분야로 나누어 생각해 볼 수 있다. 그 하나는 처우의 형평성 구현이며 다른 하나는 동기유발효과이다. 이런 효용에 대해서는 앞서 성과급제도 확산의 이유를 설명할 때도 언급했지만 다시 부연하려 한다.

① **보수지급의 형평성 구현** 성과급은 맡은 직무의 실천을 대상으로 하는 보수이며, 조직에 대한 공헌의 가능성보다 실제적 공헌 내지 실현된 공헌을 기준으로 하는 보수이기 때문에 형평성 구현을 보다 실질화할 수 있다. 성과급은 유인－기여의 상호주의적 관계설정에 대한 요청과 형평성 있는 교환관계 설정에 대한 요청에도 일관되는 것이다.

② **동기유발과 생산성 향상** 보수를 직무수행실적에 결부시킴으로써 공무원의 동기를 유발하고 생산성을 향상시킬 수 있다. 성과급제도가 직무수행자들의 동기를 유발하고 개인과 조직의 생산성을 높이는 이유로 ⅰ) 보수가 직무수행성과에 연계된다는 기대감 그리고 보수의 형평성에 대한 인식은 동기를 유발한다는 것, ⅱ) 열등한 직무수행자들이 직무수행을 개선하거나 조직을 떠나도록 압박할 수 있다는 것, ⅲ) 미리 정한 기준에 따른 과학적 근무성적평정을 촉진하고 생산성에 관한 상하 간의 의사전달을 촉진한다는 것, ⅳ) 제한된 자원을 효율적으로 배분하는 조직의 능력을 키운다는 것 등을 들 수 있다.

(2) 한 계 성과급 자체의 약점 그리고 실천 상의 제약요인이 여러 가지 있다. 특히 정부조직에서 제약요인은 더 많다. 다음에 논의하는 약점과 제약은 대체로 감독자평정에 의존하는 개인차원의 성과급을 준거로 하는 것이다.

① **동기유발효과에 대한 의문** 성과기준에 따른 추가적 금전지급이 동기유발과 생산성향상에 직결되지 않을 수도 있다는 가장 근본적인 문제가 있다. 기대이론, 학습이론, 형평이론 등은 외재적 동기유발에 주된 관심을 갖는 이론들이다. 이런 이론들을 지지하는 증거도 있지만, 그렇지 않은 이론과 증거도 있다. 금전지급과 같은 외재적 유인이 동기유발의 효과를 어느 정도 갖는다 하더라도, 성과급의 논리는 외재적 보상을 통한 동기유발을 지나치게 강조한다는 비판을 피하기 어렵다. 금전적 유인이 외재적으로 동기를 유발하지는 못하고 내재적 동기유발은 방해한다는 이론도 있다.

② **성과측정의 애로** 성과급은 '측정된 실적'을 기준으로 하는 것인데, 타당한 실적측정은 쉬운 일이 아니다. 정부업무 가운데는 목표의 확인, 실적의 객관적 측정과 계량화가 어려운 것이 많다. 업무성취에 대한 개인별 기여도를 구분하거나 개인적 노력과 다른 영향요인을 구분하는 것도 어렵다. 평정자들의 능력부족·공정성결여도 문제이다.

③ **경쟁과 소외** 성과급제의 시행은 개인 간 및 집단 간의 경쟁을 격화시켜 바람직하지 않은 여러 가지 부작용을 초래할 수 있다. 성과급제도의 시행은 승·패 상황을 악화시키고 소외감·위화감을 조성한다. 단체정신을 해치고 공동목표 달성을 위한 협동을 좌절시킨다. 낮은 평가를 받은 사람들은 비난대상을 찾고 관리층을 불신하는 행태를 보일 수 있다. 경쟁과 소외를 우려하는 노동조합은 성과급 채택을 반대할 수 있다.

④ **재정적 제약** 보수예산의 한정과 재정적 경직성이 성과급제도의 원활한 운용을 방해한다. 고정된 예산액과 지출조건의 경직성은 융통성 있는 유인급여의 지급을 어렵게 한다. 재정적 경직성뿐만 아니라 전반적으로 통일성을 선호하는 법체제의 원리도 보수의 융통성 있는 차등지급을 어렵게 한다. 보수예산은 한정되어 있는데 우수하다는 평정을 받는 사람들이 늘어나면 성과급 액수가 줄어들기 때문에 성과급의 유인강도(incentive intensity)는 약화된다.

⑤ **불확실성으로 인한 불안감** 공무원들은 '미리 알 수 있는 보수액'을 선호하는 경향이 있다. 불확정적이고 유동적인 성과급은 고정비용항목이 많은 가계지출에 차질을 주고 공무원들의 경제생활에 대한 불안감을 조성할 수 있다.

⑥ **목표왜곡** 공무원들은 측정되고 보상되는 업무에만 치중하고 비측정·비

보상업무는 기피하게 된다. 따라서 담당업무 전체의 목표추구에 왜곡이 일어난다. 공무원들은 쉬운 방법으로 목표달성의 양적 기준만을 충족시키려고 할 가능성이 크다.[g)]

⑦ 계서적 지위체제와의 마찰 계서적 지위를 강조하는 행정문화 때문에 성과급제의 시행이 지장을 받을 수 있다. 지위중심주의적·권한중심주의적 관리체제와 일반능력자주의적 인사관행의 유산이 남아 있는 곳에서는 성과급 적용이 위계질서를 교란한다는 비난을 받을 수 있다. 계층구조 내의 온정주의적 행동성향은 성과급 운영을 형식화할 수 있다.

⑧ 보수인상에 대한 압력 성과급제는 기본적인 보수액에 추가하여 장려금을 주는 제도이므로 보수인상에 대한 기대를 부풀리는 경향이 있다.

성과급제도는 인간행동의 합리주의적 성향, 개인주의적·이기주의적 성향, 그리고 경쟁·교환·계약을 수단으로 하는 시장기제의 효율성을 전제하는 제도이다. 이러한 전제에 대한 사람들의 믿음이 강하고 그것을 지지하는 제도들이 잘 작동될 때에는 성과급의 효용 내지 이점이 부각된다. 반대로 합리주의·이기주의의 한계와 폐단 그리고 시장기제의 실패에 대한 인식이 높고, 경쟁보다는 협동이 강조되는 상황에서는 성과급의 약점과 제약요인이 더 부각된다.

6) 성공조건

성과급제도의 규범적 정당성은 분명하고 강력하다. 그러나 전통적 행정문화의 유산이 많이 남아 있는 정부관료제에서 이를 시행하는 데는 어려움이 많다. 제도운영 상의 실책도 적지 않다. 여러 가지 장애를 극복하고 성과급제도를 성공으로 이끌려면 성과급제도 자체를 효율화할 뿐만 아니라 관련 여건을 성과급친화적으로 개선해야 한다.

(1) 바람직한 성과급 입안 성과급 자체의 내용이 타당하고 효율적인 것이라야 한다. 잘못 입안된 성과급이 성공적으로 운영될 수는 없다.

---

g) 대리인이론(代理人理論: principal-agent theory or agency theory)에서는 대리인(공무원)의 기회주의적 행동성향을 도덕적 해이(moral hazard)라 한다. 대리인이론은 위임자(principal)와 대리인(agent)의 관계에 관한 경제학적 모형을 조직연구에 적용하는 이론이다. 오석홍, 조직이론, 제10판(박영사, 2020), 51~53쪽.

성과급의 액수는 적정한 유인강도를 보장할 수 있을 만큼 충분해야 한다. 성과급의 성과의존성(performance contingency)이 높아야 한다. 어떤 업무성취에 대한 급여라는 것이 분명할수록 좋다. 성과급은 적시성이 있어야 한다. 성과와 급여 사이의 시간 간격이 너무 길면 좋지 않다. 성과급은 공평해야 한다.

개인별 성과급의 부작용을 완화할 수 있는 조치들을 강구해야 한다. 그 방안 가운데 하나가 집단성과급의 도입이다. 집단성과급에도 약점이 있는 것이므로 필요성·실시가능성이 있는 업무영역에서만 시행해야 할 것이다. 다면평가제의 실시는 개별급여뿐만 아니라 집단급여의 약점을 보완해 주는 수단이 될 수 있다. 집단에 대한 보상을 구성원들에게 분배할 때 기여도에 따라 차등지급하는 방법은 집단성과급의 약점을 줄이는 데 도움을 줄 수 있다.

(2) 평가방법의 개선 근무성적평정의 전통적 결함과 병폐를 시정하도록 노력해야 한다. 특히 성과평가의 기술적 정확성을 높이고 성과의 질을 소홀히 다루지 않도록 해야 한다.

(3) 재정적 지원 성과급의 효율적인 시행에 필요한 보수예산을 확보해야 한다. 그리고 성과급제도가 요구하는 예산운용의 분권성과 융통성을 보장해야 한다.

(4) 관리체제의 개선 행정조직과 관리과정의 집권성·경직성을 완화해야 한다. 성과급제도는 성과관리체제의 일부이며 도구이므로 성과관리체제를 발전시켜야 한다. 그리고 성과관리와 일반관리기능들 사이의 연계를 강화해야 한다.

모든 공무원들의 책임을 명료화하고 그들에 대한 힘 실어주기를 촉진해야 한다. 힘실어주기란 맡은 일을 수행하는 데 필요한 권한과 기타의 자원, 작업조건 등을 구비해 준다는 뜻이다. 직무수행자가 통제할 수 없는 업무관련 제약들을 제거해 주어야 한다. 관리자들은 성과관리에 필요한 능력을 길러야 한다. 성과관리에 관한 관리층의 의도와 능력을 직원들이 신뢰하게 되어야 한다.

(5) 문화개혁 보다 근본적이고 장기적인 과제는 행정문화의 개혁이다. 행정문화와 성과급이 마찰을 빚지 않도록 만들어야 한다. 행정문화개혁의 틀 안에서 성과급제도를 뒷받침해 줄 수 있도록 공무원의 행태와 관련제도들을 변화시켜 가야 한다. 행정문화와 성과급제도의 변용 내지 접변은 상호적이라야 할 것

이다. 성과급제도는 변하기 어려운 행정문화에 대응하는 적응성도 보여야 한다.

7) 성과관리

위에서 지적한 바와 같이 성과급은 성과관리의 불가결하고 중요한 도구이다. 성과급제도는 성과관리체제의 구성요소로서 전체적 관리체제의 다른 구성요소들과 조화를 이루어야 한다. 성과급에 대한 이해를 넓히기 위해 성과관리를 간단히 설명하려 한다.[7]

(1) 정 의 성과관리(成果管理: performance management)는 성과중심주의에 입각한 통합적 관리이다. 성과관리는 조직 전체의 성과달성과 구성원 개개인의 성과달성을 함께 중시하며 양자를 연결지으려 한다. 성과관리는 조직활동의 목표와 성과기준을 설정하고, 업무수행성과를 측정·평가하며, 확인된 업무수행성과에 보상과 제재를 결부시킨다. 이러한 기본적 과정을 계획·통제·예산·인사 등 여러 관리과정들에 연계시켜 통합적 관리체제를 구축한다. 성과관리는 관리체제의 핵심적 구성요소들을 확인하여 서로 연계시키고 조직 전체의 목표추구활동을 체계적으로 통합하려는 '통합의 틀'이다.

이러한 성과관리의 특성은 ⅰ) 측정가능한 성과목표를 명확하게 설정하고 기술한다는 것, ⅱ) 성과지표와 성과척도를 활용하여 조직과 조직구성원의 업무성과를 평가한다는 것, ⅲ) 조직의 자원배분을 조직단위별 업무성과에 연관시키고, 개인에게는 성과연관적 유인을 제공한다는 것, ⅳ) 성과평가의 결과를 관련 당사자들과 관리중추에 환류시킨다는 것, 그리고 ⅴ) 성과관리의 기본적 과정은 다른 과정들과 결합하여 총체적 관리체제를 구축한다는 것이다.

성과관리의 기본적 과정에 포함되는 활동단계들은 성과계획, 실행, 성과평가 그리고 심사·환류이다.

(2) 도 구 성과관리의 핵심적 도구는 ⅰ) 성과계약, ⅱ) 성과평가, 그리고 ⅲ) 유인의 활용이다. 정부의 성과관리에서 사용되는 성과계약은 업무수행의 조건, 결과, 그리고 보상과 제재에 관한 합의이며 합의당사자들 사이의 법적인 관계를 규정한다. 성과평가는 업무수행결과에 초점을 맞춘 평가이다. 성과관리는 업무수행성과에 유인(incentives)을 연계시킨다. 유인은 성과집중적이어야 한다.

(3) 효용과 한계 성과관리의 효용은 ⅰ) 조직활동의 결과를 강조함으로써 오늘날 개혁의 갈망인 성과중심주의를 구현한다는 것, ⅱ) 고객중심주의적 서비스를 실질화한다는 것, ⅲ) 조직구성원들의 동기유발을 촉진하고 생산성을 향상시킨다는 것, ⅳ) 처우의 형평성을 실질화한다는 것, ⅴ) 조직과 구성원의 책임성을 향상시킨다는 것, ⅵ) 조직활동의 통합을 촉진한다는 것, ⅶ) 조직활동에 대한 고객과 시민의 이해를 돕고 그 통제력을 강화한다는 것, 그리고 ⅷ) 관료적 조직문화의 변화를 유도한다는 것이다.

성과관리의 한계 또는 약점으로는 ⅰ) 전통적 문화와 마찰을 빚을 수 있다는 것, ⅱ) 측정가능한 목표의 설정이 어렵다는 것, ⅲ) 목표성취도에 유인기제를 연결짓기 때문에 관리대상자들이 성과목표를 낮추어 설정하는 행동경향을 보인다는 것, ⅳ) 업무성과의 정확한 측정이 어렵다는 것, ⅴ) 목표대치가 우려된다는 것, ⅵ) 업무수행과 그 성과 사이에 개입변수가 많아 인과관계를 확인하기 어렵다는 것, ⅶ) 다양한 이해관계자들과 압력단체들의 개입 때문에 합리적인 성과계획의 수립이 어렵다는 것, ⅷ) 과거지향적인 일관성에 대한 책임의 강조는 오히려 성과향상에 장애가 된다는 것, ⅸ) 중복적 평가로 인한 낭비, 평가결과 활용부진과 같은 실책이 흔히 저질러진다는 것 등을 들 수 있다.

Ⅱ. 봉급표의 구성

1. 봉급표의 정의

봉급표(俸給表: pay schedule)는 기본급의 전모를 체계적으로 표시한 금액표이다. 기본급의 구체적인 금액을 등급별 또는 계급별로 정한 봉급표는 보수제도 운영에 필요한 기본적 정보를 제공한다. 봉급표는 대규모조직의 보수관리에 불가결한 도구이다. 기본급의 전모를 체계적으로 표시해 주는 봉급표는 많은 인원에 대한 보수의 결정을 통일적·체계적으로 하는 데 필요한 기초를 제공한다. 봉급을 받는 공무원들이나 여러 관련자들에게도 보수에 관한 정보를 제공한다.

정부와 같은 대규모의 조직에는 하나의 봉급표만 있는 것이 아니라 여러 개의 봉급표가 있다. 예컨대 일반직공무원에 대한 봉급표, 외무공무원에 대한 봉급표, 교육공무원에 대한 봉급표 등이 따로 작성된다. 어떤 직원집단을 단위로 해서 봉급표를 구분할 것이며 봉급표의 수를 몇 개로 할 것인가 하는 것은 조직의 형편에 달린 것이겠지만, 대개 ⅰ) 보수결정의 기준이 다른 경우, ⅱ) 등급 또는 계급의 구분이 다른 경우, 그리고 ⅲ) 승진과 같은 인사조치의 방법과 내용이 다른 경우 등이 봉급표구분의 기준으로 된다.

2. 봉급표작성의 쟁점

봉급표를 설계할 때 어떤 단안을 내려야 할 중요한 문제들은 ⅰ) 등급(계급)의 수를 몇으로 할 것인가? ⅱ) 각 등급 간에 봉급의 폭을 얼마로 할 것인가? ⅲ) 등급 간에 봉급의 중첩을 인정할 것인가? ⅳ) 등급 내의 호봉 수는 몇으로 할 것인가? ⅴ) 근속가봉을 인정할 것인가? 그리고 ⅵ) 호봉 간의 격차(승급기준선)를 어떻게 할 것인가?이다. 이러한 문제들은 서로 연관되어 있다. 어느 한 문제에 대한 결정은 다른 문제에 대한 결정을 제약하게 된다. 예컨대 같은 조건 하에서 등급의 수를 많게 하면 등급의 폭은 상대적으로 좁아질 수밖에 없다.

1) 등급의 수

보수의 등급(계급: grade)이 무엇을 의미하느냐 하는 것은 보수결정의 기준이 무엇이냐에 따라서 다르다. 예컨대 직무급에서는 직무의 가치를 표시하고, 자격급에서는 자격의 단계구분을 표시한다.

일반적으로 등급의 수가 많고 그 폭(등급 간의 간격)이 좁으면 보수결정의 정확도를 높일 수는 있겠지만, 등급 간의 금액차가 근소해져 그 의미를 잃게 된다. 그리고 대상직원 또는 직위에 조금만 변동이 있어도 등급을 개정해야 하는 등 관리가 복잡해진다. 반면 등급의 수가 적고 그 폭이 넓으면 융통성은 있겠으나 보수결정의 정확도를 높이기 어렵게 된다.[8]

2) 등급의 폭

각 등급의 봉급이 단일액인 경우는 드물고, 대개 최고액과 최저액 사이의 폭을 인정하고, 그것을 몇 개의 호봉으로 나눈다.

등급의 폭(등급 간의 간격: range or spread)을 두는 까닭은 첫째, 공무원이 직무에 친숙해질수록 공무원의 가치와 유용성이 증대된다는 전제 하에 이를 봉급액에 반영하려는 것이다. 둘째, 근무실적을 보상함으로써 직무수행의욕을 자극하고 근속을 유인하려는 것이다.[9)]

각 등급의 봉급이 단일액이면 봉급표를 개정하거나 승진을 시키지 않는 한 오랫동안 충실히 근무한 사람의 봉급을 올려 줄 길이 없으므로 임용제도의 운영에도 압박을 가하게 된다. 그러나 단순노무에 종사하는 공무원, 신규채용되어 적응훈련을 받는 공무원 또는 최고정책결정직위의 공무원에 대한 보수에는 등급 내에 폭을 두지 않는 고정급제(단일액제: fixed-rate system; single-rate system)를 적용할 수 있다. 단순노무자들의 생산성에는 개인차가 크지 않고, 피훈련자의 신분은 잠정적이며, 장관과 같은 최고정책결정직위의 공무원이 장기근속하는 경우는 드물기 때문이다.

우리 정부에서 대통령·국무총리·장관 등 정무직 공무원들에게 적용하는 고정급적 연봉제는 호봉 구분 없이 단일의 연봉액만을 정한다. 성과급적 연봉제 적용대상 공무원의 봉급표에는 연봉의 하한과 상한만 정해져 있다. 일부 임기제 공무원의 경우 봉급의 하한만을 규정하기도 한다.

(1) 등급 간의 중첩 등급 간의 중첩(overlap)이란 한 등급의 봉급폭이 상위 등급의 봉급폭과 부분적으로 겹치는 것을 말한다. 등급에 따라 다른 봉급을 지급해야 한다는 원칙을 고수하기로 하면 등급 간의 중첩을 인정해서는 안 될 것이다. 그러나 위에서 말한 이유 때문에 충분한 등급의 폭을 두려할 때에는 중첩이 일어나는 것을 막기 어렵다.

중첩을 인정하지 않으면 등급 간의 구별은 뚜렷해지겠지만, 자연히 등급수가 줄어들고 직무나 자격이 현저히 다른 사람들이 같은 등급에 배정되는 불합리를 낳게 되며 등급 간의 초임급차가 너무 커지게 된다.

등급 간의 중첩을 인정하여 등급의 폭을 충분히 넓게 하면 승진이 어려운 장기근속자의 봉급을 올려 줄 수 있는 융통성이 커진다. 등급 간의 중첩을 인정하는 이면에는 한 등급에 오래 근무한 사람은 바로 윗 등급의 미숙련자보다 조직에 대한 공헌도가 높을 것이라는 가정이 있다. 봉급이 근속급적 성격을 강하게 지닐수록 등급 간의 중첩이 커지는 경향을 보인다. 그러나 등급 간의 중첩이 심하면 등급구별의 의미가 흐려진다. 부하가 신임상관보다 많은 보수를 받는 경우가 생기고 그것은 관리 상의 문제를 야기할 수도 있다.

모든 등급을 완전히 중첩시켜 등급구별을 인정하지 않는 제도가 이른바 단일호봉제이다. 이에 대해서는 뒤에 다시 언급하기로 한다.

(2) 등급폭의 크기와 호봉의 수 호봉(號俸: steps)이란 각 등급 내의 봉급단계이다. 호봉의 수를 몇 개로 할 것인가 하는 문제는 각 등급의 폭을 몇 단계로 구획할 것이냐 하는 문제이다. 그러므로 등급폭의 크기와 승급액의 크기가 호봉수의 결정에 직접적인 영향을 미친다. 등급폭의 크기에 따라 호봉수가 반드시 정비례로 증감한다는 것은 아니다. 그러나 호봉 간의 금액차(승급액)가 무의미할 정도로 호봉을 나눌 수는 없으므로 결국 등급폭의 크기가 호봉의 수를 제약하기 마련이다. 일정한 등급폭 내에서는 승급액을 얼마로 할 것이냐에 따라 호봉의 수가 달라진다.

등급의 폭과 호봉의 수를 구체적으로 결정할 때에는 보수정책과 조직의 사정을 널리 고려해야 할 것이다. 보다 직접적인 고려요인 몇 가지를 보면 다음과 같다.

① 성숙기간 하나의 등급 내에서 공무원의 유용성이 최대로 될 때까지 걸리는 기간(성숙기간)의 길이에 따라 호봉의 수를 달리해야 한다. 따라서 복잡한 업무에 종사하는 공무원에 대해서는 호봉수를 많게 하고, 단순업무에 종사하는 공무원에 대해서는 호봉수를 적게 해야 할 것이다.

② 체류기간 승진의 기회 또는 동일등급에서의 체류기간을 고려해야 한다. 승진의 기회가 제한되어 있고, 동일등급 내의 체류기간이 길면 호봉의 수를 많게 해야 할 것이다.

③ 승급기간의 길이 승급기간의 장·단을 고려해야 한다. 승급기간이 길면 호봉의 수는 적은 대신 승급액이 상대적으로 많아야 할 것이다.

(3) 근속가봉 승진기회가 막힌 채 동일등급 내에서 장기근속한 사람이 정해진 최고호봉 이상의 승급을 할 수 있도록 만든 초과호봉이 근속가봉(勤續加俸:

longevity pay increase)이다. 승진의 기회가 제한된 직위에서 오래 충실히 근무한 사람들에게 승급의 기회를 연장해 줌으로써 직무수행의욕을 높이고 근속을 유도하려는 제도이다. 근속가봉의 기간과 금액은 기본적인 호봉 간의 승급기간이나 승급액과는 다른 것이 보통이다. 우리 정부에서도 근무성적이 양호한 공무원들에게 주는 근속가봉을 봉급에 가산할 수 있다.

3) 호봉 간의 격차

봉급표의 작성에서 등급의 폭과 호봉의 수를 결정하는 문제에 못지않은 중요성을 가진 것은 호봉 간의 금액차를 어떻게 할 것인가 하는 문제이다.

호봉 간의 금액차를 구체적으로 정할 때에 중요한 쟁점이 되는 것은 호봉 간 차등화를 등비적(等比的)으로 할 것인가, 또는 등차적(等差的)으로 할 것인가 하는 문제이다. 이에 관한 몇 가지 대안을 승급기준선(昇給基準線: wage cuvre or salary curve)으로 표시해 보기로 한다. 승급기준선이란 호봉액의 변동을 연속선으로 표시한 것이다. 호봉표는 승급기준선을 숫자로 표시한 것으로 이해할 수 있다.

승급기준선의 기본유형은 다음과 같다.[10)]

(1) 직 선 형 직선형은 호봉 간의 승급액은 일정하지만 승급률은 체감하는 형이다. 이것은 직무수행의 곤란성이나 직무수행능력이 시간의 흐름에 따라 직선적으로 커진다는 것을 전제로 한다. 이에 따르면 승급액의 산출이 쉽다는 이점이 있다.

(2) 오 목 형 오목형(요형: 凹型)은 최고호봉과 최하호봉을 연결하는 선이 오목한 곡선으로 되는 것이다. 여기에서 승급률은 일정하지만 승급액은 체증한다. 직무수행의 곤란성이나 직무수행능력이 근속연수에 따라 가속적으로 커진다고 보는 경우에 오목한 곡선을 택하게 된다.

(3) 볼 록 형 볼록형(철형: 凸型)은 오목형과는 반대로 승급률과 승급액이 체감하는 형이다. 직무의 곤란성과 직무수행능력이 일정한 연한까지는 커지지만, 그 이후에는 체감한다고 보는 경우에 채택하게 되는 형이다.

(4) S 자 형 S자형은 오목형과 볼록형을 조합한 것이다. 승급률이 일정하

그림 7-2-1 승급기준선

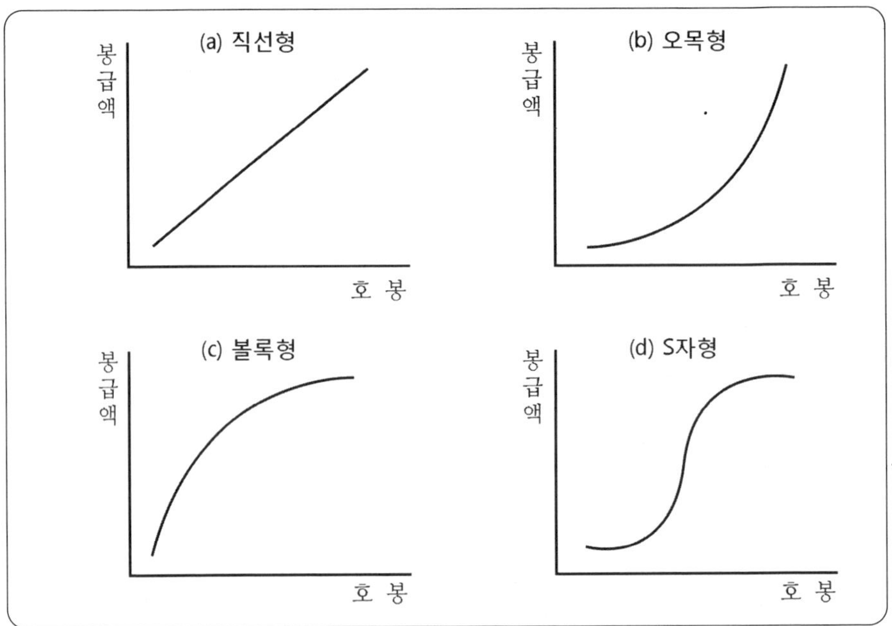

다가 체감하기 시작하면 체증하던 승급액도 체감하는 것이다. 기능의 습득이나 숙련도의 증가가 처음에는 누진적이지만, 일정한 연한 후에는 점차로 줄어든다고 보는 경우 S자형을 채택하게 된다.[h)]

호봉 간의 격차는 등급 간 격차의 범위 내에서 결정될 문제이다. 공무원의 봉급표에서 등급 간의 격차를 등비적(누진적)으로 하는 것은 거의 보편적인 경향이다. 누진율을 어떻게 하느냐 하는 것은 구체적인 형편에 따라 달라지겠지만, 일반적으로는 상위등급으로 갈수록 누진율을 크게 하는 것이 바람직하다고 주장하는 사람이 많다. 유능한 고급공무원을 확보하려면 그렇게 해야 한다는 것이다. 상위직으로 갈수록 누진율이 커지는 봉급곡선을 J곡선(J curve)이라 부른다.

---

h) S자형 승급기준선을 따르는 보수제도를 '임금피크제'(봉급피크제: wage peak system)라고도 부른다. 고령화시대가 되면서 공무원을 포함한 직장인들의 정년퇴직연령을 높이는 문제가 중요 현안으로 되었다. 정년연장에 따른 보수제도 개편 제안에서 임금피크제의 도입이 자주 거론되고 있다.

4) 단일호봉제

등급의 폭이 제한되어 있지 않은 봉급표에 따라 봉급을 지불하는 제도를 단일호봉제(單一號俸制)라 한다. 공무원의 계급과 보수를 분리시킨 제도로서 공무원은 승진하지 않고도 승급기간의 경과와 실적에 따라 최고봉급액까지 받을 수 있다. 본래적인 의미의 등급구별은 없고 호봉만 있는 제도가 단일호봉제이다.

단일호봉제는 행정적 권위보다 전문직업 상의 권위가 중요하고 승진해도 직무가 현저히 달라지지 않는 공무원(교원·법관·연구직 공무원 등)이나 승진의 길이 막힌 직업군의 공무원에게 주로 적용해 왔다. 그러나 근래에는 그 적용범위를 대폭 확장하자는 주장이 많은 호응을 받고 있다. 행정업무의 전문성이 높아지고, 계급보다는 능력과 기여 그리고 직무를 더 중요시해야 한다는 사고방식이 확산되면서 단일 호봉제가 새로운 조명을 받게 되었다. 단일호봉제는 승진적체문제를 회피하기 위한 대안으로도 고려되는 것 같다.

(1) 효 용 단일호봉제는 ⅰ) 전문성이 높은 업무담당자들 또는 관리계층공무원들에 대한 임용관리의 융통성을 높일 수 있다는 것, ⅱ) 승진의 길이 막힌 공무원들의 장기근속을 유도할 수 있다는 것, ⅲ) 공무원의 근속기간이 길어지고 나이가 많아짐에 따라 생계비를 올려주는 데 편리하다는 것, ⅳ) 승진과 승급을 분리할 수 있으므로 승진제도를 둘러싼 문제들을 회피 또는 해소할 수 있다는 것 등의 효용을 가진 제도이다.

(2) 약 점 단일호봉제는 직무나 자격에 엄격히 부합되는 제도가 아니다. 계급구분은 하면서 계급과 호봉단계를 분리하기만 하는 경우, 승진하면 직무와 책임이 현저히 달라지는 직업분야에서는 불공평한 결과를 빚게 된다. 승진과 달라서 승급에서는 근무기간만을 따지는 경우가 많기 때문에 단일호봉제를 실시하면 실적보다는 선임순위나 근속기간을 더 중시하는 분위기를 조성할 염려가 있다. 그리고 상명하복의 위계관념이 뚜렷한 일반행정계서의 공무원들에게 단일호봉제를 적용하면 저항을 불러일으킬 가능성도 있다. 보수액은 조직내외에서 공무원의 지위를 규정하는 데 중요한 기능을 하는 까닭에 하급자가 상관보다 봉급을 현저히 많이 받게 되면 지위부조화를 야기하는 요인이 될 수 있다.

Ⅲ. 승 급

1. 승급의 정의

승급(昇給)은 각 등급(계급) 내에서 호봉이 높아짐에 따라 생기는 봉급의 증가를 말한다. 승급은 공무원의 계급이나 그가 담당하는 직무의 변동을 전제로 하지 않기 때문에 이것을 임용방법으로 볼 수는 없다. 승급과는 달리 승진은 임용방법의 일종으로서 직무 또는 계급과 보수등급의 변동을 수반하는 것이다.

승급제도의 일반적인 존재이유는 두 가지로 생각할 수 있다. 첫째, 직무수행능력의 향상 또는 직무수행성과의 향상에 따라 보수를 증액(승급)하면 공무원의 직무수행의욕을 증진시킬 수 있다. 둘째, 승급은 공무원의 근속연수에 따른 생계비의 증가를 어느 정도 감당함으로써 생활안정에 기여할 수 있다.

승급에는 정기승급과 특별승급이 있다. 정기승급은 승급제도가 적용되는 공무원 전체를 대상으로 행해지는 것이며, 정기적으로 행해진다. 우리 정부의 「공무원보수규정」에서는 정기승급이라는 말을 쓰고 있지만 이것을 보통승급이라고도 부른다. 특별승급은 정기승급의 요건 이외에 특별한 요건을 갖춘 일부의 공무원에 대해서만 행해지는 것이다. 특별승급은 정기승급제도를 수정 또는 보완하는 것이라 할 수 있다.

2. 정기승급

정기승급(定期昇給)에 관하여 검토해야 할 중요한 문제는 승급기준, 승급기간, 승급액 및 승급의 범위(등급의 폭), 그리고 승급실시의 시기 등이다. 승급액과 등급의 폭에 관해서는 봉급표의 구성을 설명할 때 논의하였으므로, 여기서는 승급기준, 승급기간, 승급실시의 시기를 설명하고 승급의 출발점이 되는 초임급에 대해 언급하기로 한다.

1) 승급기준

승급기준이란 승급자격결정의 기준을 말한다. 승급제도의 일반적인 존재이유에 부합되게 하려면 실적과 근무기간을 다 같이 승급기준으로 삼아야 할 것이다. 그러나 이러한 두 가지 기준을 어떻게 배합할 것인가 하는 것은 구체적인 승급제도의 필요와 여건에 따라 달라지고 있다. 근무기간과 실적이 각각 승급기준으로 되는 경우, 그 상대적인 유용성과 약점이 어떤 것인가를 생각해 보면 다음과 같다.

(1) 근무기간에 따른 승급결정의 이점 근무기간을 승급기준으로 하는 때의 이점은 다음과 같다.

① 근속유도 · 생활급 조정 공무원의 근속을 보상함으로써 장기근속을 유도하고 근속기간에 따라 증가되는 공무원의 생계비를 보전해주는 데 유용하다.

② 실적기준 보완 근무기간은 직무수행능력(숙련도)의 향상을 추정할 수 있는 자료로서의 의미도 어느 정도 지닌 것이므로 근무기간에 따른 승급은 능력기준 또는 실적기준을 다소간에 보완하는 것이라고 해석할 수 있다.

③ 객 관 성 근무기간은 객관적인 기준이라 측정이 용이하기 때문에 승급제도의 자의적인 운영을 막을 수 있다.

④ 인화관계 유지 근무기간을 기초로 하여 선임순위를 존중하면 작업집단내의 인화(人和)를 유지하는 데 도움이 될 수 있다.

(2) 근무기간에 따른 승급결정의 단점 근무기간만을 승급기준으로 하는 경우, 승급제도가 추구하는 목적의 일부밖에 달성하지 못한다.

① 유인부여의 애로 근무기간만을 승급기준으로 하면 공무원에게 유인을 부여하여 직무효율을 향상시키려는 승급제도의 목적은 달성하기 어렵다.

② 실적주의 위배 실적주의원칙 또는 성과주의원칙에 부합되지 않으며 불공평한 결과를 빚게 된다.

③ 우수공무원의 불만 유능하고 직무수행실적이 좋은 공무원들은 근무기간만을 기준으로 하는 승급제도에 불만을 품게 될 것이다.

(3) 실적에 따른 승급결정의 이점 실적기준에 따른 승급결정의 이점은 다음

과 같다.

① **실적주의 지지**　　실적에 따른 승급은 실적주의적 인사행정의 원리에 부합되는 것이다.

② **유인부여의 도구**　　효율적인 직무수행을 촉진할 수 있도록 승급제도를 융통성 있게 활용할 수 있다.

③ **사기진작**　　열심히 일하는 공무원의 사기를 높일 수 있다.

④ **무능력자 도태의 수단**　　무능한 공무원을 점차 도태시키는 수단으로 승급제도를 활용할 수 있다.

(4) 실적에 따른 승급결정의 단점　　실적만을 기준으로 하는 경우 역시 승급제도의 온전한 실효를 거두기 어렵다.

① **숙련도향상·생계비변동 고려의 애로**　　실적기준에만 의존하면 시간의 경과에 따른 공무원의 능력향상이나 생계비증가요인의 고려가 어렵게 된다.

② **승급관리의 복잡성**　　공무원들의 승급속도가 서로 달라 승급관리가 복잡해진다.

③ **협동 장애**　　실적기준에만 의존하면 직원 간의 협조와 인화를 해칠 염려가 있다.

④ **실적측정의 애로**　　실적의 객관적인 측정이 어렵기 때문에 승급제도의 운영이 자의에 빠지고 정실이 개입될 가능성이 있다.

대개의 승급제도에서는 근무기간과 실적을 함께 승급기준으로 하는 것이 원칙이라고 규정하지만, 실제로는 근무기간에 편중하는 경향을 보여 왔다. 그러나 근래 실적기준적용의 실질화를 위한 개혁노력이 확산되고 있다.

우리 정부에서는 근무기간을 정기승급 결정의 기준으로 삼고 있다. 그리고 징계처분을 받고 있거나 그 집행이 종료된 날로부터 소정의 기간이 지나지 않은 사람, 직위해제 또는 휴직 중인 사람, 그리고 근무성적평정에서 최하등급을 받은 사람 등의 승급을 제한하고 있다. 이러한 제한(승급금지)은 실적기준을 어느 정도 고려했기 때문인 것으로 볼 수 있다.

2) 승급기간·승급시기

(1) 승급기간 승급기간은 등급의 폭과 호봉의 수, 승급액을 고려하여 결정해야 한다. 그리고 승급기간을 결정할 때에도 등급의 폭, 호봉의 수 및 승급액을 결정할 때처럼 i) 인사행정의 전반적인 지향성, ii) 보수정책의 목적, iii) 직무의 특성과 직무수행능력 성숙기간, iv) 동일등급 내의 체류연수 등을 고려하여야 한다. 이러한 사정이 다르면 승급기간도 다소간에 달라져야 할 것이기 때문에 승급기간에 대해 획일적인 처방을 할 수는 없다.

그러나 오늘날의 여러 조건에 비추어 승급기간을 1년 정도로 하는 것이 적합하다는 전문가들의 의견이 지배적이다. 승급기간이 그보다 현저히 길면 승급을 통해 직무수행의욕을 높인다는 취지를 살리기 어렵다고 한다. 반대로 승급기간이 너무 짧으면 직무수행능력의 성장을 기다릴 틈이 없어지고 승급이 근속에 대한 보상이라는 의미는 찾을 수 없게 된다. 일정한 등급의 폭 안에서 자주 승급을 하게 하려면 호봉을 세분해야 하고, 결국 승급액이 너무 적어질 수 있다.

우리 정부에서도 정기승급기간을 1년으로 정하고 있다. 위에서 언급한 바와 같이 승급기간이 경과하더라도 승급제한사유에 해당하는 자는 승급되지 못한다. 1년의 승급기간에 대한 예외규정도 있다. 헌법연구관과 헌법연구관보의 승급기간은 호봉에 따라 1년 9개월 내지 2년으로 정해져 있다.

(2) 승급시기 승급실시의 시기를 1년에 몇 차례로 하느냐에 관한 대안에는 여러 가지가 있을 수 있다. 1년에 1회, 1년에 2회 내지 6회, 수시 실시 등이 그 예이다. 승급실시시기에 관한 대안을 선택할 때에는 i) 보수예산집행의 편의, ii) 공무원을 채용·이동시키는 시기, iii) 근무성적평정의 시기 등을 고려하여 승급실시의 불편이나 차질이 없도록 해야 한다. 우리 정부에서는 매달 1일자로 승급을 실시한다. 1년에 12회 실시하는 것이다.

3) 초임급: 초임호봉

초임급(初任給)은 공무원이 임용된 등급에서 최초로 받는 보수, 즉 초임호봉을 말한다. 이보다 좁은 뜻으로 초임급이라 할 때에는 신규채용된 공무원의 초임호봉만을 지칭한다. 승급은 초임급으로부터 진행되기 때문에 초임급에 대한 결정은 승급제도에 직접적인 영향을 미친다. 그러므로 승급제도를 입안할 때에는 초임급에 관한 문제를 함께 고려해야 한다.

(1) 신규채용자의 초임급 신규채용자의 초임급(초임호봉)을 결정하려 할 때에 직면하게 되는 두 가지 중요한 문제가 있다. 그 첫째는 노동시장의 형편에 따라 초임급을 조정할 것인가 하는 문제이다. 둘째는 동일등급에 채용되는 공무원의 자격이나 경력에 따라 초임호봉을 달리할 것인가 하는 문제이다.

① 노동시장의 조건 반영 여부 초임급이 인적자원 획득을 위한 경쟁수단으로서 유효한 역할을 할 수 있게 하려면 노동시장의 상태에 따라 초임급을 조정하도록 해야 할 것이다. 그러나 보수제도의 통일성과 대내적 균형을 보장하기 위해서는 초임급 결정의 일관성을 유지해야 한다. 구체적인 여건에 비추어 이러한 상충되는 요청을 조정해야 할 것이다.

우리 정부에서는 일부 임기제공무원의 경우를 제외하고는 노동시장의 형편에 따라 초임급을 조정하는 절차를 인정하지 않는다.

② 개인 간 차등의 허용 여부 이 문제는 신규채용의 초임급뿐만 아니라 승진·전직의 초임급을 결정할 때에도 제기된다.

보수결정의 기준에 관련된 자격이나 경력의 차이에 따라 초임급을 조정하면 공평하고 정확한 보수를 지급할 수 있을 것이다. 그러나 이러한 초임급의 조정에는 논리적으로나 실천적으로 곤란한 문제가 따르게 된다. 우선 타당한 격차기준을 설정하고 그에 따른 차등을 정확히 측정하는 것이 어렵기 때문에 조정이 자의적이라는 비판을 받기 쉽다. 그리고 외부에서 얻은 자격이나 경력 때문에 초임급이 높아지면 재직자의 불만을 살 염려가 있다.

우리 정부에서는 공무원으로 근무한 경력과 그에 유사한 경력을 초임급결정에서 고려한다.

(2) 승진자의 초임급 승진할 때의 초임급에 관하여는 등급의 중첩 때문에 생겨나는 문제가 있다. 즉 하위등급에서 받던 보수가 승진되어 간 등급의 최하호봉보다 많으면 승진됨으로써 오히려 보수는 적어지는 결과를 빚을 수도 있다. 이런 경우에는 대개 승진 전의 봉급과 동일액 또는 그 바로 위가 되는 상위등급의

호봉을 초임급으로 하게 된다.

우리 정부에서는 승진 전·후 호봉 간의 관계를 두 가지로 구분하고 있다. 승진 전의 호봉이 1호봉 또는 2호봉인 경우 승진된 계급에서 1호봉으로 획정한다. 승진 전의 호봉이 3호봉 이상인 경우에는 각각 1호봉씩을 감하여 승진 후의 호봉을 획정한다.[11)]

3. 특별승급

특별승급(特別昇給)은 현저히 우수하거나 공적이 있는 사람에게 승급의 특례를 인정하는 제도이다. 특별승급에서는 승급기간과 승급되는 호봉의 수 등에 관한 일반적 규정의 예외를 인정할 수 있다. 특별승급은 유인급여적 특성이 강한 것이다.

실적기준이 전반적으로 적용되는 승급제도 하에서는 근무성적에 따라 승급기간·승급액 등이 조정되므로 특별승급이 별로 중요하지 않다. 그러나 근무기간을 주된 승급기준으로 삼는 제도 하에서는 특별승급이 중요한 의미를 가지게 된다.

특별승급의 대상자를 어떻게 정하느냐 하는 것은 구체적인 제도에 따라 다르겠지만 근무성적이 특히 우수한 사람, 훈련성적이 우수한 사람, 우수한 제안을 하였거나 다른 공적이 있는 사람 등을 대상으로 하는 경우가 많다. 드문 예이지만 장기근속 후 퇴직하는 사람이나 감원되는 사람을 특별승급시키는 경우도 있다.

우리 정부에서는 국정과제 등 주요 업무의 추진실적이 우수한 사람, 관련 법령의 규정에 따라 인사상 특전 부여가 가능한 사람, 그리고 그 밖에 업무실적이 탁월하여 행정발전에 크게 기여한 사람을 특별승급대상자로 정하고 있다. 특별승급시킬 수 있는 호봉의 수는 1개(1호봉을 올려주는 것)이다.

제3절

보수 이외의 편익

I. 연　　금

1. 연금제도의 정의

1) 연금제도

공무원 연금제도(年金制度: civil service pension program)는 공무원에 대한 일종의 사회보장제도이다. 그 범위와 내용은 나라마다 조금씩 다르다. 원래 연금제도는 퇴직연금을 지급하는 데서부터 시작되었으며, 오늘날 각국의 연금제도는 퇴직연금만을 대상으로 하거나 적어도 이를 주축으로 하고 있다. 그런 이유 때문에 연구인들은 흔히 연금과 퇴직연금을 동일시하는 경향이 있다. 그러나 우리나라에서처럼 연금제도의 범위를 넓게 규정하는 나라들이 있으므로 연금제도와 그 한 유형인 퇴직연금제도는 서로 구별하는 것이 바람직하다고 생각한다.

2) 퇴직연금제도

퇴직연금제도(退職年金制度: retirement pension program)는 공무원이 노령, 질병, 부상, 그 밖의 이유로 퇴직하거나 사망한 경우, 본인 또는 유족의 생계를 돌보기 위하여 연금을 지급하는 제도이다.

퇴직연금의 의미에 관하여는 그 동안 여러 가지 견해가 엇갈려 왔으며,[a] 나

a) 퇴직연금의 본질에 관한 학설에는 공로보상설·임금후불설·생계보장설·위자료설 등이 있다.

라마다 고유한 전통이 있기 때문에 퇴직연금의 명칭이나 특성이 약간씩은 서로 다르다. 그러나 일반적으로 현대민주국가에서 지급하는 퇴직연금은 '거치(据置)된 보수'(유예된 보수: deferred wage)로 이해해야 한다는 견해가 지배적인 것 같다.[1] 즉 퇴직연금은 정부에서 베푸는 은전(恩典: charity)이 아니라 지급을 유예하여 정부가 맡아 두었던 보수를 후에 지급하는 것이므로, 공무원은 이를 받을 당연한 권리가 있다고 설명하는 이론이 많은 지지를 받고 있다.

1960년부터 실시하고 있는 우리 정부의 연금제도는 상당히 포괄적이며 퇴직연금만을 지급하는 제도와는 다른 특성을 가지고 있다. 「공무원연금법」 제 1 조는 "이 법은 공무원의 퇴직, 장해 또는 사망에 대하여 적절한 급여를 지급하고 후생복지를 지원함으로써 공무원 또는 그 유족의 생활안정과 복지 향상에 이바지함을 목적으로 한다"고 규정하는데, 이러한 목적의 정의에서 연금제도의 범위를 짐작할 수 있다. 우리 정부의 연금제도는 우리가 흔히 말하는 퇴직연금제도와 재직중의 복지를 증진시키기 위한 제도를 결합한 것으로 보인다.

우리 정부의 현행 연금제도는 여러 가지 문제를 안고 있지만 그중 심각한 문제와 위기는 예상되는 연금기금의 고갈이다. 장기예측에 입각한 계획적 운영을 하지 못한 실책 때문에 심각한 문제에 봉착하게 된 것이다. 급속하게 진행된 고령사회, 공무원 수의 증가, 재직공무원의 보수 인상, 생계비 증가 등의 추세는 연금재정에 큰 압박을 가하고 있다. 이런 거대한 물결 앞에서 정부는 공무원의 기여금부담을 늘리고, 연금수급자의 이익을 삭감하고, 정부의 부담을 늘리고, 연금지급시기를 늦추는 등 궁여지책들을 강구하고 있다.[b]

2. 연금기금의 조성

우리 정부에서는 정부와 공무원의 공동기여로 연금기금(年金基金)을 조성하

b) 연금수급자의 이익을 줄이는 방법에는 ① 연금수급개시연령을 상향조정하는 것, ② 보수인상률 대신 소비자물가상승률을 연금조정기준으로 정하는 것, ③ 퇴직 당시 최종 보수가 아니라 퇴직 전 3년 또는 5년간 보수평균을 연금산정기준으로 정하는 것, ④ 일정 수준 이상의 소득이 있는 연금수급자의 연금급여를 삭감하는 것 등이 있다.

고, 거기서 연금급여와 복지사업의 재원을 조달한다. 이러한 기금조성제도의 이해를 돕기 위해서 연금기금의 조성여부와 연금기금의 부담주체에 관한 일반적인 논의를 소개하려 한다.

1) 기금제·비기금제

연금사업의 재원을 조달하기 위해 미리 기금을 조성하는 제도를 기금제(基金制: pre-funding system; funded plan; actuarial reserve plan; accumulation of fund)라 하고, 기금을 미리 조성하지 않고 그때그때 연금급여에 필요한 재원만을 조달하는 제도를 비기금제(非基金制: terminally funded plan; cash disbursement plan; pay-as-you-go financing; unfunded system)라 한다.[2] 이 밖에 두 제도를 절충하는 여러 가지 재원조달방식이 있다.[c]

(1) 기 금 제 기금제의 이점과 약점은 다음과 같다.

① 이 점 기금제는 노동력의 감가상각이라는 개념에 부합되는 제도이다. 장기적인 연금지급에 대비하여 미리 기금을 조성해 가기 때문에 비용과 지출을 평준화할 수 있다. 연금제도실시의 초기에 비교적 비용이 많이 드는데, 이것은 연금급여를 지나치게 많이 요구하는 사람들을 견제하는 작용을 할 수 있다. 기금으로부터 이자와 사업이익을 얻을 수 있기 때문에 해를 거듭할수록 비용부담이 용이해질 것이다. 무엇보다도 중요한 이점은 연금기금이 있기 때문에 비교적 한결같은 연금급여를 보장할 수 있다는 것이다.

② 약 점 기금제는 개시비용이 많이 든다. 인플레가 심할 때에는 기금의 가치가 하락하고, 따라서 급여의 실질수준이 떨어진다. 연금관리가 복잡하고 관리비용이 많이 든다. 연금기금을 적절히 투자하고 관리하는 일은 매우 어렵다.

(2) 비기금제 비기금제의 이점과 약점은 다음과 같다.

① 이 점 비기금제는 개시비용이 적게 든다. 장기적인 연금급여에 대비하여 기금을 만들어 두지 않고 매년 연금지급에 필요한 돈만 마련하기 때문에 연금제도를 처음 실시하는 비용은 기금제에 비해 훨씬 적게 든다. 그리고 비기금제

---

c) 기금제와 비기금제 외에 보험가입방법(insured plan)을 따로 구분하기도 한다. 이것은 고용주가 연금보험에 가입하고 보험회사가 연금급여의 책임을 지는 방식이다.

의 운영은 간단하며 관리비용이 적게 든다.

② 약 점 비기금제는 시간이 흐를수록 비용이 많이 든다. 장기적으로는 기금제보다 비용이 더 들게 된다. 지급해야 할 연금은 매년 늘어나는데 기금에서 나오는 수익은 없기 때문이다. 그리고 연금수혜자에게 충분한 보장을 주지 못한다. 경제사정이나 정부의 재정형편에 따라 연금예산이 매년 달라질 수 있기 때문이다. 경제사정이 극도로 악화되면 연금을 지급하지 못할 수도 있다.

2) 기여제 · 비기여제

기금제를 채택하는 경우, 그 재원을 어떻게 염출할 것인가 하는 문제가 생긴다. 재원염출의 방법으로 흔히 볼 수 있는 것은 두 가지이다. 두 가지 대안이란 기여제와 비기여제를 말한다. 기여제(寄與制: contributory system)는 정부와 연금수혜자인 공무원이 공동으로 기금조성의 비용을 부담하는 제도이다. 비기여제(非寄與制: non-contributory system)란 공무원에게는 비용부담을 시키지 않고 기금조성에 필요한 비용을 정부가 전부 부담하는 제도이다.

연금제도는 정부와 공무원에게 다 같이 이익을 주는 것이므로, 호혜의 원칙에 충실하려면 기여제를 채택해야 옳을 것이다. 그러나 기여제를 택할 것인가, 또는 비기여제를 택할 것인가에 관한 논의는 '경제적'인 것이라기보다는 오히려 '심리적'인 것이라고 생각된다. 그 어느 방법을 택하거나 경제적인 면에서는 별 차이가 없을 것이기 때문이다. 비기여제를 택하더라도 공무원이 기여했어야 할 금액만큼 공무원의 보수를 줄이면 기여제에서와 같은 결과를 얻게 된다.[3)]

우리 정부에서는 기여제를 채택하고 있다. 본인기여금은 보수월액에서, 국가부담금은 보수예산에서 법정액을 염출한다.

3. 연금급여와 복지혜택

퇴직연금제도는 공무원의 정년, 질병, 부상, 기타의 사유로 퇴직하는 경우의 연금지급과 공무원이 사망한 때의 유족에 대한 급여만을 대상으로 하는 것이 일반적인 관행이다. 그러나 앞에서 말한 바와 같이 우리 정부의 연금제도는 연금급여의 범위를 상당히 넓히고 있다. 어느 나라 제도에서나 널리 볼 수 있는 퇴직 및 사망급여를 지급하는 외에 공무원이 재직하는 동안에도 각종의 복지급여를 지급하고 있다. 우리 정부에서 지급하고 있는 연금급여의 종류를 보면 다음과 같다.

1) 급여의 종류

연금급여에는 장기적인 것도 있고, 단기적인 것도 있다. 퇴직 후의 재해나 사망 등에 연계된 급여도 있고, 재직 중의 공무원이 입은 재해나 재직 중의 사망 등에 연계된 급여도 있다. 공무상의 재해나 사망에 대한 급여도 있고, 공무외의 장해나 사망에 대한 급여도 있다. 우리나라 법제의 급여유형분류를 다음에 보기로 한다.

「공무원연급법」은 공무원의 퇴직, 사망 및 비공무상장해에 대한 연금급여로 I) 퇴직급여(퇴직연금·퇴직연금일시금·퇴직연금공제일시금·퇴직일시금), ii) 퇴직유족급여(퇴직유족연금·퇴직유족연금부가금·퇴직유족연금특별부가금·퇴직유족연금일시금·퇴직유족일시금), ii) 비공무상(非公務上) 장해급여(비공무상 장해연금·비공무상 장해일시금), 그리고 iv) 퇴직수당 등을 규정한다.

이와는 별도로 「공무원재해보상법」은 공무상의 재해, 사망 등에 대한 급여를 정하고 있다. 이 법이 정한 급여는 i) 요양급여, ii) 재활급여(재활운동비·심리상담비), iii)장해급여(장해연금·장해일시금), iv) 간병급여, v) 재해유족급여(장해유족연금·순직유족연금과 순직유족보상금을 포함한 순직유족급여·위험직무순직유족연금과 위험직무순직유족보상금을 포함한 위험직무순직유족급여), vi) 부조급여(재난부조금·사망조위금) 등이다.

이와 같은 여러 급여의 내용과 지급방법은 위의 두 법률에 상세히 규정되어 있다.

2) 복지혜택

우리 정부의 공무원연금공단은 연금기금을 운용하는 과정에서 공제조직(共濟組織)의 사업과 비슷한 복지사업(공무원후생복지사업)을 하고 있다. 따라서 공무원은 연금급여를 받는 외에 복지사업의 혜택을 받게 된다. 현재 연금기금에 의한 복지사업의 주축을 이루는 것은 각종 대부사업이다. 학자금대부, 수해복구비대부, 요양비와 치료비의 대부, 경조비대부 등이 그 예이다. 이 밖에 후생복지시설

운영, 무주택공무원을 위한 주택의 건설·공급·임대 등이 있다.

4. 연금급여의 조정

연금제도의 운영에서 중요한 문제의 하나는 연금급여의 구매력(실질가치)을 유지하는 문제이다. 점진적인 인플레가 진행되고 있는 것은 세계적인 현상이다. 인플레의 경향은 장기적 사업인 연금제도에 큰 위협이 된다. 인플레에 대항하여 연금제도를 보호하려면 연금기금의 증식과 연금급여의 조정에 각별한 주의를 기울여야 한다. 인플레가 아니더라도 생활수준이 높아지는 데 따라 연금의 실질적 가치를 인상하려면 연금조정을 해야 한다.

1) 연금법개정을 통한 조정방법

연금급여를 조정하는 전통적 방법은 연금법을 개정하는 것이다. 연금법을 제정할 때와 같은 입법조치로 연금급여를 조정할 수 있다. 그러나 입법절차는 경직성이 높고 시간이 많이 걸리기 때문에 급여조정의 적시성을 확보하기 어렵다. 더구나 퇴직한 사람들의 연금을 조정하는 문제는 재직자들의 보수를 조정하는 문제와 달라서 정부당국의 체계적이고 지속적인 주의를 받기 어렵다. 따라서 연금수급자의 보호가 소홀해질 염려가 있다.

2) 연금구조에 내장된 조정방법

연금법을 개정하지 않고도 연금이 조정될 수 있게 하는 장치를 연금구조에 내장하는 방안들이 활용되어 왔다. 그 예를 보면 다음과 같다.

(1) 퇴직연금일시금 퇴직연금일시금을 받을 수 있게 하는 것은 퇴직 후의 인플레 효과를 회피하려는 조치라 할 수 있다. 퇴직연금의 본래적인 취지에는 어긋나더라도 급여의 실질가치가 온전할 때 일시금을 주는 것은 수급자에게 이익이 될 수 있다.

(2) 최종보수기준의 연금산정 재직기간 전체의 보수평균치가 아니라 보수액이 가장 많은 재직최종월의 보수를 각종 급여의 산정기초로 하는 것은 재직기간

중의 인플레 효과를 줄이는 조치라 할 수 있다. 재직 중의 인플레에 대응한 보수조정이 적절히 이루어진다면 적어도 퇴직당시의 연금액이 적정하게 되는 것은 보장할 수 있다.

(3) 보수연동적 조정 공무원이 퇴직한 후에도 연금급여의 산정기초로 되었던 보수가 조정될 때마다 연금급여도 그에 따라 조정하는 방법이 있다. 이것은 재직자의 보수수준과 퇴직자의 연금급여를 결부시켜 보수가 인상되면 연금급여도 자동적으로 인상되게 하는 방법이다. 이 방법을 적용하려면 공무원이 퇴직할 때 담당하고 있던 직위 또는 계급을 그 후 변동하는 직위분류구조 속에서 계속 확인해 낼 수 있어야 한다. 직급조정이 빈번한 직위분류제 하에서는 그 일이 까다롭지만 계급제 하에서는 비교적 용이할 것으로 생각된다.

(4) 생계비연동적 조정·소비자물가연동적 조정 연금급여를 생계비지수변동 또는 소비자물가변동에 결부시켜 연금급여액이 자동적으로 조정되게 하는 방법이 있다.

(5) 재직자연금 재직자연금제는 예컨대 20년 이상 근속한 공무원에게 재직 중 연금을 지급하고, 퇴직 후에는 퇴직연금으로 연결되게 하는 제도이다.

우리 정부에서는 퇴직연금일시금제도와 소비자물가연동적 조정제도를 채택하고 있다. 「공무원연금법」 제35조는 "연금인 급여는 「통계법」 제3조에 따라 통계청장이 매년 고시하는 전전년도와 대비한 전년도 전국소비자물가변동률에 해당하는 금액을 매년 늘리거나 줄인다"고 규정한다.

연금의 조정에는 인플레의 효과를 줄이고 연금수급자의 혜택을 늘리는 조정만 있는 것이 아니다. 연금지급을 정지하거나 삭감하는 조정도 있다. 퇴직연금 또는 조기퇴직연금 수급자가 「공무원연금법」의 적용을 받는 공무원으로 임용되거나 군인 또는 사립학교 교직원으로 임용된 경우, 선출직 공무원에 취임한 경우, 국가나 지방자치단체가 전액 출자 출연한 기관의 임직원으로 채용된 경우 등에는 그 재직기간 중 해당 연금 전부의 지급을 정지한다. 퇴직공무원이 그 밖의 직장에 재취업하거나 사업을 해서 소득이 있고 월소득금액이 전년도 평균연금월액을 초과하는 경우 초과액수의 규모에 따라 연금급여를 차등적으로 감액 지급한다.

II. 근무시간 · 휴가

공무원이 일하도록 요구된 시간과 보수를 받으면서 쉴 수 있는 기간을 설정하는 것은 정부조직의 생산성과 노동력의 보존 및 공무원의 복지에 직접적인 영향을 미치는 중요한 문제이다. 그러므로 보수수준을 결정할 때에는 근무시간과 휴가에 관한 제도를 고려에 넣어야 한다. 반대로 근무시간과 휴가를 결정할 때에는 보수제도와의 연결을 생각하고 보수를 정할 때와 마찬가지로 대외균형도 고려하여야 한다.

1. 근무시간

공무원이 원칙적으로 근무해야 할 시간을 기본근무시간이라 한다. 기본근무시간의 범위 내에서 휴식시간이 주어지면 실제의 근무시간은 줄어들며, 초과근무를 하면 실제로 근무한 시간은 그만큼 늘어나게 된다.

1) 기본근무시간: 통상의 근무시간

기본근무시간(基本勤務時間: 통상의 근무시간: regular or standard working hours)을 설정할 때에는 i) 사회·경제적 여건과 공무원의 기대, ii) 정부의 필요, iii) 업무의 특성, iv) 업무수행에서 받는 정신적·육체적 부담, v) 작업환경, vi)업무수행의 생산성, vii) 일광시간(낮시간)의 길이 등 관련요인들을 고려해야 한다. 이런 고려요인들이 달라지면 기본근무시간도 달라질 수 있다.[d)]

그러나 인간의 능력에는 한계가 있으며 정부가 근무시간을 줄일 수 있는 데도 한계가 있기 때문에 실제로 기본근무시간의 변동폭은 그리 크지 않다. 오늘날 각국 정부의 기본근무시간은 대개 매주 35시간으로부터 45시간 사이에서 결정되는 것 같다. 우리 정부의 기본근무시간은 1주일에 점심시간을 제외하고 40시간이

---

d) 「국가공무원법」과 「국가공무원 복무규정」에서는 기본근무시간과 같은 뜻으로 '통상적인 근무시간', '통상의 근무시간' 또는 '표준근무시간'이라는 용어를 쓰고 있다.

다. 토요일과 일요일은 휴무하는 것이 원칙이다. 우리 정부는 '주5일근무제'를 채택하고 있다.

정부업무의 통제와 공무원 간의 형평유지를 위해 기본근무시간은 통일적으로 규정할 필요가 있다. 그러나 같은 정부 내에서도 업무의 특성과 근무조건이 다름에 따라 예외를 인정하지 않을 수 없다. 우리 정부에서도 업무조건의 특수성이 현저하여 원칙적인 기본근무시간을 적용하기 어려운 공무원에 대해서는 기본근무시간을 따로 정할 수 있게 하고 있다. 그리고 처음부터 통상적 근무시간보다 짧게 근무하는 시간선택제공무원(단축근무공무원)을 임용할 수 있게 하고 있다.

2) 초과근무

기본근무시간을 초과하여 근무하는 것을 초과근무(超過勤務: overtime work)라 한다. 초과근무에는 시간외근무와 토요일 또는 공휴일 근무가 포함된다. 공무원의 1일 표준근무시간은 9시부터 18시까지이며 점심시간은 12시부터 13시까지이다. 표준근무시간외의 근무를 시간외근무라 한다. 정부업무를 수행하자면 미리 계획하지 않은 일이나 긴급한 일이 생길 수 있기 때문에 초과근무제도를 두는 것이다. 그러나 초과근무가 너무 많아지거나 일상화된다는 것은 업무계획이나 인적자원관리에 잘못이 있음을 말해 주는 것이다. 그런데 공무원의 근무실태를 보면 공무원들이 습관적으로 장시간의 초과근무를 하는 사례가 많다.

3) 휴식시간

공무원들이 장시간 근무를 계속할 때에는 간간히 휴식시간을 주는 것이 바람직하다. 휴식시간을 따로 정해 두면 근무의 단조로움에서 오는 권태를 해소하고 일하는 시간에는 주의를 집중할 수 있어서 생산성을 높일 수 있다. 이것은 또 직원 간의 의사소통을 촉진하고 인간관계를 개선하는 데 기여할 수 있다고 한다.

우리 정부에서는 점심시간 이외의 휴식시간을 일반적으로 공식화하고 있지 않다. 휴식시간을 공식화하건 안 하건 간에 공무원들은 실제로 필요한 만큼의 휴식을 취하기 마련이며, 사실상 그것이 용인되는 것이므로 공식화하는 문제가 그리 중요한 것은 아니다. 그러나 이를 통제하는 문제는 매우 중요한 것이다. 휴식시간이 절제 없이 연장되어 업무수행에 차질을 가져올 염려가 있기 때문이다.

4) 근무시간제도의 변형

고용양태나 근무관계의 융통성을 높여야 할 필요가 점증하는 데 따라 변형 근무시간모형들에 대한 관심이 커지고 있다. 근무시간의 길이와 시작하고 끝나는 시간을 통일적으로 규정하는 전통적 근무시간제도를 수정하는 대안들이 활발하게 개발되고 있다.

우리 정부에서도 여러 대안들을 채택하고 있다. 그리고 한 걸음 더 나아가 유연근무제를 채택해서 보다 종합적인 근무방법 유연화를 추진하고 있다. 유연근무제는 근무시간뿐만 아니라 복무의 다른 국면들도 대상으로 한다. 여기서는 근무시간변형의 방법들을 설명하고 이에 연관된 유연근무제는 항을 바꾸어 따로 논의하려 한다.

변형근무시간제의 중요한 예를 보기로 한다.[4)]

(1) 탄력근무제 탄력근무제(彈力勤務制: 융통성 있는 작업시간계획: Flexi-time; Flextime; flexible work scheduling; flexible work hours)는 조직구성원들이 일정한 범위 내에서 각자의 근무시간계획을 자율적으로 정할 수 있도록 허용하는 제도이다.[e)] 여기서 '일정한 범위 내'라고 하는 말은 두 가지 의미를 가진 것이다. 첫째, 기준근무시간은 지켜야 한다는 뜻이다. 둘째, 표준적인 근무시간계획을 수정할 수 있는 범위를 일정하게 한정한다는 뜻이다. 즉 근무시간을 공통근무시간과 자율조정이 가능한 시간이라는 두 가지 범주로 나누고, 후자에 대해서만 자율적 계획을 허용한다.[f)]

구체적인 경우 근무시간의 자율조정을 어느 정도 허용할 수 있느냐 하는 것은 여러 가지 조건에 달려 있지만, 언제나 따르는 제약조건은 업무 간의 상호의존도이다. 업무 간의 의존도가 높을수록 작업시간계획의 융통성은 저하될 수밖에

e) 탄력근무제를 지칭하는 정부기관들의 용어는 여러 가지이다. 처음에는 자율복무제라는 말을 많이 썼는데, 이어서 탄력근무제라는 용어를 주로 썼다. 근자에는 시차출퇴근제라는 용어를 쓰기도 한다.

f) 예컨대 기준근무시간이 하루 8시간이라면 작업시간계획을 자율적으로 정하더라도 하루 8 시간에 해당하는 근무시간은 어떤 방법으로든 채워야 한다. 그리고 자율적인 계획을 무한정 허용하는 것은 아니다. 아침 9시가 표준적인 출근시간이라면 아침 8시부터 아침 10시 30분 사이에서 출근시간을 조정할 수 있게 하는 것과 같이 일정한 한계를 설정한다.

없다.

① 실천방법 탄력근무제의 실천방법은 여러 가지로 입안될 수 있다. 출근시간, 퇴근시간 그리고 점심시간 등 중간휴식시간을 모두 조절할 수 있게 하는 방법도 있고 출퇴근시간만 조정할 수 있게 하는 방법도 있다. 자율조정이 가능한 시간범위 내에서는 감독자의 허가 없이 수시로 근무시간을 변경할 수 있게 하는 방법도 있고, 변경할 때마다 감독자의 허가를 받게 하는 방법도 있다. 공동근무일 또는 공동근무주일이나 공동근무월을 따로 정하고, 해당 일·주·월에는 근무시간의 자율조정을 허용하지 않고 다른 기간에만 허용하는 방법도 있다.

우리 정부에서는 출퇴근시간만을 자율조정할 수 있게 하고 있다. 기관마다 조정범위를 달리 정할 수 있으나 대개 출근시간은 7시~10시 사이에서, 퇴근시간은 16시~19시 사이에서 조정하게 한다. 이 경우 10시부터 16시까지는 공동근무시간으로 지정된다.

② 효 용 탄력근무제는 조직구성원들의 개성과 인격을 존중하는 제도이며 일과 개인생활의 양립에도 도움이 되는 제도라고 한다.[5] 이 제도의 실천적 이점으로는 조직구성원들의 직무만족도향상, 생산성향상, 근태상황의 개선, 초과근무경비의 절감, 관리층과 직원들 사이의 긴장과 불신 감소 등을 들 수 있다. 출퇴근시간의 교통난과 점심시간에 생기는 식당의 혼잡을 피하는 데도 도움이 된다고 한다. 출퇴근시간의 교통난 즉 교통체증을 완화하는 효과는 에너지 절약차원에서도 강조된다.

③ 제약과 한계 탄력근무제의 활용을 제약하는 요인 또한 여러 가지로 열거되고 있다.[6] 일관작업과정에서처럼 업무단위 간의 연관성(의존성)이 매우 높은 경우, 정확한 교대근무가 필요한 경우, 그리고 적은 인원으로 작업장 또는 사무실을 언제나 지켜야 하는 경우에는 탄력근무제를 도입하기 어렵다.

이 제도를 실시하는 경우 조직구성원들은 다른 사람들(가족이나 다른 조직구성원들)의 시간계획과 자기의 시간계획이 엇갈려 불편을 겪을 수도 있다. 감독자들이 근무하지 않는 시간대에 근무하는 공무원에 대한 감독이 부실해질 수 있다. 출퇴근시간을 일일이 확인해야 하는 번거로움이나 근무시간을 조정하면서도 표준시간량은 반드시 채워야 한다는 조건 등으로 인하여 조직구성원들은 피로감을 느낄 수도 있다고 한다. 사람마다 구구한 시간계획을 확인하고 그것을 전체적으로 관리하는 데 시간이 많이 소모된다는 불평도 있다.

탄력근무제는 직장에서 벗어날 수 있는 시간을 더 많이 허용하려는 제도라고 이해하는 사람들은 이를 소극적·회피적이라고 비판한다. 능동적으로 직무만족도를 높여 직장에 오래 머무르고 싶어하도록 만들지 않고, 조직구성원들이 직장에서 더 많이 벗어날 수 있게 함으로써 그들의 불만을 덜어 보려는 방법은 너무 안이하고 회피적이라는 것이다.

(2) 시간제근무 시간제근무(時間制勤務: part-time work)는 비정규적인 근무의 한 양태로서 기준근무시간의 일부만 근무하게 하는 근무시간계획이다. 이것은 가정주부, 고령자, 장애인 등 정규근무가 어려운 사람들의 노동력을 활용하는 데 특히 유용한 방법이라고 한다. 시간제근무에는 여러 양태가 있다. 시간단위로 설계된 업무를 개개인에게 맡길 때의 시간제근무도 있고, 원래 한 사람이 담당하도록 설계된 직위의 직무를 두 사람 이상이 분담하게 하는 경우의 시간제근무도 있다. 후자를 직무분담(job sharing)이라 한다.

우리 정부에서는 통상적인 근무시간보다 짧게 근무하는 공무원을 시간선택제(채용 또는 전환)공무원이라 부른다.

(3) 압축근무제 압축근무제(壓縮勤務制: compressed workweek)는 근무일의 근무시간을 늘리고 그 대신 주당 근무일수를 줄이는 방법이다. 일하는 날에는 보다 오래 일하고 쉬는 날을 늘려 여가를 집중적으로 활용하자는 방안이다.

압축근무제의 일종인 토요전일근무제(土曜全日勤務制)는 토요일에 전일근무와 비근무를 격주로 반복하는 근무시간계획이다. 한 주의 토요일에는 평일처럼 근무하고 다음 주의 토요일에는 휴일처럼 쉬게 하는 방법이다. 우리 정부에서는 토요일 휴무제를 도입하기에 앞서 예비적 조치로 토요전일근무제를 실시했다.

(4) 호출근무제 호출근무제(呼出勤務制: on-call schedule)는 대기인력집단을 확보해 두고 그들이 조직에서 요구하는 때만 나와 일하게 하는 제도이다. 업무량의 변동이 심한 분야에서 활용할 수 있는 제도이다. 1년에 일정기간(예컨대 6개월) 이상 근무를 보장하고 몇 년이 지나면 정규직원으로 채용한다는 등의 조건을 제시하여 대기인력집단을 유지하게 된다.

(5) 교대근무제 교대근무제(交代勤務制: shift work)는 업무가 장시간 연속되어야 하는 직장에서 직원들이 교대하면서 근무하게 하는 근무시간계획이다. 교대근무는 하루 24시간 업무수행이 연속되는 분야에서 주로 쓰인다.

(6) 재택근무 재택근무(在宅勤務: work at home; telecommuting; telework)는 고용주가 제공하는 사무실 또는 작업장에 출근하지 않고 자기 집에서 수탁받은 업무를 처리하는 근무방식이다. 재택근무에서는 컴퓨터와 전자적 매체들이 활용된다. 재택근무는 근무장소를 자율화하는 근무방식(Flexiplace; flexible work places; alternative work locations) 가운데 하나이다. 재택근무는 근무장소를 바꾸는 데 역점을 둔 변형근무방식이지만 근무시간계획의 자율화도 따르는 것이기 때문에 여기서 언급한다.

5) 우리 정부의 '유연근무제'

(1) 정 의 우리 정부에서 말하는 유연근무제는 공무원의 근무에 대한 규정을 융통성 있게 운영하여 공무원의 업무효율과 조직의 생산성을 향상시키려는 종합적 변형근무제도이다. 유연근무제 적용의 대상이 되는 근무의 국면은 여러 가지이다. 유연화의 대상으로 되는 근무국면에는 근무시간이나 근무장소뿐만 아니라 근무형태(고용양태), 근무방법, 근무복장 등이 포함된다. 근무유연화의 실행수단 내지 방법 또한 다양하다.

(2) 대상과 방법 유연근무제의 구체적인 구성내용은 상황적 요청에 따라 달라질 수 있다. 여기서는 2010년에 도입할 당시의 유연근무제를 우선 소개하려 한다. 우리 정부의 유연근무제는 다섯 가지 대상분야의 아홉 가지 실행방법을 규정하였다.[7)]

① **근무형태** 근무형태를 변형시키는 방법으로 채택된 것은 시간제근무(part-time work)이다. 시간제근무는 정규근무시간보다 짧게 하는 근무이다.

② **근무시간** 근무시간을 유연화하는 방법은 네 가지로 구분된다.

첫째, 시차출퇴근제(탄력근무제: flex-time work)는 1일 8시간, 1주 40시간 근무체제를 유지하면서 출근시간을 오전 7시부터 10시 사이에서 자율적으로 조정할 수 있게 하는 방법이다. 퇴근시간은 출근시간의 조정에 연동된다.

둘째, 근무시간선택제(alternative work schedule)는 1주 40시간 근무의 요건만 지키면 1일 근무시간은 자율적으로 정할 수 있게 하는 방법이다. 하루에 8시간을 근무해야 한다는 기준에 구애받지 않고 출·퇴근시간을 조정할 수 있게 하는 방법이다.

셋째, 집약근무제(압축근무제: compressed work)는 1주 40시간이라는 총 근무시간을 지키면서 집약근무로 짧은 기간(5일 미만) 동안 근무할 수 있게 하는 방법이다. 예컨대 하루에 10시간씩 근무하면 1주에 4일만 근무해도 된다.

넷째, 재량근무제(discretionary work)는 공무원 개인이 소속기관과 따로 계약을 체결하여 맡은 프로젝트를 완성하면 이를 근무시간으로 인정해 주는 방법이다. 일종의 도급제적 업무수행방식이라 할 수 있다. 이 방법은 고도의 전문적 지식과 기술이 필요하기 때문에 업무수행방법이나 업무시간배분을 담당자의 재량에 맡기는 것이 바람직한 분야에 적합하다고 한다.

③ **근무장소** 근무장소의 지정을 유연화하는 방법은 두 가지이다.

첫째, 재택근무제(at-home work)는 부여받은 업무를 사무실이 아닌 자기 집에서 수행하게 하는 방법이다.

둘째, 원격근무제(telework)는 주거지에 인접해 있는 원격근무용 사무실(스마트오피스)에 출근해 근무할 수 있게 하는 방법이다. 모바일기기를 사용해 이동하면서 또는 사무실이 아닌 장소에서 근무할 수 있게 하는 것도 원격근무제에 포함된다.[g)]

④ **근무방법** 근무방법을 변형시키는 방법으로 선택된 것은 집중근무제(core-time work)이다. 이것은 핵심근무시간을 설정하고, 핵심근무시간에는 회의·

---

g) 원격근무와 재택근무의 구별에 관해 용어사용의 혼란이 있다. 지정된 근무장소 이외의 장소로 근무자의 집을 선택하는 경우가 많기 때문에 근무장소 자율화 또는 원격근무와 재택근무를 구별하지 않는 사람들이 있다. 재택근무, 스마트워크 사무실에 가서 근무하는 스마트워크근무, 모바일기기를 이용해 이동하면서 하는 근무를 각각 구별하기도 한다. 이런 여러 방법들을 모두 원격근무의 범주에 포함시키기도 한다. 정부에서 유연근무제를 당초에 발표할 때는 재택근무와 원격근무를 별개의 방법으로 구별하였다. 2015년에는 재택근무를 원격근무의 일종으로 규정하였다. 저자는 달리 구별할 필요가 없는 한 원격근무라는 개념이 근무장소자율화의 방법들을 모두 포괄하는 것으로 이해하려 한다. 「전자정부법」의 입장도 그와 같은 것으로 보인다. 「전자정부법」 제32조 제3항은 "행정기관 등의 장은 필요하면 소속직원으로 하여금 특정한 근무장소를 정하지 아니하고 정보통신망을 이용한 온라인 원격근무를 하게 할 수 있다"고 규정한다.

출장·전화 등을 하지 않고 업무에 집중하도록 하는 방법이다.

⑤ **근무복장** 근무복장에 관한 규율을 유연화하는 방법은 유연복장제(free-dress code)이다. 이것은 공무원들이 연중 자유롭고 편안한 복장을 착용할 수 있게 하는 방법이다. 복장자율화는 공무원들의 창의적인 업무수행을 돕고 냉·난방에 드는 에너지를 절약하는 데도 기여할 수 있다고 한다.

2010년에 우리 정부가 발표한 유연근무계획의 대상범위는 넓다. 그 가운데서 필요에 따라 선택과 집중을 할 수 있다고 생각한 것 같다. 정부는 유연근무실행방법의 선택과 배합을 실제로 바꾸고 있다. 때에 따라 근무유연화시책의 역점이 달라지기 때문일 것이다. 예컨대 2015년에 인사혁신처가 선택하여 시행을 독려한 유연근무방법의 유형은 i) 시간선택제전환근무제, ii) 탄력근무제(시차출근형, 근무시간선택형, 집약근무형, 재량근무형), 그리고 iii) 원격근무형(재택근무형, 스마트워크근무형)이다. 일부 용어의 의미도 바꾸고 있다.

2. 휴 가

여기서 논의하는 휴가는 유급휴가(有給休暇: paid leave)이다. 공무원에게 주어지는 유급휴가에는 연가·병가·공가 및 특별휴가가 있다. 이 밖에도 모든 공무원이 원칙적으로 쉬게 되는 공휴일제도가 있다. 우리 정부의 휴가제도를 보면 다음과 같다.[8)]

1) 연 가

연가(年暇)는 공무원이 정신적 및 육체적 휴양을 취하여 생산성을 유지할 수 있게 하고, 또 공무원의 사생활을 돌볼 수 있는 편의를 제공하려는 것이다. 연가는 공무원이 받는 편익이며, 이를 받는 것은 공무원의 권리라 할 수 있다.

연가의 일수는 공무원의 재직기간에 따라 차등적으로 정해져 있다. 공무원이 받을 수 있는 연가일수의 최고한도는 6년 이상 재직한 사람이 받는 21일이다. 최소연가일수는 1개월 이상 1년 미만 재직한 사람이 받는 11일이다.

연가는 해당 공무원이 원하는 때에 받을 수 있게 해야 하겠지만, 그에 대한 어느 정도의 통제는 불가피하다. 한꺼번에 많은 사람이 연가를 받거나, 근무가 계속 요구되는 시기에 연가를 받는 사람이 있어서 업무수행에 지장이 생기면 안 되기 때문이다. 우리 정부에서는 업무폭주 등의 이유로 연가를 제대로 사용하지 못하는 예가 많았다. 정부는 이를 시정하기 위해 해마다 최소한의 연가는 사용하도록 권고하는 지침을 각급기관에 시달하였다. 그리고 사용하지 못한 법정연가일수에 대해서는 금전적 보상(연가보상비)을 주고 있다. 연가는 저축할 수도 있다. 공무원은 사용하지 않고 남은 연가 일수를 그 해의 말일을 기준으로 최대 10년까지 이월·저축하여 사용할 수 있다.

2) 병 가

공무원의 건강유지를 위한 예방적 휴가를 연가라 한다면, 병가(病暇)는 사후적 또는 치료적 휴가라 할 수 있다. 병가는 공무원이 질병이나 부상으로 인하여 직무를 수행할 수 없는 경우, 또는 감염병에 걸린 공무원의 출근이 다른 공무원의 건강에 영향을 미칠 염려가 있을 경우에 허가하는 것으로, 그 기간은 1년에 60일을 한도로 한다. 질병이나 부상이 공무 상의 것일 때에는 180일까지 병가를 허가할 수 있다.

3) 공 가

공가(公暇)는 병가의 원인 이외에 정당한 사유가 있을 때에 허가하는 휴가이다.

공가를 받을 수 있는 경우는 i)「병역법」이나 다른 법령에 따른 징병검사·소집·검열점호 등에 응하거나 동원 또는 훈련에 참가할 때, ii) 공무와 관련하여 국회·법원·검찰 또는 그 밖의 국가기관에 소환되었을 때, iii) 법률에 따라 투표에 참가할 때, iv) 승진·전직시험에 응시할 때, v) 원격지로 전보발령을 받고 부임할 때, vi) 법령에 정한 건강검진 등을 받을 때, vii) 헌혈에 참가할 때, viii) 법령에서 정하는 외국어능력시험에 응시할 때, ix) 올림픽·전국체전 등 국가적인 행사에 참가할 때, x) 천재지변·교통차단 또는 그 밖의 사유로 출근이 불가능할 때, xi) 노사교섭의 교섭위원으로 선임되어 단체교섭 및 단체협약 체결에 참석하거나 노동조합 대의원회에 참석할 때, xii)「검역법」에 정한 오염지역 또는 오염인근지역으로 가기 전에 예방접종을 할 때이다. 외국에서는 공무와 관련된 여행이나 회의참석 등을 공가로 다루는 경우가 있으나, 우리나라에서는 공무출장으로 처리하고 있다.

4) 특별휴가

우리 정부가 인정하는 특별휴가(特別休暇)에는 i) 경조사휴가, ii) 출산휴가, iii) 여성보건휴가, iv) 모성보호시간, v) 육아시간, vi) 수업휴가, vii) 재해구호휴가, viii) 유산휴가와 사산휴가, ix) 불임치료 휴가, x) 포상휴가, 그리고 xi) 자녀돌봄휴가가 있다.

경조사휴가는 공무원 본인이 결혼하거나 그 밖의 경조사가 있을 때 받는 휴가이다. 출산휴가는 임신중의 여자공무원이 출산 전후에 받는 휴가이다. 여성보건휴가는 여자공무원이 매 생리기간 중 휴식과 임신한 경우의 검진을 위해 받는 것이다. 생리기간 중의 휴식을 위한 여성보건휴가는 무급휴가이다. 모성보호시간은 임신중인 공무원이 임신초기와 임신후기에 휴식이나 병원진료 등을 위해 1일 2시간의 범위 내에서 받는 휴가이다. 육아시간은 생후 1년 미만의 유아를 가진 여자공무원이 받는 휴가이다. 수업휴가는 한국방송통신대학에 재학중인 공무원이 출석수업에 참석하기 위해 받는 휴가이다. 재해구호휴가는 풍해·수해·화재 등 재해로 인하여 피해를 입은 공무원과 재해지역에서 자원봉사활동을 하려는 공무원이 받는 휴가이다.

유산 · 사산휴가는 공무원이 유산하거나 사산한 경우에, 그 공무원이 신청하여 받는 휴가이다. 불임치료휴가는 인공수정 또는 체외수정 등 불임치료시술을 받는 공무원이 시술 당일 하루 동안 받는 휴가이다. 포상휴가는 공무원이 국가 또는 해당기관의 주요 업무를 성공적으로 수행하여 탁월한 성과와 공로가 인정되는 경우에 받는 휴가이다. 자녀돌봄휴가는 자녀가 있는 공무원이 어린이집 등의 공식행사 참석·상담 참여, 자녀의 병원진료를 위해 받는 휴가이다.

3. 가족친화적 편익프로그램

1) 가족친화적 편익프로그램의 의미와 필요성

가족친화적(家族親和的) 편익프로그램(family-friendly benefits program)은 조직구성원들이 직장생활의 책임과 가정생활의 책임을 균형지을 수 있도록 도와주려는 여러 편익의 조합이다. 이것은 일과 가정의 양립을 지원하기 위해 설계한 복합적 편익프로그램이며, 가족생활의 필요에 맞춘 편익프로그램이라고 볼 수 있다. 이 프로그램에 포함시킬 수 있는 편익은 다양하다. 근무조건, 복지서비스, 보건 · 의료서비스 등 여러 분야를 가로지르는 편익들을 포괄할 수 있다. 가족친화적 편익프로그램의 구성에서는 대개 수혜자인 직원의 선택을 존중한다.

공무원들을 위한 전통적 편익프로그램은 직장에 다니는 남성가장과 집에서 살림하는 전업주부를 전제하는 것이었다. 그러나 여성의 사회진출 확대, 남녀관계에 대한 사회관념의 변화, 가족구조의 변화, 가족구성원들의 역할변화 등 일련의 변화는 편익프로그램의 변화를 요구하게 되었다.

부부가 함께 직장생활이나 사회활동을 한다는 것, 가부장적 가족관계가 와해되고 부부가 함께 가족생활의 책임을 맡아야 한다는 것, 어린 자녀를 데리고 홀로 된 남녀가 늘어나고 있다는 것, 직장생활에 대한 책임과 가족생활에 대한 책임의 균형 있는 이행을 원하는 사람들이 늘어나고 있다는 것 등을 고려한 편익프로그램의 확충이 요청된다.

2) 가족친화적 편익프로그램의 내용

가족친화적 편익프로그램을 구성하는 편익 또는 편익규정의 조건들은 많고 그 범위를 한정하기도 어렵다. 여기서는 근래 자주 거론되는 편익들을 골라 네 가지 범주로 구분해 보려 한다.[9)]

(1) 복무조건과 편익선택의 유연화 복무조건의 융통성을 높여 주는 방법이 있다. 시간제근무, 직무분담, 탄력근무제와 압축근무제를 실시하면 가족생활의 필요에 따라 근무시간을 조절하는 것이 쉬워진다. 주된 사무소뿐만 아니라 출장소 등 산하기관에서 근무하는 것 또는 재택근무가 가능하게 해서 근무장소선택의 융통성을 높이는 것도 생활편의에 도움을 줄 수 있다.

선택적 복지제도를 채택하여 편익선택의 융통성을 높이는 것도 맞벌이 부부에게 도움을 준다. 의료보험과 같은 편익을 중복적으로 받는 것보다는 서로 겹치지 않게 선택하여 부부공동의 편익패키지(benefits package)를 설계할 수 있기 때문이다. 선택적 복지제도(맞춤형 복지제도)에 대해서는 뒤에 다시 설명할 것이다.

(2) 가족친화적 휴가제도 가족생활의 필요에 대응하는 휴가를 허용하는 방법이 있다. 출산휴가, 배우자 · 자녀 · 부모의 질병을 돌보기 위한 휴가, 경조사휴가

등이 그 예이다.h)

가족생활의 필요 때문에 휴가를 받아야 하는 사유는 불규칙하게 발생한다. 이에 대응하기 위해 휴가공동사용프로그램(leave sharing and pooling program or leave bank program)을 만들 수 있다. 주어진 기간의 휴가가 필요없을 때는 이를 저축했다가 필요할 때 찾아 쓰도록 하면 소속직원 전체의 연간휴가일수 내에서 융통성 있게 휴가를 사용할 수 있다.

(3) 육아지원 부모에게 의존해야 하는 어린 자녀를 가진 직원을 위해 육아지원(child care)을 제공할 수 있다. 가까운 탁아시설에 관한 정보를 제공하고 위탁알선을 하거나 직장에서 탁아소를 직접 운영할 수 있다. 지역사회의 탁아소들을 지원·육성하고 소속직원이 사용하는 경우 할인혜택을 받게 하는 방법도 있으며, 직원들의 탁아시설사용에 대한 보조금을 지급할 수도 있다.

(4) 노인부양지원 늙은 부모나 친척 등 노인을 돌보는 데 편의를 제공하는 방법이 있다. 노인부양지원(elder care)의 범주에 해당하는 것은 양로시설에 대한 정보제공과 위탁알선, 보조금 지급, 노인을 돌보는 데 필요한 휴가제공, 자원봉사자 알선, 양로보험가입알선 등이다.

공무원의 입장에서는 위의 여러 방안들이 넉넉하게 시행되기를 바라겠지만 그것을 실천하는 데는 제약이 있다. 생산성저하와 정부재정압박이 대표적인 걸림돌이다. 가족생활에 맞춘 편익프로그램은 그 필요와 제약조건을 균형짓는 선에서 개척해 나가야 한다.

---

h) 육아 또는 가족의 질병 간호를 위해 필요한 휴직을 허용하는 것도 가족친화적 프로그램이라 할 수 있다. 이런 휴직제도는 육아지원과 노인부양지원의 일환으로도 볼 수 있다. 「국가공무원법」 제71조는 만 8세 이하 또는 초등학교 2학년 이하의 자녀를 양육하기 위하여 필요하거나 여성공무원이 임신 또는 출산하게 된 때, 그리고 사고나 질병 등으로 장기간 요양이 필요한 조부모, 부모, 배우자, 자녀, 손자녀 또는 배우자의 부모를 간호하기 위하여 필요한 때 본인이 원하면 휴직을 명할 수 있다고 규정한다.

Ⅲ. 보건·안전·복지

1. 보건·안전의 관리

공무원의 보건 및 안전을 관리하는 활동은 노동력을 보존하고 공무원들에게 인간적 처우를 보장하려는 것이다. 정부에서 고용하는 공무원은 한때 쓰고 버리는 소모품이 아니고 생산능력을 유지해 가며 정부활동에 지속적으로 참여하는 '사람'인 까닭에 이를 보존하는 데 적합한 활동이 필요하다.

정부에서 업무 상의 사고를 방지하고 공무원의 양호한 건강을 유지하는 책임을 져야 하는 첫째 이유는 인도주의적인 것이다. 둘째 이유는 정부조직의 물질적 손실을 막고 노동력의 생산성을 유지·향상시키려는 것이다. 정부에서 공무원의 보건과 안전을 관리하는 비용은 정부의 인도적 책임이행이라는 관점에서 보면 소비적 지출이 되며, 노동력의 생산성유지라는 관점에서 보면 생산적 투자가 된다.

보건관리와 안전관리는 각각 구별되는 활동영역을 가지고 있다. 그러나 보건관리와 안전관리는 긴밀히 관련되어 있으며 활동이 서로 겹치는 부분도 있다.[i]

보건관리와 안전관리의 구체적인 활동내용은 그 대상이 되는 업무분야별로 다른 것이기 때문에 여기서 모두 검토할 수는 없다. 다만 현대국가에서 흔히 볼 수 있는 보건관리와 안전관리의 주요 활동항목만을 살펴보려 한다.[10]

1) 보건관리

보건관리의 주요활동은 질병의 예방과 치료에 관한 것이다. 정부기관의 보건관리에서는 보건과 의료에 관한 전반적인 계획을 세우고, 공무원들이 적절한 의료혜택을 받을 수 있도록 지원해야 한다. 그 밖에 보건관리에서 맡아야 할 활동

---

i) 실내환경의 질(indoor environmental quality: IEQ)은 보건관리와 안전관리의 공동관심사이다. 실내환경의 질에 영향을 미치는 요인은 공기의 질, 소음, 조명, 작업도구의 디자인과 같은 인체공학적 요인, 위생상태, 직무관련 스트레스요인 등이다.

에는 i) 건강진단과 예방접종의 실시, ii) 사고로 인한 부상의 응급치료, iii) 경미한 질병의 치료, iv) 피로와 권태의 방지, v) 스트레스의 관리, vi) 보건교육, vii) 건강증진프로그램의 관리, viii) 정신의학적 상담, ix) 건강에 영향을 미치는 위생설비와 작업조건의 감독 등이 포함된다.

보건관리프로그램들 가운데서 근래 많은 관심을 끌고 있는 것은 건강증진프로그램(wellness program)이다. 건강증진프로그램은 직원들이 건강에 해로운 습관과 생활방식을 버리고 건강에 좋은 생활방식과 행동을 익혀 실천하도록 유도하고 조력하는 예방의학적 프로그램이다. 건강에 좋은 생활방식이란 좋은 식생활습관, 운동하는 습관, 스트레스를 덜 받고 쉽게 해소하는 생활습관 등을 말한다. 건강증진프로그램은 건강진단, 예방접종, 건강과 영양상태에 관한 상담, 훈련, 체중조절 상담, 체력단련시설 제공, 금연프로그램 운영 등을 포함하는 복합적 프로그램이다.[11]

업무 상의 스트레스로 인한 부정적 행태와 건강손상을 방지하는 문제는 오늘날 보건관리의 아주 중요한 과제이다. 이에 관해서는 항을 나누어 따로 설명하려 한다.

2) 안전관리

안전관리는 근로자의 안전을 도모하고 사고로 인한 생산활동 상의 손실과 재해보상의 비용을 줄이기 위한 활동이다. 안전관리는 근로자의 건강보호에도 직결된 활동이다. 특히 사고가 난 뒤에 그 결과의 심각성을 줄이려는 활동에는 보건관리와 겹치는 것들이 있다. 사고로 부상한 사람이 있으면 응급조치를 하고 병원에 옮겨 치료를 받게 하는 것이 그 예이다.

안전관리의 주축을 이루는 활동은 각종 원인으로 인한 사고를 방지하려는 것이다. 여기에 포함되는 주요 활동은 i) 안전관리계획의 수립, ii) 안전규칙의 제정과 시설의 감독, iii) 사고의 조사·분석, iv) 기술적 사고원인의 제거, v) 인적 사고원인의 제거(안전교육), vi) 사고의 수습 등이다.

사고의 원인은 크게 두 가지로 나누어 볼 수 있다. 첫째는 기술적 원인이다. 기술적 원인에는 물적 요인(공장설비·기계·도구 등)에서 비롯되는 것과 작업환경(통풍·채광·소음·통로 등)에서 비롯되는 것이 있다. 둘째는 인적 원인이다. 인적 원인이란 무능(비숙련), 부주의, 무모한 행동, 피로 등 사람의 결함이나 잘못에서 생기는 사고의 원인을 말한다. 사고의 기술적 원인을 제거하려면 안전공학적 방법으로 물적 및 환경적 조건을 개선하여야 한다. 인적 원인으로 인한 사고를 예방하려면 안전교육을 실시해야 한다. 그리고 임용절차에서도 사고의 인적 원인을 배제하도록 힘써야 한다.

3) 스트레스의 관리

직업생활인들, 특히 조직에 참여하는 직업생활인들은 여러 가지 스트레스를 경험한다. 그것이 지나치면 개인과 조직에 해를 끼치기 때문에 당사자와 조직은 이를 의식적으로 관리해야 한다.

(1) 스트레스의 정의 스트레스(stress)는 예사롭지 않은(unusual) 또는 특이한 부담을 주는 환경적 조건(행동·사건 등)에 대한 정신적·육체적 반응이다. 이것은 환경적 자극으로 인해 경험하는 압박감이며 정신적·육체적 긴장상태이다. 사람은 지나친 요구를 받았을 때 또는 원하는 일의 성취가 불확실한 상황에서 제약이나 장애에 마주쳤을 때 스트레스를 느끼게 된다. 같은 조건하에서도 사람에 따라 경험하는 스트레스는 다를 수 있기 때문에 스트레스는 개인화된 조건(individualized condition)이라는 특성을 지닌다고 한다.12)

넓은 의미의 스트레스에는 민원담당 공무원이 아주 어려운 반복적 민원에 직면했을 때 받는 것과 같은 부정적 또는 역기능적 스트레스(negative stress or distress)도 있고, 새로운 직위에 승진했을 때 느끼는 것과 같은 긍정적 스트레스(eustress; optimum level of stress)도 있다. 긍정적 스트레스는 생활에 활력을 주고 직무수행동기를 유발할 수 있다. 긍정적 스트레스는 느끼는 사람이 감당할 수 있는 정도의 적정한, 비교적 심각성이 낮은 스트레스(mild stress)이다.

스트레스는 발생하는 생활영역에 따라서도 분류해 볼 수 있다. 사람들이 직업생활에서 경험하는 스트레스와 개인생활에서 경험하는 스트레스를 구분할 수 있다. 실생활에서는 양자가 서로 연관되고 엉켜 있는 경우가 많지만, 개념적으로는 양자를 구별할 수 있다.

여기서 우리가 주로 관심을 갖는 것은 직장생활에서 경험하는 부정적 스트레스이다.

(2) 스트레스 유발요인 구체적인 스트레스 유발요인(stressors)은 수없이 많다. 스트레스 유발요인들을 간추려 분류하고 예시하려 한다. 직장생활에서 발생하는 요인들에 초점을 맞추어 이를 i) 업무상의 요인, ii) 대인관계적 요인, 그리고 iii) 개인경력관련 요인으로 범주화해 볼 수 있다.[13)]

① 업무상의 요인 업무상의 요인은 담당하는 직무 자체에 관한 요인, 조직 내의 역할에 관련된 요인, 그 밖의 조직구조·과정에 관한 요인으로 나누어 볼 수 있다.

직무 자체에 관한 요인의 예로는 업무과다, 업무과소, 업무처리에 대한 시간압박, 권태로운 직무, 감성노동의 압박,[j)] 업무처리의 자율성 제약, 기술변화에 대한 부적응, 불만스러운 근무시간, 불유쾌한 작업환경 등을 들 수 있다. 역할관계에서 생기는 문제는 역할모호성, 역할갈등, 윤리적 딜레마 등이다. 권위주의적 계층구조, 의사전달의 장애, 의사결정에 대한 참여의 배제, 관리자·감독자의 독단적·모욕적 언동 등을 구조와 과정에 관한 그 밖의 유발요인에 포함시킬 수 있다.

② 대인관계적 요인 대인관계에서 비롯되는 스트레스 유발요인으로는 낯설거나 갈등관계에 있는 사람들과 접촉이 많은 경우, 동료들이 다른 사람을 배려하지 않고 무례하게 행동하는 경우, 말다툼이 잦은 경우, 성희롱과 같은 괴롭힘을 당하는 경우, 조직의 전반적인 분위기가 비우호적인 경우 등을 들 수 있다.

③ 개인경력관련 요인 조직 내의 개인경력에 관련된 스트레스 유발요인으로는 현재의 조직 내 직위가 불만스러운 경우, 경력발전의 기회가 막혀 있고 경력

---

j) 감성노동(감정노동: emotional labor)은 자기 자신의 감성을 관리하고 통제하려는 노력이다. 감성노동은 느끼는 감성과 표현하는 감성을 구별하고 양자를 다르게 만드는 노력이라고 설명할 수도 있다. 조직에는 직원들에게 감성노동을 요구하는 표현규칙(전시규칙: display rule)이 있다. 조직에서 감성노동으로 표현하는 감성은 조직이 직무수행에 적합하다고 결정하여 요구하는 것이다. 민원창구의 공무원은 불쾌감을 느끼더라도 조직이 요구하는 감성노동을 통해 웃는 낯으로 민원인을 대해야 한다. 조직의 표현규칙에 따라 자기의 진정한 감성을 수정하는 심층행동(deep acting)을 할 수도 있다. 그러나 자기의 내면적인 느낌을 감추고 표현규칙에 따라 감성표현을 만들어 내는 피상적 행동(surface acting)을 하는 경우가 많다. 이와 같이 느끼는 감성과 표현하는 감성이 달라지는 감성불협화(emotional dissonance)가 일어나면 그것이 스트레스 유발요인으로 될 수 있다. 오석홍, 조직이론, 제10판 (박영사, 2020), 188~190쪽.

고원에 도달했다고 느끼는 경우, 직업적 안정성 결여 때문에 신분불안을 느끼는 경우 등을 들 수 있다.

직업생활의 스트레스에 긴밀히 연관되는 것은 개인적 요인이다. 개인적 요인의 작용은 두 가지로 나누어 볼 수 있다. 그 하나는 개인생활의 스트레스 유발요인이며 다른 하나는 개인의 스트레스 민감도이다.

사람이 그의 개인생활에서 경험하는 스트레스 유발요인(life stressors)은 경제적 어려움, 가족관계의 어려움 등 여러 가지이다. 이런 요인들은 직업생활의 스트레스 유발요인과 구별된다. 그러나 개인생활의 스트레스 유발요인은 직업생활에 넘침효과(spillover effect)를 미친다. 그러므로 조직의 스트레스 관리는 이를 외면할 수 없다.

스트레스 유발요인에 대한 반응은 사람에 따라서 다를 수 있다. 스트레스 유발요인과 스트레스 야기 사이에 지각(perception), 과거의 경험, 개인의 동기·성격·능력, 다른 사람들로부터 받는 사회적 지원 등이 개입변수로 작용하기 때문이다. 이런 개입변수들이 다르면 스트레스 유발요인이 같더라도 사람들의 반응은 달라질 수 있다. 사소한 문제 때문에도 스트레스를 받는 사람이 있고, 상당히 강한 스트레스 유발요인에 대해서도 관용적인 사람이 있다.[k)]

(3) 폐 해 사람이 지나친 부정적 스트레스를 받으면 심리적·생리적·행태적으로 나쁜 증상이 나타난다. 스트레스는 사람들의 심리적 안녕과 육체적 건강을 해치고 질병에 걸리게 할 수도 있고, 수명을 단축시킬 수도 있다. 사람들을 초조감·불안감·좌절감에 시달리게 할 수도 있다. 결근·이직·태업·생산성 감소와 같은 부정적 행태를 유발하고, 의사결정의 효율성을 저하시킬 수도 있다.

강한 만성적 스트레스의 누적은 사람들의 번아웃(burnout: 탈진; 정신·신경의 쇠약)을 초래한다. 번아웃은 육체적·정신적으로 쇠약해져서 스트레스에 대항할

---

k) 이런 개인차를 설명하는 데 스트레스 취약성(스트레스 민감도: stress vulnerability)과 스트레스 문턱(stress threshold)이라는 개념을 사용하기도 한다. 스트레스 문턱이란 사람이 부정적 스트레스를 형성하지 않고 견딜 수 있는 스트레스 유발요인의 수준을 지칭한다. 이것은 스트레스 유발요인과 마주친 개인이 보여주는 관용적 태도 또는 내성(耐性)의 수준이다. 스트레스 문턱이 낮은 사람의 스트레스 취약성은 높고, 문턱이 높은 사람의 스트레스 취약성은 낮다. John W. Newstrom, *Organizational Behavior: Human Behavior at Work,* 13th ed. (McGraw－Hill, 2011), pp. 399~400.

힘을 잃은 상태이다. 사람이 자신의 안전에 대한 중대위협에 직면하여 심한 스트레스를 경험하면 트라우마(trauma: 트로마; 쇼크; 정신적 외상)에 빠질 수 있다. 트라우마는 사람의 자기능력에 대한 신념과 자아인식이 와해되는 상태이다. 트라우마에 빠진 사람은 자신이 환경의 희생물이라는 느낌을 가지며 정서적 혼란증상을 보이게 된다.

(4) 극복방안 직장생활의 부정적 스트레스를 예방하거나 스트레스의 해로운 영향을 완화·극복하기 위해 조직과 개인은 협력해야 한다. 조직은 업무관계와 조직 내의 심리적 분위기를 개선하고 직원들을 위한 보건·복지 프로그램을 발전시켜야 한다. 조직구성원 개개인은 스트레스를 예방하고 통제하거나 해소하는 노력을 해야 한다. 스트레스를 피하는 방법도 찾아야 한다.

스트레스 대응방안을 두 가지 분야로 나누어 예시하려한다.

① 업무관계 개선 업무에 관련된 극복방안 가운데 가장 기본적인 것은 사람과 직무의 적응도를 높이는 방안이다. 그 밖에 역할을 명료화하는 것, 시간관리를 효율화하는 것, 업무를 위임하는 것, 필요한 정보를 얻고 업무조력을 받는 것, 업무협력을 강화하는 것, 직무를 재설계하여 업무과다를 해소하는 것, 변형근무제를 실시하는 것, 작업환경을 개선하는 것 등도 업무에 관련된 극복방안에 해당한다.

개인은 스트레스 발생의 진원지를 회피하는 방안을 선택할 수 있다. 스트레스를 주는 사람을 피하는 방법, 휴가나 전보를 통해 스트레스를 극복하는 방법이 있다. 직장에서 이탈하는 길밖에 없을 때에는 사임도 한 회피방안이 된다.

② 행태개선 완벽주의를 완화하고 달성 불가능한 성취기준을 포기하는 것, 주변으로부터 사회적·정서적 지지를 구하는 것, 모호한 상황에 대한 아량을 키우는 것, 운동이나 충분한 수면 또는 식이요법을 통해 건강을 유지하는 것, 이완·긴장완화의 기술을 습득하는 것 등이 행태개선방안에 해당한다. 여기서 긴장완화기술이란 명상, 근육이완운동, 심호흡, 편안한 자세유지 등을 말한다. 조직은 직원들의 행태개선을 돕기 위해 건강증진프로그램을 활용할 수 있다.

2. 복지사업

인도적인 이유에서뿐만 아니라 행정의 생산성을 유지·향상시키기 위해서도 정부는 공무원의 복지를 돌보아야 한다. 정부에서 하는 복지사업(福祉事業: 후생복지사업: welfare programs)은 직접적으로 공무원의 물질적 및 정신적 생활을 안정·향상시키려는 사업이다. 복지사업과 보건·안전관리활동은 상당부분 서로 중첩된다.

1) 복지사업의 종류

현대민주국가의 인사행정에서 흔히 볼 수 있는 복지사업의 종류를 예시하면 다음과 같다. 이런 복지혜택들은 무상으로 제공되기도 하지만 '할인된 가격'에 제공되는 경우가 더 많다.

(1) 주택지원 공무원의 주거를 정부에서 제공하거나 주거를 마련하고 유지하는 것을 지원하는 활동이 있다. 관사나 기숙사를 제공하기도 하고 저렴한 임대주택에 입주할 수 있게 해 주기도 한다. 주택자금을 대부해 주거나 주거문제에 관한 상담을 해 주기도 한다.

(2) 생활지원 공무원의 생활을 도우려는 활동 가운데 가장 흔한 것은 급식과 구매에 관한 사업이다. 구내식당이나 매점을 운영하는 것이 그 예이다. 그 밖에 의복지급, 탁아시설운영, 통근편의제공 등이 있다.[1)]

(3) 공제조합적 활동의 지원 공제조합(共濟組合)은 직원들이 경제적으로 상부상조하기 위해 만드는 조직이다. 예금과 대출의 편의를 제공하는 금융서비스, 입원비보상, 건강진단, 각종의 단체보험·퇴직연금제도 등이 공제금융관계의 후생복지사업에 포함된다.

---

1) 생활지원을 위한 여러 가지 신종 서비스가 개척되고 있다. 개인생활의 법률문제에 대해 자문해 주는 법률 서비스, 가정의 잡일 처리를 도와주는 심부름 서비스 등을 예로 들 수 있다. 심부름 서비스(concierge services)는 바쁜 직장인들의 일손을 덜어주기 위해 개인생활의 잡일들을 대신해 주는 서비스를 제공하는 프로그램이다. 개인생활의 잡일들이란 장보기, 세탁물 찾기, 애완동물 돌보기 등이다. 이런 서비스들은 선진산업사회의 일부 사기업체에서 실험되고 있는, 아직은 독특한 방법이다.

(4) 문화활동 · 체육 · 레크리에이션 지원 오락실 · 강당 · 도서관 · 체육관 등 문화 · 체육 · 레크리에이션 시설을 제공하는 것도 복지사업에 해당한다.

2) 맞춤형 복지제도

(1) 정 의 맞춤형 복지제도(선택적 복지제도: 융통성 있는 복지제도: customized benefit plan; cafeteria benefit plan; flexible benefit plan)는 정부가 여러 가지 복지혜택을 준비해 놓고 그 가운데서 공무원들이 각자 필요한 것을 고를 수 있게 하는 제도이다.[m] 공무원의 부양가족수와 근무연수 등을 고려하여 일정한 복지예산을 배정하고 그 예산범위 내에서 수혜자인 개인이 복지혜택메뉴를 선택할 수 있게 설계한 제도인 것이다. 수혜자인 공무원은 개별적으로 배당받은 복지점수를 사용하여 개설되어 있는 복지혜택 중에서 각자의 선호와 필요에 따라 자기에게 적합한 것을 선택한다.[14]

맞춤형 복지제도의 목적은 수요자중심의 복지사업을 운영함으로써 공무원의 만족과 조직의 효율성을 증진시키려는 것이다. 복지혜택의 형평성을 높이고 복지재정운영의 효율성을 높이려는 것도 이 제도의 목적이다.

(2) 운영방식 맞춤형 복지제도 운영의 실제에서는 공무원이 선택할 수 있는 폭을 어느 정도는 제한한다. 복지혜택을 기본항목(필수항목: core benefits)과 자율항목(선택항목: optional benefits)으로 나누고 자율항목에서만 혜택메뉴를 고를 수 있게 한다.

기본항목은 공무원에게 선택권이 없는 복지항목이다. 이것은 정책적 필요에 따라 공무원이 의무적으로 선택하도록 설계 · 운영되는 복지항목이다. 기본항목에는 필수기본항목과 선택기본항목이 포함된다. 필수기본항목은 공무원조직의 안정성을 위하여 전체공무원이 반드시 선택해야 하는 항목이다. 그 예로 생명보험, 상해보장보험 등을 들 수 있다. 선택적 기본항목은 운영기관별로 소속공무원이 반드시 선택하도록 정해진 항목이다. 그 예로 가족의료비 보장보험, 임대주택지

m) 「공무원후생복지에 관한 규정」 제2조는 "맞춤형 복지제도란 사전에 설계되어 제공되는 복지혜택 중에서 공무원이 본인의 선호와 필요에 따라 개별적으로 부여된 복지점수를 사용하여, 자신에게 적합한 복지혜택을 선택하는 제도를 말한다"고 규정한다.

원 등을 들 수 있다.

자율항목은 공무원이 자율적으로 선택할 수 있는 복지항목이다. 건강관리, 자기개발, 여가활용, 가정친화적 활동 등을 그 예로 들 수 있다.

공무원들에게는 복지항목을 구매·소비할 수 있는 개인별 복지점수가 배정된다. 복지점수는 기본복지점수와 변동복지점수로 구성된다. 기본복지점수는 운영기관별로 소속공무원에게 일률적으로 지급된다. 변동복지점수는 근무연수, 가족상황, 업무성과, 징계여부 등을 고려하여 결정한다.

복지점수는 금전으로 환산된다. 복지항목에는 판매가격이 표시된다. 예컨대 1점당 1,000원짜리 600점을 받은 공무원은 60만원 한도 내에서 각각 값이 매겨져 있는 복지혜택을 구입할 수 있다. 복지점수는 해당 연도 내에 사용해야 한다. 사용하고 남은 복지점수를 다음 연도로 이월하거나 금전으로 청구하지 못한다.

8

직무수행동기

제 1 절　동기와 동기이론
제 2 절　동기유발 프로그램

개 관

공무원들이 높은 직무수행동기 즉 사기(士氣)를 갖도록 지원하는 일은 인사행정의 중요 책무이다. 공무원들이 아무리 훌륭한 능력을 가지고 있더라도 일하려는 의욕을 잃고 있다면 성공적인 직무수행을 기대할 수 없다. 그러므로 인사행정담당자들은 공무원들이 맡은 임무를 열심히 수행하려는 정신상태를 유지·향상시키는 문제에 깊은 관심을 가지고 계획적인 관리활동을 해야 한다.

인사행정학에서 오래 써 온 사기라는 개념은 직무수행동기를 지칭한다. 근래에는 동기라는 말이 더 많이 쓰이고 있다. 이 장에서는 그러한 일반적 관행을 따라 직무수행동기 또는 동기라는 용어를 원칙적으로 사용하려 한다. 그러나 때에 따라서는 사기라는 말도 혼용하려 한다.

직무수행동기 관리의 기초가 되는 동기이론은 여러 변화를 겪어 왔다. 그러한 변화에 따라 사기관리의 처방적 역점도 변해 왔다. 변화의 대체적인 흐름을 보면 동기유발전략의 다양화·풍요화 그리고 통합화가 촉진되어 온 것을 알 수 있다.

제 1 절에서는 직무수행동기가 무엇을 뜻하는 것인가에 대해 먼저 설명하려 한다. 이어서 욕구와 유인, 그리고 동기유발과정을 설명하고 처방하는 동기이론을 살펴보려 한다. 욕구와 그에 결부된 유인에는 어떤 것들이 있는가를 논의하는 내용이론들과 동기유발의 과정을 논의하는 과정이론들을 소개하려 한다.

제 2 절에서는 직무수행동기를 강화하려는 동기유발 프로그램(사기앙양방안)을 설명할 것이다. 사기조사방법을 먼저 고찰한 다음 동기유발 프로그램들을 설명할 것이다.

제1절

동기와 동기이론

Ⅰ. 직무수행동기란 무엇인가?

인사행정학에서 조직에 참여하고 일을 하려는 사람들의 의욕 또는 정신상태를 설명하기 위해 사기(士氣: morale)라는 개념을 오래 써 왔다. 사기란 직무수행동기를 뜻한다. 직무수행동기 또는 동기라는 말을 주로 쓰는 것이 요즈음의 추세이다. 저자도 그러한 추세를 따르려 한다.

인사행정학에서 관심을 가지고 연구하는 인간의 동기는 직무수행에 관한 동기이다. 그러므로 특별한 한정이나 수식적 조건이 붙지 않는 한 동기를 직무수행동기와 같은 뜻으로 이해해도 무방하다. 맥락에 따라 동기, 직무수행동기, 그리고 사기라는 말을 때때로 혼용할 것이다. 이에 대한 독자들의 양해를 구한다.

1. 직무수행동기의 의미

1) 직무수행동기의 정의

직무수행동기(職務遂行動機: work motivation)는 직무를 수행하려는 동기이다. 동기는 어떤 목표의 성취를 위한 행동을 야기하고 그 방향·강도·지속성 등에 영향을 미치는 일련의 정신적인 힘을 말한다. 동기는 행동이 시작되게 하고 유지되게 하며 행동의 강도와 방향, 그리고 행동의 중지를 결정하는 데 영향을 미치는 정신적 과정이라고 설명할 수 있다.[1)]

동기는 행동의 원인 또는 이유를 설명하려는 개념이다. 사람은 왜 행동을 하게 되는가? 특정한 시점에서 특정한 방향의 행동을 하는 이유는 무엇인가? 경우에 따라 행동의 지속성과 강도는 왜 서로 달라지는가? 등의 문제에 해답을 얻기 위해 사람들은 동기를 연구한다.

직무수행동기의 주요속성은 다음과 같다.

① **직무수행에 관한 동기** 직무수행동기는 조직에서 요구하는 일을 하려는 동기이다. 이러한 동기는 조직구성원의 직무수행과 생산성을 결정하는 데 영향을 미치는 '하나의' 요인이다. 직무수행에 영향을 미치는 요인에는 인간의 동기 이외에 능력, 성격, 업무에 대한 이해, 조직의 자원과 구조·과정, 환경적 제약요인 등 여러 가지가 있다.

② **심리적 기초인 욕구** 동기의 형성에 심리적 기초를 제공하는 것은 사람의 욕구이지만 그 밖에도 가치관, 성격, 지각, 능력 등 여러 요인이 거기에 영향을 미친다.

③ **사람을 움직이는 힘** 동기는 사람을 움직이는 힘이며 그것은 인간의 내면적 동인에 따라 내재적으로 형성되기도 하고 외부의 조종에 따라 외재적으로 형성되기도 한다.

④ **행동을 통한 표출** 동기는 사람의 행동을 통해 표출되는 힘이며 그러한 힘의 양태와 강·약의 수준은 다양하다. 동기는 인간의 내면적 상태를 관찰가능한 행동에 연결짓는다.

⑤ **변동하는 현상** 동기의 양태와 수준은 내재적 및 외재적 연관요인들과 교호작용하는 가운데 변동하는 가변적인 현상이다.

⑥ **목표추구** 동기는 목표를 달성하려는 힘이다. 동기유발과정은 목표상태에 지향된 것이다. 그러한 목표는 의식적인 것일 수도 있고 무의식적인 것일 수도 있다. 동기가 유발된 행동의 목적물 또는 목표상태를 유인(誘因: incentive)이라 한다. 유인에는 사람이 얻으려고 하는 적극적인 것과 회피하려고 하는 소극적인 것이 있다.

⑦ **관념적 구성** 동기는 가시적인 것이 아닌 정신적 상태에 관한 관념적 구성(가정적 구성: hypothetical construct)이다. 동기는 직접 관찰하거나 측정할 수 없다. 동기는 표출된 행태적 증상을 관찰하여 추론해 낼 수밖에 없다.

앞에서 직무수행동기는 직무수행의 생산성을 결정하는 데 영향을 미치는 '하나의' 요인이라고 말했다. 그에 관련해서 약간의 설명을 보태려 한다. 직무수행의 생산성에 영향을 미치는 정신상태를 우리는 동기(사기)라 부르고 있다. 그러므로 높은 수준의 동기는 생산성을 높이는 데 기여한다. 그러나 동기와 생산성의 인과관계를 실제로 측정하는 조사연구에서는 동기의 영향만을 따로 구분해 확인하는 일이 쉽지 않다. 많은 개입변수들을 제대로 통제하지 못하면 동기와 생산성의 인과관계를 확인하는 데 실패할 수 있다. 예컨대 사기는 높아졌지만 다른 영향요인들이 악화되어 생산성은 오히려 떨어지는 결과가 나타날 수도 있다. 그렇다고 해서, 생산성향상을 지향하는 정신상태를 동기라고 정의해 놓고, 그것이 생산성향상에는 실제로 무관하다고 말하는 것은 스스로 내린 동기의 정의를 부정하는 꼴이 된다.

2) 직무수행동기의 유형

동기 또는 동기유발은 필요에 따라 여러 가지로 분류할 수 있다. 중요한 유형의 예로 ⅰ) 내재적 동기(內在的 動機: intrinsic motivation), ⅱ) 외재적 동기(外在的 動機: extrinsic motivation), ⅲ) 의식적 동기(意識的 動機: conscious or explicit motivation), 그리고 ⅳ) 무의식적 동기(無意識的 動機: unconscious or implicit motivation)를 들 수 있다. 내재적 동기는 보상과 같은 외재적 결과를 얻기 위한 것이 아니라 행동 자체의 의미 때문에 그 행동을 하려는 동기이다. 외재적 동기는 보상과 같은 외재적 결과를 얻기 위해 어떤 행동을 하려는 동기이다. 의식적 동기는 행동자가 의식하고 있는 동기이다. 무의식적 동기는 행동자가 의식하지 못하는 동기이다.

2. 동기와 욕구

1) 동기와 욕구의 관계

직무수행동기의 핵심적인 심리적 기초는 욕구(欲求: needs)이다. 욕구에 내재적 또는 외재적 자극(유인)이 작용하면 동기로 전환된다. 동기의 심리적 기초가 욕구라고 하지만 욕구의 충족이 바로 동기를 뜻하는 것은 아니다. 욕구의 발로와 충족의 효과가 조직구성원인 개인의 목표와 조직의 목표를 부합시키는 방향으로 나타날 때, 그리고 조직의 목표를 달성하는 데 기여하는 것이 개인의 목표 또는 욕구를 충족시키는 길이라고 생각하게 될 때 비로소 높은 동기가 나타나게 된다.

인간의 욕구와 직무수행동기가 뚜렷하게 구별될 때도 있고 양자의 구별이 흐려질 때도 있다. 경제적 욕구, 사회적 욕구 등 이른바 하급욕구와 외재적 동기유발에 초점을 맞추는 경우 개인이 지니는 욕구와 직무수행동기는 확연히 구별된다. 그런가 하면 자기실현적 욕구와 내재적 동기유발을 강조하는 경우 욕구와 직무수행동기의 실제적 내용은 거의 같아진다.

2) 욕구의 정의

욕구란 인간이 어떤 시점에서 경험하는 결핍(deficiency)에서 비롯된 필요 또는 갈망이다. 인간이 경험하는 결핍에는 자기실현과 자존의 욕구에서 보는 바와 같은 심리적 결핍, 식욕에서 보는 바와 같은 생리적 결핍, 우정에 대한 욕구에서 보는 바와 같은 사회적 결핍 등이 포함된다.[2] 결핍은 인간의 내면적 긴장을 조성한다. 사람은 그러한 긴장 때문에 빚어진 바람직하지 못한 상황을 해소하려고 한다. 그러한 바람은 원치 않는 상황을 일정한 방향으로 전환할 수 있도록 지각·사고·의욕·행동을 조직화하는 데 작용하는 힘을 생성한다.

이와 같이 정의되는 욕구의 속성은 다음과 같다.

① **관념적 구성** 욕구는 직접 관찰·측정할 수 없는 관념적 구성으로서 그 행태적 증상으로부터 추론할 수밖에 없다.

② **결핍이라는 원인** 욕구는 생리적·심리적·사회적 결핍에서 비롯된다.

③ **행동야기의 힘** 욕구는 행동을 야기하는 힘을 발생한다. 행동을 야기하는 욕구의 강도와 지속시간 등은 매우 다양하다.

④ **내재적·외재적 발로** 욕구는 인간의 어떤 내면적 과정을 통해 발로되기도 하고 환경적 자극 때문에 발로되기도 한다.

⑤ **접근행태·회피행태에 대한 영향** 욕구는 바람직한 것을 취하려는 접근행태뿐만 아니라 싫은 것을 피하려는 회피행태에도 작용한다.

⑥ **성취와 좌절** 욕구는 어떤 목표를 추구하려는 행동으로 발로되는데 행동의 목표는 달성되기도 하고 목표달성이 좌절되기도 한다.

II. 동기이론

1. 동기이론의 분류

인간의 동기 그리고 직무수행동기를 설명하고 동기유발방법의 처방을 시도하는 이론들은 대단히 많으며 그 유형론 또한 많다. 동기이론 분류의 기준은 다양하지만 가장 널리 쓰이는 것은 동기의 기초가 되는 욕구와 유인의 내용에 초점을 두는가 아니면 동기유발의 과정에 초점을 두는가에 관한 기준이다. 이러한 기준에 따라 내용이론과 과정이론을 분류하고 있다. 동기이론을 내용이론과 과정이론이라는 두 가지 큰 범주로 나누는 분류방식을 저자도 채택하려 한다.

동기유발요인의 내용을 설명하는 동기이론을 내용이론(內容理論: content theories)이라고 한다. 내용이론은 무엇이 사람들의 동기를 유발하는가에 관심을 갖고 욕구와 욕구에서 비롯되는 충동, 욕구의 배열, 유인 또는 달성하려는 목표 등을 설명한다. 내용이론의 핵심대상은 대개 인간의 욕구이다. 그러므로 내용이론을 욕구이론(欲求理論: need theories)이라 불러도 별 무리가 없을 것이다.

어떤 과정을 통해 어떻게 동기가 유발되는가를 설명하려는 이론들을 과정이론(過程理論: process theories)이라 한다. 과정이론은 동기유발의 요인들이 교호작용하여 행동을 야기하고 그 방향을 설정하며 지속 또는 중단시키는 과정을 설명하려는 것이다.

다음에 내용이론의 변천에 따라 동기의 심리적 기초와 유인 그리고 동기강화전략이 어떻게 달라져 왔는지를 검토하고, 중요한 과정이론들을 소개하려 한다. 여기서 논의하는 동기이론들은 동기의 개념정의에서부터 사기앙양대책에 이르기까지 이 장 전체에 걸친 설명의 초석이 되는 것이다.

2. 내용이론

욕구이론을 분류할 때 흔히 인간모형 또는 인간관이라는 말을 사용한다. 욕구이론들은 인간이 어떤 욕구를 가졌으며 어떤 유인에 반응하는가에 관련하여 인간에 대한 관점 또는 모형을 설정하기 때문이다. 여기서도 그러한 관행에 따라 인간모형이라는 폭넓은 범주들을 먼저 분류하려 한다.

인간의 욕구체계는 지극히 복잡하다. 욕구에 국한하여 인간을 보더라도 인간은 복잡한 존재이다. 이러한 이치를 그대로 받아들이는 것이 복잡한 인간모형이다. 복잡한 인간관은 과학적으로 보편성을 지닌 것이며 또한 인간관리의 실제에서 상황적응적인, 조심스러운 접근을 촉구하는 실용적 가치도 지닌 것이다. 그러나 연구와 실천에 유용한 길잡이를 제공할 수 있으려면 보다 단순한 인간모형들을 만들고 이를 유형화해야 한다.

여기서는 복잡한 인간에 관한 모형을 기반으로 하고 처방적 선호의 변천과정에 따라 합리적·경제적 인간(고전적 모형), 사회적 인간(신고전적 모형; 인간관계론적 모형), 자기실현적 인간(현대적 모형; 성장이론의 모형) 등 세 가지 인간모형의 범주를 구분하려 한다. 이러한 분류틀은 Edgar H. Schein의 아이디어를 빌려 만든 것이다.[3)]

1) 합리적·경제적 인간: 고전적 인간모형

합리적·경제적 인간모형(合理的·經濟的 人間模型: rational-economic man model)은 오늘날도 상황의 여하에 따라서는 유효하게 적용될 수 있는 내용이론의 한 범주이다. 합리적·경제적 인간모형을 '고전적' 모형이라고 부르는 까닭은 그것이 조직연구·행정연구의 고전이론에 강력한 근가정(根假定)을 제공하였기 때문이다.

합리적·경제적 인간의 특성을 규정해 주는 주요명제들은 ⅰ) 인간의 합리적·타산적 측면, ⅱ) 인간욕구의 획일성, ⅲ) 인간의 경제성(쾌락추구를 위한 경제적 욕구와 경제적 유인), ⅳ) 직무수행에 대한 인간의 피동성, ⅴ) 동기유발의 외재성 등이다. 합리적·경제적 인간모형에서 강조하는 동기의 심리적 기초와 유인은 경제적 욕구와 경제적 유인이다. 경제적 유인에는 보수와 같은 금전적 유인뿐만 아니라 승진, 복무조건, 그 밖의 편익이 포함된다.

(1) 인간에 대한 가정 합리적·경제적 인간모형의 주요가정은 다음과 같이 요약할 수 있다.

① **경제적 이익의 타산적 추구** 인간은 경제적·물질적 욕구를 지닌 타산적 존재이다. 경제적 유인의 제공으로 인간의 동기를 유발할 수 있다. 인간은 쾌락을 원하며 그것을 얻는 수단인 경제적 이익을 추구한다. 이익을 추구하는 데 아주 타산적이기 때문에 인간을 합리적이라고 본다.

② **개인주의적 인간** 조직 내의 인간은 원자적인(개체적인) 개인으로 행동하며 조직구성원들은 심리적으로 상호 분리되어 있다.

③ **개인목표와 조직목표의 상충성** 사람들은 조직이 시키는 일을 고통으로 생각하며 게으르고 책임지기를 싫어한다. 조직은 일하는 것을 원하고 개인은 쾌락과 경제적 이익을 원하기 때문에 조직의 목표와 개인의 목표(욕구충족)는 상충된다.

④ **인간의 피동성** 조직이 요구하는 직무수행에 대하여 사람들은 피동적이다. 외재적으로 유인을 제공하여 동기를 유발시키지 않으면 조직에 기여하는 행동을 하지 못한다. 피동적 인간은 외적 조건의 설정(조작적 조건화)으로 길들일 수 있다.[a]

(2) 인간관리전략의 처방 합리적·경제적 인간모형의 가정을 받아들이는 관리전략은 원자적인 개인을 대상으로 하는 교환모형(交換模型: exchange model)에 입각한 것이다. 사람들이 일을 하는 고통과 희생을 감수한다는 교환조건으로 경제적 보상을 받도록 해야 한다는 것이 교환모형의 핵심을 이루는 논리이다.

교환형 관리는 불신관리이므로 교환의 약속을 지키는지를 면밀히 감시하고 통제하는 강압형 전략의 뒷받침을 받아야 한다. 그리고 사람을 길들이는 전략의 뒷받침도 받아야 한다. 교환형 관리전략은 교환·강압·길들이기에 의해 사람들을 직접적으로 조종하는 전략이다. 그러한 조종의 책임은 관리자들이 진다.

고전적 욕구이론에 바탕을 둔 교환형 관리전략과 이를 뒷받침하는 강압·길들이기의 전략은 전체적으로 '강경한 접근방법'(hard approach)이라는 별명을 얻고 있다. 강경한 접근방법은 조직의 구조를 고층의 집권적 구조로 만들게 된다.

---

a) 조작적 조건화이론은 뒤에 학습이론을 소개할 때 설명할 것이다.

2) 사회적 인간: 신고전적 인간모형

사회적 인간모형(社會的 人間模型: social man model)을 '인간관계론적' 또는 '신고전적' 모형이라고도 부르는 이유는 그것이 인간관계론의 기초를 이루었으며, 행정과학의 신고전이론에서 널리 수용하고 있었기 때문이다.

사회적 인간모형의 특성을 규정해 주는 주요명제들은 ⅰ) 인간의 감성적 측면, ⅱ) 인간욕구의 획일성, ⅲ) 인간의 집단성·사회성(사회적 욕구와 사회적 유인), ⅳ) 직무수행에 대한 인간의 피동성, ⅴ) 동기유발의 외재성 등이다. 사회적 인간모형에서 강조하는 동기의 심리적 기초와 유인은 사회적 욕구와 사회적 유인이다.

(1) 인간에 대한 가정 사회적 인간모형의 주요가정은 다음과 같이 요약할 수 있다.

① 사회성·감성적 행동 인간은 사회적 욕구를 지닌 존재로서 사회적 욕구를 충족시켜 주는 유인이 제공될 때 비로소 동기가 유발된다. 인간은 경제적 타산에 따른 합리적 행동보다 사회적 욕구충족을 위한 감성적 행동의 성향을 보인다.

② 집단적 존재 조직 내의 인간은 원자적인 개인으로서가 아니라 집단의 구성원으로 행동한다. 조직구성원들은 경제적 유인이나 관리자가 하는 통제보다 동료집단의 사회적 압력에 더 민감하게 반응한다.

③ 개인목표와 조직목표의 상충성 사회적 욕구의 충족을 추구하는 개인의 목표와 직무성취를 추구하는 조직의 목표는 상충된다.

④ 피 동 성 인간은 조직이 요구하는 직무수행에 대해 피동적이기 때문에 사회적 유인을 제공해 외재적으로 동기를 유발해야 한다.

인간의 경제성·합리성보다는 인간의 사회성 내지 집단성을 중요시하고 사회적 욕구에 초점을 두고 있다는 점에서 인간관계론적 모형은 고전기의 인간모형과 정면으로 대립되는 모습을 보인다. 그러나 고전적 모형과 인간관계론적 모형은 여러 가지 공통점을 가지고 있다. 두 가지 모형이 다 같이 인간의 피동성, 동기유발의 외재성, 욕구체계의 획일성을 원칙적으로 전제하고 있다. 그리고 조직의 요청과는 상반되는 개인의 욕구를 충족시켜 주는 교환조건으로 조직을 위한 개인의 희생을 받아낼 수 있다고 믿는 점이라든지 욕구의 충족이 바로 직무수행의 동기가 된다고 보는 점 또한 두 가지 모형이 함께 지니는 특성이라 할 수 있다. 인간을 자율규제가 가능한 자유인이 아니라 지배의 대상으로 이해한 점도 같다.

(2) 인간관리전략의 처방 사회적 인간모형에 입각한 관리전략은 집단구성원으로서의 개인을 대상으로 하지만 이 역시 교환적인 것이다. 개인의 사회적 욕구를 충족시켜 주는 한도 내에서 개인은 조직의 직무수행요구에 응한다는 전제하에 사회적 유인과 직무수행을 교환하도록 처방한다.

이러한 교환관계를 유지하는 전략은 집단구성원 간의 교호작용, 개인의 감정과 정서적인 요청, 참여, 동료의 사회적 통제 등에 역점을 두어 사람을 어루만지고 달래는 것이다. 따라서 사람들은 인간관계론적인 인간관리전략을 '부드러운 접근방법'(soft approach)이라고도 부른다. 인간관리의 부드러운 접근방법은 조직 내에 어느 정도의 분권화경향을 조성하고 비공식집단과 일선감독자의 리더십을 중요한 국면으로 부각시킨다.

3) 자기실현적 인간: 성장이론의 인간모형

자기실현적 인간모형(自己實現的 人間模型: self-actualizing man model)은 오늘날 처방적 차원에서 가장 많은 지지를 받고 있기 때문에 그것을 현대적 인간모형이라 부르기도 한다. 그러나 실천세계에서의 적용률이 아직까지 그리 높은 편은 아니다.

자기실현적 인간모형의 가정을 제공하는 이론들을 성장이론(成長理論: growth theories)이라고도 부른다. 인간의 복수욕구를 인정하지만 인간의 자기실현적·성장적 측면을 가장 강조하기 때문에 성장이론이라고 한다. 성장이론을 신인간관계론(新人間關係論: neo-human-relations approach)이라고 부르는 사람들도 있다.

성장이론이 설정하는 자기실현적 인간모형을 특징짓는 명제들은 i) 고급의 인간속성, ii) 복수욕구의 존재, iii) 자기실현적 욕구와 직무유인(職務誘因), iv) 직무수행에 대한 인간의 능동성, v) 내재적 동기유발 등이다. 성장이론은 단일욕구가 아닌 복수욕구의 체계가 있음을 확인한다. 그러면서도 동기의 심리적 기초 가운데서 인간의 성장적 욕구 내지 자기실현적 욕구를 가장 중요시하고 그에 대응하는 관리방침을 처방한다. 동기유발의 유인으로는 직무요인을 핵심적인 것으로 지목한다.

(1) 인간에 대한 가정 자기실현적 인간모형의 인간에 대한 가정은 다음과 같다.

① **자기실현적·성장지향적 인간** 조직 내의 인간은 여러 가지 욕구를 가지고 있지만, 그 가운데서 가장 중요한 최고급의 인간적 욕구는 자기실현적 욕구이다. 인간은 일을 통해 자기실현을 하고 성장·성숙하려는 존재이다.

② **개인목표와 조직목표의 통합가능성** 개인은 조직이 원하는 직무수행에서 의미와 보람을 찾고 직무수행동기를 스스로 유발할 수 있기 때문에 개인의 목표와 조직의 목표가 융화·통합될 가능성이 높다.

③ **능동성·동기유발의 내재성** 조직 내의 인간은 조직의 목표추구에 능동적으로 가담할 수 있다. 조직구성원은 직무수행을 통해 자기실현의 보람을 찾기 때문에 직무수행동기를 내재적으로 유발할 수 있다.

④ **자율규제적 인간** 인간은 경제적 유인이나 사회적 유인 또는 강압적 통제에 의해 외재적으로 관리해야만 일을 할 수 있는 존재가 아니다. 내재적 동기유발을 통해 자율규제를 할 수 있는 자유인이다.

(2) 인간관리전략의 처방 자기실현적 인간모형은 인간을 보다 온전한 자유인으로 보고 인간을 직접적인 조종과 '다스림'에서 벗어나게 하여 자율적·창의적 업무성취와 보람 있는 직업생활을 보장하려고 한다. 조직의 목표와 개인의 목표가 융화·통합될 수 있는 가능성이 높다는 인식 하에 통합형(統合型: integration model)의 인간관리를 처방한다. 통합형 관리는 참여·협동·신뢰를 강조하며 사람들이 일을 통해 성취하고 성숙할 수 있는 여건을 조성한다. 요컨대 자기실현적 인간모형에 입각한 인간관리전략은 고급의 인간속성을 중요시하고 옹호하는 인간주의를 지향하는 것이다.

이러한 관리전략은 권한보다는 임무를 중시하는 조직설계, 관리단위의 하향조정을 통한 조직의 저층구조화, 그리고 구조의 잠정화를 촉진한다.

(3) 성장이론의 예시 자기실현적 인간의 특성을 규명하는 성장이론, 자기실현적 인간모형에 입각하여 인간관리전략을 처방하는 성장이론, 그리고 자기실현적 인간모형에 깊이 연관된 이론은 대단히 많다. 그 가운데서 널리 인용되고

있는 세 가지 예를 보기로 한다.

① **Maslow의 욕구단계이론** Abraham H. Maslow가 정립한 욕구단계이론(欲求段階理論: need hierarchy theory or hierarchy of needs theory)의 핵심적 내용은 다음과 같이 요약할 수 있다.[4)]

첫째, 인간의 욕구는 다섯 가지 욕구의 계층에 따라 순차적으로 발로된다. 최하급으로부터 최상급에 이르는 욕구의 계층은 ⅰ) 생리적 욕구, ⅱ) 안전에 대한 욕구, ⅲ) 애정적 욕구, ⅳ) 긍지와 존경에 대한 욕구 및 ⅴ) 자기실현의 욕구로 구성된다.

둘째, 인간의 다섯 가지 기본적 욕구는 서로 상관되어 있으며 이들은 우선순위의 계층을 이루고 있다.

셋째, 욕구의 발로는 순차적이며 한 단계의 욕구가 어느 정도(부분적으로) 충족되면 다음 단계의 욕구가 점차적으로 부각되어 간다. 최하급의 생리적 욕구가 가장 먼저 발로되며 고급의 인간적 욕구인 자기실현적 욕구는 마지막으로 발로된다.

넷째, 대개의 사람들은 순차적으로 발로되는 다섯 가지 욕구들을 부분적으로밖에 충족시키지 못하고 있기 때문에 인간은 항상 무엇인가를 원하는 동물(wanting animal)이라 할 수 있다.

다섯째, 어떤 욕구가 충족되면 그 욕구의 강도는 약해진다. 충족된 욕구는 동기유발요인으로서의 의미를 상실한다.

Maslow의 이론은 복수욕구의 존재를 확인하고 자기실현의 욕구를 가장 인간적인 욕구로 부각시킴으로써 탈전통적인 인간관리전략의 개척에 선도적 역할을 하였다. 자기실현적 욕구를 가장 고급의 욕구로 규정하고 그 중요성을 강조하기 때문에 Maslow의 이론을 성장이론이라 하는 것이다.[b)]

② **Herzberg의 욕구충족요인이원론** Frederick Herzberg의 욕구충족요인이원론(欲求充足要因二元論: two factor theory or motivation-hygiene theory)은 만족을 얻으려는 욕구와 불만(고통)을 피하려는 욕구를 별개의 차원에 놓아 이원화하고, 동기

b) Maslow는 자기의 욕구단계이론을 동태적 통합이론(holistic-dynamic theory)이라고 부르기도 한다. 우리나라에서는 욕구단계이론이 욕구위계이론, 욕구단계설, 욕구계층설 등 다양한 이름으로 불리고 있다.

요인(직무수행동기를 유발하는 요인: motivator)과 위생요인(불만야기 또는 불만해소에 작용하는 요인: hygiene factor)도 이원화한다.

Herzberg의 이론을 요약하면 다음과 같다.[5)]

첫째, 인간의 기본적인 욕구는 서로 반대방향을 가리키는 두 개의 평행선과 같이 이원화되어 있다. 한 가지 욕구체계는 불유쾌하거나 고통스러운 일을 피하려는 것이고, 다른 한 가지 욕구체계는 개인적 성장을 갈구하는 것이다.

둘째, 조직생활에서 경험하는 불만과 만족은 서로 별개의 차원에 있으며 양자는 반대개념이 아니다.

셋째, 조직생활에서 만족을 주는 요인과 불만을 주는 요인은 서로 다르다. 직무만족의 결정인자는 직무수행의 성취와 그에 대한 인정, 보람 있는 직무, 직무수행의 책임과 직무수행을 통한 성장 등 직무 자체에 관련되어 있고 개인에게 성장감을 줄 수 있는 요인들이다. 불만야기에 관련된 요인들은 조직의 정책과 관리, 감독, 보수, 대인관계, 작업조건 등 직무외적 또는 환경적 요인들이다.

넷째, 불만요인의 제거는 불만을 줄여 주는 소극적 효과를 가질 뿐이며 그러한 효과가 직무행태에 미치는 영향은 단기적임에 불과하다. 반면 만족요인의 확대는 인간의 자기실현욕구에 자극을 주고 적극적인 만족을 가져다 주며 직무수행의 동기를 유발한다.

Maslow의 이론이 욕구 자체에 주의를 기울인 반면 Herzberg의 이론은 욕구충족의 요인에 초첨을 맞춘 것이라 할 수 있다.

③ McGregor의 X이론과 Y이론 Douglas McGregor는 모든 관리전략의 이면에는 인간관(인간의 욕구와 동기에 대한 가정)이 있음을 전제하고 이를 두 가지 범주로 구분하였다. 전통적 관리체제(관리전략)를 정당화하는 인간관을 X이론(Theory X)이라 부르고 인간의 성장적 측면에 착안한 새로운 관리체제를 뒷받침해 주는 인간관을 Y이론(Theory Y)이라 이름지었다. X이론은 Maslow가 말한 욕구단계 가운데서 하급욕구를 중요시하는 것이며 Y이론은 비교적 고급욕구를 중요시하는 것이라고 할 수 있다. 그의 Y이론이 성장이론에 해당한다.[6)]

X이론은 대부분의 사람들이 일을 싫어한다는 것, 책임을 맡으려 하지 않는다는 것, 행동할 바를 다른 사람이 지시해 주기 바란다는 것, 생리적 욕구 또는 안전의 욕구에 자극을 주는 금전적 보상이나 처벌의 위협에서 일할 동기를 얻는다

는 것 등을 가정한다. 이러한 X이론에 입각한 관리전략은 인간의 하급욕구에 자극을 주거나 그것을 만족시켜 주는 데 주력하게 되며 외재적 통제를 강화하는 방향으로 나가게 된다.

McGregor는 인간본질에 관한 X이론은 그릇된 것이라고 비판하였다. 그리고 X이론에 입각하여 지시·통제를 주무기로 삼는 관리전략을 펴는 경우 고급욕구의 충족을 원하는 현대인에게 동기유인을 제공하지 못할 것이라고 말하였다.

X이론을 대체할 새로운 인간관으로 제안한 것이 Y이론이다. Y이론은 대개의 사람들이 본성적으로 일을 싫어하거나 게으르다거나 또는 신뢰할 수 없는 존재가 아니라는 것, 근본적으로 자기규제를 할 수 있으며 조건만 갖추어지면 창의적으로 일에 임할 수 있다는 것, 자아만족·자기실현 등 고급욕구의 충족을 통해 일할 동기를 얻는다는 것 등을 가정한다. Y이론에 입각한 관리전략은 인간의 잠재력이 능동적으로 발휘될 수 있는 여건을 조성하는 것이다. McGregor의 이론을 성장이론으로 소개하는 것은 그의 이론이 Y이론에 역점을 두고 있는 까닭이다.

4) 복잡한 인간모형: 상황적응적 욕구이론

복잡한 인간모형(複雜한 人間模型: complex man model)은 오늘날 우리가 받아들이는 보편적 원리이다. 이것은 상황적응적(상황적 조건에 따라 그에 적합한) 관리처방을 촉구하는 실용적 준거가 되기도 한다. 이 모형은 또한 보다 단순한 인간모형들을 유형화하는 데 일종의 모체를 제공한다.

복잡한 인간모형은 욕구와 유인의 다양성·복잡성, 그리고 동기유발전략의 상황적응성을 강조한다.

(1) 인간에 대한 가정 복잡한 인간모형의 주요 가정은 다음과 같다.

① 욕구의 복잡성·가변성 인간의 욕구체계는 복잡하다. 욕구의 종류는 아주 많으며 욕구 간의 관계와 결합양태는 매우 다양하기 때문에 욕구체계가 복잡하다고 하는 것이다. 욕구체계가 복잡할 뿐만 아니라 그것은 사람의 성장단계에 따라 그리고 생활조건에 따라 달라질 수 있다.

② 개 인 차 욕구체계는 사람마다 다를 수 있다. 인간의 욕구체계는 복잡할 뿐만 아니라 복잡성의 양태가 사람마다 같은 것도 아니다.

③ **욕구의 학습** 사람은 조직생활의 경험을 통해서 새로운 욕구를 배울 수 있다.

④ **역할에 따른 욕구의 변화** 사람이 조직에서 맡는 역할과 근무조건이 다르면 그의 욕구도 달라질 수 있다.

⑤ **참여·순응의 다양한 이유** 조직에 참여하는 이유가 되는 욕구는 사람에 따라 다를 수 있다. 그리고 사람들은 그들의 욕구체계, 능력, 담당업무 등이 다름에 따라 서로 다른 관리전략에 순응할 수 있다.

(2) 인간관리전략의 처방 복잡한 인간에 관한 모형이 처방하는 인간관리전략의 요점은 조직구성원의 변전성과 개인차를 감지하도록 힘써야 한다는 것, 개인차를 존중하고 개인차의 발견을 위해 진단적 접근을 해야 한다는 것, 사람들의 욕구와 동기가 서로 다른만큼 그들을 다르게 취급해야 한다는 것 등이다. 복잡한 인간모형의 관리처방은 조직의 적응성과 융통성을 높이고 상황적 요청에 부응할 수 있도록 조직의 양태를 다양화·유연화할 것을 요구한다.

3. 과정이론

과정이론이 대상으로 삼는 동기유발의 과정은 복잡한 현상이다. 사람과 상황이 복잡하기 때문에 동기유발의 과정 또한 복잡한 것일 수밖에 없다. 동기유발의 원인과 과정이 복잡한만큼 그 어떤 국면에 착안하느냐에 따라 이를 설명하는 접근방법은 여러 가지로 분화될 수 있다. 지금까지 널리 소개되어 온 이론들은 대개 외재적 동기유발을 전제로 하는 전통적 동기이론들이다. 오늘날 처방적으로 가장 선호되는 것은 내재적 동기유발이다. 그러나 내재적 동기유발과정에 대한 연구는 오히려 기대에 못 미치고 있다.

인용빈도가 높은 과정이론들 가운데서 기대이론, 형평이론, 학습이론을 설명하고 내재적 동기유발과정에 관한 이론들을 소개한 다음 통합화의 노력에 대해 언급하려 한다.

1) 기대이론

기대이론(期待理論: expectancy theory)은 욕구충족과 직무수행 사이의 직접적이고 적극적인 상관관계에 대해 의문을 표시하고 욕구와 만족 그리고 동기유발 사이에 기대(期待: expectation)라는 요인을 명확하게 개입시킨다. 기대이론은 욕구·만족·동기유발의 체계에 기대라는 인식론적 개념을 추가하여 동기유발의 과정을 설명한다.

대체로 보아 기대이론들은 사람마다 그 욕구의 발현이 다를 수 있고 욕구충족이라는 결과의 실현과 자기가 취할 행동 사이의 관계를 다르게 지각할 수 있다는 것을 전제한다. 그리고 동기의 크기는 어떤 결과(outcome)에 부여하는 가치(결과를 얻으려는 욕구의 크기: value or valence)와 특정한 행동이 그것을 가져다주리라는 기대에 달려 있다고 한다. 동기의 강도는 결과에 부여하는 가치에다 특정한 행동이 원하는 결과를 가져다 줄 것이라는 믿음(기대)을 곱한 값의 합계에 달려 있다고 설명한다. 여기서 '달려 있다'는 말은 수학적 개념인 함수(function)라고도 표현할 수 있다. 기대이론들의 기본적인 가정을 수식(數式)의 모양으로 표현하면 다음과 같이 된다.

$$MF_i = f[\Sigma(V_i P_{ij})]$$

MF(motivational force): 동기의 강도
V(valence): 결과에 부여하는 가치
P(probability): 행동이 결과를 가져온다는 기대
i: 행동 i
j: 결과 j

기대이론의 범주에 포함되는 이론들은 많다. Vroom, Porter와 Lawler, Ⅲ, Georgopoulos 등의 이론들이 널리 인용되고 있다.

Victor H. Vroom은 그의 선호-기대이론(選好-期待理論: preference-expectation theory)에서 일정한 행동을 하려는 한 사람의 정신적인 힘(motive)은 그 행동이 가져올 가능성이 있는 모든 결과에 부여하는 가중치(효용)와 그러한 결과의 달성에 그 행동이 가질 것으로 지각하는 유용성을 곱(乘)한 것에 달려 있다고 주장하였다.[7)]

Lyman W. Porter와 Edward E. Lawler, Ⅲ의 성과-만족이론(成果-滿足理論: performance - satisfaction theory)은 직무성취(성과)와 거기에 결부된 외재적·내재적 보상(rewards)에 부여하는 가치, 그리고 어떤 노력이 보상을 가져다 줄 것이라는 기대가 직무수행 노력을 좌우한다고 설명한다. 그들은 직무성취의 수준이 직무만족의 원인으로 될 수 있다는 점을 지적하고 외재적 보상뿐만 아니라 내재적 보상에도 관심을 보인다.[8)]

Basil S. Georgopoulos, Gerald M. Mahoney, 그리고 Nyle W. Jones, Jr.는 그들의 통로 - 목표이론(通路 - 目標理論: path - goal approach to productivity)에서 일정한 수준의 생산활동을 하려는 개인의 동기는 그가 추구하려는 목표에 반영되어 있는 개인의 욕구와 그러한 목표달성에 이르는 수단 또는 통로로서 생산성제고행동(productivity behavior)이 갖는 상대적 유용성(효용성)에 대한 개인의 지각에 달려 있다고 하였다. 개인적 목표에 이르는 통로로서 생산성이 갖는 수단성 내지 효율성에 대한 근로자의 지각은 행동을 결정하는 독립변수라고 한다.[9)]

2) 형평이론

처우의 비교적 형평성에 대한 사람들의 지각과 신념이 직무행태에 영향을 미친다고 설명하는 과정이론들을 집합적으로 형평이론(衡平理論: equity theory: 공정성이론, 공평성이론 또는 사회적 교환이론)이라 부른다.

형평이론의 핵심적 논점은 ⅰ) 사람들은 직무수행에 대한 자기의 기여에 부합되는 공정하고 형평성 있는 보상이 무엇인가에 관한 신념을 형성하게 된다는 것, ⅱ) 사람들은 자기의 보상·기여비율을 다른 사람들의 그것과 비교하는 경향이 있다는 것, 그리고 ⅲ) 다른 사람들의 경우와 비교하여 자기 자신에 대한 처우가 공평치 못하다고 믿게 되면 그것을 시정하기 위해 무엇인가를 하려는 동기를 유발하게 된다는 것이다.[10)]

형평이론이나 기대이론은 다 같이 인식 또는 지각의 과정을 토대로 동기유발을 설명한다는 공통점을 가지고 있다. 그러나 관심의 초점과 설명의 방법에서 양자는 구별된다. 기대이론은 보상·수단·기대의 상호작용과정에서 보상을 최대화하려는 동기가 유발되는 현상에 초점을 두고 있다. 형평이론은 투입과 소득의 비교적인 불균형이 동기유발에 미치는 영향을 논의의 초점으로 삼는다.

3) 학습이론

개인의 동기유발에 관한 학습이론(學習理論: learning theory)은 학습이라는 과정을 통해 동기가 유발되는 현상을 기술하고 그에 대해 처방하는 것이다.[11] 학습이론에서 말하는 학습(learning)은 경험의 결과 행동에 비교적 항구적인(장기적인) 변화가 일어나는 과정을 지칭한다.

학습이라는 개념을 사용해서 행동변화·동기유발을 설명하는 이론은 여러 갈래로 분화되어 있다. 그 중에서 우리가 관심을 갖는 것은 조작적 조건화이론(操作的 條件化理論: operant conditioning theory)이다.[c]

조작적 조건화이론은 행동의 결과를 조건화함으로써 반응행동(responses, operants)을 유발하는 과정을 설명한다. 이 이론의 설명틀은 세 가지 구성부분(ABC contingencies)을 가지고 있다. 세 가지 구성부분이란 선행자극(A: antecedents), 반응행동(B: behavior), 그리고 반응행동의 결과(C: consequences)를 말한다. 이론의 핵심적 원리는 사람들이 업무상황(자극)에 처하여 조직이 바라는 행동(반응)을 하면 그에 결부해 강화요인(행동의 결과)을 제공하고 바람직하지 않은 행동을 하면 처벌(행동의 결과)하여 바람직한 행동을 학습시켜야 한다는 것이다.

조작적 조건화이론은 관찰가능한 행동변화에 초점을 두는 행태주의이론이며 자발적 학습만을 대상으로 한다. 본능, 성장, 운동에 따른 피로, 부상과 질병, 뇌손상, 약물투여 등으로 인한 행동변화는 대상으로 하지 않는다. 오늘날 동기를 연구하는 사람들이 준거로 삼는 학습이론은 대개 조작적 조건화이론이다.

학습이론에 입각한 실천적 접근방법인 행동수정에 대해서는 뒤에 동기유발 프로그램을 설명할 때 언급하려 한다.

4) 내재적 동기유발에 관한 이론

성장이론(자기실현적 인간모형)은 동기유발의 내재성을 가정한다. 이러한 가정을 받아들이는 과정이론들은 내재적 동기유발과정을 설명한다. 성장이론은 인

c) 조작적 조건화이론의 개척자는 B. F. Skinner라고 한다. Skinner, *The Behavior of Organisms* (Appleton-Century-Crofts, 1938), *Walden Two*(Macmillan, 1948).

간의 일에 대한 욕구와 직무수행동기를 거의 동일시하고 있다. 따라서 그에 입각한 과정이론들의 이론구조는 비교적 단순하다. 그러나 실증적 연구를 통해 이를 검증하는 일은 쉽지 않다.

내재적 동기유발이론 두 가지를 예시하려 한다.

(1) 인식론적 평가이론 인식론적 평가이론(認識論的 評價理論: cognitive evaluation theory)은 인간이 스스로 직무수행동기를 유발할 수 있다는 가정을 기초로 하고 있다. 이 이론은 인간은 유능하고 자기 인생을 스스로 통제할 수 있다는 느낌을 가지려는 욕구를 지녔으며 어떤 직무수행이 그러한 욕구를 충족시킬 수 있으면 직무수행동기를 내재적으로 유발할 수 있다고 주장한다. 그러한 조건 하에서 사람들은 오직 직무 자체가 제공하는 개인적 즐거움 때문에 직무를 수행한다고 한다. 이때에 외재적 유인의 제공은 동기유발에 오히려 방해가 된다고 한다.[12)]

(2) 직무특성이론 직무특성이론(職務特性理論: job characteristics theory)은 환경적 요인(외재적 동기유발요인: 직무요인)과 개인적 요인(내재적 동기유발요인)을 결합하여 동기유발과정을 설명한다. 이 이론의 핵심적 논점은 잘 설계된 직무가 사람의 욕구를 충족시키고 그러한 욕구의 충족은 동기를 유발한다는 것이다. 성장욕구가 강한 사람들은 그렇지 않은 사람들에 비해 바람직한 직무국면들에 더 적극적으로 반응한다고 설명한다.[13)]

일부의 기대이론이 내재적 동기유발에도 관심을 갖는다는 점은 이미 앞에서 언급한 바 있다. 목표설정이론과 자기효능감이론도 내재적 동기유발에 관련되는 이론으로 소개하는 사람들이 있다.[14)]

목표설정이론(goal setting theory)은 구체적이고 어려운 목표의 설정과 목표성취도에 대한 환류의 제공이 일하는 사람의 동기를 유발하고 업무성취수준을 향상시킨다고 설명하는 이론이다. 목표설정이론은 인간이 목표달성을 위해 최선을 다할 수 있는 존재라고 전제한다. 그리고 목표설정이 동기유발의 유인을 제공한다고 전제한다.

자기효능감이론(self-efficacy theory; social cognitive theory)은 자기효능감이 동기를 유발한다고 설명한다. 자기효능감이란 자기가 어떤 임무를 수행할 수 있다는 믿음이다. 자기효능감이론은 자기효능감이 높은 사람은 불리한 상황이나 부정적 환류에 직면하여 더 많이 노력하려는 동기를 유발한다는 전제 하에 자기효능감 증진방안을 처방한다. 훈련(직무관련 경험)을 통한 자신감 키우기, 자기와 비슷한 사람이 임무성취에 성공하는 사례를 보고 대리경험하기, 설득을 통한 자신감 불어넣기 등은 자기효능감 증진방안의 예이다.[15)]

5) 통합적 접근방법의 탐색

각기 한정적인 효용성을 지닌 과정이론들을 종합하여 포괄성과 적용가능성이 높고 따라서 설명력이 큰 통합적 접근방법을 개발하는 것은 동기연구인들의 숙원이다. 이러한 과제의 해결을 위한 노력은 여러 방면에 걸쳐 있는데, 이를 세 가지 범주로 구분해 볼 수 있다. 세 가지 범주란 i) 새로운 패러다임 또는 모형을 개척하는 접근방법(new paradigm approach), ii) 수렴화를 도모하는 접근방법(converging operations approach), 그리고 iii) 융합을 도모하는 접근방법(amalgamation approach)을 말한다.[16)]

새로운 패러다임을 추구하는 사람들은 기존의 동기이론에서가 아니라 심리학의 다른 여러 분야에서 개념과 이론들을 빌려 새로운 이론을 개발하려 한다. 새로운 이론이란 기존의 이론보다 포괄성이 높고 적용가능영역이 넓은 이론을 지칭한다.

수렴화를 도모하는 접근방법은 서로 다른 동기이론들의 경쟁적·상충적 주장과 예측을 비교하고 각 이론의 경계적 조건을 분명히 함으로써 이론들 사이의 일관성과 상호보완성을 발견하려는 접근방법이다. 이 접근방법은 서로의 주장에 일관성이 없는 것으로 알려진 이론들을 분석해서 일관성을 수렴해 내려는 것이다.

이론들의 융합을 추구하는 사람들은 동기이론들 사이의 수렴화를 도모하는 노력에서 한 걸음 더 나아가 기존 동기이론들의 구성을 결합시켜 이론의 타당성을 높이려고 한다. 이러한 노력은 주요 동기이론들의 관점들을 포용하는 일종의 상위이론(上位理論: meta-theory)을 개발하려는 것이다.

제2절

동기유발 프로그램

Ⅰ. 동기유발 프로그램의 개요

1. 범위의 한정

현대인사행정은 공무원들의 사기를 높이기 위해 지속적으로 작동할 수 있는 장치를 계획적으로 만들어 시행하고 있다. 거기에 포함되는 활동들이 동기유발 프로그램(사기제고방안·사기앙양책)이다.

동기의 심리적 기초나 유인 등 동기유발에 관련된 요인들을 아주 단순화하여 이해했던 전통적 인사행정학에서는 동기유발 프로그램의 범위도 좁게 규정하였다. 처음에는 경제적 보상을 중심으로 한 접근방법에 주의를 한정했던 것으로 보인다. 인간관계론의 영향으로 도입되거나 강조되기 시작한 동기유발 프로그램은 사람들의 사회적 욕구충족과 인간관계의 원활화에 치중하였다.

행태과학의 발전은 사기앙양활동의 범위를 크게 확장하는 데 기여하였다. 행태과학의 지식을 응용하여 동기유발책을 처방하는 사람들은 조직 내의 보다 많은 요인들에 관심을 확대해 왔다. 이러한 추세는 사기앙양활동이라고 따로 지목되는 활동과 다른 활동 사이의 구분을 흐리게 하고 있다.

동기유발을 위한 인사행정의 프로그램을 넓은 의미로, 그리고 포괄적으로 이해하는 경우 지금까지 알려진 사기요인들에 직접·간접으로 연관된 인사행정활동을 모두 고찰의 범위에 포함시켜야 할 것이다. 그러나 설명의 편의를 위해 동기유발에 보다 직결되는 활동들만을 골라 동기유발 프로그램이라고 좁게 규정하려 한다.

여기서는 동기문제 연구인들이 동기유발에 보다 직접적으로 기여하는 활동이라고 따로 지목하여 설명하는 것들만을 간추려 소개하려 한다. 이 책의 다른 곳에서 고찰할 기회가 없었던 프로그램들 중에서 인사상담제도, 고충처리제도, 제안제도, 그리고 직업생활의 질 개선 프로그램에 대해서는 뒤에 항을 나누어 보다 자세히 설명하려 한다.

직무수행동기를 측정하고 평가하는 사기조사는 동기유발 프로그램의 입안에 필요한 준비작업이다. 그리고 사기조사자체가 사기진작의 효과를 발휘할 수도 있다고 알려져 있다. 다음에 사기조사에 대해 먼저 간단히 설명하고 이어서 동기유발 프로그램들을 논의하려고 한다.

2. 동기수준의 측정: 사기조사

사기조사(士氣調査: morale survey)는 직무수행동기의 수준을 측정하고 그 원인을 분석하는 활동이다. 사기조사의 주된 목적은 동기강화전략의 수립에 필요한 정보를 얻는 것이다. 사기조사에 따르는 다른 부수적 효과도 기대할 수 있다. 예컨대 조직 내 의사전달을 원활하게 하고, 조사대상인 공무원들과 관리자들의 긍정적 태도변화를 유도할 수 있다. 훈련수요 발견을 도울 수 있다. 조직활동의 개혁에 필요한 정보를 얻을 수 있다. 사기수준을 조사한다는 사실 자체가 공무원들의 인정감·참여감을 높이고 따라서 사기에 긍정적인 영향을 미칠 수 있다.

그러나 사기조사의 실제에서 부딪치는 애로도 적지 않다. 사기조사의 정확성을 제약하는 기술적 한계가 있다. 그런 한계는 사기조사에 대한 신뢰를 떨어뜨린다. 사기조사에서 발견된 문제들을 해결할 수 없을 때, 사기조사무용론이 나올 수 있다. 조사대상자들이 솔직한 답변을 꺼리고, 조사를 번거롭다고 생각할 수 있다. 사기조사로 관리층에 불리한 정보를 표출시켜 긁어 부스럼을 만들 필요가 없다는 생각이 사기조사를 주저하게 만들 수도 있다. 조사비용이 많이 드는 것도 문제이다.

사기조사는 동기수준에 관한 행태적 징상을 측정한다. 다양한 사기조사방법들을 태도조사와 근무관계기록조사라는 두 가지 범주로 나누어볼 수 있다.

1) 태도조사

태도조사(態度調査: attitude survey)에서는 동기수준에 관한 사람들의 태도를 직접 조사하여 동기수준을 분석한다. 태도조사의 방법은 여러 가지이다. 일상적 관찰, 그리고 보다 체계적인 조사를 위해 마련한 면접 또는 질문서 등이 가장 많이 사용되어 왔다. 대인관계에서 생기는 문제를 알아보기 위해 소시오메트리의 방법이 쓰이는 경우도 있고, 투사법과 같은 심리검사방법이 쓰이기도 한다. 이 밖에도 사기조사에 쓰일 수 있는 전문적인 심리검사방법들이 여럿 있다.

(1) 일상적 관찰 관리자·감독자의 일상적 관찰은 다소 비조직적일 수 있지만 직원들의 동기수준을 파악하는 데 중요한 역할을 할 수 있다. 직원들과의 접촉과정에서 그들의 사기수준을 직감적으로 느낄 수도 있고, 결근율이나 업무성과 등을 관찰함으로써 사기수준에 관한 판단을 할 수도 있다.

(2) 면접방법 사기조사담당자가 전문적으로 설계한 면접을 통해 사기조사를 할 수도 있다. 면접방법에는 지정적 면접과 비지정적 면접이 있다. 지정적 면접(지시적 면접; 질문면접)은 미리 선정한 질문항목에 따라 면접자가 질문을 하고 조사대상자가 그에 응답하게 하는 방식이다. 비지정적 면접(비지시적 면접; 면접대담)은 면접자의 특정적인 질문이나 인도 없이 어떤 문제 또는 직무상황에 대해 조사대상자가 자유스럽게 의견이나 감정을 토로하게 하는 방식이다.

(3) 사기조사질문서 사기조사질문서를 사용할 때는 동기수준에 관한 질문을 적은 질문서를 배포하고 조사대상자가 거기에 응답을 기입하게 한다. 질문·응답의 형식에 따라 질문서법은 자유응답식 방법과 제한문답식 방법으로 나누어볼 수 있다. 자유응답식(개방식) 질문서에는 질문만 제시되고 응답의 답지들은 열거하지 않는다. 응답자는 자기가 생각하는 것을 자기의 글로 기술한다. 제한문답식(객관식) 질문서는 질문에 대한 응답의 답지(대안)들을 함께 제시하고, 응답자는 미리 제시된 답지 가운데서 자기 생각에 가까운 것을 골라 표시하도록 한다. 제한문답식의 질문·응답형식은 여러 가지이지만 가장 널리 쓰이는 방법은 응답항목에 대한 평정척도를 사용하는 것이다.

(4) 소시오메트리 소시오메트리(sociometry)는 동기유발요인 가운데 하나인 집단 내의 인간관계를 측정하는 기법이다. 이것은 집단구성원 상호간의 선호(좋아

함 또는 싫어함)의 감정을 포착하여 분석함으로써 집단의 구조, 인간관계, 집단구성원의 집단 내 지위 등을 추정하는 방법이다. 소시오메트리에서는 집단구성원들에게 좋아하는 사람, 같이 일하거나 같이 놀고 싶은 사람을 말하게 해서 집단구성원들끼리 선택 또는 거부하는 관계를 파악하고 이를 도표로 그린다. 그렇게 만들어진 도표(sociogram)를 해석해서 인간관계 등을 추정한다.[1)]

(5) 투사법 투사법(投射法: projective method)은 조사대상자가 무엇에 관한 조사를 받는지 모르는 가운데 솔직한 태도를 노출하도록 해서 그 결과를 분석하는 조사방법이다. 이 방법을 쓸 때에는 외견상 조사항목과는 무관한 것처럼 보이는 자극(그림·사진·단어 등)을 제시하고, 그에 대한 조사대상자의 반응을 분석하여 사기문제를 추정한다. 투사법 등 심리시험방법들에 관해서는 제3장 제2절의 시험에 관한 설명을 참조하기 바란다.

2) 근무관계기록조사

근무관계기록들은 사기수준평가에 도움이 되는 정보를 제공할 수 있다. 근무관계기록조사는 직원들의 사기에 이상이 있는 것 같다는 정황을 알려줌으로써 본격적인 태도조사를 유도하기도 하고, 태도조사의 결과를 평가할 때 참고자료를 제공하기도 한다.

근무관계기록조사에서는 직장생활 중에 사람들이 하는 행동 또는 그 결과에 대한 기록을 분석한다. 분석대상으로 될 수 있는 근무관계기록은 i) 조직의 생산성에 관한 기록, ii) 인력유동 또는 퇴직에 관한 기록, iii) 직원의 근태(勤怠: absenteeism and tardiness)에 관한 기록, iv) 사고 또는 재해에 관한 기록, v) 고충처리에 관한 기록, vi) 훈련기록, vii) 근무성적평정기록, viii) 제안에 관한 기록, ix) 상담기록, x) 퇴직자면접기록, xi) 의료기록, xii) 징계에 관한 기록 등이다.

3. 동기유발 프로그램의 종류

많은 동기유발 프로그램들을 i) 성과급 등을 활용하여 바람직한 행동을 적극적으로 강화하려는 것, ii) 개인적인 문제를 해결하거나 완화해 주려는 것, iii) 단체활동을 촉진하려는 것, iv) 참여관리를 촉진하려는 것, v) 직무와 업무계획을 개선하려는 것, vi) 보다 종합적으로 직업생활의 질을 향상시키려는 것, vii) 정신건강을 포함한 인간의 건강과 능력을 향상시키려는 것, viii) 태도조사를 실시하여 동기유발의 효과를 얻으려는 것 등의 범주에 나누어 배치할 수 있다. 동기유발 프로그램의 이러한 범주화를 염두에 두고 중요한 프로그램들을 다음에 살펴보려 한다.[a)]

1) 행동수정

학습이론을 응용하여 바람직한 행동에 대한 동기를 강화하고 조직이 원하지 않는 행동에 대한 동기는 약화시키려는 것이 행동수정 프로그램(behavior modification program)이다. 행동수정에서 주로 쓰이는 수단은 보수와 같은 강화요인과 처벌이다.

행동수정(行動修正)의 실천적 활동단계는 대략 다섯 가지로 구분된다. 다섯 가지 단계란 i) 관리자가 직무수행에 지장을 주는 직원의 행동을 확인하는 단계, ii) 문제행동의 빈도를 실제로 파악하는 단계, iii) 문제행동의 선행자극과 문제행동을 강화하는 결과를 확인하는 단계, iv) 유인기제의 종류와 방법 등에 관한 개입전략을 선택하는 단계, 그리고 v) 바람직하지 않은 행동은 감소되고 바람직한 행동은 증가되었는지를 관찰하여 개입의 성과를 평가하는 단계를 말한다.

2) 상훈제도

상훈제도(賞勳制度)는 공무원으로서 탁월한 직무수행을 하거나 사회에 공헌한 공적이 현저한 사람에게 훈장·포장을 수여하거나 표창을 행하는 제도이다. 금전적인 부상(副賞)이 따르는 경우도 있으나 상훈제도의 주된 목적은 비금전적

---

a) 직무수행동기가 높은 사람들을 골라 채용하는 것을 동기유발 프로그램에 포함시키는 사람들도 있다. 다음에 열거하는 여러 가지 프로그램 또는 기법들은 다소간에 서로 중첩되는 요소들을 지니고 있으며, 어떤 한 방법이 다른 방법의 범위에 포함된다고 볼 수 있는 것들도 있다.
행동수정기법의 이론적 기초인 학습이론은 제 8 장 제 1 절에서, 직무확장과 직무풍요화는 제 2 장 제 2 절에서, 탄력근무제·압축근무제·건강증진프로그램은 제 7 장 제 3 절에서 각각 설명하였다. 공무원노동조합은 제 9 장 제 2 절에서 설명할 것이다.

영예를 부여해서 탁월한 직무수행과 모범적인 생활에 대한 동기를 강화하려는 것이다. 상훈제도는 행동수정의 수단으로 이해될 수도 있다.[b)]

3) 개인적 문제의 해결

조직구성원들의 개인적 문제·불만 등을 해결 또는 완화하는 데 조력함으로써 직무수행동기를 강화하려는 활동 중에서 대표적인 것은 인사상담과 고충처리이다.

(1) 인사상담 인사상담은 욕구불만·갈등·스트레스·정서적 혼란 등 부적응문제를 가진 조직구성원들이 스스로 문제를 해결하는 데 협조하기 위한 개인적 면담의 절차이다. 인사상담에서 다루는 사적 내지 개인적 문제의 출처에 대해서는 특별한 제한을 두지 않는다. 조직생활에 관련된 문제뿐만 아니라 그 밖의 문제들도 상담의 대상이 될 수 있다.

(2) 고충처리 고충처리는 조직구성원들이 직장생활에 관련하여 제기하는 고충을 심사하고 그 해결책을 찾는 절차이다. 고충처리절차에서 다루는 고충은 인사문제 등 조직생활 상의 문제에 국한하는 것이 원칙이다.

4) 공무원노동조합

공무원노동조합(공무원단체)은 근무조건의 유지·개선을 위해 공무원들이 조직하는 단체이다. 공무원노조는 조직구성원인 공무원의 복지증진과 사기제고, 나아가서는 행정발전에 기여하는 수단이 될 수 있다. 공무원노조에 관하여는 다음 장에서 설명할 것이다.

5) 참여관리

조직의 의사결정과정에 대한 조직구성원들의 참여기회를 확대하는 참여관리(participative management)는 의사결정의 질을 높이고 의사결정에 대한 참여자들의 승복을 쉽게 할 뿐만 아니라 조직구성원들의 동기를 강화하는 데 기여한다.

---

b) 우리 정부에서 적극행정을 장려하기 위해 도입한 인사우대 제도·징계면제제도는 행동수정의 수단으로 상훈제도와 유사한 효과를 노릴 수 있는 것이다. 「국가공무원법」 제50조의 2 참조.

참여관리는 조직구성원들의 사회적 욕구를 충족시켜 주고 직무수행의 보람을 크게 해 줄 수 있다.

참여관리를 촉진하여 동기강화를 도모하려는 프로그램에는 제안제도·목표관리·품질개선집단·생산성협상 등이 있다. 위에서 본 공무원노동조합도 참여관리의 수단이 될 수 있다. 이 밖에도 의사전달통로의 개방화를 촉진하고, 협동적인 의사결정을 촉진하는 모든 활동이 참여관리의 발전에 기여할 수 있다.

(1) 제안제도 제안제도는 조직운영이나 업무의 개선에 관한 조직구성원들의 창의적인 의견과 고안을 장려하고, 그것을 제안받아 심사해서 채택하고 제안자에게 보상을 주는 제도이다.

(2) 목표관리 목표관리는 참여의 과정을 통해 개인 또는 조직단위의 단기적인 생산활동목표를 명확하고 체계 있게 설정하고, 그에 따라 생산활동을 수행하도록 하며, 활동의 결과를 평가·환류시키는 관리방법이다.

(3) 품질개선집단 품질개선집단(품질관리 서클: quality circle, quality control circle, quality teams)은 생산활동의 품질을 향상시키는 데 기여하기 위해 직원들이 자발적으로 작은 집단을 구성해 문제를 진단·분석하고, 해결방안을 탐색하여 관리층에 제안하고, 승인된 제안을 집행하는 참여형 문제해결집단이다. 10명 내외의 소규모집단, 자발적 참여, 정기적 집회, 품질관리에 관한 문제해결 등이 품질개선집단의 주요 특성이다.

(4) 생산성협상 생산성협상(productivity bargaining)은 생산성향상과 근로자의 호혜적 소득증대를 위해 노사협상의 과정을 통해 업무수행규칙과 절차 등의 변경을 결정하고 집행하는 프로그램이다. 성과계약제는 생산성협상의 일종으로 볼 수 있다.

6) 직무·업무계획의 개선

여기에 포함되는 프로그램으로는 직무확장과 직무풍요화, 탄력근무제와 압축근무제, 팀 활동(집단적 협동), 순환보직 등을 들 수 있다.

(1) 직무확장 직무확장은 어떤 직위의 기존직무에 수평적으로 연관된 직

무요소 또는 기능들을 첨가하는 수평적 직무추가의 방법이다.

(2) 직무풍요화 직무풍요화는 직무를 맡는 사람의 책임성과 자율성을 높이고, 직무수행에 관한 환류가 원활히 이루어지도록 직무를 재설계하는 것이다. 개편대상인 직무는 수직적으로 연관된 직무들이다. 수직적으로 연관된 직무들을 책임이 더 큰 하나의 직무로 묶어 보다 유의미한 직무로 만드는 것이다.

(3) 탄력근무제 탄력근무제는 기본근무시간의 범위 내에서 근무시간계획의 자율성을 어느 정도 보장하는 방법이다.

(4) 압축근무제 압축근무제는 근무일에 더 오래 일하고 그 대신 쉬는 날을 늘릴 수 있게 하는 방법이다.[c)]

(5) 팀 활동 팀 활동(team efforts)은 개별적으로 일하던 사람들이 팀을 구성해 협동적 노력을 하게 하는 방법이다. 팀 활동은 집단적 협동방법이다.

(6) 순환보직 순환보직은 배치전환으로 심리적 정체감·부적응 등의 문제를 해결하는 방법이다.

7) 직업생활의 질 개선 프로그램

직업생활의 질을 개선하려는 프로그램은 모든 조직구성원들의 인간적 존엄성을 보호하고 향상시킬 수 있는 조건을 형성하려는 포괄적인 프로그램이다. 이 프로그램은 개인의 필요와 조직의 목표를 결합시켜 통합하려는 원리를 추구하며, 직무재설계·참여관리·팀 발전·작업환경개선 등 여러 가지 전략을 복합적으로 동원한다.

8) 건강과 능력의 개선

인간의 육체적·정신적 건강을 증진시키고, 대인관계와 직무수행에 관한 능력을 향상시켜 사기저해요인을 제거하려는 활동은 대단히 많다. 신체단련 프로그

---

c) 변형근무시간제는 다양하지만 여기서는 탄력근무제와 압축근무제만을 예시하였다. 이 밖에 유연근무제의 여러 방법들도 동기유발에 도움이 되도록 채택할 수 있다. 유연근무제는 제 7 장 제 3 절에서 설명하였다.

램(physical fitness program), 태도변화훈련을 포함한 교육훈련사업, 정신의학적 진단과 치료 등을 예로 들 수 있다. 건강증진프로그램은 정신적·육체적 건강을 유지·향상시키려는 여러 활동을 포함하는 종합적 프로그램이다.

동기유발 프로그램들은 변화를 거듭하고 있으며 새로운 아이디어들도 끊임없이 제안되고 실용화되고 있다. 근래의 쇄신적 아이디어들 가운데는 내재적 동기유발에 관한 것들이 많다.[2)]

그 한 예로 긍정적 스트레스(eustress)를 활용하는 동기유발 프로그램의 제안을 들 수 있다. 이 제안에 의하면 감당할 수 있는 정도의 스트레스는 그 에너지를 업무성취와 조직에 대한 기여로 지향시킬 수 있는 사람들에게 적극적이고 강력한 동기유발요인이 될 수 있다고 한다. 조직생활의 여러 가지 경험에서 장애보다는 기회와 도전을, 좌절보다는 활기와 희망을 보는 사람들은 긍정적 스트레스에 의해 동기가 유발된다고 한다.

사람이 지닌 긍정적 에너지(positive energy)를 관리할 수 있도록 돕는 동기유발전략을 채택해야 한다는 제안도 있다. 이 아이디어에 의하면 사람은 정신적·육체적 에너지를 지닌 존재라고 한다. 그런 에너지가 욕구를 충족시켜주는 유인부여 없이도 사람을 활동적으로 만들 수 있다고 한다. 따라서 관리자들은 직원 각자가 자기의 긍정적 에너지를 관리하고 주기적으로 재생(재충전)시키는 방법을 배우는 데 조력하기만 하면 된다는 것이다. 우리 정부 내외에서 '신바람나게' 일하도록 만든다는 말을 종종 듣는데, 이 말도 사람들의 긍정적 에너지가 분출되게 돕는다는 뜻인 것 같다.

4. 우리 정부의 사기관리

우리 정부가 하고 있는 사기관리의 시야가 아주 협착하다고 말할 수는 없다. 적어도 관념적으로는 여러 가지 사기저해요인들을 폭넓게 인지하고, 사기앙양을 위한 다방면의 방책들을 시행하거나 탐색하고 있다.

인사행정당국이 인지해 온 공무원들의 불만과 부적응문제들은 보수와 편익에 대한 불만, 승진적체·연고주의·불공정한 결정 등 내부임용문제로 인한 좌절감, 신분불안, 업무과다·집권적 감독·부당한 간섭 등 업무관련문제에 대한 불만, 부패로 인한 피해의식과 좌절감, 공직의 신망저하, 그리고 변동에 대한 부적응 등이다.

이런 문제들에 대응하여 공무원들의 사기를 높이기 위해 정부는 많은 노력을 해 왔다. 현대적인 또는 새로운 사기앙양방안들에도 관심을 보이고 있다. 그러나 우리 정부의 사기관리전략에는 분명한 치우침이 있다. 전통적인 접근방법에 치우쳐 있다는 뜻이다. 공식적으로 채택이 표방된 일부 현대적 전략들은 왜곡되거나 형식화되는 경향이 있다. 여기서 전통적인 접근방법이라고 하는 것은 공무원들의 불만해소에 지향된 외재적 동기유발전략을 지칭한다. 이것은 합리적·경제적 인간모형에 입각한 교환형·통제형 접근방법이며 외재적 유인을 사용하는 행동수정의 접근방법이다.

우리 정부가 사기관리에서 핵심적 도구로 생각해 온 것은 신분안정, 보수·편익의 증대, 승진기회 확대였다. 근래 강화된 성과관리도 내재적 동기유발보다 외재적 유인을 동원한 성과통제에 기울어져 있다. 이런 방법들은 사기관리의 기초적 수단이며 앞으로도 계속 필요할 것이다. 그러나 과거처럼 강력한 힘을 발휘하기는 점차 어려워질 것이다. 공무원의 신분보장을 더욱 강화하자는 말은 하기 어렵다. 마찬가지로 승진기회를 크게 늘릴 수는 없을 것이다. 보수·편익을 획기적으로 늘리기도 어려울 것이며, 보수·편익의 불만해소·동기유발효과도 예전만 못할 것이다.

우리 정부는 앞으로 공무원들의 내재적 동기유발을 겨냥한 동기유발전략의 발전노력에 더욱 박차를 가해야 할 것이다.

II. 주요 동기유발 프로그램의 해설

1. 인사상담

1) 인사상담의 정의

인사상담(人事相談: employee counseling)은 욕구불만·갈등·스트레스·정서적 혼란 등 부적응문제를 가진 조직구성원(상담의뢰인·來談者: client)이 스스로 문제를 해결하는 데 협조하기 위한 면담의 절차이다. 인사상담은 상담의뢰인이 개인적 문제의 해결에 필요한 정보를 얻거나, 보복의 위협을 받지 않고 자유롭게 감정을 표출함으로써 부적응문제를 해결하는 데 도움을 주려는 것이다.

인사상담은 원칙적으로 조직구성원의 부적응해소와 사기제고를 위한 직접적인 수단이지만, 다른 부수적 목적에도 기여할 수 있다. 예컨대 인사상담의 기회에 조직구성원들이 가진 문제와 관심사가 무엇인가를 파악하여 관리전략의 개선 방향을 모색할 수 있다. 그리고 인사상담은 관리층의 정책과 방침을 조직구성원들에게 설명할 기회를 제공할 수도 있다.

인사상담제도의 의미를 조금 더 명백히 하기 위해 인사상담의 정의에 내포된 몇 가지 요소를 나누어 설명하려 한다.[3)]

① **상담의뢰인** 인사상담은 욕구불만, 갈등, 스트레스 또는 정서적 혼란을 경험하고 있는 사람을 대상으로 한다. 직업생활의 부적응문제를 가진 사람뿐만 아니라 건강·주거·가족관계·교우관계 등에서 비롯되는 문제를 가진 사람도 대상으로 한다.

② **언어적 수단** 인사상담에서는 언어적 수단을 사용한다. 인사상담은 말로 하는 개인적 면담을 통해 진행된다.

③ **심리적 지원** 인사상담은 문제에 봉착한 사람에게 스스로 문제를 해결할 수 있도록 심리적 지원을 해 주는 것이다. 조직구성원이 어려운 문제를 안고 찾아왔을 때 상담자는 동정적인 태도로 하소연을 들어주기만 할 때도 많다. 상담자가 보다 적극적으로 참여하는 경우에도 상담의뢰인으로 하여금 문제를 해결하려는 긍정적인 태도를 갖도록 고무하고, 문제의 원인을 규명하거나 해결책을 찾는데 필요한 조언을 해 줄 뿐이다.

④ **상 담 자** 공식적인 인사상담제도는 조직적이고 전문적인 조력을 제공하려는 것이다. 따라서 전문적인 상담능력이 있는 사람을 상담자로 정하게 된다. 상담자에는 조직이 고용한 내부상담자도 있고 외부전문기관의 상담자도 있다.

⑤ **정신요법과의 관계** 인사상담은 상담의뢰인의 부적응을 해소하고 인격적 성장을 촉진하려는 활동으로서 정신병리적 치료 및 예방을 목적으로 하는 활동과 긴밀히 연결된다. 인사상담과 정신요법(psychotherapy)의 관계는 구체적인 제도가 어떻게 입안되어 있느냐에 따라서 달라질 것이다. 그러나 일반적인 관행은 직장 내의 인사상담과 본격적인 정신요법 사이에 어느 정도의 구별을 짓고 있는 것 같다. 인사상담의 과정에서 강한 신경증이나 정신기능의 장해를 발견한 때에는 정신요법을 쓰는 정신과의사에게 치료를 맡기는 것이 통례이다.

⑥ **기 능** 인사상담의 직접적인 기능 또는 목적은 문제해결에 대한 조언, 격려(안심시키기: reassurance), 의사전달의 촉진, 정서적 긴장의 발산, 사고의 명료

화, 가치관과 목표를 바꾸는 지향전환 등으로 요약할 수 있다.d) 이것은 물론 인사상담제도를 집합적으로 보았을 때의 일반적인 기능이다. 이러한 기능들 중에서 어떤 것이 더 강조되는가는 구체적인 상담방법에 따라 다르다.

우리 정부에서는 인사상담제도를 고충처리제도에 포함시켜 운영하고 있다. 명칭도 고충상담으로 정해져 있다. 「공무원고충처리규정」에 따르면 고충상담은 공무원이 제기하는 고충을 처리하는 방법 가운데 하나이다. 4급 또는 그에 상당하는 공무원을 장으로 하는 기관에는 고충처리 전담부서를 설치하고 고충상담원도 지정해두게 되어있다. 고충상담창구도 마련된다.

2) 인사상담의 방법

인사상담의 수단은 개별적 면접이다. 인사상담의 방법은 ⅰ) 지정적 상담, ⅱ) 비지정적 상담, ⅲ) 절충식 상담 등 세 가지로 분류할 수 있다. 지정적 상담과 비지정적 상담의 구별은 물론 상대적인 것이다. 그리고 상담의 실제에서 순수한 형태의 지정적 상담 또는 비지정적 상담이 쓰이는 경우는 오히려 드물고 양자를 융통성 있게 절충하는 방법이 널리 쓰이고 있다.

(1) 지정적 상담 지정적 상담(指定的 相談: directive counseling)에서는 상담자가 주도적인 역할을 한다. 따라서 상담자중심의 상담이라고 부르는 사람도 있다. 지정적 상담에서도 상담의뢰인이 자기의 문제에 관하여 이야기하도록 하지만 면접을 이끌어 가는 사람은 상담자이다. 상담자가 주도적으로 분석·진단·원인발견 및 치료처방을 하게 된다.

지시 또는 인도를 받아야 할 필요는 개인의 자기규제능력과 역으로 상관되어 있다는 것이 지정적 상담을 옹호하는 사람들의 가설이다. 건전한 인격을 가진 사람일수록 외적 지시의 필요는 적고, 부적응을 일으킨 정도가 클수록 외적

---

d) 조언한다는 것은 문제해결에 도움되는 조언을 해준다는 뜻이며, 격려는 문제해결을 위해 노력할 수 있는 용기와 자기행동에 대한 자신감을 북돋아준다는 뜻이다. 의사전달은 양방향적 의사전달을 통해 필요한 정보를 교환하고 상호 이해를 증진시키는 것이다. 정서적 긴장의 발산은 긴장을 야기하는 문제를 드러내 이야기함으로써 카타르시스의 효과를 거두게 하는 것이다. 사고(思考)의 명료화란 사리분별을 잘 하고 합리적 판단을 할 수 있도록 돕는 것이다. 비관적 자아인식, 왜곡된 사고, 역기능적 사고를 현실적이고 낙관적인 사고로 바꾸게 재적응시키는 것은 지향전환(志向轉換: reorientation)에 해당한다. John W. Newstrom, *Organizational Behacior: Human Behavior at Work, 13th ed.* (McGraw-Hill, 2011), pp. 462~463.

지시의 필요가 커지기 때문에 부적응자의 치유에는 지정적 상담이 유효하다고 한다.

(2) 비지정적 상담 비지정적 상담(非指定的 相談: non-directive counseling)은 이른바 상담의뢰인 중심의 상담이다. 비지정적 상담에서는 상담자가 소극적인 역할을 맡게 된다. 상담자는 상담의뢰인이 자기 문제를 구애 없이 이야기할 수 있도록 대화의 분위기를 조성함으로써 면접을 가볍게 유도하지만, 상담의뢰인의 이야기를 비판하거나 평가하려 하지 않는다. 상담자는 캐묻거나 문제해결을 위한 행동방향을 처방하려 하지도 않는다.

비지정적 상담을 옹호하는 사람들은 인간의 자기실현적 욕구 또는 인격적 성장 및 적응을 향한 충동을 중요시한다. 따라서 구체적인 원인에 대한 특정적 처방을 제시하는 것보다 인간이 스스로 적응해 가려는 노력을 촉발하는 데 역점을 두어야 한다고 믿는다.

비지정적 상담은 지적 측면보다 정서적 측면을 강조하는 것이라 볼 수 있다. 그리고 상담의뢰인의 과거보다는 현재에 치중하는 접근방법이라 할 수도 있다. 상담의뢰인의 과거에 대한 정보의 분석을 중요시하는 지정적 상담의 입장과는 달리 비지정적 상담은 현재의 '치료적인 인간관계'로부터 치료적 가치를 발견하려는 것이기 때문이다.

(3) 절충식 상담 절충식 상담(折衷式 相談)에서는 상담자와 상담의뢰인이 서로 협력한다. 그 어느 한편이 주도적인 역할을 하는 것이 아니라 두 사람이 서로 협력해서 해결방안을 탐색한다. 대개 상담이 시작될 때에는 비지정적 방법에서처럼 상담자는 듣기만 하는 수동적 역할을 하게 된다. 그러나 상담이 진행됨에 따라 필요가 생기면 상담자는 조언을 하거나 문제해결을 위한 선택적 대안을 제시하는 등 보다 적극적인 역할을 할 수 있다. 절충식 상담은 상담자와 상담의뢰인의 협력과 의견교환·의견통합을 강조하기 때문에 참여적 상담 또는 협력적 상담이라고 부르기도 한다.

2. 고충처리

1) 고충처리의 정의

고충처리(苦衷處理: adjustment of grievances)는 직장생활에 관련하여 조직구성원들이 제기하는 고충을 심사하고 그 해결책을 찾는 활동이다. 고충처리는 공무원이 불이익조치의 위협 없이 그의 불만을 표현할 수 있게 하고 그에 대한 해결책을 마련하는 공식적 절차이다. 고충처리는 그에 연계된 제도들과 함께 운영된다.

고충처리의 대상은 고충이다. 고충처리를 정의하려면 고충의 의미를 규명하고 연관제도들과의 관계를 분명하게 정리해야 한다. 고충처리절차에서 대상으로 삼는 고충의 의미부터 밝히고, 연관제도와의 관계를 설명하려 한다.

(1) 고충의 정의 고충처리의 대상인 고충이란 스스로 통제할 수 없는 근무조건이나 기타의 직장생활관계에 관하여 조직구성원이 표시하는 불만을 말한다.[4]

① 표시된 불만 고충은 표시된 불만이다. 설령 조직구성원의 근무조건이 나쁘고 불이익처분이 있었더라도 불만을 느끼지 않거나 불만이 있는 경우에도 표시하지 않으면 고충처리의 대상이 되지 않는다.

② 주관적 불만 표시된 불만은 주관적인 것이다. 불만은 불공평하다고, 부당하다고, 억울하다고 생각하거나, 믿거나, 또는 느끼는 데서 나오는 것이다. 따라서 객관적으로 보아 타당하고 진정한 고충도 있지만, 부당하고 근거 없는, 허무맹랑한 고충도 있을 것이다. 고충처리에서는 이러한 고충을 모두 대상으로 한다.

③ 직장생활에 관한 불만 고충처리의 대상이 되는 불만은 직장생활에 관한 것으로 국한하는 것이 일반적인 관행이다. 그리고 해당 공무원이 소속되어 있는 조직의 지배력이 미치는 범위 내의 문제만을 대상으로 하는 것이 원칙이다.

④ 불만원인의 다양성 직장생활에 대한 불만의 원인과 대상은 다양한 것이다. 인간관계의 악화로 인한 동료 간의 불화, 불공평하고 정실에 치우친 인사조치, 과중한 업무부담, 나쁜 작업환경, 작업도구 또는 시설의 불비, 좋지 않은 감독방법 등이 모두 불만을 야기할 수 있다. 때로는 불충분한 의사전달로 인해 불만이 조성될 수도 있다.

우리 정부는 고충처리 대상을 인사·조직·처우 등 각종 직무조건과 그 밖의 신상문제, 성폭력범죄, 성희롱, 그리고 직무권한과 영향력을 행사한 부당행위에 대한 고충으로 정하고 있다.

(2) 인사상담제도 · 제안제도 · 소청심사제도와의 관계 고충처리제도는 인사상담제도 · 제안제도 · 소청심사제도와 긴밀히 연관되어 있으며, 이들 사이의 한계가 모호한 면도 있다.

① 인사상담제도와 고충처리 고충처리는 직무수행 · 인사조치 등 직장생활의 문제에 대한 고충을 원칙적인 대상으로 하고, 고충을 듣는 데서 끝나는 것이 아니라 그에 대한 판단과 시정조치까지 한다는 점에서 인사상담과는 구별된다. 그러나 양제도는 다 같이 공무원들의 불만 등 부적응문제를 해소하려 한다는 점에서 공통성이 있다. 우리 정부에서 법제화하고 있는 인사상담은 고충상담이다. 고충상담은 고충심사와 함께 고충처리의 한 방법으로 정해져 있다. 고충심사와 고충상담의 대상은 공통적이다. 다만 처리담당자와 처리방법에 차이가 있다.

② 제안제도와 고충처리 제안제도는 공무원의 창의적인 의견을 받아들여 행정발전을 도모하려는 능동적 장치이기 때문에 공무원의 불만해소를 일차적인 목적으로 하는 고충처리제도와는 구별된다. 그러나 고충심사의 요구가 어떤 해결방안까지 제시하는 것이면 제안제도에서 다루는 제안과 비슷한 효과를 가질 것이다. 그리고 고충심사의 과정에서 행정발전계획에 필요한 중요 정보를 얻을 수도 있다.

③ 소청심사제도와 고충처리 소청심사제도는 인사 상의 불이익처분에 대한 이의제기를 심사하고 구제조치를 취하려는 것이다. 소청심사는 행정심판의 일종이며 소청심사결정은 처분행정청을 기속한다. 고충심사에 의한 고충처리의 경우, 고충심사기관은 처분청 등에 시정을 요구할 수 있고 요청을 받은 처분청 등은 이를 이행해야 한다. 그러나 고충심사결정이 처분청 등의 행위를 직접 변경하지는 않는다. 소청심사의 대상은 고충처리의 대상보다 제한적이다.

2) 고충처리 담당조직과 과정

공무원이 제기하는 고충을 계선조직의 일상적인 운영과정에서 감독자나 관리자들이 해결하는 경우도 많다. 계선조직 내에서 해결하지 못하는 고충은 외부의 전담기관이 맡는 고충처리절차에 넘길 수밖에 없다.

공식화된 고충처리제도의 운영을 담당할 기구와 고충처리의 과정은 나라마다의 형편에 따라 조금씩 달라질 수 있다. 우리 정부에서는 고충처리의 방법을 세 가지로 구분하고 있다. 세 가지 방법이란 i) 고충상담, ii) 고충심사, 그리고 iii) 성폭력범죄·성희롱의 신고처리를 말한다. 고충처리제도의 중심은 고충심사라 할 수 있다. 다음에 우리 정부의 고충심사에 관한 담당조직과 심사과정을 설명하려 한다.

(1) 고충심사기구 우리 정부에서 고충심사를 담당하는 기관은 둘로 나누어져 있다. 그 하나는 중앙고충심사위원회(중앙위)이며, 다른 하나는 보통고충심사위원회(보통위)이다.

중앙위는 중앙인사관장기관에 설치하도록 되어 있으나, 중앙위를 따로 설치하지 않고 중앙인사관장기관 소속의 소청심사위원회에 고충심사기능을 맡기고 있다. 중앙위는 5급 이상 공무원과 고위공무원단에 속하는 일반직공무원의 고충심사청구와 보통위의 심사를 거친 재심청구를 맡는다. 보통위는 임용권자 또는 임용제청권자 단위로 설치하며 6급 이하 공무원의 고충을 심사한다.

(2) 고충심사절차 고충심사는 다음과 같은 절차를 밟아 진행된다.[5)]

공무원이 고충심사를 청구하려면 고충심사청구의 취지 및 이유 등이 적힌 서면을 제출하여야 한다. 심사청구는 설치기관의 장을 통해서 고충심사위원회에 제출한다. 재심을 청구할 때에는 재심대상의 결정을 한 고충심사위원회의 고충심사결정서 사본을 심사청구서에 첨부해야 한다.

심사청구를 받은 고충심사위원회는 심사에 필요하다고 생각하는 경우 청구인, 설치기관의 장, 소속기관의 장 또는 그 대리인 등을 출석시켜 진술하게 하거나 관계기관에 자료제출을 요구하고, 검정·감정을 요구할 수 있다. 소속직원으로 하여금 사실조사를 하게 할 수도 있다. 심사가 끝나면 고충심사청구에 대한 결정을 내리고 결정서를 작성한다. 위원회의 결정은 심사청구가 있은 날로부터 30일 이내에 하여야 하는 것이 원칙이다. 위원회의 결정서는 설치기관의 장에게 송부하고, 설치기관의 장은 결정내용을 다시 심사청구인, 처분청 또는 관계기관의 장에게 통보한다. 고충심사결정서를 송부받은 설치기관의 장은 직접 고충을 해소하는 조치를 하거나 관계기관의 장에게 필요한 조치를 요청하도록 되어 있다. 요청을 받은 처분청이나 관계기관은 특별한 사유가 없으면 이를 이행하고 그 처리결과를 알려야 한다.

3. 제안제도

1) 제안제도의 정의

제안제도(提案制度: suggestion system; suggestion plan)란 조직이 그 구성원으로부터 조직운영이나 업무의 개선에 관한 창의적인 의견 또는 고안을 제안받아 심사하여 채택하고 제안자에게 보상하는 제도를 말한다. 제안제도는 조직의 업무개선과 더불어 조직구성원들의 사기제고를 도모하려는 유인기제이다. 인사행정에서 따로 논의하는 제안제도는 정부가 공식적으로 설계해 만든 상향적 의사전달의 한 통로이다. 제안제도는 일정한 방법과 절차를 통해 공무원들의 제안을 체계적으로 처리하는 제도이다. 조직구성원들은 일상적인 근무의 과정에서도 건의를 하는 등 상향적으로 의사를 전달할 기회가 많겠지만, 제안제도에서 그러한 상향적 의사전달을 모두 포괄하는 것은 아니다.

우리 정부에서도 법령의 규정으로 공식화한 제안제도를 운영하고 있다. 「국가공무원법」 제53조 제1항은 제안제도를 "행정운영의 능률화와 경제화를 위한 공무원의 창의적인 의견이나 고안(考案)을 계발하고 이를 채택하여 행정운영의 개선에 반영하려는 제도"라고 규정한다.

일반적으로 우리가 생각할 수 있는 제안제도의 기본적인 효용은 두 가지로 나누어 볼 수 있다. 그 첫째는 업무개선이며, 둘째는 직무수행동기의 강화이다. 이러한 기본적인 효용 이외에 부수적인 효용을 또한 기대할 수 있다.[6]

① 업무개선 제안제도는 업무개선에 기여한다. 좋은 제안을 채택하여 실시함으로써 업무를 개선할 수 있다. 여기서 말하는 업무개선의 범위는 조직의 구조와 과정 전반에 걸친 상당히 광범한 것이다.

② 동기유발 제안제도는 공무원들의 직무수행동기를 유발하는 데 기여한다. 제안제도 실시에 따른 사기제고의 효과는 여러 가지 각도에서 기대할 수 있다. 제안을 내도록 장려하고 제안행위를 존중하는 것 자체가 조직구성원들의 귀속

감이나 인정감을 높일 수 있다. 제안을 통한 자기표현은 카타르시스의 효과를 가져올 수 있다. 제안이 채택되고, 업무가 개선되고, 그에 대한 공적이 인정될 때 사기제고의 효과는 가장 클 것이다. 상하 간의 의사전달을 원활화하여 조직구성원들의 귀속감과 참여감을 높이고 상하 간의 인간관계를 개선할 수 있다.

③ 부수적 효용 제안제도 실시에 따른 부수적 효용들이 있다. 그 대표적인 예가 교육적 효용과 환류촉진의 효용이다. 제안제도의 실시는 조직구성원들의 자기발전노력을 자극하고 창의성과 문제해결능력의 함양에 기여할 수 있다. 그리고 환류통로를 제공한다. 관리층에서는 제안제도를 관리활동에 대한 정보환류의 통로로 활용할 수 있다.

2) 제안관리과정

제안을 관리하는 과정은 세 가지 단계로 크게 나누어 볼 수 있다. 세 가지 단계란 i) 제안의 접수, ii) 제안의 심사, 그리고 iii) 채택된 제안의 실시와 보상이다. 다음에 이 세 가지 국면의 중요 문제들을 간단히 검토하면서 우리 정부의 제도를 설명하려 한다.[7)]

(1) 제안의 제출과 접수 제안접수과정의 주요문제는 다음과 같다.

① 제 안 자 공무원제안제도에서는 공무원인 조직구성원들에게만 제안할 수 있는 자격을 인정하는 것이 원칙이다.[e)] 조직구성원이라야 한다는 조건 위에 다시 자격을 제한하는 경우가 있다. 그 이유는 대개 개선안제시를 주임무로 하지 않는 하급직원의 상향적인 참여에 역점을 두려는 것이다. 따라서 자격제한을 둘 때에는 관리층직원들이나 연구개발담당직원들의 제안자격을 인정하지 않는 것이 보통이다. 우리 정부에서는 모든 공무원에게 제안자격을 부여하고 있다.

② 제안대상 제안제도의 구체적인 목적에 비추어 제안의 대상(제안사항)을 한정하는 경우도 있고, 단순히 주의를 환기하고 제안을 촉구하기 위해 제안대상을 예시적으로 열거하는 경우도 있다.

우리 정부에서는 제안대상의 범위를 '행정제도 또는 운영에 관한 사항'이라

---

e) 일반국민이 참여하는 국민제안제도는 따로 있다.

든가 '자기 또는 다른 공무원의 업무에 관한 사항'이라는 표현을 써서 폭넓게 규정한다. 그러나 제안대상에 해당하는 제안이더라도 그 내용에 따라서 제안으로 취급하지 않는 것이 있다. 우리 정부에서는 ⅰ) 다른 사람이 취득한 특허권·실용신안권·디자인권·저작권에 속하는 것이거나 다른 제도에 따라 보상이 이루어진 것, ⅱ) 이미 채택 또는 시행 중인 제안이거나 그 기본구상이 이와 유사한 것, ⅲ) 일반통념 상 적용하기 어렵다고 판단되는 것, ⅳ) 단순한 주의환기·진정·비판·건의·불만의 표시에 불과한 것, ⅴ) 특정 개인·단체·기업 등의 수익사업과 그 홍보에 관한 것, 그리고 ⅵ) 국가사무에 관한 사항이 아닌 것은 제안으로 취급하지 않는다.

③ 제안의 접수 제안은 소관 중앙행정기관의 장에게 제출한다. 공모제안은 공모를 실시한 중앙행정기관의 장에게 제출한다. 제안을 접수한 중앙행정기관의 장은 제안내용이 소관사항인지를 확인하고 관할이 다르다고 판단하는 경우에는 해당 중앙행정기관에 이송한다. 보완이 필요한 제안에 대해서는 제안자에게 보완을 요구한다.

(2) 제안의 심사 중앙행정기관은 제안을 접수한 날로부터 1개월 이내에 채택여부를 심사·결정하고 그 결과를 제안자에게 통보해야 한다. 불채택 통보를 받은 제안자는 재심을 요청할 수 있다. 제안의 심사는 위원회를 구성해 담당하도록 할 수 있다. 중앙행정기관의 장은 제안의 심사에 필요하면 관계기관 또는 전문가에게 실험·조사 등을 의뢰하고 의견 또는 자료의 제출을 요청할 수 있다.

제안의 채택여부를 결정하는 방법에는 ⅰ) 심사위원의 자유스러운 심증에 맡겨 합의로써 결정하게 하는 방법, ⅱ) 일정한 평가요소(심사기준)에 대한 채점을 합계하여 결정하는 방법, ⅲ) 일정한 평가요소에 대한 채점은 하되 그것을 참고자료로만 쓰는 방법 등이 있다. 우리 정부에서는 ⅱ)의 방법을 쓰고 있다. 평가요소(심사기준)는 실시가능성, 창의성, 효율성 및 효과성, 적용범위, 계속성이다.

(3) 제안의 실시와 보상 제안의 심사가 끝나면 그 결과를 제안자에게 통보하고 채택된 제안을 실시하며, 그에 대하여 보상해 주는 절차가 남는다.

① 제안의 실시 중앙행정기관의 장이 제안을 채택하기로 결정한 때에는 소관부서의 장으로 하여금 실시계획을 수립·시행하게 한다. 다른 기관에서도 적용

이 가능하다고 인정할 경우에는 해당기관에 제안의 내용을 제공하여 그 실시를 권고할 수 있다. 채택제안이 직접 실시하기에는 부적당하다고 판단될 경우에는 그 내용을 수정·보완하여 실시할 수 있다. 중앙행정기관의 장은 채택제안을 채택일로부터 3년간 실시여부를 확인하는 등 관리해야 하며 실시성과를 평가해야 한다.

채택제안 가운데서 자체우수제안과 중앙우수제안을 선정한다. 각 중앙행정기관의 장은 채택제안 가운데서 내용이 우수하다고 인정되는 자체우수제안을 결정하여 중앙인사관장기관(이 경우 행정안전부)에 제출한다. 중앙인사관장기관은 제출받은 자체우수제안들 가운데서 중앙우수제안을 선정한다.

② 채택된 제안(창안)에 대한 보상 제안에 대한 보상은 원칙적으로 채택된 것에 한한다. 보상의 종류는 경제적인 것과 비경제적인 것으로 나누어 볼 수 있는데, 대개 양자가 함께 쓰인다.

경제적인 보상은 상금·보상금·상품 등의 형태로 지급되는 것이다. 경제적 보상의 금액은 제안의 가치·이익 등을 고려하여 결정한다. 결정의 방법에는 등급제·비율제 등이 있다. 등급제에서는 보상액을 등급별로 미리 정해 놓고 채택된 제안의 등급을 선택하는 방법을 쓴다. 비율제에서는 제안의 실시로 얻을 수 있는 추정적 또는 현실적 이익의 일정비율을 보상액으로 결정한다. 비경제적인 보상에는 상징적인 보상과 인사 상의 특전 등이 포함된다. 표창장이나 훈장·포장의 수여, 표창식의 거행, 게시판이나 회보 또는 일반 신문·방송을 통한 공표, 인터넷을 통한 공표, 근무성적평정시의 참작, 인사기록 기재, 특별승진 또는 승급 등이 그 예이다.

보상의 종류는 개인적 보상(individual rewards)과 집단적 보상(group rewards)으로 나누어 볼 수도 있다. 개인적인 제안에 대하여 개인적으로 보상하는 체제는 직원 간의 경쟁을 격화시키는 나머지 인간관계를 해칠 염려가 있다고 한다. 따라서 인간관계론자들은 공동제안과 집단보상의 중요성을 강조한다.

우리 정부에서는 채택된 제안에 대해 훈장이나 포장의 수여·표창·모험공무원 선발 등의 시상을 하고, 제안의 등급에 따라 차등적인 부상금(副賞金)을 지급한다. 제안자에게는 특별승급, 특별승진 등 인사상 특전을 부여할 수 있다. 상여금도 지급할 수 있다. 상여금은 창안의 실시에 따라 행정개선의 획기적인 효과,

국고 또는 조세수입 증대의 막대한 효과, 직접적이고 현저한 예산절감효과가 나타난 경우에 지급한다.

4. 직업생활의 질 개선 프로그램

1) 직업생활의 질 개선 프로그램의 정의

직업생활의 질 개선 프로그램(quality of work life; quality of work life movement: QWL)은 직업생활의 인간주의적 개선을 도모하려는 복합적인 프로그램이다. QWL의 목적은 모든 조직구성원들이 성장·성숙하고, 성취에 대한 보다 큰 만족을 얻고, 자기실현의 보람을 느끼는 직업생활(직장생활·노동생활)을 영위하고, 조직의 요청에 보다 잘 기여하게 하려는 것이다. QWL은 그러한 목적의 추구를 위해 참여와 협동으로 업무계획을 개선하고, 보람 있는 직무를 설계하고, 만족스러운 작업환경을 조성하며, 이를 지지해 줄 수 있는 사회적·기술적 체제를 구축하는 데 필요한 여러 가지 실천수단을 복합적으로 동원한다.[8)]

이러한 개념정의에 내포된 주요 특성은 다음과 같다.

① 직업생활의 인간화 QWL은 조직구성원들이 영위하는 직업생활의 인간화를 추구하는 개혁사업이다. QWL은 조직구성원들에게 인간적 성장과 발전의 기회를 확대해 주려 한다.

② 인간적 존엄성의 중시 QWL이 바탕으로 삼는 철학 또는 관점은 조직구성원들이 조직의 가장 소중한 자산이며, 그들은 인간적 존엄성을 보호받을 권리가 있다고 본다. 그러한 전제가 있기 때문에 모든 조직구성원의 인간적 존엄성을 보호하는 조건을 조직 내에 설정하려 한다.

③ 통합형 관리의 처방 QWL은 통합형 관리와 참여형 관리를 중요시한다. 참여와 대화, 그리고 협동은 QWL이 구현하려는 목표상태의 한 측면이며, 동시에 개혁과정의 요건이다.

④ 복합적 실천수단 QWL은 복합적인 실천수단을 동원한다. 여러 가지 변동전략 또는 개혁 프로그램의 복합체를 통해 직업생활의 질을 향상시키려 한다.

2) 직업생활의 질 개선 프로그램의 실천방안

직업생활의 질을 향상시키기 위해서는 여러 분야에서 포괄적인 노력을 해야 한다. 포괄적 대응의 필요에 대해서는 원칙적인 합의가 있다. 그러나 개별적인 경우 어떤 개혁의 영역에, 그리고 어떤 개혁방법에 더 높은 우선순위를 부여하는가는 다소간에 차이가 있다. 여기서는 분화된 방법들을 종합해 보려 한다. QWL의 일반적 목적을 구체화한 실천방안들은 직장에서의 인간적 경험에 초점을 맞춘 QWL의 관심사라고 할 수도 있고, QWL의 개혁노력을 평가하는 기준이라고 할 수도 있다.

① **개방과 참여** 개방과 참여 그리고 신뢰를 바탕으로 하는 관리방식을 채택한다. 직원 상호간 그리고 노사간에 개방적인 의사전달이 가능하고 지지되는 분위기를 조성하며, 개혁방안의 입안과 집행에 직원들이 참여할 수 있는 조건을 형성한다.

② **보람 있는 직무** 직무를 보다 매력 있고 보람 있게 만들어 직원들의 책임감을 고취하고 자기실현을 촉진한다.

③ **발전기회의 확대** 직원들이 발전할 수 있는 기회를 넓힌다. 그들의 능력을 활용하고 발전시킬 현재의 기회를 넓힐 뿐만 아니라 장래의 지속적인 발전기회를 넓힌다.

④ **협동기제의 구축** 조직 내에서 사회적 통합을 촉진하고 협동적인 관계를 발전시킨다. 감독자들이 명령적이기보다는 협동적으로 집단적 노력을 이끌어 갈 수 있도록 감독자훈련을 통해 협동적 리더십을 육성한다.

⑤ **쾌적한 작업조건과 건강증진** 안전하고 건강한 작업조건을 갖추고, 나아가서 직장을 총체적 생활공간으로 파악하여 쾌적한 분위기를 조성한다. 직원들의 정신적·육체적 건강과 복지를 증진시키기 위해 노력한다.

⑥ **헌법적 권리의 보호** 직원들의 인간적 존엄성에 관한 헌법적 권리를 보호한다.

⑦ **사회적 적합성과 가족친화성의 향상** 직업생활의 사회적 적합성을 향상시킨다. 직업생활과 개인생활(가족생활)의 갈등을 줄이기 위해 가족친화적인 근무조건과 복지프로그램을 발전시킨다.

⑧ **바람직한 보상** 적정하고 공평한 보수를 지급하고, 탁월한 직무성취에 대해서는 물질적·비물질적 보상으로 공적을 인정한다.

⑨ **평가·환류장치의 강화** 개혁의 효과를 평가하고 환류정보를 관리체제개선에 활용할 수 있게 하는 장치를 강화한다.

3) 직업생활의 질 개선 프로그램의 효용과 한계

(1) 효 용 QWL의 효용은 i) 노·사 간 갈등의 감소, ii) 조직 내 상하계층 간의 불신과 긴장의 감소, iii) 직원의 책임감과 직무만족감 향상, iv) 직원의 자기실현 촉진, v) 조직 내 인적자원의 효율적 활용, vi) 직원의 조직에 대한 기여 증진과 생산성의 향상 등이다. 요컨대 조직의 민주화를 촉진하고, 조직구성원들의 인간다운 삶을 보장하며, 장기적으로 조직의 생산성향상에 기여하는 효용을 기대할 수 있다고 한다.

(2) 한 계 QWL의 효용에 관한 위의 가설들이 보편적으로 타당한 것은 아니다. QWL은 비용과 관리능력을 많이 소모하는 프로그램이다. 상명하복의 계서제를 주축으로 운영되는 전통적 관료체제와는 마찰을 빚을 가능성이 크다. 관리체제의 민주화가 이루어지고 자율운영의 조직문화가 성숙되지 않으면 QWL의 효용은 발휘되기 어렵다.

9

공직윤리

제 1 절 공직윤리의 관리
제 2 절 윤리성관리의 중요 현안
제 3 절 공직윤리 향상방안

개 관

공무원의 직업윤리인 공직윤리를 확립하고 행동규범의 준수를 보장하려는 활동은 인사행정의 기본적인 임무 가운데 하나이다.

이 장에서는 공직의 윤리와 행동규범을 설명하려 한다. 논의의 주된 대상은 일반직공무원의 직업윤리가 될 것이다.

제 1 절에서는 공직윤리와 행동규범에 관한 인사행정의 관심사를 종합하여 개괄적으로 검토함으로써 이 문제에 관한 독자들의 입문적인 이해를 도우려 한다. 공무원이 지켜야 할 윤리와 행동규범의 의미는 무엇인가, 민주국가의 공직윤리는 어떤 것인가, 우리나라의 공무원들이 지켜야 할 공식적 행동규범의 대강은 어떤 것인가에 대해 설명하려 한다. 공직윤리가 규정하는 공무원의 책임과 표리의 관계에 있는 공무원의 권리도 설명하려 한다. 그리고 우리 시대에 필요한 좋은 공무원의 조건에 대한 저자의 처방도 제시하려 한다.

보다 자세한 검토가 필요한 문제들은 따로 골라 제 2 절과 제 3 절에서 다시 논의하려 한다.

민주국가라면 어디서나 끈질기게 논란의 대상이 되어 온 윤리성관리의 영역들 가운데서 중요한 몇 가지는 제 2 절에서 설명하려 한다. 제 2 절에서 다루려는 것은 공무원 또는 그 후보자들의 충성을 심사하는 문제, 정치활동을 제한하는 문제, 단체행동을 제한하는 문제, 그리고 부패와 성희롱을 통제하는 문제이다.

제 3 절에서는 공무원들이 행동규범을 준수하도록 하기 위한 방책들을 논의하려 한다. 윤리성향상방안의 대강을 살펴보고, 내부고발, 재산등록·공개, 병역사항 신고·공개, 선물신고, 취업제한, 주식백지신탁 등을 설명하려 한다. 그리고 징계제도를 설명할 것이다.

제1절

공직윤리의 관리

Ⅰ. 공직윤리란 무엇인가?

1. 윤리의 정의

윤리(倫理: ethics)는 사람이 지켜야 할 도리이다.[a] 사회생활을 하는 사람들이 무엇을 어떻게 해야 옳은가에 대한 기준을 제시하는 것이 윤리이다. 윤리는 옳고 그른 것을 분간하고 옳은 행동을 선택하여 실천하는 과정을 지칭하기도 한다. 윤리적 결정의 과정은 이성적 사유에 기초한다. 윤리적 기대는 행동규범으로 표현된다. 윤리연구의 대상은 윤리규범, 윤리규범을 이해하고 수용하는 인식과정, 그리고 윤리적 인식을 행동화하는 과정이다.

윤리의 주요 특성은 다음과 같다.

① **주관성·객관성** 윤리라는 개념은 주관적이며 동시에 객관적인 두 가지 측면을 지닌 것이라고 말할 수 있다. 주관적인 측면에 착안하여 윤리라는 말을 쓸 때에는 사람이 윤리를 습득하여 신념 또는 가치관으로 지니게 된 상태를 지칭한다. 주관적 윤리는 사람의 내면적 책임 또는 통제에 관한 것이다. 사람이 마땅히 지켜야 할 규범을 외재적으로 규정하는 윤리는 윤리의 객관적인 국면 또는 기

a) 윤리 또는 윤리학의 두 가지 의미로 쓰이는 영어의 Ethics, 독일어의 Ethik, 프랑스어의 Ethique 등은 Aristoteles가 사용한 희랍어 éthos(관습 또는 품성)에서 유래한 것이라고 한다. 중국의 예기(禮記)에 쓰인 한자어 倫理는 사람들 사이의 도리인정(道理人情)을 뜻하는 것이었다고 한다. 최재희, 인간주의 윤리학(일신사, 1981), 20쪽.

대윤리라 부를 수 있다.

앞으로 우리의 논의는 기대윤리를 많이 다루겠지만 문맥에 따라서는 윤리라는 말이 주관적 윤리와 그 표현행동을 지칭할 때가 있을 것임을 일러 둔다. 그리고 기대윤리에 대한 연구는 윤리의 주관화·행동화의 방안을 연구하기 위한 전제적 노력이라는 점을 지적해 두려 한다.

② 절대성·상대성 윤리에는 절대적인 측면도 있고 상대적인 측면도 있다.[b] 윤리의 문제는 모든 사람의 문제이다. 윤리는 모든 사람에게 적용될 수 있는 공통적 요소들을 지니고 있다. 옳은 것은 언제 어디서나 옳다는 원리를 담고 있다.

그러나 윤리의 내용이 모든 사람에게 언제나 획일적일 수만은 없다. 윤리는 사람과 때와 장소가 다르면 달라질 수 있는 상대적 성질도 지닌 것이다. 그러한 상대적 성질 때문에 윤리를 문화적 산물이라고도 설명한다. 문화권이 다르면 윤리의 내용도 달라질 수 있다. 같은 문화권, 같은 사회 안에서도 사람마다의 처지에 따라 구체적인 윤리의 내용이 다소간에 달라질 수 있다. 그러므로 일반시민의 윤리, 자유직업인의 직업윤리, 민간조직이나 공공조직에 종사하는 사람들의 직업윤리 등이 구분될 수 있다.

③ 이성적·의식적 행동에 대한 기준 사람은 비록 완벽하지 못하지만 이성(理性: reason)을 지닌 존재이다. 사람이 이성적 존재이기 때문에 윤리문제와 마주치게 된다. 사람들은 이성을 통해 얻은 지식의 작용으로 형성되는 의지(意志: will)에 따라 행동하려 한다. 의지에 따라 행동하려 하고 또 그렇게 할 수 있는 존재이기 때문에 사람은 "무엇을 해야 할 것인가?" "무엇이 가치 있고 의미 있는 행동인가?" 등의 자기반문을 하게 된다.[1] 이러한 자기반문이 윤리적 사색을 출발시키며, 거기에 기준을 제공하는 것이 윤리이다. 인간에게 이성과 자유의지가 전혀 없다면 윤리적 책임을 물을 수 없다.

인간이 무엇을 해야 할 것인가를 말해 주는 윤리는 의식적으로 하는 행동을 대상으로 한다. 윤리적 평가의 일차적인 대상이 되는 것은 행동 자체의 윤리성 또는 비윤리성이다. 그러나 인간행동의 윤리성 또는 비윤리성에 대한 판단은 행

b) 도덕 또는 윤리에 대한 철학적 연구의 접근방법은 절대론과 상대론으로 갈려 있다.

동자의 목적이나 환경에 따라서도 좌우된다.[c] 윤리는 원칙적으로 고의적 행동을 대상으로 하지만 경우에 따라서는 과실도 대상으로 한다. 지식이 없어서 저지른 비윤리적 행동이라 하더라도 그 무지가 피할 수 있는 것이었다면 윤리적 책임을 물을 수 있다.[2]

④ **당위성·규범성·가치성** 윤리는 인간이 마땅히 해야 할 바를 지시하기 때문에 당위적이다. 윤리는 인간생활의 가치추구를 내포하는 것이기 때문에 가치적이다. 그리고 윤리는 무엇이 바람직한 행동인가를 규정하는 규범을 제시해 주기 때문에 규범적이다. 윤리는 규범 또는 행동기준의 체계라고 표현할 수도 있다. 윤리의 체계는 가치의 체계이며, 그것은 규범(행동규범)으로 체현된다.[d]

⑤ **복 잡 성** 다양한 가치와 행동규범을 내포하는 윤리체제는 매우 복잡한 것이다. 윤리체제가 추구하는 가장 추상적이고 일반적인 목적가치(目的價値: consummatory values)가 사람들의 실천적인 행동에 기준을 제공할 수 있으려면 연속적인 구체화의 단계를 거쳐야 한다. 목적가치는 수단가치(手段價値: instrumental values)가 구체화하며, 수단가치들은 차례로 구체화되는 행동규범이 체현한다.

윤리체제의 복잡성은 윤리규범 상호관계의 다양성을 시사한다. 윤리규범 사이의 상충관계도 있을 수 있다. 윤리규범 사이의 상충관계는 사람들의 결단성 있는 행동을 어렵게 하는 '윤리적 체증'(진퇴양난의 상황: ethical gridlock)이 되기도 한다. 사람들은 윤리적 딜레마 때문에 시련을 겪을 때가 많다.[3]

윤리를 논의할 때 자주 마주치는 것은 도덕(道德: morality)이라는 개념이다. 윤리와 도덕은 함께 사람들이 지니는 가치를 반영하고 서로 긴밀히 연관되어 있기 때문에 명쾌한 구별이 쉽지

c) Oesterle은 의식적인 인간행동의 윤리성을 평가할 수 있는 것은 '옳은 이성'(right reason)이라고 말하였다. 그는 '옳은 이성'을 다음과 같이 설명하고 있다. "도덕성의 척도인 옳은 이성은 도덕적 원리에 대한 진정한 지식이다. 도덕적 원리란 우리가 무엇을 하는 것이 옳은가를 알려주는 인간행동의 목표이다. 옳은 이성은 우리 내부에 있는 이성의 자연적인 발달을 통해서뿐만 아니라 외적 원인에 의해서도 형성된다." John A. Oesterle, *Ethics: The Introduction to Moral Science* (Prentice-Hall, 1958), pp. 110~112.

d) 가치(values)란 바람직한 것에 관한 사람들의 관념으로서 사람들의 행동에 영향을 미치는 힘을 지니는 것이다. 규범(norms)은 가치를 지지하기 위해 마련한 사고와 행동의 기준이다. 사람들이 스스로 하는 일의 옳고 그름을 판별할 수 있게 해 주는 기준이 규범인 것이다. Christopher Hodgkinson, *Towards a Philosophy of Administration* (St. Martin's Press, 1978), p. 105.

않다. 논자에 따라서는 양자를 구별하지 않고 섞어 쓰기도 한다. 윤리는 도덕적 원리를 추구하는 것이라고 쉽게 규정하는 사람들도 있다. 도덕은 사회적 관행이나 사회에 이미 있는 가치를 지지하는 것 또는 그에 순종하는 것을 의미하지만 윤리는 창의적이며 이상적으로 새로운 가치를 창출하는 것이라고 설명하는 사람도 있다.[4]

우리는 윤리를 의식적 사유의 과정을 통해 도덕적 원리에 부합되는 행동을 할 수 있는 기준을 명료화하는 것이라고 정의하기로 한다. 도덕은 행동의 옳고 그름에 관한 사람들의 가치를 반영하는 것이며, 윤리는 도덕적 기준의 이성적 탐색이다. 윤리는 옳은 행동의 기준을 적극적으로 탐색·판단하고 그에 따라 행동할 것을 요구한다. 윤리는 행동지향적인 개념이다.[5]

2. 공직윤리의 정의

공직윤리(公職倫理: administrative ethics or public service ethics)는 공무원의 직업윤리이다. 공무원이라는 직업인이 마땅히 지켜야 할 도리가 공직윤리이다.[e] 사람들은 일상생활에서 사회적 윤리를 지켜야 한다. 사람들이 어떤 조직이나 전문직업분야에 참여하는 경우, 그러한 조직 또는 직업사회가 특별히 정하는 이른바 직업윤리도 지켜야 할 입장에 놓이게 된다. 공무원은 정부가 특별히 정하는 직업윤리(공직윤리)를 지켜야 한다.[f]

민간조직의 종사자들도 조직이 정하는 직업윤리를 지켜야 한다는 점에서 근본적으로 공무원과 마찬가지의 처지에 있다. 그러나 민간조직과 구별되는 정부조직의 특수성 때문에 공무원들의 직업윤리는 민간조직종사자의 직업윤리와는 다르다. 다르다는 것은 그 내용에 차이가 있을 뿐만 아니라 보다 높은 수준의 윤리와 보다 엄격한 행동규범의 준수가 공무원들에게 요구된다는 뜻이다. 민간부문과 정부부문의 윤리문제를 생각할 때 사람들은 이원적 기준(double standards)을 가지고 정부부문에는 보다 엄격한 기준을 적용한다. 민주국가에서 공무원들은 국민전체의 봉사자로서 공익을 추구해야 할 입장에 있고, 또 공무원들은 국민생활에

e) 정부에 종사하는 공무원의 직업윤리를 행정윤리라고 부르는 사람들이 적지 않다. 그리 불러도 큰 문제가 될 것은 없다. 그러나 우리가 논의하는 것은 행정체제라는 제도의 윤리라기보다 공무원이라는 사람의 윤리이다. 공무원이 지켜야 할 윤리적 기대이며 공무원이 내면화해 실천하는 윤리이다. 이런 점을 생각해 '공직윤리'(공무원의 직업윤리)라는 용어를 채택하였다.

f) 이 장에서 논의하는 공직윤리의 주된 대상집단은 일반직 공무원이다.

심대한 영향을 미칠 수 있는 권력을 행사하기 때문에 국민은 공무원의 높은 직업윤리를 기대하게 된다.

3. 공직윤리 유형론

복잡한 윤리적 규범체제의 정돈된 설명을 위해 만든 유형론들이 많다. 유형론의 기준들도 다양하다. 여기서는 출처, 내용, 그리고 형식을 기준으로 하는 유형론의 예를 보기로 한다.

1) 출처에 따른 분류

출처 또는 근원이 되는 준거를 기준으로 공직윤리를 분류한 유형론들이 있다. 여기서는 출처를 기준으로 세 가지 윤리체제모형을 분류한 유형론 하나를 예시하려 한다. 세 가지 모형이란 i) 대의적·정치적 윤리체제, ii) 국가주의적 윤리체제, 그리고 iii) 초월적·비현세적 윤리체제를 말한다.[6]

(1) 대의적·정치적 윤리체제 대의적·정치적 윤리체제(代議的·政治的 倫理體制: representative or polity-based ethics)는 행정을 둘러싸고 있는 정치공동체(political community)의 가치와 신념에서 공직윤리의 근원을 찾아야 한다고 보는 윤리체제모형이다. 이러한 윤리체제 하에서는 사회 내의 여러 정치세력이 무엇을 원하는가를 준거로 하여 행정의 옳고 그름을 결정하게 된다.

(2) 국가주의적 윤리체제 국가주의적 윤리체제(國家主義的 倫理體制: statist ethics)는 한 나라를 구성하는 사회집단들의 가치·요청은 국가 자체의 가치·요청과 구별되는 것이며, 국가 자체의 가치와 요청이 공직윤리의 원칙적인 바탕을 이루어야 한다는 관점에 입각한 윤리체제모형이다. 이 모형은 국가를 하나의 유기적 총체(organic whole)라고 이해하며, 행정은 그러한 총체의 가치를 체현해야 하는 것으로 본다. 행정이 변전하는 사회세력들의 선호를 대변해서는 안 된다고 한다. 공무원들은 국가의 이상을 내재화하고 있는 집합체의 구성원으로서 국가의 이상을 받드는 윤리지향성을 가지고, 그에 따라 행동할 것이 요구된다.

(3) 초월적·비현세적 윤리체제 초월적·비현세적 윤리체제(超越的·非現世的

倫理體制: transcendent ethics)는 공무원의 윤리가 형이상학적·영적·초합리적 문화 또는 종교의 가치를 원칙적인 준거로 하여 결정되어야 한다고 보는 윤리체제 모형이다. 이 모형에 따르면 공무원들의 행동은 고차원의 진리와 조화될 때에만 윤리적 정당성을 인정받을 수 있다고 한다. 선·악의 문제는 신만이 규정할 수 있는 불변적인 것이며, 정치적 편의에 따라 좌우되거나 협상의 대상으로 될 수는 없는 것이라고 이해한다.

위에서 구분한 윤리체제모형들 가운데 어느 하나가 순수한 형태로 채택되고 있는 나라는 오히려 보기 어렵고, 실제로는 여러 가지로 변형된 모형이나 절충된 모형들이 채택되고 있다. 그러나 어떤 기본모형이 더 원칙적인 위치를 점하느냐 하는 것은 구별할 수 있을 것이다.

민주국가의 공직윤리체제는 원칙적으로 대의적·정치적 윤리체제라고 보아야 한다. 민주국가의 공직윤리는 지배적인 정치적 가치에 일관되게 설정된다. 따라서 공직윤리의 문제는 행정적인 문제일 뿐만 아니라 정치적 문제이기도 한 것이다. 민주주의적 정치원리를 채택하고 있는 국가의 공직윤리는 민주주의적 이념의 추구를 근본으로 삼고 있다. 민주국가의 공무원들은 민주적 원리와 절차를 준수해야 한다. 그들은 국민의 의사를 존중하고 정치적 과정을 통해 합의된 공익을 추구해야 한다.[g]

2) 내용에 따른 분류

윤리적 규범의 내용 또는 대상을 기준으로 하는 유형론의 예를 보면 다음과 같다.

(1) 상대성·절대성 윤리규범의 설정을 i) 상대론적인 것과 ii) 절대론적인 것으로 구분할 수 있다. 상대론(목적론: relativism; teleology)은 윤리의 상대적 성질을 설명한다. 상대론은 행동이나 규범을 관찰가능한 현상과 비교하여 그 옳

g) 공익(公益: public interest)이라는 개념에 대한 논자들의 정의는 구구하다. 그리고 공익성을 누구의 기준에 따라 판정할 것인가, 어떤 행동이 공익을 추구하는 행동인가 등의 문제에 관하여 많은 의견이 갈려 있다. 여기서는 공익을 보다 많은 사람들 즉 사회를 구성하는 사람들 전체의 공동이익이라고 정의하기로 한다.

고 그름을 판단해야 한다고 주장한다. 절대론(의무론: deontology)은 절대적인 책임과 의무에 초점을 맞추고, 옳고 그름에 관한 보편적 원칙이 있다고 주장한다.

이에 연관된 것으로 ⅰ) 주관적 윤리(subjective ethics)와 ⅱ) 규범적 윤리(지시적 윤리: prescriptive ethics)를 구분하는 유형론이 있다. 주관적 윤리는 개인이 주관적으로 지닌 윤리로서 사람에 따라 그리고 상황에 따라 달라질 수 있는 것이다. 규범적 윤리는 절대적인 행동기준을 규정하는 것이다.[7)]

(2) 집합체 · 개인 윤리를 ⅰ) 행정조직이라는 집합체의 윤리와 ⅱ) 개인적 차원의 윤리로 구분하는 유형론이 있다.[8)]

공직윤리의 우선순위에 관한 위계적 차원(hierarchical levels)을 염두에 두고 ⅰ) 개인적 윤리, ⅱ) 전문직업 상의 윤리, ⅲ) 조직 상의 윤리, 그리고 ⅳ) 사회적 윤리를 구분하기도 한다. 개인적 윤리는 개인의 도덕성이며 옳고 그름에 대한 기본적 이해이다. 이런 개인적 이해에 영향을 미치는 요인은 행동자가 개인적으로 겪은 과거의 경험, 부모의 영향, 종교적 신앙, 문화적 · 사회적 관습 등이다. 나머지 세 가지 윤리는 전문직업, 조직, 그리고 사회가 그 소속원에게 각각 요구하는 윤리이다.[9)]

(3) 고객지향성 · 전문직업지향성 윤리 규범의 역점 내지 지향성에 따라 ⅰ) 고객지향적 규범과 ⅱ) 전문직업지향적 규범을 구분하는 유형론이 있다.[10)]

(4) 정책 · 개인 행동 · 조직 내의 역할 대상에 따라 ⅰ) 정책에 관한 윤리규범, ⅱ) 개인 행동에 관한 윤리규범, 그리고 ⅲ) 조직 내의 역할에 관한 윤리규범을 구분하는 유형론이 있다.[11)]

(5) 보편주의 · 우선순위 · 능률 · 기술적 능력 · 관할 대상에 따라 윤리규범을 ⅰ) 보편주의에 관한 규범, ⅱ) 우선순위에 관한 규범, ⅲ) 능률에 관한 규범, ⅳ) 기술적 능력에 관한 규범, 그리고 ⅴ) 관할에 관한 규범으로 구분하는 유형론이 있다.[12)]

3) 형식에 따른 분류

공무원에 대한 윤리적 기대를 규정하는 행동규범의 존재형식 또는 규정방법도 다양하게 분류할 수 있다. 가장 일반적인 유형론은 성문화의 여부에 따라 윤리규범을 분류하는 것이다. 이와 유사하고 다소 중복되는 유형론은 공식성 또는 비공식성을 기준으로 하는 것이다.

(1) 성문규범·불문율적 규범 윤리규범을 성문화(成文化)된 것과 불문율적(不文律的)인 것으로 분류하는 유형론이 있다.

성문규범은 다시 법제화(法制化)된 규범과 행정적 규범으로 구분할 수 있다. 성문규범은 하나의 윤리장전(倫理章典: codes of ethics)에 규정된 것과 그 규정이 분산되어 있는 것으로 구분할 수도 있다. 윤리장전의 내용은 광범한 것도 있고 한정적인 것도 있다. 그 내용이 일반적인 것도 있고 구체적인 것도 있다. 이상적·선언적인 것도 있고 법적·강제적인 것도 있다. 윤리장전은 또한 전정부적으로, 조직별로, 또는 직업분야별로 만들어질 수 있다.

(2) 공식적 규범·비공식적 규범 윤리적 행동규범의 형식을 공식적인 것과 비공식적인 것으로 분류하는 유형론이 있다. 공식적인 규범에는 법령·규칙·윤리강령·선서문 등이 포함된다. 비공식적 규범에는 선례·관습·비공식적 역할기대 등이 포함된다.

4. 공직윤리의 법제화

1) 법제화의 정의

공직윤리의 법제화(法制化)란 윤리규범을 법규범으로 정하는 것을 의미한다. 법률로 윤리적 규범의 준수를 의무화하는 것이라 말할 수도 있다.

공무원의 윤리적 수준을 좌우하는 힘 또는 결정요인은 내재적인 것과 외재적인 것으로 나누어 볼 수 있다. 이러한 분류는 공무원들이 자율규제에 의하여 높은 윤리수준을 유지할 수 있는 국면과 외재적인 통제가 있어야만 높은 윤리수준의 유지가 가능한 국면이 있음을 시사해 준다. 거의 모든 나라의 정부는 공무원의 행동규범이 자율적으로 준수되도록 촉진하고 지원하는 데 그치지 않고, 중요한 행동규범은 이를 법규범으로 규정하여 의무화하고 있다. 그리고 법 상의 의무로 된 행동규범의 준수를 보장하기 위해 벌칙을 동원한다.

법과 윤리는 구별된다고 하나 양자가 완전히 분리될 수 있는 것은 아니다.

법과 윤리의 구별에 관한 이론은 다양하다. 그리고 법과 윤리의 실제적인 관계는 여러 가지로 설정될 수 있다.

우리가 행동규범의 법제화를 논의하면서 주로 관심을 갖는 것은 법과 윤리의 실제적인 관계이다. 그리고 행동규범의 법제화는 법과 윤리가 원칙적으로 일치하는 영역에서 일어난다고 본다. 윤리규범 가운데서 기초적이거나 중요한 것들을 법에서 지지하여 '법제화된 행동규범'을 제정한 것으로 본다는 뜻이다.

법과 윤리 또는 도덕의 관계를 개념적인 차원에서 보편적으로 규명하려는 노력은 오랫동안 있어 왔다. 법이나 윤리가 다 같은 규범이지만 양자가 서로 다른 차별적 특성을 또한 지닌다고 하는 여러 가지 이론이 나와 있다. 그 예를 보면 첫째, 법은 외면성을 지닌 반면, 윤리는 내면성을 지닌다는 이론이 있다. 법은 외적 행위, 그리고 타인과의 관계에 관한 것이기 때문에 외면성을 지녔다고 한다. 둘째, 법은 명령적 규범인 반면, 윤리는 권고적 규범이라고 하는 이론이 있다. 셋째, 법은 행위에 관한 것이고, 윤리는 행위뿐만 아니라 동기까지 문제삼는 것이라고 하는 이론이 있다. 넷째, 법은 강제성을 지니지만, 윤리는 비강제적이라는 이론이 있다.[13] 이러한 이론들은 법과 윤리의 중요한 차이점들을 지적해 주고 있다. 그러나 이론들이 각기 제시하는 구별기준들은 상대적인 것이다. 그러한 기준들이 법과 윤리를 완전히 배타적으로 구별지어 줄 수 있는 것은 아니다.

이론적인 문제를 떠나서 법규범과 윤리규범의 실제적 관계를 파악하는 경우에도 그것이 단순한 관계가 아님을 알 수 있다. 법과 윤리가 서로 일치하거나 서로 보완적인 관계에 있는 영역이 가장 넓을 것으로 생각된다. 그러나 법과 윤리가 각각 독자적인 별개의 영역을 지배할 수도 있다. 법과 윤리가 서로 역행하여 충돌하는 영역도 있다.

2) 법제화의 효용과 한계

(1) 효 용 윤리장전을 만들고 이를 법제화하는 것은 공직윤리를 향상시키려는 방안이다.

윤리규범을 법제화하면 i) 정부의 신뢰성 향상, ii) 행동의 준칙 제공, iii) 윤리적 감수성 향상, iv) 정부활동의 평가기준 제시 등의 효용을 기대할 수 있다.

윤리규범의 법제화는 우선 정부의 윤리성 추구에 대한 결의를 내외에 천명하는 상징적 의미를 지닌다. 따라서 정부에 대한 신뢰를 구축하는 데 기여한다.

바람직한 행동을 체계적으로 기술함으로써 행동의 준칙을 제공하고 윤리적 불확실성을 감소시킨다. 그러므로 가치갈등에 봉착한 의사결정자에게 지침을 제공해 줄 수 있다. 비윤리적 행동에 대한 제재를 정당화하는 근거를 마련해 준다.

공무원들의 윤리적 감수성을 높이는 데 기여할 수 있다. 그리고 정부활동의 평가기준으로 활용할 수 있다.

(2) 한 계 윤리규범의 법제화에는 ⅰ) 통일적 윤리장전 제정의 애로, ⅱ) 개인적 권리의 침해, ⅲ) 형식화의 폐단 등의 문제가 따를 수 있다.

정부규모가 대단히 크기 때문에 정부 전체에 적용할 윤리장전을 법제화하기는 어렵다. 일반적인 윤리적 원칙을 규정하는 데 그칠 수밖에 없는 경우가 대부분이다. 그렇게 되면 규정내용이 모호해진다. 그것을 구체적인 상황에 적용하는 데는 애로가 있다.[14] 윤리적인 문제 가운데는 법제화하기 어려운 것들도 있다.

윤리의 세계에 법적 강제가 개입하는 데서 오는 부작용도 있다. 윤리규범의 준수가 법적 의무로 되는 경우, 그것이 가하는 여러 가지 제약은 공무원의 시민적 자유와 권리를 법적으로 제한하는 결과를 빚는다. 윤리규범 준수의 법적·타율적 강제로 인한 시민적 권리와 자유의 제한은 법적 논쟁의 대상으로 된다.

부패가 체제화되어 있는 경우처럼 공직윤리가 전반적으로 타락한 곳에서는 법제화된 윤리장전이 형식화되고 우롱의 대상이 될 수 있다.

5. 윤리적 딜레마와 윤리적 선택

1) 윤리적 딜레마의 발생

공무원들이 직업생활에서 윤리적 딜레마에 빠지는 일은 흔하다. 윤리적 딜레마(ethical dilemma)는 윤리규범들이 갈등을 일으키고 선택기준이 모호할 때 행동자가 스스로 옳고 그름을 판단하고 선택해야 하는 상황과 그에 대한 행동자의 인식을 포괄하는 개념이다.

윤리적 딜레마의 근원적 출처는 윤리규범준수의 복수주의(複數主義)라고 할 수 있다. 대부분의 의사결정상황에서 여러 가지 윤리규범을 동시에 준수해야 하기 때문에, 그리고 규범 간에 갈등이 조성되는 경우가 많기 때문에 행동자는 딜레마에 봉착할 수 있다. 공직윤리를 규정하는 행동규범은 많다. 공무원들은 많은 윤리적 행동규범들을 모두 준수해야 한다는 요구를 받고 있다. 그런데 지켜야 할 규범 간의 관계는 의사결정을 해야 하는 사안에 따라 다양하게 설정될 수 있다. 규범들이 서로 보완적인 관계에 있거나 상·하계층관계에 있는 경우도 있다. 대등한 규범들의 동시적 추구가 문제를 야기하지 않는 경우도 있다. 그러나 상황적 조건에 따라서는 규범들이 경합·충돌할 수 있다. 복수의 윤리규범들이 경쟁적이며 상충적이어서 갈등을 빚으면 윤리적 딜레마가 조성된다.

2) 윤리적 선택의 접근방법

윤리적 딜레마를 헤쳐 나가면서 바른 의사결정을 하는 것은 대단히 어려운 일이다. 윤리적 딜레마에 직면한 공무원들은 많은 연구와 윤리적 사색을 해야 한다. 관련 규범들의 의미를 명료하게 이해하고 문제상황의 특성, 각축하는 세력, 규범 선택·절충의 영향 등을 분석해야 한다. 규범 선택의 가이드라인을 제공하려는 접근방법들도 연구해야 한다.

윤리적 선택의 원리 또는 접근방법에 관한 주요 이론들을 소개하려 한다.[15] 윤리규범들과 그것을 선택하는 원리들을 배타적으로 구분하기는 어렵다. 윤리적 행동규범들이 갈등을 빚을 때 선택을 돕는 원리들도 관점에 따라서는 그 자체가 윤리적 행동규범의 일종이라고 이해할 수 있다.

(1) 지상명령적 선택 지상명령적 선택방법은 주어진 윤리규범을 예외 없이 적용해야 할 지상명령(至上命令: categorical imperative)으로 받아들이도록 처방하는 접근방법이다. 보편적인 도덕률에 충실하라고 요구하는 이 접근방법은 절대론적·규범적·원리론적인 특성을 지닌다.

(2) 공리주의적 선택 공리주의적 선택(utilitarian choice)은 가장 많은 사람들에게 가장 큰 이익이 돌아가는 윤리적 선택을 하도록 처방하는 접근방법이다. 이것은 상대론적·결과지향적·다수인지향적 접근방법이다.

(3) 임무중심적 선택 임무중심적 선택은 공무원들이 자기 조직의 정당한 임무가 무엇인가에 관한 스스로의 판단에 충실하게 윤리적 선택을 하도록 처방하는 접근방법이다.

(4) 수단지향적 선택 수단지향적 선택은 공무원들의 직무수행을 정치적 의

사결정의 집행수단으로 보고, 법령과 정책의 지시하는 바에 충실하게 윤리적 선택을 하도록 처방하는 접근방법이다.

(5) 시장지향적 선택 시장지향적 선택은 행정에 시장논리를 도입해서, 경제적 능률을 정당화근거로 하는 윤리적 선택을 하도록 처방하는 접근방법이다.

(6) 목표우선의 선택과 비례적 선택 목표우선의 선택은 목표가 수단을 정당화한다는 관점에 입각한 윤리적 선택을 처방하는 접근방법이다. 목표의 가치와 중요성이 매우 큰 경우 수단의 사소한 비윤리성은 용인될 수 있다고 보는 접근방법이다. 비례적 선택은 어떤 행동이 긍정적·부정적 결과를 함께 가져오더라도 긍정적 결과의 이익이 더 크면 그 행동의 선택은 정당화될 수 있다고 보는 접근방법이다.

(7) 권리존중의 선택과 동등한 자유의 원리에 입각한 선택 권리존중의 접근방법은 타인의 기본권을 존중하고 보호하는 행동의 선택이 윤리적인 것이라고 처방한다. 동등한 자유의 원리(principle of equal freedom)에 입각한 선택이란 모든 사람은 타인의 정당한 자유를 침해하지 않는 한 자유롭게 행동할 권리를 가진다는 관점에 입각한 접근방법을 말한다.

(8) 정의론적 선택 정의론적 선택은 보상과 제재의 배분이나 법률·행정절차의 적용이 모든 사람에게 공평해야 한다는 정의론(theory of justice)에 입각한 접근방법이다.

(9) 중용적 선택 중용적 선택(中庸的 選擇)은 극단을 피하고 중용의 길을 걷도록 처방하는 중용의 교리(doctrine of the mean)에 입각한 접근방법이다.

(10) 황금률에 입각한 선택 황금률(黃金律: golden rule)에 입각한 선택은 역지사지(易地思之)의 배려를 통해 윤리적 선택을 하도록 처방하는 접근방법이다. 이것은 "남이 너에게 해 주기를 바라는 바를 남에게 베풀라"는 가르침에 따르도록 요구하는 접근방법이다.

황금률과 대조되는 선택원리를 백금률(白金律: platinum rule)이라 한다. 백금률은 내가 원하는 것이 아니라 남이 원하는 것을 그에게 베풀라고 처방하는 원리이다.

(11) 관례주의적 선택 관례주의적 선택(conventionalist choice)은 법을 어기지 않는 한 관례에 따른 윤리적 선택을 하도록 처방하는 접근방법이다.

(12) 공개주의적 선택 공개주의적 선택은 널리 공개해도 무방하다고 생각되는 행동이 옳은 행동이라고 규정하는 공개법칙(disclosure rule)에 입각한 접근방법이다.

(13) 직관적 선택 직관적 선택은 직관적 윤리(intuition ethics)를 믿는 접근방법이다. 이것은 주어진 상황에서 옳다고 느끼는 바대로 행동하도록 단순하게 처방하는 접근방법이다. 사람들은 옳고 그름을 이해할 수 있는 감각을 지녔다고 전제하는 접근방법이다.

윤리적 선택모형의 하나로 '힘이 정의라는 윤리'(might-equals-right ethics)에 입각한 접근방법을 포함시키는 사람들도 있다. 이 접근방법은 힘 있는 자가 그의 이익에 부합하도록 원하는 대로 선택하는 것이 정의라고 주장한다. 이러한 접근방법이 실생활에서 통용되는 일이 있더라도 그것은 대개 도덕성을 보장하지 못한다. 부패한 정치권력이나 불법적인 무력까지도 정당화할 수 있기 때문이다. 앞서 언급한 임무중심적 선택이나 수단지향적 선택도 정당한 권력에 대한 복종을 내포하는 것이지만 힘이 곧 정의라는 관념과는 구별된다. 공무원들이 힘을 정의로 보는 논리에 따르도록 권유할 수는 없다.

공무원들은 업무수행의 실제에서 윤리적 행동을 선택할 때, 특히 윤리적 딜레마의 해법을 찾으려 할 때 문제와 상황적 조건에 따라 다양한 접근방법 또는 접근방법의 조합을 활용할 수 있을 것이다. 어떤 한 접근방법에 집중적으로 의지할 수도 있다. 여러 접근방법들의 요구를 제약요인으로 보아 고루 만족시키려고 노력할 수도 있다. 복수의 접근방법에 따른 판단을 순차적으로 진행할 수도 있다. 순차적 고려에서 주된 접근방법과 부차적인 접근방법을 구분할 수도 있다.

행정의 현장에서 하나의 접근방법에만 전적으로 매달릴 수 있는 경우는 오히려 드물 것이다. 대개는 여러 접근방법을 순차적으로 검토할 수밖에 없을 것이다. 예컨대 공무원이 임무범위 내에서 어떤 행동방안을 선택하려 할 때 우선 공리적 판단을 할 수 있다. 다음에는 그 결정이 절대적인 도덕률에 위반되는지 검토하고, 이어서 넘침효과로 인한 제삼자의 권익침해가 없는지 알아보고, 그러한 권익침해가 있더라도 행동방안의 목표 정당성이 압도적이기 때문에 이를 강행해야 할 것인지 판단하는 등의 윤리적 사고과정을 거칠 수 있다.

Ⅱ. 우리 정부의 윤리적 행동규범

우리나라에서도 민주주의적 이념을 공직윤리의 기초로 삼고 있다. 적어도 공식적인 윤리규범의 체계는 그러한 바탕 위에 설정되어 있다고 보아야 한다. 공식적인 것에 주의를 한정하여 윤리규범의 대강을 살펴보려 한다.

공식적 윤리규범의 체계는 방대하고 복잡하다. 각종 법령과 시책 등에 당위적인 행동목표 또는 행동기준을 정한 것이 수없이 많다. 여기서는 허다한 공식적 규범들 가운데서 「국가공무원법」의 규정과 공무원헌장만을 보기로 한다.

1. 국가공무원법의 규정

1) 복무의무의 열거

우리 정부에서는 공무원의 행동규범을 비교적 엄격하게 법제화하고 있다. 「국가공무원법」과 이를 부연하는 「국가공무원 복무규정」에서 공무원의 법적 복무의무로 규정하고 있는 행동규범을 보면 다음과 같다.[16)]

(1) 성실의무 모든 공무원은 법령을 준수하며 성실히 직무를 수행하여야 한다. 공무원은 국민 전체의 봉사자로서 직무를 민주적이고 능률적으로 수행하기 위하여 창의와 성실로써 맡은 바 책임을 완수하여야 한다. 성실의 의무는 조직이 맡겨 준 역할을 충실히 수행하되 민주성·능률성·창의성 등의 가치기준을 존중하라는 규범으로 이해된다.

(2) 복종의 의무 공무원은 직무를 수행할 때 소속상관의 직무 상의 명령에 복종하여 근무기강을 확립하고 질서를 존중하여야 한다. 대개 공무원은 지위와 역할이 분화되어 있는 계층제 하에서 근무하기 때문에 조직 내의 질서유지와 기강확립을 위해 복종의 의무를 규정한 것으로 생각된다. 그러나 위법·부당한 상관의 명령에 대해서는 복종하지 않아도 된다.

(3) 직장이탈금지 공무원은 소속상관의 허가 또는 정당한 사유가 없으면 직장을 이탈하지 못한다. 수사기관이 현행범이 아닌 공무원을 구속하려면 그 소

속기관의 장에게 미리 통보하여야 한다. 직장이탈을 금지하는 규범은 직무를 충실히 수행하고 직장 내의 질서를 유지해야 한다는 규범을 보완하는 것으로 이해된다.

(4) 친절·공정의 의무 공무원은 국민 전체의 봉사자로서 친절하고 공정하게 직무를 수행하여야 한다. 공무원은 공사(公私)를 분별하고 인권을 존중하며, 친절하고 신속·정확하게 업무를 처리하여야 한다.

(5) 종교중립의 의무 공무원은 종교에 따른 차별 없이 직무를 수행하여야 한다. 공무원은 소속 상관이 종교중립의 의무에 위배되는 직무 상 명령을 한 경우에는 이에 따르지 아니할 수 있다.[h)]

(6) 비밀엄수의 의무 공무원은 재직중은 물론 퇴직 후에도 직무 상 알게 된 비밀을 엄수해야 한다. 모든 것을 비밀에 붙이라는 뜻으로 이 규범을 풀이해서는 안 된다. 직무 상의 기밀(機密: classified information)로 규정된 비밀만을 지키라는 뜻일 것이다.[i)] 민주국가에서는 비밀엄수의 의무가 다른 상충되는 요청 때문에 쟁점으로 부각되는 일이 많다. 국가와 국민 전체의 안위를 위해서 혹은 조직 내의 질서유지, 고객의 이익과 인권의 보호 등을 위해서 비밀을 유지할 필요가 있다. 그러나 국민의 알 권리와 언론의 자유, 그리고 국민에 의한 행정통제의 요청 등 상충되는 요구가 있다. 구체적인 상황의 행동기준을 정할 때에는 이와 같이 상충되는 요청들을 적정하게 조정해야 할 것이다.

(7) 청렴의 의무 공무원은 직무와 관련하여 직접적이든 간접적이든 사례·증여 또는 향응을 주거나 받을 수 없다. 공무원은 직무 상의 관계가 있든 없든 그 소속상관에게 증여하거나 소속공무원(부하)으로부터 증여를 받아서는 안 된다.

---

h) 2008년에 기독교신자인 대통령 치하에서 불교신자들에 대한 차별이 심해졌다고 주장하는 불교계의 반발이 드세지자 그 무마책의 일환으로 「국가공무원법」에 종교중립의무 조항(제59조의2)을 신설하고 「국가공무원 복무규정」의 공정성 의무조항에 '종교 등에 따른 차별 없이'라는 문구를 덧칠하게 되었다.

i) 「국가공무원 복무규정」 제 4 조의 2는 지켜야 할 비밀에 ① 법령에 따라 비밀로 지정된 사항, ② 정책의 수립이나 사업의 집행에 관련된 사항으로서 외부에 공개될 경우 정책수립이나 사업집행에 지장을 주거나 특정인에게 부당한 이익을 줄 수 있는 사항, ③ 개인의 신상이나 재산에 관한 사항으로서 외부에 공개될 경우 특정인의 권리나 이익을 침해할 수 있는 사항, 그리고 ④ 그 밖에 국민의 권익보호 또는 행정목적 달성을 위하여 비밀로 보호할 필요가 있는 사항을 포함시키고 있다.

(8) 영예 등의 수령 규제 공무원이 외국정부로부터 영예(榮譽)나 증여를 받을 경우에는 대통령의 허가를 받아야 한다.

(9) 품위유지의 의무 공무원은 직무의 내외를 불문하고 그 품위(品位)가 손상되는 행위를 하여서는 안 된다. 공무원이기 때문에 직장에서뿐만 아니라 직장 밖의 사회생활에서도 공무원의 신분에 걸맞은 품위를 유지해야 한다. 사생활의 품위까지도 문제로 삼는다. 품위를 유지한다는 것은 인격적인 행동을 한다는 말과 같이 매우 포괄적인 뜻을 가진다. 구체적인 품위의 내용은 정부조직의 규범과 사회통념에 따라 규정하게 된다. 복장, 언동, 두발의 모양 등도 모두 품위에 관련된 것으로 볼 수 있다.

(10) 영리업무 및 겸직의 금지 공무원은 공무 이외의 영리를 목적으로 하는 업무에 종사하지 못하며, 소속기관장의 허가 없이 다른 직무를 겸할 수 없다. 소속기관장의 허가를 받아야 겸직할 수 있는 다른 직무란 영리업무에 해당되지 않는 직무를 말한다. 이러한 조항은 충실한 직무수행을 보장하고 이른바 이해충돌(이익충돌: conflict of interests)로 인한 공익침해를 막기 위한 규범이라고 풀이된다. 공무원이 공무 이외의 영리업무에 종사하면 직무수행의 능률이 저하되고, 공익과 상반되는 사익을 취득함으로써 정부에 대한 신뢰감을 떨어뜨릴 위험이 있으므로 영리업무에 종사하는 것을 금지한다.[j)]

(11) 집단행위의 금지 공무원은 노동운동이나 그 밖에 공무 외의 일을 위한 집단행위를 할 수 없다. 그러나 사실상 노무에 종사하는 공무원은 예외이다. 공무원은 집단·연명(連名)으로 또는 단체의 명의를 사용하여 국가의 정책을 반대하거나 국가정책의 수립·집행을 방해해서는 안 된다.

---

j) 영리업무 및 겸직의 금지는 이해충돌방지의무의 일환이다. 「공직자윤리법」 제2조의 2에서 정하는 이해충돌방지의무는 i) 공직자가 수행하는 직무가 공직자의 재산상 이해와 관련되어 공정한 직무수행이 어려운 상황이 일어나지 않도록 노력할 것, ii) 이해충돌의 상황이 일어나지 않도록 직무수행의 적정성을 확보하여 공익을 우선으로 성실하게 직무를 수행할 것, iii) 공직을 이용해 사적 이익을 추구하거나 개인이나 기관·단체에 부정한 특혜를 주어서는 안 된다는 것, iv) 재직 중 취득한 정보를 부당하게 사적으로 이용하거나 타인으로 하여금 부당하게 사용하게 하면 안 된다는 것, 그리고 v) 퇴직공직자는 재직 중인 공직자의 공정한 직무수행을 해치는 상황이 일어나지 않도록 노력할 것이다.

다음에 이야기할 정치운동금지조항과 함께 집단행위금지조항은 정부의 목적을 위해서 공무원의 시민적 권리와 자유를 현저히 제약하는 규범이다. 이러한 규범은 선진민주제국에서 상당한 도전을 받고 있다. 우리나라에서도 이미 많은 도전을 받고 있으며 점차 예외의 폭이 넓어져 가고 있다.

(12) 정치운동의 금지 공무원들은 정치운동을 할 수 없다. 공무원은 정당이나 그 밖의 정치단체의 결성에 관여하거나 이에 가입할 수 없다. 각종 선거에 관련된 정치활동도 크게 제한되어 있다. 정치운동금지와 집단행위금지에 대해서는 뒤에 자세히 설명할 것이다.

공무원의 충성의무에 관하여는 「국가공무원법」에서 따로 조항을 두고 있지 않다. 그러나 공무원에게 충성의무가 없기 때문에 충성의무조항을 따로 두고 있지 않다고 할 수는 없다. 우리나라의 법체제로 보아 공무원의 충성의무는 당연한 것이기 때문에 「국가공무원법」에서는 그에 관한 조항을 따로 두지 않았다고 보아야 한다. 이에 대해서도 다음 절에서 자세히 설명할 것이다.

2) 복무의무규정에 대한 평가

우리나라 공무원에 대한 법적 행동규범의 성향을 보면 공익추구와 대국민봉사, 그리고 대내질서를 위한 기강확립 등이 현저히 강조되고 있는 반면, 공무원의 인간적 존엄성이나 조직의 인간화, 그리고 조직생활의 민주화 등은 소홀히 다루어지고 있음을 알 수 있다. 한 마디로 멸사봉공을 소리높이 외치고 있는 규범체계라 할 수 있다.

우리나라에서 지금까지 매우 엄격한 행동규범의 법제화가 당위적으로는 정당시되어 오고 있으나, 그것이 준수될 수 있는 여건의 불비와 공무원들의 전통적 행태 때문에 실천적으로는 규범 적용의 관대화경향을 보여 왔다. 행동규범에 관한 형식주의가 문제로 되어 있다. 우리 정부의 과제는 당위적인 행동규범과 규범준수실태 사이의 거리를 좁히는 일이라고 생각한다. 행동규범에 관한 형식주의를 해소하려면 행동규범의 실천수준을 향상시키도록 힘써야 할 것은 물론이지만, 시대적 요청의 변화에 따라 당위적인 기준의 '현실화'도 추진해야 할 것이다.

2. 공무원 헌장

우리 정부는 공무원 헌장(公務員 憲章)을 제정하여 2016년 1월 1일부터 시행하고 있다. 이것은 대통령훈령(제352호)으로 제정한 공직가치 선언이며 공직윤리의 행동규범이다. 정부의 설명에 따르면 공무원 헌장에는 국가에 헌신하고 국민에게 봉사하는 공무원 본연의 자세 그리고 국민과 미래세대가 원하는 공무원상을 구현하기 위한 바람직한 공직가치를 제시하는 등 미래의 대한민국을 이끌 공무원의 지표를 담았다고 한다.

공무원 헌장의 내용은 다음 표에서 보는 바와 같다.

공무원 헌장
우리는 자랑스러운 대한민국의 공무원이다. 우리는 헌법이 지향하는 가치를 실현하며 국가에 헌신하고 국민에게 봉사한다. 우리는 국민의 안녕과 행복을 추구하고 조국의 평화 통일과 지속 가능한 발전에 기여한다. 이에 굳은 각오와 다짐으로 다음을 실천한다. 하나. 공익을 우선시하며 투명하고 공정하게 맡은 바 책임을 다한다. 하나. 창의성과 전문성을 바탕으로 업무를 적극적으로 수행한다. 하나. 우리 사회의 다양성을 존중하고 국민과 함께 하는 민주 행정을 구현한다. 하나. 청렴을 생활화하고 규범과 건전한 상식에 따라 행동한다.

정부는 국무총리훈령(제660호)으로 공무원 헌장 실천강령도 제정하여 시행하고 있다. 실천강령의 내용은 다음과 같다.

첫째, 공익을 우선시하며 투명하고 공정하게 맡은 바 책임을 다하기 위한 실천강령: i) 부당한 압력을 거부하고 사사로운 이익에 얽매이지 않는다, ii) 정보를 개방하고 공유하며 업무를 투명하게 처리한다, iii) 절차를 성실하게 준수하고 공명정대하게 업무에 임한다.

둘째, 창의성과 전문성을 바탕으로 업무를 적극적으로 수행하기 위한 실천강령: i) 창의적 사고와 도전정신으로 변화와 혁신을 선도한다, ii) 주인의식을 가지고 능동적인 자세로 업무에 전념한다, iii) 끊임없는 자기계발을 통해 능력과 자질을 높인다.

셋째, 우리 사회의 다양성을 존중하고 국민과 함께 하는 민주행정을 구현하기 위한 실천강령: i) 서로 다른 입장과 의견이 있음을 인정하고 배려한다, ii) 특혜와 차별을 철폐하고 균등한 기회를 보장한다, iii) 자유로운 참여를 통해 국민과 소통하고 협력한다.

넷째, 청렴을 생활화하고 규범과 건전한 상식에 따라 행동하기 위한 실천강령 i) 직무의 내외를 불문하고 금품이나 향응을 받지 않는다, ii) 나눔과 봉사를 실천하고 타인의 모범이 되도록 한다, iii) 공무원으로서의 영예와 품위를 소중히 여기고 지킨다.

공무원 헌장은 1980년 12월부터 시행해 오던 공무원 윤리헌장을 대체한 것이다. 과거의 공무원 윤리헌장은 국가에 대한 헌신과 충성, 국민에 대한 정직과 봉사, 직무에서의 창의와 책임, 직장에서의 경애와 신의, 청렴과 질서를 지키는 생활 등 공무원의 신조를 규정하기에 앞서 공무원의 좌우명이라 할 수 있는 '지표'를 밝히면서 공무원이 '역사의 주체', '민족의 선봉', '국가의 역군', '국민의 귀감', '겨레의 기수'라는 말을 다섯 항목에서 강조하였다. 이런 표현들은 권위주의적 정부의 영도주의 내지 엘리티즘을 다분히 반영하는 것이라 할 수 있다. 2016년의 공무원 헌장은 그런 권위주의적 색채를 지웠다고 한다.

대한민국정부 수립 이후 되풀이하여 만들어지고 시간의 흐름에 따라 사람들에게서 잊혀지거나 사문화된 '공무원의 신조', '강령', '준수사항' 등은 많다.

예컨대 1960년대에 만들어진 공무원의 신조에는 창의·근면·친절·공정·청렴결백에 의해 국민의 신임을 얻고 국가에 봉사해야 한다는 것과 민족중흥에 앞장선 영광스러운 길잡이임을 자부한다는 내용이 포함되어 있었다.

2000년대에 들어서 만들어진 공무원 행동준칙의 예로 공직자 10대 준수사항과 이를 강화한 공무원 행동강령을 들 수 있다. 이 두 가지 행동준칙은 부패방지를 주된 목적으로 한 것이었다.

공직자 10대 준수사항은 i) 선물·향응 수수, ii) 경조사 통지·경조금품 접수, iii) 화환·화분 수수, iv) 전별금·촌지 수수, v) 공용물의 사적인 사용, 그리고 vi) 품위유지(품위훼손) 등 여섯 가지 항목에 관련된 열 가지 금지사항을 규정하였다.

「부패방지 및 국민권익위원회의 설치와 운영에 관한 법률」 제8조는 공직자가 준수해야 할 행동강령은 대통령령 등으로 정한다고 규정한다. 이에 따라 2006년에 대통령령으로 제정한 공무원 행동강령은 여러 차례 개정되었다. 현재 이 강령은 공정한 직무수행, 부당이익의 수수 금지, 건전한 공직풍토의 조성 등에 관해 20여 개의 조문으로 여러 가지 행동기준을 상당히 구체적으로 규정하고 있다.

III. 공무원의 권리

공무원의 헌법적 기본권(권리와 자유)을 보호하거나 제한하는 문제는 인사행정의 모든 국면에 연관되어 있다. 그 가운데서 가장 긴밀한 연관성이 있는 것은 공직윤리를 관리하는 영역이다.

공직윤리와 법제화된 행동규범은 공무원들의 헌법적 기본권을 제약한다. 기본권을 제한하지 않을 수 없는 공직윤리의 요청과 공무원의 시민적 권리와 자유를 보호해야 한다는 요청은 표리의 관계에 있다. 공직윤리의 차원에서 공무원의 기본권을 제약하는 문제를 논의하는 접근방법과 공무원의 권리 보호에 초점을 맞추는 접근방법은 겹치지만 바라보는 시각이 서로 다르다.

1. 보호와 제한의 필요성

1) 기본권 보호의 필요성

공무원의 헌법적 기본권은 원칙적으로 보호되어야 한다. 공무원이 되었다고 해서 인간과 시민의 기본권을 포기한 것으로 보아서는 안 된다. 법률이 정당하게 규정한 사유로 공무원의 권리와 자유를 제한하는 경우에도 기본권의 본질적인 내용을 훼손하면 안 된다.

공무원의 기본권 보호는 헌법적 원리이다. 그리고 기본권 보호는 공무원의 이익과 만족을 증진시킬 뿐만 아니라 정부조직의 생산성 향상에도 기여한다. 정부조직의 기본권 보호 의지는 공무원들의 직업생활에 대한 만족감을 높이고 직무수행동기를 유발한다. 법적인 직무수행책임을 초과하는 조직시민행동을 촉진할 수 있다.[k] 그리되면 결과적으로 정부조직의 생산성을 향상시킨다.

2) 기본권 제한의 필요성

공직취임으로 인한 기본권 제한의 필요를 또한 외면할 수 없다. 정부조직은 스스로 질서를 유지하고 능률적·효율적 업무수행을 위해 구성원들에게 의무를 부과하고 그들의 행동을 통제해야 한다. 그리고 공무원들은 공익을 추구하는 사명을 맡고, 필요한 권력을 독점적으로 행사하기 때문에 기본권행사의 일부를 절제시킬 필요가 있다.

3) 대립되는 요청의 절충

공무원의 권리와 자유를 제한할 필요가 있다고 하지만 권리제한을 절제 없이 허용할 수는 없다. 부당한 제한이 허용되어서는 안 된다. 인사행정에서 공무원의 기본권이 쟁점화되는 까닭은 기본권 제한의 필요와 제한의 한계설정에 대한 필요가 동시에 있기 때문이다.

공무원의 시민적 권리와 직업인으로서의 권리를 보호해야 한다는 요청은 정부조직의 목적을 위해 이를 제한해야 한다는 요청과 적정한 균형을 이루어야 한다. 양자의 균형점 또는 절충점을 어디서 찾아야 하느냐 하는 문제에 대한 사람들의 해답은 때와 장소에 따라 달라질 수밖에 없다.

과거 공직특권론과 특별권력관계론이 지배적이던 시대에는 공무원의 권리를 제한하는 쪽에 치우친 처방과 실천적 제도들이 넓은 지지를 받았다.[l] 그러나 근래 공직특권론이나 특별권력관계론은 지지를 잃고 있다. 대부분의 연구인들은 공

---

k) 조직시민행동(組織市民行動: organizational citizenship behavior: OCB)이란 조직의 효율적 기능과 구성원들의 복지를 위해 기여하도록 공식적으로 요구된 것 이상으로 기여하는 비공식적 행동을 지칭한다. 이것은 공식적 직무요건에 포함되지 않는 초과적 행동이며 재량적·자발적 행동이다. 팀 동료를 돕는 것과 같은 애타적 행동, 초과근무 자원, 기준 이상의 성실한 근무, 자원봉사적 활동, 불필요한 마찰의 회피, 업무에 관련하여 생기는 성가신 일의 관대한 용납 등을 조직시민행동의 예로 들 수 있다.

l) 공직특권론(공직특혜론: doctrine of privilege)은 공직취임을 국민의 권리로 보지 않고 특혜 내지 혜택이라고 보는 관점이다. 이 관점에 따르면 공무원들은 자발적으로 공직에 취임한 것이며 언제나 사임할 수 있기 때문에 정부는 자유롭게 공무원의 권리에 대한 제한조건을 설정할 수 있다고 한다. 특별권력관계론은 공무원과 정부의 관계를 민간의 고용관계와 구별되는 특별권력관계로 보는 관점이다.

무원의 권리를 제한할 수밖에 없는 이유를 정부조직의 능률적·효율적 기능수행 능력을 유지하려는 데서 찾는다. 오늘날 처방적 이론이나 실천적 제도들은 공무원의 기본권 보호를 확장하는 쪽으로 무게중심을 옮겨가고 있다. 이런 '자유화 추세'(liberalization trend)는 인권존중사상·인간주의의 확산 때문이기도 하고 조직 내 자율관리와 힘 실어주기에 대한 요청의 확대 때문이기도 하다. 개인적 권리를 침해하기 쉬운 기술발전에 대한 경각심 때문이기도 하다. 정부부문에 대한 시장기제 도입의 증가도 한 원인일 수 있다.

2. 권리의 예시

헌법에서 규정하는 국민의 기본권은 공무원도 원칙적으로 향유한다. 보호되어야 할 공무원의 권리는 대단히 많다. 그 구체적인내용을 여기서 모두 논의하는 것은 필요하지도 가능하지도 않다. 인사행정학에서 특히 중요시하거나 논쟁의 대상으로 삼고 있는 공무원의 권리들을 소개하는 데 그치려 한다.[m] 인사행정학에서 특별한 연구과제로 삼는 권리들은 새롭게 강조되거나 심한 가치갈등(요청의 갈등)에 노출된 것들이다. 다음에 보는 공무원의 권리에는 실체적 권리(substantial rights)도 있고 절차적 권리(procedural rights)도 있다.[17]

(1) 사생활 보호의 권리 공무원들은 사생활을 보호받아야 한다. 즉 프라이버시의 권리(rights to privacy)를 보호받아야 한다. 프라이버시의 권리는 사람의 사적 생활과 정보를 침해받지 않을 권리이다. 사생활에 대한 승인 없는 타인의 접근이나 침입으로부터의 자유를 누릴 권리라고 할 수도 있다.[n]

사생활보호의 요청은 다른 여러 가지 대립적·갈등적 요청과 부딪힌다. 공직의 생산성과 윤리성을 높이기 위한 요건·제도 등이 사생활 보호의 권리와 양립

---

m) 국민 모두가 원칙적으로 누리도록 되어 있는 헌법적 권리는 헌법학에서 보다 포괄적이고 상세하게 설명하고 있다. 헌법조문이나 헌법학 교재들을 참고하기 바란다.

n) 개인기록의 전산화 등 정보화의 촉진은 프라이버시에 관한 새로운 문제를 제기하고 있다. 새로운 문제란 전산정보의 보호에 관한 것이다. 이 문제를 논의하는 사람들은 정보 프라이버시(information privacy)라는 개념을 사용한다. 정보 프라이버시란 "개인정보에 대한 승인하지 않은 타인의 접근으로부터의 자유"를 의미한다. Wendell L. French, *Human Resources Management*, 5th ed.(Houghton Mifflin, 2003), pp. 606~607.

하기 어려운 요구를 한다. 그 예를 보면 i) 성격과 흥미에 관한 시험, ii) 건강검진, iii) 약물중독이나 전염성 질환에 관한 검사, iv) 공무원평정, v) 전력조사(前歷調査), vi) 복장·두발 등에 관한 품위유지조항, vii) 개인 신상을 노출시키는 감수성훈련, viii) 개인정보의 컴퓨터 자료은행 입력, ix) 각종 신고와 공개(재산등록·공개, 선물신고, 병역사항신고·공개) 등이 있다.

(2) 언론자유 공무원도 표현과 언론의 자유에 관한 권리를 보호받아야 한다. 공무원이 누리는 언론자유는 개인적 권리일 뿐만 아니라 국정에 대한 국민의 알 권리를 위해 중요한 기능을 한다. 따라서 공무원의 언론자유는 국민의 알 권리를 보호해야 한다는 차원에서 더 많은 논쟁을 불러일으키고 있다. 내부고발자의 보호에 관한 제도는 공무원의 언론자유와 국민의 알 권리를 보호하고 공직의 윤리성을 향상시키려는 특별한 제도이다.

공무원의 언론자유를 제한하는 대표적인 규범은 직무 상의 비밀을 지켜야 한다는 의무조항이다. 이 밖에도 충성의 의무, 복종의 의무, 품위유지의 의무 등이 공무원의 언론자유를 제약할 수 있다. 관리·감독 상의 규율과 지시를 어겨서는 안 되고, 조직의 기밀·조직의 기능·직무수행·동료와의 조화·조직구성원으로서의 신뢰성을 해쳐서는 안 된다는 조직생활의 공식적·비공식적 규범들이 언론자유에 한계를 설정할 수 있다.

(3) 단 결 권 공무원도 직업인·조직구성원으로서 단결권을 보호받아야 한다. 공무원의 단결권을 확대해 주려는 것이 오늘날 인사행정의 추세이다. 공무원노동조합 결성의 범위를 넓혀나가고 있다.

그러나 공무원의 단결권에 대한 제약이 사라진 것은 아니다. 근무조건의 법정주의, 인사행정의 형평성에 대한 요청, 정부업무의 계속성에 대한 요청 등을 이유로 하는 집단행위 금지조항은 여전히 공무원의 단결권을 제약한다. 다만 과거에 비해 그러한 제약이 줄어들고 있을 따름이다.

(4) 참 정 권 공무원의 참정권은 원칙적으로 보장된다. 그러나 정치적 중립성을 요구하는 규범 때문에 공무원의 참정권은 제한된다. 공무원의 정치적 중립은 정부조직의 효율적 작동을 보장하고 공무원을 보호하기 위해 필요하다. 공무원을 보호한다는 것은 정치적 남용으로부터 보호한다는 뜻이다. 공무원의 정치

적 중립이 요구되기 때문에 공무원의 정당활동이나 선거간여가 금지될 수 있다. 그 대신 공무원은 정치적 요용으로부터 보호받는 권리를 누린다. 실적체제 하에서 공무원의 신분보장은 정치적 중립을 전제로 한다.

(5) 평 등 권 공무원의 평등권은 보호되어야 한다. 공무원은 각종 인사조치에서 타당한 기준 이외의 요인에 대한 고려 때문에 차별받아서는 안 된다.

현대 인사행정의 발전은 평등권 향상을 지향해 왔다. 실적체제의 구축이나 고용평등조치·차별철폐조치와 같은 대표관료제적 제도의 도입은 공직의 민주성과 형평성을 향상시키고 공무원의 평등권을 보호하는 데 큰 역점을 두고 있다. 그러나 정부조직의 필요 때문에 공무원의 평등권을 제약할 수도 있다. 남녀의 성을 이유로 하는 규범적 차별은 거의 사라졌지만, 불가피하고 따라서 타당한 남녀차별은 아직도 인정된다. 연령정년제도는 연령에 따른 임용차별을 어느 정도는 용인한다. 종교를 이유로 한 차별은 금지되어 있지만 직무수행이나 조직의 질서를 교란하는 종교활동은 제한된다. 양성평등채용목표제도나 유공자 등의 우선임용제도로 인한 역차별은 용인되고 있다.

(6) 괴롭힘으로부터 보호받을 권리 공무원은 성·연령·출신배경 등을 이유로 하는 희롱과 괴롭힘으로부터 보호받아야 한다. 괴롭힘으로부터 공무원들을 보호하는 조치들에 대한 인사행정학의 관심은 크다. 인사행정의 실제에서도 보호조치들을 도입·발전시키고 있다. 성희롱 금지는 그러한 보호조치의 대표적인 예이다.

(7) 건강을 보호받을 권리 공무원은 정신적·육체적 건강을 보호받아야 한다. 이러한 요청은 고용주인 정부에 공무원의 건강권을 보호할 책임을 안겨준다. 공무원의 건강에 대한 인사행정의 관심은 오래 된 것이지만 근래의 역점은 새롭고 특별한 것이다. 건강보호에 대한 높아진 관심은 여러 가지 건강증진 프로그램의 개발을 촉진하고 있다.

(8) 정당한 절차에 관한 권리 공무원은 법률로 정한 정당한 절차(due process)를 거치지 않고는 본인의 의사에 반하는 불이익처분을 받지 않는 것이 원칙이다. 정당한 절차의 핵심적 요소는 처분대상자의 항변권 행사를 보장하는 것이다. 정당한 절차는 공무원의 신분보장을 위한 안전판이다. 고충처리, 소청심사,

소송, 청문회 등은 정당한 절차에 관한 제도들이다.

인사행정의 융통성과 효율성을 강조하는 사람들은 정당한 절차에 대한 권리를 논란대상으로 만들고 있다. 정당한 절차에 관한 요건은 인사권자의 재량권을 제약하고, 임용관리를 경직화하고, 인사절차를 지연시켜 인사행정의 효율성을 떨어뜨린다고 주장한다. 이러한 주장에는 정당한 절차에 대한 권리를 제한해야 한다는 견해가 내포되어 있다.

Ⅳ. 우리 시대의 좋은 공무원

제8장에서는 공무원의 직무수행동기를 논의했고, 제9장에서는 공무원에게 기대되는 직업윤리를 논의하고 있다. 여기서는 그러한 논의의 틀 속에서 모범적인 공무원상(公務員像)을 그려보려고 한다. 격변해왔고 격변하고 있는 시대의 공무원으로서 직무수행과 공공봉사에 헌신하면서 일의 보람을 느끼고 행복한 직업인의 삶을 누리기 위해 갖추어야 할 역량과 마음가짐의 요체를 간추려보려는 것이다.

우리 시대의 공무원들이 수용하고 체현해야 할 기초적 원리들을 다음과 같이 요약해보기로 한다.[18)]

(1) 인간주의 공무원들은 인간주의를 신봉하는 자유인이 되도록 노력해야 한다. 인간주의는 개인의 존엄성을 옹호하고 개인의 가치와 창의력을 존중하는 원리이다. 인간주의는 인간의 고급속성을 존중하고 이를 보호·육성해야 한다는 원리이다. 인간주의는 인간의 내면적 가치를 중시한다.

인간주의를 구현하려면 공무원들 자신이 먼저 진정한 자유인의 품성을 함양해야 한다. 진정한 자유인은 권한과 책임을 함께 내재화해 균형 짓고 자율규제를 할 수 있는 사람이다. 자유인은 성취지향적이며 책임을 확실히 지려는 사람이다. 보람 있는 일을 하는 데서 만족과 행복을 찾고 성장·성숙해 가려는 자기실현적 인간이다. 자유인은 임무중심주의자이다. 임무중심주의는 지위나 권한관계보다 임무수행과 문제해결을 중시하는 사고방식이다. 임무중심주의는 실천행동을 중요시하는 행동지향성과 일의 성취를 강조하는 성과주의를 포괄한다. 임무중심주의자는 절차 때문에 목표를 희생시키는 어리석음을 범하지 않는다.

(2) 탁월한 능력 공무원들은 '우리들의 문제'를 창의적으로 해결할 수 있는 직무수행능력을 갖추어야 한다. 일을 하는 데 유능해야 하며 훌륭한 지식인이 되어야 한다. 정보화시대의 공무원들은 정보처리능력이 탁월해야하며 직업생활 내외에 걸쳐 지적 창조생활을 영위할 수 있어야 한다. 공무원들은 끊임없이 학습하고, 문제해결을 위한 지식적용에서 무결점주의를 지향해야 한다. 문제의 사전적 · 예방적 통제를 중시해야 한다.

(3) 장기적 안목과 적응능력 공무원들은 고도의 적응성과 장기적 안목을 갖추어야 한다. 너무나 빨리 변하는 세상에서 새로운 제도를 따라가지 못하는 문화지체에 빠지면 안 된다. 거듭되는 행정개혁의 추세가 개인의 운명에 어떤 영향을 미칠 것이며 개인에게 무엇을 요구할 것인가에 대한 판단력을 길러야 한다. 점차 높아질 직업적 유동성에 대해서도 분별력 있게 적응해야 한다. 그런 추세에 대응하려면 인적 전문화를 통해 개인의 직업적 가치를 향상시켜야 한다.

격동하는 시대의 공무원들은 탁월한 적응능력을 발휘해야 하지만 피동적 적응에만 안주해서는 안 된다. 진취성과 개척성이 강한 적응적 극복으로 나아가야 한다. 공무원들의 적응적 행동은 폭넓고 장기적인 틀 속에서 이루어져야 한다. 이를 뒷받침할 수 있도록 장기적인 시간관에 입각한 예견력을 길러야 한다.

(4) 정치적 · 정책적 안목 공무원들은 정치적 · 정책적 안목을 길러야 한다. 앞으로 정치와 행정의 연관성은 더욱 높아지고 행정의 정치적 역할도 커질 것이다.

민주주의는 정치과정을 통해서 구현되는데 거기서 행정도 중요한 한 축을 담당한다. 공무원들도 민주주의 발전에 기여하는 역할을 수행해야 한다. 행정국가화의 폐단을 시정하고 행정의 방종을 억제하려면 행정에 대한 정치적 통제를 강화해야 할 필요가 있는 것도 사실이다. 공무원들이 정치를 기피대상으로만 여겨서는 안 되고, 정치적 중립을 방패로 정치적 책임을 외면해서도 안 된다. 정치화의 시대에 공무원들이 정치와 정책에 무관심하고 무책임할 수는 없다.

공무원들이 정치로부터 배워야 할 것도 많다. 국민대표적 기능, 정책적 기능, 그리고 이해충돌과 갈등의 조정에 관한 기능 등의 수행방법을 배워야 한다. 그런 기능들을 정치에만 미루는 소극적 자세에서 벗어나 국민대표 · 정책개발 · 갈등조정 등의 역할 수행에 공무원들도 동참해야 한다.

(5) 보편주의 공무원들은 보편주의적 사고방식을 길러야 한다. 보편주의는

부분의 특수이익보다 전체의 이익을 존중하는 신념이며 부당한 차별을 반대하는 신념이다. 보편주의는 다양성을 인정하고 다양성 속에서 형평성을 존중하는 개방적 사고방식에 기초한 것이다. 공무원들은 모든 영역에서 차별철폐에 앞장서고, 할거주의의 폐단을 제거하는 데 앞장서야 한다. 차별철폐에 앞장서려면 필요할 때 약자의 편에 설 수 있는 용기를 지녀야 한다.

(6) 협동주의 공무원들은 협동주의자라야 한다. 공무원들뿐만 아니라 모든 사람들이 보다 높은 수준의 자율성과 독자성을 점점 더 많이 원하게 될 것이다. 그런데 모든 사람이 독자적이고 자율적이기 위해서는 서로 협동해야 한다. 각자가 독자적일 수 있기 위해 공동체의 구성원들은 서로 협력해야만 한다.

협동주의의 필요성이 커지는 이유는 문제의 복잡성, 개별적 자족성의 감소, 민주화의 촉진 등에서 찾을 수 있다. 체제의 복잡성과 문제의 복잡성이 높아지면 어려운 문제의 해결을 위해 다수의 지혜를 모으는 협동의 필요가 커진다. 사회체제와 공직사회의 분화가 심해지고 복잡해지면 그 안의 개체들이 누리는 자족성(自足性)은 떨어지고, 개체들 사이의 연관성과 상호의존성은 높아진다. 따라서 협동의 필요성이 더욱 커지는 것이다. 조직 내의 민주화 · 분권화 · 자율화가 촉진되면 주로 의지해야 할 곳은 여러 방향에 걸친 협동과 조정이다.

참여와 협동의 전제조건은 공개주의이다. 공무원들은 행정의 지나친 밀실화를 기도하는 비밀주의적 행정문화를 불식하는 데 앞장서야 한다.

(7) 정직성 공무원은 정직하고 청렴해야 한다. 공직부패의 통제는 앞으로도 오랫동안 우리의 중대현안이 될 것이다. 정직하고 부패 없는 행정을 실현하는 것은 장차 행정의 정당성과 신뢰성을 확립하고 행정발전을 추구하는데 가장 기초적인 필요조건이다.

(8) 국민중심주의 공무원들은 정부나 행정이 국민을 위해 있는 것이며 국민을 위한 봉사에서 정당화근거를 찾아야 한다는 이치를 확실히 인식하여야 한다. 행정의 국민중심주의는 공무원들이 내재화하고 추구해야 할 궁극적 덕목이다. 이러한 덕목을 다시 한 번 명료화하고 실천을 독려해야 할 것이다. 산업화시대의 공급자중심사회는 소비자중심사회로 변화되어야 하며 실제의 변동추세도 그런 방향으로 나가고 있다. 그것은 피할 수 없는 과제이며 역사적 추세이다. 국민중심주의를 소비자시대의 요청에 맞게 더욱 실질화해 나가야 한다.

공무원들이 참으로 국민위주의 봉사를 할 수 있으려면 국민과 정부사이에 설정했던 관념적 경계를 허물어야 한다. 국민과 정부 사이의 경계관념이란 공무원들의 마음속에 있는 생각을 말한다. 공무원들은 마음속에 있는 전통적 경계관념을 털어 내야 한다.

공무원들은 탈국가화와 작은 정부구현의 요청과 추세에도 적응하고 협력해야 한다. 여기서 탈국가화라고 하는 것은 국민생활에 대한 국가간여를 줄인다는 말이다. 행정국가의 폐단을 시정하려면 아무래도 정부의 영역이 축소되지 않을 수 없을 것이다. 공무원들은 감축관리적 상황에서도 직무의욕을 잃지 않고 무결점주의를 추구할 수 있어야 한다.

제2절

윤리성관리의 중요 현안

Ⅰ. 공무원의 충성의무

1. 충성의무란 무엇인가?

1) 충성의무의 정의

공무원들이 지켜야 할 행동규범의 한 구성요소인 충성(忠誠: loyalty)은 헌법의 기본질서와 국가적 이념에 대한 헌신을 뜻한다.[1] 충성은 국가체제에 대한 지지를 의미한다. 민주국가에서는 공무원의 충성이 국가와 국민 전체의 보편이익에 지향될 것을 요구한다.

충성의무를 지는 공무원은 불충성(不忠誠: disloyalty)을 범해서는 안 된다. 다시 말하면 헌법의 기본질서를 부인하는 신념을 갖거나 또는 그러한 신념 하에서 헌법의 기본질서를 파괴하려는 행동을 해서는 안 된다. 충성의무를 위반하는 파괴행위(반국가활동·반역행위: subversion)는 불충성의 고의(treasonable intention)를 내포하는 행위이다. 공무원의 충성의무를 윤리규범으로 규정하는 정부는 보안활동을 통해 공무원의 불충성 또는 파괴행위를 탐지하고 배제하려고 노력한다. 구체적인 충성의무의 내용과 한계는 보안활동에서 불충성을 가려 낼 때 확인된다.[a]

---

a) 보안활동의 주된 목적은 불충성행위를 단속하는 것이지만, 보안활동의 대상은 불충성행위에 국한되지 않는다. 불충성의 고의 없이 국가체제에 위해를 끼치는 행위까지를 대상으로 한다. 불충성행위자(the loyalty risk)와 보안위해자(the security risk)를 함께 대상으로 한다. 여기서 말하는 보안위해자는 악의 없이 기밀을 누설한다든지 국가체제에 해로운 행위를 하는 사람들을 지칭한다. N. Joseph Cayer, *Managing Human Resources: An Introduction to Public Personnel Administration* (St. Martin's Press,

공무원의 충성의무는 인사행정의 중요한 쟁점이다. 충성의무규정의 필요성과 인권보호의 필요성이 갈등을 빚기도 하기 때문이다.

2) 충성의무규정의 필요성

공무원의 충성의무는 국가체제의 근간을 보호해야 한다는 요청에 근거를 둔 것이다. 국가체제가 추구하는 이념을 실현하려면 우선 국가체제가 존속할 수 있어야 한다. 그러므로 국가체제는 스스로의 존립을 지키기 위해 외부로부터 가해지는 위협이나 공격에 대항하고 내부의 불안과 위협을 막지 않으면 안 된다. 공무원의 충성을 요구하는 것은 정부조직의 내부로부터 가해질 수 있는 위협을 배제하기 위한 것이다.

공무원의 충성의무규정과 충성관리는 현대인사행정의 매우 중요한 과제이다. 그 까닭은 여러 가지이다. 거대한 정부의 활동이 복잡해져 감에 따라 정부조직에 파괴분자가 잠입할 수 있는 가능성은 커지고 있다. 국가조직이 관리하는 전략적 설비와 정보는 엄청난 중요성을 가지게 되었고, 파괴행동의 수단이 될 수 있는 정보통신·수송의 수단은 크게 발전되었기 때문에 소수인의 파괴활동도 무서운 결과를 초래할 수 있게 되었다. 오늘날 인간생활의 세계화 경향이 거듭 촉진되고 있지만 국가 간 경쟁은 점점 더 첨예화되고 있다. 국제적 분쟁과 충돌은 그치지 않고 있다. 테러리즘은 세계적으로 확산되고 있다. 과학기술이나 생산활동에 관한 정보를 외국에 누출하는 경제적 반역행위는 날로 늘어나고 있다. 국방시설 등 국가안보시설뿐만 아니라 국민생활에 필수적인 기반시설에 대한 사이버테러의 위협이 커지고 있다. 이에 대비하는 사이버방위(cyber security)는 현대국가의 중대과제이다. 이러한 일련의 여건변화가 현대국가의 충성관리를 강화하도록 촉구하고 있다.

3) 충성의무와 인권의 제약

공무원의 충성의무를 공식화하여 그 준수를 강제하면 다소간에 인권을 제약하게 된다. 절대주의국가에서는 충성의무의 규정에서 비롯되는 인권제약이 당연

1980), pp. 153~154.

시되겠지만, 민주국가에서는 문제가 그렇게 단순하지 않다. 민주국가의 이념은 모든 국민의 자유와 권리를 보호하는 것이기 때문이다.

민주국가에서 국민의 자유와 권리를 보호하려면 그것을 이념으로 삼는 국가조직을 보호하여야 한다. 그런데 국가조직을 보호하기 위해 공무원에게 충성의무를 부과하면 공무원과 공무원이 되려는 사람의 자유와 권리를 제약하게 된다. 민주국가에서 민주주의의 기본질서를 지탱해 주는 국가조직이 있어야 한다는 요청은 자명하다. 그런가 하면 공무원을 포함한 모든 국민의 자유와 권리가 보호되어야 한다는 요청 또한 분명하다. 그러므로 공무원의 충성을 관리하는 사람들은 국가조직의 안전을 보호할 필요와 개인의 권리를 보호해야 한다는 필요를 적절히 조화시키는 책임을 지게 된다. 충성관리활동은 '두 가지 위험의 균형'(balancing of two risks)을 유지하는 활동이라 할 수 있다.

4) 우리나라 공무원의 충성의무

우리 정부에서는 공무원의 충성을 강력하게 요구하고 있다. 「국가공무원법」의 복무의무규정에서 공무원의 충성의무라는 용어를 명시하고 있지 않다고 해서 충성의무의 존재를 간과하면 안 된다. 다른 많은 법령과 행동강령 등에서 공무원의 충성의무를 직접 규정하거나 충성의무의 존재를 전제로 행동규범들을 규정한다.

헌법 제 7 조에서 "공무원은 국민 전체의 봉사자이며 국민에 대하여 책임을 진다"고 규정한 것은 충성의무의 존재를 시사한다. 공무원의 취임선서에도 이와 유사한 문구가 포함되어 있다. 「국가공무원법」 제56조 이하의 여러 가지 행동규범은 충성의무를 지지하고 보완하는 것으로 해석할 수 있다. 공무원헌장에서 정한 "헌법이 지향하는 가치를 실현하며 국가에 헌신하고 국민에게 봉사한다"라는 규범은 충성의무를 규정한 것으로 보아야 한다. 모든 국민의 반국가행위를 금지하는 「형법」 등의 조항이 공무원들에게도 적용되는 것은 물론이다.

2. 보안활동

1) 보안체제와 국가안보체제

보안활동(保安活動: security program)은 충성스럽지 못한 행동을 하거나 은밀히 국기(國基)를 위태롭게 하는 행동을 할 가능성이 있는 사람을 가려 내 공직에서 배제하는 것을 주임무로 하는 인사행정활동이다. 이러한 활동을 담당하는 보안체제는 국가안보체제(國家安保體制: national security system)의 한 하위체제이다. 인사행정 상의 보안활동은 국가적인 안보체제의 틀 속에서 파악해야 한다.

인사행정 상의 보안체제가 국가안보체제의 한 하위체제라고 하는 것은 인사행정만이 공무원의 충성을 확보하는 유일한 수단은 아니라는 뜻도 된다. 공무원의 충성을 확보하기 위한 활동의 책임은 인사행정을 포함한 국가안보체제의 하위체제들이 분담하게 된다. 국가안보체제의 성격과 그 하위체제 간의 책임분담양태가 어떠한가에 따라 인사행정의 부담이 무거워지기도 하고 혹은 가벼워지기도 한다.

여러 가지 이질적 이념을 추구하는 정당이나 단체, 그리고 심지어는 헌법의 기본질서와 양립할 수 없는 정치적 신조를 가진 단체들까지도 불법화하지 않는 나라들에서는 그러한 세력들이 불법적 파괴활동을 하지 않는 한 국가안보활동의 규제대상으로 삼지 않는다. 이런 나라들에서는 인사행정 상의 보안체제가 지는 책임이 무겁다.

우리나라에서는 국가안보체제의 규제대상이 넓고 규제방법도 강경했기 때문에 인사행정에서 따로 충성심사를 해야 하는 부담이 적었다. 그러나 국가안보체제의 규제활동에 대한 급진적 개혁이 추진되고 있다. 국가안보체제가 담당하는 규제의 완화는 보안체제의 부담을 늘려갈 것이다.

2) 보안활동의 방법: 충성심사

(1) 충성심사의 정의 보안활동에서 동원할 수 있는 수단은 여러 가지이지만, 그 주된 수단은 충성심사(忠誠審査)라는 조사·평가활동이다. 충성심사는 공무원이나 공직에 취임하려는 사람들의 충성문제에 관한 자료를 조사하여 심사하고 불충성의 증거가 있는 사람을 공직에서 배제하거나 공직임용을 거부하는 절차이다. 충성심사는 사법절차가 아니고 행정절차이다.

보안활동(충성심사)은 인사행정기능의 일부로서 수행되는 것이므로 다른 여러 인사행정기능과 조화를 이루어야 하며 인사행정체제의 기본적인 목적에 배치되지 않도록 운영해야 한다. 보안활동에서는 파괴분자나 간첩이 공직에 임용되지 못하게 해야 한다는 소극적 필요뿐 아니라 최선의 인재를 정부에 끌어들여야 한다는 인사행정의 적극적 필요를 인식하고 양자를 조화시키도록 노력해야 한다.

(2) 우리 정부의 신원조사 우리 정부에서는 모든 공무원을 채용할 때 신원조사(身元調査: 신원조회)라는 충성심사절차를 적용하고 있다.

신원조사는 각 기관의 임용권자 또는 임용제청권자가 주관하며, 자료조사는 수사기관에 의뢰하고 있다.[b] 임용예정자가 신원진술서를 작성하여 제출하면 임용권자 또는 임용제청권자는 이를 수사기관에 보내 진실여부와 추가적인 사실유무를 조사하게 한다. 조사가 끝나면 임용권자 또는 임용제청권자가 이를 심사하여 결격사유의 유무를 판정한다. 이러한 신원조사는 좁은 의미의 충성심사만을 위한 것이 아니라 다른 결격사유도 함께 조사하려는 것이다.

신원조사의 결과로 인하여 채용이 거부되는 사례가 많은 것은 아니기 때문에 현행 신원조사제도가 심각한 물의를 일으키고 있지는 않다. 그러나 심사기준(최저자격기준)이 모호한 것, 심사·판정이 비밀에 붙여지는 것 등 현행 제도의 문제점은 시정해야 한다.

II. 공무원의 정치적 중립: 정치활동의 제한

1. 정치적 중립이란 무엇인가?

1) 정치적 중립의 정의

공무원의 정치적 중립(政治的 中立: political neutrality)이란 부당한 정당적 정실이나 당파적 정쟁(partisan politics)에 대한 중립을 뜻한다. 공무원이 정치적 중립을 지켜야 한다는 것은 국민 전체의 봉사자로서 본분을 지키고 임무수행의 공평무사성을 지켜야 한다는 말이다. 이것은 정파적 특수이익과 결탁하여 직무수행의 공평

---

b) 국가안전보장에 한정된 국가기밀을 취급하는 인원의 충성심·신뢰성 등을 확인하기 위한 신원조사는 국가정보원장이 담당한다. 「보안업무규정」 제36조.

성을 잃거나 정당세력의 정권투쟁에 끼어들지 말아야 한다는 행동규범이다.

공무원의 정치적 중립성에 대한 요구가 공무원의 정치적 무감각을 부추기거나 정치적 불모화(政治的 不毛化: political sterilization)를 요구하는 것은 아니다. 정권교체에 동요됨이 없이 집권한 정치지도자들의 정책을 충실히 집행하라는 요구이지 집권한 정당의 정책에 저항하거나 무관심하라고 요구하는 것이 아니다. 공무원이 국민의 의사를 행정에 반영하는 일을 게을리하라는 뜻도 아니다. 공무원이 정책형성에 참여하여 정치적 역할을 수행하는 것을 완전히 봉쇄하자는 뜻도 아니다. 공무원의 정당한 임무로 규정되는 활동이라면, 그것이 행정적이거나 정치적이거나를 막론하고 성실히 수행하는 것은 정치적 중립에 관한 행동규범에 위반되지 않는다.[c)]

실적주의를 주된 인사원리로 삼고 있는 현대민주국가에서는 대체로 정치적 중립성 유지를 공무원의 행동규범으로 규정하고 공무원의 정치활동을 제한하고 있다. 정치적 중립성을 지켜야 한다는 행동규범은 복수정당제에 입각한 민주정체(民主政體)를 채택하고 실적주의를 인사행정의 원리로 받아들이는 나라에서만 문제로 된다. 군주국가나 일당전제국가에서는 공무원의 정치적 중립성이 논의될 여지가 없다. 의회민주정치를 하고 있는 나라에서도 엽관주의를 지배적인 인사원리로 채택하고 있는 경우에는 공무원의 정치적 중립성을 인사행정의 보호대상으로 삼을 수 없다.

2) 정치적 중립의 필요성

공무원에게 정치적 중립을 요구해야 하는 이유는 다음과 같다.

① 공익추구의 사명 공무원의 정치적 중립을 요구하는 가장 기본적인 논리적 근거는 공익을 추구해야 하는 공무원의 본질적인 사명에서 구하게 된다. 이러한 공무원의 사명은 당파적 이익에만 편중하거나 부당한 정치적 압력에 굽히는

c) 정치적 중립성에 관한 고전적 개념은 정치와 행정을 분리시키는 정치·행정이원론에 입각하여 정의되었다. 그러나 오늘날 우리가 받아들이는 정치적 중립성의 개념은 고전적 개념과 구별되는 것이다. 지금 우리는 정치·행정일원론 속에서 공무원의 정치적 중립을 논의한다.
정치의 여러 기능 가운데서 정책형성, 국민의사대변, 이익조정 등은 행정의 기능으로도 규정될 수 있다. 정치적 중립조항은 공무원에게 정치의 당파적·정권투쟁적 활동을 멀리하도록 요구할 뿐이다.

일이 없이 불편부당한 입장을 견지해야 한다는 행동규범을 당연히 요구하게 된다.

② **부패와 낭비의 방지** 정당적 정실이 인사행정과 공무원의 직무수행에 개입함으로써 야기되는 관기문란과 공무원의 부패, 그리고 낭비를 막기 위해서도 공무원의 정치적 중립성을 보장할 필요가 있다.

③ **전문적·중립적 세력의 필요** 정당정치를 통한 정권교체를 전제로 하는 정치체제 하에서는 집권정치세력의 변동에도 불구하고 정부업무를 전문적이고 계속적으로 수행할 중립적 세력이 있어야 한다. 공무원집단을 이러한 중립적 세력으로 보전하기 위해서도 공무원의 정치적 중립은 필요하다.

④ **거버넌스체제의 균형발전** 거버넌스체제 내의 세력균형을 위해서도 공무원의 정치적 중립은 필요하다. 공무원의 정치개입을 막지 않으면 민주적 정치과정의 정당한 기초를 약화시키고 정부관료제의 전횡을 불러 올 염려가 있다. 그와는 반대로 정부관료제가 특정 정파의 '앞잡이'로 전락할 수도 있다.

2. 정치활동의 제한

1) 정치활동제한의 이유와 내용

공무원의 정치적 중립을 요구하는 나라에서는 대개 이를 법적 의무로 규정하고, 정치적 중립성을 해칠 염려가 있는 공무원의 정치활동(정치운동)을 필요한 범위 내에서 금지 또는 제한하고 있다.

공무원의 정치적 중립성을 보장하기 위해서는 공무원을 외부의 정치적 간섭이나 강압으로부터 보호하는 조치를 취하고 공무원의 능동적인 정치간여를 제한할 필요가 있다. 공무원을 외부의 정치적 간섭으로부터 보호하는 조치란 공무원의 신분을 보장하고 임용 등 인사절차에 정파적 영향력이 작용하는 것을 방지하는 조치를 말한다. 공무원의 능동적인 정치간여를 제한하는 조치란 정치적 중립성을 보장하는 데 필요한 범위 내에서 공무원의 정치적 자유를 제한하는 조치를 말한다. 공무원의 능동적이고 자발적인 정치활동을 금지하는 것도 외부세력으로부터 공무원을 보호하기 위한 조치라고 설명될 수 있는 여지가 있다. 실천적으로 외부의 강압에 의한 정치활동과 공무원의 자발적인 정치활동을 구별하기 어렵기 때문이다.[2)]

공무원의 정치활동을 금지 또는 제한하는 규범의 내용과 형식은 나라마다의 사정에 따라 다르다. 엽관주의의 폐단을 심각하게 경험하고 반엽관주의운동을 벌였던 나라들에서는 공무원의 정치활동을 엄격하게 제한하는 경향을 보이고 있다. 반면 정당정치에 결부된 엽관주의적 인사행정의 폐해가 심각하지 않았던 나라들에서는 공무원의 정치활동에 대하여 비교적 관대한 입장을 취하고 있다.

2) 우리 정부의 정치활동금지조항

우리나라에서는 엄격한 정치활동금지조항을 두고 있다. 공무원이 정치단체의 활동이나 선거에 간여하는 것을 광범하게 금지하고 있다. 그리고 일부의 정무직공무원을 제외한 나머지 공직자들은 각종 선거에 입후보하거나 선거를 통해 취임하는 직위에 겸임될 수 없다. 그러므로 선거에 입후보하려면 공무원직을 먼저 사임해야 한다.

과거 정당정치의 영역과 행정의 영역이 적절히 분화되지 못한 가운데 정부관료제는 지배적 정치세력과 일체화되고 공무원들은 정치과정에 부당하게 가담함으로써 많은 폐단을 빚어 왔다. 정부관료제는 집권세력의 시녀 또는 앞잡이라는 비난을 받았다. 공무원들의 정치운동을 금지하는 조항들은 형식화되거나 사문화되었다. 그 배경에는 일인장기집권, 일당독재, 군사 쿠데타의 헌법파괴, 관권선거의 습성화 등 정치적 탈선과 타락 그리고 행정적 방종이 있었다. 정치의 선한 모습을 보기 힘들었던 국민은 정치에 대한 혐오감을 갖지 않을 수 없었다.

이런 이유 때문에 공무원의 정치적 중립성 확보는 행정개혁의 중요한 과제였다. 정치활동금지에 관한 공식적 규범이 형식화되면 될수록 그러한 규범의 강화를 촉구하는 소리는 높았다.

그러나 이제는 형편이 달라졌다. 한 편으로는 행정공무원들의 정치적 오염문제가 많이 해소되었다. 다른 한 편으로는 정치활동금지조항을 완화해야 할 필요가 커지고 있다. 공무원들을 정치적 남용으로부터 보호하기 위해 그들의 권리를 제한해야 한다는 논리가 예전처럼 강한 지지를 모을 수는 없게 되어 가고 있다. 정부관료제에 대한 정치적 리더십의 역할강화 그리고 정부관료제의 정치적 책임확보는 중요한 개혁과제로 부각되고 있다. 이러한 변화를 감안하여 정치활동금지조항의 완화를 추진해 나가야 할 것이다.

우리나라의 「국가공무원법」 제65조에서 금지하고 있는 공무원의 정치운동은 다음과 같다.

① 공무원은 정당이나 그 밖의 정치단체의 결성에 관여하거나 이에 가입할 수 없다.

② 공무원은 선거에서 특정 정당 또는 특정인을 지지 또는 반대하기 위한 다음의 행위를 하여서는 아니 된다.

첫째, 투표를 하거나 하지 아니하도록 권유운동을 하는 것

둘째, 서명운동을 기도·주재하거나 권유하는 것

셋째, 문서나 도서를 공공시설 등에 게시하거나 게시하게 하는 것

넷째, 기부금을 모집 또는 모집하게 하거나, 공공자금을 이용 또는 이용하게 하는 것

다섯째, 타인에게 정당이나 그 밖의 정치단체에 가입하게 하거나 가입하지 아니하도록 권유운동을 하는 것

③ 공무원은 다른 공무원에게 위의 금지조항에 위배되는 행위를 하도록 요구하거나, 정치적 행위에 대한 보상 또는 보복으로서 이익 또는 불이익을 약속하여서는 안 된다.

3) 정치활동제한에 대한 비판

공무원의 정치활동제한은 인사행정학의 쟁점으로 되어 있다. 정치적 중립의 필요성을 인정하고 공무원의 정치활동제한을 지지하는 이론이 다수이지만 이를 비판하는 이론도 적지 않다. 비판의 논점은 다음과 같다.

① **불공평한 자유제한** 정치적 중립을 위한 공무원들의 자유제한은 불공평하다. 공무원집단을 국민의사형성과정에서 배제하는 것은 부당하다. 민주주의적 정치원리를 채택하고 있는 나라에서 어느 특정집단의 정치적 자유를 제한하는 것은 불공평하다. 공무원이라는 이유로 정치적 자유를 특별히 제한함으로써 그들을 '이류시민'(second class citizenship)으로 전락시키고 있다. 공무원의 정치활동규제가 유능한 인재의 공직유치에 지장을 줄 수도 있다.

② **국민대표기능의 봉쇄** 정부관료제의 국민대표기능 수행을 좌절시킨다. 공무원의 정치적 중립성을 계속해서 강조하게 되면 공무원들의 이념적 무관심을 부추기고, 정부관료제를 사회적·정치적으로 발로되는 국민의 요청에 민감하지 못한 폐쇄집단으로 만들 염려가 있다.

③ **참여적 관료제 발전의 장애** 공무원의 정치참여를 제한하는 것은 참여적 관료제(participatory bureaucracy)의 발전을 저해한다. 공무원들의 정책참여능력과

이익조정능력을 제약하기 때문이다.[d)]

④ **정치·행정이원론의 유물** 공무원의 정치적 중립을 요구하는 것은 정치·행정이원론이 지배적인 위상을 누리던 시대의 유물이기 때문에 정치·행정일원론시대에는 적합하지 않다.[e)]

⑤ **상황적 조건의 변화** 선진민주사회의 현실적 상황변화는 공무원의 정치활동규제를 불필요한 것으로 만들고 있다. 상황변화의 예로 실적체제가 확고한 기반을 굳혔다는 것, 공무원의 전문화수준과 직업윤리의 수준이 현저히 높아졌다는 것, 정치적 남용에 대한 공무원집단의 자체방어능력이 향상되었다는 것, 정당제도의 체질변화로 엽관의 위협이 감소되었다는 것 등을 들 수 있다.

4) 상충되는 요청의 조정

인사행정은 공무원의 정치적 중립·정치활동제한을 촉구하는 요청과 그에 반대하는 요청을 조정해야 한다. 조정점을 어디에 둘 것이냐 하는 문제는 상황변화에 따라 달리 해결해야 한다.

실적주의적 인사행정 성장의 초기에는 정부관료제의 중립적 능력을 확보하는 일이 최우선의 과제였을 것이다. 그러나 오늘날에는 그와 경쟁관계에 있는 다른 가치들이 대등하거나 보다 높은 우선순위를 요구하고 있다. 정부관료제의 정치적 책임을 확보해야 한다는 요청, 정부의 관리자들이 정책사업가(policy entrepreneur)의 역할을 수행해야 한다는 요청, 정부를 이끌어가는 정치적 리더십의 역할을 강화해야 한다는 요청, 정부 내 관리과정의 융통성을 높여야 한다는 요청, 공무원단체의 역할을 수용해야 한다는 요청 등이 점점 더 커지고 있다.[3)] 공무원들의 헌법 상 권리와 자유를 보호해야 한다는 요청도 더 강화되고 있다. 그리고 공무원들의 책임 있는 능동성이 강조되고, 중립성·불편부당성·비

---

d) Shafritz 등은 계서적 통제를 감소시켜 중간관리층 이하 공무원들의 정책형성에 대한 참여기회를 확대하고, 그들이 대내외적으로 자기 의견을 표현·관철할 수 있는 폭을 넓혀 주는 정부관료제를 참여적 관료제라고 하였다. J. M. Shafritz *et al.*, *Personnel Management in Government: Politics and Process* (Marcel Dekker, 1978), p. 173.

e) 앞서 지적한 바와 같이 오늘날 우리가 말하는 공무원의 정치적 중립은 정치·행정일원론에 입각한 것이다. 정치·행정일원론이 정치적 중립의 내용을 바꿀지 몰라도 정치적 중립의 필요성을 완전히 배제하는 것은 아니다.

개인성 등의 개념에 대한 집착보다 사회적 형평성추구와 약자의 편에 서는 용기에 대한 사람들의 관심이 커져 가고 있다. 이러한 일반적 추세변화는 공무원들에 대한 정치활동금지조항의 완화를 요구하고 있다.

3. 정치적 중립 보장의 성공조건

정치활동금지조항을 법제화하는 것은 공무원의 정치적 중립성을 보장하는 데 기여할 수 있는 하나의 수단임에 불과하다. 공무원의 정치활동을 금지하는 법규를 만들고 그에 위반되는 행위를 통제하는 절차를 수립하는 것, 공무원의 신분보장을 강화하는 것, 그리고 여러 가지 인사절차에 엽관적인 세력이 작용하지 못하도록 법규를 만드는 것 등이 필요하기는 하다. 그러나 그보다 훨씬 근본적인 여건이 갖추어져 있지 않으면 실제로 공무원의 정치적 중립은 보장되기 어렵다. 그러한 조건들을 간추려 보면 다음과 같다.

(1) 공무원의 의식 정치적 중립성에 관한 행동규범을 공무원들이 수용하여 그것을 직업정신화해야 한다. 공무원들이 민주행정의 사명과 그 수행에 필요한 정치적 중립의 중요성을 자각하고 능동적으로 정치적 중립성을 옹호하려 할 때 비로소 정치적 중립을 지켜야 한다는 윤리적 기대가 실효를 거둘 수 있다.

(2) 정치적 조건 공무원의 정치적 중립을 가능하게 하는 정치적 조건이 갖추어져야 한다.

① 거버넌스체제의 균형성장 민주적 정치과정이 정상적으로 작동될 수 있도록 거버넌스체제의 각 하위부문이 균형성장을 이룩해야 한다.

② 민주적 정치제도의 정상작동 민주주의적 정치과정을 유지하기 위해 필요한 기본적인 제도들이 정상적으로 운영되어야 한다. 그러한 제도 가운데서 가장 중요한 것은 선거제도이다.

③ 정당의 성숙 정당이나 압력단체들이 엽관주의적 인사행정에 의존하지 않고도 유지될 수 있어야 한다.

④ 정치윤리의 발전 정치인들의 민주적 정치윤리가 확립되어야 한다. 민주적 정치윤리에는 공무원의 정치적 중립성을 보호해야 한다는 규범이 포함된다.

(3) 국민의식 공무원의 정치적 타락은 국민 스스로의 도덕적 실책을 반영하는 것이라고 볼 수도 있다. 국민의 정치의식이 높고 그것이 행동으로 나타나야 한다. 공무원이 정치적 중립을 지켜야 한다는 행동규범은 궁극적으로 국민적 필요의 산물이라 할 수 있으므로 국민의 높은 정치의식이 그것을 뒷받침하지 않으면 실효를 거두기 어렵다.

Ⅲ. 공무원노동조합

1. 공무원노동조합이란 무엇인가?

1) 공무원노동조합의 정의

공무원노동조합(公務員勞動組合: public service labor union)은 근무조건의 유지·개선을 위해 공무원들이 조직하는 단체이다. 이하 노동조합, 공무원노조 또는 노조라는 약칭을 함께 사용하려 한다.

공무원노조는 그 구성원인 공무원들의 근무조건을 유지·향상시키는 것을 주된 목적으로 하여 조직하는 단체이지만, 공무원들의 협동심을 고취하고 행정발전에 기여한다는 등의 부수적 목적을 함께 표방하는 것이 보통이다. 공무원노조의 활동으로는 ⅰ) 오락 및 친목활동, ⅱ) 상조활동(相助活動), ⅲ) 교육 및 홍보활동, ⅳ) 대표활동(representation of employees) 등을 생각할 수 있다. 이 중에서 가장 기본적인 것으로 중요시되며, 또 가장 많은 쟁점을 안고 있는 것은 대표활동이다. 단체교섭이나 단체행동(쟁의행위)은 대표활동의 수단이 된다.

공무원노조는 공무원의 복지증진과 사기제고, 나아가서는 행정발전에 기여할 수 있는 장치이며 현대인사행정에서 중시하고 있는 관리도구의 하나이다. 그러나 공직의 특수성 때문에 공무원노조는 행정내외의 조건에 따라 여러 가지 제약을 받는다. 그러므로 단순한 조직내적 관리수단으로만 다루기 어려운 면이 있다. 나라마다 고유한 노동운동의 전통, 정치체제와 법체제의 특성이 공무원노조의 존립과 활동에 직접적인 영향을 미치고 있다.

2) 공무원노동조합의 효용과 약점

(1) 효 용 공무원의 권익보호가 공무원노조의 가장 기초적인 목적이며 동시에 효용이지만, 그에 부수되는 여러 가지 효용을 또한 기대할 수 있다. 그러한 효용들을 다음과 같이 요약해 볼 수 있다.[4)]

① 집단적 의사표시 공무원들은 공무원노조를 통해 정부내외에 걸쳐 집단적인 의사표시를 할 수 있다. 주요 인사행정문제에 관하여 공무원노조는 공무원들의 집합적인 의견을 정부 전체의 정책결정구조나 입법기관 등 외적 세력중추에 표시할 수 있다.

② 쌍방적 의사전달통로 공무원노조는 그 구성원인 공무원들과 관리층 사이에 경제적이고 접근하기 쉬운 쌍방적 의사전달통로를 제공하고 직장민주화에 기여한다. 관리층에서는 공무원들의 좋은 의견과 협조를 구하는 수단으로 공무원노조를 유효하게 활용할 수 있다. 공무원노조를 구성하는 공무원들은 자기들의 의사를 관리층에 전달할 수 있는 유효한 수단을 얻게 된다.

③ 사기앙양 공무원노조의 활동을 통해 성취한 복지증진은 공무원들의 사기를 높일 수 있다. 공무원노조의 활동과정은 사회적 욕구의 배출구(social outlet)를 제공할 수 있다. 노조활동은 공무원들의 참여감·세력감·성취감 등을 증진시키며, 결과적으로 사기를 높이는 데 기여할 수 있다. 노조는 리더십 역할을 원하는 공무원에게 기회를 제공함으로써 사기제고에 기여할 수 있다.

④ 행정개혁과 직업윤리 개선 공무원노조는 행정개혁과 공무원들의 직업윤리 개선에 기여할 수 있다. 공무원노조의 계명적 이기성(啓明的 利己性: enlightened selfishness)은 행정개혁과 이기적인 목적달성을 결부시키는 방향으로 발로될 수 있다. 행정개혁을 촉진하는 것은 공무원노조를 구성하는 사람들의 지위를 개선하는 길이라 믿고 행정개혁에 앞장설 수 있다는 말이다. 공무원노조는 그 구성원들이 직업적인 행동규범으로부터 이탈하는 것을 막는 사회적 견제작용을 할 수 있다. 한 걸음 나아가서 공무원노조는 구성원들의 직업윤리확립과 자질향상을 위한 교화활동을 의식적으로 전개할 수 있다.

(2) 약 점 공무원노조의 활동에 대해 비판적인 시각을 가진 사람들이 지적하는 문제들은 여러 가지이다. 비판의 논점들을 보면 ⅰ) 노조는 업무수행의 비용을 증대시키고 생산성을 저하시킨다는 것, ⅱ) 행정개혁에 대해 저항적이라는 것, ⅲ) 국민에 대한 봉사보다는 공무원의 이익옹호에 몰두한다는 것, ⅳ) 관리자들의 권한을 침해하고 행정적 재량과 융통성을 제약한다는 것, ⅴ) 직장 내에 갈등을 조성하고 협력적 업무관계를 해친다는 것, ⅵ) 업무방해·업무중단을 야기할 수 있다는 것, ⅶ) 비생산적인 공무원을 보호하려 한다는 것 등이 있다. 이 밖에 노조대표들의 경직된 행동, 노조의 정당한 활동영역을 벗어난 관리작용 간섭이나 정치활동 등 일탈적 행동을 지적하는 논의들이 있다.[5)]

공무원노조의 대표활동을 반대하는 논점들은 뒤에 따로 다룰 것이다. 그런 논점들도 노조에 대한 비판으로 이해할 수 있다.

3) 공무원노동조합의 형성·발전에 필요한 조건

공무원노조가 형성되어 제대로 활동하고, 바람직한 효용을 발휘할 수 있으려면 행정체제의 내외에 걸쳐 그것을 뒷받침해 줄 수 있는 조건이 갖추어져 있어야 한다. 공무원노조 존립에 필요한 기본적 조건을 보면 다음과 같다.

① 자유사회 자유사회(free society)의 기반이 형성되어 있어야 한다. 기본법체계가 결사의 자유를 보장할 뿐만 아니라, 민주적 참여가 생활화된 사회라야만 우리가 말하는 공무원노조가 본궤도에 오를 수 있다. 결사의 자유가 보장되어 있는 사회에서도 국민의 민주주의훈련이 안 되어 있고, 민주적 참여가 서투르다면 공무원노조의 활동도 본분을 지키기 어렵다.

② 법체제의 지지 법체제의 구조와 원리가 공무원노조의 성립을 허용하는 것이라야 한다. 결사의 자유를 일반적으로 허용하는 나라에서도 공법(公法)과 사법(私法)의 체계를 구별하고, 민간부문의 단체와 구별되는 국가의 지위를 인정한다. 법체제를 지배하는 원리가 그러한 구별을 절대적인 것으로 받아들여 공무원노조의 결성을 허용하지 않거나 그 대표활동을 제한하는 경우에는 공무원노조가 효용을 제대로 발휘할 수 없다.

③ 노사 간의 협력 실제적인 운영면에서 정부(관리층)와 공무원노조 사이에

서로 보완적이고 협조적인 관계가 성립될 수 있어야 한다. 양자 간에 상호신뢰의 기초가 없고 서로의 역할을 부정적으로 인식하여 대결만 하는 상황에서는 공무원노조의 적극적인 효용을 기대할 수 없다. 노사 간 파트너십에 대해서는 아래서 논의할 것이다.

④ **공무원들의 참여동기** 공무원들이 공무원노조의 필요를 인식하고 그것을 구성하려는 동기를 가져야 한다. 공무원들이 능동적으로 참여하여 자율적으로 활동함으로써 공무원노조의 자생력을 키울 수 있어야 한다.

4) 노사 간의 파트너십

노(공무원노조)와 사(관리층)의 관계는 대립적·갈등적인 측면과 협력적인 측면을 함께 가지고 있다. 노사관계의 출발은 대립적인 것이었다. 우리나라 공무원노조도 초창기적 단계에 있기 때문에 노사간 대립적 행동이 지배적이다. 그러나 공무원노조의 역사가 긴 선진민주사회에서는 시간이 흐름에 따라 노사 양측의 당사자들은 협동관계의 중요성을 점점 더 많이 깨닫게 되었다. 오늘날 노사관계에 관한 처방적 이론의 대세는 협력·협동을 강조한다. 노사 간 관계의 대립적·갈등적 요소를 완전히 없앨 수는 없지만 협력적인 측면을 더 강화할 수는 있고 또 그렇게 해야 한다는 것이다. 협동은 노사 당사자들을 위해서나 행정체제의 생산성향상을 위해서나 다 같이 이익이 된다고 한다.

노사 간의 협동성 증진을 위한 행동방안을 보면 다음과 같다.[6)]

① **관리층의 긍정적 태도** 관리층의 태도변화가 있어야 한다. 관리층에서는 공무원노조가 관리활동을 돕고 보완할 수 있다는 것을 이해하고, 그것을 정부의 목표달성을 위해 창의적으로 활용할 수 있어야 한다. 관리층에서 공무원노조에 무관심하거나 귀찮아 하는 부정적 태도를 취하면 공무원단체의 성공적인 활동을 기대할 수 없다.[f)]

f) 관리층에서 부정적인 태도를 보이는 까닭은 여러 가지일 것이다. 국가우월론에 입각한 규범적 이유도 있겠지만, 대부분의 이유는 공무원노조의 실용적 가치를 불신하는 데서 나오는 것들이다. 공무원노조는 언제나 시끄럽고 말썽만 부리는 존재이며, 관리층의 권한을 약화시킬 뿐이라는 생각, 공무원노조의 활동을 허용하면 정책결정과정이 번잡해지고 시간낭비가 많아진다는 생각, 그리고 조직운영에 관한 한 관리층에서 더 잘 알고 있기 때문에 공무원노조의 의견을 들을 필요가 없다는 생각 때문에 공무원

② **노조의 긍정적 태도** 공무원노조 구성원들의 태도변화가 있어야 한다. 노사협력에 대해 공무원노조가 스스로 긍정적인 자세를 갖출 때 비로소 관리층의 적극적인 반응을 기대할 수 있다. 공무원노조의 이익추구와 정부조직의 목표달성은 근본적으로 양립할 수 있는 것이라야 한다. 공무원노조는 건설적인 참여능력과 본분을 잃지 않는 자기규제능력이 있어야 한다.

③ **이질성의 이해** 공무원노조와 관리층은 각기 다른 시각과 집단문화를 서로 이해하여야 한다.

④ **상호 신뢰** 공무원노조와 관리층이 서로 믿는 파트너라는 인식을 가질 수 있게 신뢰의 기반을 구축해야 한다.

⑤ **갈등의 용인** 노사 간 협동관계가 발전하더라도 대립·갈등문제가 사라지지는 않는다는 데 대해 용인적 태도를 가져야 한다. 갈등이 있다고 해서 노사 간의 파트너십이 무너졌다고 생각하면 안 된다.

⑥ **관련세력의 협조** 노사 간 협동관계의 발전을 위해서는 정치인, 이익집단, 관련 있는 시민 등 이해관계자들과 제휴해야 한다.

⑦ **파트너십의 제도화** 노사 간의 파트너십을 조직구조 내에 일상화·제도화해야 한다.

2. 공직의 특수성과 공무원노동조합

1) 공직의 특수성

오늘날 대부분의 국가에서는 사기업체와 구별되는 국가조직의 특수성을 인정하고 공무원노조의 조직과 활동에 다소간의 제약을 가하고 있다. 공무원의 집단행동을 제한하는 문제에 관련하여 흔히 거론되는 공직의 특수성은 다음과 같다.[7)]

① **계속성에 대한 요청** 정부조직은 민간부문의 조직체들보다 국민생활에 훨씬 더 큰 영향을 미친다. 국민생활전반의 '기본수요'를 충족시키기 위해 공익을 추구하는 정부조직은 사기업체와는 다른 중요성을 가진다. 노동쟁의 때문에 정부활동의 계속성이 침해되면 국민생활에 끼치는 폐해가 아주 크다.

노조를 백안시할 수 있다.

② **노사구분의 모호성** 정부조직 안에서도 문제에 따라 관리층과 비관리층이 서로 대립되는 입장을 취할 여지는 있다. 그러나 사기업체의 경우에서 보는 바와 같이 사용자와 피사용자가 명확하게 구별되는 상황은 정부조직 내에서 찾아보기 어렵다.[g]

③ **정치적·법적 통제** 공무원이 수행하는 업무의 적정화를 도모하는 것과 공무원의 고용조건을 개선하는 것은 노사관계의 당사자들뿐만 아니라 국민 전체의 관심사이다. 따라서 공무원의 근로조건은 국민주권에 바탕을 둔 정치적·입법적 통제를 받는다. 그러므로 노사협약만으로 해결할 수 있는 문제의 범위는 한정된다.

④ **형평성에 대한 요청** 민주정부의 인사행정은 형평성과 공정성의 원리를 존중해야 한다. 그러므로 공무원들이 특정한 집단(노동조합)에 속하거나 속하지 않는다는 이유 때문에 근로조건에 관한 차별을 허용할 수는 없다.

⑤ **복잡한 직업구조** 정부가 고용하는 사람들의 직업종류는 민간부문 조직의 경우에 비해 훨씬 더 다양하고 복잡하다. 수많은 직업분야마다 따로 노동조건을 교섭·협약하는 일은 너무 힘들다.[h]

2) 공무원노동조합에 대한 규제

공직의 특수성에 관한 주장들을 어느 정도나 받아들여 공무원노조를 얼마나 규제하느냐 하는 것은 나라마다의 사정에 따라 다르다.

공무원노조에 대한 규제의 중요한 유형을 보면 i) 공무원노조의 구성을 원칙적으로 금지하는 것, ii) 공무원노조를 구성할 수 있는 공무원의 범위를 법률로 한정하는 것, iii) 공무원노조는 민간의 노동단체나 그 연합체에 가입하지 못하게 하는 것, iv) 단체교섭의 범위를 한정하는 것, v) 단체행동을 금지하는 것, vi) 공무원노조의 구성이 허용되는 영역에서도 그에 대한 가입을 의무화하지는

---

g) 정부조직의 권한분산장치 때문에 사기업체에서처럼 단일한 사용주측을 확인하기 어려울 수도 있다. 그리고 공무원은 누구나 국민의 신탁을 받은 국민 전체의 봉사자이다. 어떤 의미에서는 지위의 고하간에 모든 공무원이 피사용자라 할 수 있다.

h) 공무원노조의 단체행동에 관하여 다음에 설명할 터인데, 그 때에도 공직의 특수성에 대한 논점들을 소개하게 될 것이다.

못하게 하는 것 등이 있다.

정부는 공무원의 노조가입의무화 여부를 통제할 수 있다.

조직구성원(근로자)이라는 신분과 노동조합원이라는 신분 사이의 관계는 어떠한가 또는 근로자의 노조가입이 강제되는가에 따라 노동조합제도를 여러 유형(shop)으로 구분해 볼 수 있다.8)

클로즈드숍(closed shop)은 노동조합의 가입자가 아니면 직원으로 채용할 수 없게 하는 제도이다. 유니온숍(union shop)은 채용 후 일정기간(예컨대 35일) 내에 노동조합에 가입한다는 조건부로 직원을 채용할 수 있게 하는 제도이다. 에이전시숍(agency shop)은 노동조합 가입을 의무화하지는 않으나, 노조의 활동에 따른 혜택을 받게 되는 직원들에게 노조활동에 필요한 회비는 납부하게 하는 제도이다. 오픈숍(open shop)은 노조가입을 강요하지 않는 제도, 즉 노조가입이나 회비납부는 직원의 선택에 맡기는 제도이다.

클로즈드숍은 공공부문에서 거의 찾아볼 수 없다. 유니언숍이나 에이전시숍도 드문 일이다. 우리나라를 포함한 대부분의 국가에서 공무원노조는 오픈숍에 해당한다. 그러나 근래에 유니언숍 내지 에이전시숍의 채택에 대한 지지가 늘어나고 있다. 노조에는 가입하지 않고 노조활동에 따른 혜택을 받는 이른바 공짜 손님(무임승차자)에 대한 불만이 크기 때문이다.i)

어떤 숍 모형을 채택하든 고용주는 노조의 조합비 증수에 협력할 수 있다. 조합원의 보수에서 조합비를 공제하도록 규정하는 조합비공제약관(check-off provision)을 노사협약으로 정할 수 있다.

공무원노조의 구성을 허용하는 경우에는 단체교섭(collective bargaining)과 단체행동을 어느 정도나 허용할 것인지에 관한 문제가 제기된다. 단체교섭과 단체협약의 허용여부에 대한 논쟁도 없는 것은 아니다. 단체교섭조차 허용하지 않는다는 것은 공무원노조의 결성과 활동 자체를 인정하지 않는다는 말과 크게 다를 바 없다. 국민주권론과 공무원 근로조건의 법정주의를 내세우는 사람들은 단체협약체결을 반대하기도 한다. 그러나 단체협약은 행정적인 문제이며 행정의 재량범위 내에서 협약할 수 있다고 보는 것이 다수의견이다.

여기서는 단체행동의 허용여부에 관한 찬·반 논쟁만을 검토하려 한다.

---

i) 노조의 유형을 논의할 때 shop을 미국식으로 '샵'이라 발음하고 싶은 사람들이 있을 것이다. 그러나 '숍'으로 표기하는 것이 널리 받아들여지고 있는 관행이다.

3) 단체행동(쟁의행위)에 대한 찬·반논쟁

공무원노조의 파업권(罷業權: right to strike)을 포함한 쟁의행위권을 인정할 것인지에 대한 견해가 갈려 있다.[j] 반대와 찬성의 논점을 요약해 보기로 한다.[9]

(1) 쟁의행위반대론 공무원노조의 쟁의행위권을 인정할 수 없다는 주장의 논거는 다음과 같다.

① **주권과 공익에 대한 공격** 파업과 같은 쟁의행위는 주권에 대한 공격이며 특수이익을 위한 공익의 침해이다. 민간부문에서의 쟁의행위는 주로 경제적인 문제이지만, 정부부문에서의 쟁의행위는 국민에게 불편을 끼치기 때문에 정치적인 문제로 된다.

② **정부업무의 불가결성** 정부의 업무는 국민생활에 불가결한 중대하고 긴급한 업무이기 때문에 쟁의행위 때문에 중단되는 것을 허용할 수 없다.

③ **법치주의 위반** 파업과 같은 실력행사로 정부와 국민의 의사를 구속하려 하는 것은 법치주의의 원리에 위배된다.

④ **특별권력관계** 공익추구를 주임무로 하고 국가와 특별권력관계를 맺고 있는 공무원의 신분은 민간 근로자의 신분과 다르기 때문에 쟁의행위를 허용하면 안 된다.

⑤ **공무원의 특혜** 모범고용조직인 정부에 종사하는 공무원의 특혜와 특권에 비추어 쟁의행위는 합당치 않다. 정부가 공무원들에게 어떤 편익의 제공을 약속하고 합법적 절차를 밟아 그것을 실천하려고 하는 경우, 공무원들도 정부의 조치를 기다리는 자제력을 보여야 한다.

⑥ **합법적·통상적 통로의 존재** 공무원들이나 그 대표자들은 그들의 주장을 관철하고 정부와의 분규를 해결할 수 있는 다른 여러 가지 합법적·통상적 수단을 가지고 있다. 소청절차, 고충처리절차, 중재절차, 국민과 입법기관에 대한 호소 등이 그러한 수단의 예이다.

---

j) 「공무원의 노동조합 설립 및 운영 등에 관한 법률」 제11조는 쟁의행위를 '파업·태업 또는 그 밖에 업무의 정상적인 운영을 방해하는 일체의 행위'라고 규정한다. 여기서 우리가 쟁의행위 전체를 대상으로 찬반논쟁을 살펴보겠지만 파업에 초점이 모아질 것이다.

⑦ **실적체제의 교란** 공무원노조가 실력행사로 채용·승진·보수 등에 관한 편파적 주장을 관철하면 실적주의적 인사원리가 침해된다.

⑧ **우리나라의 상황적 조건** 우리나라의 상황적 조건이 공무원노조의 단체행동을 허용하기 어렵게 되어 있다. 우리나라에서는 노사관계가 성숙되어 있지 않다는 것, 공무원단체의 기득권 옹호가 감축관리 등 개혁추진을 방해할 수 있다는 것, 국민의 의식이 공무원의 단체행동을 받아들이기 어렵다는 것, 남·북 분단의 긴장상태에서 공무원의 파업을 허용하면 위험하다는 것 등이 그러한 부정적 조건의 예이다.

(2) 쟁의행위허용론 공무원노조의 쟁의행위권을 인정해야 한다고 보는 사람들의 의견은 다음과 같다.

① **공·사업무 구분의 상대성** 모든 정부업무가 쟁의행위를 용납할 수 없을 만큼 긴급하고 불가결한 것은 아니다. 사기업의 기능과 구별하기 어려운 정부업무도 많다. 그런가 하면 국민생활에 미치는 영향이 정부조직에 못지않게 큰 사기업체들도 적지 않다. 그러므로 공·사(公·私)의 업무가 다르다는 것을 이유로 공무원단체의 쟁의행위를 인정하지 않는 것은 불공평하다.

② **효과적인 압력수단의 필요성** 사기업체와 마찬가지로 정부도 어떤 효과적인 압력을 받아야 공무원들이 원하는 편익을 제공하게 된다. 공무원노조가 쟁의행위권이라는 무기를 가지고 있지 않으면 정부에 대해 효과적인 압력을 행사할 수가 없다.

③ **법적 금지의 실효성에 대한 의문** 쟁의행위의 규범적인 금지는 그 실효를 거두기 어렵다. 사태가 아주 악화되면 법적인 금지조항이 있더라도 파업과 같은 쟁의행위는 일어날 것이다.

④ **노·사의 상호이해 증진** 쟁의상황의 갈등과정에서 노·사 양측은 상대방의 입장을 보다 잘 이해하게 되는 등 건설적인 소득도 기대할 수 있다.

⑤ **파산 위험이 없는 정부** 정부에 대한 시장체제의 제약은 비교적 적기 때문에 민간기업처럼 쟁의행위 때문에 파산할 염려는 없다.

⑥ **대내적 민주화·사기앙양** 공무원노조의 쟁의행위를 허용하면 행정의 대내적 민주화와 공무원들의 사기진작을 도울 수 있다.

3. 우리 정부의 공무원노동조합

우리가 논의의 대상으로 삼고 있는 현대적인 의미의 공무원노조는 일찍이 민주적 전통을 수립한 선진산업사회의 산물로서 오늘날 여러 나라에 보급되어 있으나 그에 대한 정책은 나라마다 차이가 있다. 우리나라에서는 공무원노조를 엄격하게 제한하고 통제하는 정책을 오랫동안 유지해 왔다. 그러나 상황은 급속히 변하고 있으며 정부정책도 공무원노조의 범위를 넓히는 쪽으로 변해가고 있다. 공무원들의 단체활동은 그 입지를 넓혀가고 있다. 이러한 변동의 과정에서 혼란과 갈등을 겪고 있는 것도 사실이다.

공무원노조를 포함한 공무원단체의 연혁을 살펴보기로 한다.

1) 단순노무 종사자의 노동조합

우리 정부에서는 당초에 공무원노조의 구성을 원칙적으로 금지하고, 사실상 노무에 종사하는 공무원에 대해서만 예외적으로 허용하였다. 사실상 노무에 종사하는 공무원들의 노동조합에도 여러 가지 제약을 가했다.

우리나라 헌법은 근로자의 단체구성과 단체활동을 권리로 규정하고 있다. 헌법 제33조 1항은 "근로자는 근로조건의 향상을 위하여 자주적인 단결권·단체교섭권 및 단체행동권을 가진다"고 규정한다. 그러나 2항에서 "공무원인 근로자는 법률이 정하는 자에 한하여 단결권·단체교섭권 및 단체행동권을 가진다"고 규정한다. 이것은 공무원노조를 제한할 수 있는 헌법적 근거이다.

이러한 헌법의 규정에 따라 「국가공무원법」은 사실상 노무에 종사하는 공무원에게만 노조구성을 허용하였다. 「국가공무원복무규정」 제28조에서 정한 사실상 노무에 종사하는 공무원은 과학기술정보통신부 소속 현업기관의 작업현장에서 노무에 종사하는 우정직공무원이다. 사실상 노무에 종사하는 공무원 가운데서도 서무·인사업무 등에 종사하는 일부 공무원은 노조에 가입할 수 없다.

「국가공무원법」의 규정에 따라 구성된 공무원노조의 단체행동은 금지했었다. 그러나 헌법재판소는 1993년 3 월 11일에 공무원의 단체행동(노동쟁의행위)을 전면적으로 금지해 온 「노동쟁의조정법」 제12조 2항이 공무원노조의 단체행동권을 인정한 헌법조항에 불합치된다는 결정을 내리고 국회가 1995년 말까지 해당 법조항을 개정하도록 요구하였다.

국회는 1995년 말까지의 법개정시한을 지키지 못했으며, 「노동쟁의조정법」 제12조 제2항은 헌법재판소의 결정에 따라 1996년 1월부터 실효되었다. 1997년 3월 「노동조합법」과 「노동쟁의조정법」을 통합한 「노동조합 및 노동관계조정법」을 제정하면서 문제의 노동쟁의금지조항은 삭제하였다. 이로써 단순노무에 종사하는 공무원이 구성하는 노조의 노동쟁의는 합법화되었다.

2) 공무원직장협의회

공무원노조 가입범위 확대를 요구하는 압력에 대응하기 위해 정부는 공무원직장협의회(公務員職場協議會)를 구성할 수 있게 하였다. 이것은 6급 이하 공무원들이 준노조활동(準勞組活動)을 할 수 있는 길을 터주는 방안이었다.

공무원직장협의회는 1998년 2월 24일 제정·공포된 「공무원직장협의회의 설립·운영에 관한 법률」에 따라 1999년 1월부터 설립이 허용된 단체이다. 기관단위로 설립되는 이 협의회의 기능은 공무원의 근무환경 개선, 업무능률 향상, 고충처리 등에 관한 사항이다. 협의회에 가입할 수 있는 사람은 6급 이하의 일반직공무원이나 그에 준하는 일반직공무원 또는 그에 상당하는 별정직공무원, 특정직 중 재직경력 10년 미만의 외무영사직렬과 외교정보기술직렬 공무원, 경감 이하의 경찰공무원, 소방경·지방소방경 이하의 소방공무원이다.

공무원직장협의회가 근무여건의 개선을 통한 공무원의 복무 상 권익보호를 목적으로 한다는 점에서 공무원노조와 유사한 측면이 있다. 그러나 이 협의회는 공무원관계의 특수성을 강조하는 협의기구로서 그 집단행동은 금지되었다. 기관장과 협의회의 협의대상도 제한적이었다. 협의대상은 해당기관 고유의 근무환경 개선에 관한 사항, 업무능률 향상에 관한 사항, 소속 공무원의 공무와 관련된 일반적 고충에 관한 사항, 그 밖에 기관의 발전에 관한 사항이다. 협의회의 활동은 근무시간 외에서 수행하는 '수시활동'으로 규정되었다.

일반직공무원 등의 노동조합 구성을 허용한 뒤에도 공무원직장협의회의 구성과 활동은 계속할 수 있게 하였다.

3) 노조운동의 확산과 공무원노동조합의 발족

공무원직장협의회라는 대안은 날로 거세어진 노조확대운동을 무마하기에는 역부족이었다. 직장협의회 활동을 하는 사람들은 일찍부터 이를 노조화하려는 의도와 행동을 보였다. 2000년 1월에는 전국 100여 개 직장협의회 회장단들이 모여 그들의 전국적 조직체인 '공무원직장협의회 발전연구회'를 결성하였다. 공무원들이 전국적 단체를 구성하는 것이 불법이기 때문에 '연구회'라는 형식을 빌었으나 노조화의 의도를 드러낸 것은 분명하였다.

2003년경부터는 6급 이하 공무원들이 가입하는 '사실상의' 공무원노조가 활동을 시작하였다. 복수의 노조가 생겨나고 이합집산을 거듭한 끝에 전국공무원노동조합이 발족되었다. 이 단체를 사실상의 노조라고 부르는 까닭은 공무원노조에 관한 법률이 제정되기도 전에 활동을 시작한 법외적 단체이기 때문이다. 엄격하게 따진다면 불법적 단체라 해야 할 것이다. 이 단체는 파업을 공언할 정도로 급진적이었으며 단체행동권의 법적 보장을 둘러싸고 정부와 대치하였다. 많은 지방자치단체들이 전국공무원노조와 단체협약을 체결하였다.

공무원노조의 설립이 합법화된 뒤에도 공무원노조들의 연합체인 전국공무원노조는 그 설립신고가 받아들여지지 않아서 법외적(불법적) 활동을 하다가 2018년에야 설립승인을 받아 합법화되었다.

2005년 1월 27일에 공포된 「공무원의 노동조합 설립 및 운영 등에 관한 법률」은 6급 이하 공무원의 노조활동을 합법화하고 2006년부터 이를 구성할 수 있게 하였다. 이 법률은 이전부터 노조를 구성하여 활동해 온 사실상 노무에 종사하는 공무원의 노동조합(노무종사자 노조) 그리고 「교원의 노동조합 설립 및 운영 등에 관한 법률」의 적용을 받는 공무원의 노동조합(전국교직원노동조합: 전교조)은 규율대상에서 제외하였다. 다음에 설명하는 것은 「공무원의 노동조합 설립 및 운영 등에 관한 법률」이 규정하는 공무원노조이다.

2021년에는 국제노동기구(ILO)의 핵심협약인 「결사의 자유에 관한 협약」에 따르기 위해 법을 개정하여 공무원노동조합의 가입기준 가운데서 공무원의 직급 제한을 폐지하고 소방공무원과 교원을 제외한 교육공무원, 퇴직공무원 등의 노동조합 가입을 허용하도록 했다. 이로써 6급 이하의 공무원이라는 가입기준은 사라

지게 되었다.

현재 공무원노조에 가입할 수 있는 공무원은 i) 일반직공무원, ii) 특정직공무원 중 외무영사직렬·외교정보기술직렬 외무공무원, 소방공무원, 교원을 제외한 교육공무원, iii) 별정직공무원, 그리고 iv) 공무원노조 가입자격이 있던 공무원(퇴직공무원)으로서 노동조합규약으로 정하는 사람이다. 그러나 노조가입이 가능한 공무원의 범주에 포함되더라도 i) 업무의 주된 내용이 다른 공무원에 대하여 지휘·감독권을 행사하거나 다른 공무원의 업무를 총괄하는 업무에 종사하는 공무원, ii) 업무의 주된 내용이 인사·보수 또는 노동관계의 조정·감독 등 노동조합의 조합원 지위를 가지고 수행하기에 적절하지 않은 업무에 종사하는 공무원, 그리고 iii) 교정·수사 등 공공의 안녕과 국가안전보장에 관한 업무에 종사하는 공무원은 노조에 가입할 수 없다.

노조가입이 허용되는 공무원은 자유롭게 노조를 설립하고 가입할 수 있다. 노조가입을 법적으로 강제하지는 않는다. 노조가입은 오픈숍방식에 따른다. 다만 정부는 단체협약에 따라 노조가입자의 조합비를 보수에서 공제해 주는 등의 협조를 할 수 있다.[10)]

공무원노조는 해당 노조에 관한 사항 또는 조합원의 보수·복지, 그 밖의 근무조건에 관하여 정부(노조설치기관의 장)와 단체교섭을 하고 단체협약을 체결할 수 있다. 국가나 지방자치단체가 그 권한으로 행하는 정책결정에 관한 사항, 임용권의 행사 등 그 기관의 관리·운영에 관한 사항으로서 근무조건과 직접 관련되지 않은 사항은 교섭의 대상이 될 수 없다. 공무원노조가 쟁의행위를 할 수는 없다. 노동조합과 그 조합원의 정치활동은 금지되어 있다. 공무원은 노조활동을 하면서 법령이 규정하는 의무에 반하는 행위를 하면 안 된다.

공무원노조는 법이 정하는 기관단위별로 설립할 수 있는데, 노조들은 연합체(전국공무원노동조합)를 구성하고 있다.

위에서 공무원노조활동의 한계에 관한 법적 제한규정들을 보았다. 그러나 상당기간 그런 제한규정이 충실히 지켜지기는 어려울 전망이다. 과거 우리 공무원노조들은 불법과 합법을 넘나들면서 정부와 마찰을 빚어온 전력을 가지고 있다. 징계문제나 형사처벌문제가 생기는 것은 빈번한 일이었다. 특히 전교조는 정치단체 또는 사회운동단체와 유사한 활동도 했다. 정부의 국정기조를 비판하는 '시국선언'을 하는 것도 서슴지 않았다. 공무원노조 또한 그러한 예를 따르려는 움직임을 보여 정부당국을 흥분하게도 하였다.

공무원노조가 불법적인 행동의 충동에 이끌리고 정치적·사회적 물의를 일으키는 데는 여러 이유가 있을 것이다. 거대조직 소속원들의 세력감, 노조의 존재과시와 입지강화, 노조집행부의 이른바 선명성 경쟁과 투쟁력 과시, 집단적 의사결정의 극단화경향,[k] 급진적인 사회운동단체(운동권)의 영향, 정부의 권위주의적 대응, 준법정신의 결여 등을 생각해 볼 수 있다.

Ⅳ. 성 희 롱

1. 문제화의 배경

인권, 특히 여성인권의 신장이 안 되고, 여성의 사회진출이 부진하고, 조직운영체제가 남성우월주의적·권위주의적이던 지난 시대에는 성희롱의 노출이 어렵고 분규화되는 일이 드물었다. 지난날 성희롱이라는 관념 자체가 우리에게는 낯선 것이었는지 모른다. 그러나 시대의 변화는 직장생활에서 겪는 성희롱을 인사행정의 중요 현안 또는 쟁점으로 부각시켰다. 미국을 비롯한 선진국들에서는 1970년대부터 이미 성희롱에 대한 정책적 관심이 고조되었다. 성희롱으로 인한 분규는 점점 늘어나고 있다.

우리나라에서는 성희롱 문제가 비교적 덜 시끄러운 편이었다. 그런 일을 쟁점화하기 어려운 문화적 전통 때문이었을 것이다. 남존여비는 우리의 전통적 규범이었으며, 오랜 역사를 통해 남녀의 공동적 사회활동은 제한되어 왔다. 남녀의 공동적 조직생활이 늘어나면서도 여권신장이 안 되고 현대적 행동규범의 발전은

---

k) 집단적 문제해결은 개인적 문제해결의 경우보다 더 극단적인 결론에 도달하는 경향이 있다. 여러 사람이 논의하다보면 문제에 따라 보수 또는 급진의 어느 한 쪽에 지나치게 기우는 결정을 할 가능성이 높다. 이러한 현상을 '집단적 변환'(집단의 극단화: Groupshift; group polarization)이라고 부르기도 한다.

더디던 시대에는 성희롱을 분규화하기 어려웠다.

우리나라에서도 상황은 많이 달라졌으며 달라지고 있다. 성희롱에 대한 사람들의 경각심이 높아지고, 성희롱 사례의 폭로가 늘어나고, 성희롱에 대한 정부 내외의 논의 또한 활발해졌다. 인권 그리고 남녀의 역할과 지위에 관한 문화가 달라졌기 때문일 것이다. 성범죄, 성희롱문제를 적극적으로 폭로하고 고발하는 외래문화의 영향도 클 것이다.[l] 성희롱은 여성뿐만 아니라 남성도 당할 수 있고, 성희롱은 동성 간에도 저질러질 수 있다고 하지만, 주된 피해자는 여성인 것이 사실이다. 그런데 여성의 사회진출은 크게 늘고 여권신장이 촉진되고 있다. 여성단체들의 활동이 강화되고 있다. 여성들의 정치적 발언권도 커지고 있다.

이렇게 달라져 가는 조건들은 한편에서 성희롱의 기회를 늘리고 다른 한편에서는 그것이 분규화될 기회를 또한 늘리고 있다. 남녀의 접촉이 많아지면 성희롱의 기회가 늘어난다. 성희롱 행태에 대한 저항의식이 커질수록 갈등과 불평제기의 가능성은 커진다.

2. 성희롱의 정의

성희롱(性戱弄 : 성적 괴롭힘 : sexual harassment)이란 사람을 성적으로 괴롭히는 행위이다. 성희롱은 부당한 차별행위이며, 직장에서 저질러지는 괴롭힘의 일종이다. 성희롱은 상대방이 요구하거나 원하는 바가 아닌 행위이다. 그것은 상대방이 모멸감·불쾌감 등 심리적 타격을 입는 행위이다. 성희롱의 형태는 언어적인 것, 육체적인 것, 시각적인 것 등 여러 가지이다.[m]

l) 미국에서 시작되었다고 하는 '미투'(me too: 나도 당했다)의 파급은 외래적 영향의 좋은 예이다. 미투운동이니 미투혁명이니 하는 말로 수식되기도 하는 '미투'는 성희롱이나 다른 성범죄의 피해를 폭로하고 고발하는 행동이다.

m) 외래적 개념인 sexual harassment를 성희롱이라 번역하는 것은 합당치 않으나 그런 번역이 우리나라에서 이미 널리 사용되고 있기 때문에 잠정적으로 그에 따르려 한다. 우리말의 희롱은 말이나 행동으로 실없이 놀리는 것을 의미한다. 그러나 성희롱은 '실없는' 수준보다 훨씬 심각한 괴롭힘이다. 「근로기준법」 제76조의 2는 직장 내 괴롭힘에 관해 "사용자 또는 근로자는 직장에서의 지위 또는 관계 등의 우위를 이용하여 업무상 적정범위를 넘어 다른 근로자에게 신체적·정신적 고통을 주거나 근무환경을 악화시키는 행위(이하 '직장 내 괴롭힘'이라 한다)를 하여서는 아니된다"고 규정한다.

여기서 우리가 정의하는 성희롱의 준거대상은 인사행정의 관심사인 직장 내의 성희롱이다. 성희롱의 주요 특성을 보면 다음과 같다.[11)]

① **성적 내용이 담긴 고의적 행위** 성희롱은 '성적인 내용이 담긴'(sexual nature) 고의적 행위이다. 성적인 내용이 담긴 행위란 행위자체가 성적인 것이거나 행위의 동기가 성적인 것을 말한다. 행위의 고의성은 상대방에 해를 끼칠 수 있다는 행위자의 인식 또는 의도가 있을 때 성립한다. 그러나 성희롱의 의도 또는 기대가 뚜렷하고 강력해야만 하는 것은 아니다. 행위의 고의성은 넓은 의미로 해석된다. 그러나 무의식적 행위와 같이 성희롱의 의도가 전혀 없는 것이 확실한 행위는 성희롱이라 할 수 없다.

성희롱행위 가운데는 말로 하는 것도 있고, 몸짓, 신체적 접촉 등 육체적인 것도 있으며, 그림과 같은 상징물을 사용하는 것도 있다. 보복 또는 보복위협과 같은 조건에 결부된 것이 많지만 단순히 적대적·외설적 분위기를 조성하는 데 그치는 것도 있다.

② **상대방의 의사에 반하는 행위** 성희롱은 상대방이 요구하지도, 원하지도 않는 행위이다. 행위자와 그 상대방이 자발적 합의 하에 하는 행위는 풍속범죄 등 다른 범법의 문제가 있더라도 그것은 성희롱이 아니다. 그러나 위협 등으로 인해 상대방이 싫지만 복종한 경우라면 성희롱에 해당한다.

③ **피 해 자** 성희롱의 피해자에는 조직구성원뿐만 아니라 채용과정에 있는 구직자도 포함된다. 그리고 피해자의 성별은 따지지 않는다. 성희롱은 대개 이성 간에 저질러지며 여성이 주된 피해자라는 경향을 보인다. 그러나 드문 예이기는 하지만 남성이 여성으로부터 괴롭힘을 당할 수도 있다. 성희롱은 동성 간에서도 저질러질 수 있다. 성희롱 피해자의 조직 내 지위에 대해 절대적인 한계를 지을 수는 없다. 그러나 조직 내의 지위가 낮은 사람들이 고용조건을 이용한 성희롱의 주된 피해자가 되고 있다.[n)]

④ **가 해 자** 성희롱은 직장관계 또는 업무관계에 연관된 행위이다. 그러나 가해자와 장소의 범위는 넓게 해석된다. 직장의 상관이나 동료 또는 업무관련

---

n) 그런 이유 때문에 성희롱을 불법적인 차별행위라고 규정하기도 한다. 「국가인권위원회법」 제2조 제3항은 성희롱행위를 '평등권침해의 차별행위'에 포함시키고 있다.

자들이 가해자로 될 수 있다.[o] 성희롱의 장소는 사무실이나 작업장과 같은 직장 내의 장소에 국한되지 않는다. 가해자의 범위에 포함되는 사람들의 행위라면 행위장소가 어디든 성희롱이 성립될 수 있다.

⑤ **교환조건의 유무** 성희롱은 고용 상의 불이익조치나 그에 대한 위협을 이용하는 경우뿐만 아니라 성적 굴욕감 또는 혐오감을 유발하여 고용환경을 악화시키는 데 그치는 경우에도 성립한다.

위의 정의에 내포된 성희롱의 기본적 속성은 학문적으로나 실천적으로나 대체로 수용되고 있다. 그러나 정의하는 사람에 따라 구체적인 구성요건이나 그에 대한 표현은 서로 다른 경우가 많다. 그 예를 보기로 한다.

우리나라의 「남녀고용평등과 일·가정 양립 지원에 관한 법률」 제2조 제2항은 성희롱을 다음과 같이 정의하고 있다.

"직장 내 성희롱이란 사업주·상급자 또는 근로자가 직장 내의 지위를 이용하거나 업무와 관련하여 다른 근로자에게 성적 언동 등으로 성적 굴욕감 또는 혐오감을 느끼게 하거나 성적 언동 또는 그 밖의 요구 등에 따르지 아니하였다는 이유로 근로조건 및 고용에서 불이익을 주는 것을 말한다."

이 밖에도 「국가인권위원회법」, 「양성평등기본법」 등 여러 법령에서 성희롱에 대해 유사한 정의를 하고 있다.

미연방 고용평등위원회(Equal Employment Opportunity Commission, 1980)는 성희롱을 다음과 같이 정의하였다.

"상대방이 싫어하는 성적 유혹, 성적 호의의 요구, 기타 성적인 내용을 담은 언어적·육체적 행위가 다음의 조건에 해당하면 그것은 성희롱이 된다.

i) 그러한 행위에 복종하는 것이 고용조건에 들어간다는 점을 명시적 혹은 묵시적으로 시사한 경우, ii) 그러한 행위에 대한 상대방의 복종 또는 거부가 그 사람에게 영향을 미칠 고용상 결정의 기초로 된 경우, iii) 그러한 행위가 상대방의 업무수행을 부당하게 간섭하거나 위협적·적대적 또는 모욕적 작업환경을 조성하는 목적 또는 효과를 가진 경우."

o) 우리나라의 「남녀고용평등과 일·가정 양립 지원에 관한 법률」 등 관련법령에서는 가해자의 범위에 사용자(사업주 등), 상급자, 종사자, 근로자 등을 포함시키고 있다.

3. 성희롱의 행위유형

성희롱의 유형은 여러 가지로 분류할 수 있지만 여기서는 교환조건의 유무와 행위의 수단을 기준으로 하는 두 가지 유형론만을 소개하려 한다.12)

1) 교환조건의 유무에 따른 분류

성희롱의 행위유형은 강요나 교환조건의 유무에 따라 ⅰ) 조건형 성희롱과 ⅱ) 환경형 성희롱이라는 두 가지 범주로 분류할 수 있다.

(1) 조건형 성희롱 조건형 성희롱(보복형·대가형 성희롱: quid pro quo harassment)은 가해자가 직장 내의 지위를 이용하여 대가(혜택 또는 불이익조치)를 결부시키는 경우의 성희롱이다. 이것은 성적 행위를 수용하도록 하기 위해 혜택을 제공 또는 약속하거나 불이익조치를 실행 또는 위협하는 성희롱이다. 조건형 성희롱의 예로는 고용주 또는 상급자가 하급직원에게 성적 관계를 요구했는데 이를 거부했다는 이유로 해고하는 것을 들 수 있다.

(2) 환경형 성희롱 환경형 성희롱(hostile environment harassment)은 가해자가 적대적이거나 차별적인 성적 환경을 만들어 성희롱의 결과를 빚는 경우의 성희롱이다. 환경형 성희롱의 예로는 가해자가 음담패설을 하거나 음란사진 등을 사무실에 게시하여 여직원들이 성적 굴욕감을 느끼게 하는 것을 들 수 있다.

2) 행위의 수단에 따른 분류

성희롱은 그 행위수단이 무엇이냐에 따라, ⅰ) 육체적(물리적) 행위, ⅱ) 언어적 행위, ⅲ) 시각적 행위 등 세 가지 유형으로 구분해 볼 수 있다. 이들 세 가지 행위유형의 예를 보면 다음과 같다.p)

(1) 육체적 행위 육체적 행위의 예로는 ⅰ) 입맞춤이나 포옹, 뒤에서 껴안

p) 「남녀고용평등과 일·가정 양립 지원에 관한 법률 시행규칙」(노동부령 제326호) [별표 1]. 이 규칙에서는 육체적 행위·언어적 행위·시각적 행위 등 세 가지 범주 이외에 '그 밖에 사회통념 상 성적 굴욕감 또는 혐오감을 느끼게 하는 것으로 인정되는 언어나 행동'이라는 보다 포괄적인 범주를 추가하고 있다.

는 등의 신체적 접촉행위, ii) 가슴·엉덩이 등 특정 신체부위를 만지는 행위, iii) 안마나 애무를 강요하는 행위 등을 들 수 있다.

(2) 언어적 행위 언어적 행위의 예로는 i) 음란한 농담을 하거나 음탕하고 상스러운 이야기를 하는 행위(전화통화를 포함한다), ii) 외모에 대한 성적인 비유나 평가를 하는 행위, iii) 성적인 사실관계를 묻거나 성적인 내용의 정보를 의도적으로 퍼뜨리는 행위, iv) 성적인 관계를 강요하거나 회유하는 행위, v) 회식자리 등에서 무리하게 옆에 앉혀 술을 따르도록 강요하는 행위 등을 들 수 있다.

(3) 시각적 행위 시각적 행위의 예로는 i) 음란한 사진·그림·낙서·출판물 등을 게시하거나 보여 주는 행위(컴퓨터 통신이나 팩시밀리 등을 이용하는 경우를 포함한다), ii) 성과 관련된 자신의 특정 신체부위를 고의적으로 노출하거나 만지는 행위 등을 들 수 있다.

4. 성희롱의 폐해

성희롱은 그 직접적인 피해자뿐만 아니라 조직에도 피해를 준다. 나아가서는 사회적인 폐단을 빚기도 한다.[13)]

(1) 피해자의 심리적·육체적 타격 피해자는 심리적 타격을 받는다. 당혹감, 수치심, 모욕감 등 불쾌감을 느끼며 분노와 적개심에 사로잡히고 피해의식 때문에 시달릴 수 있다. 피해자는 자아상과 자존심에 상처를 입는다. 적절히 대처하지 못한 데 대한 자책감과 무력감 때문에 시달린다. 이성에 대한 혐오감과 공포감을 형성하는 등 피해자의 성적 정체성을 왜곡시킬 수 있다. 피해자는 육체적으로도 여러 가지 심인성 이상증세 또는 질병 때문에 시달릴 수 있다. 두통, 식욕상실, 소화불량, 불면증 등이 그 예이다. 폭력을 함께 당한 사람은 상처와 후유증의 고통을 겪게 된다.

(2) 조직의 손실 조직에 끼치는 손실도 크다. 피해자의 사기저하·능력저하, 조직 내의 적대적 분위기 조성 등은 조직의 생산성을 저하시킨다. 피해자의 퇴직으로 인한 임용비용증가, 분규처리비용 발생, 그리고 조직의 신망저하도 조직이 입는 손실이다.

(3) 사회적 손실 성희롱은 다양한 형태로 사회의 윤리성과 생산성을 떨어뜨린다. 무엇보다도 성희롱과 같은 인권침해는 민주사회가 지향하는 정의와 평등의 이념에 반하는 행위이다. 성희롱은 차별적이므로 평등이념에 배치된다. 피해집단의 사회적응을 어렵게 하여 사회 전체의 인적자원 손실을 초래한다.

5. 대 응 책

성희롱을 통제하려는 직접적 대응책에는 사전적·예방적인 것과 사후적인 것이 있다. 사전적 대책에는 예방교육실시, 성희롱상담, 직원 스스로의 방어능력향상 등이 포함된다. 장기적으로는 행정문화개혁도 사전적 대책의 하나라 할 수 있다. 사후적인 대책에는 피해자를 보호하고 침해된 권리를 구제하는 조치와 가해자를 처벌하는 조치가 포함된다.

정부조직 내의 성희롱을 억제하기 위한 대응책은 사전적·예방적인 조치에 역점을 두어야 한다. 여기서 사전적 대응이라고 하는 것은 성희롱 발생을 예방할 뿐만 아니라 분규화되기 전 단계의 성희롱도 능동적으로 조사·처리하는 것을 의미한다. 성희롱이 공식적으로 분규화된 뒤의 사후처리는 신속하고 공정해야 한다.

1) 개인차원의 대응

각 개인은 성희롱을 예방하기 위해 성희롱의 가해자나 피해자가 되지 않도록 노력해야 한다.

성희롱의 가해자가 되지 않으려면 상대방의 인격을 존중하는 태도를 길러야 한다. 이성(異性)의 행태를 올바로 이해하고 성적 접근에 대한 거부의사를 정면으로 받아들여야 한다. 이성을 비하하는 언동을 하지 않아야 한다.

성희롱의 피해자가 되지 않으려면 성희롱 성향을 보이는 사람들을 피하고 스스로 정한 성적 행동지침에 어긋나는 요구에 대해서는 거부의사를 분명히 표시해야 한다. 성희롱의 증상이 보이면 그것이 심각해지기 전에 전문적 상담이나 감독자의 조력 등을 받아 예방적 대응을 해야 한다. 성희롱이 노골화되어 고통을 당하면 공식적 구제절차를 신속하고 정확하게 밟아야 한다. 피해자는 구제절차의 진행에 대비해 증거물과 증언을 확보하도록 노력해야 한다.

2) 정부조직차원의 대응

정부조직은 성희롱방지프로그램을 만들어 효율적으로 운영해야 한다. 효율적인 성희롱방지프로그램의 요건은 다음과 같다.14)

① **성희롱금지방침의 명확한 천명** 정부조직의 관리층에서는 성희롱금지에 관한 행동규범과 성희롱방지방침을 명료화하고 이를 조직구성원들에게 주지시켜야 한다.

② **훈련실시** 성희롱을 방지하기 위한 훈련을 강화해야 한다. 모든 직원에게 성희롱이 무엇인지, 성희롱은 어떻게 처벌되는지에 관한 훈련을 실시해야 한다. 성희롱의 폐해에 관한 감수성훈련을 실시해야 한다. 감독자들에게는 성희롱 대응방법을 훈련시켜야 한다.

③ **처리절차의 확립** 성희롱에 관한 고충을 처리할 담당기구와 절차를 수립하고 그것이 적시성 있게 작동될 수 있도록 해야 한다. 성희롱에 관한 고충이 제기되면 당사자들이 해결할 수 있도록 상담을 해 주는 방법, 제삼자가 비공식적으로 개입하여 문제를 해결하는 방법, 그리고 공식적인 고충처리절차에 따라 조사·처벌하는 방법을 선택적으로 또는 복합적으로 활용하여 확고하고 신뢰성 있게 대응해야 한다.

④ **법적 기초** 정부가 성희롱문제에 효과적으로 대응할 수 있으려면 법적 뒷받침이 있어야 한다. 즉 입법조치가 필요하다. 성희롱을 금지하는 법령에서는 성희롱의 조건을 명료화하고 예방조치·피해자의 권리구제와 보복금지·가해자의 처벌·재발방지조치 등을 규정해야 한다.

3) 문화개혁

성희롱을 극복하기 위한 인위적 대책, 특히 조직 내의 대책이 가질 수 있는 효력은 한정적이다. 성희롱 행태는 사회문화 그리고 행정문화에 깊은 뿌리를 두고 있기 때문이다. 근본적이고 장기적인 대책은 문화개혁에서 찾아야 한다. 사회문화와 행정문화가 성희롱을 용납하지 않는 방향으로 개혁되어야 한다. 모든 조직구성원들이 성희롱의 비윤리성에 대해 높은 감수성을 갖게 되어야 한다.

V. 부 패

1. 부패란 무엇인가?

1) 부패의 정의

부패(腐敗: corruption)는 공무원이 그의 직무(임무와 권력)에 관련하여 부당한 이익(사익)을 얻거나 얻으려고 기도하는 행동이다. 부패는 공무원이 지켜야 할 윤리규범의 하나인 청렴의무를 위반함으로써 공공의 신뢰를 배신하는 행동이다. 그리고 부패는 동기를 가진 의식적 행동이다.[q]

부패의 속성은 다음과 같다.[15]

① **직무관련성** 부패는 사적 이득을 위한 공직의 월권적 사용이다. 부패는 공무원이 조직구성원으로서 부여받은 임무의 수행 또는 권력의 행사에 관련된 행동이다. 공무원이 직접적 또는 간접적으로 그 직무에 관련하여 부당한 이익을 취하거나 취하려 할 때 부패가 성립된다.[r]

② **부당한 사익의 취득** 부패를 저질러 얻게 되는 부당한 이익이란 공무원의 사익(私益)을 말한다. 부패의 구성요소인 사익은 공직의 행동규범이 용납하지 않는 것이기 때문에 부당하다고 한다. 사익은 직접적·간접적으로 돌아올 수 있는 편익을 모두 포함하는 넓은 개념이다.

③ **의식적 행동** 부패는 동기를 가진 의식적 행동이다. 부패는 직무와 관련하여 사익을 추구한다는 것을 알면서 저지르는 행동이다. 행동규범준수의 '의도적인 실패'(willful failure)라고 표현할 수도 있다.

④ **비윤리성과 손실** 부패는 그 자체로서 비윤리적이며 행정의 병폐이다. 그리고 부패는 조직과 그 환경에 여러 가지 손실과 폐단을 초래한다.

---

q) 우리가 여기서 관심을 갖는 것은 '공무원의 부패'이다. 우리나라에서는 부패와 같은 뜻으로 또는 유사한 뜻으로 부정·부정부패·비위·부조리 등의 용어가 널리 쓰이고 있다.

r) 근래 우리나라의 법제(法制)는 부패의 직무관련성을 넓게 해석하는 경향을 보이고 있다. 사법심판에서는 이른바 '포괄적 뇌물죄'를 적용하는 사례가 늘어나고 있다. 그리고 직무관련성이 없는 이익의 수수를 처벌하는 법률을 제정하기도 한다. 「부정청탁 및 금품 등 수수의 금지에 관한 법률」 제8조 참조.

이러한 개념정의는 '공직의 임무'와 그에 관한 '공식적 규범'을 기준으로 한 것이다. 그리고 부패를 개인의 행동이라는 차원에서 파악한 것이다. 그러나 부패가 개인의 문제에 국한된다거나 그것이 폐쇄적인 관점에서 설명될 수 있다고 보는 것은 아니다. 부패현상은 개방체제적인 관점에서 규명해야 한다.

2) 부패이해의 여러 관점

(1) 부패를 정의하는 접근방법 위에서 여러 의견을 참고하여 부패의 개념을 규정하였으나 부패의 의미에 관한 연구인들의 의견이 통일되어 있는 것은 아니다. 부패를 정의하는 접근방법은 다양하게 분화되어 있는데, 이를 세 가지로 범주화해 볼 수 있다. 세 가지 범주란 i) 공직의 임무(public office or public duty) 위반에 착안한 개념정의, ii) 공익(public interest) 침해에 착안한 개념정의, 그리고 iii) 시장비유적(market-centered) 개념정의를 말한다.[16)]

공직의 임무 위반에 착안한 개념정의는 공직과 공직자의 임무를 기준으로 하는 것이다. "부패란 사익을 노려 권한을 남용하는 것이다"고 말한 D. Bayley의 정의, "부패란 사적 이익 때문에 공직의 공식적 임무를 이탈하거나 규칙을 위반하는 것이다"고 한 J. S. Nye의 정의는 공직의 임무를 배반한다는 점에 착안한 정의의 좋은 예이다.[s)]

"공직자 등 권력소유자가 불법적인 이익을 얻기 위해 그것을 제공하는 사람에게 유리한 행동을 함으로써 공공의 이익에 손상을 끼치는 것이 부패이다"고 말한 C. J. Friedrich의 정의는 공익 침해에 착안한 개념정의에 해당한다.[t)]

정부관료제를 집권화된 분배장치(centralized allocation mechanism)로 보고 수요·공급의 원리에 착안하여 부패를 설명하는 것은 시장비유적 접근방법의 대표적인 예이다. R. O. Tilman에 의하면 정부관료제가 공급하는 것이 수요를 따를 수 없을 때, 고객들은 자기가 원하는 서비스를 받기 위해 처벌의 위험을 무릅쓰고라도 초과비용(뇌물·'급행료' 등)을 지불하게 된다고 한다. 이러한 초과비용의 거래가 부패라는 것이다. 이와 같은 현상은 지정가격모형

---

s) 공직의 임무를 기준으로 한 접근방법은 공무원의 행동에 관한 공식적 규범을 기준으로 한 접근방법과 그 궤를 같이하는 것이다.

t) 공직을 공공의 신탁(信託)이라고 생각할 경우 공익과 공직의 임무는 표리를 이루는 것이기 때문에 서로 분리하기 어렵다. Alatas는 공익과 공직의 임무라는 두 가지 기준을 합쳐 생각하고 "부패란 공직의 의무에 관한 규범을 위반하면서 사적 목적을 위해 공익을 희생시키는 것이다"고 정의하였다. Syed Hussein Alatas, *The Sociology of Corruption: The Nature, Function, Cause and Prevention of Corruption* (Singapore: Donald Moore Press, 1968), p. 12.

으로부터 자유시장모형으로의 전환을 동반한다. 부패는 정부관료제의 서비스가격을 수요·공급의 관계 여하에 따라 달라지게 만든다는 것이다. 공직을 개인사업(business)으로 생각하고 정부업무의 수요와 공급에 관한 시장사정을 연구하여 자기의 개인적 소득을 높이려는 사람이 부패한 사람이라고 본 Van Klaveren의 정의도 시장비유적 접근법에 포함되는 것으로 이해할 수 있다.

(2) 부패의 기능에 관한 논란 부패의 근본적인 기능을 어떻게 이해하여야 할 것인가에 대해서도 의견이 갈리고 있다. 부패의 정의가 다양한만큼 부패의 기능에 관한 가치판단도 여러 가지일 수 있다. 부패의 기능에 대한 관점들은 세 가지 범주로 분류해 볼 수 있다. 세 가지 범주란 ⅰ) 도덕적 차원에서 부패를 악으로 규정하고 비난하는 입장(ethnocentric way), ⅱ) 제도의 발전과 가치체계의 발전이 일치되지 못하는 경우의 가치간극에 연유하는 것이 부패라고 보는 입장(evolutionary way), 그리고 ⅲ) 부패가 국가발전에 순기능적인 기여를 한다고 보는 입장(functional way)을 말한다.[17]

우리는 첫 번째 입장을 따르고 있다. 우리는 부패를 '나쁜 것'으로 규정하고 비판·고발한다. 이러한 입장은 전통적인 것인 동시에 오늘날에도 지배적인 것이다.

사회변동의 과정에서 생기는 가치간극(價值間隙)의 산물이 부패라고 보는 사람들은 전통적인 사회규범과 서구화된 관료적 규범의 갈등에 주의를 기울인다. 그들은 발전도상국의 많은 국민이 부패라는 것을 낯선 외국의 관념이라고 생각하는 경향이 있다고 말한다. 지배적인 사회적 규범에 따른 공무원의 행동이 정부관료제의 서구화된 행동규범에 배치될 때 부패의 문제가 발생하기 때문이라고 한다. 가치간극에 주의를 기울이는 사람들은 부패에 대한 가치판단을 유보하는 것처럼 보이지만, 그들도 부패의 규범위반적(부정적) 측면을 부인하지 않는다.

이른바 수정주의자(修正主義者: revisionist)들은 행동규범으로부터의 이탈이라는 관점에서 부패를 규정하면서도 그 발생원인을 사회적 관습과 정치적·경제적 결함에서 찾고 부패의 긍정적 기능을 설명하려 한다.[18] 수정주의자들은 부패가 정치적·경제적 발전에 적극적인 기여를 하며, 심지어는 행정발전에도 기여할 수 있다고 말한다. 경제영역에서는 부패현상이 자본형성을 촉진하고 관료적 번문욕례를 회피할 수 있게 하며, 기업인들의 사업의욕을 자극한다는 것이다. 정치영역에서는 부패가 정당의 육성과 국가적 통합에 적극적으로 기여한다고 말한다. 행정영역에서는 부패가 공무원들의 질을 향상시킬 수도 있고, 관료체제의 감응성·대응성을 높이며 정책결정의 불확실성을 감소시킬 수 있다고 한다.

그러나 수정주의자들의 주장은 부패의 해독, 특히 장기적으로 국가발전에 미치는 해독을 너무 과소평가하거나 외면하는 데서 비롯된 것이라 하지 않을 수 없다. 수정주의자들의 입장은 부패를 악으로 규정하는 도덕적 입장과 양립할 수 없다. 도덕적 입장을 취하는 사람들이 수정주의자들의 말에 귀를 기울여 부패의 이점을 논하는 것은 큰 잘못이다.

3) 부패의 유형

(1) 다양한 유형론 부패에 관한 유형론은 많으며, 필요하다면 얼마든지 새로 만들 수 있다. 그 예를 몇 가지 보기로 한다.[19)]

① 체제화의 여부에 따른 분류 부패가 얼마나 조직화되고 만연되어 있느냐에 따라 체제화된 부패와 우발적 부패 또는 하급부패를 구분한다. 체제화된 부패에 대해서는 항을 나누어 다시 설명할 것이다.

② 교환거래의 유무에 따른 분류 상대방과의 직접적인 교환거래가 있었느냐에 따라 단독형 부패(unilateral corruption)와 거래형 부패(transactional corruption)를 구분한다. 단독형 부패는 횡령·배임 기타 개인이득을 위해 공적 자원을 사용하는 경우에서와 같이 상대방과의 직접적인 이익교환이 없는 형태의 부패(일방적인 부패)이다. 거래형 부패는 공무원이 어떤 상대방과 직접적으로 이익을 교환하는 형태의 부패이다. 뇌물을 받고 행정 상의 특혜를 주는 것이 그 대표적인 예이다.

③ 내용에 따른 분류 부패행위의 내용에 따라 뇌물수수·공금횡령 등 금전수수를 내용으로 하는 부패와 인사 상의 족벌주의·정실주의 등 정치적 내지 사회적 혜택의 거래를 내용으로 하는 부패로 구분한다.

④ 행위자의 지위에 따른 분류 부패를 저지르는 공무원의 지위에 따라 고위계층 부패와 하위직 부패를 구분한다.

⑤ 능동성·수동성에 따른 분류 능동성·수동성을 기준으로 공무원이 적극적으로 요구하여 뇌물을 받는 등의 부패를 저지르는 경우와 공무원이 수동적으로 부패의 유혹에 빠져 든 경우를 구분한다.

⑥ 직무분야에 따른 분류 부패가 저질러지는 직무분야를 기준으로 계획수립분야에서의 부패, 통제·감독분야에서의 부패, 인사분야에서의 부패, 보조금관리분야에서의 부패, 조세행정분야에서의 부패 등을 구분한다. 우리 정부에서는 부패유발의 위험이 높은 행정영역으로 주택행정, 건설행정, 조세행정, 경찰행정, 환경행정, 식품·위생행정을 지목하고 있다.

(2) 체제화된 부패 체제화된 부패(systemic corruption)는 행정체제 내에서 부패가 사실상 원칙적이며 실질적인 규범으로 되고, 조직의 본래적 임무수행에 필요한 공식적 행동규범이나 부패방지규범은 오히려 예외적인 것으로 전락되어 있는 상황을 지칭한다. 이러한 상황에서는 부패가 일상화되고 제도화되어 있기 때문에 부패를 저지르는 사람들은 조직의 비호를 받고, 공식적 행동규범을 고수하려는 사람들은 실제로 제재를 받게 된다.[u]

체제화된 부패는 정치과정을 폐쇄화하고, 반대세력을 억압하여 불만을 키우게 되며, 결과적으로 폭력적 저항을 초래할 위험이 있다. 사회적 분열과 소외를 조장한다. 공익추구를 위해 필요한 정책변경이나 행정개혁을 좌절시키고 공공자원의 오용을 유발한다. 그리고 체제화된 부패의 축적효과는 개별적인 사례에 국한되는 것이 아니라 국민의식전반에 나쁜 영향을 미치고 불신과 불화의 사회풍토를 조성한다.

체제화된 부패의 조건은 다음과 같다.[20]

① 규범과 행동의 심각한 괴리 조직 내에서는 실제로 지켜지지 않는 행동규범을 대외적으로는 표방한다. 조직 내에서는 대외적으로 표방된 행동규범의 위반을 사실상 조장·방조·은폐한다.

② 반부패행위자에 대한 제재 공식적 행동규범을 준수하려는 사람은 제재를 받는다. 부패에 저항하거나 그것을 폭로하려는 사람은 여러 가지로 보복을 당한다. 부패에 저항할 가능성이 있는 사람에게는 갖가지 위협을 가하여 침묵시킨다. 부패를 저지르지 않으려는 사람들은 조직 내에서 견제와 불이익을 받으면서도 외부로부터는 다른 조직구성원들과 마찬가지로 비난의 대상이 된다.

③ 부패행위자의 보호 공식적 행동규범을 위반하는 사람들은 보호를 받으며, 부패사실이 외부에 노출되는 경우에도 관대한 처분을 받는다. 부패를 저지르고 보호를 받아 온 사람들은 그것을 당연시할 만큼 습성화된다.

④ 죄의식의 집단적 해소 부패에 젖은 조직 내의 전반적 관행을 정당화함으로써 죄책감을 집단적으로 해소하며, 강력한 외적 압력이 없는 한 부패를 중단하

---

u) 사람에 따라서는 체제화된 부패를 체제적 부패 또는 제도화된 부패(institutionalized corruption)라고도 부른다.

려 하지 않는다.

⑤ **통제책임자의 타락** 부패적발의 공식적 책임을 진 사람들은 책무수행을 꺼려한다. 외적 압력 때문에 별 수 없이 부패를 적발한 경우에는 그것이 고립적이며 극히 드문 사건이라고 변명하고 사건의 범위를 축소하려 한다.

2. 부패의 원인과 통제

1) 부패를 유발하는 요인

공무원의 부패를 유발하는 요인들은 많고 복잡하며 포괄적으로 연관되어 있다. 행정권력, 공무원과 고객, 행정조직, 환경적 조건 등에 관한 여러 가지 요인들이 공무원의 부패유발에 복합적으로 작용한다.

우리나라는 후발적 산업화국가로서 고도성장의 과정을 거쳐 정보화시대에 진입한 선진국이다. 전통사회의 유산, 개발연대의 유산을 물려받은 우리 사회는 정보화·세계화의 소용돌이에 직면해 있다. 이러한 우리 사회의 조건을 준거로 삼아 공무원의 부패를 유발하는 요인들을 살펴보려 한다.

(1) 사회적·정치적·경제적 조건 부패의 온상이 될 수 있는 사회적·경제적 및 정치적 여건을 들 수 있다. 정부관료제의 일반적 환경이 비윤리적이고 제도적 결함을 내포하고 있으면 그것이 공무원의 부패를 조장하거나 용인하게 된다.

현대의 선진사회에서 요구되는 생활질서에 부응하지 못하는 전통적·비생산적 가치관과 관습, 미분화된 역할관계, 전근대적 연고관계 등의 유산은 부패를 유발하기 쉬운 여건이다. 우리에게는 오랜 전제군주제의 부정적 유산이 있다. 부정적 유산이란 부패의 해독에 대한 감수성을 감퇴시킨 관행 내지 관청문화를 말한다. 일제강점기의 폭압통치는 사회적 윤리체계를 병들게 했다. 6·25전쟁의 상흔도 오래 남았다. 전쟁과 전쟁 후의 혼란과 궁핍은 사회기강을 어지럽혔다. 그 뒤에 진행된 경제의 고도성장과정에서도 부패에 취약한 조건들을 만들었다. 경제활동의 무질서와 편법, 물질숭상적 가치의 팽배, 과도사회적 혼란, 고도의 형식주의 등을 예로 들 수 있다. 민주적 정치윤리가 미성숙한 가운데 정치적·행정적 권력이 비대해지고 경제의 정부의존도가 높아진 것도 부패의 계기를 키웠다.

(2) 발전행정·정부팽창·행정국가화의 영향 우리의 산업화 과정에서 오래 지속되었던 발전행정과 '개발독재'가 부패의 온상을 만들었다. 지난날 발전행정의 특징이었던 집권주의와 권위주의, 정부팽창, 행정간여와 행정재량의 팽창, 경제의 정부의존적 성장, 경제의 불균형 성장과 개발이익의 불공정한 배분 등은 모두 부패조장의 원인으로 작용했다. 그 여파가 지금도 남아 있다.

(3) 공무원들의 문제 공무원들의 직업윤리타락은 부패의 직접적인 원인이다. 투철하지 못한 직업의식과 우왕좌왕하는 가치관은 부패의 유혹에 대한 저항력을 떨어뜨린다. 급변하는 업무관계로 인한 직무부적응은 능력결손문제와 사기저하문제를 크게 부각시킨다. 이 또한 부패유발요인이 된다.

(4) 시민의식의 문제 낮은 수준의 시민의식이 궁극적인 부패소지라고 할 수 있다. 정치·행정서비스에 대한 고객의 특권의식과 이기적 편의주의가 부패를 조장한다.

(5) 무능한 통제체제 공직의 내적 및 외적 통제체제는 여러 실책으로 얼룩져 있다. 처벌체제가 충분히 강력하지도 공평하지도 않은 것이 문제이고 통제기준의 비현실성·비일관성·차별적 적용이 문제이다. 통제기준적용 상의 형식주의도 문제이다.

(6) 조직·인사 상의 문제 행정조직 내의 부패한 분위기, 의미가 상실된 업무, 불투명하고 공급자중심적인 조직운영 등은 부패의 가능성을 높인다. 행정절차의 비능률성과 번문욕례도 부패유발의 조건이 된다. 업무처리의 절차가 비능률적이면 행정절차가 행정수요와 행정공급 사이에서 '병목현상'(bottleneck)을 형성한다. 고객들은 그것을 건너뛰거나 우회하기 위해 부패에 호소하려는 유혹을 받는다. 부적절한 처우, 신분과 장래에 대한 불안, 공직에 대한 사회적 신망의 저하 등도 공무원의 사기를 저하시키고 부패를 유발하는 조건이 될 수 있다.

2) 부패로 인한 손실

부패는 공직의 도덕성을 타락시킬 뿐만 아니라 여러 가지 직접·간접의 폐단을 빚는다.

① **도덕성의 타락** 부패는 공직의 도덕성을 타락시키고 공직기강의 기반을 와해시킨다. 인사질서를 문란하게 한다. 행정체제뿐만 아니라 기성질서 전반에 대한 불신을 초래한다. 윤리규범 적용의 형식주의를 조장한다.

② **갈등과 소외** 부패는 공직사회에서 그리고 국민생활에서 갈등·소외·분열·냉소주의·억압을 조장할 수 있다. 부패의 만연은 정치과정을 폐쇄화하고, 반대세력을 억압하여 불만이 쌓이게 하며, 공평한 게임을 통한 정권교체를 어렵게 한다. 정권의 안정성을 무너뜨릴 수도 있다.

③ **비능률과 낭비** 정부활동의 질을 떨어뜨리며 공공자원의 오용과 낭비를 초래하고 각종 사고의 위험을 높인다.

④ **정책왜곡** 부패는 공공정책의 수립과 집행을 왜곡시킨다. 부패는 정당한 정책을 사실상 무효화할 수도 있다.

⑤ **자원배분의 왜곡** 부패는 자원배분질서를 교란한다. 정치·행정의 강자와 사경제의 세력이 유착하여 힘없는 자들을 착취하게 된다. 부익부 빈익빈의 악순환을 만든다. 부패는 국민의 정당한 경제적 권리를 침해한다. 부패한 방법으로 부당이득을 챙기는 사람이 있으면 그로 인해 경제적 손실을 입는 사람이 생기기 때문이다.

⑥ **유인체제의 왜곡** 정당한 유인과 바람직한 임무수행이 아니라 부패가 사람을 움직이게 한다. 공무원들이 부패의 이득을 추구하는 것과 같은 비생산적인 일에 힘을 낭비하게 된다.

⑦ **행정개혁의 좌절** 부패의 만연은 행정개혁을 좌절시키며 반부패운동을 형식화한다. 공평할 수도 엄정할 수도 없는 반부패운동은 위화감과 소외를 심화시킨다.

3) 반부패운동의 요청 증폭과 애로

부패의 해독에 대한 위의 논의는 반부패운동(反腐敗運動)의 성공이 왜 절실히 필요한지를 일깨워 주는 데 충분하다. 그런데 우리 사회가 겪고 있는 조건변화는 그러한 필요를 더욱 절박하게 만들고 있다.

체제적 부패의 지속을 어렵게 하는 조건이란 ⅰ) 정치·행정의 정당성이 매우 중요시되는 시대가 도래하고 있다는 것, ⅱ) 정치·행정의 개방화에 대한 요구가 커지고 있다는 것, iii) 정치·행정에 대한 시민적 감시가 강화되고 있다는 것, iv) 사회적 형평의식이 팽창되고 있다는 것, v) 기술문명이 고도화되고 정보화 사회가 발전되고 있다는 것, vi) 세계화가 촉진되고 있다는 것, vii) 경제의 민주화에 대한 갈망이 커지고 있다는 것, viii) 소외계층의 불만표출이 늘어나고 있다는 것 등이다.

그러나 부패를 추방하려는 개혁은 아주 어려운 과제이다. 개혁을 가로막는 근본적 장애는 뿌리깊은 체제적 부패 그 자체이다. 앞서 본 부패유발요인들은 모두 반부패운동을 어렵게 하는 요인들이다. 그리고 정부관료제의 거대한 조직과 자체세력화, 공무원의 전문화와 신분보장, 통제에 저항하는 관료적 역통제(逆統制: counter control), 반부패시책에 대한 정치권의 응집된 지지 결여, 책임소재를 흐리게 하는 분산적·중복적 조직구조, 정부기능의 민간화 확대 등도 부패통제를 어렵게 하는 요인들이다.

부패문제를 둘러싼 현재의 상황은 양면성을 지녔다고 말할 수 있다. 한편으로는 부패체제를 더 이상 지속시킬 수 없게 하는 상황적 조건과 요청들이 확대되고 있으며, 다른 한 편으로는 부패제거를 어렵게 하는 오래된 조건들이 엄연히 자리를 굳히고 있기 때문이다.

4) 부패억제 대책

지금 우리가 추진하여야 할 반부패운동은 기득권층의 개과천선에서부터 출발해야 할 것이다. 국가관리의 주도세력과 부패시대의 특혜를 누리던 기득권층이 갈등과 위험을 무릅쓰고 자기희생적 용단을 내려야만 반부패의 여러 기술적 처방들이 실효를 거둘 수 있을 것이다.

그리고 부패를 막으려는 개혁전략의 추진에서는 형식주의를 배제해야 한다. 선언된 반부패전략들의 실천성이 희박하면 그것은 상황을 더 어렵게 만드는 번문욕례로 전락한다. 그리 되면 반부패의 개혁시책 자체에 대한 냉소와 불신이 커지고 국민은 '개혁의 피로' 때문에 힘들어진다.

여기서 부패억제 대책을 세 가지 범주로 나누어 설명할 터인데, 다음 절에서 설명하는 공직윤리 향상방안도 함께 참고하기 바란다.

(1) **행정환경의 개선** 행정환경의 부패유발소지를 제거해야 한다.

① **사회체제의 윤리성 향상** 사회체제 전반의 윤리성이 향상되어야 하며 가깝게는 정치체제의 부패저항 의지가 강화되어야 한다. 사회적 환경의 개조가 정부의 힘만으로 이루어질 수 있는 것은 물론 아니다. 그러나 사회적 환경이 전반적으로 공무원의 부패를 억제하는 조건을 갖출 수 있도록 정부도 의식적인 노력을 해야 한다.

② **민주적 정치질서의 발전** 민주주의적 방법에 따라 정권의 정당성이 확보되고 집권자에 대한 국민의 높은 지지가 있어야 부패억제정책의 실효를 기대할 수 있다. 정당성 없는 정권이 내세우는 반부패시책은 공허한 것일 수밖에 없다. 정당성을 확보한 정치지도자들이 반부패운동에 앞장서야 한다. 국법질서의 형식주의를 타파해야 한다. 정당하고 준수 가능한 법규범체계를 발전시키는 것은 법집행의 형식주의를 막는 전제적 조건이다. 그리고 외적 통제체제의 능력을 향상시켜야 한다.

③ **국민의 자각** 공직부패의 궁극적인 책임은 국민에게 있다는 사실을 자각하고 국민 전체가 부패를 용납하지 않겠다는 의지를 굳혀야 한다.

(2) **인사행정의 조치** 인사행정에서 필요한 통제는 엄격히 실시해야 하지만 부패의 원인을 제거하는 예방적 노력을 게을리해서는 안 된다. 인사행정의 전과정은 공직의 신망제고에 기여해야 한다. 인사원칙의 적용은 공평해야 한다. 그리고 일관성이 있어야 한다. 인사행정에서 특히 역점을 두어야 할 활동국면을 보면 다음과 같다.

① **채용의 개선** 정직한 사람을 채용할 수 있도록 채용과정을 개선해야 한다.

② **공무원의 보호** 정부조직 내외의 부당한 압력으로부터 공무원들을 보호해야 한다.

③ **처우 개선** 공무원의 보수와 편익을 적정화해야 한다.

④ **훈련 강화** 내핍정신 함양, 직업윤리 향상, 직무수행능력 향상을 위해 교육훈련을 강화해야 한다.

⑤ **상벌의 효율화** 상벌제도를 개선하여 그 효율성을 높여야 한다.

⑥ **부정한 재산증식 감시** 공무원의 부정한 재산증식을 감시하는 제도적 장

치를 효율화해야 한다.

(3) 조직관리의 조치 조직관리부문에서도 부패의 소지를 제거하기 위해 윤리성 향상활동을 전개하고 다음과 같은 조치를 취해야 한다.

① **분 권 화** 권력의 과도한 집중으로 인한 부패유발의 위험을 막기 위해 분권화를 촉진해야 한다.

② **통제과정·리더십 개선** 조직내부의 통제장치와 리더십을 개선하여 부패억제에 적극적으로 기여할 수 있게 만들어야 한다.

③ **행정절차의 효율화** 행정절차를 효율화해야 한다.

④ **재량권남용 통제** 권력남용의 우려가 있거나 행정재량의 폭이 큰 활동영역에는 구체적인 집행준칙을 정해 주어야 한다.

⑤ **공개와 참여의 촉진** 행정절차의 공개범위를 확대하고 참여행정을 구현하도록 힘써야 한다.

⑥ **소비자중심주의 강화** 권리의무관계의 입증책임을 원칙적으로 고객인 국민에게 전가하는 제도를 고쳐 나가야 한다. 그리고 행정서비스의 소비자중심주의를 발전시켜 나가야 한다.

제3절

공직윤리 향상방안

Ⅰ. 기본적 전략

공무원들이 스스로 높은 윤리의식을 가지고 행동할 수 있는 가능성은 얼마든지 있다. 정부조직이나 국민은 공무원들의 그러한 자율규제에 의존하는 바가 크다. 공직윤리의 모든 문제를 외재적인 조종과 통제만으로 해결할 수는 없기 때문이다. 그러나 정부조직의 간여 없이 공무원들의 자율에만 맡겨 둘 수 있는 것도 또한 아니다. 그러므로 정부는 공무원의 실천적 윤리수준을 유지·향상시키기 위해 계획적으로 노력해야 한다.

공무원이 행동규범을 준수하도록 하기 위해 정부와 그 밖의 통제중추들은 여러 방면에 걸친 적극적 및 소극적 수단을 결합한 복합적 전략을 펴고 있다. 그러한 기본적 전략이 동원하는 방안들은 ⅰ) 공무원 개인을 직접적인 대상으로 하여 그 윤리수준을 향상시키려는 방안, ⅱ) 정부조직의 차원에서 공무원의 윤리수준향상에 도움이 되는 여건을 조성하는 방안, ⅲ) 행정의 환경을 개선하는 방안 등으로 분류할 수 있다.

여기서는 공직윤리향상을 위한 기본적 전략을 요약하려 한다. 윤리성향상 특히 부패통제를 위해 개발한 개별적 제도들 가운데서 내부고발, 재산등록·공개, 병역사항신고·공개, 선물신고, 취업제한, 주식백지신탁 등에 대해서는 항을 나누어 따로 설명하려 한다. 공무원의 행동규범위반을 다스리는 징계제도에 대해서도 뒤에 설명하려 한다.

공직윤리향상을 위한 기본적 전략의 영역별 행동방안들은 다음과 같다.

1. 개인 대상의 윤리성 향상 활동

공무원 개인을 직접 대상으로 하여 그 윤리수준을 향상시키려는 수단은 자율규제를 촉진하려는 교화적 수단과 외재적 통제를 강화하는 수단으로 나누어진다.

1) 자율규제의 촉진

자율규제를 촉진하려면 윤리의식이 높은 사람을 채용하고 채용 후에는 교화활동을 통해 윤리성을 향상시켜야 한다.

(1) 바른 사람의 채용 공무원들의 자율규제폭을 넓혀 공직윤리를 향상시키려면 공무원을 채용할 때부터 높은 윤리의식을 가지고 공직윤리를 스스로 지킬 수 있는 사람들을 고르도록 노력해야 한다.

(2) 교화활동 공무원들이 정부조직 안에 들어가 직업생활을 하는 동안 윤리규범을 심리적으로 수용하여 스스로 실천해 가도록 공식적·비공식적 교화활동을 해야 한다. 여기에 포함되는 주요 활동은 다음과 같다.

① 윤리적 기대의 명료화 공직윤리의 명료화를 위해 힘써야 한다. 무엇이 공무원의 직업윤리이며, 그에 관한 행동규범은 무엇인가를 명확히 규정하고 그것을 공무원들에게 주지시킬 필요가 있다.

② 행동강령과 선서 공무원이 취임할 때 선서를 하게 하는 것, 윤리강령이나 공무원의 신조를 제정하여 행동지표로 삼게 하는 것, 수시로 복무선서를 실시하는 것 등은 중요한 교화수단들이다.

③ 윤리교육 공식적으로 계획된 윤리교육을 실시해야 한다.

④ 리더들의 솔선수범 관리자·감독자 등 리더들은 윤리적 행동을 솔선수범하여 모범을 보이고, 부하직원들의 윤리적 행동을 촉구하여야 한다.

⑤ 모범공무원의 포상 탁월한 윤리적 행동을 보인 공무원을 포상하여 바람직한 윤리적 선택을 장려하고 다른 사람들에게도 자극을 주어야 한다.

2) 통제의 강화

공무원들이 지켜야 할 기본적인 윤리규범을 법제화하여 그 준수를 강제하는 것은 통제를 강화하는 방책의 기초가 된다. 공무원의 윤리규범이 법령의 규정으로 공식화되면 그에 대한 준수의무가 생긴다. 준수의무의 이행을 보장하기 위해 정부는 통제장치를 만들어 위반자에게 제재를 가한다. 외부의 통제중추들도 통제작용에 가담한다.

행정체제 내의 중요한 통제중추에는 계선적 감독계층, 특별사정기관이나 감사원과 같은 독립통제기관 등이 포함된다. 행정체제외부에서는 입법적·사법적 통제, 언론 등 대중통제의 중개집단이 하는 통제, 시민이 하는 대중통제가 공무원의 행동규범준수를 감시하는 작용에 가담한다. 이러한 내부적 및 외부적 통제장치들의 능력을 향상시켜 필요한 통제의 실효성을 높여야 한다.

2. 조직 내의 윤리적 분위기 조성

정부조직은 공무원의 윤리적 행동을 가능하게 하고, 또 그것을 유도할 수 있도록 여건과 분위기를 조성하는 책임을 져야 한다. 윤리적 분위기(ethical climate)를 조성하려면 정부조직의 중요한 구조와 과정을 공무원의 행동규범준수를 촉진할 수 있도록 구성하여야 하며, 공무원의 윤리적 행동을 뒷받침하는 데 필요한 제도를 만들어야 한다. 그리고 공무원들이 그와 같은 윤리적 상황을 인식하여야 한다.[a)]

조직 내의 윤리적 분위기를 조성하기 위한 대책 가운데 상당부분은 개인을 직접 대상으로 하는 윤리성제고활동과 겹친다. 다만 접근의 차원이 다르다. 윤리적 분위기를 조성하는 대책을 다음과 같이 요약할 수 있다.

① 윤리성제고사업 정부조직 자체의 윤리성제고사업(normative enrichment

a) 조직의 분위기(climate)는 조직의 전형적인 절차와 운영방법에 대한 지배적 인식의 집합으로 이해된다. 그러한 인식이 윤리적 내용을 담고 있을 때 윤리적 분위기가 조성되었다고 한다. Bart Victor and John B. Cullen, "Organizational Bases of Ethical Work Climates," *Administrative Science Quarterly* (Vol. 33, No. 1, March 1988), pp. 101~125.

program)을 지속적으로 실천하여 조직 전체의 차원에서 파악되는 윤리수준의 향상을 도모하고, 조직구성원 개개인의 윤리적 행동을 촉진할 수 있는 분위기를 조성하여야 한다.

윤리성제고사업을 추진하려면 제일 먼저 조직구성원들의 행동을 인도하는 가치전제 또는 윤리규범이 실제로 무엇인지를 분석하여 정확히 파악해야 한다.[b] 그리고 조직이 원하는 윤리의 내용과 수준이 어떤 것인지를 명확하게 규정하고 천명해야 한다. 여기서 공직윤리의 규범체계와 소속 조직의 임무에 관한 비전을 명료화해야 한다. 그 다음에는 훈련 등을 통해 조직이 원하는 윤리를 공무원들에게 주지시켜야 한다. 이를 위해 관리자들은 적절한 행동의 모범을 보여야 한다.

② **통합지향적 관리** 정부관리체제의 기본적인 지향성이 공무원들로 하여금 정부의 목표와 윤리적 기대를 내재화하도록 하는 데 기여할 수 있어야 한다. 이를 위해서는 개인의 목표와 조직의 목표를 조화시키고 융화시키려는 통합형 관리체제의 정립을 추구하는 것이 바람직할 것이다. 이를 뒷받침하려면 일과 사람의 적응수준을 높이고 보수 등 처우의 적정화를 도모해야 한다.

③ **윤리적 인사행정** 인사정책의 입안과 실시에서 윤리적 기준을 준수해야 한다.

④ **신뢰관리** 모든 공무원들에게 힘을 실어주고 행정절차에 대한 예측가능성을 높이고 공개행정의 범위를 넓혀 신뢰관리의 기반을 조성해야 한다.

⑤ **반부패행위자의 보호** 비윤리적인 조직의 정책 또는 비윤리적인 상관의 명령에 이의를 제기하거나 불복하고, 스스로 높은 윤리수준을 지키려는 사람들을 보호해야 한다. 고충처리·소청 등의 절차가 그러한 목적에 유효하게 쓰일 수 있다. 내부고발자 또는 폭로자에 대한 보호책도 강구해야 한다.

---

b) 윤리성측정은 조직 내의 행동을 인도하는 가치전제들의 평가로부터 시작해야 한다. 선언된 것이 아니라 조직구성원들의 실제 행동을 철저히 조사해서 그 저변에 깔린 가치전제들을 알아내는 평가작업을 '윤리성감사'(ethics audit)라고 한다. Robert B. Denhardt and Janet V. Denhardt, *Public Administration: An Action Orientation*, 6th ed.(Thomson Wadsworth, 2009), pp. 150~152.

3. 행정환경의 개선

정부는 사회체제의 하위체제이며, 정부조직의 구성원인 공무원은 사회체제의 구성원이기도 하다. 정부의 윤리수준과 사회전반의 윤리수준은 서로 얽힌 관계에 있다. 사회전체의 윤리수준은 공무원들이 행동규범을 실천하는 데 큰 영향을 미친다. 윤리체제들의 연관성 때문에 공직윤리의 향상이라는 문제를 생각할 때에는 언제나 사회전체의 윤리성도 문제로 삼게 된다. 총체적 관점에서 윤리적 공동체를 발전시켜 공직의 윤리적 기반(ethics infrastructure)을 구축해야 한다.[1)]

사회환경의 개선을 위해 정부가 할 수 있는 일로는 공직의 윤리타락을 직접적으로 유발하는 외부인을 무겁게 처벌하는 것, 각종의 공식적 규범에 따라 사회적 비리의 통제를 강화하는 것, 정부를 포함한 사회체제전반의 윤리성향상을 위한 시민운동을 지원하는 것 등을 들 수 있다.

Ⅱ. 내부고발

1. 내부고발의 정의

내부고발(內部告發: whistle blowing; public disclosure)은 조직구성원인 개인 또는 집단이 행동규범위반(비리)이라고 판단되는 조직 내의 일을 대외적으로 폭로하는 행위이다. 내부고발의 주요 특성을 보면 다음과 같다.[2)]

① **비리의 폭로** 내부고발의 대상은 조직 내에서 저질러진 비리, 즉 행동규범위반이다. 가장 자주 폭로대상이 되는 것은 부패행위이지만 내부고발대상이 그에 한정되는 것은 아니다. 불법·부당하거나 부도덕한 행위들이 모두 대상에 포함된다.

② **비통상적 통로** 내부고발은 통상적이 아닌 통로를 이용한 폭로이며 대외적 공표이다. 비통상적인 통로는 다양하지만 가장 흔히 볼 수 있는 것은 수사기

관 또는 언론기관에 정보를 제공하거나 공익단체에 호소하는 것이다.[c]

③ **조직 내 해결장치의 부재** 내부고발의 대상이 된 비리문제를 조직 내에서 해결할 방법이 없을 때 내부고발이 일어난다. 선의의 내부고발자들은 대외적인 폭로에 앞서 조직 내에서 시정해 보려고 노력하는 경우가 많다. 비리를 발견하고 감독자 등 시정할 권한이 있는 사람들에게 보고하여 시정을 요구해도 소용이 없을 때 외부에 폭로하게 된다. 그러나 처음부터 내부해결의 가망이 없다고 생각해서 바로 대외적 폭로의 길을 택하는 경우도 있다. 어느 경우이거나 조직내부에서 비리고발로 인한 분규의 해결방법을 발견하지 못하는 것은 마찬가지이다.

④ **고발자의 위상** 내부고발자는 조직의 구성원으로서 재직중에, 퇴직하면서, 또는 퇴직 후에 비리를 폭로하는 사람이다. 그들의 지위에 대해 일반적으로 한정을 짓기는 어렵다. 고발대상자의 지휘계통에 포함되거나 포함되지 않거나를 가리지 않는다. 그러나 고발자와 피고발자 사이에는 권력배분의 불균등성이 있다. 즉, 고발자가 약한 위치에 있는 것이다. 고발자는 고발대상인 문제에 대해 결정을 내릴 공식적 권한을 갖지 못한 사람이다. 그는 조직구성원으로서 조직의 잘못을 시정하려 하지만 그 권한이 없는 사람이다.

⑤ **윤리적 동기** 내부고발은 적절한 윤리적 동기에서 비롯된 것이라야 한다. 윤리적 동기는 나타난 행태를 보고 객관적으로 평가할 수밖에 없다. 내부고발자의 실질적인 또는 숨겨진 동기는 여러 가지일 수 있다. 그러나 숨겨진 동기가 어떠하든 비윤리적 사례의 폭로가 사실에 입각해 있고 윤리적 내지 이타적(利他的) 동기에서 나온 고발이라는 외형이 갖추어지는 한 내부고발은 보호대상이 된다.

2. 보복과 보호

1) 내부고발자에 대한 보복

내부고발자의 폭로에 대해 조직은 방어적·보복적 대응을 하는 것이 예사이

c) 조직 내에 마련된 합법적·통상적 절차에 따라 이의를 제기하거나 불만을 토로하는 것, 그리고 문제제기가 조직 내에 국한되는 것도 내부고발에 포함시키자는 논의가 있다. 그러나 통상적인 내부통로를 이용한 이의제기는 내부고발의 특수한 요건을 충족시키지 않는 것으로 보아야 한다.

다. 고발자는 조직생활을 계속할 수 없는 위기에 몰리는 등 막대한 희생을 치르는 경우가 많다.

보복의 양태는 다양하다. 직장 내에서 따돌리고 사회적으로 고립시키는 것은 아주 기초적인 보복이다. 성격이상·무능력·개인적 비리·불순한 동기 등을 거론하면서 인신공격을 하는 일도 흔하다. 업무비협조나 부당한 배치전환으로 보복하기도 한다. 감당할 수 없는 업무를 맡기고 그것을 완수하지 못하면 업무실패를 문책하기도 한다. 승진기회를 박탈하고 강제퇴직시키기도 한다. 기밀누설 등을 이유로 형사소추하는 경우도 흔하다.

2) 내부고발자의 보호

(1) 보호의 필요성과 부작용 비리의 폭로는 내부고발자의 도덕적 권리이며 공익의 보호와 조직의 궁극적인 이익에 기여하는 것이므로 내부고발자는 보호해야 한다. 특히 체제화된 부패를 타파하려면 내부고발을 유도하고 보호하지 않으면 안 된다.

내부고발 장려정책에 따를 폐단을 우려하는 사람들도 없지 않다. 그러한 우려의 논점은 공무 상의 기밀을 누설할 위험이 있다는 것, 명령불복종을 조장하는 등 행정조직의 운영질서를 교란할 수 있다는 것, 감독자와 부하들 사이의 신뢰관계를 무너뜨릴 수 있다는 것, 징계대상자가 징계를 피하기 위해 내부고발자 보호절차를 악용할 수 있다는 것, 고발자의 공격을 받은 사람의 보호에 소홀해질 수도 있고 관리자 등 행정책임자들의 사기를 저하시킬 수도 있다는 것이다. 내부고발이라는 이름으로 허위사실을 공표하는 등 악의적인 모함을 할 수도 있다. 그런 악행을 저지른 사람이 내부고발자보호제도의 가림막 뒤에 숨을 수 있고 고발내용의 진위를 가리는 데 장시간이 걸린다면 피고발자는 회복불능의 피해를 입을 수도 있다.[3)]

(2) 보호의 방법 내부고발자 보호를 위해서는 다음과 같은 조치와 노력이 필요하다.

① 법적 보호장치 법적 보호장치가 있어야 한다. 내부고발자에 대한 여러 가지 보복, 특히 부당한 배치전환, 승진봉쇄, 강제퇴직 등을 방지하는 법령을 제정해

야 한다. 고발자의 주장이 공정하게 평가받을 수 있도록 보장하는 법조항도 있어야 한다. 그리고 보복이 저질러진 뒤에 고발자를 구제하는 절차와 방법에 대해서도 법적 규정을 만들어야 한다. 구제조항은 보복기간중에 고발자가 입은 명예손상과 조직생활에서 상실한 권리들을 회복시키는 방법에 관하여 규정해야 한다.

② **보호세력의 규합** 　보호입법이 있어야 하지만 그것 자체가 내부고발자를 자동적으로 보호해 주는 것은 아니다. 운영과정에서 법의 정신은 얼마든지 손상될 수 있다. 고발자를 보호하는 것은 막강한 관료조직과 대결을 벌이는 일이기 때문에 대단히 어려운 과제이다. 고발자를 보호하려는 진영에 충분한 세력이 규합되어야만 한다. 정치적 리더십과 정부 내외의 각종 통제중추가 확고한 신념을 가지고 고발자 보호의 대열에 가담해야 한다.

③ **고발자의 자기보호** 　내부고발자 자신도 자기보호를 위해 치밀한 대비를 해야 한다. 먼저 대외적 폭로 이외에 문제해결의 대내적 통로가 있는지 탐색해야 한다. 대외적 폭로의 길밖에 없다고 판단하면 가족의 협조부터 구해야 한다. 조직의 비리에 대해 불만을 품은 동료들과 제휴하는 길을 찾아야 한다. 증거자료를 확보하도록 노력하고 사태진행과정에 관한 기록을 만들어야 한다. 가능하면 변호사, 시민단체 등의 협력을 얻어야 한다.

그리고 내부고발자는 비리폭로의 정당성을 누구나 시인하지 않을 수 없게 하는 정당성의 조건을 구비하도록 해야 한다. 그러한 조건의 예로 대내적 불만표출의 모든 통로를 먼저 거쳤다는 것, 분별 있는 사람이면 누구나 믿을 만한 증거에 입각해 있다는 것, 문제의 구체성과 심각성을 충분히 분석한 다음의 폭로라는 것, 폭로가 자기의 법적·윤리적 책무라고 생각한 것 등을 들 수 있다.

3. 우리 정부의 공익신고자 보호제도

인사행정학에서는 조직구성원인 개인 또는 집단이 조직 내의 비리를 대외적으로 폭로하는 행위를 논의하면서 내부고발이라는 개념을 오래 사용해 왔다. 우리나라에서 반부패운동이 강화되면서 그 도구의 하나인 내부고발에 대한 관심이 높아졌고, 정부는 입법을 통해 내부고발 보호제도를 법제화하였다. 법제화하면서 공익신고라는 용어를 법정하여 정부 내에서 용어를 통일하였다. 법에서는 내부고발을 보다 폭넓은 공익신고라는 개념에 포함시키고 있다. 위에서 설명한 내부고발은 '내부 공익신고자'가 하는 공익신고에 해당한다고 볼 수 있다..

공익신고에 관한 기본적 법률은 2011년에 제정된 「공익신고자 보호법」이다. 아래의 설명은 이 법에 따른다.

1) 공익신고

공익신고란 공익침해행위가 발생하였거나 발생할 우려가 있다는 사실을 신고·진정·제보·고소·고발하거나 공익침해행위에 대한 수사의 단서를 제공하는 것을 말한다. 이렇게 정의되는 공익신고의 구성요건은 다음과 같다.

① 공익침해행위의 신고 공익신고의 대상이 되는 행위는 공익침해행위이다. 공익침해행위는 국민의 건강과 안전, 환경, 소비자의 이익, 공정한 경쟁 및 이에 준하는 공공의 이익을 침해하는 행위이다. 이런 행위는 각종 법률이 정한 벌칙에 해당하는 것들이거나 불이익이 되는 행정처분을 받을 수 있는 것들이다.

신고내용이 거짓이라는 것을 알았거나 알 수 있었음에도 불구하고 신고한 경우, 그리고 금품이나 근로관계상의 특혜를 요구하기 위해서, 또는 그 밖에 부정한 목적을 위해서 신고한 경우에는 공익신고라고 보지 않는다.

② 공익신고자 공익신고는 누구나 할 수 있다. 공직자에게는 공익신고의 의무가 있다. 공직자가 직무를 수행하면서 공익침해행위를 알게 된 때에는 이를 조사기관, 수사기관 또는 국민권익위원회에 신고해야 한다. 내부 공익신고자는 피신고자인 공공기관, 기업, 법인, 단체 등에 소속되어 근무하거나 근무했던 자, 그런 피신고조직과의 계약으로 업무를 수행하거나 수행했던 자에 해당하는 공익신고자이다.

③ 공익신고 접수처 공익신고는 공익침해행위를 하는 사람이나 기관·단체·기업 등의 대표자 또는 사용자, 공익침해행위에 대한 조사기관, 수사기관, 국민권익위원회, 그 밖에 대통령령으로 정하는 자에게 제출할 수 있다.

④ 신고와 처리의 절차 공익신고를 하려는 사람은 신고서와 공익침해행위의 증거 등을 첨부하여 공익신고접수자에게 제출한다. 특별한 사정이 있는 경우에는 신고를 구술로 할 수 있다. 공익신고자는 비실명으로 대리인을 통해 신고할 수도 있다. 신고를 받은 국민권익위원회는 공익신고자의 인적 사항, 공익신고의 경위와

취지 등 신고내용의 특정에 필요한 사항과 그 진위 여부 등을 확인하고 이를 조사기관이나 수사기관에 이첩해야 한다. 이첩을 받은 기관들은 조사·수사 후 그 결과를 국민권익위원회에 통보해야 한다. 통보된 조사·수사의 결과는 공익신고자에게 통지해야 한다. 통지를 받은 공익신고자는 조사·수사의 결과에 대해 이의신청을 할 수 있다. 국민권익위원회도 재조사·재수사를 요구할 수 있다. 조사기관과 수사기관은 공익신고에 대응해 필요한 조치를 해야 한다. 국민권익위원회도 공익침해행위의 확산 및 재발을 방지하기 위해 필요한 조치에 관한 의견을 제시할 수 있다.

2) 공익신고자의 보호와 보상

공익신고자를 보호하고 보상을 제공하는 조치들은 I) 비밀보장, ii) 신변보호, iii) 인사조치요구, iv) 불이익조치금지, v) 보상금·포상금·구조금의 지급 등으로 나누어 볼 수 있다.

보호와 보상에 관한 법의 규정에서는 그 대상과 대상자의 범위를 넓히고 있다. 공익신고와 그에 관련된 조사·수사·소송 등에서 진술·증언하거나 자료를 제공하는 것을 '공익신고 등'이라 한다. '공익신고자 등'은 공익신고자와 공익신고에 관한 조사·수사·소송 등에서 진술·증언하거나 자료를 제공한 사람을 포함한다.

공익신고자 등이나 그 친족 또는 동거인이 공익신고 등을 이유로 피해를 입거나 입을 우려가 있다고 인정할 만한 상당한 이유가 있는 경우에는 조사 및 형사절차에서 공익신고자 등의 인적 사항의 기재를 생략하거나 열람을 금지할 수 있다. 누구든지 공익신고자 등이라는 사정을 알면서 그의 인적 사항이나 그가 공익신고자 등임을 미루어 알 수 있는 사실을 다른 사람에게 알려주거나 공개 또는 보도하지 못하도록 되어 있다.

공익신고자 등은 신변보호를 받을 수 있다. 국민권익위원회는 공익신고자 등의 신변보호조치요청을 심사하여 그 필요성을 인정하면 경찰에 신변보호조치를 요구할 수 있다. 공익신고자 등의 사용자 또는 인사권자는 공익신고자 등이 전직·전출·전입·파견근무 등의 인사에 관한 조치를 요구하는 경우 그 내용이 타당하다고 인정할 때에는 이를 우선적으로 고려해야 한다. 누구든지 공익신고 등을 이유로 공익신고자 등에게 불이익조치를 해서는 안 된다. 공익신고 등을 방해하거나 공익신고 등을 취소하도록 강요하면 안 된다. 공익신고 등과 관련하여 공익신고자 등의 범죄행위가 발견된 경우에는 그 형을 감경하거나 면제할 수 있다.

내부 공익신고자의 공익신고로 인해 국가 또는 지방자치단체에 직접적인 수입의 회복 또는 증대를 가져오거나 그에 관한 법률관계가 확정 된 때에는 해당 공익신고자는 보상금을 받을 수 있다. 공익신고 등으로 인해 국가 및 지방자치단체에 재산상 이익을 가져오거나 손실을 방지한 경우 또는 공익의 증진을 가져온 경우에는 포상금을 받을 수 있다. 「상훈법」 등의 규정에 따라 포상을 받을 수도 있다. 공익신고자 등과 그 친족 또는 동거인은 공익신고 등으로 인해 입은 피해나 비용지출에 대한 구조금을 받을 수 있다.

III. 재산등록과 공개·병역사항신고와 공개·선물신고·취업제한·주식백지신탁

1. 공직자재산등록과 공개

1) 공직자재산공개제도의 정의

「공직자윤리법」이 규정한 공직자재산공개제도(公職者財産公開制度)는 공직자의 재산을 국가기관에 등록하게 하여 심사하고 법에 정한 범위 내에서 등록된 내용을 일반에 공개하게 함으로써 공직자의 부패를 예방하려는 제도이다.[4)]

1981년의 「공직자윤리법」은 재산등록제를 도입하였으며, 등록사항의 비공개를 원칙으로 했었다. 다만 대통령령으로 정하는 등록의무자의 등록사항은 일반에 공개할 수도 있게 하였다. 1993년의 개정법률은 일정한 상위직 공직자 등의 등록사항은 의무적으로 공개하도록 규정함으로써 재산공개의무를 법제화하였다. 지금도 많은 등록의무자들이 재산등록만 하고 공개의무는 지지 않는 것을 원칙으로 삼고 있다. 그러나 등록 자체가 일종의 공개라고 할 수도 있고, 일반공개의 가능성이 전혀 배제되어 있는 것도 아니다. 그러므로 우리의 재산등록·공개제는 전체적으로 '재산공개제도'(financial disclosure system)라고 부를 수 있다.

2) 재산공개의 필요성과 한계

(1) 필 요 성 재산공개제도의 주된 존재이유는 부패의 예방이다. 재산공개라는 강경한 조치를 채택함으로써 반부패의 확고한 결의를 표명하면 공직의 정직성에 대한 국민의 신뢰가 높아질 것이며, 따라서 선량한 공직자들이 의심받지 않고 떳떳하게 일할 수 있는 분위기를 조성하는 데 기여할 것이다. 재산공개제도는 공직과 공직자에 대한 국민의 '알 권리'를 존중하기 위해서도 필요하다.

(2) 한 계 재산공개제도는 여러 가지 난제를 안고 있는 제도이며, 끝없는 논란을 불러일으키고 있는 제도이다. 이 제도에 대한 비판을 간추려 보면 다음과 같다.

① 인재확보의 애로 이 제도가 엄격히 시행되는 경우 유능한 공직자, 특히 고위정무직 공무원들을 확보하는 데 지장을 준다.

② 불신과 사전적 처벌 이 제도는 불신관리의 표상이며 부패라는 '실제의 행위'가 아니라, 부패의 '가능성'에 사전적(事前的) 제재를 가하는 제도이다. 여기서 제재란 사생활의 침해이다.

③ 공직의 품위손상 재산공개제도의 채택은 도덕성의 과열추구라고 할 수 있다. 이러한 과잉적 조치는 오히려 공직의 품위를 떨어뜨릴 위험이 있다.[d)]

④ 사생활보호의 경시 이 제도에 적응된 공직자들은 재산공개와 같은 사생활침해의 문제를 가볍게 생각하고 국민의 사생활보호에 소극적인 태도를 보일 가능성이 있다. 무엇인가 감추어야 할 흑막이 있는 사람이나 사생활의 비밀보호를 주장하는 것이라고 생각하는 공직자들이 많아지면 곤란하다.

⑤ 형식화의 우려 이 제도의 실효성을 보장하는 데 지장을 주는 행태적·기술적 난점들이 많다. 따라서 자칫하면 의식주의(ritualism)에 빠지기 쉽고, 재산등록이 형식적인 인상관리를 위한 것으로 전락될 가능성이 있다. 이 제도가 본래의 취지대로 운영되지 못하면 공직에 대한 국민의 불신은 더욱 커질 것이다.

---

d) Manning은 이러한 위험을 지적하면서 "방탕한 선행놀이에서 우리는 품위를 잃는 것 같다"(In an orgy of virtue, we seem to lose our grip on decency)는 표현을 쓴 바 있다. Bayless Manning, "The Purity Potlatch: An Essay on Conflicts of Interest, American Government and Moral Escalation," *The Federal Bar Journal* (No. 24, 1964), p. 254.

재산공개제도는 부패가 체제화되어 있는 곳에서는 실효를 거둘 수 없고, 공직사회가 깨끗한 곳에서는 처음부터 필요가 없다고 하는 것이 이 제도를 못마땅하게 생각하는 사람들의 주장이다.

3) 재산공개제도의 내용

재산공개제도를 입안할 때 신중히 검토해야 할 주요 문제는 i) 등록· 공개의무자와 등록재산소유자의 범위를 결정하는 문제, ii) 등록재산의 범위를 결정하는 문제, 그리고 iii) 등록·심사 및 조사를 담당할 기관을 결정하고 이 제도의 실효성을 확보하기 위한 수단들을 마련하는 문제이다.

우리 정부의 공무원재산공개제도는 그러한 문제들에 대해 어떤 결정을 하고 있는지 알아보려 한다.

(1) 등록·공개의무자 등록·공개의무자의 범위를 결정할 때에는 부패의 개연성과 부패의 영향이라는 기준을 놓고 i) 관할의 크기, ii) 관장하는 예산의 크기, iii) 계급, iv) 부하직원의 수, v) 정책결정과정에서 행사하는 영향력, vi) 이권간여의 가능성 등을 종합적으로 검토하게 된다. 이에 대한 평가는 물론 나라마다의 형편에 따라 달라진다.

전체공무원을 등록·공개의무자로 규정하는 나라도 있고, 고위직 공직자만을 대상으로 하는 나라도 있다. 우리나라에서는 절충적 입장을 취하는 것으로 보인다. 정무직이나 고급공무원, 공직유관단체의 임직원, '권력기관'으로 속칭되는 특수기관의 공무원 등을 등록·공개의무자로 지정하고 있다. 「공직자윤리법」 제3조는 재산등록의무자를, 제10조와 제10조의 2는 재산공개의무자를 지정하고 있다.[e]

(2) 등록·공개재산소유자 등록의무자 또는 공개의무자가 등록하여야 할 재산을 소유하고 있는 사람의 범위는 i) 본인, ii) 배우자(사실혼관계자 포함) 및

e) 2021년에는 법을 개정하여 부동산관련업무나 그에 관한 정보를 담당하는 공직유관단체 직원들의 재산등록의무를 대폭 강화하였다. 그들이 재산등록을 할 때에는 부동산 취득의 일자와 경위, 소득원 등을 의무적으로 기재하게 하였다. 재산등록의무자의 업무관련 분야 또는 관할의 부동산을 본인 또는 그의 이해관계자가 취득하는 것을 제한할 수도 있게 했다. 한국토지주택공사 직원들이 내부정보를 이용해 벌인 부동산투기가 폭로되고 그로 인해 나라가 온통 시끄러워지자 취한 강경한 조치였다. 「공직자윤리법」 제3조 1항, 제4조 5항, 제14조의 16 참조.

iii) 직계존비속이다. 직계존비속 가운데서 외척과 출가한 여성은 제외된다. 그리고 직계존비속이더라도 부양가족(피부양자)이 아닌 경우에는 자기 소유재산의 등록· 공개를 거부할 수 있다. 거부할 때에는 사유서를 제출하고 관할공직자윤리위원회의 허가를 받아야 한다.

(3) 등록·공개재산 등록·공개하여야 할 재산은 i) 부동산에 관한 소유권·지상권 및 전세권, ii) 광업권·어업권 그 밖에 부동산에 관한 규정이 준용되는 권리, iii) 소유자별 합계액이 일정액 이상인 현금(수표 포함)·예금·주식·국공채·회사채 등 유가증권·채권·채무, 무체재산권, 금·백금, 보석류·골동품·예술품·회원권·지식재산권, iv) 자동차·건설기계·선박 및 항공기, v) 합명·합자 및 유한회사의 출자지분, vi) 주식매수선택권 등이다.

(4) 관장기관 재산을 등록하는 기관, 등록사항을 심사하는 기관, 그리고 조사기관이 구분되어 있다.

등록기관은 i) 국회, 법원, 헌법재판소, 중앙선관위의 각 사무처 또는 행정처, ii) 행정부의 각 부·처·청·국가정보원, iii) 감사원 사무처, iv) 지방자치단체, v) 지방의회, vi) 지방교육청, vii) 공직유관단체의 감독관청, 그리고 viii) 인사혁신처(위 기관들의 관할이 아닌 공직자의 재산등록)이다.

등록사항을 심사하는 기관은 국회·대법원·헌법재판소·중앙선거관리위원회·정부·지방자치단체에 설치된 공직자윤리위원회, 그리고 특별시·광역시·도 등의 교육청에 설치된 공직자윤리위원회이다. 이 위원회는 사실확인을 위해 자료제출요구·소명요구 등을 할 수 있으며, 허위등록 등의 혐의가 있다고 판단하는 경우에는 법무부장관 또는 국방부장관(군인·군무원의 경우)에게 조사를 의뢰할 수 있다.

(5) 재산등록·공개의 실효성을 확보하려는 수단 재산등록·공개의 전체적인 관리과정과 기관적 기초를 건실하게 하는 조치들이 모두 이 제도의 실효성을 확보하는 데 기여하는 것이지만, 보다 직접적인 실효성확보수단은 위에서 본 심사와 조사, 그리고 각종 처벌규정이다.

재산등록을 정당한 사유 없이 거부한 등록의무자는 1년 이하의 징역이나 1천만원 이하의 벌금형에 처한다. 이 밖에 형사처벌대상으로 주식백지신탁 거부의 죄,

재산등록사항누설죄, 무허가 열람·복사의 죄, 윤리위로부터 받은 출석요구를 거부한 출석거부의 죄, 윤리위로부터 사실조회 등을 요구받고 허위자료를 제출하거나 허위보고한 기관의 장을 처벌하는 거짓 자료 제출 등의 죄가 규정되어 있다.

허위등록행위에 대해서는 형사처벌이 아닌 행정벌이나 징계 등으로 제재하게 되어 있다. 윤리위원회가 허위등록 등의 혐의가 있다고 판단하는 경우에는 사안에 따라 경고 및 시정조치, 과태료부과, 징계요구 등의 조치를 취한다. 등록거부, 등록업무종사자의 등록사항누설 등에 대해서는 징계와 형사처벌이 함께 적용될 수 있다.

2. 병역사항의 신고와 공개

우리 정부에서는 공직자들의 병역사항을 신고하게 하여 이를 공개하고 있다. 「공직자 등의 병역사항 신고 및 공개에 관한 법률」이 규정하는 이 제도는 부정한 방법으로 병역을 면하거나 그에 관련해 부패를 저지르지 못하게 하려는 취지의 제도이다.

병역사항신고의무자의 범위는 재산등록의무자의 범위와 대체로 일치한다. 신고의무자는 본인과 18세 이상인 직계비속의 병역처분·군복무사실·병역면제 등에 관한 사항을 소속기관에 신고해야 한다. 신고를 받은 소속기관의 장은 신고내용을 병무청에 통고한다. 병무청은 신고내용을 관보와 병무청의 인터넷 홈페이지에 게재하여 공개한다.

3. 선물신고

「공직자윤리법」은 공직자들이 받은 선물을 신고하도록 규정한다. 공무원 또는 공직유관단체의 임직원과 그 가족이 외국 또는 그 직무와 관련하여 외국인(외국단체 포함)으로부터 일정한 가액 이상의 선물을 받은 때에는 지체 없이 소속기관·단체의 장에게 신고하고 당해 선물을 인도하여야 한다. 이와 같이 신고된 선물은 즉시 국고에 귀속시킨다. 선물신고를 게을리한 사람은 징계의 대상이 된다.

4. 퇴직공직자의 취업제한

「공직자윤리법」은 퇴직공직자의 취업제한을 규정하고 구체적인 시행사항의 규정은 대통령령에 위임하고 있다.

대통령령으로 지정하는 직급 또는 직무분야에 종사하였던 공무원과 공직유관단체의 임·직원 등 취업심사대상자는 퇴직일로부터 3년간 퇴직 전 5년 동안 소속하였던 부서 또는 기관의 업무와 밀접한 관련이 있는 일정규모 이상의 영리사기업체 또는 영리사기업체의 공동이익과 상호협력을 위하여 설립된 법인·단체, 법무법인, 회계법인, 세무법인, 외국법자문법률사무소, 시장형 공기업, 학교법인, 의료법인, 사회복지법인 등 취업제한기관에 취업하지 못한다. 취업심사대상자의 범위는 공직자재산등록의무자의 범위와 같다. 그러나 관할 공직자윤리위원회의 승인을 받은 사람은 취업할 수 있다. 취업제한규정을 위반하여 퇴직공직자가 취업제한기관에 취업한 때에는 형사처벌한다.

취업제한제도의 취지는 공직자들이 퇴직 후 유관기업체에 유리한 조건으로 취업하기 위해 재직중 특정한 업체에 부당한 혜택을 주는 행위를 예방하는 것, 그리고 영리업체 등에 취업하여 공직에 있을 때의 연고관계나 정보를 악용하지 못하게 하는 것이다. 그러나 이 제도는 직업선택의 자유를 제한한다는 헌법논쟁을 불러일으킬 수 있는 문제를 안고 있다.

5. 주식백지신탁

「공직자윤리법」은 주식백지신탁제도를 규정한다. 주식백지신탁제도는 고위공직자가 직위 또는 직무상 알게 된 정보를 이용하여 주식거래를 하거나 주가에 영향을 미쳐 부정하게 재산을 증식하는 것을 방지하려는 제도이다. 주식의 운영을 수탁기관에 일임하고 위탁자는 그에 관여하지 못하기 때문에 '백지신탁'(백지위임: blind trust)이라는 말을 쓴다.

이 제도의 적용대상자는 재산공개대상자와 기획재정부 및 금융위원회 소속 공무원 중 대통령령이 정하는 본인과 그 이해관계자이다. 이들이 1천만원 이상 5

천만원 이하의 범위 안에서 대통령령이 정하는 금액을 초과하는 주식을 보유한 경우에는 이를 매각하거나 신탁재산의 관리·운용·처분에 관한 권한을 수탁기관에 위임하는 주식백지신탁계약을 체결해야 한다. 위탁자는 신탁된 주식의 관리·운용·처분에 관여하지 못한다. 그러나 주식백지신탁심사위원회가 직무관련성이 없다고 결정한 경우에는 소유주식의 매각·신탁의무가 없다. 신탁계약을 체결한 공직자는 그 계약이 해지될 때까지 주식을 새로 취득할 수 없다.

Ⅳ. 징 계

1. 징계란 무엇인가?

1) 징계의 정의

징계(懲戒: disciplinary action)는 그릇된 행동을 하는 공무원들에게 제재를 가하여 그들의 잘못된 행동성향을 교정하고, 극단적인 경우에는 행동규범위반자를 조직으로부터 도태시킴으로써 조직을 보호하려는 인사행정활동이다. 징계에 쓰이는 수단은 원칙적으로 사후적·강제적·소극적 유인(불이익 또는 제재)이다.

징계는 사후적 제재에 의존하지만 그것이 지니는 예방적 기능도 간과해서는 안 된다. 징계권발동의 가능성은 그릇된 행동의 예방에 상당히 강력한 작용을 할 수 있다. 그리고 징계가 소극적 유인을 사용하지만 처벌이나 불이익처분 그 자체가 징계의 목적인 것은 아니다. 불이익처분은 오히려 그릇된 공무원의 행태를 교정하려는 적극적 목적의 달성을 위해 쓰는 수단으로 이해하여야 한다. 예방적 징계·적극적 징계의 발전은 현대인사행정의 중요과제이다.[5)]

징계에 의한 제재의 시행은 시정하려는 행동에 결부되어야 하며 즉각적으로 충분히 강력하게, 일관성 있고 공정하며 정보를 전달하는 방법으로 해야 한다.[f)]

---

f) 이러한 요건 또는 원칙을 '뜨거운 난로의 법칙'(hot stove rule)이라 한다.

2) 징계 이전의 예방적·교정적 노력

징계라는 처벌은 대상자뿐만 아니라 그 감독자, 그리고 조직에 모두 고통과 손실을 줄 수 있는 부득이한 조치이다. 징계는 공무원이 행동규범을 준수하도록 촉진하는 여러 가지 활동 가운데 하나이며, 마지막으로 의존해야 할 수단이다. 그러므로 징계절차를 발동하기 전에 공무원의 사기를 진작하고, 그들의 자율규제를 촉진하는 활동을 통해 공무원의 그릇된 행동이 나타나지 않도록 예방하는 데 주력해야 할 것이다.

그릇된 행동이 나타난 다음에도 그 원인을 제거하는 등 징계 이외의 방법으로 교정할 수 있는 길을 최대한으로 모색하여야 한다. 과거행동의 처벌보다는 미래행동의 개선을 강조하는 교정적 노력을 해야 한다. 이를 위해서는 감독자가 행동규범위반자와 문제에 대해 터놓고 이야기하고 양자의 합의 하에 개선목표를 설정한 다음 이를 달성하도록 독려해야 한다. 그리고 면밀한 감독, 특별한 훈련, 배치전환, 인사상담, 반성의 시간을 갖도록 하기 위한 휴가의 실시 등 부수조치를 해야 한다.[g]

부득이 징계를 하게 되는 경우에도 다른 시정조치가 필요하다면 그것을 함께 해야 할 것이다. 그리고 징계처분의 효과가 다른 인사활동의 효과를 감쇄하지 않도록 조심해야 한다.

3) 징계와 신분보장

징계의 필요와 신분보장의 필요는 서로 충돌되기 때문에 양자를 적정하게 조정하는 문제가 제기된다. 신분보장의 일반원칙에도 불구하고 잘못을 저지른 공무원들은 징계하지 않을 수 없다. 그러나 징계가 남용되면 신분보장을 부당하게 침해하여 당사자인 공무원과 정부조직에 다 같이 해를 끼치게 된다. 징계와 신분보장의 요청을 적정한 수준에서 조정하고 그 기준을 엄격하게 규정할 필요가 있

---

g) 주의환기, 서면경고, 반성시간을 갖게 하려는 휴가명령 등 징계에 앞선 교정적 노력을 '비처벌적 징계'(non-punitive discipline; discipline without punishment)라고 부르는 사람들도 있다. Gary Dessler, *Fundamentals of Human Resource Management,* 2nd ed. (Pearson, 2012), p. 293.

다. 이러한 필요 때문에 징계의 요건과 효과 및 절차를 법제화하게 된다.[h)]

우리 정부에서는 「국가공무원법」, 「공무원징계령」, 「공무원징계령 시행규칙」, 그리고 「소청절차규정」이 징계의 사유·종류·결정기관과 절차, 소청절차 등을 규정하고 있다.

2. 징계사유

징계사유란 징계처분의 대상 또는 원인이 되는 행동의 종류를 말한다. 징계문제의 발생은 일차적으로 해당 공무원의 잘못 때문이지만, 감독자의 잘못된 감독, 그리고 조직의 부당한 정책도 징계사유발생을 유도 또는 조장할 수 있다. 징계사유의 구체적인 내용은 매우 다양하며, 징계사유 간에는 경중의 차등이 있다. 징계사유에는 시효(時效)가 적용되는 것이 원칙이다.

자의적인 징계권발동을 억제하기 위해서는 징계사유를 엄격하게 규정할 필요가 있다. 징계사유에 관한 규정은 징계의 한계와 신분보장의 한계를 동시에 결정해 주는 것이다. 이러한 한계를 구체적으로 어디에 설정하느냐 하는 것은 나라마다의 형편에 따라 결정할 문제이다.

「국가공무원법」 제78조는 징계사유를 ⅰ) 이 법 및 이 법에 따른 명령을 위반한 경우, ⅱ) 직무 상의 의무를 위반하거나 직무를 태만히 한 때, 그리고 ⅲ) 직무의 내외를 불문하고 그 체면 또는 위신을 손상하는 행위를 한 때라고 규정한다.[i)] 이러한 징계사유의 규정은 한정적·나열적인 것이기보다 포괄적이라고 할 수 있다. 징계사유의 규정에서는 잘못이 있는 사람만 징계로써 다스려야 한다는 정도의 일반적인 제약을 설정하고 있을 뿐이므로, 징계사유의 규정이 엄격하여 필요한 징계를 하지 못한다는 말을 할 수는 없을 것이다. 반면 징계의 남용 또는 형평성상실의 가능성은 크다고 해야 할 것이다.

---

h) 신분보장의 필요성과 그 한계에 대해서는 제4장 제2절에서 설명하였다.

i) 징계사유에는 시효가 적용된다. 징계의결 등의 요구는 징계 등의 사유가 발생한 날로부터 3년(금품 및 향응수수, 공금의 횡령·배임·절도·사기·유용의 경우에는 5년)을 경과한 때에는 이를 행하지 못한다. 「국가공무원법」 제83조의 2.

3. 징계처분

1) 징계처분의 종류

징계처분의 종류란 징계에서 적용하는 수단의 종류를 말한다. 징계의 남용을 막기 위해서는 징계사유뿐만 아니라 징계처분의 종류와 내용도 명확하게 규정해 두어야 한다. 징계처분으로 사용될 수 있는 처벌 내지 제재의 종류는 여러 가지이다. 우리나라 「국가공무원법」 제79조와 제80조에서 정한 징계처분의 종류는 ⅰ) 파면, ⅱ) 해임, ⅲ) 강등, ⅳ) 정직, ⅴ) 감봉, ⅵ) 견책 등 여섯 가지이다. 파면, 해임, 강등과 정직은 중징계라 하고 감봉과 견책은 경징계라 한다. 이러한 징계처분의 효력은 다음과 같다.

(1) 파　면　　파면(罷免)은 공무원을 강제로 퇴직시키는 처분이다. 파면의 효력은 강제퇴직에 국한되지 않는다. 파면된 사람은 5년 동안 공무원으로 임용될 수 없으며 연금급여의 제한을 받는다.

(2) 해　임　　해임(解任)도 공무원을 강제퇴직시키는 것이지만, 그 효과가 파면의 경우보다는 가벼운 처분이다. 해임의 경우 연금법 상의 불이익은 파면의 경우보다 적으며,[j] 공무원으로 다시 임용되지 못하는 기간도 3년이어서 파면의 경우보다는 짧다.

(3) 강　등　　강등(降等)은 1계급 아래로 직급을 내리고[k] 공무원의 신분은 보유하게 하지만 3개월간 직무에 종사하지 못하게 하며 그 기간 중 보수의 전액을 감하는 처분이다.

(4) 정　직　　정직(停職)은 직무수행을 정지시키는 처분이다. 정직처분을 받은 사람은 그 정직기간 중 공무원의 신분은 보유하지만 직무에 종사하지 못한다. 정직의 기간은 1개월 이상 3개월 이하이다. 정직기간 중에는 보수의 전액을

---

j) 해임의 경우 징계사유가 금품 및 향응수수, 공금의 횡령·유용인 때에만 퇴직급여와 퇴직수당의 일부를 감액하여 지급한다. 「공무원연금법」 제64조.

k) 고위공무원은 3급으로 임용하고, 연구관과 지도관은 연구사와 지도사로 하며, 외무공무원은 직무등급을 1등급 아래로 내리고, 교육공무원은 동종의 직무 내에서 하위의 직위에 임명한다. 계급을 구분하지 않는 공무원과 임기제공무원에 대해서는 강등을 적용하지 않는다.

감한다.

(5) 감 봉 감봉(減俸)은 1개월 이상 3개월 이하의 기간 보수의 3분의 1을 감하는 처분이다.

(6) 견 책 견책(譴責)은 저지른 과오(전과: 前過)에 대하여 훈계하고 회개하게 하는 처분이다. 일상의 근무과정에서 비공식적으로 꾸지람을 하는 일이 모두 여기서 말하는 견책으로 되는 것은 아니다. 공식적인 징계절차를 거쳐 훈계하고 그 사실을 인사기록에 남길 때 징계처분인 견책이 되는 것이다.

강등·정직·감봉·견책의 처분을 받은 공무원은 처분이 있은 날 또는 처분의 집행이 끝난 날로부터 일정한 기간 승진되거나 승급되지 못한다. 징계처분을 받은 후 직무수행 상의 공적으로 포상 등을 받은 공무원에 대하여는 승진 또는 승급의 제한기간을 단축하거나 면제할 수 있다.

징계사유가 금품 및 향응 수수(授受), 공금의 횡령·배임·절도·사기·유용인 경우에는 해당 징계 외에 불법행위로 제공하거나 취득한 금전 또는 재산상 이득의 5배 내의 징계부과금을 부과할 수 있다. 2010년의 「국가공무원법」 개정으로 이 제도를 도입한 뒤부터 법령에서는 징계와 징계부과금을 함께 지칭할 때 '징계 등'이라는 용어를 사용하고 있다. 다음의 징계절차 논의에서는 '징계'나 '징계 등'을 같은 뜻으로 쓸 때가 있을 것이다.

2) 징계처분과 비슷하게 쓰일 수 있는 처분

인사행정의 실제를 보면 여섯 가지 징계처분 이외에도 징계제도의 밖에서 사실상 징계와 같은 목적에 흔히 쓰이고 있는 인사처분들이 있다. 그 중 중요한 것은 직위해제·좌천·권고사직 등이다. 직위해제는 법으로 정한 제도이며 좌천과 권고사직은 비공식적인 관행에 붙인 이름이다. 이러한 처분들이 징계에 갈음하여 남용되는 경우, 신분보장의 질서가 크게 교란된다.

(1) 직위해제 직위해제의 사유에 해당하는 사람은 i) 직무수행능력이 부족하거나 근무성적이 극히 나쁜 자, ii) 파면·해임·강등 또는 정직에 해당하는 징계의결이 요구중인 자, iii) 형사사건으로 기소된 자, iv) 고위공무원단에 속하는 일반직공무원으로서 근무성적이 불량하거나 정당한 사유 없이 1년 이상 직위

를 부여받지 못했다는 등의 이유로 적격심사를 요구받은 자, 그리고 v) 금품비위, 성범죄 등의 비위행위로 조사나 수사를 받고 있는 자로서 비위의 정도가 중대하고 그로 인해 정상적인 업무수행을 기대하기 현저히 어려운 자이다. 이러한 사유가 소멸된 때에는 지체 없이 직위를 부여하도록 되어 있다. 직위해제된 자에게는 3개월 이내의 대기명령을 내린다. 대기명령을 받은 자에게는 능력회복이나 근무성적 향상을 위한 교육훈련을 실시하거나 특별한 연구과제를 부여하는 등 필요한 조치를 취한다.6)

(2) 좌 천 「국가공무원법」 상의 전보는 본래 징계의 목적에 활용하려는 제도가 아니다. 그럼에도 불구하고 나쁜 자리(계급은 같더라도 실질적인 위상이 비교적 낮은 자리)로 옮기는 전보, 즉 좌천(左遷)이 사실상 징계의 목적에 흔히 쓰이고 있다. 좌천은 잘못을 저지른 공무원에게 불이익을 주거나 근신할 기회를 주기 위한 수단이 될 수 있다. 그러나 좌천은 '눈 밖에 난' 사람의 자발적인 퇴직을 유도하기 위한 수단으로 쓰이기도 한다.[1]

(3) 권고사직 법적 제도는 아니지만 권고사직이라고 속칭되는 인사조치가 있다. 권고사직이란 자발적 퇴직의 형식을 빌린 사실상의 강제퇴직을 말한다. 권고사직의 사례가 파면이나 해임의 사례보다 훨씬 많은 것으로 판단된다. 파면시켜야 할 사람을 권고사직시킴으로써 파면처분의 가혹한 효과를 모면케 하는 일이 흔한가 하면, 파면당할 만한 잘못이 없는 사람들도 권고사직의 희생이 되는 사례가 없지 않은 것 같다.

---

1) 관리·감독자들은 옥신각신하고 성가신 일들이 많은 징계절차를 피하기 위해 다른 쉬운 방법을 찾으려는 경향이 있다. 그 대표적인 수단이 좌천이다. 그런 경향은 어느 나라에서나 볼 수 있다. 미국에서는 무능하거나 말썽많은 직원을 보내는 한직(閑職: 일도 적고 책임도 별로 없는 부서)을 '칠면조 농장'(turkey farm)이라 부르기도 한다. 칠면조는 가축 중에서 제일 우둔한 얼간이라고 한다. Jay M. Shafritz, E. W. Russell and Christopher P. Borick, *Introducing Public Administration*, 6th ed.(Pearson Longman, 2009), p. 431.

4. 징계의 결정과 집행

징계권자는 징계사유에 해당되는 잘못을 저지른 공무원에 대해 징계처분을 결정하여 집행한다. 징계결정에 관해 중요한 문제가 되는 것은 결정기관과 결정절차이다.7)

1) 징계결정기관

징계결정기관을 구성하는 데는 여러 가지 대안이 있을 수 있다. 징계결정기관 구성의 모형에는 i) 임명권자나 그 밖의 감독자가 단독으로 징계결정을 하게 하는 것, ii) 인사운영기관에서 결정하게 하는 것, iii) 각 기관에 따로 설치된 합의제기관에서 결정하게 하는 것, iv) 중앙인사기관에서 결정하게 하는 것 등이 있다.

우리 정부에서는 징계권의 남용을 억제하기 위해 합의제기관에서 징계의결을 하도록 하고 있다. 징계의결을 요구하고 징계결정을 집행하는 일은 각급 행정기관의 처분권자 또는 처분제청권자가 행한다. 징계를 결정하는 합의제기관을 징계위원회라 부른다. 징계위원회는 중앙징계위원회와 보통징계위원회로 구분된다. 중앙징계위원회는 국무총리소속 하에 두고 있다. 이 위원회는 위원장 1명을 포함하여 17명 이상 33명 이하의 공무원위원과 민간위원으로 구성한다. 민간위원의 수는 위원장을 제외한 위원 수의 2분의 1 이상이어야 한다. 위원장은 중앙인사관장기관의 장이 맡는다.

중앙징계위원회가 심의·의결하는 징계등사건은 i) 고위공무원단에 속하는 공무원과 5급 이상 공무원 등에 대한 징계 등 사건, ii) 다른 법령에 따라 중앙징계위원회에서 의결하는 특정직공무원에 대한 징계 등 사건, iii) 대통령 또는 국무총리의 명에 따른 감사 결과 국무총리가 징계 등의 의결을 요구한 6급 이하 공무원 등에 대한 징계 등 사건, 그리고 iv) 중앙행정기관 소속의 6급 이하 공무원 등에 대한 중징계 등 사건이다.

보통징계위원회는 중앙행정기관에 설치한다. 중앙행정기관의 장이 필요하다고 인정할 때에는 그 소속기관에도 설치할 수 있다. 보통징계위원회는 위원장 1

명을 포함하여 9명 이상 15명 이하의 공무원위원과 민간위원으로 구성한다. 민간위원의 수는 위원장을 제외한 위원 수의 2분의 1 이상이어야 한다. 보통징계위원회의 위원장은 해당 위원회 설치기관의 장의 다음 순위인 사람이 된다. 보통징계위원회는 6급 이하 공무원 등에 대한 징계 등 사건을 심의·의결한다.

2) 징계절차

국무총리 또는 각급 행정기관의 장(처분권자 또는 처분제청권자)이 관할징계위원회에 징계의결(징계의결 등)을 요구함으로써 징계절차는 개시된다. 각급 징계위원회는 징계의결요구서를 접수한 날로부터 30일(중앙징계위원회의 경우는 60일) 이내에 징계에 관한 의결을 해야 한다. 각급 징계위원회에서 징계사건(징계 등 사건)을 심의할 때에는 직권으로 징계혐의자와 증인 등을 출석시켜 심문할 수 있다. 징계혐의자도 징계위원회에 출석하여 진술하고 증거를 제출하며 증인의 심문을 신청할 수 있다.

각급 징계위원회가 징계의결을 할 때에는 징계혐의자의 평소 행실, 근무성적, 공적, 뉘우침의 정도, 징계 등 요구의 내용, 그 밖의 정상을 참작하여야 한다. 훈장 또는 포장을 받은 공적, 국무총리 이상의 표창을 받은 공적, 그리고 모범공무원으로 선발된 공적 등이 있는 사람에 대한 징계를 감경할 수 있다. 적극적·창의적 임무수행을 위해 노력하다가 저지른 비위에 대해서는 그것이 고의나 중과실로 인한 것이 아니면 징계를 면제한다. 이 참작사유는 공무원들의 적극행정을 장려하기 위한 것이다.

징계위원회가 징계의결을 하면 이를 곧 징계의결요구자와 징계처분권자(징계요구자와 처분권자가 다른 경우)에게 통보한다. 통보를 받은 징계처분권자는 이를 15일 이내에 집행하고, 그 사유를 징계대상자에게 통고한다. 징계의결에 불복하는 징계요구자는 재심 또는 상급징계위원회의 심사를 요구할 수 있으며, 징계혐의자는 소청을 제기할 수 있다.

5. 소청심사제도

1) 소청심사제도의 정의

소청심사제도(訴請審査制度)는 징계처분이나 강임·휴직·직위해제·면직 등 본인의 의사에 반하는 불이익처분(불리한 처분이나 부작위)을 받은 공무원이 그에 불복하여 이의를 제기하는 경우, 이를 심사하여 구제하는 제도이다. 소청심사제도는 본인의 의사에 반하는 불이익처분에 대한 이의제기 내지 재심청구를 대상으로 한다. 여기서 말하는 '처분'에는 적극적인 처분뿐만 아니라 거부처분과 부작위로 인한 불이익발생도 포함한다.

소청심사제도는 일종의 행정심판제도로서 사법보충적 기능을 통해 공무원의 권리를 구제해 주려는 제도이다. 소청심사는 행정소송을 제기하기에 앞서 반드시 거쳐야 하는 전심절차(前審節次)이다.

부당한 인사처분을 시정하여 공무원의 권익을 보호하려는 것이 소청심사제도의 일차적인 목적이지만, 그로부터 파생되는 여러 가지 효과를 기대할 수 있다. 파생적 효과 가운데서 가장 중요한 것은 인사권자들의 자기규제와 자율통제를 촉진하는 효과라 할 수 있다. 소청심사의 가능성은 인사권자들이 조심스럽게 행동하도록 만들 것이기 때문이다.

소청심사제도의 구체적인 모습은 나라마다 다를 수 있다. 여기서는 우리나라 제도의 개요만을 소개하려 한다.[8)]

2) 소청심사기관

행정부의 주된 소청심사기관은 중앙인사관장기관에 설치되어 있는 소청심사위원회이다. 입법부, 사법부, 헌법재판소, 중앙선거관리위원회 등에도 소청심사위원회가 설치되어 있다.

행정부의 중앙인사관장기관에 설치된 소청심사위원회의 심의결정기구는 정무직으로 보하는 위원장 1명을 포함한 5명 이상 7명 이하의 상임위원과 상임위원 수의 2분의 1 이상인 비상임위원으로 구성한다. 이들은 대통령이 임명한다. 상임위원은 다른 직무를 겸할 수 없다. 정당원이나 공직선거에 후보자로 등록한 사람은 소청심사위원이 될 수 없다.

소청의 중립적이고 공정한 심사를 보장하기 위해 위원의 임기·신분보장·겸직금직·자격 등에 관한 법적 장치를 만들어 두고 있다. 그러나 짧은 임기, 중립적 활동을 뒷받침해 주지 못하는 위원들 자신의 전력과 장래의 직업계획, 그리고 조직문화 탓인지 소청심사위원회는 중립적인 권리구제자로서의 신망을 확립하지 못하고 있다. 징계결정권자 쪽으로 치우친 편향을 보인다는 비판을 받아왔다.

3) 소청심사절차

소청심사절차는 ⅰ) 심사의 청구, ⅱ) 변명자료의 요구, ⅲ) 사실조사, ⅳ) 심사, ⅴ) 결정, ⅵ) 재심 등 단계별 활동을 포함한다.

(1) 심사의 청구 징계등처분이나 강임·휴직·직위해제·면직처분의 설명서를 받은 공무원이 처분에 대해 불복할 때에는 그 설명서를 받은 날로부터 30일 이내에 소청심사위원회에 심사를 청구할 수 있다.[m] 심사청구는 변호사를 대리인으로 하여 할 수도 있다.

(2) 변명자료 요구와 사실조사 소청심사위원회가 소청심사의 청구를 받았을 때에는 그 사실을 피소청인(처분청 또는 제청기관)에게 통보하고, 필요한 변명자료를 제출하도록 요구한다. 소청심사위원회가 소청심사에 필요한 경우에는 검증·감정 그 밖의 사실조사를 하고, 당사자 또는 증인을 소환하여 질문하거나 관계서류를 제출받아 검토할 수 있다.

(3) 심사와 결정 사실조사와 참고자료수집이 끝나면 소청을 심사하게 된다. 소청의 심사에서는 당사자의 출석과 진술, 서면에 의한 의견진술, 증거조사청구 등이 보장된다. 소청인 또는 그 대리인은 소청심사에 참석하여 진술하는 권리를 갖는다. 소청인에게 진술할 기회를 주지 않은 위원회의 결정은 무효이다.

소청심사위원회는 임시결정(가결정: 假決定)을 한 경우를 제외하고는 심사청

m) 징계등처분, 강임, 휴직, 직위해제, 면직 이외의 불이익처분에 대해서는 처분이 있은 것을 안 날부터 30일 이내에 심사청구를 할 수 있다.

구를 받은 날로부터 60일 이내에 그에 대한 결정을 해야 한다. 불가피한 경우에는 위원회의 의결로 30일을 연장할 수 있다.n)

위원회의 결정은 그 이유를 명시한 결정서로 해야 한다. 위원회의 결정서는 소청인과 피소청인에게 송부한다. 감사원의 요구에 따라 파면된 사건에 대한 소청결정은 감사원에도 통보한다. 위원회의 결정은 처분행정청을 기속한다. 위원회의 결정은 각하, 기각, 인용결정(認容決定), 임시결정 등 여러 가지이다.o)

소청심사위원회의 결정에 불복하는 소청인은 처분청을 피고로 행정소송을 제기할 수 있다.

6. 징계기록말소제도

징계기록말소제도는 징계처분을 받은 공무원이 일정기간 잘못 없이 근무한 경우에 인사기록과 성과기록에서 징계기록을 말소하는 제도이다. 이 제도의 취지는 징계의 비공식적·사회적 효과가 오래 지속되어 징계처분을 받은 공무원이 부당하게 입는 피해를 방지하려는 것이다. 다음에 우리 정부에서 시행해 온 이 제도의 개요를 소개하려 한다.9)

1) 기록말소의 대상

임용권자 또는 임용제청권자는 징계처분을 받은 공무원이 일정한 기간 징계 등 처벌을 받지 않고 근무한 때에는 해당 공무원의 인사기록 및 성과기록에서 징계처분의 기록을 말소해야 한다. 일정한 기간의 경과란 징계처분을 받고 그 집행이 끝난 날로부터 강등은 9년, 정직은 7년, 감봉은 5년, 견책은 3년이 경과한 것

---

n) 임시결정이란 파면, 해임, 직권면직처분의 취소·변경을 청구하는 소청을 접수한 때에 소청대상인 처분이 취소 또는 변경될 가능성이 크고, 후임자보충을 유예시킬 필요가 있다고 판단해서 해당 사건의 결정이 있을 때까지 후임자보충을 유예하도록 결정하는 것을 말한다.

o) 각하는 소청제기의 형식요건을 갖추지 못한 경우(소청제기 기간의 경과, 소청관할 위반 등 소청의 제기가 부적법한 경우) 본안심사를 거부하는 것이다. 기각은 본안심사결과 신청인의 주장을 받아들이지 않는 것이다. 인용결정은 본안심사결과 신청인의 청구가 이유 있다고 인정하여 원처분의 취소·변경, 원처분의 무효 또는 부존재 확인, 위법 또는 부당한 거부처분이나 부작위에 대한 의무이행 등을 명하는 결정이다.

을 말한다.[p]

징계처분에 대한 일반사면이 있을 때에도 징계기록을 말소한다. 소청심사위원회나 법원에서 징계처분의 무효 또는 취소의 결정 또는 판결이 확정된 때에도 징계기록을 말소하게 되는데, 이 경우는 징계처분의 집행이 있은 다음의 기록말소와는 다르다. 징계 자체가 없는 것으로 되어 그 기록을 지우는 것이기 때문이다.

2) 기록말소의 방법

말소의무자(임용권자 또는 임용제청권자)는 징계기록을 말소할 사유가 발생한 날로부터 14일 이내에 말소대상자에게 말소사실이 통보될 수 있도록 징계기록을 말소하고, 이를 말소기록관리대장에 정리한다.

징계처분의 집행이 있은 후 일정기간이 경과한 경우의 말소는 인사기록 및 성과기록의 해당처분기록란에 말소된 사실을 표기하는 방법에 의한다. 그러나 징계처분이 무효 또는 취소로 확정된 경우에는 인사기록 및 성과기록의 해당란을 삭제하여 징계기록이 나타나지 않게 하는 방법으로 말소한다.

3) 기록말소의 효과

징계기록이 말소되어도 유효했던 징계처분의 공식적 효력으로 인한 불이익이 소급해서 무효화되거나 원상회복되는 것은 아니다. 장래에 징계효과가 연장되어 인사 상의 불이익을 받는 일이 없도록 하는 효과를 기대할 뿐이다. 장래에 징계효과가 연장되지 않게 한다는 것은 인사 상의 각종 결정에서 말소된 징계 등은 없었던 것으로 간주한다는 뜻이다. 그러나 소청심사위원회 또는 법원에서 징계처분의 무효 또는 취소를 결정했기 때문에 하는 징계기록말소는 징계사실이 없었음을 확인하는 절차라고 보아야 한다.

---

p) 직위해제는 징계처분이 아니지만 징계의 경우와 비슷한 불이익이 따른다고 본 탓인지 그에 대한 기록말소의 길을 열어두고 있다. 직위해제처분의 집행이 종료된 때로부터 2년이 경과하거나 소청심사위원회의 결정 또는 법원의 판결에 의해 직위해제처분의 무효 또는 취소가 확정된 때에는 그 기록을 말소한다.

후 주

제 1 장 제 1 절

1) 오석홍, 행정학, 제 7 판(박영사, 2016), 95~99쪽; Hal G. Rainey *et al.*, "Comparing Public and Private Organizations," *Public Administration Review* (Vol. 36, No. 2, Mar./Apr. 1976), pp. 233~241; Robert B. Denhardt and Janet V. Denhardt, *Public Administration: An Action Orientation*, 6th ed.(Thomson Wadsworth, 2009), pp. 4~8; Dennis L. Dresang, *Personnel Management in Government Agencies and Nonprofit Organizations*, 6th ed.(Routledge, 2017, pp. 3~9.
2) William G. Torpey, *Public Personnel Management* (D. Van Nostrand, 1953), pp. 10~12; Jay M. Shafritz, E. W. Russell and Christopher P. Borick, *Introducing Public Administration*, 7th ed.(Pearson Longman, 2011), pp. 412~415.

제 2 절

1) Dennis L. Dresang, *Personnel Management in Government Agencies and Nonprofit Organizations*, 6th ed. (Routledge, 2017, pp. 7~9.
2) Morstein-Marx, *The Administrative State* (University of Chicago Press, 1957), pp. 54~72.
3) Morse, Paper Presentation for Center for Public Service, Texas Tech University, April 18, 1979.
4) Henry, *Public Administration and Public Affairs*, 13th ed.(Routledge, 2018), pp. 294~334.
5) F. Nigro and L. Nigro, *The New Public Personnel Administration*, 3rd ed.(F. E. Peacock, 1986), pp. 2~4 and 4th ed.(1994), pp. 17~47.
6) Loverd and Pavlak, "The Historical Development of the American Civil Service," Jack Rabin *et al.*, eds., *Handbook on Public Personnel Administration and Labor Relations* (Marcel Dekker, 1983), pp. 3~23.
7) Milakovich and Gordon, *Public Administration in America*, 9th ed.(Thomson, 2007), p. 305.
8) Leonard D. White, *The Federalists* (Macmillan, 1948), *The Jeffersonians* (Macmillan, 1951), *The Jacksonians* (Macmillan, 1954), *The Republican Era* (Macmillan, 1958); Carl R. Fish, *The Civil Service and the Patronage* (Harvard University Press, 1904); Paul P. Van Riper, *History of the United States Civil Service* (Evanston, Row, Peterson, 1958); Herbert Kaufman, "The Growth of the Federal Personnel System," Sixth American Assembly, *The Federal Government Service: Its Character, Prestige, and Problems* (Columbia University, Graduate School of Business, 1954); J. M. Shafritz *et al.*, *Personnel Management in Government. Politics and Process,* 3rd ed.(Marcel Dekker, 1986), pp. 3~56.
9) O. Glenn Stahl, *Public Personnel Administration*, 8th ed.(Harper & Row, 1983), pp. 34~43; Phillip J. Cooper *et al.*, *Public Administration for the Twenty-First Century* (Harcourt Brace, 1998), p. 266; Jay M. Shafritz, E. W. Russell and Christopher P. Borick, *Introducing Public Administration*, 7th ed. (Pearson Longman, 2011), pp. 407~412.
10) Patricia W. Ingraham *et al.*, "People and Performance: Challenges for the Future Public Service," *Public Administration Review* (Vol. 60, No. 1, January/February 2000), pp. 54~59.

11) Cole Blease Graham, Jr., "Equal Employment Opportunity and Affirmative Action: Policies, Techniques, and Controversies," in Steven W. Hays and Richard C. Kearney(eds.), *Public Personnel Administration: Problems and Prospects*, 2nd ed.(Prentice-Hall, 1990), pp. 177~193; Lloyd Nigro, Felix Nigro, and J. Edward Kellough, *The New Public Personnel Administration*, 6th ed.(Thomson Wadsworth, 2007), pp. 249~273; David H. Rosenbloom, Robert S. Kravchuk and Richard M. Clerkin, *Public Administration: Understanding Management, Politics, and Law in the Public Sector*, 7th ed.(McGraw-Hill, 2009), pp. 233~242; Meraiah Foley and Sue Williamson, "Managerial Perspectives on Implicit Bias, Affirmative Action, and Merit", *PAR*(Vol. 79, Iss. 1, Jan/'Fab. 2019), pp. 35~45.

12) Chon-Kyun Kim, "Representation and Policy Outputs: Examining the Linkage between Passive and Active Representation," *Public Personnel Management* (Vo. 32, No. 4, Winter 2003), pp. 549~557.

13) George Berkley and John Rouse, *The Craft of Public Administration*, 8th ed.(Mc\Graw-Hill, 2000), p. 151.

14) Nigro and Nigro, 4th ed., *op. cit.*, pp. 41~44; Paul Sparrow and Mick Marchington, "Introduction: Is HRM in Crisis?" Mike Emmott and Sue Hutchinson, "Employment Flexibility: Threat or Promise?" in Sparrow and Marchington(eds.), *Human Resource Management: The New Agenda* (Financial Times, 1998), pp. 17~20 and 229~244; Celia Stanworth, "Flexible Working Patterns," Diana Winstanley and Jean Woodall(eds.), *Ethical Issues in Contemporary Human Resource Management* (St. Martin's Press, 2000), pp. 137~152; Robert B. Denhardt and Janet V. Denhardt, *Public Administration: An Action Orientation, 6th ed.*(Thomson Wadsworth, 2009), pp. 290~292.

15) Frederick C. Mosher, "Career and Career Services in the Public Service," *Public Personnel Review* (Vol. 24, No. 1, January 1963), pp. 46~51; Commission of Inquiry on Public Service Personnel, Social Science Research Council, *Better Government Personnel* (McGraw-Hill, 1935); Nigro and Nigro, 3rd ed., *op. cit.*, pp. 90~111; Norman J. Powell, *Personnel Administration in Government* (Prentice-Hall, 1956), pp. 378~379.

16) Stahl, *op. cit.*, pp. 175~176; N. Joseph Cayer, *Managing Human Resources: An Introduction to Public Personnel Administration* (St. Martin's Press, 1980), p. 70; 오석홍, "행정개혁의 현안과 전략," 한국행정연구(7권 4호, 1999), 109~11쪽; 정부혁신지방분권위원회, 참여정부의 인사개혁(2008), 200~210쪽.

17) 「국가공무원법」 제71조 제 2 항; 「민간근무휴직제도 운영지침」.

18) Gilbert B. Siegel and Robert C. Myrtle, *Public Personnel Management: Conepts and Practices* (Houghton Mifflin, 1985); pp. 154~155; Stahl, *op. cit.*, pp. 174~175.

19) 「국가공무원법」 제28조의 5; 「개방형직위 및 공모직위의 운영 등에 관한 규정」.

제 3 절

1) 오석홍, "대한민국 행정의 발자취," (한국행정학회 2015년 하계학술대회 발표논문); 오석홍, "'참여정부'와 인사행정 개혁," 정부학연구(13권 2호, 2007), 9~37쪽.

2) 오석홍, 행정개혁론, 제10판(박영사, 2020), 419~427쪽; Donna D. Beecher, "The Next Wave of Civil Service Reform," *Public Personnel Management*(Vol. 32, No. 4, Winter 2003), pp. 457~473; J. Barton Cunningham and Jim Kempling, "Promoting Organizational Fit in Strategic HRM," *Public Personnel*

Management(Vol. 40, No. 3, Fall 2011), pp. 193~213.

3) 오석홍, 행정학, 제7판 (박영사, 2016), 437~439쪽; Jay M. Shafritz, E. W. Russell, and C. P. Borick, *Introducing Public Administration*, 6th ed. (Pearson, 2009), pp. 351~363; Jeffrey A. Mello, *Strategic Human Resource Management*, 4th ed. (Cengage Learning, 2015), pp. 113~142.

4) Mello, ibid., pp. 115~121; Raymond A. Noe, John R. Hollenbeck, Barry Gehart, and Patrick M. Wright, *Human Resource Management: Gaining a Competitive Advantage*, 10th ed. (McGraw–Hill, 2017), pp.72~94.

5) Mello, *ibid.*, pp. 151~165; John M. Ivancevich and Robert Konopaske, *Human Resource Management*, 12th ed. (McGraw–Hill, 2013), pp. 47~48.

제 2 장 제 1 절

1) Jay F. Atwood, "Position Synthesis: A Behavioral Approach to Position Classification," *Public Personnel Review*(Vol. 32, No. 2, April 1971), pp. 77~81; O. Glenn Stahl, *Public Personnel Administration*, 8th ed.(Harper & Row, 1983), pp. 177~180; Jared J. Llorens, Donald E. Klingner, and John Nalbandian, *Public Personnel Management: Contexts and Strategies*, 7th ed. (Routledge, 2018), pp. 100~121.

2) *Ibid.*

3) cf., Amy Wrzesniewski and Jane E. Dutton, "Crafing a Job: Revisioning Employees as Active Crafters of Their Work," *Academy of Management Reriew*(Vol. 26, No. 2, 2001), pp. 179~201.

4) Llorens *et al.*, *op. cit.*, pp. 106~114; Lloyd Nigro, Felix Nigro, and J. Edward Kellough, *The New Public Personnel Administration*, 6th ed.(Thomson Wadsworth, 2007), pp. 139~146; Jay M. Shafritz, Albert C. Hyde and David H. Rosenbloom, *Personnel Management in Government: Politics and Process*, 3rd ed.(Marcel Dekker, 1986), pp. 139~148; Stephen P. Robbins and Timothy A. Judge, *Organizational Behavior*, 14th ed. (Prentice Hall, 2011), pp. 244~246.

5) 「국가공무원법」 제 2 조(공무원의 구분).

6) Stahl, *op. cit.*, pp. 59~62; 중앙인사위원회, 세계일류공무원(뉴스레터 2005. 6); 정부혁신지방분권위원회, 참여정부의 인사개혁(2008), 214~234쪽; 「고위공무원단 인사규정」.

제 2 절

1) David A. DeCenzo and Stephen P. Robbins, *Human Resource Management*, 6th ed.(John Wiley & Sons, 1999), pp. 140~141; William P. Anthony, Pamela L. Perrewe and K. Michelle Kacmar, *Strategic Human Resource Management*, 2nd ed.(Dryden Press, 1996), pp. 164~165; Wendell L. French, *Human Resources Management*, 5th ed.(Houghton Mifflin, 2003), pp. 182~189.

2) William B. Werther, Jr. and Keith Davis, *Human Resources and Personnel Management*, 4th ed.(McGraw-Hill, 1993), pp. 135~142.

3) R. Wayne Mondy and Joseph J. Martocchio, *Human Resource Management*, 14th ed.(Pearson, 2016), pp. 262~263; E. Lanham, *Job Evaluation* (McGraw-Hill, 1955), pp. 39~123; Jared J. Llorens, Donald E. Klingner, and John Nalbandian, *Public Personnel Management: Contexts and Strategies*, 7th

ed.(Routledge, 2018), pp. 103~106; Edwin Flippo, *Personnel Management*, 5th ed.(McGraw-Hill, 1980), pp. 257~270; DeCenzo and Robbins, *op. cit.*, pp. 329~331; Werther, Jr. and Davis, *ibid.*, pp. 416~423; Lloyd Nigro, Felix Nigro, and J. Edward Kellough, *The New Public Personnel Administration*, 6th ed.(Thomson Wadsworth, 2007), pp. 124~129.; Evan M. Berman, James S. Bowman, Jonathan P. West, and Montgomery R. Van Wart, *Human Resource Management in Public Service: Paradoxes, Processes, and Problems*, 5th ed. (Sage, 2016), pp. 196~198.

4) Michael R. Carrel, Robert F. Elbert, and Robert D. Hatfield, *Human Resource Management:* Global Strategies for *Managing a Diverse Workforce*, 5th ed.(Prentice-Hall, 1995), pp. 211~212; J. R. Hackman and G. R. Oldham, *Work Redesign*(Pearson Education, 1980). pp. 78~80; Greg L. Stewart and Kenneth G. Brown, *Human Resource Management: Linking Strategy to Practice*(John Wiley & Sons, 2009), p. 135; Jeffrey A. Mello, *Strategic Human Resources Management*, 4th ed.(Cengage Learning, 2015), pp. 238~244.

5) Werther, Jr. and Davis, *op. cit.*, pp. 146~154.

6) David Lewin and Daniel J. B. Mitchell, *Human Resource Management: An Economic Approach*, 2nd ed.(South-Western College Publishing, 1995), p. 151; Joseph B. Mosca, "The Restructuring of Jobs for the Year 2000," *Public Personnel Management* (Vol. 26, No. 1, Spring 1997), pp. 43~59; Mondy, *op. cit.*, pp. 123~125; John M. Ivancevich, Robert Konopaske, and Michael Tatteson, *Organizational Behavior and Management*, 8th ed.(McGraw-Hill, 2008), pp. 139~160; French, *op. cit.*, pp. 168~181; Stwart and Brown, *op. cit.*, pp. 137~140; Mello, *op. cit.*, pp. 237~259.

7) Ivancevich and Konopaske, *Human Resource Management*, 12th ed.(McGraw−Hill, 2013), pp. 171~176.

8) Noe, John R. Hollenbeck, Barry Gehart, and Patrick M. Wright, *Human Resource Management: Gaining a Competitive Advantage*, 10th ed. (McGraw−Hill, 2017), pp. 167~172.

제 3 장 제 1 절

1) U.S. Civil Service Commission, "Selecting the Career Worker," *The Federal Career Service at Your Service* (1973), cited by O. Glenn Stahl, *Public Personnel Administration*, 8th ed.(Harper & Row, 1983), p. 36. 1979년의 인사개혁에서 미국연방정부의 중앙인사기관은 인사관리처(Office of Personnel Management)와 실적제도보호위원회(Merit Systems Protection Board)로 이원화되었다. 여기서 말하는 인사위원회는 1979년에 폐지되기 이전의 제도를 지칭한다.

2) Gilbert B. Siegel and Robert C. Myrtle, *Public Personnel Administration: Concepts and Practices* (Houghton Mifflin, 1985), pp. 132~135; Jay M. Shafritz, Albert C. Hyde, and David H. Rosenbloom, *Personnel Management in Government* (Marcel Dekker, 1986), pp. 89~92; William P. Anthony, Pamela L. Perrewe and K. Michelle Kacmar, *Strategic Human Resource Management*, 2nd ed.(Dryden Press, 1996), pp. 189~191; Dennis L. Dresang, *Personnel Management in Government Agencies and Nonprofit Organizations*, 6th ed. (Routledge, 2017, pp. 121~125; L. Dean Webb and M. Scott Norton, *Human Resources Administration: Personnel Issues and Needs in Education*, 5th ed.(Pearson, 2009), pp. 27~29.

3) George S. Odiorne, *Personnel Management by Objectives* (Richard Irwin, 1971), pp. 140~143; Siegel

and Myrtle, *op. cit.*, pp. 135~139; Terry L. Leap and Michael D. Crino, *Personnel/Human Resources Management* (Macmillan, 1989), pp. 162~180; Wayne F. Cascio, *Applied Psychology in Human Resource Management*, 5th ed.(Prentice-Hall, 1998), pp. 154~167; Anthony *et al., op. cit.*, pp. 194~209; Dresang, *ibid.*, pp. 123~127; Webb and Norton, *op. cit.*, pp. 29~43.

4) Shafritz *et al., op. cit.*, pp. 71~88; Leap and Crino, *ibid.*, pp. 162~174; Anthony *et al., op. cit.*, pp. 201~205; Jeffrey A. Mello, *Strategic Human Resource Management*, 4th ed. (Cengage Learning, 2015), pp. 204~206; Jerry W. Gilley and Ann Maycunich, *Beyond the Learning Organization* (Perseus Books, 2000), pp. 184~188; R. Wayne Mondy and Joseph J. Martocchio, *Human Resource Management,* 14th ed.(Pearson, 2016), pp. 108~109.

제 2 절

1) O. Glenn Stahl, *Public Personnel Administration*, 8th ed.(Harper & Row, 1983), pp. 100~101; Joyce D. Ross, "Developments in Recruitment and Selection," in Steven W. Hays and Richard C. Kearney(eds.), *Public Personnel Administration: Problems and Prospects*, 2nd ed.(Prentice-Hall, 1990), pp. 78~79; Wendell L. French, *Human Resource Management*, 5th ed.(Houghton Mifflin, 2003), pp. 234~244.

2) Stahl, *ibid.*, pp. 95~99; Thomas Lewinsohn, "New Approaches to Recruitment and Examination," *Public Personnel Review* (Vol. 29, No. 1, January 1968), p. 14; Dennis L. Dresang, *Personnel Management in Government Agencies and Nonprofit Organizations*, 6th ed. (Routledge, 2017, pp. 202~204.

3) Erich P. Prien and Garry L. Hughes, "A Content-Oriented Approach to Setting Minimum Qualifications," *Public Personnel Management* (Vol. 33, No. 1, Spring 2004), pp. 89~97.

4) N. Joseph Cayer, *Managing Human Resources: An Introduction to Public Personnel Administration* (St. Martin's Press, 1980), p. 158.

5) 오석홍, 통치하기 어려운 나라: 국정관리의 현안과 쟁점, 개정판(법문사, 2021), 169~178쪽.

6) Leona E. Tyler, *Tests and Measurements* (Prentice-Hall, 1963), pp. 28~32; Lloyd Nigro, Felix Nigro, and J. Edward Kellough, *The New Public Personnel Administration*, 6th ed.(Thomson Wadsworth, 2007), pp. 98~100; Linda Crocker and James Algina, *Introduction to Classical and Modern Test Theories* (Holt, Rinehart and Winston, 1986), pp. 217~266; David A. DeCenzo and Stephen P. Robbins, *Human Resource Management*, 6th ed.(John Wiley & Sons, 1999), pp. 176~181; Dresang, *op. cit.*, pp. 208~213; David M. Fisher *et al.*, "A Critical Examination of Content Validity Evidence and Personality Testing for Employee Selection", *Public Personnel Management*(Vol. 50, No. 2, Jun. 2021), pp. 232~257.

7) Tyler, *ibid.*, pp. 32~35; Laurence Siegel and Irving M. Lane, *Personnel and Organizational Psychology*, 2nd ed.(Irwin, 1987), pp. 63~69; Crocker and Algina, *ibid.*, pp. 131~153; Dresang, *ibid.*, p. 210.

8) Stahl, *op. cit.*, pp. 108~109; Nigro, Nigro and Kellough, *op. cit.*, pp. 104~110; Siegel and Lane, *ibid.*, pp. 184~185; French, *op. cit.*, pp. 260~263; L. Dean Webb and M. Scott Norton, *Human Resources Administration: Personnel Issues and Needs in Education*, 5th ed.(Pearson, 2009), pp.

118~136; Gary Dessler, *Fundamentals of Human Resource Management*, 2nd ed.(Pearson, 2012), pp. 157~170; Stephen P. Robbins and Timothy A. Judge, *Organizational Behavior*, 17th ed. (Pearson, 2017), p. 569.

9) French, *ibid.*, pp. 256~258; Dresang, *op. cit.*, pp. 205~207; Tyler, *op. cit.*, pp. 65~68; Philip G. Zimbardo, A. L. Weber and R. L. Johnson, *Psychology*, 3rd ed.(Allyn and Bacon, 2000), pp. 425~427; Dale Yoder, *Personnel Management and Industrial Relations* (Prentice-Hall, 1962), pp. 337~338; Dorothy C. Adkins *et al.*, *Construction and Analysis of Achievement Tests* (U.S. Civil Service Commission, 1947); Robert S. Feldman, *Understanding Psychology* (McGraw-Hill, 1996), pp. 292~295.

10) H. Meyer and Joseph M. Bertotti, "Uses and Misuses of Tests in Selecting Key Personnel," *Personnel* (Vol. XXXIII, No. 3, November 1956), p. 280.

11) Edward Strong, *Vocational Interests of Men and Women* (Stanford University Press,1943); *Kuder Preference Record* (Vocational Science Research Associates, Inc., Chicago, Ill.).

12) 오석홍, 조직이론, 제10판(박영사, 2020), 186~190쪽; John M. Ivancevich, Robert Konopaske, and Michael Tatteson, *Organizational Behavior and Management*, 8th ed.(McGraw-Hill, 2008), pp. 97~102; Robbins and Judge, *op, cit*, pp. 116~117.

13) 「공무원임용시험령」 제5조 내지 제25조.

14) 「국가공무원법」 제39조; 「공무원임용령」 제13조 제 2 항.

15) Nigro, Nigro and Kellough, op. cit., p. 110; Stahl, op. cit., pp. 137~138; Dresang, op. cit., pp. 218~219.

제 4 장 제 1 절

1) 총무처, 공무원인사실무(1997), 169~208쪽; Felix A. Nigro and Lloyd G. Nigro, *The New Public Personnel Administration*, 3rd ed.(F. E. Peacock, 1986), pp. 299~300; William B. Werther, Jr. and Keith Davis, *Human Resources and Personnel Management*, 4th ed.(McGraw-Hill, 1993), pp. 285~286; Wendell L. French, *Human Resources Management*, 5th ed.(Houghton Mifflin, 2003), pp. 281~283.

2) 「공무원임용령」 제43조의 2, 제43조의 3, 제45조, 제45조의 2; 「전문경력관규정」.

3) O. Glenn Stahl, *Public Personnel Administration*, 8th ed.(Harper & Row, 1983), p. 143.

4) *Ibid.*, p. 142.

5) F. O. Everett, *Promotion Principles and Practices* (Technical Bulletin, No. 2, Chicago, Civil Service Assembly, 1929), p. 2.

6) Leslie W. Rue and Lloyd L. Byars, *Management: Skills and Application*, 9th ed.(McGraw-Hill, 2000), pp. 248~250.

7) Stahl, *op. cit.*, pp. 148~152; Charles N. Halaby, "Bureaucratic Promotion Criteria," *Administrative Science Quarterly* (Vol. 23, No. 3, September 1978), pp. 466~484; Werther, Jr. and Davis, *op. cit.*, pp. 285~286; French, *op. cit.*, pp. 283~284.

8) Greg L. Stewart and Kenneth G. Brown, *Human Resource Management: Linking Strategy to Practice*

(John Wiley & Sons, 2009), p. 366.

9) Jerald Greenberg and Robert A. Baron, *Behavior in Organizations*, 8th ed.(Prentice-Hall, 2003), pp. 230~232.

10) George T. Milkovich and John W. Boudreau, *Human Resource Management*, 7th ed.(Irwin, 1994), pp. 447~449; David A. DeCenzo and Stephen P. Robbins, *Human Resource Management*, 6th ed.(John Wiley & Sons, 1999), pp. 254~258.

11) Milkovich and Boudreau, *ibid.*, pp. 451~455.

12) French, *op. cit.*, pp. 297~298.

13) George Bohlander, Scott Snell, and Arthur Sherman, *Managing Human Resources*, 12th ed.(South-Western College Publishing, 2001), pp. 305~306; John M. Ivancevich and Robert Konopaske, *Human Resource Management*, 12th ed. (McGraw−Hill, 2013), pp. 446~448.; Greenberg and Baron, *op. cit.*, p. 249.

14) Judith Bardwick, *The Plateauing Trap* (AMACOM, 1986).

15) Schein, "How 'Career Anchors' Hold Executives to Their Career Paths," *Personnel* (Vol. 52, May-June 1975), pp. 11~24.

16) Holland, *Making Vocational Choices*, 2nd ed.(Prentice-Hall, 1985).

17) R. Wayne Mondy and Joseph J. Martocchio, *Human Resource Management*, 14th ed.(Pearson, 2016), pp. 229~231; Milkovich and Boudreau, *op. cit.*, pp. 449~450.

18) Greenberg and Baron, *op. cit.*, pp. 233~236.

19) Mondy and Martocchio, *op. cit.*

20) *Ibid.*, pp. 231~237.

제 2 절

1) Carl P. Maertz, Jr. and Michael A. Campion, "Profiles in Quitting: Integrating Process and Content Turnover Theory," *Academy of Management Journal* (Vol. 47, No. 4, August 2004), pp. 568~569.

2) Edwin B. Flippo, *Personnel Management*, 5th ed.(McGraw-Hill, 1980), pp. 459~476; William B. Werther, Jr. and Keith Davis, *Human Resources and Personnel Management*, 4th ed.(McGraw-Hill, 1993), pp. 294~297; Greg L. Stewart and Kenneth G. Brown, *Human Resource Management: Linking Strategy to Practice* (John Wiley & Sons, 2009), pp. 244~259.

3) Andrzej Huczynski, *Encyclopedia of Organizational Change Methods*(Gower, 1987), p. 73.

4) Atchley, *The Sociology of Retirement*(Schenkman, 1976), p. 64, sited by Flippo, *op. cit.*, p. 461.

5) Huczynski, *op. cit.*, pp. 81~82.

6) 이재완, "퇴직공무원의 전문성활용 필요성과 취업제한기간에 대한 선호", 한국행정학보(제55권 제2호, 2021 여름), 81~106쪽.

7) Paul Pigors and Charles A. Myers, *Personnel Administration: A Point of View and a Method*, 8th ed.(McGraw-Hill, 1977), p. 198; George T. Milkovich and John W. Boudreau, *Human Resource Management*, 7th ed.(Irwin, 1994), pp. 399~403; Wendell L. French, *Human Resources Management*, 5th ed.(Houghton Mifflin, 2003), pp. 291~296; Stewart and Brown, *op. cit.*, pp. 251~259.

8) Pigors and Myers, *ibid.*, pp. 198~201; Flippo, *op. cit.*, p. 125; Jay M. Shafritz *et al.*, *Personnel*

Management in Government(Marcel Dekker, 1986), p. 91; Jeffrey A. Mello, *Strategic Human Resource Management*, 4th ed. (Cengage Learning, 2015), pp. 574~576.

9) Donald L. Caruth and Gail D. Handlogten, *Staffing the Contemporary Organization* (Quorum Books, 1997), pp. 283~285; Maertz, Jr. and Campion, *op. cit.*, pp. 569~571.; Jason A. Grissom, Samantha L. Viano and Jennifer L. Selin "Understanding Employee Turnover in the Public Sector: Insights from Research on Teacher Mobility", *PAR* (Vol. 76, Iss. 2, Mar/Apr. 2016), pp. 241~251.

10) O. Glenn Stahl, *Public Personnel Administration*, 7th ed.(Harper & Row, 1976), pp. 393~394; Shafritz *et al., op. cit.*, p. 100; R. Wayne Mondy and Joseph J. Martocchio, *Human Resource Management,* 14th ed.(Pearson, 2016), pp. 353~354; French, *op. cit.*, pp. 293~296.

11) Robert A. Giacalone *et al.*, "Exit Surveys as Assessments of Organizational Ethicality," *Public Personnel Management* (Vol. 32, No. 3, Fall 2003), pp. 397~408.

12) 오석홍, "공무원 신분보장제도의 진로," 서울대학교 명예교수회보(제 4 호, 2008), 167~174쪽.

13) 오석홍, 조직이론, 제10 판(박영사, 2020), 358~378쪽.

14) Flippo, *op. cit.*, pp. 460~461.

15) 김정인, "일본 공무원 정년 후 재임용제도(再任用制度) 연구: 조직정당성 관점에서", 한국행정학보, 55권 1호(2021 봄), 31~56쪽

16) 「국가공무원법」 제74조의 2; 「국가공무원명예퇴직수당지급규정」; 「국가공무원명예퇴직수당지급규정 업무처리지침」.

17) William P. Anthony, Pamela L. Perrewe and K. Michelle Kacmar, *Strategic Human Resource Management*, 2nd ed.(Dryden Press, 1996), pp. 647~651.; Evan M. Berman, James S. Bowman, Jonathan P. West, and Montgomery R. Van Wart, *Human Resource Management in Public Service: Paradoxes, Processes, and Problems*, 5th ed. (Sage, 2016), pp. 199~204.

제 5 장 제 1 절

1) Gilbert B. Siegel and Robert C. Myrtle, *Public Personnel Administration: Concepts and Practices* (Houghton, Mifflin, 1985), p. 349; Jörgen Sandberg, "Understanding Human Competence at Work," *Academy of Management Journal* (Vol. 43, No. 1, February 2000), pp. 9~25; Stephen P. Robbins and Timothy A. Judge, *Organizational Behavior*, 17th ed.(Pearson, 2017), pp. 571~573.

2) O. Glenn Stahl, *Public Personnel Administration*, 8th ed.(Harper & Row, 1983), pp. 276~277.

3) David A. DeCenzo and Stephen P. Robbins, *Human Resource Management*, 6th ed.(John Wiley & Sons, 1999), p. 228; William B. Werther, Jr. and Keith Davis, *Human Resources and Personnel Management*, 4th ed.(McGraw-Hill, 1993), pp. 313~315; Michael R. Carrell, Robert F. Elbert and Robert D. Hatfield, *Human Resource Management: Global Strategies for Managing a Diverse Workforce*, 5th ed.(Prentice-Hall, 1995), pp. 430~433; Wendell L. French, *Human Resources Management*, 5th ed.(Houghton Mifflin, 2003), pp. 332~333.

4) Carrell *et al., ibid.*, p. 433; William P. Anthony, Pamela L. Perrewe and K. Michelle Kacmar, *Strategic Human Resource Management*, 2nd ed.(Dryden Press, 1996), pp. 331~333; Wayne F. Cascio, *Applied Psychology in Human Resource Management*, 5th ed.(Prentice-Hall, 1998), p. 271;

Greg L. Stewart and Kenneth G. Brown, *Human Resource Management: Linking Strategy to Practice* (John Wiley & Sons, 2009), pp. 347~350.

5) Stahl, *op. cit.*, pp. 278~290; Edwin Flippo, *Personnel Management*, 6th ed.(McGraw-Hill, 1980), pp. 185~197; George T. Milkovich and John W. Boudreau, *Human Resource Management*, 7th ed.(Irwin, 1994), pp. 502~506; French, *op. cit.*, pp. 322~325.

6) Mahmoud Watad, "Integrated Managerial Training: A Program for Strategic Management Development," *Public Personnel Management* (Vol. 28, No. 2, Summer 1999), pp. 185~196; John W. Slocum, Jr. and Don Hellriegel, *Principles of Organizational Behavior*, 12th ed.(South-Western, 2009), pp. 262~263.

7) 참조: 「공무원 인재개발법」, 「공무원 인재개발법 시행령」, 국가공무원인재개발원 홈페이지.

8) 오석홍, 행정개혁론, 제10판(박영사, 2020), 41~57쪽; Michael D. Mumford, Kimberly S. Hester, and Issac C. Robledo, "Creativity in Organizations: Importance and Approaches", Michael D. Mumford(ed.), *Handbook of Organizational Creativity*(Elsever, 2012), pp. 3~16.

9) E. Glassman, "Creative Problem Solving," *Supervisory Management*(Jan. 1989), pp. 21~26; John R. Schermerhorn, Jr., J. G. Hunt, R. N. Osborn and Mary Uhl-Bien, *Organizational Behavior*, 11th ed.(John Wiley & Sons, 2011), pp. 222~223.

10) T. M. Anabile, "Motivating Creativity in Organizations: on Doing What You Love and Loving What You Do," *California Management Review*(Vol. 40, No.1, Fall, 1997), pp. 39~58.

11) Jerald Greenberg and Robert A. Baron, *Behavior in Organizations*, 8th ed.(Prentice-Hall, 2003), pp. 533~534.

12) *Ibid.*, p. 533; Slocum, Jr. and Hellriegel, *op. cit.*, pp. 412~416.

13) 오석홍, 조직이론, 제10판(박영사, 2020), 413~416쪽; Elias M. Awad and Hassan M. Ghaziri, *Knowledge Management* (Pearson Education Inc., 2004); Richard L. Daft, *Understanding Theory and Design of Organization,* 10th ed.(South-Western 2010), pp. 433~436.

제 2 절

1) Jared J. Llorens, Donald E. Klingner, and John Nalbandian, *Public Personnel Management: Contexts and Strategies*, 7th ed. (Routledge, 2018), pp. 234~236.

2) *Ibid.* p. 235; Dennis L. Dresang, *Personnel Management in Government Agencies and Nonprofit Organizations*, 6th ed. (Routledge, 2017, pp. 230~232; John M. Ivancevich and Robert Konopaske, *Human Resource Management*, 12th ed. (McGraw−Hill, 2013), pp. 399~403.

3) Wayne F. Cascio, *Applied Psychology in Human Resource Management*, 5th ed. (Prentice-Hall, 1998), pp. 264~266; William P. Anthony, Pamela L. Perrewe and K. Michelle Kacmar, *Strategic Human Resource Management*, 2nd ed.(Dryden Press, 1996), pp. 324~325; Greg L. Stewart and Kenneth G. Brown, *Human Resource Management: Linking Strategy to Practice* (John Wiley & Sons, 2009), pp. 331~339.

4) Gilbert B. Siegel and Robert C. Myrtle, *Public Personnel Administration: Concepts and Practices* (Houghton Mifflin, 1985), pp. 343~349; Michael R. Carrell, Robert F. Elbert and Robert D. Hatfield, *Human Resource Management: Global Strategies for Managing a Diverse Workforce*, 5th ed. (Prentice-Hall, 1995), pp. 405~407.

5) Irwin L. Goldstein, *Training in Organizations: Needs Assessment, Development, and Evaluation,* 2nd ed.(Brooks/Cole, 1986), pp. 121~139; Cascio, *op. cit.*, pp. 282~284; Carrell *et al., op. cit.*, pp. 427~430.

6) D. L. Kirkpatrick, "Four Steps to Measuring Training Effectiveness," *Personnel Administrator* (Vol. 28, No. 4, November 1983), pp. 19~25; George Bohlander, Scott Snell, and Arthur Sherman, *Managing Human Resources,* 12th ed.(South-Westerm College Publishing, 2001), pp. 250~254; Stewart and Brown, *op. cit.*, pp. 352~353.

7) Goldstein, *op. cit.*, pp. 115~121; J. M. Shafritz *et al., Personnel Management in Government,* 3rd ed.(Dekker, 1986), p. 417.

8) Goldstein, *ibid.*, p. 23 and pp. 150~156; Shafritz *et al., ibid.*, p. 417; Cascio, *op. cit.*, pp. 261~286.

9) Goldstein, *ibid.*, pp. 141~181; Cassio, *ibid.*, pp. 286~298; Dresang, *op. cit.*, pp. 233~234.

10) R. Wayne Mondy, *Human Resource Management,* 12th ed.(Pearson, 2012), p. 213.

11) O. Glenn Stahl, *Public Personnel Administration,* 8th ed.(Harper & Row, 1983), pp. 292~295; Goldstein, *op. cit.*, pp. 183~259; Andrzej Huczynski, *Encyclopedia of Organizational Change Methods* (Gower, 1987); Ivancevich and Konopaske, *op. cit.*, pp. 403~422; Gary Dessler, *Fundamentals of Human Recource Management,* 12th ed.(Pearson, 2012), pp. 186~199.

12) 오석홍, 행정학, 제 7 판(박영사, 2016), 325~328쪽; Evan M. Berman, James S. Bowman, Jonathan P. West, and Montgomery R. Van Wart, *Human Resource Management in Public Service: Paradoxes, Processes, and Problems,* 5th ed. (Sage, 2016), p. 363.

제 6 장 제 1 절

1) 「공무원 성과평가 등에 관한 규정」; 「공무원 성과평가 등에 관한 지침」.

2) O. Glenn Stahl, *Public Personnel Administration,* 8th ed.(Harper & Row, 1983), pp. 261~265; Lloyd Nigro, Felix Nigro, and J. Edward Kellough, *The New Public Personnel Administration,* 6th ed.(Thomson Wadsworth, 2007), pp. 166~175; James S. Bowman. "Personnel Appraisal No Matter What: Dysfunctional, Detrimental, Dangerous, Self−Defeating," Richard C. Kearney and Jerrell D. Coggburn, *Public Human Resource Management: Problems and Prospects*(Sage, 2016), pp. 132~143.

3) Nigro, Nigro and Kellough, *ibid.*, pp. 175~182; Nicholas P. Lovrich, Jr., "Performance Appraisal," in Steven W. Hays and Richard C. Kearney(eds.), *Public Personnel Administration: Problems and Prospects,* 2nd ed.(Prentice-Hall, 1990), pp. 98~99; Dick Grote, "Public Sector Organizations: Today's Innovative Leaders in Performance Management," *Public Personnel Management* (Vol. 29, No. 1, Spring 2000), pp. 1~19.

4) Donald L. Caruth and Gail D. Handlogten, *Staffing the Contemporary Organization,* 2nd ed.(Quorum Books, 1997), pp. 245~250; R. Wayne Mondy and Joseph J. Martocchio, *Human Resource Management,* 14th ed.(Pearson, 2016), pp. 203~205; Jared J. Llorens, Donald E. Klingner, and John Nalbandian, *Public Personnel Management: Contexts and Strategies,* 7th ed. (Routledge, 2018), pp. 266~267; Raymond A. Noe, John R. Hollenbeck, Barry Gerhart, and Patrick M. Wright, Human Resource Management: Gaining A Competitive Advantage, 10th ed.(McGraw Hill, 2017), pp. 326~330.

5) Gilbert Siegel and Robert Myrtle, *Public Personnel Administration: Concepts and Practices* (Houghton Mifflin, 1985), p. 313; David DeCenzo and Stephen Robbins, *Human Resource Management*, 6th ed.(John Wiley & Sons, 1999), pp. 294~302; William Werther, Jr. and Keith Davis, *Human Resources and Personnel Management*, 4th ed.(McGraw-Hill, 1993), pp. 347~362; Dennis L. Dresang, *Personnel Management in Government Agencies and Nonprofit Organizations*, 6th ed.(Routledge, 2017, pp. 175~179; Noe *et al.*, *ibid.*, pp. 331~349.
6) Stahl, *op. cit.*, pp. 268~271; Edwin B. Flippo, *Personnel Management*, 5th ed.(McGraw-Hill, 1980), pp. 204~222; DeCenzo and Robbins, *ibid.*; Werther, Jr. and Davis, *ibid.*; Caruth and Handlogten, *op. cit.*, pp. 232~241; Llorens *et al.*, pp. 252~263; David H. Rosenbloom and Robert S. Kravchuk, *Public Administration: Understanding Management, Politics, and Law in the Public Sector*, 8th ed.(McGraw-Hill, 2015), pp. 232~234.
7) Edwin B. Flippo, *Principles of Personnel Management*(McGraw-Hill, 1971), p. 250.
8) *Ibid.*, p. 251.
9) Michael J. Jucius, *Personnel Management*(Richard D. Irwin, 1970), p. 287.
10) Flippo, *Principles of Personnel Management*, *op. cit.*, p. 253.
11) John C. Flanagan and Robert B. Miller, *The Performance Record Handbook for Supervisors* (Chicago: Science Research Associates, 1955), p. 16.
12) Thomas A. DeCotis, "An Analysis of the External Validity and Applied Relevance of Three Rating Formats," *Organizational and Human Performance* (Vol. 19, August 1977), p. 253.
13) Felix A. Nigro, *Public Personnel Administration* (Henry Holt and Company, 1959), pp. 302~303.
14) Kaplan and Norton, "The Balanced Scorecard – Measures That Drive Performance," *Harvard Business Review* (Jan./Feb. 1992), pp. 71~79.
15) 다면평가제 운영 사례집(행정자치부, 2000. 5); DeCenzo, *op. cit.*, pp. 308~309; Klingner and Nalbandian, *op. cit.*, p. 281; Nigro, Nigro and Kellough, *op. cit.*, pp. 81~82; Wendell L. French, *Human Resources Management*, 5th ed.(Houghton Mifflin, 2003), p. 373; J. Bret Becton and Mike Schraeder, "Participant Input into Rater Selection: Potential Effects on the Quality and Acceptance of Ratings in the Context of 360-Degree Feedback," *Pubic Personnel Management* (Vol. 33, No. 1, Spring 2004), pp. 23~28; Noe *et al.*, *op. cit.*, pp 392~394.

제 2 절

1) Terry L. Leap and Michael D. Crino, *Personnel/Human Resource Management* (Macmillan, 1989), pp. 319~344; David A. DeCenzo and Stephen P. Robbins, *Human Resource Management*, 6th ed.(John Wiley & Sons, 1999), pp. 293~294.
2) Dale Yoder, *Personnel Management and Industrial Relations* (Prentice-Hall, 1962), pp. 374~375.
3) DeCenzo and Robbins, *op. cit.*, pp. 291~292; Michael R. Carrell, Robert F. Elbert and Robert D. Hatfield, *Human Resource Management: Global Strategies for Managing a Diverse Work\force*, 5th ed.(Prentice-Hall, 1995), pp. 380~384; Wendell L. French, *Human Resour\ces Management*, 5th ed.(Houghton Mifflin, 2003), pp. 386~387.
4) Leap and Crino, *op. cit.*, pp. 331~333: Kevin R. Murphy and Jeanette N. Cleveland, *Understanding*

Performance Appraisal: Social, Organizational, and Goal-Based Perspectives (Sage Publications, 1995), pp. 267~298; John R. Schermerhorn, Jr., James G. Hunt, Richard N. Osborn, and Mary Uhl-Bien, *Organizational Behavior*, 11th ed.(John Wiley & Sons, 2011), pp. 90~96; John W. Slocum, Jr. and Don Hellriegel, *Principles of Organizational Behavior*, 12th ed.(South-Western, 2009), pp. 79~86; 오석홍, 조직이론, 제10판(박영사, 2020), 179~182쪽.

5) Slocum, Jr. and Hellriegel, *ibid.*, pp. 82~84; 오석홍, 위의 책, 181~182쪽.

6) Edwin Flippo, *Personnel Management*, 5th ed.(McGraw-Hill, 1980), p. 217; Murphy and Cleveland, *op. cit.*; French, *op. cit.*, p. 373.

제 7 장 제 1 절

1) W. Bartley Hildreth and Gerald J. Miller, "Compensation and Rewards Systems: Public-Sector Pay and Employee Benefits," in Jack Rabin *et al.* (eds.), *Handbook on Public Personnel Administration and Labor Relations* (Dekker, 1983), pp. 161~162.

2) Jerry W. Gilley and Ann Maycunich, *Beyond the Learning Organization* (Perseus Books, 2000), pp. 307~317.

3) O. Glenn Stahl, *Public Personnel Administration*, 8th ed.(Harper & Row, 1983), pp. 312~317; Lloyd G. Nigro and Felix A. Nigro, *The New Public Personnel Administration*, 4th ed.(F. E. Peacock, 1994), pp. 155~167; L. Dean Webb and M. Scott Norton, *Human Resources Administration: Personnel Issues and Needs in Education*, 5th ed.(Pearson, 2009), pp. 225~229.

4) Stahl, *ibid.*, p. 317.

5) 清水秀雄, 給與制度(일본 제국지방행정학회, 1968), 19~26쪽; George Bohlander, Scott Snell and Arthur Sherman, *Managing Human Resources*, 12th ed.(South-Western College Publishing, 2001), pp. 371~372.

6) Pierre Martel, "A Model of Total Compensation in a Market Comparability Framework," *Public Prsonnel Management* (Vol. 11, No. 2, Summer 1982), pp. 148~156; Jared J. Llorens, Donald E. Klingner, and John Nalbandian, *Public Personnel Management: Contexts and Strategies*, 7th ed.(Routledge, 2018), p. 124; Michael Thom and Thom Reilly, "Compensation Benchmarking Practices in Large U.S. Local Governments: Results of a National Survey", *Public Personnel Management* (Vol. 44, No. 3, 2015), pp. 340~355.

7) Stahl, *op. cit.*, pp. 325~326; Terry L. Leap and Michael D. Crino, *Personnel/Human Resource Management* (Macmillan, 1989), pp. 388~389; George T. Milkovich and John W. Boudreau, *Human Resource Management*, 7th ed.(Irwin, 1994), pp. 554~556; Greg L. Stewart and Kenneth G. Brown, *Human Resource Management: Linking Strategy to Practice* (John Wiley & Sons, 2009), p. 421.

제 2 절

1) 清水秀雄, 給與制度(일본 제국지방행정학회, 1968), 41~50쪽; 박내회, 인사관리(박영사, 1999), 336쪽; Jerry W. Gilley and Ann Maycunich, *Beyond the Learning Organization* (Perseus Books, 2000), pp. 307~317; Evan M. Berman, J. S. Bowman, J. P. West and M. V. Wart, *Human Resource Management*

in Public Service: Paradoxes, Processes, and Problems, 5th ed. (Sage Publications, 2016), pp. 263~279; John M. Ivancevich, Robert Konopaske, and Michael Tatteson, *Organizational Behavior and Management*, 8th ed.(McGraw-Hill, 2008), p. 185; L. Dean Webb and M. Scott Norton, *Human Resources Administration: Personnel Issues and Needs in Education*, 5th ed.(Pearson, 2009), pp. 234~235.

2) 清水, 위의 책, 41~50쪽; 박내회, 위의 책, 338~339쪽; 「공무원보수교정」, 「공무원수당 등에 관한 규정」.

3) David A. DeCenzo and Stephen P. Robbins, *Human Resource Management*, 6th ed.(John Wiley & Sons, 1999), pp. 334~341; Michael R. Carrell, Robert F. Elbert and Robert D. Hatfield, *Human Resource Management: Global Strategies for Managing a Diverse Workforce*, 5th ed.(Prentice-Hall, 1995), pp. 518~529; James L. Perry, "Compensation, Merit Pay, and Motivation," in Steven W. Hays and Richard C. Kearney(eds.), *Public Personnel Administration: Problems and Prospects* (Prentice-Hall, 1990), pp. 104~115; Gary Dessler, *Fundamentals of Human Resource Management*, 2nd ed.(Pearson, 2012), pp. 252~255.

4) Todd R. Zenger and C. R. Marshall, "Determinants of Incentive Intensity in Group-Based Rewards," *Academy of Management Journal* (Vol. 43, No. 2, 2000), pp. 149~163.

5) Paul J. Taylor and Jon L. Pierce, "Effects of Introducing a Performance Management System on Subsequent Attitudes and Effort," *Public Personnel Management* (Vol. 28, No. 3, Fall 1999), p. 424.

6) DeCenzo and Robbins, *op. cit.*, p. 335; Carrell *et al., op. cit.*, pp. 518~528; Taylor and Pierce, *op. cit.*, pp. 424~425; Lloyd Nigro, Felix Nigro, and J. Edward Kellough, *The New Public Personnel Administration*, 6th ed.(Thomson Wadsworth, 2007), pp. 184~189; Jared J. Llorens, Donald E. Klingner, and John Nalbandian, *Public Personnel Management: Contexts and Strategies*, 7th ed.(Routledge, 2018), pp. 134~135; Evan M. Berman, James S. Bowman, Jonathan P. West, and Montgomery R. Van Wart, *Human Resource Management in Public Service: Paradoxes, Processes, and Problems*, 5th ed. (Sage, 2016), pp. 270~273.

7) 오석홍, 행정학, 제 7 판(박영사, 2016), 440~443쪽.

8) Terry L. Leap and Michael D. Crino, *Personnel/Human Resource Management* (Macmillan, 1989), pp. 407~408.

9) R. Wayne Mondy and Joseph J. Martocchio, *Human Resource Management*, 14th ed.(Pearson, 2016), pp. 266~267; Carrell *et al., op. cit.*, p. 514.

10) 清水, 앞의 책, 74~75쪽; Mondy and Martocchio, *ibid.*; George Bohlander, Scott Snell and Arthur Sherman, *Managing Human Resources*, 12th ed.(South-Western College Publishing, 2001), pp. 380~384.

11) 「공무원보수규정」 별표 28.

제 3 절

1) O. Glenn Stahl, *Public Personnel Administration*, 8th ed.(Harper & Row, 1983), p. 357.

2) Donald Austin Woolf, "Funding Pensions for Public Employees: The Argument for Pay-As-You-Go," *Public Personnel Review* (Vol. XXX, No. 3, July 1969), pp. 155~159; Michael R. Carrell, Robert F. Elbert and Robert D. Hatfield, *Human Resource Management: Global Strategies for Managing a*

Diverse Workforce, 5th ed.(Prentice-Hall, 1995), pp. 553~554.

3) Stahl, *op. cit.*, p. 362.

4) Carrell *et al., op. cit.*, pp. 226~236; Celia Stanworth, "Flexible Working Patterns," Diana Winstanley and Jean Woodall(eds.), *Ethical Issues in Contemporary Human Resource Management* (St. Martin's Press, 2000), pp. 137~151; Wendell L. French, *Human Resources Management*, 5th ed.(Houghton Mifflin, 2003), pp. 216~224; Greg L. Stewart and Kenneth G. Brown, *Human Resource Management: Linking Strategy to Practice* (John Wiley & Sons, 2009), pp. 141~145; Jared J. Llorens, Donald E. Klingner, and John Nalbandian, *Public Personnel Management: Contexts and Strategies*, 7th ed.(Routledge, 2018), pp. 214~215.

5) M. Ronald Buckley *et al.*, "A Note on the Effectiveness of Flextime as an Organizational Intervention," *Public Personnel Management* (Vol. 16, No. 3, Fall 1987), p. 260.

6) Carrell *et al., op. cit.*, pp. 235~236; Glenn W. Rainey, Jr. and Lawrence Wolf, "The Organizationally Dysfunctional Consequences of Flexible Work Hours: A General Overview," *Public Personnel Management* (Vol. 11, No. 2, Summer 1982), pp. 73~83.

7) 행정안전부 보도자료 " 공직사회 유연근무제, 전 중앙 · 지방 본격실시 – 행안부, 유연근무제 운영지침 시달 – "(2010. 7. 26)

8) 「국가공무원복무규정」, 제 3 장.

9) Lloyd Nigro, Felix Nigro, and J. Edward Kellough, *The New Public Personnel Administration*, 6th ed.(Thomson Wadsworth, 2007), pp. 282~296; David A. DeCenzo and Stephen P. Robbins, *Human Resource Management*, 6th ed.(John Wiley & Sons, 1999), p. 372; Evan M. Berman, J. S. Bowman, J. P. West and M. V. Wart, *Human Resource Management in Public Service: Paradoxes, Processes, and Problems,* 5th ed. (Sage Publications, 2016), pp. 300~310; Gary Dessler, *Fundamentals of Human Resource Management*, 2nd ed.(Pearson, 2012), pp. 263~264.

10) Stahl, *op. cit.*, pp. 345~354; DeCenzo and Robbins, *ibid.*, pp. 430~447; French, *op. cit.*, pp. 530~535.

11) Berman *et al., op. cit.*, pp. 312~313; Dennis L. Dresang, *Personnel Management in Government Agencies and Nonprofit Organizations*, 6th ed.(Routledge, 2017), pp. 256~257; John M. Ivancevich and Robert Konopaske, *Human Resource Management*, 12th ed. (McGraw – Hill, 2013), pp. 540~541; Meghna Sabharwal, L. Douglas Kiel, and Imane Hijal – Moghrabi, "Best Practices in Local Government Wellness Programs: The Benefits of Organizational Investment and Performance Monitoring", *Review of Public Personnel Administration*(Vol. 39, Iss. 1, Mar. 2019), pp. 24~45.

12) 오석홍, 조직이론, 제10판(박영사, 2020), 621~623쪽; Hugh J. Arnold and Daniel C. Feldman, *Organizational Behavior* (McGraw-Hill, 1986), pp. 458~478; DeCenzo and Robbins, *op. cit.*, pp. 438~443; Philip G. Zimbardo, A. L. Weber and R. L. Johnson, *Psychology*, 3rd ed.(Allyn and Bacon, 2000), pp. 339~380; John W. Slocum, Jr. and Don Hellriegel, *Principles of Organizational Behavior*, 12th ed.(South-Western, 2009), pp. 187~208; Dessler, *op. cit.*, pp. 358~359.

13) John W. Newstrom, *Organizational Behavior: Human Behavior at Work*, 13th ed.(McGraw-Hill, 2011), pp. 394~398; John R. Schermerhorn, Jr., James G. Hunt, Richard N. Osborn, and Mary Uhl-Bien, *Organizational Behavior*, 11th ed.(John Wiley & Sons, 2011), pp. 37~38; Jessica Breaugh, "Too Stressed To Be Engaged? The Role of Basic Needs Satisfaction in Understanding Work Stress

and Public Sector Engagement", *Public Personnel Management*(Vol. 50, No. 1, Mar. 2021), pp. 84~108.

14) 오석홍, 행정학, 제 7 판(박영사, 2016), 633~634쪽; 정부혁신지방분권위원회, 참여정부의 인사개혁(2008), 329~335쪽; 「공무원후생복지에 관한 규정」.

제 8 장 제 1 절

1) Craig C. Pinder, *Work Motivation: Theory, Issues, and Applications* (Scott, Foresman and Co., 1984), pp. 8~14; Robert S. Feldman, *Understanding Psychology* (McGraw-Hill, 1996), p. 320; Philip G. Zimbardo, A. L. Weber and R. L. Johnson, *Psychology*, 3rd ed.(Allyn and Bacon, 2000), pp. 314~328; Edwin A. Locke and Gary P. Latham, "What Should We Do about Motivation Theory? Six Recommendations for the Twenty-First Century," *Academy of Management Review* (Vol. 29, No. 3, July 2004), pp. 388~403; 오석홍, 조직이론, 제10판(박영사, 2020), 91~131쪽.

2) Henry Murray, *Explorations in Personality* (Oxford University Press, 1938), pp. 123~124; Pinder, *ibid.*, pp. 44~45; John M. Ivancevich, Robert Konopaske, and Michael Tatteson, *Organizational Behavior and Management*, 8th ed.(McGraw-Hill, 2008), pp. 111~112.

3) Schein, *Organizational Psychology*, 3rd ed.(Prentice-Hall, 1980), pp. 50~72.

4) Maslow, *Motivation and Personality*, 2nd ed.(Harper & Row, 1970), "A Theory of Human Motivation," *Psychological Review* (Vol. L, 1943), pp. 370~396.

5) Herzberg, B. Mausner, R. Peterson, and D. Capwell, *Job Attitudes: Review of Research and Opinion* (Psychological Services of Pittsburgh, 1957); Herzberg, B. Mausner and B. B. Snyderman, *The Motivation to Work* (Wiley, 1959); Herzberg, *Work and the Nature of Man* (World Publishing Co., 1966).

6) McGregor, "Adventures in Thought and Action," *Proceedings of the Fifth Anniversary Convention of the School of Industrial Management, MIT* (MIT Press, 1957), *The Human Side of Enterprise* (McGraw-Hill, 1960), Chapters 3 and 4.

7) Vroom, *Work and Motivation* (Wiley & Sons, 1964).

8) Porter and Lawler, Ⅲ, *Managerial Attitudes and Performance* (Irwin-Dorsey, 1968), "The Effect of Performance on Job Satisfaction," *Industrial Relations* (Vol. 7, No. 23, October 1967), pp. 20~28.

9) Georgopoulos, Mahoney, and Jones, Jr., "A Path-Goal Approach to Productivity," *Journal of Applied Psychology* (Vol. 41, No. 6, December 1957), pp. 345~353.

10) J. S. Adams, "Inequity in Social Exchange," in L. Berkowitz(ed.), *Advances in Experimental Psychology* (Academic Press, 1965); G. S. Homans, *Social Behavior: Its Elementary Forms* (Harcourt, Brace & World, 1961); E. Jacques, *Equitable Payment* (Wiley, 1961).

11) John R. Anderson, *Learning and Memory: An Integrative Approach* (John Wiley & Sons, 1995), pp. 4~5; John R. Schermerhorn, Jr., James G. Hunt, Richard N. Osborn, and Mary Uhl-Bien, *Organizational Behavior*, 11th ed.(John Wiley & Sons, 2011), pp. 97~103.

12) E. L. Deci, *Intrinsic Motivation* (Plenum Press, 1975).

13) J. R. Hackman and G. R. Oldham, "Motivation through the Design of Work: Test of a Theory,"

Organizational Behavior and Human Performance (Vol. 16), pp. 250~279.

14) Stephen P. Robbins and Timothy A. Judge, *Organizational Behavior*, 17th ed.(Pearson, 2017), pp. 216~221; John W. Newstrom, *Organizational Behavior: Human Behavior at Work,* 13th ed.(McGraw-Hill, 2011), p. 122; James G. Gaillier, "Does Public Service Motivation Mediate the Relationship between Goal Clarity and Both Organizational Commitment and Extra-Role Behaviors?", *Public Management Review* (Vol. 18, No. 2, 2016), pp. 300~318.

15) Albert Bandura, *Self-Efficacy: The Exercise of Control* (Freeman, 1997).

16) R. Kanfer, "Motivation Theory and Industrial and Organizational Psychology," in M. Dunnette and L. Hough(eds.), *The Handbook of Industrial and Organizational Psychology*, 2nd ed.(Vol. 1, Consulting Psychologists Press, 1991), pp. 75~170; Schermerhorn *et al., op. cit.*, pp. 130~131; Locke and Latham, *op. cit.*; Hugo M. Kehr, "Integrating Implicit Motives, Explicit Motives, and Perceived Abilities: The Compensatory Model of Work Motivation and Volition," *Academy of Management Review* (Vol. 29, No. 3, July 2004), pp. 479~499.

제 2 절

1) Jacob L. Moreno, *Who Shall Survive?* (Washington: Nervous and Mental Disease Publishing Co., 1934).

2) Debra L. Nelson and James C. Quick, *Understanding Organizational Behavior*, 3rd ed.(Thomson South-Western, 2008), pp. 138~139.

3) 이장호, 상담심리학, 제 4 판(박영사, 2009), 105~202쪽; 고영복 · 김해동 공저, 인간관계론 Ⅱ(서울대학교 출판부, 1973), 93~116쪽; O. Glenn Stahl, *Public Personnel Administration*, 8th ed.(Harper & Row, 1983), pp. 249~250; Nigel Nicholson(ed.), *The Blackwell Encyclopedic Dictionary of Organizational Behavior* (Blackwell, 1995), pp. 115~116.

4) Michael J. Jucius, *Personnel Management* (Richard D. Irwin, 1963), p. 450; R. Wayne Mondy and Joseph J. Martocchio, *Human Resource Management,* 14th ed.(Pearson, 2016), pp. 322~330; John M. Ivancevich and Robert Konopaske, *Human Resource Management*, 12th ed. (McGraw-Hill, 2013), pp. 487~488.

5) 「국가공무원법」 제76조의 2; 「공무원고충처리규정」 제 4 조 내지 제14조.

6) David A. DeCenzo and Stephen P. Robbins, *Human Resource Management*, 6th ed.(John Wiley & Sons, 1999), pp. 473~474; Wendell L. French, *Human Resources Management*, 5th ed.(Houghton Mifflin, 2003), pp. 451~455.

7) 「공무원제안규정」 · 「공무원제안규정시행규칙」 참조.

8) J. M. Shafritz *et al., Personnel Management in Government: Politics and Process* (Marcel Dekker, 1986), pp. 381~391; Andrzej Huczynski, *Encyclopedia of Organizational Change Methods* (Gower, 1987), pp. 244~245; David H. Rosenbloom, Robert S. Kravchuk and Richard M. Clerkin, *Public Administration: Understanding Management, Politics, and Law in the Public Sector*, 8th ed. (McGraw-Hill, 2015), p. 239; Ivancevich *et al., op cit.*, p. 13.; John W. Newstrom, *Organizational Behavior: Human Behavior at Work*, 13th ed.(Mcgraw-Hill, 2011), pp. 257~258.

제 9 장 제 1 절

1) 최재희, 인간주의윤리학(일신사, 1981), 17~19쪽.
2) Patrick J. Sheeran, *Ethics in Public Administration: A Philosophical Approach* (Praeges, 1992), pp. 52~58.
3) Harold F. Gortner and Jeremy F. Plant, "Ethics and Public Personnel Administration," in Steven W. Hays and Richard C. Kearney(eds.), *Public Personnel Administration: Problems & Prospects* (Prentice-Hall, 1990), p. 244.
4) W. A. R. Leys, *Ethics and Social Policy* (Prentice-Hall, 1941); I. B. Berkson, *Ethics, Politics and Education* (University of Oregon, 1968).
5) Robert B. Denhardt and Janet V. Denhardt, *Public Administration: An Action Orientation*, 6th ed.(Thomson Wadsworth, 2009), pp. 127~128.
6) Mark W. Huddleston, "Comparative Perspectives on Administrative Ethics: Some Implications for American Public Administration," *Public Personnel Management* (Vol. 10, No. 1, 1981), pp. 68~73.
7) 오석홍, 행정학, 제 7 판(박영사, 2016), 143~145쪽; Jeffrey D. Greene, *Public Administration in the New Century: A Concise Introduction* (Thomson Wadsworth, 2005), p. 369.
8) Christopher Hodgkinson, *Towards a Philosophy of Administration* (St. Martin's Press, 1978), p. 123.
9) Jay M. Shafritz, E. W. Russell and Christopher P. Borick, *Introducing Public Administration*, 7th ed.(Pearson Longman, 2011), pp. 186~189.
10) Edward Loucks, "Bureaucratic Ethics from Washington to Carter," *Public Personnel Management* (Vol. 10, No. 1, 1981), p. 81.
11) T. Edwin Boling and John Dempsy, "Ethical Dilemmas in Government," *Public Personnel Management* (Vol. 10, No. 1, 1981), p. 11.
12) Levina Carino, "Bureaucratic Norms, Corruption, and Development," *Philippine Journal of Public Administration* (Vol. 19, No. 4, 1975), pp. 281~282.
13) 심헌섭, 법철학(법문사, 1982), 103~136쪽.
14) Jeremy F. Plant, "Codes of Ethics," in Terry L. Cooper(ed.), *Handbook of Administrative Ethics* (Dekker, 1994), pp. 221~223.
15) Greene, *op. cit.*, pp. 372~378; R. Denhardt and J. Denhardt, *op. cit.*, pp. 133~134; James Svara, *The Ethics Primer for Public Administrators in Government and Nonprofit Organizations* (Jones and Bartlett Pub., 2007), p. 28; Charles T. Goodsell, "Balancing Competing Values," in James L. Perry(ed.), *Handbook of Public Administration* (Jossey-Bass, 1989), pp. 575~584.
16) 「국가공무원법」 제55조 내지 제66조; 「국가공무원 복무규정」.
17) Evan M. Berman, J. S. Bowman, J. P. West and M. Van Wart, *Human Resource Management in Public Service: Paradoxes, Processes, and Problems* 5th ed. (Sage Publications, 2016), pp. 55~88; David H. Rosenbloom, Robert S. Kravchuk and Richard M. Clerkin, *Public Administration: Understanding Management, Politics, and Law in the Public Sector*, 8th ed.(McGraw-Hill, 2015), pp. 247~252; Dennis L. Dresang, *Personnel Management in Government Agencies and Nonprofit Organizations*, 6th ed.(Routledge, 2017), pp. 37~55; Lloyd Nigro, Felix Nigro, and J. Edward Kellough, *The New Public Personnel Administration*, 6th ed.(Thomson Wadsworth, 2007), pp.

233~241.

18) 오석홍, 통치하기 어려운 나라: 국정관리의 현안과 쟁점, 개정판(법문사. 2021), 253~260쪽.

제 2 절

1) Norman J. Powell, *Personnel Administration in Government* (Prentice-Hall, 1956), p. 132; David H. Rosenbloom, Robert S. Kravchuk and Richard M. Clerkin, *Public Administration: Understanding Management, Politics, and Law in the Public Sector*, 8th ed.(McGraw-Hill, 2015), pp. 247~250; Sean Atkins and Chappell Lawson, "An Improvised Patchwork: Success and Failure in Cybersecurity Policy for Critical Infrastructure", *Public Administration Review*(Vol. 81, Iss. 5, Sep./Oct. 2021), pp. 847~861.

2) Lloyd G. Nigro and Felix A. Nigro, *The New Public Personnel Administration*, 4th ed.(F. E. Peacock, 1994), p. 39.

3) Jay M. Shafritz and E. W. Russell, *Introducing Public Administration* (Addison-Wesley, 1997), p. 286 and p. 400; Rosenbloom *et al., op. cit.*, pp. 230~231; Lloyd Nigro, Felix Nigro, and J. Edward Kellough, *The New Public Personnel Administration*, 6th ed.(Thomson Wadsworth, 2007), pp. 37~38.

4) O. Glenn Stahl, *Public Personnel Administration*, 8th ed.(Harper & Row, 1983), pp. 427~428; Powell, *op. cit.*, pp. 291~294; Evan M. Berman, J. S. Bowman, J. P. West and M. Van Wart, *Human Resource Management in Public Service: Paradoxes, Processes, and Problems,* 5th ed. (Sage Publications, 2016), pp. 437~448; R. Wayne Mondy and Joseph J. Martocchio, *Human Resource Management,* 14th ed.(Pearson, 2016), pp. 307~309.

5) Berman *et al., ibid.*

6) J. F. Atwood, "Collective Bargaining's Challenge: Five Imperative for Public Managers," *Public Personnel Management* (Vol. 5, No. 1, January-February 1976), pp. 24~31; M. Scott Milinski, "Obstacles to Sustaining a Labor-Management Partnership: A Management Perspective," *Public Personnel Management* (Vol. 27, No. 1, Spring 1998), pp. 11~21; Rosenbloom *et al., op. cit.*, pp. 256~257.

7) James W. Fesler, *Public Administration: Theory and Practice* (Prentice-Hall, 1980), pp. 114~118; Atwood, *op. cit.*, pp. 24~28; Stahl, *op. cit.*, pp. 430~434; Jared J. Llorens, Donald E. Klingner, and John Nalbandian, *Public Personnel Management: Contexts and Strategies*, 7th ed. (Routledge, 2018), pp. 336~337.

8) Raymond A. Noe, John R. Hollenbeck, Barry Gehart, and Patrick M. Wright, *Human Resource Management: Gaining a Competitive Advantage*, 10th ed. (McGraw−Hill, 2017), pp. 609~612.

9) Robert E. Catlin, "Should Public Employees Have the Right to Strike?" *Public Personnel Review* (Vol. 29, No. 1, Jan. 1968), pp. 2~9; Gilbert B. Siegel and Robert C. Myrtle, *Public Personnel Administration: Concepts and Practices* (Houghton Mifflin, 1985), pp. 377~378; Robert B. Denhardt and Janet V. Denhardt, *Public Administration: An Action Orientation*, 6th ed.(Thomson Wadsworth, 2009), pp. 308~310.

10) 2006 정부교섭 단체협약서(2007. 12. 14 타결).

11) 노동부, 직장 내 성희롱(2000); R. Denhardt and J. Denhardt, *op. cit.*, pp. 300~301; Dail Neugarten,

"Sexual Harassment in Public Employment," Steven W. Hays and Richard C. Kearney(eds.), *Public Personnel Administration*, 2nd ed.(Prentice-Hall, 1990); Anne M. O'Leary-Kelly *et al.*, "Sexual Harassment as Aggressive Behavior: An Actor-Based Perspective," *Academy of Management Review* (Vol. 25, No. 2, April 2000), pp. 372~376; Diane M. Hartmus and Susan Butler Niblock, "Elements of Good Sexual Harassment Policy," *The Public Manager* (Spring 2000), pp. 50~55.

12) 노동부, 위의 책, 6~11쪽; 서울대학교 학생생활연구소, 성적 괴롭힘 예방 지침서(1997), 7~12쪽; Bruce J. Eberhardt *et al.*, "Sexual Harassment in Small Government Units," *Public Personnel Management* (Vol. 28, No. 3, Fall 1999), p. 352; Hartmus and Niblock, *ibid.*, pp. 50~51.

13) 서울대 학생생활연구소, 위의 책, 13~15쪽 참조.

14) Hartmus and Niblock, *op. cit.*, pp. 51~53; Laura A. Reese and Karen E. Lindenberg, "Employee Satisfaction with Sexual Harassment Policies: The Training Connection," *Public Personnel Management* (Vol. 33, No. 1, Spring 2004), pp. 99~115; Noe *et al.*, *op. cit.*, pp. 126~128.

15) 김해동, "관료부패에 관한 연구[I]," 행정논총(제10권 1호, 1972), 172~177쪽; James C. Scott, *Comparative Political Corruption* (Prentice-Hall, 1972), pp. 3~5; Adam Kuper and Jessica Kuper (eds.), *The Social Science Encyclopedia* (Routledge & Kegan Paul, 1985), pp. 163~165; Jay M. Shafritz, E. W. Russell and Christopher P. Borick, *Introducing Public Administration*, 6th ed.(Pearson Longman, 2009), p. 188.

16) Arnold J. Heidenheimer, *Political Corruption: Readings in Comparative Analysis* (Holt, Rinehart and Winston, 1970), Ch. one; R. P. De Guzman *et al., Graft and Corruption: Issues in and Prospects for a Comparative Study of a Specific Type of Bureaucratic Behavior* (mimeo, University of the Philippines, 1976).

17) Edward Van Roy, "On the Theory of Corruption," *Economic Development and Cultural Change* (October 1970), pp. 88~100.

18) Gabriel Ben Dor, "Corruption, Institutionalization, and Political Development: The Revisionist Theses Revisited," *Comparative Political Studies* (Vol. 7, No. 1, April 1973), pp. 63~83.

19) 김해동 "관료부패에 관한 연구[II]," 행정논총(제10권 제 2 호, 1972), 40~50쪽; 전수일, 관료부패론 (선학사, 1996), 45~57쪽; Office of the Prime Minister, Republic of Korea, *Korea's Anti-Corruption Programs* (1999. 10), pp. 29~51; Rosenbloom *et al., op. cit.*, pp. 536~537.

20) Gerald E. Caiden and Naomi J. Caiden, "Administrative Corruption," *Public Administration Review* (Vol. 37, No. 1, May-June 1977), pp. 306~308.

제 3 절

1) Robert J. Gregory, "Social Capital Theory and Administrative Reform: Maintaining Ethical Probity in Public Service," *Public Administration Review* (Vol. 59, No. 1, January / February 1999), pp. 63~75.

2) James Perry, "Whistle Blowing, Organizational Performance, and Organizational Control," in H. George Frederickson(ed.), *Ethics and Public Administration* (M. E. Sharpe, 1993), pp. 79~82; Judith A. Truelson, "Whistle Blowers and Their Protection," in Terry L. Cooper(ed.), *Handbook of Administrative Ethics* (Dekker, 1994), pp. 285~286; David Lewis, "Whistleblowing," Diana Winstanley and Jean Woodall(eds.), *Ethical Issues in Contemporary Human Resource Management* (St. Martin's Press, 2000), pp. 267~273; Dennis L. Dresang, *Personnel Management in Government Agencies and*

Nonprofit Organizations, 6th ed.(Routledge, 2017), pp. 47~49.

3) Dresang, *ibid.*, p. 48; O. Glenn Stahl, *Public Personnel Administration*, 8th ed.(Harper & Row, 1983), pp. 390~392; Jared J. Llorens, Donald E. Klingner, and John Nalbandian, *Public Personnel Management: Contexts and Strategies*, 7th ed. (Routledge, 2018), pp. 320~321.

4) 「공직자윤리법」; 「공직자윤리법시행령」; 총무처, 공직자재산등록제(자료 1~3 집, 1980); John A. Rohr, "Financial Disclosure: Power in Search of Policy," *Public Personnel Management* (Vol. 10, No. 1, 1981), pp. 29~40.

5) Michael R. Carrell, Robert F. Elbert and Robert D. Hatfield, *Human Resource Management: Global Strategies for Managing a Diverse Workforce*, 5th ed.(Prentice-Hall, 1995), pp. 703~704; David A. DeCenzo and Stephen P. Robbins, *Human Resource Management*, 6th ed.(John Wiley & Sons, 1999), p. 404; Llorens *et al.*, *op. cit.*, pp. 311~313.

6) 「국가공무원법」 제73조의 3.

7) 「공무원징계령」, 「공무원징계령시행규칙」.

8) 「국가공무원법」 제 9 조 내지 제15조, 제75조 및 제76조; 「소청절차규정」; 소청심사위원회 홈페이지 자료.

9) 「공무원인사기록·통계 및 인사사무처리규정」 제 9 조.

찾아보기

ㄱ

가족친화적 편익프로그램 424
감독자평정법 326
감성지능검사 167
감수성훈련 298
감원 242
강임 177
강제퇴직 216, 230
개방형 인사체제 48
객관성 156
결격사유 141
겸임 178
경력경쟁채용 120
경력계획 202
경력고원이론 206
경력관리 211
경력단계이론 204
경력직공무원 89
경력통로유형론 208
계급정년제도(직급정년제도) 238
계급제 74
고용평등조치 37
고위공무원단 90
고충처리 471
공개경쟁채용 119
공무원 헌장 500
공무원노동조합 522
공무원의 종류 89
공무원직장협의회 532
공익신고자 보호제도 561
공직윤리 486
공직자재산등록 564
과정이론 452
관리연습 296
관리융통성체제 42
교류형 인사체제 52
교육훈련 249
구성타당성 153
국가유공자 142
국민중심주의 509
국적 136
근무감축 221
근무성적평정 303
근무시간 415

근무시간제도의 변형 417
근속정년제도 238
기대성 착오 351
기대이론 453
기본급(봉급) 381
기준타당성 150

ㄴ

난이도 156
내부고발 558
내부임용 175
내용이론 443
내용타당성 152
노사협상체제 24

ㄷ

다면평가제 327
단계적 퇴직 221
단순노무 종사자의 노동조합 531
단일호봉제 401
단체행동(쟁의행위) 528
대표관료제 33
도표식평정척도법 317
동기이론 443

ㅁ

면접시험 159
명예퇴직제 242
모집 133

ㅂ

바람직한 근무성적평정 312
바람직한 보수제도 361
발전장려금 382
배치전환 176, 179
별정직 89
보수 359
보수수준결정 368
보수체계 380
보안활동 513
복잡한 인간모형 451
복종의 의무 496
복합시험 161
봉급표 395
부가급(수당) 383
부패 542
분류법 101
블라인드 채용 144
비교류형 인사체제 52
비밀엄수의 의무 497

ㅅ

사건처리연습 297
사기조사 459
사례연구 297
사회적 인간 446
생계비조사 372
서열법 101
선임순위 193

성격검사 166
성과관리 394
성과급제도 385
성실의무 496
소청심사제도 578
순환보직 112
스트레스 429
승급 402
승급기준선 399
승진 177, 187
승진적체 197
시뮬레이션 296
시보기간 170
신규채용 117
신뢰성 154
신분보장 230
신체적격성검사 162
실기시험 160
실적체제 30
실험설계 287

ㅇ

업적검사 163
역할연기 297
연관직업분석 378
연금 408
연령정년제도 237, 238
연쇄적 착오 348
엽관체제 26
요소비교법 103
욕구 441
유연근무제 420
윤리 483
윤리적 딜레마 492
윤리적 선택 492
이중평정제 338
인사상담 467
인사행정 3
인사행정개혁 58
인사행정기관 10
인상관리 352
인식론적 평가이론 456
인재개발 259
인적자원계획 121
인적자원관리 3
인적자원수요예측 126
일관적 착오 350
일반능력자주의적 체제 24
일반직 89
임금조사 375
임용 상의 우대 142
임의퇴직 214

ㅈ

자기실현적 인간 447
자기평정법 327
자율관리팀 110
재직훈련 250

적성검사 164
전략적 인적자원관리 66
전문가주의적 체제 24
전통적 직무설계 106
점수법 102
정년연장 240
정년퇴직 237
정보정리연습 297
정치적 중립 515
정치활동금지조항 518
제도화된 부패 546
제안제도 474
조건형 성희롱 538
조직학습 299
종교중립의 의무 497
좋은 공무원 507
주식백지신탁 569
준실험설계 289
중앙인사기관 11
중앙인사위원회 16
지능검사 163
지리적 재배치 183
직무대리 178
직무분석 95
직무설계 105
직무수행동기 439
직무특성이론 456
직무평가 99
직무풍요화 110
직무확장 111
직업공무원제 45
직업구조형성 71
직업생활의 질 개선 프로그램 465, 478
직업선호유형론 207
직위분류제 77
직장이탈금지 496
직장훈련 292
징계 570
징계기록말소제도 580
징계처분 573

ㅊ

차별철폐조치 37
착오 348
창의성향상훈련 266
채용시험 148
채용전훈련 250
채용후보자 명부 169
청렴의 의무 497
체제화된 부패 546
추천 169
충성의무 511
친절·공정의 의무 497

ㅌ

타당성 149
탄력근무제 417

탈전통적 직무설계 108
퇴직공직자의 취업제한 569
퇴직관리 213
퇴직률 224
퇴직연금제도 408
특수경력직공무원 89

ㅍ

파견근무 185
평정상담 346
폐쇄형 인사체제 51
품위유지의 의무 498
필기시험 158

ㅎ

학력요건 137
학습의 전이 257
학습이론 455
학습촉진의 원리 256
합리적·경제적 인간 444
행동모형화 298
행태기준평정척도법 321
현대인사행정 4
형평이론 454
환경형 성희롱 539
훈련수요점 277
훈련수요조사 276
훈련효과평가 281
휴가 422
흥미검사 165

저자약력

법학사, 서울대학교 법과대학
행정학 석사, 서울대학교 행정대학원
행정학 박사, 미국 University of Pittsburgh
서울대학교 행정대학원 교수
서울대학교 행정대학원 원장
서울대학교 교수윤리위원회 위원
한국행정학회 회장·고문
한국인사행정학회 고문
조직학연구회 고문
한국조직학회 고문
한국거버넌스학회 고문
현재: 서울대학교 행정대학원 명예교수

저서

조직이론, 행정학, 한국의 행정, 행정개혁론, 전환시대의 한국행정, 통치하기 어려운 나라, 행정개혁실천론(편저), 행정학의 주요이론(편저), 조직학의 주요이론(편저), 정책학의 주요이론(편저), 발전행정론(공저), 국가발전론(공저), 한국행정사(공저), 조직행태론(공저) 등

제9판
인사행정론

제9판발행 2022년 1월 5일

지은이 오석홍
펴낸이 안종만·안상준

편 집 전채린
기획/마케팅 이영조
표지디자인 BENSTORY
제 작 고철민·조영환

펴낸곳 (주)박영사
서울특별시 금천구 가산디지털2로 53, 210호(가산동, 한라시그마밸리)
등록 1959. 3. 11. 제300-1959-1호(倫)
전 화 02)733-6771
f a x 02)736-4818
e-mail pys@pybook.co.kr
homepage www.pybook.co.kr
ISBN 979-11-303-1438-9 93350

정 가 34,000원